中华学人丛书

乘桴新获

从戊戌到辛亥

◎ 汤志钧 著

北京师范大学出版集团
BEIJING NORMAL UNIVERSITY PUBLISHING GROUP
北京师范大学出版社

秉楷新藻

1983 年,作者在日本东京大学社会科学研究所作报告

1983 年,作者在日本东京大学社会科学研究所作报告

1983 年,作者在日本东洋文库

1983 年,作者在日本辛亥革命研究会作报告

1984年3月10日,作者在日本京都大学名誉教授岛田虔次寓所

1984年3月,作者在日本京都大学人文科学研究所作报告(左起:岛田虔次、森时彦、作者、狭间直树、彭泽周)

1984 年,作者在日本神户孙文研究会作报告

1985 年 2 月 28 日,作者在美国戴维斯加州大学作报告《近代经学的特点》(右为刘广京教授)

1985 年 4 月 3 日,作者在美国哈佛大学作报告

　1985 年 4 月 3 日,作者在美国哈佛大学作报告《戊戌变法领导人和赞助人社会环境和地理条件》(右为费正清研究中心主任孔飞力教授)

1991年6月24日,作者在新加坡出席"丘菽园家藏康有为等资料"新闻发布会

《公车上书记》书影

詩者言之有節文者邪
凡人性志鬱於中境遇
交於外境遇之交壓也
環異則性志之鬱積也
深厚性者陰也境者陽
也情幽幽而相蘗境鬱而

康有为及其手迹

康有为著述书影

《西学书目表》书影

《国闻报汇编》书影

《訄书》书影

重版前言

    《乘桴新获》由江苏古籍出版社出版至今，已经二十多年，不能说是"新"了。不过，不时有学界同道索书，无以应之，现特交北京师范大学出版社重印。

    该书初版，曾请谢稚柳先生题署，待该书发行，不知何故谢老题签却未印出。今谢老题署由山东省宣传部工作委员会卢得志先生购得，特予刊出，谨申谢忱。

    初版时有校勘失误，今皆尽力改正。

汤志钧

2016 年 7 月于沪上

前　言

一

本书是我在旅居日本期间搜集整理的近代史料、调查访问、讲课记录的结集，以及由此写出的一些论文、札记，共分四卷。

卷一收录论文十一篇。

《伊藤来华和戊戌政变》，主要论述伊藤博文和戊戌政变的关系。查伊藤博文于1898年9月来华，9月20日，觐见光绪帝，第二天就发生政变。他的来华和政变发生有无关系，过去还缺乏专文讨论。我认为，康有为主张仿效日本，变法维新，而伊藤博文正是明治维新事业的助成者，他的来华，资产阶级改良派是寄予厚望的。光绪见到伊藤表示"快慰"，伊藤对中国的维新运动也表示"垂注"。然而，伊藤的意向，光绪的动态，又引起了以慈禧太后为首的后党的猜忌，促使后党发难，加速了政变的步伐，终于在伊藤觐见的次日发生政变。因此，他的来华，和政变发生有着直接关系。

《关于戊戌政变的一项重要史料——毕永年的〈诡谋直纪〉》，刊录了《诡谋直纪》全文，确认它是毕永年的手笔，是政变前夕改良派密谋的原始记录。他们认为袁世凯"可用"，想叫毕永年"往袁幕中为参谋"，"至袁统兵围颐和园时"，毕永年率百人"奉诏往执西后而废之"，并"尽以密谋告袁"。从而论述袁世凯告密一事，无可怀疑。

《关于光绪"密诏"诸问题》一文，对"密诏"的来源、露布及刊发中的变动进行考核，认为"密诏"曾经过康有为的改篡。由于第一道"密诏"有"妥速筹商，密缮封奏"的话语，康有为再加上自己的名字，表示

"奉诏"。第二道"密诏"最初发表时只有"迅速出外"，这个"出外"，对照当天光绪公开发出的明谕，是"着康有为迅速前往上海"，"出外"是叫他离开北京。后来康有为加成"出外国求救"，这样，两个"密诏"便成为"奉诏求救"的根据了。

《康有为、章太炎的流亡日本》，是应日本朋友之约专门撰写的。康有为、章太炎在戊戌政变后数度流亡日本，然而，一个由"勤王"演为保皇，一个由"革政"转向革命，一个饮恨而返，一个载誉而归。论文对他们流亡日本期间的活动加以爬梳，试图清理他们这一阶段的思想递变迹象。

上述四篇论文，是我利用日方资料，对照其他文献，重加论列的，如伊藤博文的《清国旅行日记》，森泰二郎的《晤谈节略》《清国皇帝陛下谒见次序》，以及日本外务省档案等。其中很多资料未曾发表过，今将原文译出，作为附录。

另外七篇，都是关于章太炎在戊戌、辛亥间的论文。有的是论述他在日本的活动和交往，如《章太炎和馆森鸿》《章太炎的〈社会学〉》《关于亚洲和亲会》；有的则是和他旅日有关的，如由避地台湾到迁居日本，由割辫到革命，以至和孙中山、光复会的关系等。这些论文，有的以前承日本友人提供资料，有的则是刊发后续有新获而予补充的。这些论文，都已译成日文，一并汇辑附此。

卷二是我在旅日期间于东京国立国会图书馆、明治文库、冈山木堂纪念馆等处发现的有关中国近代史资料。其中有宗方小太郎在辛亥革命后关于中国政党结社的报告，有记载 1900 年自立军起事的《井上雅二日记》，还有孙中山、黄兴、陈少白、康有为、梁启超、王照、熊希龄，以至善耆、铁良、张之洞、盛宣怀等人的书札、笔谈。这些资料，对研究戊戌、辛亥间的历史，极为重要。宗方小太郎的调查报告，是研究民初政党的有用材料；《井上雅二日记》对自立军会议的时间、地点以至起事始末、宣言檄文，留存了一份原始记录；孙、黄、康、梁的书札、笔谈，也可看出 19 世纪末 20 世纪初资产阶级革命派和改良派的活动情况。此外，守屋图书馆收藏的《台湾日日新报》载有康、梁及章太炎的佚文；立命馆大学收藏的《新学伪经考辨》，则是康有为

《新学伪经考》出书不久日本唯一的"考辨"。

卷三是我在东京、京都、神户的讲稿。赴日以前，本来约我讲三个课题，即《戊戌变法和康有为》《辛亥革命和章太炎》《中国近代史研究近况》。后来讲课增加了，题目扩展了，根据日方要求，先将讲稿印发，报告时只述要点，连同翻译限在一小时以内，更多时间留作提问解答，讲稿就是当时印发的，现在也不做任何更动。日本友人的提问很有学术价值，我也把它连同当时的解答如实记录，辑成一卷。

卷四是遗迹调查和访问记录，其中有对康、梁在日本的遗迹访问，有日本辛亥革命研究会、孙文研究会的情况介绍，也有参观日本名胜古迹和著名图书馆的感受。同时，把与之有关的中、日文资料适当汇辑，如横滨大同学校、神户同文学校的资料，梁启超及其同人的邮件检查，以至辛亥革命后大阪、神户的反映，等等。

本书的内容，大体如此。

二

中国和日本，鲸波渺渺，一苇相通，有着悠久而密切的文化交流关系，研究中国历史，就不能忽视中日的交往和日方收藏的图书档册。

过去，我在整理康有为和章太炎的论著时，总感到他们留居日本的时间很长，一定有资料留存，即使是片鳞只羽，也是弥足珍贵的。1978年以后，在日本朋友的帮助下，我看到了一些留存在日本的论著、散札，更感进一步求索的必要。1983年11月，应国际交流基金会的邀请，至东京大学社会科学研究所讲学和研究，京都大学人文科学研究所也专程相邀。我想，这次访问，除讲学任务和学术交流外，顺道查访和中国历史有关的资料，恰是一次很好的机会。但时间仅六个月，书档如烟海，怎样利用这有限的时间，寻觅这无穷的资料呢？当时考虑从两方面入手：一是古籍善本，二是近代史料。

这样，我在日本友人的帮助下，在东京，先后参观了日本国立国会图书馆、外务省档案馆、东洋文库、静嘉堂文库、东京大学图书馆，以及东京大学文学部和东洋文化研究所、社会科学研究所的图书馆，还有明治文库，为了查阅《台湾日日新报》，访问了守屋图书馆。在京都，参观了京都大学图书馆和京都大学人文科学研究所图书馆，饱览书藏，饫闻瑰诡，获得了不少可贵资料。

应该说，这些资料是在日本朋友的热情帮助下获得的。东京大学的近藤邦康教授、滨下武志助教授、坂元弘子女士陪同我参观了东京大学几个图书馆，户川芳郎教授陪同我参观了静嘉堂文库，中原まずゑ女士、毛里和子女士陪同我参观了国会图书馆，藤井友子女士、大里浩秋先生陪同我参观了外务省档案馆，小岛淑男教授、山根幸夫教授、久保田文次教授陪同我参观了东洋文库，阿川修三先生陪同我参观了守屋图书馆。京都大学的岛田虔次教授除寄赠《拙存园丛稿》《新学伪经考辨》和不断提示线索外，还使我看到了京都大学珍藏的山井鼎校本《七经孟子》，狭间直树教授、森时彦先生更亲陪同，检索书藏。此外，冈山的石田米子助教授、京都的坂出祥伸教授、大阪的彭泽周教授、神户的陈德仁先生也提供了不少有价值的文献。还有久保田文次教授、松本武彦先生、藤谷浩悦先生陪赴横滨，古岛和雄教授、近藤邦康教授、田岛俊雄助教授陪赴箱根，北山康夫教授陪赴奈良，山口一郎教授、陈来幸女士陪赴须磨，等等。如果不是日本朋友的支持，是不可能获得这些珍贵藏本的。因此，这里也凝聚着日本朋友的友谊，他们在百忙中联系奔走，甚至在朔风凛冽、雨雪霏霏的天气下驱车引导，深情厚谊，使我永难忘怀。

三

1984 年回国以后，在上海、南京做了访日报告，江苏古籍出版社约请撰书出版，我也答应了。但不久又两赴香港，一去美国，自己手头还有其他研究任务，岁月蹉跎，卒卒无暇，直到最近才勉予整理，汇成四卷。

这四卷的内容，都和我专业研究有关，也就是戊戌变法和辛亥革命方面，原拟定名为《从戊戌到辛亥》，又因它是旅日期间积累撰成的，似乎还得有个"书名"。然而，腹笥甚虚，苦无佳称，经商请郑逸梅老人，题为《乘桴新获》，并蒙谢稚柳先生题署，谨此布谢。至于日文资料，也有好多同志协同翻译，已在每篇之后，注明译者，这里就恕不一一列举了。

汤志钧
1986 年 3 月

目　录

卷　一

卷 三

卷 四

卷　一

伊藤来华和戊戌政变

日本伊藤博文是在 1898 年 9 月来华的，9 月 20 日（清光绪二十四年八月初五日）他觐见光绪帝，第二天就发生了政变。他的来华，和戊戌政变究竟有无关系？当时报刊虽有评论，但多属揣测之词，近年来对这一问题也乏专文讨论。今从日本国立国会图书馆《伊藤关系文书》已刊、未刊部分，日本外务省档案《伊藤公爵清国巡回一件》等文件中看到一些新资料，可以补苴中文文献之不足，也有助于对伊藤博文和戊戌政变关系的探讨。

一

伊藤博文于 1898 年 9 月 8 日（清光绪二十四年七月二十三日）晨 8 时，由朝鲜"仁川出帆"，次日在山东芝罘登陆，11 日（二十六日）"入天津"①。北洋候补道、北洋学堂总办王修植传达直隶总督荣禄"仰慕伊侯，并在津预备款待各情"，伊藤博文大为"欣感"，"并告知中国如有咨询借助之处，甚愿竭力相助"②。陪同伊藤来华的有日本议员大冈育造、秘书官头本元真、书启官森泰二郎和时冈茂弘等。

伊藤博文在天津和北京的活动日程如下：

9 月 12 日：晨 9 时，拜见荣禄。下午 6 时，荣禄在医学堂"张宴款待"，陪坐的有袁世凯、聂士成、王修植等③。

---

① 伊藤博文：《清国旅行日记》，《伊藤关系文书》未刊部分，下注明为"先考手笔"，当为伊藤手书。

② 《伊侯抵津详述》，《国闻报》光绪二十四年七月二十七日。

③ 《中堂款待伊侯》，《国闻报》光绪二十四年七月二十八日。

9 月 13 日：午，天津县令吕秋樵宴请。晚，王修植宴请。席间，王修植赋诗："元老宾王国，知非汗漫游。阋墙余旧痛，错壤动新愁。往事怀尊攘，雄图展亚欧。吾皇求直谏，前箸孰为筹？"伊藤随员森泰二郎和韵一首："纵目津门阔，高楼倚上游。江山尚余恨，花鸟亦关愁。势岂三分国，洲唯半壁欧。谁防未然祸，尔我慎边筹。"①

9 月 14 日：至北京，张荫桓来访②。是夕，日本驻华代理公使林权助为伊藤"洗尘，并邀各使臣作陪"③。

9 月 15 日：午后 1 时半，拜见总署王大臣。陪同伊藤前往者有林权助、郑永昌（日本驻天津领事）、郑永邦（郑永昌之弟）、大冈育造、头本元真、森泰二郎、时冈茂弘。清廷官员为庆亲王奕劻及崇礼、廖寿恒、张荫桓。伊藤谓："贵大皇帝锐意图新，实贵国千秋大事，何物当急，何物当缓，必顺序以进。应详加规划，理其端绪，全仗贵大臣等辅翼。"又谓："设立士官学校，为一国军备之第一关头。"并指出机器制造、火轮运输等之重要性，认为"设制造所，铺设铁路"，是"利民生，拓利源"的"最便之法"。④

9 月 16 日："午前，李鸿章来访。午后，王大臣等来访。"⑤

9 月 17 日："张荫桓晚餐招待。"⑥

9 月 18 日：下午，康有为谒伊藤于日本公使馆⑦。伊藤询以变法数月"而推行未效何故？"康告以"奈皇上全权不属"。伊藤询以中国"君权专制无限，环地球之所知，今贵皇上无全权云何？"康告以"实权在太后手里"，以及怀塔布等被革职后，满人相率"请禁皇上改革"，希望伊

---

① 《嘉宾设宴》，《国闻报》光绪二十四年七月二十九日。

② 伊藤博文：《清国旅行日记》。

③ 《伊藤至北京情形》，《国闻报》光绪二十四年八月初二月。

④ 森泰二郎手记：《晤谈节略》，明治三十一年九月十五日（1898 年 9 月 15 日），手稿，用日本驻清公使馆八行笺。

⑤⑥ 伊藤博文：《清国旅行日记》。又王庆保、曹景郕：《驿舍探幽录》亦言张荫桓宴请事。

⑦ 查康有为谒见伊藤，《清国旅行日记》未载。《戊戌变法上谕》载《闽报》所译日本报，作"八月初一日"，又谓当公元"九月一号"，有误。按八月初一日，伊藤上午、下午都没有和康有为晤谈的时间。《康南海自编年谱》也系于八月初三日之后，今据《游清纪语》。

藤"入见太后，肯为剀切陈说一切情形，感动太后回心转意"。伊藤表示："必以尽心于敝邦者，移以尽忠于贵国。"①

9 月 19 日：总署王大臣函告日本驻华代理公使林权助，告以次日光绪"御勤政殿接见"。

9 月 20 日：觐见光绪皇帝于勤政殿。光绪谓："我中国近日正当维新之时，贵侯曾手创大业，必知其中利弊，请为朕详晰言之。并祈与总署王大臣会晤时，将何者当兴，何者当革，笔之于书，以备观览。"并"愿嗣后两国友谊，从此益敦"。伊藤表示"敬遵宠命，他日猥承总署王大臣下问，外臣当竭其所知以告"②。

9 月 21 日：政变发生。

9 月 23 日：庆亲王奕劻于"午后二时招待"③。

9 月 24 日：晚，李鸿章设宴招待。李鸿章请将康有为"执获送回惩办"，伊藤推诿未见。随员大冈育造询以康有为"究犯何罪？"李谓："议其罪状，无非煽惑人心，致干众怒。"④

9 月 27 日：王大臣招待⑤。

二

伊藤博文来华，资产阶级改良派是寄予厚望的；光绪皇帝也亲自接见，感到"快慰之至"。

康有为在 1898 年 1 月的《上清帝第五书》中，吁请采法俄、日以定

---

① 《游清纪语》，《台湾日日新报》明治三十一年十一月十三日、十五日。

② 《清国皇帝陛下谒见之次序》，明治三十一年九月二十日，手稿，共七页。又《昌言报》第八册转译日本《梅尔报》的《伊藤觐见时间问答》，与此略同。以上译文，参《昌言报》光绪二十四年九月十六日出版。

③ 伊藤博文：《清国旅行日记》。

④ 《李傅相与日本伊藤侯问答》，《昌言报》第八册，光绪二十四年九月十六日出版。

⑤ 《清国皇帝陛下谒见之次序》。又据《伊藤博文公年谱》第 252—253 页，伊藤博文于 9 月 29 日由北京去天津，10 月 5 日抵上海，11 月 7 日返长崎，昭和十七年六月亩公追颂会发行。

国是，大集群才而谋变政，听任疆臣各自变法，又正式吁请国事付国会议行，颁行宪法。还说："职尚有日本变政之次第，若承垂采，当写进呈。"同月24日（正月初三日），光绪命总理衙门王大臣接见后，又呈上《日本变政记》。29日，在《上清帝第六书》中，建议效法日本，变法维新。又嘱长女康同薇辑译《日本变法由游侠义愤考》，为之撰序，说是"视彼日人，其强有因，胡不嗣音"①。1898年6月11日，"诏定国是"，"百日维新"开始。16日，光绪召见康有为，康谓："臣于变法之事，尝辑考各国变法之故，曲折之宜，择其可施行于中国者，斟酌而损益之，令其可施行。"又谓："泰西讲求三百年而治，日本施行三十年而强。吾中国国土之大，人民之众，变法三年，可以自立。"此后，通过廖寿恒将《日本变政考》陆续缮写进呈。凡此种种，可知他是积极要求仿效日本，实行资产阶级性的改革的。

伊藤博文曾佐长洲藩主"勤王攘夷"，是明治维新事业的助成者，康有为早就对他怀有好感。如他在《日本变政考》中对裁汰冗员一点，就说：

> 凡旧国积弊，必官吏纠纷，文书积压，冗员多而专任少。日本旧俗既然，我中国尤甚。……伊藤所改，亦切中吾弊，深可鉴也。（卷九）

又在"宫中置制度取调局，伊藤博文为长官，以其游欧洲回，命其参酌制度宪章也"下按曰：

> 变政全在定典章宪法，参采中外而斟酌其宜，草定章程，然后推行天下。事关重大，每事皆当请上命核议，然后敕行，故非在宫中日日面议不可。日本选伊藤为之，至今典章皆其所定。我中国今欲大改法度，日本与我同文同俗，可采而用之。

在"定议局官制，又废统计院，归为内阁中之一局"下按曰：

---

① 康有为：《日本变法由游侠义愤考序》，见该书卷首，戊戌春月上海大同译书局石印本。

变法之道，必有总纲，有次第，不能掇拾补缀而成，不能凌躐等级而至。……而变法之始，首贵得人。君臣相得，有非常之任，然后有非常之功。昔先主得诸葛如鱼得水，苻坚得王猛以为朕之子房……观日主之于伊藤，并可谓知而能任，任而勿贰者矣。（卷九）

康有为对伊藤博文是这样的推崇，当得知伊藤来华的消息时，自然寄予极大希望。康有为到日本使馆专门拜谒了伊藤博文，谈到"皇上在位虽二十余年，权实皆在太后之手"，以及慈禧专任奕劻、荣禄、刚毅等"绝无见识"之人，阻挠新政。并请伊藤谒见慈禧时，"极言皇上贤明，而改革之事，为诸外国之所深喜"，以使慈禧"回心转意"。① 此外，还授意杨深秀、宋伯鲁先后上疏，"先为借箸之筹"，"固结英、美、日本三国，勿嫌合邦之名之不美"②。请"速简重臣，结连与国"，派员往见伊藤博文等"与之商酌办法"③。

光绪皇帝对伊藤博文同样存有幻想。当他召见康有为，听康谈到日本"施行三十年而强"时，深感兴趣。等到《日本变政考》陆续送呈，曾参照康有为的建议，明治维新的"成效"，颁布过一些上谕。例如，《日本变政考》说："日人每立一法，必遣人游历欧西，采察各国法度、利害得失，故其立法精详，损益良善，能致富强，非偶然也。日人采择西法，骤行于东方，其势甚难。我今采东方同文同俗之法，行之甚易。"（卷九）光绪于8月2日（六月十五日）发出上谕："现在讲求新学，风气大开，惟百闻不如一见，自以派人出洋游学为要。"特别提出："游学之国，西洋不如东洋。"④《日本变政考》提出"冗员多而专任少"的流弊和伊藤所改"深可鉴也"（卷九），光绪于8月30日（七月十四日）发出裁汰冗员的上谕。《日本变政考》说："各国岁出入皆有会计录，布告天下，日本昔无此制，至此乃行之。"（卷六）光绪于9月16日（八月初一

① 《游清纪语》。
② 《山东道监察御史杨深秀折》，光绪二十四年八月初五日，《戊戌变法档案史料》第15页，中华书局1958年版。
③ 《掌山东道监察御史宋伯鲁折》，《戊戌变法档案史料》第170页。
④ 《德宗景皇帝实录》卷四二一第525页。

日）发出诏编预算的上谕，谕旨和《日本变政考》康有为的按语很相似。梁启超在"上谕恭跋"中对此也说："康有为于进呈《日本变政考》，发明此事极详。西学大开，此义大明，上皆采用。"可知光绪的新政诏书是受到《日本变政考》的启发，对参与明治维新的伊藤博文，光绪当然早有印象。

9月20日，伊藤觐见光绪时，光绪即说："贵国自维新后，庶绩咸熙，皆出贵侯手定，各国无不景仰，无不赞美，朕亦时佩于心。"又请将利弊、兴革"笔之于书"。

资产阶级改良派对伊藤博文寄予厚望，光绪见到伊藤表示"快慰"。这样，伊藤的来访，成为"百日维新"中的一件大事，也就必然遭到后党的嫉妒和反对。伊藤觐见光绪的第二天，"政变"猝发，当不是偶然的。

三

百日维新期间，新、旧斗争尖锐，特别是到了9月间，双方剑拔弩张，硝烟弥漫。9月4日，礼部尚书怀塔布、许应骙，侍郎堃岫、徐会沣、溥颋、曾广汉等，以阻挠主事王照条陈被革职，王照却赏给二品顶戴，以四品京堂候补。9月5日，赏杨锐、刘光第、林旭、谭嗣同加四品卿衔，在军机章京上行走，参预新政事宜。这些人事变动，当然激起后党的愤恨和震惊。怀塔布、杨崇伊等先后到天津看荣禄，策划政变，图谋推翻新政。光绪害怕"今朕位几不保"，于9月15日和17日接连发出两次"密诏"，命改良派等"妥速筹商，密缮封奏"，伊藤博文恰恰就在这时拜见总署王大臣，觐见光绪。

值得注意的是，后党加紧政变步伐，光绪两发"密诏"，和伊藤在北京的活动紧密相关。如前所述，9月15日，总署王大臣接见伊藤，奕劻、崇礼、廖寿恒、张荫桓参加。廖寿恒是《日本变政考》的代呈者，而领衔大臣则为后党的奕劻。在接待时，伊藤盛赞光绪"聪敏而勤于政事"，以及革除积弊、振兴庶政、励精图治以求变法，而感到"深深欣幸"①。会后，谈话内容和伊藤对光绪的印象，后党是不会不向慈禧上报的。就在这天，光绪帝命杨锐带出第一次"密诏"，谕以政变危机，速筹对策。

9月16日，据《德宗景皇帝实录》，光绪诣颐和园乐寿堂，向慈禧请安。还召见袁世凯，擢其为侍郎，责成专办练兵事务。同日，下诏编列预算，据梁启超《上谕恭跋》，这和康有为"草疏请仿日本例，置参谋本部"，以及《日本变政考》发明"预算决算而理财用"有关，它刚好在伊藤觐见前夕发表。这天，李鸿章、王大臣先后访问伊藤。光绪皇帝又恰恰在第二天（17日，即八且初二日）召见林旭，交予第二次"密诏"。

9月18日，后党御史杨崇伊上封事于慈禧，请即日"训政"。康有为就在这天拜会伊藤，谭嗣同也在这天夜访袁世凯，劝其助行新政。

9月19日，慈禧回宫，正是光绪准备接见伊藤的前夕。

9月20日，伊藤觐见光绪，杨深秀疏言伊藤"深愿联结吾华"，请为"借箸"。次日，宋伯鲁疏请与伊藤"商酌办法"，而政变已发。

由上可知，伊藤在京的活动，几乎每天都和政局有关。

更为值得注意的是，18日杨崇伊请慈禧"即日训政"折称："康有为等两月以来变更成法，斥逐老成，借口言路之开，以位置党羽。风闻东洋故相伊藤博文即日来京，将专政柄。臣虽得自传闻，然近来传闻之言，其应如响。伊藤果用，则祖宗所传之天下，不啻拱手让人。"②这种危词耸听，慈禧自然不能不为所动。

于此，需将光绪是否欲请伊藤为顾问一事，稍加考核。

第一，改良派和光绪准备"借重"伊藤之说，当时确有传闻，且曾刊诸报章。如《国闻报》载："近日京朝大小官奏请皇上留伊藤在北京用为顾问官，优以礼貌，厚其饩廪，持此议者甚多。"③又说："闻本月初六日，皇上升勤政殿，将召见日本旧相伊藤，宠加擢用。是日东方未

---

① 森泰二郎手记：《晤谈纪略》。
② 《掌广西道监察御史杨崇伊折》，《戊戌变法档案史料》第461页。
③ 《伊藤至北京情形》，《国闻报》光绪二十四年八月初二日。

明时，忽为皇太后所闻，即在颐和园传懿旨启驾返海，于是伊藤之召，遂亦中止。"又据 10 月 7 日香港《士蔑报》说，9 月 21 日"皇上登朝，正欲降旨传伊藤入觐，突有内监持太后懿旨，敦迫皇上往颐和园面见太后"，遂未果①。

第二，改良派确曾通过帝党拟请伊藤为顾问，上述杨深秀、宋伯鲁的奏折中，就都提到"借箸之谋"。另据李提摩太回忆：9 月中旬，康有为和他"商量过变法的计划"，李提摩太"曾建议既然那样成功地改变日本成了一个强国，那么最好的办法，是由中国政府请他作一个外国顾问"②。可知改良派人士还和李提摩太商量过此事。

第三，从康有为和伊藤的对话中，以及光绪和伊藤的问答里，也可看出有着想请伊藤担任"顾问"的意愿。伊藤询问康有为："今贵皇上无权云何？"康有为讲了慈禧之掣肘、后党之阻挠，特别强调"日前因王照条陈一事，遽治怀塔布等抗旨之罪，未请（示）太后，而日来怀塔布等数十满人，相率跪太后前大哭，请禁皇上改革。我皇上位地如此，改革艰难，愿君侯察其情也。"③这种宫廷斗争，告诉刚来北京的外国客人，应该是有所期望的。至于伊藤听了，"因太息曰：天无二日，民无二王，今国权出两途，革新诚难矣哉！"④姑无论这些话是否传到后党耳中，即伊藤对"权出两途"也提出了自己的看法。至于伊藤觐见光绪时，光绪表示"久闻侯名，今得晤语，实为万幸"，认为日本明治维新后，"庶绩咸熙"，都由伊藤手定，表示"时佩于心"。接着，光绪又请伊藤详晰利弊，于总署王大臣会晤时，将兴革事宜"笔之以书"，垂询兴革，请予顾问。

尽管光绪没有正式任命伊藤为顾问官，而已有人上折疏荐；在实际接触中，光绪也对手创维新大业的伊藤表示关切。这些举动，当然不能为后党所容忍。

———————

① 《京友再述国事要闻》，《申报》光绪二十四年八月十七日。又见《知新报》光绪二十四年九月十一日。

② 李提摩太：《留华四十五年纪》第十二章十二节《被邀请去做皇帝的顾问》，译文见《戊戌变法》第三册第 553 页。

③④ 《游清纪语》。

第四，从伊藤在华的言行，也可看到他"顾问"新政的迹象。伊藤初到天津，即行表示："中国如有咨询相助之处，甚愿竭诚相助。"天津知县宴请，王修植赋诗希望伊藤"直谏"，借鉴日本维新"前箸"。伊藤虽未作和，但森泰二郎却赋诗以答："谁防未然祸，尔我慎边筹。"当伊藤觐见光绪时，又祈求光绪"永保盛业，长享景福"，准备在王大臣问及改革事宜时，"竭其所知以告"，以使今后两国"邦交必能因之愈固"，对中国的维新事业是"深为垂注"的。

伊藤对中国维新运动的"垂注"，又和甲午战后帝俄在华势力的扩大有关。在《马关条约》尚未签订，日本所提要求已经传播出来时，俄国外交大臣罗拔诺夫在上沙皇尼古拉第二的奏折中就指出，日本"完全占领旅顺口所在地的半岛"，"由我国利益来看，此种占领是最不惬意的事宜"①。他们插手干预，要把辽东半岛留给自己享用，而刚刚为日本战败的清政府，为了报答帝俄，于 1896 年派李鸿章赴俄，签订《中俄密约》，出卖东北主权。密约签订后一年，沙俄出兵占领旅、大，又通过借款、筑路等手段，企图染指海关管理权，并吞中国东北地区，进而控制华北地区。这样，日、俄之间争夺我国东北地区的矛盾就愈来愈激化。

以慈禧太后为首的后党是亲俄的。签订《中俄密约》的李鸿章就想"联络西洋，牵制东洋"，借用洋人的势力，来巩固自己的地位。资产阶级改良派则主联英、日以拒俄，认为"联俄则燃眉噬脐，旦夕即成异类；联日以联英，则皮肤之癣，犹可补救于将来"②。伊藤博文是在帝、后两党政治斗争激烈，俄、日两国争夺在华利益尖锐的情势下来华的。由于后党亲俄，而改良派却有"联日"之议，光绪皇帝又有挣脱慈禧束缚的改革之举，伊藤对此，自然是"垂注"的。

还在伊藤从仁川启程来华的前夕，光绪下谕："李鸿章、敬信毋庸在总理各国事务衙门上行走。"这事是否因伊藤来华而故意把亲俄的李鸿章罢黜，并无直接证据，但日本官员却认为李鸿章"为了和日本对

---

① 《红档杂志有关中国交涉史料选译》第 149 页，三联书店 1957 年版。
② 唐才常：《论中国宜与英日联盟》，见《觉颠冥斋内言》第 22－27 页。

抗……其结果是把俄罗斯拉了来"①。等到伊藤和李鸿章会见时，伊藤对李鸿章说："君在北方建造了有伟大势力的藩屏啊。"②对李鸿章和帝俄的关系耿耿于怀。再从上文森泰二郎"和诗"中所说，"谁防未然祸，尔我慎边筹"，也可看出日本想支持一个不是亲俄而是亲日的政府，以"防未然祸"，以"慎边筹"。那么，伊藤的来华，正是因为日本在侵华道路上和帝俄有矛盾，是想支持一个符合日本帝国主义利益的政府，从而对改良派加以青睐。

伊藤的用心，后党不会不察觉；改良派和光绪对伊藤的态度，后党也不会不提防。从伊藤一踏上中国国土，后党就已经注意了，据传当伊藤告以来华将有两礼拜时，"守旧者皆惶悚不安"③。接着，由津到京，后党更是紧密防范：9月15日总署王大臣接见伊藤时，首席代表是庆亲王奕劻；19日致函林权助，告知光绪皇帝接见伊藤时间，领衔的还是奕劻；20日伊藤觐见光绪帝，"赐坐御座之侧，位在庆王之次"，还是奕劻首座④。当然，作为总署首席大臣的奕劻领衔出面，也可说是"名正言顺"，但他的"领衔"，却又是为慈禧做耳目，对伊藤的意向、光绪的动态，是必然会随时禀告慈禧的。

这里，还可举出下述事例：

第一，9月15日，以奕劻为首的总署王大臣接见伊藤时，奕劻曾询及伊藤"虽卸重任"，是否"过问政事?"伊藤谈到来华前夕，"特赴京入谒辞行"，面见明治天皇三小时之久，奕劻觉察他"再任显职为时未远"。在言谈中，伊藤除盛赞光绪锐意改革，深感"欣幸"外，还说到变法"实系有关东亚大局，乃至天下万国者"，希望王大臣"亦仰赖圣主以成中兴大业"，并"确信此图必当实现"，而"向贵王大臣敬贺"。当奕劻提到光绪"欲咨询于阁下"时，伊藤表示要将明治维新"三十年之经历，而从贵国之利害出发，略陈一二"⑤，表白了他对光绪变法的支持。所谓"有关东亚大局，乃至天下万国者"，也流露出他对帝俄在华势力扩

---

① ② 林权助：《谈谈我的七十年》，译文见《戊戌变法》第三册第 569—570 页。

③ 苏继祖：《清廷戊戌朝变记》，《戊戌变法》第一册第 342 页。

④ 《昌言报》第八册。

⑤ 森泰二郎：《晤谈节略》。

大的担心，而后党却是亲俄的。

第二，据赵炳麟《光绪大事汇编》卷九称：杨崇伊请慈禧太后"即日训政"折，是托庆亲王奕劻面见慈禧时秘密带上的，此折恰恰是奕劻接见伊藤后的第三天。杨折奏上的次日（9月19日），慈禧没有按照惯例（前一天发出通知），即突然回宫。同日，总署发出致林权助函，告以光绪接见安排，领衔的是奕劻，而在光绪接见伊藤的翌日，"政变"即作。这种蛛丝马迹，暴露了奕劻向慈禧密告的迹象。又据袁世凯《戊戌日记》，21日晚，"荣相折简来招，杨莘伯在坐，出示训政之电，业已自内先发矣"①。也不讳言杨崇伊和慈禧、荣禄等的关系，而杨崇伊请求"训政"之电，又是奕劻密呈的。奕劻在伊藤来京几天中，活动频繁，内外接引，这和"政变"的发生，无疑是有关联的。

照此说来，伊藤来华，促使了后党发难，加速了政变的步伐。苏继祖《清廷戊戌朝变记》对此有一段评述：

> 八月之变，幽禁皇上，株连新党，翻改新政，蓄此心固非一日，而借口发难，实由于伊藤之来也。……伊藤在津日，又值皇上电询，可否在津多留数日？伊藤答以两礼拜，守旧者皆惶悚不安。荣相接待，宴于北洋医院，神色惨沮不欢，未遑终席，借事辞去，盖将借此发难，以惑太后听耳。②

伊藤来华，改良派的推誉和光绪的借重，加深了后党的忌恨。慈禧太后是害怕他们同外国势力勾结起来的，终于在伊藤觐见的次日，发动政变。因此，伊藤来华和政变发生是有直接关系的。

原载《江海学刊》1985年第1期

---

① 《戊戌变法》第一册第553页。
② 《戊戌变法》第一册第342页。

附录一

清国旅行日记

伊藤博文

九月八日	午前八时，仁川出帆。
九日	午前九时，芝罘登陆。
十一日	入天津。
十三日	总督招待①。
十四日	午前十一时，乘车入京。张荫桓来访。
十五日	拜见总署王大臣，访问李鸿章。午后，访问各公使。
十六日	午前，李鸿章来访。午后，总署王大臣等来访。
十七日	张荫桓晚宴招待。
二十日	午前十一时，谒见光绪皇帝。二十一日
二十二日	
二十三日	庆亲王于午后二时招待。
二十四日	晚，李鸿章宴请。
二十七日	王大臣招待。

〔说明〕本件录自《伊藤关系文书》未刊部分，日本国会图书馆藏，信封编号211937。原件用"沧浪阁笺"，红色十行本，共二页，旁注"先考手笔"。

---

① 按据《国闻报》光绪二十四年七月二十八日，伊藤博文于 9 月 12 日（七月二十七日）晨，拜见直隶总督荣禄。下午六时，荣禄在医学堂"设宴款待"，陪坐的有袁世凯、聂士成、王修植等。本日，则为天津县令吕秋樵宴请，见《国闻报》光绪二十四年七月二十九日。

附录二

晤谈节略

森泰二郎手记

明治三十一年九月十五日午后一时半，总理各国事务衙门访问之际。

列席者：

伊藤侯爵

林权助　郑永昌　郑永邦

大冈育造　头本元真　森泰二郎　时冈茂弘

庆亲王

崇礼　廖寿恒　张荫桓

（握手寒暄毕）

庆亲王：阁下今虽卸重任，谅犹为天子常侍，过问政事？

伊：然。余寓距东京十五里许，此次漫游前夕，特赴京入谒辞行，面见天颜达三小时之久。

庆：得至尊之信任如此，则阁下再任显职，为时未远矣。

伊：余毋论在朝、在野，对天皇之忠心未改，惟以奉答御询、披沥陈言为荣。在宦与否，总为君臣，自有亲疏之分。况我国立宪，政体甫成，庶政多由议会协助，若是则政见歧异，政党林立，势所难免。初涉政党时，颇感难于驾驭。如今阁臣，如似キノシテ大政之处理和シムルメ，由陛下允裁，授意组阁。由此，余仅为巩固现内阁，得以完成辅弼之任而尽力，今大任既完，不谋其政也。

庆：真是老臣言，可言メニスル第二。

伊：此次漫游贵国，令人最为惊叹者，乃贵国大皇帝聪明而勤于政事。以余寡闻之人，亦闻大皇帝致力于革除积弊，振兴庶政，励精图治，以求变法。此乃我国深为欣幸之事。因贵国今日急务，实系有关东亚大局，乃至天下万国者。窃以为贵大臣亦仰赖圣主，以成中兴之业否？余确信此图必当实现，兹向贵王大臣敬贺。

庆：我皇上圣聪，锐意图治，欲咨询于阁下。贵国与我乃唇齿之邦，又为同俦。阁下又久历兴邦之事，趁此游历之机，能否以邻谊修睦之念，不吝教诲，以济艰难，实我国君臣上下之厚望。

伊：博文漫游，一外国人也。贵国大政，无容置喙。或以我国维新三十年之经历，而从贵国之利害关系出发，略陈一二。所幸者，今日平和，比之于昨，倍加亲密。故倘蒙垂询，必当赤诚敷陈。

廖：单云变法图强，其实谈何容易。曾见所上新政之事，虽所言洵洵繁繁，不免庞杂纷纭。窃见革新之道，因循轨辙为上。

伊：余为首相时，贵国裕公使奉恭亲王之命，询问改革兵制之意见。其时余云：改革兵制之要着，为士官之培养，须精选一二学校，培养士官，并置于贵国大皇帝直接管辖之下，此为最先要务。其他再分缓急疾徐，渐次实行。今请言新政事，恐亦留于空谈。贵大皇帝锐意图新，实贵国千秋大事，何物当急，何物当缓，必顺序以进。应详加规划，理其端绪，全仗贵大臣等辅翼。

庆：尊教谨领。唯我国数千年积习，一朝尽改新法甚难。敢问贵国维新，循序渐进，至今端绪如何？

伊：当年艰难情形，可谓"多"矣。贵国今亦如此，凡攘夷锁国，舆论一变，而行维新开国之策，确非一夕之间能告成功者。而国是既定，方针既明，则初期犹为抱守旧固陋之见者，略与持新见者相半。待政策渐次执行，利益渐明，以开明导顽冥不灵，恰似霜雪逢旭日而消释也。

廖：我国改革之必要，如燃眉然。今日年老因循守旧顽固者，概行罢斥，而易以壮年新进熟谙洋务者，果如何？愿闻高见？

伊：以学术、识见、经验言之，皆老成练达之士，不能易之。有关国家利益得失之举，尤应慎重周详，切忌轻躁之行为。若是老成练达之人适于佐助改革方针之确立，而盛壮气锐之士则擅事务之协理。变法须细细考虑，而非猝然急激，否则，乱阶将起。

（此时王大臣以下相顾而首肯。）

庆：贵国安备取法于泰西，已然盛矣。敢问教练之法如何？

伊：军备、兵卒之强弱，悉赖士官，故设立士官学校，为一国军备之第一关头。士官之教养，于兵卒训练有决定作用。

庆：贵国士官学校似我国武备学堂，约有几所？情形如何？

伊：陆海军各为一大学校，讲究各自专门之学术，又别为参谋学校，学习测图、运筹等学。今我陆海军指挥训练兵卒之名将皆入此类学校，刻苦钻研，备尝艰苦，而效果则且大速。

廖：贵国已富强，敢问富国之道如何？基本取之于海关税否？

伊：否。国家之本，岂在关税；富源之民，在于殖产。而机器制造、火轮运输等事极为必要，是为巩固国家财政之要素，不可蔑视。故政府设制造所、铺设铁路，利民生，拓利源，为最便之法。即以千国之海关税，移民财于国库而富，且谓之本，谬甚。

（此后庆亲王等问及我国铁道全由外国人建造，相与咨嗟，谈犹未尽。是日，李鸿章亦访问。告别时，约明日午后二时诸王大臣赴公使馆回拜。归时，午后三时。）

黄绍海译

〔说明〕本件录自《伊藤关系文书》未刊部分《伊藤博文清国行关系资料》，日本国会图书馆藏，原编号 215941。手稿，用日本国驻清公使馆八行笺，连封面共十一页。

附录三

清国皇帝陛下谒见之次序

森泰二郎

（明治三十一年九月二十日于西苑门内勤政殿。）

明治三十一年九月二十日（八月初五日），伊藤侯爵谒见清国皇帝之次序。

谒见前，先由清国总理各国事务衙门王大臣照会林权助公使，函云：

径启者：本月初五日，大皇帝御勤政殿接见伊藤侯相。当于是日九点钟专弁赴贵馆导引伊藤侯相偕贵署大臣暨翻译、随员等于十点半钟到西苑门内朝房稍憩恭候。午初刻，大皇帝接见，即希贵署大臣转达伊藤侯相为荷！专此，顺颂时祉。八月初四日。①

是日，总理衙门派武弁赵源等八名来馆导引。午前九时二十分出东安门，经景山，由西华门至西苑门。同行者有伊藤侯爵、林代理公使、郑领事、郑通译官、大冈育造、头本元真、森泰二郎、时冈茂弘。一行轿车自西苑门入宫，总理衙门大臣崇礼、廖寿恒、王文韶、裕禄、张荫桓等以下十余名迎候，过太液池，右经金鳌玉东桥左折朝房前，庆亲王相接，导至朝房休息，约三十分钟，于午前十一时至勤政殿，谒见清国皇帝。

伊藤侯爵：外臣博文，此次前来贵国，原系自行游历，今蒙召见，殊为光荣，不胜荣幸。大皇帝近日变法自强，力图振作，此于亚东局面之保全，实关重要。博文回国，当告知我国皇帝知之，当必欣悦。愿大皇帝永保盛业，长享景福。

清国皇帝：久闻贵爵大名，今得延见，深感满意。

伊：今日召见，得见龙颜咫尺，蒙褒辞，荣幸之至。

皇帝：贵爵于何日由日本启程？

伊：于一月前就道。曾在朝鲜勾留十余日，再来贵国。

皇帝：一路平安否？

伊：托大皇帝洪福，一路平安。

皇帝：贵国大皇帝想必玉体康健。

伊：此次漫游，陛辞前，敝国皇帝甚为康健。

皇帝：贵国自维新后，庶绩咸熙，皆出自贵侯手定，各国无不钦仰，无不赞美，朕亦时佩于心。

伊：过分褒奖，何以克当。敝国政务，皆由朝廷擘画，外臣惟靖

---

① 日本外务省档案《伊藤公爵清国巡回一件》，附函与此同，末为"名内具"，下注"庆亲王、王文韶、裕禄、崇礼、廖寿恒、张荫桓"。编号 P，V，M，2811—2812。

供职守，为所当为而已。

（此时皇帝与庆亲王耳语移时。）

皇帝：贵国与我国同洲，相距较近。我中国近日正当维新之时，贵爵曾手创大业，必知其中利弊，请为朕详晰言之，并望与总署王大臣会晤时，将改革顺序、方法告之。

伊：敬遵谕旨。他日如承王大臣下问，当竭其所知以告。

皇帝：愿今后两国邦交从此益敦。

伊：我国天皇陛下圣意实亦在此。比来两国臣民交谊日益加密，故邦交必能因之益固。

皇帝：贵爵拟在中国盘桓几时？

伊：原拟勾留两礼拜，据目下情况，尚须多留七八日。

皇帝：前时贵爵至我国系在何年？

伊：十四年前初诣京师，嗣后曾至上海及南方各处。

皇帝：现拟再游历何处？

伊：现拟至上海一行，再往长江游历。

皇帝：朕愿贵爵一路平安。

伊：敬谢大皇帝厚恩。

（觐见毕，再至朝房，赐酒果，与王大臣告别，循旧路归，时午后一时二十分。）

〔说明〕本件录自《伊藤关系文书》未刊部分，日本国会图书馆藏，编号 215941，稿本，共七页，似亦为森泰二郎所记。光绪二十四年(1898 年)九月十六日《昌言报》第八册曾据日本《梅尔报》译出，问答内容与此相同。

附录四

游清纪语

《台湾日日新报》

自清廷政变以来，各国论说纷纭，或谓皇帝与康有为等谋废太后，故有是变。或曰不然。本年五月，皇帝亲政而后，太后意中已思废帝密计。十月，皇帝巡幸天津时举事。皇帝知之，乃预召袁世凯入京，授以侍郎高官，托以保护重任。袁虑事难持，密诏告荣禄，故变兴如是速，遂以皇帝自保之谋诬为谋废太后。宫闱肇祸，确据未昭。兹闻我伊藤侯游清轶事，当九月十九日政变之前一天，康有为谒侯于公使馆。其一席之话谈，颇足记之，以资阅者参考也。

是日午后三时，侯援康氏互叙瞻仰数言，康氏即请侯曰："君侯来游，正敝邦锐意革政时，敝邦志士，深望君侯惠教，维持东方大局。"侯逊谢曰："鄙人性好游览，环地球各国名胜，足迹殆遍。此次之到贵国，亦欲玩山川风景，不敢与人家国也。"康氏曰："虽然，但我皇上决图变法，以贵国与敝邦同洲、同种、同文、同俗，更加亲睦。原欲师法贵国，草泽士民，亦同此志。君侯幸教之。"侯曰："贵国欲变法，要先除自尊自大陋习。世界不论何种人，皆生长天地间，岂彼贱我贵，可以自称中华而称他人皆夷狄哉？"康氏曰："此种议论，敝邦四五年以前人多持之，甲午以后，大梦为贵国警醒，已无复如此者矣。"侯曰："学士喜妄发议论，排斥外国，当使知外国，亦有好处。小民每好闹教，杀外国人，宜戒勿然，是贵国最要策。"康氏爰慨然曰："君侯何轻蔑敝邦之甚也。此种议论，发之在三年以前，对老耄大臣言之则可。若敝邦近年士大夫，年齿三十以下者，已知此议。各地学校、学会、新闻、杂志纷纷并起，民间知识大开。明此议者，十中亦有六七，无待君侯言之。今仆所欲闻于君侯者，乃大学专门学条理，而君侯仅授之诵读之方，非仆所望也。"侯曰："请问贵国数月来变法决图，而推行未效，何故？"康氏曰："行改革事，必全体俱改革方可。若此事改，彼事不改，则劳而无效。又若枝叶改，本原不改，则尤劳而无效。此理我皇上知之甚明，极欲改革全体，且极欲从本原起，奈皇上全权不属，欲改革事，经费多少苦心，而有时此事能变，彼事不能变。夫变法非变本原则积弊难除，虽行新政，适多贪劣人开营私舞弊之路。且中外大官，共知皇上无全权，一切改革诏旨莫敢奉行，视为一纸空文，皇上无如之何，此推行所以未效耳。"侯曰："贵国君权专制无限，环地球之所知。今贵皇上无全权云何？"康氏曰："皇上嗣位，虽阅二十余年，其实权在太后手里，皇上深知中外情形、本国危急，故决意改革。太后反之。不知中外情形、本国危急，故不欲改革。且太后所接见者，惟所信用之满人，如庆亲王、荣禄、刚毅、怀塔布、立山、崇礼一流，皆绝少见识，并昧五大洲名，何知外国情形？彼常相谓改革，唯利汉人，满人不利。凡倡论改革者，皆阴谋叛逆人。此种议论日入于太后耳。自数月来皇帝一事改革，彼等必环跪而请太后曰：'如此，则我满人仕宦途绝，衣食路穷。'太后常惑其言。所以皇上意其改革，必几次泣谏太后，乃得渐行一事，事难如此，而彼等明知皇上失权，奉改革语，亦不遵行。皇上怒彼辈已久。日前因王照条陈一事，遽治怀塔布等抗旨之罪，未请（示）太后，而日来怀塔布等数十满人，相率跪太后前大哭，请禁皇上改革。我皇上位地如此，改革艰难，愿君侯察其情也。"

维时伊藤侯闻康有为言其皇帝欲行变法，为太后所阻，因太息曰："天无二日，民无二王。今国权出两途，革新诚难矣哉！"康氏曰："今日救敝邦之计，但能致太后明晓中外情形，不阻改革，皇上自得行其志。"侯曰："如何得致太后明晓情形。"康氏曰："皇帝之所以能明晓者，由常读书，多见臣下。太后则反之。所见之人皆极顽固者流。于接见时，唯唯诺诺，无一忠言谠论者，情形安得明晓。仆等汉臣，俱系小臣，欲觐太后，以达言语难遂。若君侯入见太后，肯为剀切陈说一切情形，感动太后回心转意，实敝邦之福也。"侯曰："依欧美礼，外臣既得谒见皇帝，则必得谒见太后以及皇后。惟贵国严别，恐欲谒见太后不能。"康氏曰："今年德国亨利亲王来游，太后也接见之。君侯为亚洲大名人，太后必欲接见。"侯曰："既如此，则仆谒见太后，当尽忠告。"康氏曰："太后听满洲党谮言已多，彼等皆诬皇上以狂病，心存废立，未知确否？虽然，君侯见太后时，请极言皇帝贤明行改革事，为诸外国所深喜。"侯曰："诺。"康氏又曰："君侯见太后时，请极言各国相迫，外患甚急，断行改革，则中国尚能自立，不然，必难当各国分派，共祸害不可胜言。"侯曰："诺。"康氏又曰："君侯见太后时，请极言倡论改革多士，皆具忠心为国家谋幸福，无他意者。改革若决行也，不独汉人享其利，满人亦享其利。改革若不行也，则不独汉人受其祸，满人亦受其祸。"侯曰："诺。"康氏又曰："君侯见太后时，请极言满人、汉人，同为清国赤子，如一母生两子，岂可认兄为子，而认弟为贼哉！满汉界限，切不可分。"又曰："君侯见太后时，请极言今日要务，宜引见汉臣通外事者以资访问，勿徒受满洲一二老臣壅蔽，尤勿听宦官宫妾播弄，而要与皇帝共讲求变法条理。"侯连答皆诺之。康氏色怡曰："君侯能为太后逐一言此，则一席话足救我中国四亿万人，岂惟敝邦幸福，东方局面，地球转运，实系在君侯焉。"侯曰："公等赤心，仆所敬服。仆必以尽心于敝邦者，移以尽忠于贵国也。"

时自三点钟晤谈至是，已觉暮色苍然，座皆举烛。康氏不敢久缠，约叙寒暄数语而别。

据此席之问答，则太后与皇帝，其龃龉之由来，盖非一朝一夕矣。康氏心急佐帝，而无如职小势孤，谋疏气盛，以致所有空谈，多酿实祸。阅者揣其所言，可略悟清廷近事。我伊藤侯欲尽忠告，卒不果者，则因政变既兴，太后未尝接见，即令请见太后，而其时亦非可言之时矣。

〔**说明**〕《游清纪语》载《台湾日日新报》明治三十一年（1898 年）十一月十三日、十五日。按：此项问答，《闽报》光绪二十四年八月引《台湾日日新报》曾有记载，《戊戌变法上谕》亦转录（光绪二十六年十月排印本）。内容略同，然不若此之详备。《康南海自编年谱》"光绪二十四年戊戌，四十一岁"亦记："故见伊藤博文而不请救援，但请其说太后而已。"与此亦相符合。

附录五

伊藤侯论支那

《清议报》

十二月十日，宪政党张盛宴，以宴伊藤侯。是日赴会者，二百八十余人。主人板垣伯先起，简叙开会主意，次伊侯登坛演说漫游清国情状。其言曰：

顷辱诸君盛意相邀，用不敢辞。仆自本年六月辞官投闲，于七月漫游支那、朝鲜两地，敢以沿途耳目之所闻见言之，支那外情不难窥悉，惟欲深察其内情，以定其指归，则极难矣。询之久居该土之诸国人，亦悉以为然。盖其政府处此时艰，内无人才，而列强对彼之状，亦互相睥睨，有朝不及夕之急焉。势已至此，则其亦酬应四方之不暇，又何暇标立政策以当外交之艰局哉！惟其貌为镇静，故亦无人能详解其大势终如何也。盖今所论东洋之大局，则视中国之大势如何，其蕞尔如朝鲜者，固不可同日而语也。今试论中国内政，于九月下旬有政变之事，其革进党平日所画策经营者，一旦归于蹉跌，夫所以革进不可已者，谁复敢挟异论于其间哉！惟仆察彼所谓革新党者之所为，其画策未可谓尽得其当。窃料其事难成，果不出数月，其党立败，进锐速退，自然之理，然遽于有以数千年所继承之文物制度，以及土风民俗，一旦革故鼎新，此岂一朝一夕之所能哉，必俟有英迈逸群之帝者出，而以才识卓拔之士为之辅弼，然后能创立一大英业也。今若此，则其现有之势力，岂足以保卫其国乎？兵之不备，政之不修，政府之威，不能保卫其国，不待智者而知之，而其所以能保今日者，实赖因循之旧势，仅足以维持政纲而已。然此亦暂为目前之计，决不能恃为久安之策也。今也各省叛贼蜂起，而其政府之兵威，犹不足戡定匪类，以保其良民，又安能得对峙列强之间，以保持其封疆乎哉！

势既如此，亚东之时局，可不谓危急乎？然而亚东之局，由其惹起各国之纷纠，诚恐不免波及于我，如向之花梳打事件，欧人相争之故，其一电一报即危及于我，此诸君所触目者也。此时仆犹在上海，而英国舰队咸令集于威海卫，此盖非为中国北部政变之事，而实起于花梳打事件，蒸酿于英、法之间。今据某通人之言曰，现北京政变，各国皆欲乘虚以动，频加警戒。方此时突有此事，而列国对峙之势未保，恐有乘机挑发不测之变于北部者。英国聚耀军舰于威海之意，盖在此焉。但聚耀兵威，未足以为患也。然若各国互弄兵威，酿成互角之势，则锋烟弹雨之惨，亦将不可测焉。

〔**说明**〕《伊藤侯论支那》载《清议报》第一册，光绪二十四年戊戌十一月十一日出版，注明"译《东京日日新闻》"，因有记伊藤来华和伊藤对"政变"及对资产阶级改良派的看法等记载，故附于此。

关于戊戌政变的一项重要史料

——毕永年的《诡谋直纪》

毕永年是19世纪末20世纪初，和资产阶级革命派、改良派都有关联的人物。但他的遗文很少，方行同志编辑《樊锥集》时，曾注意搜集毕永年遗文，也只从书刊中掇拾少量残片。1983年11月，我在日本东京大学讲学和做研究，蒙冈山大学文学部助教授石田米子先生赠以木堂（犬养毅）纪念馆所藏书翰，内有毕永年笔谈、题诗，当即抄交中华书局编辑部，请补入《樊锥集》作为附录。次年，又在日本外务省档案《各国内政关系杂纂》中国之部《光绪二四年政变光绪帝及西太后ノ崩御袁世凯ノ免官》第1卷1门6类1项4-2-2号内，见有上海总领事代理一等领事小田切万寿之助上外务次官都筑馨六《湖南地方ノ近况及毕永年著〈诡谋直纪〉送达ノ件》，附毕永年《诡谋直纪》（下简称《直纪》）。凡四纸，抄件，用上海日本总领事馆信笺，系毕永年在1898年9月12日（七月二十七日）至9月21日（八月初六日）的日记，亦即记到政变发生为止，书名则为清政府官僚所拟。《直纪》记录政变前夕，后党环视，阴云密布，康有为、谭嗣同等筹商对策的具体情节，多为一般史籍所未载，对研究中国近代史，特别是戊戌变法史有着重要史料价值。

一

《直纪》原文是：

七月二十七日，到京，暂寓广升店。

二十八日，上午九时，往见康，仆即移寓南海馆中，与湖南宁乡人钱维骥同室，旧友乍逢，欣慰之至。且得悉闻康之举动，盖钱亦有心人也。

二十九日，偕康至译书局，接见田山、泷川、平山、井上四氏，康但欲见井上，而不愿见平山。谓平山乃孙文党也，且责仆不应并约四人同来，殊可笑矣。夜九时，召仆至其室，谓仆曰："汝知今日之危急乎？太后欲于九月天津大阅时杀皇上，将奈之何？吾欲效唐朝张柬之废武后之举，然天子手无寸兵，殊难举事。吾已奏请皇上，召袁世凯入京，欲令其为李多祚也。"仆曰："袁是李鸿章之党，李是太后之党，恐不可用也。且袁亦非可谋此事之人，闻其在高丽时，自请撤回，极无胆。"康曰："袁前两日已至京，吾已令人往远处行反间之计，袁深信之，已深恨太后与荣禄矣。且吾已奏知皇上，于袁召见时，隆以礼貌，抚以温言，又当面赏茶食，则袁必愈生感激而图报矣。汝且俟之，吾尚有重用于汝之事也。"

八月初一日，仆见谭君，与商此事。谭云："此事甚不可，而康先生必欲为之，且使皇上面谕，我将奈之何？我亦决矣，兄能在此助我，甚善。但不知康欲如何用兄也。"午后一时，谭又病剧，不能久谈而出。夜八时，忽传上谕，袁以侍郎候补，康与梁正在晚餐，乃拍案叫绝曰："天子真圣明，较我等所献之计，尤觉隆重，袁必更喜而图报矣。"康即起身命仆随往其室，询仆如何办法。仆曰："事已至此，无可奈何，但当定计而行耳。然仆终疑袁不可用也。"康曰："袁极可用，吾已得其允据矣。"乃于几间取袁所上康书示仆，其书中极谢康之荐引拔擢，并云："趣（赴）汤蹈火，亦所不辞。"康谓仆曰："汝观袁有如此语，尚不可用乎？"仆曰："袁可用矣，然先生欲令仆为何事？"康曰："吾欲令汝往袁幕中为参谋，以监督之，何如？"仆曰："仆一人在袁幕中，何用？且袁如有异志，非仆一人所能制也。"康曰："或以百人交汝率之，何如？至袁统兵围颐和园时，汝则率百人奉诏往执西后而废之可也。"仆曰："然则仆当以何日见袁乎？"康曰："且再商也。"正谈之时，而康广仁、梁启超并入坐。梁曰："此事兄勿疑，但当力任之也。然兄敢为此事乎？"仆曰："何不敢乎？然仆当熟思而审处之，且尚未见袁，仆终不知其为何如人也。"梁曰："袁大可者，兄但允此事否乎？"仆此时心中慎筹之，未敢遽应，而康广仁即有忿怒之色。仆乃曰："此事我终不敢独任之，何不急催唐君入京而同谋之乎？"康、梁均大喜曰："甚善！甚善！但我等之意，欲即于数日内发之，若俟唐君，则又多需时日矣。奈何？"踌躇片刻，乃同至谭君之室商之。谭曰："稍缓时日不妨也，如催得唐君来，则更全善。"梁亦大赞曰："毕君沉毅，唐君深鸷，可称两雄也。"仆知为面谀之言，乃逊谢不敢焉。康曰："事已定计矣。汝等速速调遣兵将可也。"乃共拟飞电二道，速发之而催唐氏。

初二日，早膳后，仆终不欲诺此事，又不知康氏如何令我见袁之法。且为时甚迫，而尚不令我见袁，则仓猝之间，彼此交浅，何能深言，又何能行事耶！心中不决，乃与广仁商之。广仁大怒曰："汝等尽是书生气，平日议论纵横，乃至做事时，乃又拖泥带水。"仆曰："非拖泥带水也。先生欲用我，须与我言明办法，我一命虽微，然不能糊涂而死也。且事贵审谋熟虑。先生既令我同谋，何以我竟不能置一辞乎？且先生令我领百人，此事尤不可冒昧。盖我系南人，初至北军，而领此彼我不识之兵，不过十数日中，我何能收为腹心，得其死力乎？即起孙、吴于九原，而将此百人，亦无十数日即可用之理。况我八岁即随父叔来往军中，我知其弊甚悉。我以一有母丧之拔贡生，专将此兵，不独兵不服，即同军各将，皆诧为异事也。"广仁不悦，冷笑而出。夜七时，忽奉旨催康出京。仆曰："今必败矣，未知袁之消息如何？"康曰："袁处有幕友徐世昌者，与吾极交好，吾将令谭、梁、徐三人往袁处明言之，成败在此一举。"仆乃将日中与广仁所言告康，康亦盛气谓仆曰："汝以一拔贡生而将兵，亦甚体面，何不可之有？且此事亦尚未定，汝不用先虑也。"仆知广仁谮我，盖疑我为利禄之徒，以为我欲得官也，可笑，可笑。

初三日，但见康氏兄弟等纷纷奔走，意甚忙迫。午膳时，钱君告仆曰："康先生欲弑太后，奈何！"仆曰："兄何知之？"钱曰："顷梁君谓我云：先生之意，其奏知皇上时，只言废之，且俟往围颐和园时，执而杀之可也，未知毕君肯任此事乎？兄何不一探之等语。然则此事显然矣，将奈之何？"仆曰："我久知之，彼欲使我为成济也，兄且俟之。"是夜，康、谭、梁一夜未归，盖往袁处明商之矣。

初四日，早膳后，谭君归寓，仆往询之，谭君正梳发，气恢恢然曰："袁尚未允也，然亦未决辞，欲从缓办也。"仆曰："袁究可用乎？"谭曰："此事我与康争过数次，而康必欲用此人，真无可奈何。"仆曰："昨夜尽以密谋告袁乎？"谭曰："康尽言之矣。"仆曰："事今败矣，事今败矣。此何等事，而可出口中止乎？今见公等族灭耳，仆不愿同罹斯难，请即辞出南海馆而寓他处，然兄亦宜自谋，不可与之同尽，无益也。"午后一时，仆乃迁寓宁乡馆，距南海馆只数家，易于探究也。

初五日，天甫明，仆即往南海馆探之，康已急出京矣。探谭君则已迁寓浏阳馆。午十二时，广仁及梁君两降阶迎仆，携仆手曰："兄来甚善，我等欲荐兄往李提摩太之寓，为其笔述之任，可乎？"仆诧曰："我非来京觅食者，因先生命我留京，欲令我助彼，故我滞此多时。今先生既出京，而前事已作罢论，则仆亦须东往日本，践徐君之约矣。仆岂来京觅食者乎？"即愤然辞出。夜十时，即致一书与谭，劝其速自定计，无徒死也。并致一书与梁作别，梁复书欲仆于次日午十二时在寓候彼，尚有多事相商。并云："公行何神速也。"

初六日，早七时，仆急驰出京，而十时即有围南海馆之事。①

《直纪》是日本驻上海总领事代理一等领事小田切万寿之助在报告后面所附抄送日本外务省的，据小田切报告，这是戊戌政变后，自"湖南唐才常等改革党等处搜查"所得，抄件用的是"上海日本总领事馆"信

---

① 明治三十二年二月八日，机密第 12 号，受第 276 号附件，总 491315—491318 号。

笺，来源是有据的。

从《直纪》的内容来看，它确是出于毕永年之手，不是他人所能"伪造"或"代笔"的。举例来说：

第一，《直纪》谓"七月二十七日，到京"，次日"移寓南海馆中，与湖南宁乡人钱维骥同室"。查冯自由称，毕永年"闻谭嗣同居京得志，乃北上访之，嗣同引见康有为"①。谭嗣同于光绪二十四年（1898年）七月五日到京，七月二十日"加四品卿衔，在军机章京上行走"，参预新政事宜。《直纪》载其"七月二十七日，到京"，时日可信。钱维骥住北京南海馆，因与康有为同址，于"八月初六"被捕去，也见《康南海自编年谱》"光绪二十四年"条。

第二，《直纪》"七月二十九日"记："偕康至译书局，接见田山、泷川、平山、井上四氏，康但欲见井上，而不愿见平山。谓平山乃孙文党也，且责仆不应并约四人同来，殊可笑矣。"记康氏语气，情态逼真。又，井上雅二本年有日记，夏历七月二十九日，当公元9月14日，井上是日记曰："看到了康有为、梁启超、张元济、谭嗣同等改革派志士。"七天前（七月二十二日）记曰："同湖南有志之士毕永年乘英舰北行。"②平山周也说："平山抵烟台，曾一登陆，适毕永年自上海至，因同船至天津，偕进北京。"③此后，井上屡记唐才常、毕永年事，则毕永年导井上、平山等见康有为，凿凿可靠，可证《直纪》之真。

第三，《直纪》"八月初一日"记："夜八时，忽传上谕，袁以侍郎候补。"查光绪皇帝于"七月二十九日"召袁世凯至京师。本日，赏"以侍郎候补，责成专办练兵事务"，见《德宗景皇帝实录》卷四二六第一页。

第四，《直纪》"八月初一日"记，毕永年建议"催唐君（才常）入京而同谋之"，得到康有为、梁启超的赞同，"乃同至谭君（嗣同）之室商之"，于是"共拟飞电二道，速发之，而催唐氏。"查唐才常之弟唐才质回忆："时务学堂被顽固派勒令改组的前夕（1898年9月下旬），先长兄应谭嗣同电召，将赴北京参与机要，才抵汉口，忽闻政变发生，万

① 冯自由：《毕永年削发记》，《革命逸史》初集第74页。
② 并上雅二：《世路日记》第九册，手稿，日本明治文库藏。
③ 平山周：《中国秘密社会史》第144页，商务印书馆1912年版。

分骇愕，折回湖南。"①唐才质在政变前后追随唐才常，到过日本，所记自属可信，而《直纪》中所述电召唐才常，出于毕永年的推介，则为其他书籍所未载。

《直纪》所载康有为等对袁世凯的幻想，以及"劝袁兵谏"诸事，在《康南海自编年谱》、梁启超《戊戌政变记》、袁世凯《戊戌日记》中也有印证。因此，《直纪》是毕永年赴京后的日记，来源是有据的，资料是可信的。

二

《直纪》可贵之处，在于它载录了政变前夕资产阶级改良派在后党政变阴谋渐露的情况下筹商对策，拉拢袁世凯的具体情节，留下了一份当时的原始记录。

光绪二十四年四月二十三日，光绪皇帝下"定国是诏"，宣布变法后，新旧斗争一直十分激烈。只要看"百日维新"中，光绪皇帝曾十二次赴颐和园去见慈禧，说明光绪不敢公然违反隐持国家大权的慈禧的意旨，也说明了光绪所以去"请安驻跸"，是为了去窥探慈禧的意旨，且担心变法的失败。例如，四月二十六日，光绪至慈禧处，次日即谕将翁同龢开缺回籍，命王文韶入京，以荣禄暂署直隶总督。五月初四日，再至慈禧处，当天即授荣禄为文渊阁大学士；次日，实授荣禄为直隶总督兼北洋大臣。可看出光绪之无权和后党首先从人事安排上布置的活动。此后，光绪曾数至慈禧处（五月十四日、二十二日、三十日，六月十三日，七月初一日），这时虽说是"太后方园居，厌其烦，遂谕帝但无违祖制，可自酌，帝稍稍得自行其志"②。实际上后党正在从容布置，待机而动。所以"请安驻跸"后，仍即颁布新政"上谕"。七月初七日，光绪至慈禧处后，次日还宫，即谕知阅兵日程，这时后党的阴谋已渐暴露。七月十九日，光绪将礼部尚书怀塔布等六大臣革职，二十日，赏杨锐、刘光第、林旭、谭嗣同加四品卿衔，在军机章京上

---

① 唐才质：《唐才常和时务学堂》，《湖南历史资料》1958 年第 3 期。

② 金梁：《四朝佚闻》卷上《德宗》。

行走。以后怀塔布、杨崇伊等先后到天津看荣禄，阴谋筹划政变。光绪害怕"今朕位几不保"，于是在七月三十日、八月初二日接连发出两道"密诏"，交杨锐、林旭传出，嘱"妥速筹商，密缮封奏"。

康有为等看到"密诏"后，"跪诵痛哭激昂，草密折谢恩并誓死救皇上"。他们看到情况紧迫，决定拉拢袁世凯，《直纪》对筹商、拉拢经过，记录甚详，可供参考。

过去，对这段经历，康有为、梁启超虽都提到，但语焉不详。《康南海自编年谱》只记看到"密诏"后，"大众痛哭不成声，乃属谭复生入袁世凯寓所，说袁勤王，率死士数百扶上登午门而杀荣禄，除旧党"。梁启超《戊戌政变记》也只言谭嗣同"初三日夕"往访袁世凯，对如何筹商，筹商时的争论等都较缺略。只在冯自由《革命逸史》中看到下列一段记述：

> 有为方交直隶按察使袁世凯，有兵围颐和园擒杀清西后之阴谋。以司令艰于人选，知永年为会党好手，遂欲委以重任，使领兵围园便宜行事。永年叩以兵队所自来，则仍有赖于袁世凯，而袁与有为本无关系。永年认为此举绝不可恃，遂拒绝其请，且贻书嗣同历陈利害，劝之行，嗣同不果，于是径赴日本。

这段记载，因缺旁证，致晚近治史者很少援用。但从《直纪》看来，冯自由的记载，倒是有根据的。

毕永年到了北京，移住南海馆，和康有为在一起，第二天就约日本人平山周等访问康有为。当天晚上，康有为告诉毕永年"今日之危急"，说"太后欲于九月天津大阅时杀皇上"，准备发难勤王，"召袁世凯入京"。毕永年认为，"袁是李鸿章之党，李是太后之党，恐不可用"，康则信而不疑。八月初一日，毕永年又与谭嗣同商量，谭也以为，"此事甚不可，而康先生必欲为之"。晚间，"忽传上谕，袁以侍郎候补"，康有为以为"袁必更喜而图报"，要毕永年到袁世凯"幕中为参谋，以监督之"，幻想"袁统兵围颐和园时"，由毕永年"率百人奉诏往执西后而废之"。毕表示不能"独任"，提出催唐才常"入京而同谋之"，谭同意催唐，但主张"稍缓时日"。初二日，毕永年因"为时甚迫，而尚不令我见袁"，"心中不决"，和康广仁商量，康广仁责以"拖泥带水"，彼此不悦；毕永年又找康有为，有为说是"不用先虑"。初三日，谭嗣同夜访袁世凯，"说袁勤王，率死士杀荣禄，除旧党"①。初四日，毕永年向谭嗣同询问，谭"气恢恢然曰：'袁尚未允也，然亦未决辞。'"并告以"尽以密谋告袁"。毕以为"事今败矣"，嘱谭嗣同"自谋"，自己也迁寓宁乡馆。初五日，康有为已"急出京"，康广仁、梁启超想介绍毕永年到李提摩太处"为其笔述之任"，毕见"诸事已作罢论"，"即愤然辞出"；夜十时，致书谭嗣同，"劝其速自定计，无徒死"。初六日，政变发生。

毕永年在叙述这段事迹时，有几点值得注意：

第一，资产阶级改良派在考虑拉拢袁世凯时，意见并不一致，且曾有过争论，到袁世凯处夜访的虽然是谭嗣同，但提出这项主张的却是康、梁。谭嗣同为此事"与康争过数次，而康必欲用此人，真无可奈何"。梁启超《戊戌政变记》没有记录当时密商细节，只言谭嗣同"径造袁所寓之法华寺"，劝以"勤王"的经过，以致有人误以为拉拢袁世凯由谭嗣同提出，这是不对的。

第二，康有为等人要拉拢袁世凯，是因为袁世凯惯使两面派手法，迷惑了改良派。当初强学会筹组时，袁世凯联系募捐；又主张"淘汰旧军，采用西法练兵"，假装"维新"。袁世凯对当时帝后的争夺权利也是嗅觉很灵，一方面夤缘于荣禄之门，另一方面又到翁同龢那里"谈时局"，脚踏两只船，骗取双方信任。康有为也不是不知道袁世凯和荣禄的关系，但当光绪皇帝的处境日益危急的时候，康有为认为"拥兵权，可救上者，只此一人"，叫徐仁禄到小站去探视袁世凯虚实。袁世凯装着恭维改良派，徐仁禄用话激他："康有为等屡次向皇上荐举你，皇上说：'荣禄讲过，袁世凯跋扈，不可大用。'不知你为何与荣禄不洽。"袁世凯佯作恍然大悟的样子，说："昔常熟（翁同龢）欲增我兵，荣禄谓汉人不能任握大兵权。常熟曰：曾、左亦汉人，何尝不能任大兵？然荣禄卒不肯增也。"②康有为听到徐仁禄的报告，对袁世凯放心了，自拟折稿，请侍读学士徐致靖奏荐袁世凯，说袁世凯"深娴军旅"，"智勇兼

---

① 袁世凯：《戊戌日记》。

② 《康南海自编年谱》"光绪二十四年，四十一岁"。

备"，"请予破格之擢，俾增新练之兵，或畀以疆寄，或改授京堂，使之独当一面，永镇畿疆"①。光绪于七月二十六日发出上谕："电寄荣禄，着传知袁世凯，即行来京陛见。"八月初一日，光绪召见了他，暗示袁世凯，以后不必受荣禄节制，并破格提拔他为候补侍郎，办理练兵事宜。当晚康、梁正在晚餐，"忽传上谕"，"乃拍案叫绝曰：'天子真圣明，较我等所献之计，尤较隆重，袁必更喜而图报矣。'"增加了对袁世凯的幻想，加速了"请袁勤王"的步伐。

袁世凯继续耍弄两面派手法，一方面对光绪的"特恩"表示感激涕零，另一方面又到礼亲王世铎、庆亲王奕劻，以及刚毅、裕禄，王文韶、李鸿章等旧臣处尽力周旋。

尽管如此，袁世凯的突然被召见和超擢，仍然引起后党的不安。他进京后，荣禄就制造"英俄在海参崴开战"的谣言，借机调董福祥军驻长辛店，调聂士成军驻天津，"防袁有变"②。就在这时，光绪"十分焦灼"，发出"密诏"。康有为在八月初三日接到"密诏"后，决定由谭嗣同去"说袁勤王"。《直纪》记载："是夜，康、谭、梁一夜未归，盖往袁处明商之矣。"

谭嗣同深夜往访，袁已"探知朝局将变"，正赶写奏折，想提前请训回津，听到"新贵近臣，突如夜访"，立即"停笔出迎"。谭嗣同说："公受此破格特恩，必将有以图报，上方有大难，非公莫能救。"又说："荣某近日献策，将废立弑君，公知之否？"③他要"说袁勤王"。袁世凯看到谭嗣同"声色俱厉，腰间衣襟高起，似有凶器"，知道他"必不空回"，便诳说："你以我为何如人？我三世受国恩深重，断不至丧心病狂，贻误大局，但能有益于君国，必当死生以之。"④

袁世凯骗走谭嗣同后，"反复筹思，如痴如病"。感到光绪皇帝没有实权，改良派也是书生空谈，慈禧太后却是柄政多年，根深蒂固。投靠光绪，自身不保；投靠慈禧，高位易得。就在初五日请训后，袁

<hr>

① 《署礼部右侍郎徐致靖折》，《戊戌变法档案史料》第164—165页。
② 苏继祖：《清廷戊戌朝变记》。
③ 袁世凯：《戊戌日记》。
④ 《康南海自编年谱》"光绪二十四年，四十一岁"。

世凯立即向荣禄告密，出卖改良派。次日，政变发生。

参稽《直纪》所载，对资产阶级改良派拉拢袁世凯的具体经过，可以得到比较清楚的认识。

第三，资产阶级改良派对袁世凯的两面态度，也不是没有觉察。毕永年就认为，"袁亦非可谋此事之人"，"极无胆"，"终疑袁不可用也"。谭嗣同也认为"说袁勤王"，"此事甚不可"。谭嗣同在"将奈之何"的情况下夜访袁世凯后，也是"气恨恨然"，感到"袁尚未允"，感叹"康必欲用此人，真无可奈何！"

然而，康有为却对袁世凯幻想极大，一则曰："已令人往远处行反间之计，袁深信之，已深恨太后与荣禄矣。"再则曰：光绪召见"隆以礼貌，抚以语言"，"袁必愈生感激而图报矣"。三则曰："袁极可用，吾已得其允据矣。"四则曰："袁处有幕友徐世昌者，与吾极交好，吾将令谭、梁、徐三人往袁处明言之，成败在此一举。"梁启超也认为"袁大可者"，康广仁还责备毕永年的怀疑是"拖泥带水"。

《直纪》不但逐日记录了筹商的情节，留下了一份研究政变史的绝好史料，而且对袁世凯的两面态度也有刻画。如记康有为"于几间取袁所上康书示仆，其书中极谢康之荐引拔擢，并云'趣（赴）汤蹈火，亦所不辞'"，使康有为认为这是"允据"，反诘毕永年："汝观袁有如此语，尚不可用乎？"又记谭嗣同夜访袁世凯后，谭嗣同虽感"袁尚未允"，又感"尚未决辞"，难于捉摸。

其实，要说康有为对袁世凯完全深信不疑，也恐怕未必如此，他在"尽以密谋告袁"后，就"急出京"，也感到事态的严重。只是因为后党阴谋已露，而"握兵权，可救上者，只此一人"。终于幻想超过理智，信任超过防范，于是孤注一掷，铤而走险，也就是他自己说的"成败在此一举"。

那么，《直纪》的发现，对研究各个人物在维新运动时期的表现，也有参考价值。

三

政变发生后，毕永年即出逃日本，谒见孙中山。不久，唐才常亦避地日本，"永年乃介绍之见总理于旅次，对于湘、粤及长江沿岸各省之起兵策画有所商榷"。毕、唐都主张孙、康两党联合进攻之议。因康有为坚持保皇，"性情固执，势难合作"，孙中山"乃派永年偕日人平山周赴湘、鄂各地视察哥老会实力，居湘、鄂逾月始东渡复命"①。日本冈山木堂纪念馆所藏毕永年笔谈、题诗，正是毕永年赴日、返国时所写。笔谈原文是：

> 先生见教极是，湘人素称勇悍，仿佛贵邦萨摩。今回因西后淫虐已极，湘人激于义愤，咸思一旦制其死命。仆远在此间，不知湘中刻下已有举动否？但昨飞电急催，则情形可想，如已箭在弦上，不得不发，则将来各国干预时，亦望贵国出而干预，则仆等自有成算，惟先生察已。

旁边注文："毕永年，湘南人，字松琥。"似为犬养毅所注，则本件或为毕永年和犬养毅会晤时的笔谈。

题诗《留别同志诸君子》：

> 日月久冥晦，川岳将崩摧。中原羯虏沦华族，汉家文物委尘埃。又况惨折忠臣燕市死，武后淫暴如虎豺。湖湘子弟激愤义，洞庭鼙鼓奔如雷。我行迟迟复欲止，蒿目东亚多悲哀。感君为我设饯意，故乡风味俨衔杯。天地澄清今有待，大东合邦且徘徊。短歌抒意报君贶，瞩看玉帛当重来。

笔谈提到"今回因西后淫虐已极，湘人激于义愤，咸思一旦制其死命"，似乎矛头还只针对慈禧太后。而题诗则云"中原羯虏沦华族，汉家文物委尘埃"，反清的民族色彩，已溢于言表。这是因为毕永年本来和秘密会党有联系，赴日本后又受孙中山的影响，从而逐渐倾向革命。

一个多月后，毕永年经湖南、湖北回到日本，告诉孙中山"哥老会各龙头多沉毅可用"。孙中山"遂力主湘、鄂、粤同时大举之策。因使永年二次内渡，偕各龙头赴香港谒陈少白、杨衢云等商量合作方法"。

---

① 冯自由：《毕永年削发记》，《革命逸史》初集。

永年遂于 1899 年冬偕杨鸿烈、李云彪、辜天祐、辜鸿恩、张尧卿、师襄等人至港，毕永年曾"提出兴中、三合、哥老三大团体公推孙总理为总会长之议"①，并引导杨鸿烈、李云彪等往日本谒见孙中山。1900年夏，毕永年同杨、李诸龙头居沪，"日促总理克期大举，以乏饷械故，迟迟未得确讯"。这时，唐才常正在上海发起正气会。毕永年感到正气会宣言书既曰"低首腥膻，自甘奴隶"，又说"君臣之义，如何能废?"是自相矛盾，"以此相驳诘"，唐才常说是"须恃保皇会款接济，为权宜计，不得不措辞如是"。永年"大非之"，而杨、李诸龙头在上海又"浪用无度"，"向才常报名领款，愿为勤王军效力"。毕永年力劝唐才常和康有为断绝关系，唐不肯从。毕永年受种种刺激，"遂愤然削发，自投普陀山为僧"，他曾贻书平山周，说"举国之人，无不欲肥身赡家以自利者，弟实不愿与斯世斯人共图私利，故决然隐遁，归命牟尼"。②

毕永年政变后赴日，幻想"各国干预"，自立军起义时愤而削发，有着一定局限。但从《直纪》和笔谈、题诗看来，他在政变前夕，参预筹商对策，力言袁世凯之"不可用"，以及"举事"之欠"审谋熟虑"。赴日后谒见孙中山，有着反清的民族意识。此后，他多次回国，联络会党，酝酿"大举"，并劝导唐才常和康有为断绝关系，不失为一位有志之士。在 19 世纪末 20 世纪初，改良和革命尚未明确划分界限之时，毕永年可说是随着时代步伐不断前进的人物，只是因为遗文较少，史书鲜载，以致对毕永年思想的研究目前尚乏专文。为此，将海外新发现的《直纪》、笔谈、遗诗等进行汇录、考释，也许能对读者有所帮助。

原载《中华文史论丛》1986 年第 1 辑

---

① 据平山周《中国秘密社会史》云："毕永年偕湖南哥老会头目七人抵香港，与三合会头目及兴中会领袖晤，相约组织兴汉会，推孙为首领。"

② 平山周：《中国秘密社会史》第 146 页；冯自由：《毕永年削发记》，《革命逸史》初集。

关于光绪"密诏"诸问题

戊戌政变前夕，光绪皇帝颁发的两道"密诏"，是研究维新运动的重要资料，也是康有为后来保皇活动的重要凭借。然而，当初"密诏"发布即有人发生怀疑①，和康有为一起流亡日本的王照也说是"伪作"②。这些年来，"密诏"的来源、时间、内容、性质诸问题，不断引起人们的注意，如黄彰健先生即有专文考核，爬梳资料，反复论辩③。我过去也曾对此试作剖析，但未鞭辟入里④。这些年续有所得，特别是曾经赴日讲学，接触到档案、报刊，有助对"密诏"问题的探索。本文准备就旧有的、新见的各种文献，提出对"密诏"的一些看法。

一

"密诏"是怎样露布的？刊发中又有哪些变动？这是首先要弄清的问题。

较早提到"密诏"的是 1898 年 9 月 27 日（光绪二十四年八月十二日）的《字林西报》，谓："闻本月初二日，皇上曾密谕康有为作速出都，

---

① 如《深山虎太郎与康有为书》云："独闻足下去国，因奉有衣带密诏，故出疆求救云云，则仆未足解天下之惑。"并以康有为"迟迟而去，悠悠而行"和在烟台购物，不径去"外国而赴上海"，疑"密诏"为伪。

② 王照《与木堂翁笔谈》："今康刊刻露布之密诏，非皇上真密诏，乃康伪作者也。"见《关于戊戌政变之新史料》，天津《大公报》1936 年 7 月 24 日《史地周刊》。

③ 黄彰健：《康有为衣带诏辨伪》，《戊戌变法史研究》，1971 年 6 月台版。

④ 汤志钧：《关于康有为的密诏》，《戊戌变法史论丛》，湖北人民出版社1957 年版。

此间怨家太多，不宜久处。"提到"密谕"。接着，香港《孖剌报》《中国邮报》China Mail）刊载该报记者 10 月 6 日（八月二十一日）与康有为的谈话①。10 月 17 日（九月初三日）的《字林西报》简述谈话内容后，录有"密语"英译。10 月 19 日（九月初五日），上海《新闻报》的《国事续闻》二十六，载康有为的《公开信》，中附"密诏"，并于 10 月 24 日（九月初十日）由《字林西报》译出。10 月 25 日（九月十一日），《台湾日日新报》有《清帝密谕》，谓"从友人处抄得康主事有为所奉密诏两道，乃洞明是事之源委，爰急刊布以告天下"，下有诏文。12 月 21 日（十一月初九日），日本外务省收到日本驻上海总领事代理一等领事小田切万寿之助的抄送。《康有为事实》和康有为《奉诏求救文》，录有两道"密诏"②。《台湾日日新报》在 1899 年 1 月 29 日（十二月十八日）又将《奉诏求救文》刊出。5 月，梁启超《戊戌政变记》印出，在第二篇第三章《戊戌废立详记》中也将"两谕揭载"③。

至于康有为，在旅日期间也多次谈到"奉诏求救"，如《戊戌八月国变记事四首》的第三首谓："吾君真可恃，哀痛诏频闻。"第四首谓："南宫惭奉诏，北阙人无军。"④在《保救大清皇帝会例》中第一条称，"遵奉圣诏"⑤，后面附有谕文。《保皇歌》亦云："痛衣带诏之求救兮，伊中

---

① 谈话记录为《字林西报》1898 年 10 月 15 日（九月初一日）转载，译文见《戊戌变法》第三册第 506—511 页，"密诏"略去。

② 《康有为事实》和《奉诏求救文》，均见日本外交史料馆：外务省档案《各国内政关系杂纂》中国之部 1-6-1-4-7-2，前者编号为 491183—491211，后者编号为 491222。又，此项档卷，曾编入《日本外交文书》第三十一卷第二册，有"密诏"全文。

③ 《戊戌政变记》初在《清议报》连载，自第一册至第十册而止，当 1898 年 12 月 23 日（光绪二十四年十一月十一日）至 1899 年 4 月 1 日（光绪二十五年二月二十一日），没有第二篇。1899 年印行单行本时始补入，《出书广告》见《清议报》第十三册，光绪二十五年三月二十一日出版。又日本外务省档案秘甲 204 号，有《清国人书籍出版ノ件报告》，专门报告《戊戌政变记》出版。报告为 5 月 28 日，知 5 月已出，但《饮冰室合集》本则有删改，内容也有更动。

④ 康有为：《戊戌八月国变记事四首》，《清议报》第一册，见汤志钧：《康有为政论集》第 379 页，中华书局 1981 年版。

⑤ 《亚东时报》第二十一册，1900 年 4 月 28 日版，《康有为政论集》第 415 页。

外而求索。"①1900 年 10 月（庚子九月）还写《上皇帝书》，"历陈奉诏出行，开会筹救，万国尊信，公请复辟情形"②。慈禧死后，杨锐之子杨庆昶于 1909 年（宣统元年）将第一道"密诏"呈缴都察院，赵炳麟"疏请宣付实录"③，并将此诏录入赵氏所编《光绪大事汇编》卷九。后来罗惇曧《宾退随笔》也录两诏④。康有为去世后，《康南海先生墨迹》印行，中有"密诏"两通，但它是抄件。

　　"密诏"刊布情况，略如上述。

二

　　如今看到的光绪皇帝"密诏"，来源不一：一是杨锐之子杨庆昶缴呈的第一诏，即《光绪大事汇编》卷九所载；二是报刊上登出的两道"密诏"全文，如《新闻报》《字林西报》《台湾日日新报》；三是罗惇曧之由王式通、赵熙"录以见示"的；四是康有为、梁启超记述的，如《保救大清皇帝公司序例》《奉诏求救文》《致英国驻华公使照会》⑤《戊戌政变记》《康南海先生墨迹》。

　　在这四类中，罗惇曧所录第一诏来自杨庆昶所缴呈，文字稍异（见后），第二诏或据报刊传抄。至于报章所载，最早刊登的《新闻报》，前有康有为的信件，日本外务省档案和《台湾日日新报》也是附在康有为《奉诏求救文》之后。那么，两通"密诏"的来源，实际是两个：一是杨锐之子，一是康、梁。前者只有一道，后者则有两谕。

　　这两道"密诏"，第一道由杨锐之子缴呈都察院，赵炳麟据以录入，这时慈禧、光绪刚死不久，在他的呈文中，述及手诏"令其珍藏"及杨锐"复奏大纲"的经过⑥，自有根据，赵炳麟据以录出，当为可靠。两

---

①　见《康有为政论集》第 419 页。

②　《清议报》第六十七册，光绪二十六年十一月一日出版。

③　赵炳麟：《谏院奏事录》卷六《请宣布德宗手诏编入实录疏及再疏》。

④　见《庸言》第一卷第三号。

⑤　"署光绪二十四年"，见蒋贵麟编：《万木草堂遗稿外编》下册第 521 页，台北成文出版社 1978 年版。

⑥　黄尚毅：《杨叔峤先生事略》，《杨叔峤文集》卷首，成都昌福公司刷印本。

诏全文之用中文刊出，则最早为 1898 年 10 月 19 日的《新闻报》。这样，要探索"密诏"的真伪及其演变，就得首辑赵炳麟所录和《新闻报》刊出的"密诏"。今先论第一诏：

第一，诏文据赵炳麟所录为：

> 近来朕仰窥皇太后圣意，不愿将法尽变，并不欲将此辈老谬昏庸之大臣罢黜，而用通达英勇之人令其议政，以为恐失人心。虽经朕屡次降旨整饬，而并且随时有几谏之事，但圣意坚定，终恐无济于事。即如十九日之朱谕，皇太后已以为过重，故不得不徐图之，此近来之实在为难之情形也。朕亦岂不知中国积弱不振，至于阽危，皆由此辈所误。但必欲朕一旦痛切降旨，将旧法尽变，而尽黜此辈昏庸之人，则朕之权力实有未足。果使如此，则朕位且不能保，何况其他？今朕问汝：可有何良策，俾旧法可以全变，将老谬昏庸之大臣尽行罢黜，而登进通达英勇之人令其议政，使中国转危为安，化弱为强，而又不致有拂圣意。尔其与林旭、刘光第、谭嗣同及诸同志妥速筹商，密缮封奏，由军机大臣代递。候朕熟思，再行办理，朕实不胜十分焦急翘盼之至。特谕。

罗惇曧《宾退随笔》即源自杨锐之子所缴①。

第二，第一次密诏，据《新闻报》1898 年 10 月 19 日《国事续闻》二十六所载则为：

> 朕维时局艰难，非变法不能救中国，非去守旧衰谬之大臣不能变法，而太后不以为然，朕屡次几谏，太后更怒。今朕位几不保，汝可与杨锐、刘光第、谭嗣同、林旭诸同志妥速密筹，设法相救。朕十分焦灼，不胜企望之至。特谕。

日本外务省档案《奉诏求救文》后所附，"非去守旧衰谬之大臣"下加"而用通达英勇之士"，后面"汝可与杨锐、刘光第、谭嗣同、林旭"下增"及"字。1898 年 10 月 25 日《台湾日日新报》作"汝可与谭嗣同、林旭、

---

① 罗惇曧：《宾退随笔》，"通达英勇"作"英勇通达"，"全变"作"渐变"，"熟思"下增"审处"二字，余尚略同。

杨锐、刘光第及诸同志"。《保救大清皇帝公司序例》在"今朕位几不保"下，作"汝康有为、杨锐、林旭、谭嗣同、刘光第与诸同志"，其余与《奉诏求救文》所附相同。

《致英国驻华公使照会》作"而用英勇之士"，下为"汝可与谭嗣同、林旭、杨锐、刘光第及诸同志"。

《戊戌政变记》第二篇《戊戌废立详记》所附，则为"而太后不以为然"作"而皇太后不以为然"，下面也作"汝康有为、杨锐、林旭、谭嗣同、刘光第可与诸同志"。

《康南海先生墨迹》抄录此诏，作"汝可与谭嗣同、林旭、杨锐、刘光第及诸同志"，与《台湾日日新报》同。又"而用通达英勇之士"，则添加于右侧。

此外，苏继祖《清廷戊戌朝变记》则"而用通达英勇之士"作"而用通达少年之士"，下作"汝与康有为等同心设法相救"。

根据上述，第一次"密诏"来源不一，内容有异，除杨庆昶所缴外，余几都出康、梁之手，而文字也有不同。

杨庆昶所缴"密诏"（下简称"杨本"），既有源由，语气亦合。而出自康、梁的"密诏"（下简称"康本"），则与之不同。主要差异是：

第一，"杨本"是"仰窥皇太后圣意，不愿将法尽变"，感到自己"权力实有未足"，既想改变旧法，而又不敢"有拂圣意"，从而颁诏，嘱"妥速筹商"。词意婉转，内容近实。而"康本"则一开始就从"朕维时局艰难，非变法不能救中国"着眼。"杨本"只说如果"痛切降旨"，将"旧法尽变"，则"朕位且不能保"；"康本"则作"今朕位几不保"，语气大有差别。

第二，"杨本"作"尔其与林旭、刘光第、谭嗣同及诸同志妥速筹商，密缮封奏"，而"康本"初刊时作"汝可与杨锐、刘光第、谭嗣同、林旭诸同志妥速筹商，密缮封奏"。查"密诏"交杨锐传出，谕中"尔"应指杨锐，不应再有"杨锐"之名；下面为林旭、刘光第、谭嗣同三人，则传谕军机四卿，原无康有为之名。"康本"在《新闻报》初刊时，"尔"作"汝"，说是"汝可与杨锐、刘光第、谭嗣同、林旭"云云，变为"密诏"是交给康有为的了，后来且写成"汝康有为……"，把康有为的名字都写上去了，显然，中经窜改①。

照此说来，"杨本"和"康本"的不同在于："杨本"只说变法危机，嘱军机四卿想出既能"转危为安"，又不"有拂圣意"的"良策"，而"康本"则明言"朕位几不保"，嘱"设法相救"（"设法相救"四字，即为"杨本"所无）。"杨本"的"尔"指杨锐，谕交四卿，"康本"的"汝"指康有为，后来且径添康名②。显然，"杨本"是真诏，而"康本"则经改窜。它不是一般传抄错误，而是另缮重写；不是稍有增删，而是改易谕意。关键之处是"设法相救"和把"密诏"说成是写给康有为的。

至于光绪皇帝的第二道"密诏"，在《新闻报》最早时作：

> 朕今命汝督办官报，实有不得已之苦衷，非楮墨所能罄也。汝可速出外，不可迟延。汝一片忠爱热肠，朕所深悉。其爱惜身体，善自调摄，将来更效驰驱，朕有厚望焉。特谕。

《台湾日日新报》为"汝可迅速出外"，"将来更效驰驱"下增"共建大业"四字。

《保救大清皇帝公司序例》《戊戌政变记》《宾退随笔》有首三句，下与《台湾日日新报》同。

日本外务省档案则作"汝可迅速出外国求救"，下有"共建大业"③。

《康南海先生墨迹》中"共建大业"四字则添加于右侧④。

第二道"密诏"是给康有为的，与第一诏之另有杨庆昶缴呈之本不同，它既乏原件，又只有康有为一个来源，无法判定是"真诏"。但即就康有为历次所说，也有不同。如最初只有"汝可速出外"，后来在《奉

---

① 即第二次"密诏"，也作"汝"，未见康有为之名。

② 即袁世凯：《戊戌日记》亦谓谭嗣同见到"密诏"后，至袁世凯处出示"墨笔"所书，也说"亦仿佛上之口气"，下云："饬杨锐、刘光第、林旭、谭嗣同另议良法"，只有四卿，没有康名。

③ 《日本外交文书》第三十一卷第一册第714页载此诏，"求"下落"救"字。

④ 《康南海先生墨迹》所载两道"密诏"，旁边均有增添，第一诏增"而用通达英勇之士"，第二诏增"共建大业"，《台湾日日新报》、日本外务省档案并同，可知同一来源。又，第一诏所讲，杨庆昶缴呈之件中有此句，想系康有为后来忆及补上；而第二诏是否原有"共建大业"，则值得怀疑。

诏求救文》下加了"国求救"三字，意义就大不相同。至少可说"国求救"三字是初刊没有，后来出现的，"共建大业"四字也值得怀疑①。

照此说来，两道"密诏"，均有改篡。其关键之处，除表示写给康有为外，是在"设法相救""出外国求救"处。第二诏加上"国求救"三字，又是在《奉诏求救文》后添加上去，为"奉诏""出外国求救"张本的。

三

由于康有为将"密诏"改篡，王照又称为"伪作"，引起了人们的怀疑，甚至怀疑光绪曾否有此诏书，而予根本否定的。我认为，这还得具体分析。

第一，光绪皇帝是曾经发下两道"密诏"的。第一通"密诏"交由杨锐带出，宣统元年，杨锐之子缴呈都察院，说明确有其事。又据《谕折汇存》："三十日，召见军机及崇礼、杨锐。"七月三十日，即第一诏发出之期。第二诏于八月初二日由林旭传出，同日，光绪颁发明谕："着康有为迅速前往上海，毋得迟延观望。"②"密诏"首言"朕今命汝督办官报，实有不得已之苦衷"。明谕饬其迅速离京，"密诏"再予慰勉，合乎情理。再查《谕折汇存》："八月初二日，召见军机及袁世凯、成勋、周莲、陈春瀛、林旭。"与《康南海自编年谱》"初三日早，暾谷持密诏来"，以及梁启超《南海先生诗集·明夷阁诗集》下"按语"，"第二次乃八月初二日，由四品卿衔军机章京林旭传出者"相合。即袁世凯在八月初三日见谭嗣同持来墨笔所书"密诏"，也说"仿佛亦上之口气"，知"密诏"是

---

① 据《康南海自编年谱》说，康有为接"密诏"后，曾草疏谢恩，并"誓死救皇上，令暾谷持还缴命"（见《戊戌变法》第四册第 161 页）。查康有为《谢奉到衣带密诏折》作"迅速出外"，有"共建大业"，无"国求救"，仅折后谓"臣奉诏求救"，见康同璧编：《万木草堂遗稿》卷三。又康有为未刊文稿《请钦派督办官报折》也无"国求救"，但有"共建大业"。《南海先生墨迹》在致李提摩太第三书后所附诏文也作"迅速出外"，"共建大业"则添加在右侧。《台湾日日新报》、日本外务省档案等也就有了"共建大业"。

查《墨迹》两诏添加两句，均涉传本有无，自滋疑窦。

② 《德宗景皇帝实录》卷四二六第 2 页。

确实有的。

第二，王照称之为"伪作"，但他并未说没有"密诏"。政变发生，王照和康有为、梁启超同往日本，在他和犬养毅的笔谈中，就承认有此"密诏"。他说：

> 皇上本无与太后不两立之心，而太后不知，诸逆贼杀军机四卿以灭口，而太后与皇上遂终古不能复合。今虽欲表明皇上密诏之实语，而无证矣。惟袁世凯亦曾见之，而军机之家属亦必有能证者。然荣禄、刚毅谮皇上以拥太后，此时无人敢代皇上剖白作证，天下竟有此不白之事。①

这件笔谈，甚为重要，他不但说明确有"密诏"，还说"诸逆贼杀四卿以灭口"。他提到的袁世凯、四卿家属"必有能证者"也有根据。袁世凯《戊戌日记》既有记载，杨锐家属又持以缴呈，可见王照是承认光绪发过"密诏"的。

王照"笔谈"主要说明光绪"本无与太后不两立之心"。据杨庆昶缴呈第一诏，也言"仰窥皇太后圣意"，对变法"以为过重"，想望能有"使中国转危为安，化弱为强，而又不致有拂圣意"的办法。但它恰恰承认有"皇上密诏之实语"。

再看王照所说"伪作"，见后来发表的他和木堂翁（即犬养毅）的笔谈②，原文是：

> 皇上密谕章京谭嗣同等四人，谓朕位今将不保，尔等速为计划，保全朕躬，勿违太后之意云云。此皇上不欲抗太后以取祸之实在情形也。另谕康有为，只令其速往上海，以待他日再用，无令其举动之文也。……今康刊刻露布之密诏，非皇上真密诏，乃

① 王照与犬养毅笔谈，日本冈山木堂纪念馆藏，手迹一纸，边注"王照，北京人，礼部主事"。下揭"木堂翁笔谈"，木堂即犬养毅，但它是后来刊发在《大公报》上的。

② 又此项笔谈，以《关于戊戌政变之新史料》在天津《大公报》发表。谓"录王照与木堂翁笔谈"，系"香港某君邮来，盖转辗抄传者"，但日本冈山木堂纪念馆未见此件。

康伪作者也。

这里，他还是承认有"密谕"，是有"真密诏"的，而说如今康、梁所传播的，则为伪作，这也是符合事实的。他说"皇上密谕章京谭嗣同等四人"与杨庆昶缴呈第一诏既相一致，上揭《新闻报》最初露布时的第二诏，也只有"迅速出外"，没有"令其举动之文"，即《康南海先生墨迹》在致李提摩太书后抄附密诏，也无"求救"二字。康、梁在政变后传播的"密诏"，是可以称之为"伪作"的。

又查陈少白《兴中会革命史要》："而在康有为此次来京的时候，都说是奉了光绪皇帝的衣带诏，要他到外国请兵求救的。人问他要密诏看时，他又说临出京时，因某事之必要，已经烧掉了。"康有为连光绪给他的第二诏也拿不出来，增加了人们对光绪要他到"外国请兵求救"的不相信。

康有为将第一诏改为写给他自己的，无非表示他奉有衣带之诏，是"奉诏"的，是能代表光绪旨意的。至于加上"设法相救""出外国求救"，又是他为政变后流亡海外、保皇复辟做舆论准备，表示"奉诏求救"。

康有为最早在报刊登出"密诏"时，就有了"奉诏求救"的设想。当时，他曾分函中、西各报，要求"遍告天下"。中文报中，《新闻报》说是，"本馆虽用华文，本系西报，故将原函不易一字，并所抄之密谕二道照录于后"。康有为的原信是：

善长大人足下：天祸中国，际此奇变，吕、武临朝，八月五日遂有幽废之事，天地反复，日月失明，天下人民，同心共愤。皇上英明神武，奋发自强，一切新法次第发行，凡我臣庶，额手欢跃。伪临朝贪淫昏乱，忌皇上之明断，彼将不得肆其昏淫，而一二守旧奸民复环跪泣诉，请其复出（以革怀塔布之故，此事皆荣与怀赞成之者）。天地晦冥，卒致幽废。伪诏征医，势将下毒。今实存亡未卜，诚人神之所共愤，天地之所不容者也。伪临朝毒我显后，鸩我毅后，忧愤而死我穆宗，今又幽废我皇上，罪大恶极，莫过于此。仆与林、杨、谭、刘四君同受衣带之诏，无徐敬业之力，只能效申包胥之哭。今将密诏呈上，乞登之报中布告天下（中文报不能登，西文报亦可）。皇上上继文宗，帝者之义，以嫡母为母，不以庶母为母，伪临朝在同治则为生母，在皇上则先帝之遗妾。再《春秋》之义，文姜淫乱，不与庄公之念母，生母尚不能念，况以昏乱之宫妾而废神明之天子哉！若更能将此义登之报中（中西文皆可），遍告天下，则燕云三十六州，未必遂无一壮士也。专候近妥，弟某叩首。

信中称慈禧为"伪临朝"，称幽废光绪，"罪大恶极"，提出"无徐敬业之力，只能效申包胥之哭"，表示要"奉诏""出外求救"了。

这时，康有为避居香港，他对香港《中国邮报》记者的谈话中也说："皇上命我到外洋去为他设法求援，因此我打算立即动身到英国去。英国是以世界上最公正的国家驰名的。……依据我个人的想法，英国如果能利用这个机会支持中国皇帝和维新党，是于他本身有利的，因为这样去做，就无异乎同时也协助了中国人民，而中国人民则会视英国为他们最好的、最可靠的朋友。如若英国不能及时而起，那末西伯利亚铁道一旦竣工，恐怕俄国势力就会在全国各地取得压倒一切的优势。如果英国能协助皇帝复辟，我将毫不踌躇地说，皇帝和维新党的领袖们都不会忘记他的盛情。"①说是光绪命他到"外洋去为他设法求援"，表示要动身到英国"求救"了。

接着，康有为发出《奉诏求救文》，首数慈禧"大罪"十条，继言光绪"勤政爱民，大开言路"等"圣明"。末谓："凡我大夫君子、志士仁人，咸为大清之臣民，其忍戴异姓之淫子乎？""若屈膝以事伪主，甘心而立牝朝，则万国攘臂而仗义，天下裂眦而公愤"。至于康有为自己"过承知遇，毗赞维新，屡奉温室之言，密受衣带之诏"，准备"效申包胥之痛哭，普天洒血，遍地飞霜"，请求"大地数十友邦吊吾丧乱"。下面就附两道"密诏"，说明他是"奉诏求救"。怎样"求救"呢？在第二道"密诏"中加上了"迅速出外国求救"，到哪个外国去"求救"呢？主要目标除上面提到的英国外，还有日本。

① 译文见《戊戌变法》第三册第512—513页。

康有为等资产阶级改良派对英国和日本存有幻想，是和当时国际、国内的形势有关的。由于慈禧亲俄，沙俄在华势力的扩大，英国、日本与之有矛盾，曾想支持一个符合英、日利益的政府。康有为等也希望英、日能够扶植维新运动。他们对帝国主义是这样认识的："联俄则燃眉噬脐，旦夕即成异类；联日以联英，则皮肤之癣，犹可补救于将来。"①

早在维新运动期间，康有为等改良派就已向往英、日的"支持"了。他们不止一次地鼓吹与英、日联盟②。北京强学会筹组时，英国李提摩太"曾来会"，"并得到英国公使欧格讷很大的鼓励"③，"使改良派感到深刻的兴趣"。政变前夕，康有为建议李提摩太担任光绪皇帝顾问，且授意宋伯鲁、杨深秀疏荐，以为"借箸之筹"④。这时，日本伊藤博文来华，康有为访诸使署，告以光绪之无权，慈禧之掣肘，顽固守旧大臣之阻挠，并请伊藤博文于觐见慈禧时"剀切陈说"，以使"太后回心转意"⑤。他们对英、日存有幻想。

英、日两国对维新运动也曾表示关注。政变发生，英国驻华公使窦纳乐在北戴河度假，立即电告英国外交大臣索尔兹伯里，还通知英国驻华海军司令西摩"迫切需要他带着舰队开到大沽"。梁启超的出亡，也是在日本的帮助下潜逃的。

康有为、梁启超在逃亡时，一方面刊发"密诏"，散布"奉诏求救文"，另一方面也展开了"求救"活动。如上所述，康有为在香港即准备"动身到英国去"，并"先告英使署参赞，及上海领事、香港总督，请其电英廷相救"；还谒见英国子爵柏丽斯辉，"请其出力相救"⑥。在康有

①　唐才常：《论中国宜与英日联盟》，《湘报》第二十三号，光绪二十四年三月十一日出版。

②　如上揭唐才常：《论中国宜与英日联盟》；又如康广仁撰《联英策》，《知新报》第四十五册，光绪二十四年二月十一日出版。

③　李提摩太：《留华四十五年记》，译文见《戊戌变法》第三册第555页。

④　宋伯鲁：《请速简重臣结连与国折》，《戊戌变法档案史料》第170页，杨深秀折见同书第15页。

⑤　《游清纪语》上、下，《台湾日日新报》明治三十一年十一月十三日、十五日。

⑥　康有为：《谢奉到衣带密诏折》。

为未刊稿中，有《致英国驻华公使照会》，内引"密诏"，说是"游走万国，涕泣陈辞"，请求"奏明"英国政府"主持公义，调兵会议，速为救援"①。1899年春，在加拿大发表演说："欲将中国危亡之故，陈说于英女皇前，请英皇能开导中国西太后，令其勿复死心庇俄，以误其国。"②到了伦敦，康有为还想"运动"英国干涉中国内政，扶助光绪复辟。

康有为、梁启超逃亡日本前后，也不忘"求救"。梁启超、王照于1898年9月27日（八月十二日），在大岛军舰中，上书伊藤博文，请他与英美诸公使商议，揭破慈禧"欲弑寡君之阴谋，诘问其幽囚寡君之何故"，"若大皇帝有大故，某等各国将下国旗绝邦交，兴问罪之师，代支那讨弑君贼"，并请营救谭嗣同等③。康有为也请犬养毅予以"支持"④。10月2日，康有为又上书近卫笃麿，说明"受衣带之诏，万里来航，泣血求救"⑤。

康有为把他向英国、日本的"求救"活动，说是"奉诏求救"，因为"密诏"中有他加上的"设法相救""出外国求救"的字样。

结果，日本政府在清政府的交涉下，不让康有为居留日本。1899年4月3日，康有为终于自横滨渡太平洋赴加拿大。与此同时，英国的态度也已改变，为了保持其既得的侵华利益，转而支持慈禧统治。10月13日，英国公使窦纳乐在给外交大臣索尔兹伯里的报告中说："我认为中国的正当变法，已大大被康有为和他朋友们的不智行为搞坏了。"⑥对改良派表示不满。19日，索尔兹伯里同日本驻英公使加藤高明谈话时，即认为"不必担心外国利益会因反改革运动（政变）而受到特

① 见蒋贵麟：《万本草堂遗稿外编》下册第521—522页。

② 《清国逋臣行踪》，见《清议报》第十四册，光绪二十五年五月初一日出版。

③ 《伊藤博文关系文书》八《外国人书简》卷八第413—414页，墙书房1980年版。

④ 康有为与犬养毅笔谈记录，共二纸，日本冈山县木堂纪念馆藏。

⑤ 《近卫笃麿日记》第二卷第184—185页，鹿岛研究所出版社昭和四十三年六月版。

⑥ 《英国蓝皮书》1899年第1号第401号文件。

别的损害，中国的政治将如以往那样发展下去"①。英国已无意支持康有为"逐去西后而复扶皇上"。

即使如此，康有为仍旧没有忘记"奉诏求救"。1899 年 7 月 20 日（六月十三日），他组织保皇会，《保救大清皇帝会例》第一条即称，"此会钦奉光绪二十四年七月二十九日皇上交军机杨锐带出康工部密诏"云云②。此后，又托英国公使交李鸿章代递折，说是"臣奉循衣带，仰天痛心。蹈日本而哭庭，走英伦而号救，洒泪以宣圣德，雪涕以厉国民，奔走经年，往还重溟"③，特别提到英国、日本，说是"蹈日本""走英伦"，是实践他的"奉诏求救"。

由于第一道"密诏"有"妥速筹商，密缮封奏"的话语，康有为再加上自己的名字，表示"奉诏"。第二道"密诏"最初发表只有"迅速出外"，这个"出外"，对照当天光绪公开的明诏，是"着康有为迅速前往上海"，"出外"，是叫他离开北京，后来康有为却以"出外国求救"，标明"求救"。这样一来，两个"密诏"，就成为"奉诏求救"的根据。

康有为要扶植光绪复辟，排除后党统治，借助于光绪皇帝的"密诏"；为了使"奉诏求救"有"合法"的根据，不惜把"密诏"改篡，而篡入的语句，关键在"奉诏求救"。他在政变后的一系列活动，诸如攻击慈禧"淫昏"，表扬光绪"圣德"，散发公开信，组织保皇会，以致奔赴英、日，"运动"干涉内政，都和"密诏"有关。那么，研究政变前夕的帝后党争和政变后康、梁的思想及活动，对探索"密诏"的真相，无疑是有帮助的。

原载《近代史研究》1985 年第 4 期

---

① 《日本外交文书》第三十一卷第一册第 685 页。
② 见《康有为政论集》第 415 页。
③ 见《康有为政论集》第 454 页。

附录一

《字林西报》载第一道"密诏"英译

We know that the Empire is in very troublous times. Unless we adopt Western methods，it is impossible to save our Empire；unless we remove the old-fashioned Conservative Ministers and put in their stead young and intelligent men possessed of a knowledge of Western affairs，it is impossible to carry out the reforms we had intended. But the Empress Dowager does not agree with me；we have repeatedly advised Her Majesty，but she becomes more and more enraged. We are now afraid that we will not be able to protect our Throne. You are hereby commanded to consult with Yang Jui，Liu Kuang-ti，Tan Tze-tung and Lin Hsiô and all who hold similar principles and see what assistance you can give to save us. We are very anxious and distressed and are anxiously waiting for your assistance.

《字林西报》1898 年 10 月 24 日，即光绪二十四年九月初十日

附录二

《新闻报》载《初一日交杨锐带出朱笔密谕》

朕维时局艰难，非变法不能救中国，非去守旧衰谬之大臣不能变法，而太后不以为然。朕屡次几谏，太后更怒。今朕位几不保，汝可与杨锐、刘光第、谭嗣同、林旭诸同志妥速密筹，设法相救。朕十分焦灼，不胜企望之至。特谕。

《新闻报》1898 年 10 月 19 日，光绪二十四年九月初五日

附录三

《台湾日日新报》载第一道"密诏"

朕维时局艰难，非变法不能救中国，非去守旧衰谬之大臣不能变法，而太后不以为然。朕屡次几谏，太后更怒。今朕位几不保，汝可与谭嗣同、林旭、杨锐、刘光第及诸同志妥速密筹，设法相救。朕十分焦灼，不胜企望之至。特谕。

《台湾日日新报》明治三十一年十月二十五日《清帝密谕二道》

附录四

《字林西报》载第二道"密诏"英译

We have command you to superintend the establishment of the Official Organ. It is strongly against our wish. We have very great sorrow in our heart, which cannot be described with pen and ink. You must proceed at once abroad and devise means to save us without a moment's delay. We are deeply affected with your loyalty and faithfulness. Please take great care of yourself in health and body. We earnestly trust that before long you will be able to assist us again in reorganising our Empire, and to put everything upon a proper basis. This is our earnest desire.

《字林西报》1898 年 10 月 24 日，即光绪二十四年九月初十日

附录五

《新闻报》载《初二日交林旭带出朱笔密谕》

朕今命汝督办官报，实有不得已之苦衷，非楮墨所能罄也。汝可

速出外，不可迟延。汝一片忠爱热肠，朕所深悉。其爱惜身体，善自调摄，将来更效驰驱，朕有厚望焉。特谕。

《新闻报》1898 年 10 月 19 日，光绪二十四年九月初五日

附录六

《台湾日日新报》载第二道"密诏"

朕今命汝督办官报，实有不得已之苦衷，非楮墨所能罄也。汝可迅速出外，不可迟延。汝一片忠爱热肠，朕所深惜。其爱惜身体，善自调摄，将来更效驰驱，共建大业，朕有厚望焉。

《台湾日日新报》明治三十一年十月二十五日

附录七

奉诏求救文

钦差督办官报事工部主事康有为撰

昊天不吊，我中国我四万万人，不类不祥，诞有伪临朝太后那拉氏毒害我家邦，光绪二十四年八月五日，遂有幽废我皇上之事。日月黯明，天地震动，呜呼痛哉！我皇上勇知天锡，神武绝出，通万国之故，审时变之宜，哀中国之阽危，悯生民之涂炭，忧勤图治，发愤自强。自四月以来，亲断庶政，明诏屡下，百度维新。以开创为守成，以变通济时难。万方不得康乐，则引为失职。山谷不闻新政，则引为大耻。疴瘰之抱，哀痛之诏，此禹、汤之高躅，而近世所未闻者也。加以广悬爵铎，采及刍荛，大纵士民之上书，以觇国人之才识。致有野民渔人，亦争云事，纸用长条，字不抬头，皇上但笑置之，并加采纳。又有丑辞痛诋，峻责圣躬，枢臣拟旨，请加严罪。圣上乃谓广开言路之时，不宜有所诛责，恐壅人言，大度容之。皇上屋黝不涂，桌

破不修，毡旧不易，恭俭仁厚，岁费仅数万金。勤学好问，神谟远虑，任贤则直推心腹，去佞则若拔恶草，绝无嗜好，日以忧国保民为事。薄海臣庶，莫不欢欣距跃，回首面内，冀望太平。

当此四海之困穷，恭遇圣人之在位，海疆渺渺，虽怵土地之割分，明诏煌煌，真信吾君之可恃。乃伪临朝那拉氏，蛇虺为心，狐蜮成性，向怙大权，久思幽废。长麟、汪鸣銮之贬谪，文廷式、安维峻之放流。皇上名为垂衣，实同守府，幸能遵晦，故获少安。顷以圣明英断，猜忌更深，与其私人荣禄，公然废我神主，幽我民父。举清四万万之人民，而鬻为奴隶，举中国四千年之文治，而悉加灰灭。夫废我二十四年之圣主，实亡我二万里之大清也。非惟亡我二万里之大清，实以亡我四千年之中国也。自开辟以来之酷毒，岂有过此者哉！

那拉氏昔在嫔嫱，性本妒恶。文宗显皇帝早知吕雉之雄猜，预为钩弋之防戒，升遐之日，曾授孝显皇后朱笔密诏，谓此人若恃子作恶，可发此诏诛之。同治时，显皇后躬定艰难，手握大权，那拉氏亦未敢肆行悖乱。及今上即位，嫌疑稍释。偶以遗诏示之，那拉氏变色震骇，进食加毒，仓皇召御医杭州汪某，医至而显皇后已报上宾，侍疢之人，见面色皆变。虽以上年冲幼，未举讨贼，然暴扬京外，无能讳匿。大罪一也。

那拉氏淫乱性成，多蓄嬲毒，托为宦寺，久乱宫闱，大安小安，丑声扬播。当时为穆宗所遇，小安逃去。密诏令丁宝桢捕斩，此天下所共知者也。乃闲防虽至，莫抑淫心，穆宗引为巨耻，忧怒而崩。大罪二也。

穆宗弥留，选择当璧，摘帽与戴，手指毅皇后曰：渠能戴此汝亦安。那拉氏私欲临朝，闻而大怒，遂不为穆宗立嗣，至迫令毅后吞金。大罪三也。

澍贝勒者，宣庙神孙，未尝有过，其夫人那拉氏之侄也。缘侧室产子，妒扼死之，见怒贝勒，预先诬诉，枉被圈禁，冬月赤体，苦寒无裤，闻者酸鼻。奉诏之日，皇上为之变色，礼邸为之手颤，虽飞燕之啄皇孙，则天之害宗室，无以过之。大罪四也。

马江败后，戒于外患，群臣竞奏请海军备款三千万，以为铁舰大队。乃仅购数艘，那拉氏即命提余款营搆颐和，遂至威海大败，海军破擒，割千余里之辽台，赔二万万之金币，从此小民皆困，中国不国。大罪五也。

芦汉铁路，久已举行，亦备三千万以为兴筑。旋改筑山海，通道盛京，亦提其余款，以修园囿。至今两路，铁道未成，利源智源，天下两失。大罪六也。

那拉氏性成奢侈，不恤国家，内官奄竖三千人，豆腐岁供费三千金。内府告竭，则取于户部。墨敕斜封，大开海军之捐；贿赂内通，阴卖西园之爵。京僚俸薄，向无养廉，阎敬铭岁筹款三十六万以资津贴，亦并提入，以供糜费。故至仕途困苦，廉耻不修。昭信股票，以归日款，酷吏扰民，道路嗟怨。所得千万，应偿国债，竟划提其款，以筑天津行宫，刻吏虐民，供其淫侈。大罪七也。

京师百戏之陈，北里淫舍之事，咸召入官，至令宦寺装为狎客，与相淫乐，忘其耻恧。昌宗、敖曹，男姜无数，顷有私子，名曰晋明，长在禁中，日侍欢乐。中菁之诗，人不能读，鹑奔之丑，我以为君。大罪八也。

昔在同治艰难，中兴立国，时则显后实定厥功。那拉氏目不知古今，耳不闻中外，日则听戏，夜则淫昏。太监李联鹰则授二品之秩，优人孙胡子生则加四品之职，所见仅二三宦竖、数四内务府人。以汉人为不可信用，以旧法为必当墨守。闻敌警则绕柱涕泣，当割地尚唱戏欢呼。但保颐和咫尺之园林，甘弃祖宗万里之疆土，以至国势微弱，民生困穷，失地失权，惟日惟岁。大罪九也。

我皇上上继文宗，嫡后乃得为母，天子嗣统，未闻母姜。那拉氏在穆宗则为生母，在我皇上则为先帝之遗姜耳。我皇上大位既正，垂裳廿年，母子之分既无，君臣之义自正。就使穆宗而在，犹以宗庙为重，姜母为轻。《春秋》之义，文姜淫乱，庄公不与念母，唐废武后，义例斯在。况以淫乱之宫姜，擅废圣明之天子，谬称训政，动矫诏书，正名定义，实为废君篡位。中宗房州，朱紫阳自存书法；燕王叔父，方孝孺大书篡字。此先圣之大经，古今之通义，正名定罪。大罪十也。

皇上勤政爱民，大开言路，每司奏折，日数十章。皇上丑刻而兴，申刻乃止，披览章奏，莫不过目。劳躬日昃，精力健强。其或章奏稍疏，端坐穆思，追记旧章，损益施政。召见群司，旁及小臣，垂问勤拳，动逾数刻，早朝晏罢，从古所无。自四月以来，上谕颁发者无数，百宦觐见者无数。近臣对问，瞻仰无颜，咸见圣躬康强无疾。乃废立次日，忽矫诏书，称四月以来圣躬不适，求医天下，布告四方。试问列朝故事，有求医之诏乎？三月勤政，似多病之躬乎？其如何鸩毒，虽不可知，而预为谋弑，道路共见。呜呼！颁生金于姑熟，捣药杵于雷门，山阳哀痛之语，命在何时？乐陵永诀之言，儿乎何罪。自古废立，岂有免于幽弑之祸者哉！此则神人之所共悲，友邦之所同愤者矣。

近见西报传闻，立穆宗嗣以为亲王，将来少帝，必是晋明。以吕易嬴，用牛继马，祖宗血食从此不祀，神州疆土自尔陆沉。荣禄以奸雄狡险之才，有窥窃神器之志，显则深结武瞾以倾庐陵，徐思明去王后以为新莽。当督直隶出天津时，沥陈地方办事情形，有折上伪临朝，而无折上皇上。无君之心，已骇听闻。及皇上严旨申饬，震畏英明，迫于自在，遂辅篡废。今则都督中外，遍布腹心，诛戮党人，阴图大位。马昭之心，路人皆知，肃顺之谋，于今复见。凡我大夫君子，志士仁人，咸为大清之臣民，其忍戴异姓之淫子乎？君父之仇，不共戴天；鬻国之恶，岂同履地。《春秋》之义，不讨贼则非臣，不复仇则弃子。凡我臣庶，沐浴恩泽，浸濡圣教，咸知尊君而保上，岂肯靦颜而事仇。鲁国之漆室女子，且知忧君；建文之牧竖樵夫，亦能殉节。呜呼！朱虚不作，平、勃谁人。狄人杰之女姑，耻立牝朝；徐敬业之良家，宜兴义愤。玄黄血战，应共兴故国之思；金翅鸟飞，宜共哀小龙之食。昔晋文复国，则御人之赏遍及；中宗复辟，则五王之伐最高。圣主重兴，共兹大业，则尔公尔侯，自有前例。若屈膝以事伪主，甘心而立牝朝，则万国攘臂而仗义，天下裂眦而公愤。冰山必难久倚，狐鼠岂可同群。中兴有日，难逃斧钺之诛；风尘既扰，同遭瓦玉之碎。衣冠囚虏，皆投浊流；青史简书，同编逆籍。岂若同举敌忾勤王之义，咸厉奔问官守之心。名义正则天助其顺，圣主存则国赖以兴。逆顺既明，去就易审，共除武、莽，力赞中兴。

有为过承知遇，毗赞维新，屡奉温室之言，密受衣带之诏。艰难万死，阴相于天；奔走四方，精诚贯日。彷徨宇域，涕泣陈词。未能输张柬之之孤忠，惟有效申包胥之痛哭，普天洒血，遍地飞霜。皇天后土，哀忠臣义士之心；圣祖神宗，祐子孙神明之胄。凡大地数十友邦，吊吾丧乱，我中国四兆民庶，各竭忠贞。受诏孤臣，为此普告。

抄白　八月初一日，杨锐带出朱笔密谕：

> 朕维时局艰危，非变法不能救中国，非去守旧衰谬之大臣，而用通达英勇之士不能变法。而太后不以为然。朕屡次几谏，太后更怒。今朕位几不保，汝可与杨锐、林旭、谭嗣同、刘光第及诸同志妥速密筹，设法相救。十分焦灼，不胜企望之至。特谕。

八月初一日，林旭带出朱笔密谕：

> 朕今命汝督办官报，实有不得已之苦衷，非楮墨所能罄也。汝可迅速出外国求救，不可迟延。汝一片忠爱热肠，朕所深悉。其爱惜身体，善自调摄，将来更效驰驱，共建大业，朕有厚望焉。特谕。

> 八月六日之祸，天地反复，呜呼痛哉！我圣上之命，悬于淫后贼臣之手。嗣同死矣，嗣同之事毕矣！天下之大，臣民之众，宁无一二忠臣义士，伤心君父，痛念神州，出而为平、勃、敬业之义举者乎！果尔，则中国人心真已死尽，强邻分割，即在目前，嗣同不恨先众人而死，而恨后嗣同而死者之虚生也。啮指血书此，告我中国臣民，同兴义愤，剪除淫贼，保全我圣上。嗣同生不能报国，死亦当为厉鬼，为海内义师之一助。卓如如未死，请以此书付之，卓如其必不负嗣同、负皇上也。八月初十日谭嗣同狱中绝笔。

> 受衣带诏者六人，我四人必受戮，彼首鼠两端者，不足与语。千钧一发，惟先生一人而已。天若未绝中国，先生必不死。呜呼！其无使死者徒死，而生者徒生也。嗣同为其易，先生为其难，魂当为厉，以助杀贼，裂襟啮血，言尽于斯。南海先生。谭嗣同绝笔敬上。

今上皇帝口谕军机章京谭嗣同

我为二十三年罪人，徒苦我民耳。我何尝不想百姓富强，难道必要写我为昏君耶？特无如太后不要变政，又满洲诸大臣总说要守祖宗之成法，我实无如之何耳！

又

汝等所欲变者，俱可随意奏来，我必依从。即我有过失，汝等当面责我，我亦速改也。

文宗显皇帝遗慈安太后密诏

朕崩之后，嗣子幼冲，群臣必请母后临朝。汝即朕正后，自应临朝。西妃（那拉氏）其人不端良，汝慎勿为西后所卖，而与共临朝也。

〔说明〕本件录自日本外务省档案《各国内政关系杂纂》中国之部《光绪二四年政变光绪帝及西太后ノ崩御袁世凯ノ免官》，用"在上海中国总领事馆"信笺，系上海总领事代理一等领事小田切万寿之助于明治三十一年（1898 年）十二月二十一日所上。机密第 69 号，编号 491222—491228，附于《康有为事实》之后。《日本外交文书》第三十一卷第一册第 739—742 页曾辑录，但有误。

又，《台湾日日新报》明治三十二年一月二十六日、二十七日、二十九日亦载此文。

附录八

康有为事实

光绪二十四年十月梁鼎芬稿

一　康有为平日议论，专以散君局、废君权为本意，以平等为要旨。今年春间，康适在京，乘外患日亟，人心忧惶之际，造言煽惑，意图乘机举事。每向众人昌言，不□云此时若有人带兵八千人，即可围颐和园，逼胁皇太后，并逼胁皇上，勒令变法，中国即可自强。此语闻之者甚多，固不独御史文悌一人。文御史劾康疏内所云，杨深秀告该御史以万不敢出口之言，即指此也。六七月间，康焰日炽，促召其死党谭嗣同入京。谭素性凶悍，狂躁尤甚。谭以湖南人而到京，移住南海馆，与康同居合谋，谭一人潜往，见侍郎袁世凯，诈传谕旨，令袁以兵力先害北洋大臣荣中堂禄，即带兵入京，围颐和园，震惊慈驾，此尤臣子所不忍言，神人所共愤者也。幸袁侍郎诘以调兵并无上谕，发其逆谋，皇太后临朝，皇上大悟，捕康诛谭，大乱乃定。假使逆谋若成，康、谭即逼令皇上改正朔、易服色，诛戮旧臣，大权全归康有为，中外大臣全用康党（事皆有据，都下咸知）。如是则康有为夺君权之愿遂，而康有为等为教王之势成矣。旬日之间，都城喋血，海内大乱，外侮并至，中华沦胥，康之肉其足食乎？乃今日无识之士，或尚有称康有为之忠于国家，惜康有为之因变法受祸者，此由不知康党之奸谋，不知京朝之实情故也。夫皇太后、皇上之罪康，罪其谋逆耳，岂罪其变法哉！

二　　康有为羡慕泰西罗马教皇之尊贵，意欲自为教王，因创立一教，谓合孔教、佛教、耶稣、希腊教四教而为一，自命为创教之圣人，其徒皆以圣人称之，其徒党有能推衍其说者，则许为通天人之故，闻者齿冷。康所著书，内有《孔子为改制之王考》一卷（上海有刻本），称孔子为教王，讽其徒谓康学直接孔子，康即今之教王也。似此非圣无法，祸延家国，殆今古来异端、叛逆、会匪、邪教四者而为一，王莽、孙恩、徐鸿儒之恶，康实兼之（或比之于少正卯，乃全不知康者也），谓之妖孽可矣。

三　　康有为之教，尤为邪淫奇谬，不可思议者，其宗旨以"大同"二字为主（其徒所设之局、所立之学，皆以"大同"为名），创为化三界之说。一化各国之界，谓世间并无君臣之义，此国人民与彼国人民一样，古人所谓忠臣义士，皆是多事；一化贫富之界，富人之财皆常与贫人公用，此乃袭外国均贫富党之谬说，小说戏剧中强盗打富济贫之鄙语；一化男女之界，谓世间不必立夫妇之名，室家男女，皆可通用，将来康教大行后，拟将天下妇女聚在各处公所，任人前往淫乱，生有子女，即筹公款养之，长成以后，更不知父子兄弟是何事，数十年后，五伦全然废绝，是之谓"大同"（少年无行子弟，喜从康教者，大率皆为此秘密法所误也）。其昏狂渎乱，至于此极，乃白莲教所不忍言，哥老会所不屑为。总之，化三界之说，一则诲叛，一则诲盗，一则诲淫，以此之教，不特为神人所怒，且将为魔鬼所笑矣。或疑此条所谈，太无人理，康教何至于此，不知此乃康学秘传，语语有据，试问之康徒便知，若有一言虚诬，天地鬼神，实照鉴之。

四　康有为附会汉儒素王改制之说，谓六经皆是孔子捏造假托之词，唐、虞、三代典章制度，治乱事迹，并无其事，羲、农、尧、舜、禹、汤、文、武、周公并无其人，《易》、《书》、《诗》、《礼》、《乐》、古《春秋》并无其书，乃孔子自出己意，假设无数朝代，假造无数古人，以抒发自己心事，发明自己治法。又恐周、秦、两汉古书多存，可以证其诬罔，于是谓《汉书·艺文志》所载，皆刘歆一人所造，此等怪谬之说，全无一毫情理，只可谓之不通乱道，乃聪颖后生竟多信从其说者，岂非劫运耶？

五　康有为赴试京师，因不中举人，遂夤缘在朝大官，求得富贵。已故工部尚书潘文勤公祖荫、现任大学士徐公桐、前协办大学士户部尚书翁同龢、前礼部尚书许公应骙、已故前出使英国大臣户部左侍郎曾惠敏公纪泽、礼部右侍郎志公锐、前国子监祭酒盛公昱，皆与康有为素无渊源，乃屡次求见，上书谀颂。诸公以康有为一年少监生，初到京师，遍谒朝贵，实属躁进无品，皆甚鄙之。潘公送银八两，并作函与康云：以后请勿再来，来亦不再送银。此函人多见之。曾公尝告人曰：康有为托名西学，希图禄利，不知西无此学，中国亦无此学也。徐公、志公见其言嚣张卑躏，皆将原书掷还，都下士夫无不鄙笑。

六　康有为北试不售，流落不归，日日写信求人助资。如送银十二两者，称其人为大贤，送八两、四两者，称其人为大君子，行同乞丐。

七　康有为留滞京师，家信甚少，其母年老贫穷，虑其生事启祸，日日涕泣，命次子广仁在广州省城亲好处访问下落。康有为闻之，仍不动心，如是数年，乃归不孝之罪，乡人皆恶之。

八　　康有为在上海，贫苦无聊，又好冶游，资无所出。时乡人潘峄琴学士衍桐为浙江学政，遂往杭州借贷，潘学士厚赠之，不满所欲，又以公事相托，潘学士不能办，婉词谢绝，康愤愧回沪。逮潘学士归里。康好管讼事，因张乔芬一案，与潘学士嫌隙日深，痛加攻击，以泄前忿。

九　　康有为落魄上海，日日挟妓不与钱，久为妓家女使所知，群到客栈索取，康有为窘甚，遁归广东。上船之日，各妓家女使皆到船上，搜寻不见。开船后，各水手见船板内有人，大惊急呼，大众来看，则康有为也。盖其躲避女使索钱，自匿于此，覆以帆布，水手见其狼狈欺骗，皆耻笑之，后有人作诗诮之曰："避债无台却有舟，一钱不值莫风流。"传播江海，成为笑柄矣。

十　　康有为所撰《长兴学记》，以富人鄙吝为可耻之一，斤斤言利，随处发露。如康有为者，真可耻之甚，目来讲学所无也。

十一　　康有为所撰《新学伪经考》，私意害道，邪说诬民。御使安维峻、余联沅先后奏参，请我皇上严旨查办毁板。

十二　　康有为中举人后，不认座主、房官为师，及被参，日急营营于房师之门，卑躬屈膝，无所不至。其时李中堂胞兄李筱泉制军瀚章为两广总督，康有为托人干谒，再四恳求宽办，制军初甚恶之，后见其卑诣，从宽不革举人。康当日曾受李家厚恩，不意后来反力攻李中堂也。

十三　　康有为讲学，名为尊孔子，实则侮圣之罪至大，如自号长素，谓己长于素王也。其徒则以超回、轶赐、胜由、迈参等名之，可谓胆大无耻，至悍至愚。超回，即陈千秋，年未三十，吐血死，粤人笑曰："此真超回也。"轶赐，即梁启超，启超好读《史记·货殖列传》，好交富商，骗其财，如其师之为人，粤人亦笑曰："此真轶赐也。"

十四　　康有为好交结商人，意在得钱。其论广东人才，在香港则曰某某，在澳门则曰某某，其人皆是赌匪，挟有多赀，曾送康有为数千金者。

十五　　康有为既中进士，欲得状元，日求户部左侍郎张荫桓为之遍送关节于阅卷大臣，皆以其无行斥之。不得状元，尚欲得翰林，又托张荫桓送关节于阅卷大臣礼部右侍郎李公文田。康有为以张与李系姻亲，己又与李同乡，谓必可入选，岂知李侍郎品学通正，深知其无行，不受张托，斥之尤力，遂不得入翰林。康有为恨之次骨，时与其徒党诋李侍郎，甚至端人皆恶之。

十六　康有为中进士后，将殿试卷、朝考卷刻印，到处分送。向来馆阁故事，得新鼎甲者方刻殿试卷，入翰林者方刻朝考卷，皆因名第在前，以见曾蒙御赏之意。康有为以部属创刻朝、殿两卷送人，专为牟利，不独士林虫鄙，并为市贾诧怪，虽送以两元，亦受之不辞。

十七　康有为既中进士，回家把持公事，尤好唆人兴讼。广东举人林缵统因崖州有聚众州衙、哄堂塞署之案，其子弟久已监禁，遂入京贿托康有为办理，经御史文悌参奏有案。

十八　康有为初不识常熟翁叔平协揆，因见协揆势位日隆，遂著《续艺舟双楫》一书，内极称协揆书法冠绝一时。又上疏极称协揆尊翁已故大学士翁文端公之为人，谄谀卑贱，稍有耻者不为也，至是协揆始力荐之。

十九　康有为在京开保国会，每人派出银二两，意在诓骗人财。所出章程，奇谬者至多，即如各府州县皆设一局，每人皆要领该会字据一条，直学哥老会放票无异，如此行径，尤为大胆可骇。

二十　康有为好捏造谕旨。上年胶事初起，康有为创言愿入外国弭兵会，以保海口，其事已极可笑。康有为竟发电至粤、至湘、至沪，云已奉旨加五品卿衔，前往西洋各国入弭兵会，闻者骇异，其实并无此事。又广西两司被参，康发电至广西恫喝市恩，云已代料理无事。此外招摇撞骗，如此之类甚多。

廿一　康有为第一次疏稿，言我朝内无宦寺、女谒之祸，近又言内监有管事者，历指其过失。此次进用，全凭张荫桓带同贿通内监之力，钻营反复，可谓全无愧怍者矣。

廿二　康有为好求人保举。此次徐致靖保举康有为、梁启超等一折，系康、梁师弟二人密谋合作，求徐上达，徐文理未通，不能作也。疏上，都下哗笑，既笑康、梁作文自保之无耻，又笑徐之无文也。

廿三　康有为学术至谬至浅，全袭公羊家沿伪之词，以为奇宝，当代通儒如张制府之洞、王祭酒先谦、朱御史一新、曹舍人元弼、叶吏部德辉皆辞而辟之。所撰《孔子改制考》尤为狂诞，意在引董子《春秋繁露》为证，不知《繁露》非董子完书，多有散佚错乱。就今存八十二篇言之，言阴阳五行、仁义礼智性情者，多间言他事，言改制者惟《三代质文》《符瑞》《玉杯》《楚庄王》诸篇偶及之，并非要义。圣人述而不作，宪章文武，素王之号，后人所加耳。岂有洙泗一堂，日与讲习者，皆干名犯义之言乎？我皇上深恶其妄，于进呈御览后，命孙协揆家籍毁其书，今年六月事也。

廿四　康有为平日讲论西学，多袭报馆余沫。窃其肤词，不能得其实用，如农、工、商三者，国之大政也，一事一局，名目条理，尚恐不能详密，乃合三事为一局，外国有此法乎？

廿五　康有为所奏裁京堂各员，以为闲废无用裁之也，乃去无数京堂，不数日又添无数学士散卿，同一闲废无用，奚为裁于彼而增于此也。康有为欲以新官市私恩，意不在变法也。

廿六　康有为性最奸贪，今年我皇上变法自强，而康有为借以为自私自利。其时声势正炽，凡交结权贵言路，串通内监，用钱无算，皆取之于外官富商，言甘计诡，使人不敢不送。其由下斜街移居南海馆日，户部刘君接居此屋，尚见外省来信数函，皆有银数甚巨，都下哗然。

廿七　康有为初上皇帝书内，屡称颂我皇太后聪明神武，盛德丰功，至百数十言。今自香港寄刻新闻报馆逆书，诬谤我皇太后亦至百数十言。中国士民见此反复无理言语，莫不痛恨痛耻。

廿八　康有为受我皇上深恩，千古未有，应如何恭谨忠顺，奉扬圣德。乃自变法以来，历次颁发谕旨，康有为辄与人言，此皆我所作者，不知置皇上于何地。又曰：我以后不好说话了，我方在这边说，他已经在那边下上谕了。其词轻慢狂悖。皇上万乘之尊，竟敢侮弄至此！中国士民闻之，无不发指。

廿九　康有为性情反复，不特待中国人以狡诈，即待外国人亦以狡诈。两年以来，中日两国士大夫念同洲同种之义，愿相联络，康有为与日人往还亦多。乃此次伊藤侯游历我国，内外大臣皆以礼优待，而康有为于伊藤侯到京之日，传有不满于康之言，康遂密奏皇上，请勿见伊藤侯，又有不可亲信日本之疏。皇上英明，不从其请。闻已逃至东洋，似此反复狡诈，想日人亦必屏绝之也。

三十　康有为自称此次变法者为维新党，且自名曰党魁。中外报馆不察，群以变法推之，可谓侥幸得名，各省士民皆不服此议论，诚以中国采用西法，不自今日始，更不自康有为始。我皇太后垂帘听政，先后二十余年，如京师设总理各国事务衙门、同文馆，又派出使各国大臣出洋学生。南北洋设制造局、招商局，福建设船政局，开平设煤矿局诸大政，皆内外公忠王大臣相时奏请举办，都蒙皇太后俞允。中国变法之勇之善，无逾我皇太后者。我皇上禀训承志，亲政以来，若铁路、海军、电线、邮政、银元、各省洋操、各省武备学堂、各省制造局、各省矿务局，此我皇上变法之实政，亦皆内外忠正王大臣相时奏请举办，都蒙皇上俞允。凡此在康有为未言变法以前之事，即谕令新政。京师大学堂，御史王鹏运奏请特旨派孙燮臣协揆家萧办理；经济特科，翰林编修严修奏请变科举奏，张孝达制府之洞、陈右铭中丞宝箴合同奏请。孙、张、陈三公皆恶康有为之为人，孙公则屡见复奏章疏，张公则屡见《劝学篇》内，诋康有为之词，不啻千百。陈公则见于请劾康有为《孔子改制考》书板之疏。由此言之，岂得云变法维新出自康有为一人之言哉！又岂得以变法维新归之于康有为一家之学哉！

三十一　康有为自言因变法得罪，凡同被议者皆曰维新党矣，不知所言非也。如尚书李端棻、署侍郎徐致靖、王锡蕃者，向来不讲中学，更不讲西学。此三人者，皆庸陋不学之徒，以康有为势盛而附之，康有为亦以此三人谄顺糊涂而爱之，于变法维新之意毫不相涉。

三十二　康有为无赖无耻，此次得罪天下，逃往外洋，辄与人言，皇上将来必加彼大任，借此摇动人心，蛊惑富商送钱，操守至贪，心术至劣。不知我皇上此时已烛照其奸，屡次将康有为劣迹逆谋陈奏皇太后，并宣示大臣，皇上深恨其人，将变法好事办坏了。中国士民此时业已周知外国，见闻甚广，必不至始终信康有为欺妄之言也。

以上三十二条，皆康有为实在事迹，共见共闻，都有根据，可以查考。其实康不过一贪鄙狂悖、苟图富贵之人耳，而为其所愚者，竟误以为此人乃变新法、强中国之人才，真中国之耻矣。

大清光绪二十四年十月中国士民公启

〔**说明**〕本件录自日本外务省档案《各国内政关系杂纂》中国之部《光绪二四年政变光绪帝及西太后ノ崩御袁世凯ノ免官》，用"在上海中国总领事馆"信笺，系上海总领事馆代理一等领事小田切万寿之助于明治三十一年十二月二十一日所上，机密第 69 号，编号 491183—491221。附件有二，一即本件，一为《奉诏求救文》。《日本外交文书》第三十一卷第一册第 729—734 页曾辑录，但有误。

康有为、章太炎的流亡日本

戊戌政变以后，康有为、章太炎都曾数度流亡日本，一个由"勤王"沦为保皇，一个由"革政"转向革命。回顾康、章两人流亡日本期间的活动，总结他们这一阶段思想递变的迹象，无疑是很有意义的。

一、康有为和章太炎流亡日本

1898 年 9 月，以康有为为首的资产阶级改良派的变法运动失败了，康有为由北京逃沪转港，曾电告日本驻华公使矢野文雄："上废国危，奉密诏求救，敬请贵国若见容，望电复，并赐保护。"①10 月 19 日，康有为在宫崎滔天的陪同下出发赴日。25 日下午入神户，同行者有梁铁君、康同照、何易一、叶湖南、李唐、梁伟，连同康有为共七人②，平山周、宗方小太郎来迎。旋入东京，住牛込区市个贺加町三番地③。

康有为流亡日本时，除展开政治活动外，曾游热海，登箱根，留有诗篇多首。

1899 年 4 月 3 日（二月二十三日），康有为自横滨乘和泉丸渡太平洋，赴加拿大，临行赋赠弟子："凤靡鸾吪历几时，茫茫大地欲何之！

---

① 日本外务省档案《各国内政关系杂纂》中国之部《光绪二四年政变光绪帝及西太后ノ崩御袁世凯ノ免官》，机密 18 号，编号 500057。并经日本驻香港二等领事上野季二郎抄呈日本外务大臣大隈重信。

② 同上，兵库县兵发秘 489 号报告；又甲秘第 157 号，警视总监西山志澄报告，编号 500087。

③ 同上，11 月 5 日副岛种臣上鸠山外务次官函，编号 5100092—5100093。

华严国土吾能现，独睨神州有所思。"①

10月，自加拿大还香港，23日，经过日本时，"始终监视"，"上陆拒绝"②，被留难。

1911年5月8日（宣统三年辛亥四月初三日），康有为自新加坡到香港。6月6日（五月初十日），赴日本，初去箱根，后居神户③。他到达神户后，先住梁启超所居双涛园。双涛园原为神户华侨麦少彭别墅，地近海滨，松影婆娑，"双涛"即指"海涛""松涛"而言。康有为有《辛亥夏，来日本须磨，居任甫双涛园，筑小楼十弓临海，名曰天风海涛楼，室成，与任甫、觉顿乐之，兼寄若海索和》，诗云：

> 海外逋亡十四年，又来须磨结三椽。纸窗板屋生虚白，夕霭朝晖览万千。松罅旧亭立前后，丘中曲径得回旋。小楼坐大吾知足，吞吐东溟占碧天。④

梁启超也有《南海先生倦游欧美，同居须磨埔之双涛园，述旧抒怀，敬呈一百韵》⑤。

康有为抵神户后，当地中华商务总会于18日在中华会馆开欢迎会，参加者有六百人，其中大阪有二百余人。康有为演说之主旨为：

> 离国十四年，到各国访问立宪政体情况，经详细视察，清朝过去现在之国情，立宪施政之方法，与土耳其其他各国之立宪政体初期情况不同。而日本完成最为迅速。清国为列国环视，困难重重，宜以进步之日本、平治之德国为模范，扬长弃短，则别国将二十年而后成，而清朝则十年可成。惟现今清朝教育方法不完

① 《将去日本，示从亡诸子梁任甫、韩树园、徐君勉、罗孝高、罗伯雅、梁万理》，见汤志钧：《康有为政论集》第391页，中华书局1981年版。

② 日本外务省档案《内务大臣西乡从道上外务大臣青木周藏函》。又，1899年10月19日兵库县知事之通牒，机密送第35号，编号500167—500169。

③ 康有为于6月11日抵神户，见日本兵库县知事报告，明治四十四年六月十二日发，日本外务省档案《各国内政关系杂纂》中国之部《革命党关系》第五卷一门六类一项4121，编号450429号。

④ 见《南海先生诗集》卷十二《憩园诗集》。

⑤ 见《饮冰室合集·文集之四十五》。

全，应国民一致努力，实为燃眉之急云。①

这年 10 月，武昌起义，随即各省响应。康有为以为"革党必无成"，慨叹"国事亦多变，神州竟未还"，恋栈旧制，眷念清室。在双涛园写了《救亡论》《共和政体论》，提出"虚君共和"的主张，认为"立宪犹可无君主，而共和不妨有君主"②，与当时革命形势不相适应。

1912 年 3 月，康有为自双涛园迁须磨长濑园别庄，6 月，撰《中华救国论》，妄说"共和政体不能行于中国"，兴孔教会。次年归国。

章太炎也在戊戌政变后三次流亡日本。

第一次是 1899 年，"政变"发生，"传言将下钩党令"，章太炎"避地"台湾。1899 年 6 月（五月）渡日本，"五月初三日（6 月 10 日），发基隆，初七日（14 日），步上神户"③，曾引起日本注视。据日方档案称：

14 日，章太炎"乘横滨丸入港，本邦人馆森鸿（台湾总督官舍住）、藤重信（东京麻生区新网町二丁目五十四番地住）等共来神户海岸通三丁目广业公所（在神广东人之组织之俱乐部团体）小憩。午后 1 时 52 分列车出发，馆森鸿等途中陪同，至京都下车模样。章为浙江省人，在清国改革派中有名人物。闻与梁启超有凤好，交情颇密"④。

17 日（初十），"发大津趋名古屋"。本日，爱知县知事冲守固给外务大臣报告："清国亡命者章炳麟于 6 时 58 分，乘汽车来谷新柳町旅舍谷屋投舍，昨晨 7 时 54 分列车赴京。"⑤ 18 日，至东京"京芝区芝

---

① 日本兵库县知事报告，明治四十四年六月二十一日兵发秘第 390 号，日本外务省档案《各国内政关系杂纂》中国之部《革命党关系》第五卷一门六类一项，编号 450456。

② 康有为：《致徐勤密书》，《民立报》1911 年 12 月 27、28 日，见《康有为政论集》第 649 页。

③ 章太炎：《游西京记》，《亚东时报》第十七号，光绪二十五年十月十八日出版，署名"菿汉阁主"。

④ 兵库县知事大森钟一上外务大臣报告，明治三十三年六月十七日，日本外务省档案《各国内政关系杂纂》中国之部《革命党关系》兵发秘字第 200 号，机密受 1366 号。

⑤ 同上秘第 185 号，机密受 1373 号。

口三丁目旅舍纪伊辰方处投宿。翌日（19日），梁启超来访"①。21日，
"至小石川区表町百九番地梁启超住地居住"②。

8月16日（七月二十一日），章太炎由横滨乘轮归国，这在日本外
务省档案中也有记录，8月18日神奈川县知事浅冈德则上外务大臣报
告云：

> 清国亡命者章炳麟于本月15日由东来此，住居留地百三十九
> 番《清议报》馆。昨（16日）在本市住吉町六丁目海漕业华侨处小
> 憩。同日正午12时乘轮解缆（神丸号），向上海出发。滞在中如有
> 异状，当续报告。③

8月17日，日本警视总监六浦孟武上外务大臣也有报告④。

第二次是1902年。2月8日（正月初一），章太炎在浙江"得金陵
来电"，嘱"急赴沪"避祸，"于是东渡"。22日（十五日）乘轮，28日（二
十一日）至横滨，暂寓《新民丛报》社⑤，旋住牛込区天神町六十五番中
国学生寓中⑥，拟举行"支那亡国二百四十二年纪念会"。后迁居牛込
区原町七十一番静思馆⑦。7月（六月），返国。次年，因"苏报案"
被捕。

第三次是1906年6月29日（五月初八日），章太炎出狱，孙中山
派人至沪迎章赴日。章氏抵日后，即主《民报》笔政。7月15日（五月
二十四日），东京留学生开会欢迎，"是日至者二千人，时方雨，款门
者众，不得遽入，咸植立雨中，无惰容"⑧。12月2日（十月十七日），

---

① 警视总监大浦兼武上外务大臣报告，明治三十二年六月二十日，同上甲
秘112号，机密受1561号。

② 警视总监大浦兼武上外务大臣报告，明治三十二年六月二十一日，同上
甲秘113号，机密受1390号。

③④ 同上甲秘183号，机密受19817号，惟据六浦孟武报告为："本日（17
日）午前6时由新桥出发，与清国留学生监督钱恂同时返国。"

⑤ 章太炎：《致吴君遂书》四，见汤志钧：《章太炎年谱长编》第130页，中
华书局1979年版。

⑥ 章太炎：《致吴君遂书》五，《章太炎年谱长编》第130页。

⑦ 章太炎：《致吴君遂书》七，《章太炎年谱长编》第137页。

⑧ 民意：《纪七月十五日欢迎章炳麟枚叔先生事》，《民报》第6号。

《民报》举行一周年纪念会，发表演说，并撰祝词："相我子孙，宣扬国光，昭彻民听，俾我四百兆昆弟，同心勠力，以底虏酋爱新觉罗氏之命。扫除腥膻，建立民国，家给人寿，四裔来享。呜呼！发扬蹈厉之音作而民兴起，我先皇亦永有攸归。"[①]他在《民报》发表的文章，大都针锋相对，文辞锐利，"真是所向披靡，令人神旺"。

1908年10月，日本政府下令封禁《民报》，章太炎亲至警庭，慷慨陈词。

与此同时，章太炎在日本讲学，撰写学术专著。1909年后，政治论文相对减少。直至1911年武昌起义，各省响应，11月4日，上海光复后，章太炎始回国返沪，21日（十月初一日）在《民立报》刊登《回国启事》。

二、康有为、章太炎和孙中山

康有为、章太炎在日本流亡期间，和孙中山都有关涉。

"政变"发生，康有为流亡日本。这时，资产阶级革命派孙中山、陈少白也在日本，"以彼此均属逋客，应有同病相怜之感，拟亲往慰问，借敦友谊"，曾托日人宫崎寅藏、平山周等向康有为示意。康有为表示自己奉有光绪皇帝的"密诏"，不便同革命党人往来，拒绝会晤。孙中山又通过日本人的关系，组织一次孙、陈、康、梁的会谈，商讨合作方法。康有为不到会，派梁启超为代表，没有谈出什么结果。孙中山复派陈少白往访，梁启超导陈见康，少白反复辩论至三小时，请康有为"改弦易辙，共同实行革命大业"。康答回："今上圣明，必有复辟之一日，余受恩深重，无论如何不能忘记，惟有鞠躬尽瘁，力谋起兵勤王，脱其禁锢瀛台之厄，其他非余所知。"[②]拒绝合作。

据宫崎滔天回忆：

次日（十月二十六日），孙逸仙先生来访，要我介绍与康先生

① 《民报》第十号。
② 冯自由：《戊戌后孙康二派之关系》，《革命逸史》初集。

会晤。康托词拒绝。孙先生之所以要见康，并非在主义方针上有如何相同之处，而只是对他当前的处境深表同情，意在会面一慰他亡命异乡之意，这实在是古道热肠，一片真诚。而康先生之避而不见也自有其理由，盖从清帝看来，孙先生为大逆不道的叛徒，悬赏而欲得其首级。孙先生之视清帝，亦不啻是不共戴天之仇，伺机想一蹴而推翻他。而康有为先生虽然中道挫折，亡命异国，但依然梦想挽回大局，恢复皇上的统治，自己作一个幕后的人，以立空前的大功。因此，无论从以往的情义上，从怕受人怀疑这个利害的观点上，不愿会见孙先生是无可厚非的。①

又说：

同时康先生心中尚怀有另一个梦想，可能也是他不愿接近孙先生的一个原因，那就是他的自负心。他心中暗自有所期待，以为以自己的地位一定会说服（外务）大臣同情自己，允许派兵牵制守旧派，以便挽回自己的势力的。这种自负心是由信赖心产生的，这是过于相信自己。②

宫崎滔天的分析，是有相当见地的。康有为将"密诏"传布，且经改篡，表示他奉有"衣带诏"，是"奉诏"的，是能代表光绪旨意的；他在"密诏"上又加了"设法相救""出外国求救"，为他的"勤王"复辟活动做舆论准备，表示"奉诏求救"③。因此，他拒绝了孙中山等革命派的争取，坚持保皇。

至于章太炎，他在日本也数度和孙中山相晤，并在孙中山的启发下，由"革政"转向革命。

早在1897年春，章太炎在上海担任《时务报》编辑时，"因阅西报，知伦敦使馆有逮捕孙逸仙事，因问梁启超：'孙逸仙如何人？'梁云：

---

① ② 宫崎滔天：《三十三年之梦·康有为到日本》第148页，林启彦等译，三联书店香港分店1981年版。

③ 见《关于光绪皇帝"密诏"诸问题》。

'此人蓄志倾覆满洲政府。'"章听后"心甚壮之"①。1899 年 6 月，他由台湾"渡日本"，经过梁启超介绍，"始识孙中山于横滨旅次，相与谈论排满方略，极为相得"②。7 月 17 日（六月初十日）《致汪康年书》中谈到初晤后的感受："兴公（指孙中山）亦在横滨，自署中山樵，尝一见之，聆其议论，谓不瓜分不足以恢复，斯言即浴血之意，可谓卓识。惜其人闪烁不恒，非有实际，盖不能为张角、王仙芝者也。"③既誉"卓识"，又未深信，但心目中已对孙中山留下了印象。

1902 年 2 月，章太炎第二次流亡日本。这时，革命形势逐益发展，革命、改良界限渐明，他起初看到梁启超"专以昌明文化自任，中山则急欲发难"，"中山欲以革命之名招之，必不可致"。看到"康门有徐君勉，最与中山水火。孙党有秦力山，本任公弟子，而宗旨惟在革命"，一度因其"交嫌"，欲为"调和"④。接着偕秦力山往谒孙中山，自称，"时中山之名已盛，其寓处在横滨，余辈常自东京至横滨，中山亦常由横滨至东京，互相往来，革命之机渐熟"⑤，"逸仙导余入中和堂，奏军乐，延义从百余人会饮，酬酢极欢，自是始定交"⑥。在孙中山的启发下，他们共同商讨开国的典章制度和中国的土地赋税以至建都问题，《訄书》重印本《相宅》和《定版籍》中，就记录了他俩当时的讨论情况。章太炎还在孙中山的赞助下，准备在东京举行"支那亡国二百四十二年纪念会"，反对清朝的反动统治。当在东京为日本警察阻止，改在横滨补行纪念式时，章太炎宣读纪念辞，孙中山担任主席，"倡言各敬章先生一杯，凡七十余杯殆尽"。这年章、孙"定交"，关系很大，直到

---

① 朱希祖：《本师章太炎先生口授少年事迹笔记》，见《制言》第二十五期。章氏又云："余因询孙于梁氏。梁曰：'孙氏主张革命，陈胜、吴广流也。'余曰：'孙果主张革命，则不必论其人才之优劣也。'"见《民国光复》，载汤志钧：《章太炎政论选集》第 840 页，中华书局 1977 年版。

② 冯自由：《中华民国开国前革命史》上集第十四章《壬寅支那亡国纪念会》；又见《革命逸史》二集第 36 页。

③ 见《章太炎政论选集》第 92 页。

④ 《致吴君遂书》五第 131 页。

⑤ 朱希祖：《本师章太炎先生口授少年事迹笔记》。

⑥ 《太炎先生自定年谱》"光绪二十八年，三十五岁"。

十年以后，龃龉渐深，章太炎缅怀往事，不胜缱绻，"同盟之好，未之敢忘。昔在对阳（日本对阳馆），相知最夙，秦力山所以诏我者，其敢弃捐"①。

1906 年章太炎第三次来到日本，是孙中山特派同盟会代表至沪迎章赴日的，东京留学生开会欢迎，章氏演说："壬寅春天，来到日本，见着中山，那时留学诸公，在中山那边往来，可称志同道合的，不过一二个人，其余偶然来往的，总是觉得中山奇怪，要来看看古董，并没有热心救汉的心思。……不料监禁三年以后，再到此地，留学生中助我张目的人，较从前增加百倍，才晓得人心进化，是实有的。以前排满复汉的心肠，也是人人都有，不过潜在胸中，到今日才得发见。"②他在日本加入同盟会，主编同盟会机关报《民报》。12 月 2 日，《民报》举行一周年纪念会，孙中山演说后，章太炎继之。他在《民报》上发表了不少政论，多为宣扬同盟会的革命纲领，这成为他一生中"最大最久的业绩"。

19 世纪末 20 世纪初，风云变幻，社会动荡，戊戌变法失败，八国联军入侵，自立军起义被镇压，一些知识分子逐渐抛弃了对清政府的幻想，走上革命的道路。孙中山是当时资产阶级革命派的代表，他对流亡在日本的康有为曾经争取，对章太炎也曾交往；然而，康有为拒绝会晤，章太炎则与之"定交"，结果前者渐趋沉沦，后者投身革命。在日本流亡时期康有为和章太炎的一段经历，是他们一生政治生涯的重要转折点，而他们的"转折"，都和孙中山为代表的革命派有关联。

三、由"勤王"而保皇，由"革政"到革命

康有为和章太炎都是辛亥革命以后由日本回到国内的，但一个是饮恨以返，一个是载誉而归。

章太炎回国返沪，当时报纸特发《欢迎鼓吹革命之文豪》社论：

---

① 章太炎：《复孙中山书》，1912 年 1 月，《大中华》第二卷第十二期。
② 章太炎：《东京留学生欢迎会演说辞》，《民报》第六号。

章太炎，中国近代之大文豪，而亦革命家之巨子也。正气不灭，发为国光，文字成功日，全球革命潮，呜呼盛已！一国之亡，不亡于爱国男儿，文人学士之心，以发挥大义，存系统于书简，则其国必有光复之一日。故英雄可间世而有，文豪不可间世而无，留残碑于荒野，存正朔于空山，祖国得有今日，文豪之力也。今章太炎已回国返沪矣，记者谨述数语以表欢迎之忱，惟望我同胞奉之为新中国之卢骚。①

誉之为"鼓吹革命之文豪"。而康有为呢？去国时是一个进步的维新运动领袖，回国时却是一个顽固保守的人了。袁世凯邀请他去北京作为反动政权的点缀。康有为没有答应，移居上海，办《不忍》杂志，言："睹民生之多艰，吾不能忍也；哀国土之沦丧，吾不能忍也；痛人心之堕落，吾不能忍也；嗟纪纲之亡绝，吾不能忍也；视政治之窳败，吾不能忍也；伤教化之陵夷，吾不能忍也；见法律之蹂躏，吾不能忍也；睹政党之争乱，吾不能忍也；慨国粹之丧失，吾不能忍也；惧国命之分亡，吾不能忍也。"而"莫敢忘斯世也，愿言拯之"②。究竟是什么使他这样"不能忍"呢？社会历史的向前发展，旧的东西终将覆灭。究竟又将如何"拯之"呢？"以孔子为国教，配享天坛"，图谋封建势力复辟。一个进步的人，后来落后了。

康有为和章太炎返国时的政治态度不一，毁誉不一，又和他们这几年的流亡生涯有关。

章太炎在戊戌政变后，"避祸"台湾，流亡日本。他看到甲午战后中国民族灾难的深重，对以慈禧太后为首的清政府是深深痛恨的，认为"支那宫禁之变，贤才坑屠，王化陵迟，宇内鱼烂，将使蓟丘之上，满人不亡，而夏子之胄亡矣"③。满洲贵族统治腐败衰朽，不能不"革政"。又认为政变危急之际，"犹赖有数镇稍自奋厉，是以扶危而定倾"。因此，不能削弱藩镇，而"甘心于白种之凌藉"。中国如果"无文

---

① 《民立报》1911 年 11 月 16 日。

② 康有为：《不忍杂志序》，《不忍》第一册，《康有为政论集》第 769 页。

③ 章太炎：《论亚东三十年之形势》，《台湾日日新报》1899 年 1 月 29 日。

武自将之主，而渐灭几至于尽"，所以削藩镇，是"天下之至私"，它只能"行媚白人"。同时，重藩镇和立宪政并不矛盾。"板荡之世，非得藩镇以尊攘，则宪政不立"，并举日本为例，"若皇德贞观，廓夷旧章，示民版法，陶冶天下，归之一宪，藩镇将奔走趋令，为日本之萨、长藩始于建功，而终于纳土，何患自擅"①。此后，进而指出"瓜分而授之外人，孰与瓜分而授之方镇"②。那时，他还是向往"明治维新"式的"革政"。只是到义和团运动以后，才"鉴言之莠"，进行"匡谬"③。

章太炎提出"分镇"，而"借权"的还是汉族地方督抚，又以曾国藩"俯首下心，以事辫发之屠胡"为"失机"，满、汉之间，还有界限。这样，在此后全国革命形势迅速高涨的情况下，促使他和"尊清者"划清界限，走上革命道路。

1902 年章太炎第二次流亡日本时，和孙中山"定交"，渐由"革政"转入革命。并举行"支那亡国二百四十二年纪念会"，表示坚决反对清政府的反动统治，"民今方殆，寐而占梦……觉悟思之，毁我室者，宁待欧美"。"哀我汉民，宜台宜隶。鞭棰之不免，而欲参与政权；小丑之不制，而期扞御晳族，不其忸乎?"不推翻清政府，是不能挽救民族危亡的。次年，他被逮入狱。不久，孙中山发表《敬告同乡书》，号召划清革命与保皇的界限，说："革命者，志在扑满而兴汉；保皇者，志在扶满而臣清。事理相反，背道而驰"④。1905 年，中国同盟会成立。等到章太炎出狱赴日，革命已为时代主流，章太炎也跟随时代步伐，"入同盟会，编辑《民报》"。由上可知，他第一次赴日，还主张"革政"；第二次赴日，转入革命；第三次赴日，参加革命组织，主编革命派的机关报了。

康有为也是处在这个时代，但他第一次流亡日本时，一方面刊发

①　章太炎：《藩镇论》，《五洲时事汇编》第四册，光绪二十五年十月初一日出版。查同年旧历九月初八日《致汪康年书》，将此文寄汪康年转发，这时他由日返国不久，当较早写成。

②　章太炎：《分镇》，《訄书》原刊本第三十一。

③　章太炎：《分镇匡谬》，《訄书》重印本"前录"。

④　见《孙中山全集》第一卷第 232 页，中华书局 1981 年版。

光绪皇帝的"密诏"，散布"奉诏求救"文，一方面展开了求救活动。他曾请犬养毅予以"支柱"①，还上书近卫笃麿，说明"受衣带之诏，万里来航，泣血求救"②。结果，日本政府在清政府的交涉下，不让康有为居住日本。1899 年 4 月 3 日，康有为终于自横滨渡太平洋赴加拿大，于 7 月 20 日，筹创保皇会，在会例中指出，"专以救皇上，以变法救中国救黄种为主"，即以"忠君爱国为宗旨"。应该说，当一些人对光绪还存幻想的情况下，揭露清廷积弱，控诉慈禧"训政"，拥护改革变法的皇帝，反对顽固守旧的慈禧，还曾起过影响。

没有多久，国内发生了义和团运动，恰恰慈禧、荣禄利用过义和团，八国联军又乘机武装干涉，保皇会认为这是反击后党，"决救皇上"的大好时机，酝酿"讨贼勤王"。结果，实际活动的唐才常在汉口事泄失败，演成自立军悲剧。此后，康有为和他所领导的保皇会，斗争锋芒渐由针对慈禧为首的清政府顽固派转向资产阶级革命派，由保光绪皇帝转为保清朝封建政府。等到康有为第三次流亡日本时，清政府正组织皇族内阁，以庆亲王奕劻为总理大臣。康有为对奕劻并不信任，一些保皇会成员在海外制造舆论，散布揭帖，警告奕劻："若不即开国会，则为举国公敌，为卖国大贼。"③1911 年 10 月，武昌起义，康有为听到消息，"忧心如焚"，仍持"革命必无成"之说，他和梁启超都想"用北军倒政府，立开国会，挟以抚革党"，还想"乘此以建奇功"④。自我陶醉地说："人知革之无成，士大夫皆思吾党而归心。""他日国会开时，吾党终为一大政党，革党亦自知无人才，不能为治也"⑤。

然而，辛亥革命，推翻了清朝政府，保皇会已无皇可保了，但康有为仍不甘心，草写《摄政王逊位为总统说》，又提出"虚君共和"的口

① 康有为与犬养毅笔谈记录，共二纸，日本冈山县木堂纪念馆藏。

② 《近卫笃麿日》记第二卷第 184－185 页，鹿岛研究所出版社，昭和四十三年四月版。

③ 《奕劻卖国揭帖》，宣统三年，抄件，上海市文物保管会藏。

④ 梁启超：《致徐勤书》，宣统三年九月八日，《梁任公先生年谱长编》。康有为：《致徐勤密书》，《民立报》1911 年 10 月 26 日。

⑤ 康有为：《致兖孟、慧儒书》，辛亥十一月九日，手迹，广州中山图书馆藏。

号，企图挂一个"共和"的假招牌，仍旧恢复清朝的统治。说什么"共和政体不能行于中国"，"立宪国之立君主，实为奇妙之暗共和国"，而"满族亦祖黄帝"，还需由清朝复辟。保皇会已逆潮流而动，流亡在日本的康有为这时也已沉沦了。

照此说来，康有为和章太炎都是戊戌政变后流亡日本的。通过"政变"血的教训，章太炎对当权的清政府逐渐抛除幻想；康有为则"忠君保皇"，凝滞不前。但历史是前进的，时代是发展的，章太炎在三次流亡中，由"革政"走向革命，跟上了形势；康有为在1911年再度流亡日本时，则已暌离了时代。终于，一个在中国革命史上留下业绩，一个却由"先进的中国人"日趋倒退。这当然和他们的社会地位、个人经历有关，但也不能说不和他们接受的传统思想无关。例如：章太炎从小孕育民族主义思想，后来又汲取顾炎武"复兴"的古文经学中的民族主义内容；康有为则推演今文经学"递嬗渐进"的说解，反对根本地变革。由于这个问题牵涉较广，也不在本文讨论范围之内，也就不再赘述了。

章太炎在台湾

    1898年9月，戊戌政变发生，清政府下"钩党令"，章太炎乃避地台湾。当年12月4日（十月二十一日），章太炎抵台北，次年6月10日（五月初三日），始由基隆赴日本，时达半年，这是章太炎政治生涯中的一个重要环节。

    关于这方面的记载，除章太炎《自定年谱》和《口授少年事迹》曾简单叙述外，冯自由说得还算比较详细。冯自由说，章氏于政变后"赖日本诗人山根虎雄介绍，赴台湾充《台北日报》记者，并为台湾学务官馆森鸿修订文字，尝著一文忠告康、梁，劝其脱离清室，谓以少通洋务之孙文，尚知辨别种族、高谈革命，君等列身士林，乃不辨顺逆，甘事虏朝，殊为可惜等语"①。在日本朋友的协助下，笔者从《台湾日日新报》中发现了不少佚文，感到冯自由不但把报名弄错，而且说章氏"忠告康、梁，劝其脱离清室"也非事实。

一

    章太炎初抵台北，即到《台湾日日新报》任职。1898年12月7日该报"社员添聘"称："此次本社添聘浙江文士章炳麟字枚叔，经于一昨日从上海买棹安抵台湾，现已入社整顿寓庐矣。"自此至1899年6月，章太炎在台湾写了大量诗文②，绝大多数发表在《台湾日日新报》，此

---

    ①   冯自由：《中华民国开国前革命史》第十四章《壬寅支那亡国纪念会》。

    ②   章太炎在台湾期间的诗文资料，蒙日本岛田虔次教授、近藤邦康教授，泷泽诚先生提供。《台湾日日新报》则是日本阿川修三先生发现，近藤邦康教授复制见赠的。本文能够撰成，得到他们的帮助，书此志感。

报原是当时台湾总督儿玉源太郎、民政长官后藤新平为控制台湾舆论而设。章氏诗文，大都有政治内容，今先将篇目表列于下：

年份	月日（公元）	篇名	署名	备注
1898 年（明治 31 年）	12 月 11 日	祭维新六贤文	章炳麟	又见《清议报》第七册
	12 月 16 日	清廷侦获逋臣论 籾山衣洲诗后批语	菿汉阁主	
	12 月 18 日	台湾设书藏议 论清旗田 谆劝垂纶 籾山衣洲诗后批语	章炳麟 菿汉阁主 菿汉阁主	
	12 月 24 日	籾山衣洲诗后批语		
	12 月 25 日	书清慈禧太后事	菿汉阁主	
	12 月 27 日	寄梁启超（诗）		即《秦风一首寄卓如》，又见《清议报》第八册
	12 月 28 日	俳谐录	菿汉阁主	
	12 月 31 日	饯岁（诗）		
1899 年（明治 32 年）	1 月 1 日	正疆论	菿汉阁主	
	1 月 5 日	水尾晚翠诗后批语		
	1 月 7 日	正月朏日即事		
	1 月 8 日	平矿论 视天论 籾山衣洲诗后批语	菿汉阁主 菿汉阁主	亦见《清议报》所载《儒术真论》中
	1 月 11 日	刻包氏齐民四术第二十五卷序	菿汉阁主	
	1 月 13 日	康氏复书	支那章炳麟	
	1 月 14 日	殷守黑送枚叔东渡诗后识	支那章炳麟	
	1 月 22 日	答学究	章炳麟	又见《清议报》第十四册
	1 月 24 日	人定论	章炳麟	

续表

年 份	月 日（公元）	篇 名	署 名	备 注
1899 年（明治 32 年）	1 月 29 日	论亚东三十年中之形势 党碑误凿 儿玉爵帅以国名胜图见赠呈一首	章炳麟 莉汉阁主 章炳麟	
	2 月 3 日	论学校不宜专校语言文字	支那章炳麟	
	2 月 5 日	答梁卓如书	支那章炳麟	
	2 月 7 日	绝颂	支那章炳麟	
	2 月 10 日	书原君篇后	支那章炳麟	
	2 月 14 日	籾山衣洲诗后批语		
	2 月 16 日	台湾祀郑延平议	章炳麟	
	2 月 19 日	摘楞严经不合物理学两条	章炳麟	
	2 月 21 日	摘楞严经不合物理学两条	章炳麟	
	3 月 5 日	非岛属美利害论	章炳麟	
	3 月 8 日	论医师不宜休息	章炳麟	
	3 月 12 日	客帝论	章炳麟	又见《清议报》第十五册
	3 月 19 日	三门割属意国论	章炳麟	
	4 月 2 日	究移植论	章炳麟	
	4 月 5 日	失机论	章炳麟	
	4 月 6 日	东方格致	章炳麟	
	4 月 7 日	东方格致	章炳麟	
	4 月 8 日	东方格致	章炳麟	
	4 月 9 日	东方格致	章炳麟	
	4 月 11 日	东方格致	章炳麟	
	4 月 12 日	东方格致	章炳麟	
	4 月 13 日	东方格致	章炳麟	

续表

年　份	月　　日 （公元）	篇　名	署　名	备　注
1899 年 （明治 32 年）	4 月 14 日	东方格致	章炳麟	
	4 月 15 日	东方格致	章炳麟	
	4 月 16 日	东方格致	章炳麟	
	4 月 20 日	东方格致	章炳麟	
	4 月 21 日	东方格致	章炳麟	
	4 月 25 日	东方格致	章炳麟	
	5 月 30 日	玉山吟社雅集分韵得 口次韵	章枚叔	
	6 月 10 日	将东归赋此以留别诸 同人次韵	章枚叔	

附注：《台湾日日新报》与此有关者，尚有《台岛踏查实记》。又 1899 年 5 月 28
日载馆森鸿：《送章枚叔序》及籾山衣洲评，此序收入《拙存园丛稿》。

　　章太炎留居台湾期间的诗文，根据目前掌握的史料，除个别篇目，
如《儒术真论》载《清议报》①，《照井氏遗书》②《拙存园丛稿》③辑存诗
文、附志，以及修订《訄书》④外，几乎都发表在《台湾日日新报》上。
他赴台即住该报社，离台的当天，报上还登章氏的诗。那么，研究章

　　① 　《清议报》所载章氏诗文，大都在《台湾日日新报》登过，如《祭维新六贤
文》《答学究》《客帝论》，见上表。另有《儒冠》（第二十册）、《安昌谣》（第二十六
册）、《梁园客》（同上）、《杂感》（第二十八册）、《西归留别中东诸君子》（同上），都
是诗。文章载《清议报》的尚有《儒术真论》（第二十三至三十四册），其中《视天论》
也在《台湾日日新报》刊出。
　　② 　章太炎：《照井氏遗书序》，见关仪一郎编：《日本儒林丛书》第六卷所收
照井一宅《庄子解》卷首，昭和四年本。
　　③ 　《拙存园丛稿》八卷三册，大正八年（己未八月）铅字排印线装本，馆森鸿
撰。中有章氏序文和在馆森鸿文章后的一些跋语。
　　④ 　章氏在台曾将《訄书》交给馆森鸿看，《儒术真论序》谓章将文稿五十首见
示，查《訄书》初定，即为五十篇，当指此。又馆森鸿《送章枚叔序》更称，读其《訄
书》，认为"议论驱迈，骨采雄丽，其说时务，最精最警，而往往证我维新事例以
讥切时政"，对之十分推服，见《拙存园丛稿》卷一第 10 页。

太炎在台湾期间的活动，《台湾日日新报》无疑是一份极为重要的资料。

章太炎为何在《台湾日日新报》任事不久，就离职赴日？有人说是为了章氏在报上"抨击日本官僚擅作威福，压制台人"，该报社长守屋善兵卫受到都督府斥责后，"令工人去唤太炎，太炎不理他，写一张条子，令该工人送交守屋。书曰：'何不唤守屋来？他不知士前有慕势，王前为趋士者乎？'守屋忍无可忍，亲到太炎处咆哮一场，责他'傲慢无礼''不解事理'。并下逐客令曰：'如果你不愿在本馆操觚，就辞职归去吧。'太炎于守屋去后，安静的自语着：'名善兵卫，竟是恶兵卫，礼貌衰，则去之，何用逐？'于是经过数日，有便轮出口赴沪，遂携夫人回去"①。据称这段见闻得自两名中文记者，似有所据。至于说"便轮出口赴沪"，则不确，因章太炎是"发自基隆"，直抵神户的②。

应该指出的是，从《台湾日日新报》看来，章太炎的诗文，并未发现如上述"抨击日本官僚擅作威福"云云，而主要是指斥以慈禧为首的清政府。这时，清政府正电寄李盛铎在日本缉拿康有为③，又向日本政府交涉，不准康有为留日。康有为遂于1899年4月3日（二月二十三日）自横滨乘和泉丸渡太平洋。《台湾日日新报》在5月以后，就不见章太炎的论文，只有几首和诗，可见章太炎为该报不容，主要是为了他的论文同情康、梁，同情变法，而对慈禧太后为首的清政府则表示不满。

二

章太炎到台湾不久，曾致书原《时务报》经理汪康年，告以在台情况。提到"文士在此者，以法院长水尾晚翠、报馆主笔籾山逸、督府小

---

① 文澜：《章太炎寓台轶事》，台北《"中央日报"》1952年7月29日。
② 章太炎：《游西京记》，《亚东时报》第十七期，光绪二十五年十月十八日出版，署名"菿汉阁主"。
③ 《德宗景皇帝实录》卷四三二第10页。

吏馆森某为最"①。籾山逸即籾山衣洲，他和水尾晚翠都是玉山吟社社员，章氏也参加唱和，馆森某即馆森鸿（子渐）。他们"以文字订交"，来往甚密，或者因学术研究上有近似处，或者因这些日本友人中如馆森鸿表彰日本明治维新人物，"叙述中兴诸贤"，有一定共同点，从而诗文酬酢，彼此相善。

台湾在甲午战后，沦为日本帝国主义的殖民地，章太炎对台湾人民的生活和遭遇甚为关注。他认为台湾本来是"闽南之大屿"，是东南富饶之地，"天下称其膏腴，惜乎濒于仆遫之野"②。"各物踊贵，几倍沪上"，以为"台人砦窳，耕渔梓匠，一切厌为"③。提出学习西方讲求农学之书，讲求农事，刻印农书。又以为"出郭即淡水港，何患无鱼"，应"自开池沼"④，"垂纶渔钓"⑤，"稍忍劳苦"，改善生活。又赞助在台湾设立藏书楼，"取于和汉者各半"。这样，"视乎土宜，因乎民俗"，可以"操剂量而致之中和"⑥。他又认为台湾学校中均习日文，认为不能专教语言文字，不能"徒从事于口耳觚牍之间而勿覃思"，不能只习其"文"，而不能"译其义"⑦。他居台不久，但考察台湾风土人情，关怀民生疾苦，希望"台民之孟晋逮群，异时必有超轶乎大陆者"⑧。

值得注意的是，章太炎旅台期间，从发表在《台湾日日新报》的论文中，可以清楚看出他对戊戌变法失败的惋惜，对康、梁流亡的同情，对慈禧为首的后党的仇恨。他的思想并未超越维新改革的范畴，然而却比戊戌变法前进了一步，也有和康、梁不一致之处。

这里，就章太炎对慈禧为首的清政府，对康、梁等资产阶级改良派，以至对满洲贵族统治，对正将掀起的革命潮流等问题的态度试做

---

① 章太炎：《致汪康年书》三，光绪二十四年十一月二十三日，《汪穰卿先生师友手札》。上海图书馆藏，下同。

② 章太炎：《刻包氏齐民四术第二十五卷序》，《台湾日日新报》，见上表，下同。

③④ 章太炎：《致汪康年书》三。

⑤ 章太炎：《谆劝垂纶》。

⑥ 章太炎：《台湾设书藏议》。

⑦ 章太炎：《论学校不宜专校语言文字》。

⑧ 章太炎：《台湾设书藏议》。

分析：

第一，认为慈禧太后不是"晚节之堕"，而是"天性"残害；对破坏维新运动的清朝官吏，也予以愤怒指斥。

章太炎专门写了《书清慈禧太后事》说："革政之狱，世或以斩断果贼，腭眙于慈禧太后，谓其始仁恕而终阴鸷，岂晚节之堕耶？"认为"女戎召祸，残害不辜，自古以然，而慈禧太后之恶直丑正，尤其天性然也"。他列举咸丰末年的"肃顺之诛"，以至戊戌六君子的"同日伏尸市曹"，"康有为虽脱，亦几几不能自免"。"岂女主任事，则其祸必至于是耶？抑慈禧太后之志，则可谓始终不渝，而非其堕于晚节也已"①。至于"侦获逋臣"，更是"穿窬草窃之行"，"以清室之文母，为异国之荆卿，事果可成，受盗贼之名何害。吾特恐纪纲整饬之国，徼巡警柝，皆不若中国之疏。狙击未成，而身先受盗贼之戮，辞所连染，则且以长信詹事为渠魁，其为邻国观笑，岂有既哉。……如有为者，其亦慎所进止，以保万民倚赖之身哉！"②尽情讥刺，指责慈禧。

对插足改良派，转而出卖改良派的袁世凯，他写了一则《俳谐录》，以鸵鸟为喻，加以挖苦。说是非洲沙漠有大鸟曰鸵鸟，"栖之以丛菌，豢之以珍饵，清泉浴之，凄风播之，则驯狎依人，不施衔辔，而可以服乘，虽驾盐车载囊橐惟所命"。鸲鹊笑之曰："吾巢于榛棘之间，……以意进止，不受人役仳仳"而"以子之高材高足"，却"甘为人服乘，载重而不怒，出跨下而不耻，仳仳倪倪，惟鞭箠是惧者何也？"鸵鸟应之曰：是效橐驼之所为，"既得其饵而又窃其重"，"一受服乘而利吾身"。因此，"虽长策在前，利镊在后，奚恶矣"。鸵鸟终感愧忸，"不可以见亚非利加之凡鸟矣"。于是"振翮而去，至乎支那，化形于河洛之间，为汉冀州牧本初（袁绍）之裔，果得大将"。"冀州牧本初之裔"，就是隐指袁世凯。

对"赞助"强学会，遥控《时务报》的张之洞也予以揭露。这时，日本报纸说"支那改革，推刘坤一、张之洞为领袖"，章氏认为这是"党碑误凿"。张之洞是"外托维新，而其志不过养交持宠"，政变发生，张之

---

① 章太炎：《书清慈禧太后事》。
② 章太炎：《清廷侦获逋臣论》。

洞"反倒戈新党，凡七发密电至京，诟谇长信，无所不至"。写了《劝学篇》以"欺世盗名"，认为"其学术高则为翰苑清流，下则为应试好手而已。乃既盗文学之称，遂抗颜以经济自诩，而所成卒至如是"①。

第二，对康、梁等改良派的遭遇表示同情，寓书慰藉，怀念"夙好"。

政变发生，章氏即写《祭维新六贤文》。文称"上相秉威，狼弧枉矢。以翼文母，机深结闭"，表明对慈禧为首的顽固派的专制横暴极为仇恨。"王母虎尾，孰云敢履？惟我六贤，直言以抵"，表达了对"六君子"被杀的无比愤慨。他本想"设奠黄浦"，但"遍访船步及湖南会馆"，都不知谭嗣同灵柩所在，"斯举不果"②。到达台湾后，寄书康有为，贻诗抒怀，"老泪长门掬，深情故剑知"，"有行黔墨突，无涕吊湘累"③。两地相思，眷念"逋客"。一月中旬，康有为对章氏的"拳拳持正义，又辱书教之"，认为是"识之绝出寻常而爱之深"，并"切望捧手得尽怀抱，驰骋欧美"，"相与扶之"，"救此沦胥"④。章太炎接到"工部报书"，"不啻百金良药"，特将原信登在《台湾日日新报》，并加说明。

章太炎和梁启超也是书信不断。梁启超在日本创办《清议报》，章太炎表示支持，并把新撰诗文寄去发表。梁启超认为，应以"译述政书为第一义"，章太炎以为"哲学家言高，语进步退化之义"，也"未始不急"⑤。又录《艾如张》诗以赠，题为《泰风一首寄赠卓如》，可见他对康、梁无比依恋，不胜缱绻。

政变后，康有为把光绪皇帝的"密诏"露布，引起封建官僚的不满和一些地主阶级出身的知识分子的震惊，章氏撰《答学究》以驳，说是"今祸患之端，始于官邻，卒于金虎掖庭之上，而罪人在焉，讨之犹

① 章太炎：《党碑误凿》。
② 章太炎：《答梁卓如书》。
③ 章太炎：《台北旅馆书怀寄呈南海先生》，《清议报》第八册，光绪二十五年二月初一日出版。
④ 章太炎：《康氏复书》。
⑤ 章太炎：《答梁卓如书》。

可，况数其罪乎？""数其忮恶，斥其淫昏，人臣之分也，虽邻国闻之，亦以为人臣之分也，夫何经常之论之可执乎？"认为康有为"内不容于谗构，奉身而出，语稍卓诡，而见诋于俗儒乡愿"，是"志节才行之士"，对康有为等维新志士深表同情。

抨击慈禧，同情康、梁，对清政府究竟采取什么态度？革命还是"革政"？显然章太炎这时还没有越出"革政"的范畴。

本来，政变前，章太炎就提出"以革政挽革命"。他心目中的革命是"变郊号，柴社稷"；而"革政"则是"礼秀民，聚俊才"①。流亡日本，尽管抨击慈禧，但主要是针对慈禧等顽固派摧残新政，制造党狱、"侦获逋臣"，还没有意识到彻底推翻清朝封建专制统治；尽管对康、梁表示同情，但他的民族主义思想孕育较早，经历维新新政的破灭后，他的"革政"思想较政变前又有发展。

首先，章太炎是在民族危机严重的情况下主张"革政"的。他认为外患日急，国势日蹙，主要危险是帝俄，而慈禧太后为首的清政府却是亲俄的。帝俄强占旅顺、大连，侵犯满洲贵族的"故土"，又包藏祸心，鲸吞蚕食，他说："观于旅顺、胶州之举，揣黄海以北，其趋于俄、德也明矣。……支那自宫禁之变，贤才坑屠，王化陵迟，宇内鱼烂，将使蓟丘之上，满人不亡，而夏子之胄亡矣。"②满洲贵族统治腐败衰杇，不能不"革政"。

其次，章太炎在《台湾日日新报》的论文，也不乏反满词句：称"余年十六七，则诵古文历史，慕辛弃疾为人"；"今年已三十一矣，会遭党锢，日窜台北，其志则以访延平郑氏之遗迹"；示与满洲贵族"不共戴天，不共履后土"。然而，对光绪的"变法失志见囚"，"犹为之愤痛者"，因为光绪"固满洲之令主"，而"其志亦为齐州，而未尝有私于北虏"，所以"痛其幽禁，而为之感慨不平"③。由于光绪支持康、梁变法，所以可称为"共主"。他的同情光绪，是为了他赞助维新。不过，

---

① 章太炎：《论学会大有益于黄人亟宜保护》，《时务报》第十九册，光绪二十三年二月一日。

② 章太炎：《论亚东三十年之形势》。

③ 章太炎：《正疆论》。

他不称光绪，而称之为"爱新觉罗第十一"，满汉之间，仍有鸿沟。

在他的论文中，对满洲贵族的政治腐朽、经济榨取也多所揭露。例如，满洲"入关以来，以近京五百里民地圈给八旗，而田之者皆汉人，秋冬输租，以庄头主其事，而此数十万不士不农不工不商之游民，乃安坐而有之"。"乃者索伦东海诸部蚕食于俄罗斯，为八旗子弟者，宜以屯田兼兵事为汉人纾生计，为国家效死力"。对"虚郡国仓廪"以养"八旗之民"①，游惰啖食，不劳而获，极为愤慨。甚至以为曾国藩等汉族官僚，当太平天国失败以后，"不以此时建号金陵，而俯首下心，以事辫发之屠胡"，是"昧于大义，而为中国遗无穷之患"，指斥曾国藩、左宗棠等是"甘以通侯宰相臣仆异类"，连曾静都不如。这些汉族官僚，"上者忠君念重，而爱国之情轻"，"下者保宠之愿深，而立名之志减"，对汉族地主阶级的"俯首下心"以事满洲贵族，又加鄙视②。

如果说章太炎反对"臣仆异类"，有着反对满洲贵族的民族意识，那么他在旅居台湾期间是否已经由"革政"转向革命了呢？还是没有。除上面谈到章太炎当时的政治态度没有越出改良范畴外，还可从他对孙中山、康有为的态度来看。

甲午战争时，孙中山组织了兴中会，酝酿起义。1897年，章太炎任职《时务报》，在报纸上看到孙中山在英国被捕，曾问梁启超"孙逸仙何如人？"梁说："此人蓄志倾覆满洲政府。"章太炎即"心甚壮之"③，"窃幸吾道不孤"④。政变后，清政府通缉康、梁，章太炎以孙中山伦敦蒙难为喻，说："往者龚照瑗之于孙文，尝有是举矣，而卒为英人所迫胁，索之生还。夫孙文以医药小技，鼓动黔、粤之民，一旦果能揭竿而起，其有益于中国与否尚未可知，而英人已护之如是。今有为柄用，百日之政，粲然见于记载，中外贤哲，莫不喁喁想望风采，其与

---

① 章太炎：《论清旗田》。

② 章太炎：《失机论》。

③ 朱希祖：《本师章太炎先生口授少年事迹笔记》，《制言》第二十五期《太炎先生纪念专号》。

④ 章太炎：《致陶亚魂柳亚庐书》，《复报》第五号。

夫孙文者，岂舆薪秋毫之比哉。"①把康、梁视为"国士"，而对孙中山
发动的起义活动，还存怀疑。他在写给汪康年的信中更说："东人言及
公名，肃然起敬，而谬者或以逸仙并称，则妄矣。"②还以孙中山与汪
康年并称为"谬"。只是等到由台赴日，与孙中山相晤，"聆其议论，谓
不瓜分不足以恢复，斯言即浴血之意"，才认为是"卓识"。"相与谈排
满方略，极为相得"③。可见，旅台期间章太炎的思想尚未由"革政"转
向革命。

　　既不满清朝统治，又同情康、梁；既孕有民族思想，又没有转向
革命。章太炎又将怎样"革政"呢？他提出了"客帝""分镇"的课题。认
为满洲贵族入主中国，是客帝，中国的"共主"，应为"仲尼之世胄"。
说是只要清朝皇帝承认过去民族压迫的错误，拥护孔子后裔做中国的
"虚君"，自己退居为齐桓、晋文般的霸主，发愤自强，那么反满情绪
可以平息，可以防止"逐加于满人，而地割于白人"。他在文章中，不
但也谈"素王"，还引《中候》和《春秋繁露》④，说明他还未摆脱康、梁
的思想影响。这种"客帝"的论调，也是章太炎后来所说"纪孔保皇"的
表露。这点，他自己也不否认，说："余自戊、己违难，与尊清者游，
而作《客帝》，饰苟且之心，弃本崇教，其违于形势远矣"⑤。

　　"分镇"，也是章太炎在民族危机严重、清政府腐败无能的情况下
提出的一种改良设想。认为藩镇"政不己操，而位不久假"，所以"勿能
跋扈"。政变危急之际，"犹赖有数镇稍自奋厉，是以扶危而定倾"。因
此，不能削弱藩镇，而"甘心于白种之陵藉"。中国如果"无文武自将之
主，而渐灭几至于尽"，所以削藩镇，是"天下之至私"，它只能"行媚
白人"。同时，重藩镇和立宪政并不矛盾，"板荡之世，非得藩镇以尊
攘，则宪政不立"。并举明治维新以为例，"若皇德贞观，廓夷旧章，

①　章太炎：《致汪康年书》四，光绪二十五年正月初七日。
②　章太炎：《致汪康年书》五，光绪二十五年六月初十日。
③　冯自由：《中华民国开国前革命史》第十四章《壬寅支那亡国纪念会》。
④　章太炎：《客帝论》，相继在《台湾日日新报》《清议报》发表，收入《訄书》
原刻本第二十九。
⑤　章太炎：《客帝匡谬》，《訄书》重印本"前录"。

示民版法，陶冶天下，而归之一宪，藩镇将奔走趋令，如日本之萨、长藩始于建功，而终于纳土，何患自擅"①。此后，进而指出，"瓜分而授之外人，孰与瓜分而授之方镇"②，可知章氏是在民族危机严重的情况下拟议"分镇"的。他反对满洲贵族的昏庸衰朽、丧权辱国，但对汉族地主阶级还有幻想。还想汉族地方督抚"扶危而定倾"，像日本明治维新一样，完成"尊攘"大业。那么，他向往的还是"明治维新"式的"革政"。只是到了义和团运动以后，他才"鉴言之莠"，进行"匡谬"③。

然而，章太炎提出"客帝"，又缅怀"彼瀛国之既俘，永历鲁监国之既坠，而支那旷数百年而无君也，如之何其可也"。反满的民族意识，却与康、梁的"忠君保皇"有别。提出"分镇"，而"借权"的还是汉族地方督抚，又以曾国藩"俯首下心，以事辫发之孱胡"为"失机"，满汉之间，还有界限。这样，在此后全国革命形势迅速高涨的情况下，促使他和"尊清者"划清界限，走上革命的道路。

三

章太炎和康有为，一个治古文经学，一个借今文议政。学术渊源不同，治学方法不同。章氏在时务报馆与康门弟子共事期间，就发生过争论。他自己也感到"论及学派，辄如冰炭"，视"康党诸大贤"宣传康有为学说，是"病狂语，不值一欨"④，又怎会政变失败，同情康、梁，和"纪孔"者游呢？

章太炎对康、梁的同情，主要是对康、梁改良派政治主张的赞成。甲午战后，外侮频仍，国势浸衰，康有为等改良派对封建顽固势力和洋务官僚进行斗争，提出变法图存的主张，代表当时中国社会发展的趋势，具有

---

① 章太炎：《藩镇论》，《五洲时事汇编》第四册，光绪二十五年十月初一日出版，查同年九月初八日《致汪康年书》，将《藩镇论》寄交汪康年转交，这时他由日返国不久，当较早写成。

② 章太炎：《分镇》，《訄书》原刊本第三十一。

③ 章太炎：《分镇匡谬》，《訄书》重印本"前录"。

④ 章太炎：《致谭献书》，光绪二十三年三月十九日，《复堂日记续录》钱基博跋记。

进步的意义。因此，他曾"赠币"强学会，助编《时务报》，在实际行动中进行了维新宣传，甚至在自己的论著中还渗附了某些今文学说。

今文学派的学说，并不排斥其他学派的援用，但作为严守家法的古文学家来说，每每视若鸿沟。章氏自称："余治经专尚古文，非独不主齐、鲁，虽景伯（贾逵）、康成（郑玄）亦不能阿好也。""余以为经即古文，孔子即史家宗主"①。但当他任职《时务报》前，曾阐述办报宗旨是"驰骋百家"，"引古鉴今"，"证今则不为卮言，陈古则不触时忌"②。主张"陈古"以"证今"，"引古"以"鉴今"。并且举了西汉王式以《诗经》三百五篇"谏"昌邑王的故事。只要有助于当时政治改革的说教，即今文经师的援经论政，也可用以"证今"。任职《时务报》后，在《论学会有大益于黄人亟宜保护》中，更提到《春秋》公羊学家所鼓吹的"大一统""通三统"，也提到喜以阴阳灾异议论时政的《齐诗》。为什么呢？他以为"大一统"是"整齐风俗，范围不过"；通三统是"益损政令，九变复贯"和吸收"殊方异俗"的"长技"，"以卫吾一统之教"。也就是说，凡是西方资本主义国家（"殊方异俗"）的"长技"，可资中国借鉴的，可以作为"益损政令"的参考。说明不能"唯旧章之守"，而须"发愤图自强"③。又就《齐诗》的"革命""革政"加以发挥，认为在当时的社会条件下，应该"礼秀民，聚俊才"，进行"革政"，亦即实施政治改革。可知章太炎的援用《公羊》《齐诗》，旨在阐明变法的必要性。章太炎在戊戌变法时期，政治上同情资产阶级改良派，在自己的文章中，也运用了今文观点。他治的是古文经学，但在这个时期，对有助于变法宣传的今文经说也不排斥。他所以没有严守"师法"，主要是为了解决当时的社会实际问题。而依附今文的康有为等，却在这时展开变法维新活动。以挽救民族危机、进行变法图强来说，章氏对康、梁的政治主张表示赞同。

但是，章太炎和康有为等毕竟不是同隶一个学派，他赞助康、梁，也只是由于时代的特点，而不意味学术思想上的"混一"。学术上的争

---

① 章太炎：《自述学术次第》，稿本。

② 章太炎：《致汪康年书》一，光绪二十二年十一月二十五日。

③ 章太炎：《论亚洲宜自为唇齿》，《时务报》第十八册，光绪二十三年正月二十一日。

论，又必然涉及维新变法理论根据的探讨。章太炎同意康、梁的改革主张，并不能证明他们之间政治上的完全一致；而学术对立中产生的理论差异，又每易导使他们政治立场的某种分野。今文经说的"诡诞""恣肆"，毕竟与"朴学"殊科，"古今文经说，余始终不能与彼合也"①。这样，便不可避免地与之有所争论。在《时务报》共事时，对"康党诸大贤，以长素为教皇，又目为南海圣人，谓不及十年，当有符命"，即以为"造言不经"。那么，章氏虽赞同康有为等进行变法，而对其变法理论却有保留；他和康门共事，而共事中并非没有争论。这些争论，又每每基于学术领域中的理论争论；章氏虽在自己的论著中，一度援用今文经说，也只是为了变法的需要，而未放弃他古文学派的根本立场。

戊戌政变前，章太炎尽管和康门争论，却未公开决裂，对解决社会实际问题的变法主张又是赞同，并且延伸到政变以后一段时间，对康、梁仍表同情，寓书慰藉，赋诗示意。章太炎留居台湾时期，正是对康、梁政治上仍表同情之际。

章太炎对学派不同的康、梁同情，当时已有人提出异议，他自己有一个很好的说明。这个说明，就登在1899年1月13日的《台湾日日新报》上。由于这是论述章氏早期思想极重要的素材，过去未曾为人注意，因此将原文引录如下：

> 或曰：子与工部学问涂径，故有不同，往者平议经术，不异升、元，今何相昵之深也。余曰：子不见夫水心、晦庵之事乎？彼其陈说经义，判若冰炭，及人以伪学朋党攻晦庵，时水心在朝，乃痛言小人诬罔，以斥其谬。何者？论学虽殊，而行谊政术自合也。余于工部，亦若是已矣。
>
> 近世与工部争学派者有朱给谏一新，然给谏尝以劾李连英罢官，使其今日犹在朝列，则移官之役，有不与工部同谋耶？余自顾学术尚未若给谏之墨宋，所与工部论辩者，特《左氏》《公羊》门户师法之间耳。至于黜周王鲁，改制革命，则亦未尝少异也。（自注：余绪绎周秦、西汉诸书，耶《左氏》大义与此数语吻合。）况旋

---

① 《太炎先生自定年谱》"光绪二十三年，三十岁"。

乾转坤，以成既济之业乎？若夫拘儒鄙生，饷馇糟魄，其黠者则且以迂言自盖，而诗礼发冢，无所不至，如孔光、胡广者，余何暇引为同学也哉！

曩客鄂中时，番禺梁鼎芬、吴王仁俊、秀水朱克柔皆在幕府，人谓其与余同术，亦未甚分泾渭也。既数子者，或谈许、郑，或述关、洛，正经兴庶举以自任，聆其言论，洋洋满耳，及叩其指归，啇卷逡巡，卒成乡愿，则始欲割席矣。嗣数子以康氏异同就余评骘，并其大义，亦加诋毁；余则抗唇力争，声震廊庑，举室腭眙，谓余变故，而余故未尝变也。及革政难起，而前此自任正学之数公者，乃皆垂头阗翼，丧其所守，非直不能建明高义，并其夙所诵习，若云阳尊阴卑，子当制母者，亦若瞠焉忘之。呜呼！张茂先有言，变音声以顺旨，思摧翮而为庸。今之自任正学而终于脂韦突梯者，吾见其若是矣。由是观之，学无所谓异同，徒有邪正枉直焉耳。持正如工部，余何暇与论师法之异同乎？

这里，章太炎回答了这样几个问题：

第一，自述"论学虽殊，而行谊政术自合"。"论学"，指古、今文学说不同；"行谊政术"，指维新改革，变法图强。还引朱熹、叶适为例，说明学术上虽如"冰炭"，但政治上却不含糊。所以自己虽如东汉时范升、陈元之争《左传》，至今仍旧"相昵"。

第二，自述和康、梁"论学"之殊，"所与论辩"的，在于"《左氏》、《公羊》门户师法之间"，亦即囿于学术上今古学的异同，师法渊源的殊别；至于"黜周王鲁，改制革命"，亦即政治方面，却"未尝少异"。

第三，自述1898年春在武昌和张之洞幕僚的争议。据《自定年谱》，张之洞"不憙公羊家，有以余语告者，之洞属余为书驳难"，因而赴鄂。当梁鼎芬等以康氏异同就章"评骘"，并对康氏诋毁时，章太炎即"抗唇力争"。在《艾如张董逃歌序》中也说："张之洞始为《劝学篇》，以激忠爱，摧横议，就余咨度"。章氏即言，"忠爱则易耳，其俟诸革命以后"，而使"闻者皆怒"①。

———————————

① 见《太炎文录》卷二。

第四，自述政变以后仍与康有为等"相昵"，而对梁鼎芬之流的"丧其所守"则加讥刺。从而指出"学无所谓异同，徒有邪正枉直"。还是主要从政治上着眼的。

照此说来，章太炎在旅台期间，自述"行谊政术"与康有为等相合，他对康有为等是同情的。过去，他和康门在学派问题上有过争论，当时他怀疑的是"改制"的夸诞外衣，而赞同的则是"改制"以解决社会实际问题；现在，康、梁遭"侦捕"，自己也出亡，在今文、古文的传授得失、治学途径上"始终不能与彼合"，至于政治上还是同情康、梁的①。

章太炎对康、梁的同情，是政治上的同情，是对康、梁变法维新事业的肯定。他在戊戌前后，思想上还停滞在"革政"阶段。他自己还没有划清革命和改良的界线，当然不可能"忠告康、梁，劝其脱离清室"。

当然，章太炎的民族主义思想是孕育较早的。等到 1900 年义和团运动发生，清政府"量中华之物力，结与国之欢心"的面目日露，跟随社会历史的发展，章太炎终由改良走向革命，和康、梁也终告决裂了。

原载《社会科学战线》1982 年第 4 期

---

① 章氏后来又撰《今古文辨义》，对康、梁仍寓保全，见《亚东时报》第十八号，光绪二十五年十一月二十三日出版。另有《翼教丛编书后》，谓："说经之是非，与其行事，固不必同。"以为康在变法时，"不失为忠于所事"，对苏舆等诋击维新，"处心果何如耶"加以批判。此文发表在《五洲时事汇编》第三册，光绪二十五年九月十日出版。据《致汪康年书》六，此文投交沈小沂，而信则写于八月三十日。《今古文辨义》更对"经术文奸之士，借攻击廖士（平），以攻击政党者"，认为是"坻井之鼋"，旨意与《翼教丛编书后》同，撰时应近。那么，章氏在 1899 年由日本返国后，对康、梁尚表同情。

章太炎和馆森鸿

1981年5月，日本京都大学人文科学研究所岛田虔次教授来华讲学，特将该校珍藏章太炎《佛学讲稿》手迹复印见示，欣谈之余，即以章太炎留居日本时佚文相托。不久，岛田虔次教授寄来馆森鸿所著《拙存园丛稿》，并介绍对日本德川、明治时代汉学家有专门研究的水田纪久教授，得予联系。情挚意深，感祷无已。

《拙存园丛稿》，八卷三册，大正八年（1919年）己未八月铅字排印本，线装，是馆森鸿关于中国经史论文、札记，以及函札、碑传、游记、序跋等文编。书中不但有章太炎所撰序文，而且在有些文篇之后，章氏缀以跋语；在馆森鸿的文篇中，也时载与章氏交往情况。这对研究章太炎早年事迹和思想，无疑是很有帮助的。

一

馆森鸿，字子渐，通称万平，号袖海，生于文久三年（清同治二年癸亥，公元1863年）十二月三日，卒于昭和十七年（1942年）十二月二十四日，享年八十岁。日本陆前国本吉郡松岩村人，是馆森古道（号卧云）的长子，照例应该继承他父亲为馆森家第十一代家长，但是他想上京学习，所以把家产让给姐婿通喜。

馆森鸿上京以后，在冈鹿门（名千仞，字振衣，通称敬助，号鹿门，萨摩藩士，江户昌平黉毕业的汉学家）和重野成斋（名安绎，字子德，通称厚之丞，号成斋，萨摩藩士，是在江户昌平黉与冈鹿门同时的汉学家，后来研究历史，当东京帝国大学文科大学教授、文学博士）两位学者的私塾学习过。

馆森鸿私塾毕业以后，明治三十年代的后半期（20 世纪初）到台湾当台北一个初中的教师，也在台湾总督府工作过，寓居台湾近二十年，大正十三年（1924 年）由台湾回国。回国以后，在日本大学当教授（在高等师范科国汉部任教），在圣心女学院也教过书。

馆森原来的姓叫藤原，然后叫斋藤，最后叫馆森。馆森家先信儒教，后来改信神道，所以馆森鸿的坟墓也按神道的规定修了，墓址在日本气仙沼市赤岩馆森高原山，碑文是"昭和十七年十二月二十四日逝世，年龄八十岁，藤原鸿翁之命"（命这个字，神道来说是神的意思）①。

章太炎是 1898 年戊戌政变后避地台湾时和馆森鸿相识的。

1898 年 12 月 4 日，章太炎"抵台北"，任《台湾日日新报》撰述②。次年 1 月 4 日，章太炎写信给汪康年，详述抵台情况，就提到馆森鸿，函曰：

> 在馆月余，罗网勿及，得以畅抒所见。东士或以象山相拟，则为之惭笔流汗。在台官吏，颇有佳者，时或接见，觞豆吟咏，聊以卒岁。……文士在此者，以法院长水尾晚翠、报馆主笔籾山逸、督府小吏馆森某为最。馆森者，冈鹿门之弟子，又事重野安绎。安绎官官内侍读，与黎纯斋最善，故文亦专学桐城，有《成斋文集》，盖与吴南屏相似，而风韵尚不逮，馆森亦以此衡量人材。弟私语之曰："此实徂徕诸公，反对药剂，然养气太少，而淡气太多，恐不足以资呼响矣。"③

这时，章太炎和馆森鸿"时或接见"，商讨学术。章氏把自著《訄书》和《儒术真论》等给馆森鸿看，馆森鸿也把撰文结集延请章氏作序。

---

① 以上据 1981 年 8 月 18 日水田纪久教授致作者书，并承森时彦先生译成中文。

② 章太炎于 12 月 4 日抵台北，见《致汪康年书》三，《汪穰卿先生师友手札》，上海图书馆藏。又《台湾日日新报》1898 年 12 月 7 日《社员添聘》云："此次本社特聘浙江文士章炳麟，号枚叔，已于昨日从上海买棹安抵台湾，现已入社整顿寓庐矣。"

③ 章太炎：《致汪康年书三》，手迹。

章太炎认为馆森鸿撰文，"淡雅绝俗，与方、姚诸大家欣合无间，而叙述中兴诸贤，尤酣恣沈痛，又在梅厓、伯韩之间，斯不可专以家数论矣"①，颇为赞誉。馆森鸿也认为章氏"操守大节，处困厄而不扰，其胸中所郁积，发为著作，著作襃然，成一家言"②。又说："杭州章君枚叔高才能文，与余相善。去年冬，载书数车入台疆，乃以文字订交。每相见，辄问难经义，评骘文章，纵谈时事，神王兴至，逸岩激越，投笔起舞，恢哉有国士风。"③

章太炎在台湾居住半年，救国之念不息，准备返里。馆森鸿以为"政变以来，法网綦严，若不戒陷阱，虽縻顶踵何益，因劝东游"④，馆森鸿也乞假四日。这样，章太炎在馆森鸿的陪同下，于1899年6月10日"发基隆"，14日"步上神户"，17日"发大名趋名古屋"，游览名胜古迹，阅赏寺院藏品，写《游西京记》以记其事⑤。

1899年8、9月间（七月下旬），章氏由日返国，往来沪浙，为《亚东时报》《五洲时事汇编》撰文，和唐才常等人游，并将《訄书》付梓。

冬12月，馆森鸿由台湾经广东、福建来上海，"首访章太炎"，他们"海上重晤，握手感喜"，章并赋七律一章以赠⑥。接着，馆森又游苏州，访章氏之师俞樾，"问近日著作？"俞樾谦逊地说："所著之书，皆是迂疏无用之学，刻成四百七十余卷，虽已流传人间，实不足言学问，今老矣，无所添益。"⑦

1901年1月，馆森鸿又从台北来上海。2月2日，拟游苏州，章太炎来送行，告以"明日归里"⑧。章氏在杭州"度岁"半月，吴君遂派

① 章太炎：《拙存园丛稿序》，见该书卷首第4—5页。

② 馆森鸿：《儒术真论序》，《拙存园丛稿》卷一第2页。

③④ 馆森鸿：《送章枚叔序》，《拙存园丛稿》卷一第2页。

⑤ 章太炎：《游西京记》，《亚东时报》第十七号，光绪二十五年十月十八日出版，署名"菿汉阁主"。又，章太炎在馆森鸿的陪同下抵达日本，也见兵库县知事大森钟一上外务大臣报告，明治三十三年六月十七日，日本外务省档案《各国内政关系杂纂》中国之部《革命党关系》兵发秘字第200号，机密受366号。

⑥ 馆森鸿：《上成斋先生书一》，《拙存园丛稿》卷五第2页。

⑦ 馆森鸿：《上成斋先生书二》，《拙存园丛稿》卷五第3页。

⑧ 馆森鸿：《姑苏纪游》，《拙存园丛稿》卷一第16页。

人来杭，告以"踪迹者至矣，亟行"。章太炎乃"避之僧寺"。"十日后，知无事，复出上海"①。这时馆森鸿已经在返台归途了。

由上可知，1898 年戊戌政变后至 1901 年间，章太炎和馆森鸿的交往是很密切的。

<h1 style="text-align:center">二</h1>

章太炎和馆森鸿"以文字订交"，他们的"相善"，主要由于在治学方面有共同点。馆森鸿从冈鹿门、重野成斋治汉学，涉猎中国儒家经籍，推崇清代复兴的古文经学，对顾炎武尤其服膺，"自谓当初启其迷蒙者，实亭林也。"②馆森鸿在《答铃木清音书》中也说："仆少好经术文章，颇自刻苦，而无所得，神志荒惑。一日读《顾亭林集》，慨然自起，虽奔走忧患，心耿耿未下，亭林其发我者欤？"③他以为顾炎武"器识最高"，"负经纶之才，求礼教于遗经，发愤著书，为后世虑者深矣"④。对顾炎武推崇备至。

馆森鸿对清代古文经学"皖派"的开创者戴震也很钦仰，对友人讥笑他读《戴东原遗书》加以驳斥，对一些人认为戴震之长只在历算、舆地、考据之学也以为不能"止于是"。认为"东原虽主考据，其以道自任，直与孟子不异"，戴震的著作"精心孤诣，实事求是，盖千五百年无与比伦"⑤。不能"指其一二"，"妄加讥评"。馆森鸿对王念孙、王引之父子的"训诂精确"，也以为"千古无两"⑥。

章太炎少时就佩服顾炎武的为人，并将自己改名为绛，号太炎，以示对顾炎武开创的清代古文经学服膺勿替。他对戴震也很推重。章太炎二十三岁起到杭州诂经精舍受业，诂经精舍的主持人正是从顾炎武、戴震、王念孙、王引之等一脉相承下来的清代著名朴学大师。因

---

① 《太炎先生自定年谱》。

② 罗秀惠：《拙存园丛稿序》，《拙存园丛稿》卷首第 2 页。

③④ 馆森鸿：《答铃木清音书》，《拙存园丛稿》卷五第 6—7 页。

⑤ 馆森鸿：《与人书》，《拙存园丛稿》卷五第 10—11 页。

⑥ 罗秀惠：《拙存园丛稿序》，《拙存园丛稿》卷首第 2 页。

此，当他看到馆森鸿的文稿中《与人书》论及戴震，即加长跋，曰：

> 推重东原，与鄙意最合。明季社会之佻达，西河、竹垞之武
> 断、望溪、海峰之迂阔，迭胜迭负，难为雌雄。自东原出，而三
> 种气息，皆渐次肃清，即专以考证言，实事求是。亦一变至道矣。
> 况其发明性善，实与路索自由之说，东西并峙耶？东原云："宋儒
> 以理杀人，死矣，无可救矣。"骤观几为吐舌，及细思之，所谓饿
> 死事小，失节事大，及《离骚》不甚怨君等说，皆出自宋儒。大氐
> 揭橥三纲，使卑贱不得一豪自便者，实始于此。周、孔、孟、荀
> 未有斯义也。以此为理，致人人失其自由，而禹域人心腐败，遂
> 至此极，所谓瘴气性者非耶？东原主张性善，不免偏于尊孟，而
> 欲彗扫瘴气，则非此因不为功。噫！使东原之说早行，吾国亦当
> 人人知自由矣。旻天不淑，斯编尚覆酱瓿，其亦如瞖井之心
> 史哉！①

可见章太炎和馆森鸿"一见相善""以文字订交"，是由于彼此在治
学方面有共同点，对复兴古文经学的顾炎武既示钦仰，对戴震的"实事
求是""发明性善"，也感到"精心孤诣"，而表推重。

三

章太炎和馆森鸿的"以文字订交"，还由于他们当时在政治思想上
也有相近处。

章太炎是在戊戌政变以后认识馆森鸿的。戊戌变法曾图仿效日本
明治维新，康有为在向光绪皇帝的上书中，多次引述"日本变政"，还
专门写了《日本变政考》进呈"御览"。章太炎在甲午战后民族危机深重
的刺激下，毅然走出书斋，参加强学会，编撰《时务报》，赞成变法，
指出中国应该"发愤图自强"，"不能惟旧章之守"，主张"以革政挽革

①　章太炎：《馆森鸿与人书跋》，《拙存园丛稿》卷五第11页。

命"①。不久，"百日维新"夭折，章太炎避地台湾。他对"六君子"的惨遭杀戮深表愤慨，对慈禧为首的顽固派的专制骄横极为仇恨，"讨之犹可，况数其罪乎？"②对康有为等仍表同情。馆森鸿呢？他"阐明经义，表章人物"③，对日本主张维新的人物，每为之立传，如开始注重"西洋学"，读"荷兰书"的青木敦书，通晓西学，明医术，晓天文、舆地，著《俄国志》，译《万国图说》《地球全图并图说》的桂川国瑞，专攻西方医学的杉田翼以至杉田信等，都为撰传。馆森鸿还专门写了《先正传》，认为维新时西乡隆盛、大久保利通、吉田矩方、木户孝允等，"其所趋向虽有同异，要之前后辈出，从时势所变迁，备尝艰苦，或殉国泯身，以立大功于天下，向所谓王政维新之业成者，数君子之力为多，余心仪久之"。于是"搜访当时轶事遗闻，立传如干，命曰《先正传》"④。

章太炎以为馆森鸿"叙述中兴诸贤，尤酣恣沈痛"。馆森鸿也以章太炎"忧国势骫骳不披，与诸同人讲明天下之大计，以规时事"，而"一见如旧相识"。从而章太炎将其文稿给馆森看，当馆森鸿看到章氏的《上李鸿章书》⑤后，认为他"指画详明，议论精切，洵足以济时矣。独是其言不行，其身中道颠跛，亦无有力者为援手，其志可悲也"⑥。又读其《訄书》，十分"推服"，认为"议论驱迈，骨采雄丽，其论时务，最精最警，而往往证我维新事例，以讥切时政"，"即以文字论，亦卓尔不群"⑦。说是章太炎虽避居台湾，但他"倡天下之大义，风励一世，以图国家维新，事虽不成，兆朕已启。则今日所谓不幸不遇者，安知非他日润泽天下之资哉！"⑧

馆森鸿表彰日本明治维新人物，章太炎则曾赞助维新，政变后还

---

① 章太炎：《论学会有大益于黄人亟宜保护》，《时务报》第十九册，光绪二十三年二月初一日出版。

② 章太炎：《答学究》，《清议报》第十四册，光绪二十五年四月初一日出版。

③ 后藤新平：《拙存园丛稿序》，《拙存园丛稿》卷首第 1 页。

④ 馆森鸿：《先正传序》，《拙存园丛稿》卷一第 9 页。

⑤ 章太炎：《上李鸿章书》，光绪二十四年正月，手迹，上海图书馆藏，见汤志钧：《章太炎政论选集》第 53—57 页。

⑥ 馆森鸿：《儒术真论序》。

⑦⑧ 馆森鸿：《送章枚叔序》。

一度同情康、梁，这时他们都主张通过改革，使国家富强。

这时，章太炎正在编次《訄书》，《訄书》原刊本第一篇是《尊荀》，强调法后王，以为"荀子所谓后王者，则素王是；所谓法后王者，则法《春秋》是"。"古也者，近古也，可因者也。……或益而宜，或损而宜，损益曰变，因之曰不变，仲尼、荀卿之于周法视此矣"。讲的是损益因革，讲的是变与不变，也就是说，讲的是在旧有基础上"或益而宜，或损而宜"。可知他这时还没有摆脱改良主义的思想影响。但章太炎较早孕有民族主义思想，和康门"诸子相遇，论及学派，辄如冰炭"①，并"常持船山《黄书》相角"②。在《訄书》原刊本中指责满洲贵族"蚀蠹"重敛，而"不能折冲以庇黔首"③，还用"大酋"等贬词来讥讽清朝皇帝。这些又非康、梁等资产阶级改良派所能企及。

就在这时，馆森鸿将日本照井全都遗书延请章氏撰序，照井氏"礼乐、汤武、封建诸论，矩则荀子"。章太炎以为他与王夫之"藩镇之议""若合符节"，与黄宗羲《原君篇》"彼此神契"④，专为撰序，说是"当明之季，有王夫之者，窜于衡山，而为《黄书》《噩梦》几矣。今全都又迈之"⑤。赞誉照井氏的"尊荀"，把他和王夫之"窜于衡山"联系起来，也正是由于照井氏的思想和章太炎有"彼此神契"处⑥。而照井氏的著作，恰恰又是馆森鸿介绍给章氏看的。

由上可知，章太炎和馆森鸿"相善"，并非偶然。

此后，章太炎投身革命，鼓吹排满。1906 年 6 月，出狱东渡。次年 1 月，章太炎和宋教仁访问权藤成卿，谈到馆森鸿，今录其笔谈记

① 章太炎：《致谭献书》，光绪二十二年三月十九日，《复堂日记续录》钱基博跋记。
② 《太炎先生自定年谱》"光绪二十三年，三十岁"。
③ 《訄书》原刊本《不加赋难》第三十三。
④ 章太炎：《题封建、礼乐等四论之后》，见开仪一郎编：《日本儒林丛书》第六卷所收照井一宅《庄子解》卷首，昭和四年出版。
⑤ 章太炎：《照井遗书序》，同上。
⑥ 泷泽诚：《权藤成卿和章炳麟的交游——来往笔谈录》，《日本历史》，1981 年 8 月第 399 号。

录如下：

> 章：馆森鸿为人稳而轻利，于文无诗。昔居台湾，馆森常请余修改文字，屡欲为余弟子，拒之，而以兄弟相待。数年间迭寄文章，且余身陷囹圄时亦然。惟近半年音讯不通，务请探问寓所，如何？
>
> 权藤：余与馆森虽不识面，然知其名，系好学且与吾等同调者。据云其为儿玉将军挚友，将军已故，而将军弟儿玉文太郎乃余亲友，俟有闻，当告知。
>
> 章：若知其踪迹，不胜感谢。

知章太炎为"苏报案"入狱后，馆森"迭寄文章"；章氏再度来日本，又询及馆森踪迹，可见交谊甚深。

武昌起义胜利，章太炎由日返国，从政讲学，和馆森鸿音问久疏，但悬念之情，尚未或释。1931年，日本桥川时雄到上海谒见章氏，他又问起馆森鸿，说："仙台有馆森鸿者，二十年前，颇从鄙人讲论，近亦几六十矣。闻在东京教育界中，不知其学能否进步也。"[①]怀故恋旧，不胜缱绻。

章太炎和馆森鸿的交谊，过去知而不详，本文的写成，出于岛田先生和水田先生的支持和帮助，谨深致谢意。

原载《历史论丛》第三辑，齐鲁书社1983年版

补　记

本文寄交《历史论丛》后，在上海图书馆发现馆森鸿和吴君遂笔谈原件。查1901年2月2日，章太炎在上海送别馆森鸿，"且谓明日归里"。馆森鸿《姑苏纪游》："明治三十四年一月十七日，发台北。二十

---

① 桥川时雄：《章太炎先生谒见纪语》，1931年（民国20年）辛未8月3日记于上海同孚路同福里寓。

三日，抵上海，寓文监师路逆旅。连日雨雪缤纷，至二月一日始晴。山根立庵劝予游苏州，遂择次日发程。"又曰："二月二日，友人章枚叔来送予行，且谓明日归里，乃别。"（《拙存园丛稿》卷一第十六页）查馆森鸿在沪时，章氏谈起吴君遂，馆森鸿乃偕山根立庵访吴，此件应为当时笔录原件，特补载如下：

　　馆森鸿：鄙人姓馆森，名鸿，字子渐，与山根君为石交。日前章枚叔能说吴先生之事，切欲往谒左右，领手教。刻山根君谓偕访之，因叩高扉。鄙人日域晚生，有志于贵国圣人之学者，倘能得领教，幸矣。贵国竹添先生文字，下走极其佩服，未知公以为何如？竹添文字稍有神韵，然无骨力，不能为大家。敝国近代安井息轩笔力苍老可喜，行箧中不有此书。枚叔藏有息轩所著《论语集说》，其学识文章足见一斑矣。

　　馆森鸿：仆欲得先生墨迹二三叶为家宝，未识能许否？

　　馆森鸿：先生传桐城正脉者，可与萧、吴诸公并驰矣。仆不肖，亦尝学此一派，有记文二三篇，兹呈教。（壁间瞥见濂亭先生墨迹）阁下曾游濂亭之门乎？先生传桐城正脉者，仆尝一阅其集，佩服莫名。闻挚甫氏为后劲，又有萧君穆者，桐城大家也，果然否？此往年由美国至敝国，独访问山黄村，不见其他文士，匆匆回去。仆见此君致徐少芝之文，其于文字确有真谛，殊可敬服。

　　吴君遂：敝师颇好桐城一派，泊黎公驻东京，以文字相交，若其送序，宛然惓惜矣。仆遵师训学之，然实则非所好也。拟他日以鄙稿呈教，莫鄙弃为幸。

　　又，1901 年 3 月 3 日，章太炎拟由杭来沪，因无下榻处，曾分函汪康年、吴君遂。旋"复函上海"，寓梅福里吴君遂寓。时距馆森鸿访吴仅月余。章氏在吴寓曾信笔写《和辍笔》《和断荤》《和传家》《和祈死》《和无题》五首诗，吴君遂特将它和与馆森的笔录汇装一起，也可说是"章太炎和馆森鸿"的一段掌故吧！

　　又见林光灏《章太炎与台湾新闻界》：据魏润庵言，馆（馆森鸿）与章过从密，章逝世，以诗相挽。

悼章太炎

讳炳麟，字枚叔，浙江余杭人。戊戌政变逃至台北，后藤栖霞荐之报馆（后藤系台湾总督府民政官长）。余以文字相交，太炎一见余藏照井一宅遗书，激赏之曰："品在孟、荀、贾、董间。"并为文以序其书。余东归时，太炎偕到京都，又游东京。余抵上海，太炎大喜，诗酒征逐，殆逾半载。尝赠余文，拜余母，献酒结为兄弟，临别贻玉尺一支，余报以先儒遗书，躬送至横滨，赋诗识别。昭和十一年六月十四日殁于苏州。

诗

太炎捐我何处之？闻讣不禁双泪垂，论文夙有金兰契，结为兄弟本所宜。三十余年讲信义，宛如曒日不可移。忆昔偕游西京地，海上又赋题襟诗。刘杨学识岂轻世，贾董文章堪济时。茹古铸今不知倦，读经考史常忘疲。何嫌鸡鸣风雨晦，丽泽盍簪良在兹。玉尺一支留识别，贻我墨迹字淋漓。如今此物两无恙，装在案头照须眉。世事茫茫隔山海，一别遂无重会期。呜呼太炎不得见，空赋长句望天涯。

见《畅流》三十四卷八期，并录于此，以见章和馆森交谊。

附录

章太炎佚文三篇

一、拙存园丛稿序

展诵大著，淡雅绝俗，与方、姚诸大家近合无间，而叙述中兴诸贤，尤醰恣沈痛，又在梅厓、伯韩之间，斯不可专以家数论矣。抑闻修辞立诚，首贵峻洁，灵皋论文，亦有数禁，其谓不得用汉赋板重，语实帖括习气，未足为训，而诗赋绮言，在所宜禁，则诚无以易之。

由绮言类推，每况愈下，则有笔札，恒语用成言以代实义者，此最为笔墨之累。袁简斋所以终身未窥门径，实坐斯病。上之易堂九子，亦或不免。大著于俳言藻词，淘汰已尽，而间或引用成言，斯未免玙璠之微玷。若浣濯净尽，岂特灭除瘢垢，直可自成一家，儗易数语，愧非近石，辄斫蠖人，深恐运斤伤鼻，宏达君子，有以谅之。

己亥孟春，支那章炳麟识于台北旅邸。

二、照井氏遗书序

仲尼不死，荀卿不作。荀卿作，孟氏不得不敛衽。程、朱、陆、王之横出，推孟子祀之于明堂，而荀学不得不为虚厉。顾、阎起于西，物太宰起于东，稍崇汉学，则心性始绌，然逡逡不敢背孟子，虽异宋儒，其害则入其棤柅之间者也。乌乎！照井全都者，其有忧患乎？著书山樊，独弦哀歌，而人莫举其名者。独安井衡尝一见之曰：自毛、郑之殂落，子无匹偶矣，卒立槁以死，而人复莫举其名者。余友馆森子渐始得其遗书，其《礼乐》《汤武》《封建》诸论，矩则荀子，最为闳深，以是洞通古义，而挹注九家，以说《庄子》，以训《四书》，不易其轨。尽自嬴吕以至于今，有照井全都，然后荀子由蘖于东海。或曰：四书者，宋、元诸儒所擅命也，全都奚取焉。曰：昔者荀子非十二子，而识子思、孟轲之倡五行。五行之说，今见于康成《中庸注》。其言曰：木神则仁，火神则礼，土神则信，金神则义，水神则智。孟子和之，始悍然言性善。蜀之狡竖，洛之魁儒，或盗焉，或守焉，内相阋而外偕御其侮。暨于明儒，尤侉张自肆。良知兴，无善无恶之性出，而六艺殆乎坠地。全都非训释二家，其足以见荀子之匡正乎？虽同宋儒，其实则出其棤柅之外者也。

乌乎！当西汉之朔，传荀学者，独伏、贾、董、韩诸明哲耳。其后若没若灭，陵夷至于宋、明耗矣。日本之有文字，昉于应神，而当晋太康，是时荀学则已失其纲纪，全都生千四百纪以后，独能高历长驾，引其微论，钓既沈之九鼎，而出之绝渊，其学术虽在伏、贾、董、韩间，其功则逾远矣。

抑吾闻之，圣人之不当位者，必在林麓之间，非直无官禄也。十室以外，乃不能识其须麋。当明之季，有王夫之者，窜于衡山，而为《黄书》《噩梦》几矣。今全都又迈之。余东游暮，不得见全都，而识其弟子大田代恒德，其为《荀子论》，亦卓荦绝流俗，然今几七十矣，荤处而穀食，完发以居，人亦无止其门者也。虽然，三统七始，仲尼、子弓之所遗者，昔在荀子，而今在全都之徒也，可以南面矣。

孔子二千四百五十年，支那章炳麟序。

三、题封建礼乐等四论之后

太史列传，孟、荀并称，汉人亦多言之。自唐以来，兰陵之学，渐尔坠地，虽有程、朱、陆、王之争，汉学、宋学之辨，终不能出孟氏范围。先生生二千年后，独能抗希大儒，仔肩绝学，信秦、汉后一人哉！《封建》《礼乐》等篇，力与唐儒相争，其骨似近迂阔，而精微独到，迥非韩、柳所能言。明季王船山始创崇重藩镇之议，与先生说若合符节。《汤武》一篇，全取《荀子·正论》之意，而与黎洲《原君篇》亦彼此神契。论《庄子》，尤能超出俗见。且论德非论道一语，郭子玄、成玄英皆不能发，蒙叟有知，其当张目于九泉矣。

支那后学章炳麟识。

章太炎的"割辫"和《解辫发》

1900 年 8 月，正当义和团运动兴起，八国联军入侵之时，章太炎在上海参加唐才常等发起的"国会"（"中国议会"），当场批判"不当一面排满，一面勤王"，而"宣言脱社，割辫与绝"，并写《解辫发》以明志。"割辫"，是清朝封建专制统治下的一件大事，是章太炎挣脱改良、投身革命的标志；《解辫发》又是章太炎痛恨"满洲政府不道"，誓欲"振刷是耻"的宣言书。探索章太炎"割辫"前后的思想演变，诊察他由改良转入革命的历史过程，无疑是很有意义的。

一

《解辫发》辑入章太炎修订后的《訄书》①，这是众所周知的；但他曾寄交兴中会主办的《中国旬报》，却是知者不多了②。

《中国旬报》第十九期（1900 年 8 月 9 日即光绪二十六年七月十五日出版），载有章太炎《来书》，附刊章氏《请严拒满蒙人入国会状》和《解辫发说》。《来书》和《请严拒满蒙人入国会状》都没有收入章氏手订的《章氏丛

---

① 1902 年，章太炎将《訄书》"删革"，于 1904 年在日本东京翔鸾社铅字排印，即"重印本"。又，1900 年 8 月，自立军失败后，章氏"归乡里度岁"，修订《訄书》，在他的"重拟目录"中，即列《解辫发》第五十七，改本和"重拟目录"手迹藏上海图书馆。

② 《中国旬报》，1900 年 1 月（光绪二十五年十二月）创刊，在香港出版，旬刊，系兴中会所办，与《中国日报》相辅而行，藏中山大学图书馆。《中国旬报》中所载《解辫发说》和章太炎《来书》等，系 1979 年蒙黄彦同志抄赐。1981 年，我在段云章同志陪同下，曾将中山大学所藏《中国旬报》翻阅一过，旋又蒙丁守和同志将复印件寄赠。均此致感。

书》，却是研究章氏早期思想的重要历史文献。今先将原文引录如下：

来　　书

　　□□先生阁下：去岁流寓，于□□君座中，得望风采，先生天人也。鄙人束发读书，始见《东华录》，即深疾满洲，誓以犁庭扫闾为事。自顾藐然一书生，未能为此，海内又鲜同志。数年以来，闻先生名，乃知海外自有夷吾，廓清华夏，非斯莫属。去岁幸一识面，稠人广众中，不暇深谈宗旨，甚怅怅也。

　　今者满政府狂悖恣行，益无人理，联军进攻，将及国门，覆亡之兆，不待著蔡。南方各省，犹与西人立约通好。鄙人曾上书刘、李二帅，劝其明绝诏书，自建帅府，皆不见听。东南大局，亦复岌岌。友人乃立中国议会于上海，推□□君为会长，□君天资优爽，耄益精明，诚支那有数人物。而同会诸君，贤者则以保皇为念，不肖者则以保爵位为念，莫不尊奉满洲，如戴师保，九世之仇，相忘江湖，嘻亦甚矣。

　　鄙人先作一状，请严拒满蒙人入会，会友皆不谓然，愤激蹈厉，遽断辫发，以明不臣满洲之志，亦却移书出会。

　　方今支那士人，日益阘茸，背弃同族，愿为奴隶，言保皇者十得八九，言复汉者十无二三，鄙人偶抒孤愤，逢彼之怒，固其宜也。兹将《拒满蒙入会状》及《解辫发说》篇寄呈左右，所望登之贵报，以示同志，虽词义鄙浅，傥足以激发意气乎？□□处知□□有意连衡，初闻喜甚，既知复以猜疑见阻，为之惘然。然时遭阳九，天下事尚有可为，惟有四万万人珍摄。

　　肃此，敬问起居。章炳麟识。阴历七月十四日。

请严拒满蒙人入国会状

　　章炳麟白，为请严拒满蒙人入会事：窃以东胡贱种，狼子野心。今之满洲，明时号野人女真，烝报残杀，是其天性。自多尔衮入关以后，盗我疆土，戕我人民。扬州之屠、江阴之屠、嘉定之屠、金华之屠、广州之屠，流血没胫，积骸成阜。枕戈之耻，衔骨之痛，可遽忘乎？其后任用谄佞，以圣谕愚黔首，以括帖束士夫，租税则半供驻防，原野则籍为圈地，斯仇不复，何以自立。今幸宵小在朝，自取覆灭，攻昧侮亡，天道应尔。本会为拯救支那，不为拯救建虏；为振兴汉族，不为振起东胡；为保全兆民，不为保全孤偾。是故联合志士，只取汉人东西诸贤可备顾问，若满人则必不容其阑入也。或谓十室之邑，必有忠信，虽在满洲，岂无材智逾众如寿富、金梁其人者？不知非我族类，其心必异，愈材则忌汉之心愈深，愈智则制汉之术愈狡，口言大同，而心欲食人，阳称平权，而阴求专制。今所拒绝，正在此辈。岂为昏庸躁妄之人言耶？且如玄晔（烨）、胤祯等辈，若狂暴失德，专为淫虐，则不崇朝而歼于汉人矣，岂能制我黔黎至三百年之久哉？

今诸君既具人人自立之志，上念夙仇，下思后患，如有满人入会，必能严加拒绝，蒙古准此。今特具说帖，请与诸君歃血而盟，既盟之后，如有引蒙满人入会者，同会共击之。若模棱两可，阴有所觊，徒托斗智斗力之辞，坐忘畏首畏尾之害，则国非吾国，民非吾民，虽保安全壤，仍与曾、胡之徒同符共轨，则鄙人请先出会，以遂素志，此上同会诸君子鉴。阴历七月初四。

《解辫发说》，即《訄书》重印本《解辫发》第六十三，但《訄书》有修改："桑门衣"，原作"浮屠衣"；"共和二千七百四十一年"，原作"庚子"；"戕虐朝士"，原作"戕虐贤骏"；最后一句，"呜呼！余惟支那四百兆人，而振刷是耻者，亿不盈一，钦念哉"下，原有"永历亡后二百三十九年七月初九日，余杭章炳麟书"一句。

《来书》系参加"中国议会"后所发，《请严拒满蒙人入国会状》中的"国会"，也是指"中国议会"。查"中国议会"开会两次，第一次为1900年7月26日（七月初一日），孙宝瑄《日益斋日记》记："是日海上同志八十余人，大会于愚园之南新厅，群以次列坐北向。浩吾权充主席，宣读今日联会之意：一、不认通匪矫诏之伪政府；二、联络外交；三、平内乱；四、保全中国自立；五、推广支那未来之文明进化。定名曰中国议会。令大众议为然者举手。举手者过半，议遂定。乃投票公举正副会长，令人各以小纸自书心中所欲之正副姓名，交书记者。书记者收齐点数，凡举正会长以举容纯甫为最多，计四十二人；举副会长以严又陵为最多，计十五人。于是容、严二公入座，容公向大众宣讲宗旨，声如洪钟。在会上意气奋发，鼓掌雷动。"①浩吾，叶瀚；容纯甫，容闳；严又陵，严复。第二次开会为 7 月 29 日（七月初四日），孙宝瑄是日记："诸同志在愚园第二次开会，到者六十余人，题名者五十余人。容公命余及菊生掌会计，余及菊生皆辞，遂改命荫亭、佛尘权理其事。俄定掌书记者三人：叶浩吾、邱公恪、汪子健。掌干事者十人：郑陶斋、唐佛尘、沈小沂、汪穰卿、汪剑斋、丁叔雅、吴彦复、赵仲宣、胡仲巽、孙仲玙。议既定，始以次散。"章氏《请严拒满蒙人入会事》末署"阴历七月初四"，知为第二次开会时所提。《解辫发说》末署"七月初九日"，知为第二次开会，章氏"请严拒满蒙人入会""会友皆不谓然"后写，则其"断发"应在七月初九日前，旋又于七月十四日交《中国旬报》一并刊出。

<h2 style="text-align:center">二</h2>

"割辫"，表示章太炎"不臣满洲之志"，是他对变法图强、政治改良的决绝。

"割辫"以前，章太炎是同情康、梁，同情改革的；即便在政变以后，仍与"尊清者游"。他的"割辫"，是在动荡的环境中，经过了复杂的斗争，始和改良派"割辫与绝"的。

章太炎早年接受的是传统的封建教育，在杭州诂经精舍跟随俞樾埋头"稽古之学"多年。1894 年中日战争，清朝被日本侵略者打败，在民族危机深重的刺激下，他毅然走出书斋，参加强学会，编辑《时务报》《经世报》《实学报》和《译书公会报》。他的办报主张是，"驰骋百家"，"引古鉴今"，"证今则不为厄言，陈古则不触时忌"②。指出中国应该"发愤图自强"，不能"惟旧章之守"。认为"变郊号，柴社稷，谓之革命；礼秀民，聚俊材，谓之革政"，也就是说：新王朝代替旧王朝是

① 孙宝瑄：《日益斋日记》，《梁任公先生年谱长编》。

② 章太炎：《致汪康年书》一，光绪二十二年十一月二十五日，手迹，上海图书馆藏。

革命，而尊贤下士、改革政治则是革政。至于"今之急务，曰以革政挽革命"①，应该"益损政令"，变法图强。

为了"革政"，章太炎曾上书李鸿章，企求他能"转旋逆流"②；也曾跑到武昌，帮张之洞办《正学报》，幻想借助他的实力推动变法。不久，"百日维新"夭折，章太炎避地台湾，东游日本，成为他政治生涯中的一个重要环节。

应该说，章太炎在政变猝发，留居台湾期间，对康有为、梁启超等维新志士是深表同情的。一方面，他对慈禧太后为首的清朝封建统治阶级愤怒指斥，认为慈禧太后的株连新党，不是"晚节之堕"，而是"天性残害"，说："革政之狱，世或斩断果贼，腭眙于慈禧太后，谓其始仁恕而终阴鸷，岂晚节之堕耶?"而是"女戎召祸，残害不辜，自古以然，而慈禧太后之恶直丑正，尤其天性然也"。如今"康有为虽脱，亦几几不能自免"；至于"侦获逋臣"，更是"穿窬草窃之行"。"以清室之文母，为异国之荆卿"，其为"邻国观笑，岂有既哉!"③章太炎对插足改良派，转而出卖改良派的袁世凯，更是尽情挖苦，比作"驯狎依人""驾盐车载囊橐惟所命"的希鸵鸟④。对"赞助"强学会，遥控《时务报》的张之洞也讥为"外托维新，而其志不过养交持宠"，又"谄谀长信，无所不至"。如果张之洞之流也说是"改革领袖"，那真是"党碑误凿!"⑤

另一方面，章太炎对康有为、梁启超寓书慰藉，怀念"凤好"。政变不久，写了《祭维新六贤文》，对"六君子"的遇难表示愤慨，对"六君子"的"直言以抵""王母虎尾"表示赞佩。到达台湾后，赠诗书怀，"老泪长门掬，深情故剑知"，"有行黔墨突，无涕吊湘累"⑥，加以慰问。1899年1月中旬，康有为对章氏的"拳拳持正议，又辱书教之"，也以

① 章太炎:《论学会有大益于黄人亟宜保护》，《时务报》第十九册，光绪二十三年二月初一日。

② 章太炎:《上李鸿章书》，光绪二十四年正月，手迹，上海图书馆藏。

③ 章太炎:《书清慈禧太后事》，《台湾日日新报》1898 年 12 月 25 日。

④ 章太炎:《俳谐录》，《台湾日日新报》1898 年 12 月 28 日。

⑤ 章太炎:《党碑误凿》，《台湾日日新报》1899 年 1 月 29 日。

⑥ 章太炎:《台北旅馆书怀寄呈南海先生》，《清议报》第八册，光绪二十五年二月初一日。

为是"识之绝出寻常而爱之深"，并"切望捧手得尽怀抱，驰骋欧美"，"相与扶之"，"救此沦胥"①。章太炎接到康有为的信后，也感"不啻百金良药"，特将康信登在《台湾日日新报》，并加说明②。

章太炎和梁启超也是书信不断，梁启超在日本创办《新民丛报》，章太炎表示支持，还把新撰诗文寄去发表③，又录《艾如张》诗以赠，题为《泰风一首寄赠卓如》，可知眷念甚挚。

不但如此，章太炎对外界攻击康、梁的言辞，还力为辩解。当康有为把光绪皇帝在政变前夕发出的"密诏"公布后，流言甚多，有人认为康有为宣泄宫禁之事，不是"人臣之分"，侵犯了封建秩序。章太炎撰《答学究》以驳："今祸患之端，始于宫邻，卒于金虎掖庭之上，而罪人在焉，讨之犹可，况数其罪乎？""数其忮恶，斥其淫昏，人臣之分也，虽邻国闻之，亦以为人臣之分也，夫何经常之论之可执乎？"他认为康有为"内不容于谗构，奉身而出，语稍卓诡，而见诋于俗儒乡愿"，是"志节才行之士"，驳斥了诽谤康有为的"学究"④。

或者认为，章太炎和康有为，一个治古文经学，一个治今文经学，治学途径不同。他和康门诸子在《时务报》共事，曾经有过争论，自称"论及学派，辄如冰炭"⑤，又怎会变法时同情康、梁？政变后仍"相昵之深"呢？这在当时就有一些人这样议论，章太炎回答得却很干脆。他举南宋的叶适、朱熹为例，说："子不见夫水心、晦庵之事乎？彼其陈说经义，判若冰炭。及人以伪学朋党攻晦庵时，水心在朝，乃痛言小人诬罔，以斥其谬。何者？论学虽殊，而行谊政术自合也。余于工部，亦若是已矣。""论学"，指古、今文经说不同；"行谊政术"，指维新改革、变法图强，与康、梁一致。他进一步说明，自己和康、梁"论学"之殊，在于"《左氏》《公羊》门户师法之间"，亦即囿于学术上今、古学

①② 章太炎：《康氏复书》，《台湾日日新报》1899 年 1 月 13 日。

③ 章氏在政变后所撰论文，如《祭维新六贤文》《客帝论》《答学究》《视天论》，以及寄给康有为的诗，都先后在《清议报》发表。

④ 章太炎：《答学究》，《清议报》第十四册，光绪二十五年四月初一日出版。

⑤ 章太炎：《致谭献书》，光绪二十三年三月十九日，见《复堂日记续录》钱基博跋记。

的异同；至于"黜周王鲁，改制革命"亦即政治方面，却"未尝少异"，最后指出"学无所谓异同，徒有邪正枉直"①。他是主要从政治上着眼，在挽救民族危亡、力图变法自强上和康、梁基本一致，所谓"行谊政术自合"指此。直到章太炎从日本返国后，看到《翼教丛编》谩骂康、梁，淆乱视听，章太炎又予申说："说经之是非，与其行事，固不必同。"指斥叶德辉、苏舆等"经术文奸之士，借攻击廖士以攻击政党者"，是"坫井之鼃"，"处心果何如耶？"②对康、梁仍表同情。

章太炎对康、梁的同情，是政治上的同情，是对康、梁变法维新事业的同情。他是在甲午战后民族危亡的刺激下赞助维新的，表明他思想上停滞在"革政"阶段，并没有划清革命和改良的思想界线。然而，时隔一年，章太炎"割辫与绝"，"绝"的是康、梁，是过去"相昵"的康、梁，是曾经寄予同情并为之辩解的康、梁。他和康、梁的相"绝"，又是以"割辫"为标志，这就不能不注视这一年多来的变化和"割辫"时思想的飞跃。

三

"割辫"，又表示章太炎的反对"奉戴光绪"，倾向革命。

章太炎的倾向革命，是在东渡日本回国以后，"以勤王、光复议论不合，退而毁弃毛发以自表"③的。

章太炎较早孕有民族主义思想，《来书》中说："鄙人束发读书，始见《东华录》，即深疾满洲，誓以犁庭扫闾为事。"《请严拒满蒙人入国会状》还引"扬州之屠""江阴之屠"，以示不忘"枕戈之耻"。但"割辫"前仍和"尊清者游"，他又是怎样断然"割辫"的呢？

1899 年 6 月 10 日，章太炎从台湾基隆出发。14 日，"步上神户"，

---

① 章太炎：《康氏复书》，《台湾日日新报》1899 年 1 月 13 日。

② 章太炎：《翼教丛编书后》，《五洲时事汇报》第三期，光绪二十五年九月初十日出版。

③ 章太炎：《沈荩序》，《沈荩》卷首，共和二千七百四十四年（即 1903 年）铅字排印本。《自定年谱》亦云"因断发以示决绝"。

17 日，"发大津趋名古屋"。① 在日本与孙中山相晤，受其启发，自称："自台湾渡日本，时梁启超设《清议报》于横滨，余于梁座中始得见孙中山，由梁介绍也。越二三月，余回上海。"②冯自由记："己亥夏间，钱恂任日学生监督，梁启超时办《清议报》，均有书约章赴日，章应其请，先后寄寓横滨《清议报》及东京钱寓、梁寓，由梁介绍，始识孙中山于横滨旅次，相与谈论排满方略，极为相得。"③又说：孙中山与章氏等谈及土地问题时，说他"对于欧美之经济学说，最服膺美人亨利·佐治（Henry George）之单税论"，认为"此种方法最适宜于我国社会经济之改革"④。

　　章太炎在日本时初晤孙中山，影响很大。本来，章太炎虽早知孙中山其人，却未见面。1897 年，章太炎在上海，"因阅西报，知伦敦使馆有逮捕孙逸仙事，因问梁启超：'孙逸仙何如人？'梁云：'此人蓄志倾覆满洲政府'，章氏'心甚壮之'"⑤。他又说："是时上海报载广东人孙文于英国伦敦为中国公使捕获，英相为之担保释放。余因询于梁氏，梁曰：'孙氏主张革命，陈胜、吴广流也。'余曰：'果主张革命，则不必论其人才之优劣也。'"⑥但当时对孙中山还是了解不深，即便在政变发生、避居台湾时，还错误地认为孙中山不能与《时务报》馆经理汪康年"并称"⑦。但甫抵日本，和孙中山相晤，情况就不同了，他们"谈论排满方略，极为相得"。1899 年 7 月 17 日（六月初十日），他在

① 章太炎：《游西京记》，《亚东时报》第十七号，光绪二十五年十月十八日出版。

② 朱希祖：《本师章太炎先生口授少年事迹笔记》，《制言》第二十五期《太炎先生纪念专号》。

③ 冯自由：《中华民国开国前革命史》第十四章《壬寅支那亡国纪念会》。又见《革命逸史》第二集第 36 页。

④ 冯自由：《革命逸史》第三集第 213 页。

⑤ 朱希祖：《本师章太炎先生口授少年事迹笔记》。

⑥ 章太炎：《民国光复》讲演，李希泌笔记，《章太炎先生讲演录》，章氏国学讲习会铅印本。

⑦ 章太炎：《致汪康年书》四，光绪二十五年正月初七日。文中云："东人言及公名，肃然起敬；而谬者或以逸仙并称，则妄矣。"见《汪穰卿先生师友手札》，上海图书馆藏。

写给汪康年的信中说:"兴公亦在横滨,自署中山樵,尝一见之,聆其议论,谓不瓜分不足以恢复,斯言即浴血之意,可谓卓识,惜其人闪烁不恒,非有实际,盖不能为张角、王仙芝者也。"①虽尚有微词,仍誉为"卓识",可见他这次和孙中山初晤,留下印象。

值得注意的是,《解辫发》最早登在《中国旬报》,登出时,还有章太炎的《来书》和《请严拒满蒙人入会说》。《中国旬报》又是兴中会在香港所办,由陈少白"承刊"。《来书》谓:"去岁流离,于□□君座中,得望风采,先生天人也。"又说:"数年以来,闻先生名,乃知海外自有夷吾,廓清华夏,非斯莫属。"对之期望甚殷,那么,《来书》是写给谁的呢?□□又是谁?查《来书》寄于1900年,"去岁流离"宜指1899年"流离"日本。这时,孙中山、陈少白都在日本,陈少白主持《中国旬报》,有人认为《来书》寄给陈少白,但我以为还是指孙中山为宜。因为:一是《来书》谓"于□□君座中,得望风采",章太炎是在梁启超座中获见孙中山的,上揭《口授少年事迹》言其事,□□应指梁启超;二是《来书》谓"数年以来,闻先生名",章太炎恰恰在1897年就听到孙中山伦敦遇难事;三是《来书》对收信人甚为钦伟,誉为"天人",章太炎当时给汪康年的信也称孙中山有"卓识"。章太炎一般不轻易谀人,似不会誉陈少白为"天人"。那么,章的《来书》写给孙中山,寄交资产阶级革命派最早的革命团体兴中会主办的《中国旬报》,就非同一般"来书"。

《中国旬报》在刊登《来书》和所附两文后,还附志说明:"章君炳麟,余杭人也,蕴结孤愤,发为罪言,霹雳半天,壮者失色。长枪大戟,一往无前。有清以来,士气之壮,文字之痛,当推此次为第一。隶此野蛮政府之下,迫而思及前明,耿耿寸心,当已屡碎矣。君以此稿封寄前来,求登诸报。世之深于世味者,读此文,当有短其过激否耶?本馆哀君之苦衷,用应其请,刊而揭之,俾此文之是非,得天下读者之公断,此则本馆之私意已。本馆志。"对章太炎的《来书》和附件极为重视,并立即刊登,予以高度评价。

照此说来,章太炎的"割辫与绝",倾向革命,是受到孙中山为首

① 章太炎:《致汪康年书》五,光绪二十五年六月初十日。见《汪穰卿先生师友手札》,上海图书馆藏。

的革命派的启发的。

问题是，章太炎自日本回国以后，在《五洲时事汇编》发表的《翼教丛编书后》，在《亚东时报》发表的《今古文辨义》①，对康有为仍为辩释，仍表同情。他在 1899 年冬付梓的《訄书》原刊本，也有《客帝》《分镇》等篇目，其他"合群明分""议院议官"等也有改良倾向。还以为日本明治维新"西邻不敢侮"②，提出"发愤为天下雄，则百稔而不仆；怠惰苟安，则不及五稔而亦仆。吾所议者，为发愤之客帝言也，非为怠惰苟安者言也"③。幻想能有"发愤之客帝"，"登荐贤辅，变革故法，使卒越劲，使民果毅，使吏精廉强力，以御白人之侮"。《訄书》原刊本的主要倾向又是改良的。

然而，在他主张"革政"、改良的同时，从小孕育的民族主义思想又不时流露。例如，指责清政府"炫不加赋以示恩"，而"举岁藉以饷群胡"；少数满洲贵族"蚀蠹"重敛，而"不能折冲以庇黔首"④；运用"大酋"等贬词来讥讽清朝皇帝。尽管他这时主要主张不根本动摇封建制度的基础上进行改良，而不是推翻清朝政府，但他对满洲贵族统治的疾恨，自有超出康、梁之处。

既不满清朝统治，又同情康、梁；既为康、梁辩释，又受孙中山启发；既孕有民族思想，又没有转向革命：章太炎的思想是复杂的。他在这样矛盾的心理中，提出了"客帝"和"分镇"的课题，所谓"客帝"，即满洲贵族入主中国，是"客帝"，中国的"共主"应是"仲尼之世胄"；只要清朝皇帝承认孔子的统绪，发愤图强，那么反满情绪可以平息。所谓"分镇"，即不能削弱藩镇，"而甘心于白种之陵藉"；藩镇如"稍自奋厉"，还可"扶危而定倾"，对汉族地方督抚存有幻想。

---

① 《今古文辨义》主要就廖平所撰《群经凡例》《经话》《古学考》等书的"偏戾激诡"之处加以辩诘，囿于经今古文师承、学术方面的探索，文章没有只字提到康有为。最后还说："若经术文奸之士，借攻击廖士以攻击政党者，则埳井之鼋，吾弗敢知焉。"当指叶德辉、苏舆之流攻康有为援今文经说以议政事。那么，章氏这时对康有为还寓保全。见《亚东时报》第十八号，光绪二十五年十一月二十三日出版。

② 《訄书》第二十八《东鉴》，原刊本，下同。

③ 《訄书》第二十九《客帝》。

④ 《訄书》第三十三《不加赋难》。

"客帝""分镇",是章太炎"割辫"前思想矛盾的产物,是在民族危亡时的"权宜"之策。是因为"逐加于满人,而地割于白人,以是为神州大诟",而提出"客帝"的;是因为"瓜分而授之外人,孰与瓜分而授之方镇",而提出"分镇"的。"客帝"终究不是中国的"共主","分镇"还是借重汉族地方督抚。从"客帝""分镇"的政治倾向来说,是发愤改革,"扶危定倾";而"客帝""分镇"的内涵,又存在着汉满民族之间的矛盾。这样,在帝国主义侵略日急,清政府卖国原形日露的情况下,章太炎的思想急遽变化,反清意识又转主导,从而撰文明志,"割辫与绝"。

四

章太炎的"割辫",是在 1900 年 8 月,参加唐才常发起的"国会"时断然与改良派决绝,誓志革命的。

1900 年,义和团运动兴起,八国联军入侵,进一步暴露了清政府"量中华之物力,结与国之欢心"的原形,章太炎受到极大震动,从维新梦中醒了起来,对"客帝"的幻想破灭了。他也曾上书李鸿章,建议"明绝伪诏,更建政府,养贤致民,以全半壁",还以"事机已迫,钧石之重,集于一人"的希望寄诸督抚①。李鸿章不予采纳,其他督抚也依违观望"自甘奴隶",章太炎对"分镇"的幻想破灭了。《来书》说:"今者清政府狂悖恣行,益无人理,联军进攻,将及国门,危亡之兆,不待蓍蔡。"《请严拒满蒙人入国会状》说:"宵小在朝,自取覆灭,攻昧侮亡,天道应尔。"清政府腐败不堪,国家民族危亡可待,"客帝"既不"发愤","分镇"又不可恃,终于"鉴言之莠""割辫与绝"。

唐才常自立军起义,是中国近代史上的一件大事,他的宗旨混沌,也反映了当时思想界情况迷离的一个侧面。"国会"的参加者,主要是倾向改良的知识分子,有的还是官僚;而到长江流域从事活动的,却有不少兴中会会员。从"国会"宣布的主要宗旨来说:一是"保全中国自主之权,创造新自立国";二是"决定不认满洲政府统治中国之权";三

---

① 章太炎:《庚子拳变与粤督书》1900 年 6 月,《甲寅》第一卷第四十二号。

是"请光绪皇帝复辟"。态度暧昧。章太炎在集会时，当场批判道，"不当一面排满，一面勤王，既不承认满清政府，又称拥护光绪皇帝，实属大相矛盾，决无成事之理"。从《来书》看到"同会诸君，贤者则以保皇为念，不肖者则以保爵位为念，莫不尊奉满洲，如戴师保，九世之仇，相忘江湖"。可知会上"莫不尊奉满洲"，章太炎却是"霹雳半天"，一往无前。他就在"国会"争议后，"愤激蹈厉，遽断辫发，以明不臣满洲之志，亦即移书出会"。接着，对"客帝""分镇"进行匡谬。

他在《客帝匡谬》①中说："余自戊、己违难，与尊清者游，而作《客帝》，饰苟且之心，弃本崇教，其违于形势远矣。""匡"过去与康、梁等"尊清者游""饰苟且之心"之谬，"匡"过去对"客帝"幻想之谬。说："满洲弗逐，欲士之爱国，民之敌忾，不可得也。浸微浸削，亦终为欧美之陪隶已矣。"说明在民族危机严重的情况下，只有推翻清朝政府，才能自强。

《分镇匡谬》说："今督抚色厉中乾，诸少年意气盛壮，而新用事者，其葸畏又过大臡旧臣，虽属以一道，弗能任。"从而"匡"过去"怀借权之谋"之谬，"匡"过去对地方督抚"婾取"之谬，纵或能"保安全壤，仍与曾、胡之徒同符共轨"，不能对之有任何不切实际的幻想。

章太炎的"割辫"，表明了他对改良派的决绝和矢志反清革命，"客帝""分镇"的"匡谬"，又是对过去思想的清算和在政治上宣告和改良主义决裂。19世纪末到20世纪初，中国面临着尖锐的阶级矛盾和严重的民族危机，章太炎断然"割辫"，投身革命，确实是难能可贵的。

五

"割辫"，在漫长的封建社会、半封建社会中，在儒家思想的长期笼罩下，对受过封建教育的知识分子来说，又是一件了不起的大事。

---

① 章太炎在《訄书》手校本《客帝》第二十九上，写有一条眉校："辛丑二百四十年，章炳麟曰：余自戊、己违难，与尊清者游，而作《客帝》，弃本崇教，其流使人相食，终寐而颖，著之以自劾录，当弃市。"这段眉校，当为《客帝匡谬》的初稿，手校本，上海图书馆藏。

作为儒家经典十三经之一的《孝经》第一章《开宗明义》说："身体发肤，受之父母，不敢毁伤，孝之始也。"把"不敢毁伤"发肤为"孝之始"，如果"毁伤"，那就是不孝。孝和忠又是相联系的，在家为不孝，于国为不忠。肤发的毁伤，在阶级社会中极为重视。满洲贵族入主中国，也从"肤发"上来开刀，明朝留发、满洲结辫，"留发不留头，留头不留发"，就是入关时的禁令，"江阴之屠""嘉定之屠"，又都是围绕留发、割发展开的。因为，留发就表示留恋明朝衣冠，削发即表示归顺满清。二百多年来，结辫已经成风，习俗已久，章太炎独能"讼言索虏之祸毒敷诸夏"①，把"臣清"的标识辫子割掉，当时确使"壮者失色"。他不但自己割辫，还写了《解辫发说》，连同《来书》等寄交兴中会主办的《中国旬报》公开发表，用的是章炳麟的真名，在当时的条件下，这种举动，真有些"骇俗"。在改良派还具影响、革命派未占优势之时，章太炎的"割辫"，尤为难能。

因此，章太炎的"割辫"，是他投身革命的起点，是他一生中的光辉业绩；《解辫发》也成为反对满洲贵族统治的一篇革命文献。

然而，章太炎的"割辫"和《解辫发》，尽管是在"满洲政府不道"，"横挑强邻""联军进攻，将及国门"的情况下断然进行的，但他狭隘的大汉族主义思想却很严重。《请严拒满蒙人入国会状》且不允许满人、蒙人入会。一方面，固然由于满洲贵族腐朽衰败及其各种特权，引起了人民的长期不满；另一方面，他又把反清革命和"光复旧物"联系起来，涂上了一层封建的色彩。这样，我们在分析章太炎的"割辫"和《解辫发》之时，也就不能不注意到他的局限性。不过，在当时的历史条件下，章太炎"愤激蹈厉，遽断辫发"，毕竟是开风气之先的。

原载《上海图书馆建馆三十周年纪念论文集》1983年8月版

---

① 章太炎：《谢本师》，《民报》第九号。

章太炎的《社会学》

我国最早翻译资产阶级社会学成本著作的是章太炎，是他译述了日本岸本能武太所著的《社会学》。此书流传甚少，影响却大，在资产阶级革命初期起过作用。章太炎为什么要翻译《社会学》？他又怎样把西方资产阶级社会学说介绍到中国来？这个问题，很值得探讨。

一

社会学是以人类的社会生活及发展为研究对象的学科，我国起先译为"群学"，这个名词，曾在维新变法时期资产阶级改良派所办报刊中出现过。1897 年 11 月 24 日（光绪二十三年冬十一月初一日），严复创刊的《国闻汇编》，自第一册起，译述《斯宾塞尔劝学篇》，第一篇即为《论群学不可缓》①。此后，严复又把所译取名《群学肄言》（即斯宾塞《社会学研究》）。也有把它译作人群或群体的。至于称为"社会学"，却较鲜见，如谭嗣同《仁学》说："凡为仁学者，于佛书当通《华严》及心宗、相宗之书，于西书当通《新约》及算学、格致、社会学之书。"把社会学和算学、格致并列。正式译为社会学，且以之名书的，则自章太炎始。

冯自由说，当上海广智书局创设时，"聘章藻饰译文"，"维时译学初兴，新学家对于日文名词，煞有斟酌，如社会一字，严几道译作群，余则译作人群或群体。经济一字，有人译作生计或财政，余则勉从东译。先生（指章太炎）于此不置一辞。然社会、经济二语，今已成为吾

---

① 《国闻汇编》第一册，光绪二十三年十二月十五日出版，续载至第四册。

国通用名词矣"①。那么，社会学之定名，应始自章氏所译。

章太炎译述的《社会学》，日本岸本能武太著，上海广智书局 1902 年出版，他的序文，则写于是年 7 月（六月）②，序称：

> 社会学始萌芽，皆以物理证明，而排拒超自然说。斯宾塞尔始杂心理，援引浩穰，于玄秘淖微之地，未暇寻也。又其论议，多踪迹成事，顾鲜为后世计。盖其藏往则优，而匮于知来者。美人葛通哥斯之言曰：社会所始，在同类意识，俶扰于差别觉，制胜于模仿性，属诸心理，不当以生理术语乱之。故葛氏自定其学，宗主执意，而宾旅夫物化，其于斯氏优矣。日本言斯学者，始有贺长雄，亦主斯氏，其后有岸本氏，卓而能约，实兼取斯、葛二家。其说以社会拟有机，而曰非一切如有机，知人类乐群，亦言有非社会性，相与偕动，卒其祈向，以庶事进化，人得分职为候度，可谓发挥通情，知微知章者矣。余浮海再东，初得其籍，独居深念，因思刘子骏有言，道家者流，出于史官，固知考迹皇古，以此先心，退藏于密，乃能斡人事而进退之。考迹皇古，谓之学胜；先心藏密，谓之理胜。然后言有与会，而非夫独应者也。岸本氏之为书，综合故言，尚乎中行，虽异于作者，然其不凝滞于物质，穷极往逝，而将有所见于方来，诚学理交胜者哉。乃料简其意，译为一编，无虑五万余言，有知化独往之士，将亦乐乎此也。

序中"斯宾塞尔"，即斯宾塞（H. Spencer），所著《社会学研究》，由严复直接从英文译出一部分，到 1902 年译完③，1903 年始由上海文明书局出版；另由马君武把斯宾塞《社会学原理》第二卷《社会学引论》

---

① 冯自由：《吊章太炎先生》，《制言》第二十五期。

② 章氏译序，撰于 1902 年 7 月。《社会学》于光绪二十八年七月十日印刷，八月二十三日发行。

③ 严复在此书的《译余赘言》中说，"此译为戊戌之岁，为国闻报社成其前二篇，事会错连，遂以中辍，辛丑乱后，赓续前译"，"壬寅中，此书凡三易稿，岁暮成书。"戊戌"应为"丁酉"。

译出，1903 年由西江欧化社出版。葛通哥斯，即美国资产阶级社会学家吉丁斯(F. H. Giddings)，所著《社会化理论》，是《社会学原理》一书的提纲，篇幅不长，由吴建常译出，名《社会学提纲》，是从日本市川源三的日文译本译出的，也于 1903 年出版。它们都不是全译。而章太炎所译，既是全书，又早于马、吴所译，所以，《社会学》是我国翻译西方资产阶级社会学成本著作最早的一部。

序中称："日本言斯学者，始有贺长雄，亦主斯氏，其后有岸本氏，卓而能约，实兼取斯、葛二家"。可知岸本能武太是综合斯宾塞、吉丁斯二家学说的。章太炎认为此书"综合故言，尚乎中行"，则章太炎当时对斯宾塞、吉丁斯之说曾一度信奉。

斯宾塞从庸俗进化论出发，虚构出一个他认为可以解释一切自然和社会现象的哲学公式。主张道德是进化的产物，宣称资本主义是社会进化的高峰，鼓吹个人主义和资产阶级功利主义。吉丁斯以为人们有一种所谓"同类意识"，是构成社会的主要因素，颂扬占统治地位的剥削阶级是社会领袖和具有高级心理的人，认为社会实质上只存在于人们的"同类意识"之中。他们的学说，是资产阶级唯心主义的，但它和封建主义的桎梏思想不同，对在那种儒家思想笼罩下，言必称三代，三代以后历史每况愈下的历史退化论者也是一种催醒剂。章太炎之所以翻译《社会学》，把西方资产阶级社会学说介绍到中国来，主要也是由于其中有着进化论的内容。

章太炎在序中称："其说(指斯、葛二家)以社会拟有机，而曰非一切如有机，知人类乐群，亦言有非社会性，相与偕动，卒其祈向，以庶事进化，人得分职为候度，可谓发挥通情，知微知章者矣。"着重"庶事进化，人得分职"，亦即注视社会进化。在《绪论》第六节《社会之定义》中说："社会者，先研究现在、过去之社会，而发现其要素、性质、起原、发达与其目的；次论组织社会之个人，将来以何方法促进社会之进化，贯彻人类生存之目的，此其所以为社会学也。"准备探讨存在于人类各历史阶段的各种形态的结构及其发展，并窥测其进化过程。章太炎对斯宾塞的"藏往则优，而匮于知来"讥为"鲜为后世计"；而对吉丁斯的"宾旅夫物化"，则认为优于斯氏。从而把综合"斯、葛二家"

之说的岸本能武太所著译述出版。那么，他是既注意"藏往"，又重视
"知来"，是在进化论的思想指导下，认为历史往而不可复，越变越进
步，反对颂古非今的复古主义思想，反对泥古不变的封建学说的。章
太炎在20世纪初期，把资产阶级社会学的成本著作介绍到中国来，并
在序中阐明自己的观点，在当时的历史条件下，具有进步意义。

二

章太炎译述《社会学》，是为了资产阶级革命的需要，是为了要从
中寻找学理，阐明进化。

第一，章太炎译述《社会学》，是他由赞助维新到投身革命，随着
革命实践的发展而加以译述的。

1894年甲午战争，清朝被日本打败，在民族危机深重的刺激下，
章太炎毅然走出书斋，参加强学会，编撰《时务报》，基本上赞成维新
变法。不久，"百日维新"夭折，章太炎避地台湾，东渡日本，和"尊清
者游"，对改良主义仍表同情。

1900年，义和团运动兴起，八国联军入侵，进一步暴露了清朝政
府"量中华之物力，结与国之欢心"的真面目。慈禧一伙的卖国主义原
形也暴露无遗，章太炎受到极大震动，从维新梦中醒了过来。7月，
在上海召开的"国会"上，章太炎激烈反对改良派提出的"一面排满，一
面勤王"的模糊口号，"宣言脱社，割辫与绝"。接着，树起反清的旗
帜，开始向改良派展开斗争。

1901年，章太炎经吴君遂的介绍，到苏州东吴大学教书，在课堂
上用革命"大义训迪诸生"，并公然出了《李自成胡林翼论》的课题。由
于"言论恣肆"，遭受江苏巡抚恩寿"赴学寻问"①，他再次被追捕，流
亡日本。1902年春，章太炎在日本和孙中山相晤，"互相往来，革命
之机渐熟"②，而"视听始变"③。他在孙中山的启发下，接触到中国的

---

① 《太炎先生自定年谱》"光绪二十八年，三十五岁"。
② 朱希祖：《本师章太炎先生口授少年事迹笔记》，《制言》第二十五期。
③ 章太炎：《小过》，《检论》卷九。

土地问题，提出了均田办法，共同商讨"开国典制"以至"革命后建都所宜"①。并在孙中山的支持下，在东京举行"支那亡国二百四十二周年纪念会"。纪念会被破坏，又在横滨补行纪念式，孙中山任主席，章太炎宣读纪念辞。7月返国，为上海广智书局"藻饰译文"，译述《社会学》。那么，《社会学》正是章太炎在中国近代社会历史急剧动荡的20世纪初期，经过这一段革命实践再行翻译的。

第二，章太炎译述《社会学》，又是为了从中寻找学理，准备写作《中国通史》，"鼓舞民气，启导方来"。

章太炎在翻译《社会学》时，曾有一封信写给吴君遂，提到斯宾塞、吉丁斯，他说：

> 史事将举，姑先寻理旧籍，仰梁以思，所得渐多。太史知社会之文明，而于庙堂则疏；孟坚、冲远知庙堂之制度，而于社会则隔；全不具者为承祚，徒知记事；悉具者为渔仲，又多武断。此五家者，史之弁髦也，犹有此失。吾侪高掌远蹠，宁知无所陨越，然意所储积，则自以为高过五家矣。
>
> 修通史者，渔仲以前，梁有吴均，观其诬造《西京杂记》，则通史之芜秽可知也。言古史者，近有马骕，其考证不及乾嘉诸公，而识断亦伧陋，惟愈于苏辙耳。前史既难当意，读刘子骏语，乃知今世求史，固当于道家求之。管、庄、韩三子，皆深识进化之理，是乃所谓良史者也。因是求之，则达于廓氏、斯氏、葛氏之说，庶几不远矣。太炎遗老者，二百五十年之彭铿也，其用在抽象不在具体，以是为过于彭矣。

信中说明"寻理旧籍""所得渐多"，对过去的旧史家进行了批评，认为作为"史之弁髦"的司马迁、班固、孔颖达、陈寿、郑樵所撰各书都有缺陷。至于清代马骕的《绎史》，"考证不及乾嘉诸公，而识断亦伧陋"。感到"前史既难当意"，"固当于道家求之"。他的作史主旨，在《致梁启超书》中有所说明："所贵乎通史者，固有二方面：一方以发明

① 汪东：《余杭章先生墓志铭》，《制言》第三十一期。

社会政治进化衰微之原理为主，则于典志见之；一方以鼓舞民气，启导方来为主，则亦必于纪传见之。"①他认为历史不是单纯的"褒贬人物，胪叙事状"，而应"发明社会政治衰微之原理"，历史不是颂古非今，引导人们向后看，而应"鼓舞民气，启导方来"，引导人们向前看。认为旧史书"不识进化之理"，只是迷恋往古，而不能"启导方来"。那么，章太炎对旧史书的批判，实际是对迷恋往古的旧史观的批判。

值得注意的是，迷恋往古，必将陷入退化论的泥潭；"启导方来"，则有着进化论的因素。这种进化论思想，无疑和他学习西方有关。他说，管子、庄子、韩非"深识进化之理"，"因是求之，则达于廓氏、斯氏、葛氏之说，庶几不远矣"。廓氏，指廓模德，斯氏、葛氏则是斯宾塞、吉丁斯，也是《社会学》所综合的"二氏之说"。章太炎对往古的旧籍"并不当意"，而要"达于"资产阶级社会学家之说。这就说明他翻译《社会学》，是为了其中有"学理"可寻，是因为其中有"进化之理"。

《致梁启超书》《致吴君遂书》都写于"壬寅六月"，都讲到写作历史，都提到社会进化，又都与《社会学》写于同时。《致吴君遂书》还特别提到"廓氏、斯氏、葛氏之说"，说明章太炎写史是受了《社会学》的影响，而《社会学》的"进化衰微之原理"又贯穿在他写史的主旨中。也就是说，他在西方资产阶级学说中寻找了"学理"，从而对前史进行改造。

章太炎对旧史书的改造，又是为了"鼓舞民气，启导方来"，因此，在他所拟《中国通史目录》中，十记首录《革命记》，下有《光复记》。稍后修订的目录中，又增列《洪秀全考纪》。可知他写作历史，为了革命，为了光复，是为了给资产阶级革命运动提供理论根据。他想改造"旧史"，又从《社会学》中汲取养料。章太炎生活在充满激烈斗争的近代中国，通过维新、革命的社会实践，"寻求政术，历览各史"，又向西方寻找"学理"，坚定了进化、革命的信仰。所以，他译述《社会学》，不是为了翻译而翻译，而是为资产阶级革命事业服务的。

---

① 《致梁启超书》，原名《章太炎来简》，注明撰于"壬寅六月"，见《新民丛报》第十三号《饮冰室师友论学笺》，1902 年 8 月 4 日出版。

三

章太炎译述的《社会学》甫经出版，在日本发行的刊物即有介绍，1902年12月14日（光绪二十八年十一月十五日）出版的《新民丛报》第二十二号"绍介新著"栏介绍《社会学》译本云：

> 译者于祖国学术博而能约，其所定名词，切实精确，其译笔兼信、达、雅三长，诚译坛中之最铮铮者也。近年以来，译事骤盛，而所选之书，率皆普通之历史、地理等，而于高尚专门之学科，阙焉无闻，实译事不发达之明证也。若此书者，其可称译界一明星乎？

所谓"所定名词，切实精确"，宜指章太炎将"群学"正式译作"社会学"并以之名书而言。"介绍"还以《社会学》为"高尚专门之学科"，誉译本为译界之"明星"。

此后，《浙江潮》在介绍萨端翻译的日本有贺长雄所著《社会进化论》时，对章译也誉为"巨擘"，谓："吾国新译社会学，推余杭章炳麟之《群学》（按即《社会学》）为巨擘。今此书可与章氏之《群学》参观，实研究政学、文学者所不可不察也。"①

《浙江潮》是浙江留日学生所创，其"立言""着眼国民全体之利益"，"眷念故国"，是辛亥革命前著名的革命刊物。它推章译为"巨擘"，郑重介绍，说明资产阶级革命派对此书的重视，《社会学》对资产阶级革命也起过作用。

有人认为，章太炎"把国粹主义与民族主义密切地结合起来，以抵制西洋来的新思想新制度"，他"经常流露出没落阶级的没落情绪和没落意识"，说他是地主阶级的代表。这样的论点是值得商榷的。章太炎的确有"国粹主义和民族主义"，他的封建意识也较一些资产阶级革命派为浓，但说是以之"抵制从西洋来的新思想新制度"，则不符合事实。

---

① 《浙江潮》第七期"绍介新著"栏，癸卯年七月初十日出版。

试问斯宾塞、吉丁斯的学说，较诸中国封建思想来说总是"新思想"吧！章太炎对清朝封建专制腐朽制度猛烈抨击的文篇更非鲜见。即以他翻译《社会学》时重行修订的《訄书》而言，在论证中国历史经验的基础上，就政治、经济、军事、文化、教育等方面，提供了革命胜利后的建设方案，明确指出："吾言变革，布新法，皆为后王立制。"①要"为后主立制"，难道这是抵制"新制度"吗？又说："今有造酢母者，投之百味，苦者亦酸，芳甘者亦酸。彼清政府，犹酢母矣，利政人之，从化而害，害柢之不除，空举利者以妄投擿。"以清政府为"酢母"，认为必定要把这个"害柢"除去。他这时对清政府已不抱幻想，也不是"没落阶级的没落情绪和没落意识"的流露。

况且，章太炎早在维新变法时期，就已注意"西洋来的新思想新制度"，他在 1897 年 8 月 22 日出版的《经世报》上，刊出《读管子书后》，称："管子之言，兴时化者，莫善于《侈靡》，斯可谓知天地之际会，而为《轻重》诸篇之本，亦泰西商务所自出矣。"尽管他依托往古，比附西方，但谈到"工艺"，有发展资本主义工商业的思想倾向；又谈到"贸易攻人而有余"，看到资本主义国家的商品输出。章太炎还担任过《译书公会报》主笔，以"开民智，广见闻"，"广译东西切用书籍报章为主"②。章太炎亲为撰序："瞽者羡瞆者，瞆者羡明者，五大洲之册籍，吾不能博爱而扬诩之，吾则瞆矣。且新理日出，岁吾留故，一息炭养更，其事立变。"③对西方"新理"也示向往。非但如此，他还和曾广铨合译过《斯宾塞尔文集》，第一论即为《论进境之理》④。他注意西方"新

---

① 章太炎：《訄书》重印本第五十五《消极》。

② 《译书公会报启事》，见《译书公会报》第一册，光绪二十三年十月初一日出版。

③ 章太炎：《译书公会报序》，同上第二册，光绪二十三年十月初七日出版。

④ 《斯宾塞尔文集》，署"湘乡曾广铨采译，余杭章炳麟笔述"，分载《昌言报》第一、二、三、四、五、六、八册，光绪二十四年七月初一、十一、二十六，八月初六、十六、二十六，九月十六日出版。又据冯自由《革命逸史》称，章太炎在戊戌政变后，流亡日本，1899 年和孙中山初晤，在谈及土地问题时，章氏"对于欧美之经济学说，最服膺美人亨利·佐治（Henry George）之单税论"，认为"此种方法最适宜于我国社会经济之改革"（三集第 213 页）。可知章太炎对欧、美经济学说也曾研讨。

理"。注意社会"进境"，能说是"没落阶级"的情绪吗？能说是抵制"西洋来的新思想新制度"吗？

等到章太炎由赞助维新到投身革命，对西方资产阶级学说仍事钻研，《社会学》就是这一时期的产物。他译述《社会学》时给友人的书札中更明确指出："达于廓氏、斯氏、葛氏之说。"这些学说，当然是唯心主义的，是资产阶级庸俗进化论，但那是 20 世纪初叶，是资产阶级革命初起之时，是封建思想笼罩学术界之时，在这样的历史条件下，在这样的社会环境中，对翻译《社会学》的作用，就得实事求是地分析。

《社会学》是我国最早翻译的资产阶级社会学成本著作，章太炎曾经从中寻过"学理"。探讨《社会学》的译述过程和章太炎的思想发展线索，将有助于对章太炎阶级属性的分析。

原载《历史论丛》第 1 辑，齐鲁书社 1980 年版

关于亚洲和亲会

亚洲和亲会是辛亥革命时期革命志士在日本东京组织的革命团体。由于它存在的时间短暂，且资料分散，每苦不得其详。

20世纪50年代时，我知道有《亚洲和亲会约章》的英文本和日文本；又从参加过亚洲和亲会的陶冶公先生处抄得《约章》的中文本，陶先生还写有《跋语》。这样，使我对以"反抗帝国主义，期使亚洲已失主权之民族，各得独立"为宗旨的亚洲和亲会有了粗浅的认识。

本文准备把亚洲和亲会的成立情况试做说明，并将《亚洲和亲会约章》辑附于后，并供参考。

一

亚洲和亲会是1907年4月"由中印两国革命志士"在日本东京发起组织的，入会的中国人有章太炎、张继、刘师培、何震、苏曼殊、陶冶公、陈独秀、吕复、罗象陶等①，印度人钵逻罕、保什、带君也参与其事。会长是章太炎，《亚洲和亲会约章》也出自章氏手笔。

1906年6月，章太炎出狱，中国同盟会派员至沪迎章赴日，担任《民报》主编。《民报》是同盟会的机关报，创刊于1905年11月26日，在日本东京印刷，从第七号起（1906年9月5日出版），由章氏主《民报》笔政，他发表了大量政治论文，深刻揭露资产阶级改良派"污邪诈伪""志在干禄"的丑态，积极阐扬推翻清朝、建立民国的旨意，文字犀

---

① 《亚洲和亲会约章》陶冶公《跋语》。

利，"真是所向披靡，令人神旺"①。

1907 年初，章太炎和旅日的印度爱国志士经常往还，研究印度的历史文化和佛教哲学。早在 1897 年，章太炎就受到夏曾佑的影响，"略涉《法华》《华严》《涅槃》诸经，不能深也"②。戊戌政变后，流亡日本，购得《瑜珈师地论》，又以"烦扰未卒读"。苏报案发生，他在狱中，"始专读《瑜珈师地论》及《因明论》《唯识论》，乃知《瑜珈》为不可加"③。这时，重赴日本，和印度钵逻罕、保什、带氏接触。钵逻罕等向章氏"道印度衰微之状，与其志士所经画者，益凄怆不自胜"④，使他对印度的民族解放斗争深表同情。

1907 年 4 月 20 日，钵逻罕、保什邀请章太炎参加在东京召开的西婆耆王纪念会。西婆耆王是 17 世纪末反对莫卧儿统治，"使印度人得独立"的历史人物，章氏认为"观西婆耆王之反对蒙古，则今当反对英国可知"⑤。但就在这次会上，过去被认为同情亚洲被压迫民族的日本大隈重信却在演说中"惟言英皇抚印度，至仁博爱，不可比拟，而勖印度人以改良社会，勿怨他人，勿谋暴动"⑥，暴露了他的侵略者的真面目。这使章太炎认识到亚洲国家中，有侵略者和被侵略者之分，有的"引白人以侮同类"，有的则遭"他人之剪灭蹂躏"。作为被侵略国家，就应争取独立，"相互扶持"。中印两国，"扶将而起，在使百姓得职，无以蹂躏他国、相杀毁伤为事，使帝国主义之群盗，厚自惭悔，亦宽假其属地，赤黑诸族，一切以等夷相视，是吾先觉之责已"⑦。就在这时，他发起了"以反对帝国主义而自保其邦族"的亚洲和亲会。

亚洲和亲会由处于殖民地、半殖民地地位的被侵略国家所组成，因此，凡属遭受帝国主义侵略的亚洲各国，如越南、缅甸、菲律宾、朝鲜等都可入会，而"先以中国、印度组织成会"。可知，它是为争取

---

① 鲁迅：《关于太炎先生二三事》。

② 《太炎先生自定年谱》"光绪二十三年，三十岁"。

③ 章太炎：《自述学术次第》，稿本，上海图书馆藏。

④ 章太炎：《送印度钵逻罕保什二君序》，《民报》第十三号，1907 年 5 月 5 日出版，收入《太炎文录》初编《别录》卷二。

⑤⑥ 章太炎：《记印度西婆耆王纪念会事》，见《民报》第十三号。

⑦ 章太炎：《送印度钵逻罕保什二君序》。

亚洲民族解放，各"复其故国"的革命组织。

据魏兰《陶焕卿行述》，本年，陶成章与"樊光联络印度、安南、缅甸诸志士，在日本东京成立东亚亡国同盟会，以章太炎为会长"①。樊光回忆："东京方面，气势极盛，中国留学生将近七万人，革命雄潮，传播甚广，由东亚各国所来留学生亦不少，有志者并未亲炙。成章先生乃与余于丁未夏组织一东亚亡国同盟会，潜结安南、缅甸、印度、暹罗诸被帝国主义压迫国家之留学生、侨民，思想前进者均在内。相互支援，共同革命，推章太炎先生为会长。"②东亚亡国同盟会，疑即亚洲和亲会。那么，当时他们除和印度旅日爱国人士联系外，和越南、缅甸等留日学生也有接触，陶成章、樊光也参与联络，会长则是章太炎。

此后，章太炎在《民报》上不断阐扬亚洲和亲会的旨意。一方面，他无情揭露帝国主义奴役亚洲各国的侵略罪行，"至于帝国主义，则寝食不忘者，常在劫杀，虽磨牙吮血，赤地千里，而以为义所当然"③，呼吁"亚洲已失主权之民族，各得独立"。如对英、法殖民者压迫印度、越南人民，曾愤怒指斥："小儿诵'梵种万岁'者，辄引至警察署。"④"今法人之于越南，生则有税，死则有税，乞食有税，清厕有税。毁谤者杀，越境者杀，集会者杀，其酷虐为旷古所未有"⑤。至于美国殖民者之于菲律宾，则以"援助独立"为名，行侵略之实，"假为援手，借以开疆"⑥。《民报》上还刊登了朝鲜人写的《告韩侨檄》和《檄告外国同胞文》⑦，对亚洲人民的遭受侵略表示同情。

另一方面，章太炎强调亚洲各国民族独立，反抗帝国主义。他说：

① 魏兰：《陶焕卿行述》，油印稿，陶本生旧藏。

② 樊光：《辛亥革命光复会领袖章炳麟、陶成章合传》，油印稿，上海市政治协商委员会文史资料工作会藏。

③ 章太炎：《五无论》，《民报》第十六号，1907年9月25日出版，收入《太炎文录》初编《别录》卷三。

④ 章太炎：《印度独立方法》，《民报》第二十号"时评"，1908年4月25日出版。

⑤⑥ 《亚洲和亲会约章》陶冶公《跋语》。

⑦ 见《民报》第二十一号，1908年6月10日出版。

"若就政治社会计之，则西人之祸吾族，其烈千百倍于满洲。"①提出"使欧美人不得占领亚洲，使亚洲诸民族各复其故国"②。中国、印度是"东方文明之国"，应该"扶持而起"，"屏蔽亚洲"③，争取民族解放，取得独立以后，"在使百姓得职，无以蹂躏他国相杀毁伤为事"，以"维持世界真正之平和"④。这种论调，在当时的历史条件下，确实难能可贵；章太炎对亚洲和亲会的筹组和宣传，也功不可没。

二

《亚洲和亲会约章》是辛亥革命时期的重要文献，它前列序文，后录约章，比较系统地阐述了该会的宗旨和组织情况。

《亚洲和亲会约章》在"宗旨"中标明："本会宗旨在反抗帝国主义，期使亚洲已失主权之民族，各得独立。"它将"反抗帝国主义"载入约章，并用中、日、英文刊布，反映了亚洲被压迫民族争取解放的意愿，这成为亚洲和亲会的显著特点。

本来，在1905年制定的同盟会纲领中，还只是"驱逐鞑虏，恢复中华，建立民国，平均地权"，缺少反帝内容。时仅二年，"以反对帝国主义而自保其邦族"的亚洲和亲会公开成立，表达了"亚洲的觉醒"。

《约章》还提出了如下几点：

第一，亚洲被侵略各国，先以中国、印度"组织成会，亦谓东土旧邦，二国为大，幸得独立，则足以为亚洲屏蔽"。

第二，入会各国，应该"互相扶助，使各得独立自由为旨"。如果"一国有革命事，余国同会者应互相协助，不论直接间接，总以功能所及为限"。

---

① 章太炎：《革命军约法问答》，《民报》第二十二号，1908年7月10日出版。

② 章太炎：《答祐民》，《民报》第二十二号，1908年7月10日出版。

③ 章太炎：《印度中兴之望》，《民报》第十七号"时评"，1907年10月25日出版。

④ 章太炎：《答祐民》。

第三，入会会员，应"捐弃前嫌"，"互相爱睦"。虽则各国教术各异，"种族自尊"，但应"相知益深"，共同"排摈西方旃陀罗之伪道德"。

这些主张，与上揭章太炎在《民报》所论，悉相契合，可知陶冶公所说《约章》为"章太炎先生之手笔"，是可信的；章太炎在《民报》上阐扬的也是亚洲和亲会的旨意。

亚洲和亲会自 1907 年 4 月成立以后，大约活动了 18 个月。1908年 8 月 10 日出版的《民报》第二十三号，载有揆郑《亚洲和亲之希望》，谓："是故希心大同，仅言社会革命，则联合欧美同志宜也。东亚多亡国，情状迥异，正宜扶将以为事，而吾以种族之故，政治社会，一切务须更张。事有先急，种族是为要点。……亚洲而和亲也，其大有造于将来哉，余引领望之矣。"知亚洲和亲会这时尚有活动。10 月 10 日出版的《民报》第二十四号，载有章太炎的《清美同盟之利病》，揭露美帝国主义利用传教士进行文化侵略，说是"外人所慕者，莫黄人自觉若"，强调民族觉醒。《中国之川喜多大尉袁树勋》又说："继自今，愿尔山东士民，为义和团，无为衍圣公"，同情义和团的反帝，反对"衍圣公"的媚外。等到 10 月 19 日，日本政府"徇清政府之请，下令封禁《民报》"，章太炎和同盟会龃龉又深，亚洲和亲会的活动始随之中辍。

三

亚洲和亲会以"反抗帝国主义而自保其邦族"为宗旨。对亚洲民族解放斗争，"推我赤心，救彼同病"，注意"互相扶助"，"独立自由"。并且积极鼓吹，展开活动，振聋发聩，颇具影响。

但是，它也存有一定局限：

在民族独立问题上，他们对已经沦为殖民地的国家挣脱帝国主义束缚，争取民族解放，是有所认识的；但对为帝国主义卵翼的半殖民地国家，却又估计不足。例如，章太炎尽管说，"就政治社会言之，西人之祸吾族，其烈千百倍于满洲"；又以为"言种族革命，则满人为巨敌，而欧美少轻，以异族之攘吾政府者，在彼不在此也"①。在《约章》的"义务"中也说："亚洲诸国，或为外人侵食之鱼肉，或为异族支配之佣奴，其陵夷悲惨已甚"，分为"外人""异族"两类，对帝国主义的民族压迫和国内各民族之间的矛盾有时缴绕，以致对"复其故国"以后怎样办，则感彷徨。章太炎就说："吾侪所志，在光复宗国而已。光复者，义所任、情所迫也。光复以后，复设共和政府，则不得已而为之也，非义所任、情所迫也。"②认识模糊，不可能把"反抗帝国主义"的斗争进行到底，更不可能把反对封建主义的民主革命进行到底。

在组织方式上，认为先以中国、印度组织成会，说是"支那、印度既独立，相与为神圣同盟，而后亚洲殆少事矣"。又说"联合之道，宜以两国文化相互灌输"③，也就是《约章》中所说："用振我婆罗门、乔答摩、孔、老诸教，务为慈悲恻怛，以排摈西方旃陀罗之伪道德。"他们拿不出新的思想武器，企图从旧有的"宗教""国粹"中汲取力量，并视为"最紧要的"。拿章太炎的话来说："第一，是用宗教发起信心，增进国民的道德；第二，是用国粹激动种性，增进爱国的热肠。"也只能限于"高妙的幻想"。

亚洲和亲会的成员，也是情况复杂，组织涣散，钵逻罕不久赴中国，保什又至美国；刘师培、何震夫妇正在宣扬无政府主义，旋即沦为端方密探。章太炎呢？在宣传、组织方面是起过作用的；但就在亚洲和亲会成立前一月，日本政府应清政府的请求，驱逐孙中山出境，孙中山在离日前得到日本政府和股票商铃木久五郎馈金一万五千元，以二千元留为《民报》经费，余款悉充军费，遭到章太炎的非议，和同盟会产生裂痕。同年，章太炎又有"南入印度之意"④，以为"我亚洲语

---

① 章太炎：《革命军约法问答》。

② 章太炎：《官制索隐》，《民报》第十四号，1908 年 6 月 8 日出版。

③ 章太炎：《支那印度联合之法》，《民报》第二十号"时评"，1908 年 4 月 25 日出版。

④ 苏曼殊丁未十月在上海《致刘三书》云："前太炎有信来，命曼随行，南入印度，现经费不足，未能预定行期。"见《曼殊全集》第一册 197 页。章太炎《赠曼殊自题小影》也说："余自三十岁后，便怀出世之志，宿障所缠，未得自在。……当于戊申孟夏披剃入山。"见《越风》第十七期。

言文字，汉文而外，梵文及亚拉伯文最为成就，而梵文尤微妙，若得输入域中，非徒佛法之幸，即于亚洲和亲之局，亦多关系。望师一意事此，斯为至幸"①。还是注意"两国文化相互灌输"，以"关系""亚洲和亲之局"，还是想用"宗教""国粹"提倡尽族主义。这样，就使亚洲和亲会蒙上一层封建的翳障。他的活动，也侧重于有"文化"、明"宗教"的几个人，没有也不可能把亚洲被压迫人民真正团结起来，这都是它的不足之处。

原载《辛亥革命史丛刊》第一辑，中华书局 1980 年版

补　　记

本文在《辛亥革命史丛刊》第一辑发表后，续见日本石母田正《续历史与民族之发现》、竹内善朔《本世纪初日中两国革命运动的交流》和泷泽诚《权藤成卿》，都谈到亚洲和亲会，今补录如下：

据石母田正《续历史与民族之发现》，亚洲和亲会的正式成立，是在七月二十日左近，他说：

> 明治四十年(1907 年)七月二十日，英国工党领袖哈第(Keir Hardie)来到日本。由日本社会党片山潜、田添铁二等人发起，在锦辉馆举行了欢迎会。在这以前，幸德秋水在中国革命家的社会主义讲习会上作了讲演。恰值此时，世界各国的革命领袖就国际协作问题交换了意见，由中国、日本、印度、菲律宾、安南的领导人在东京成立"亚洲和亲会"，这是一件划时代的事情。
>
> 这个亚洲和亲会是由张继、刘光汉等中国革命家组成的社会主义讲习会的会员们发起的，有日本的金曜讲习会派即"直接行动派"的革命家幸德秋水、大杉荣、山川均等人参加，在青山的印度会馆举行了第一次集会，各民族出席的有安南、印度、中国的同

①　章太炎：《致苏曼殊函》，《越风》第十七期。

志和日本的社会主义者。

第二次集会是在九段唯一神教的教堂举行的，有中国、日本、印度、安南、菲律宾等国的同志参加。但这次会议上，大杉荣鼓吹了非军备主义。

中国革命家参加这个亚洲和亲会的，除张继、刘光汉之外，还有胡汉民、宋教仁、马宗豫、章炳麟等人，但其主办人则是张继和刘光汉。

当时，朝鲜人表示，如有日本人出席，他们就不参加，结果没有加入。虽说是革命家的集会，对日本人也是心怀疑忌的。朝鲜人对日本的反感竟至如此之甚。

笔者于1940年5月访问土佐和中村镇时，亚洲和亲会的《约章》尚有保存，因此推想幸德秋水当年可能与这个组织有关，后经竹内善朔氏谈话证明，事实确是如此。

这个亚洲和亲会原是亚洲各民族革命家相互聚会、交往、互通声气的亚洲各民族的民主友爱团体。但其中潜在着一种反抗帝国主义的思想，所以日本的田添铁二一派没有参加；而幸德秋水则在中国民族主义者的倡导下，同安南、印度的民族主义者相互友好往还，这是一件颇具特色的事情。

文中提到的竹内善朔，在1948年应东京中国研究所的邀请而做的一次回忆演讲，专门谈到《亚洲和亲会》及其《约章》。他说：

亚洲和亲会虽自明治四十年夏季以后即已召集过几次集会，但由章炳麟起草的宣言书却到同年秋季方始发表。该会原在张继、刘光汉的积极倡导下筹建起来，却把章炳麟推于上位，以章炳麟的名义发表了宣言书。宣言书用中、英两种文字分表里两面印成，中文定名为《亚洲和亲会约章》，英文定名为 *The Asiatic Humani-tarlan Brotherhood*。这表明了该会的主张：以完成亚洲各国的革命为主旨，进而结成亚洲各国的联合。这个会是以中国革命党为中心，并事先和印度的同志协商后发起的。其成员，如《约章》所述，包括了中国、印度、越南、菲律宾、缅甸、马来亚、朝鲜和日本等国的革命党人。《约章》的内容，恰如"百余年顷，欧人东渐，亚洲之势日微"一语所示，慷慨悲愤，力陈团结的必要，号召排除帝国主义，谋求民族独立，要求邻邦互助，呼吁亚洲各国之中，如某一国发生革命，其他会友就要根据具体情况予以援助。这样，和亲会一语就有了千钧的分量。英文稿是由印度同志起草的，其宗旨与中文稿相同；只是发表的形式和词句稍有差异。据我所知，朝鲜同志当时没有参加，这是因为他们有个前提，即日本人如果出席，他们就不出席。这一段话是我在第二次集会上听中国同志说的。

《约章》是用上等纸张印刷的，用了大约上百斤纸。纸幅的大小为横五十四公分，纵二十一公分；即宽约一尺四寸二分多，长约五寸五分左右，然后横叠七折，构成细长形状，最后分发出去。纸的表里两面分别印上中文和英文。折叠的方法，乍看起来好像是以中文为主的样子，其实是为了使英文读来方便，而将它印在一张纸上。表里均叠成七页，各有一页印上《约章》名称，其余的地方，英文印成四页，中文则印成五页（下附《约章》，略）。

这次聚会的确切日期，我已记不清了。但第一次聚会的地点确是在青山的印度会馆。当时我正担任外国语学校的讲师。推测那里有一个人可能是英文约章的执笔者。我们称他为 D 先生。这位 D 先生是个领袖的人，他和六七位印度人同住在这里，因而在这里召集了首次聚会。记得日本方面出席首次聚会的有堺利彦、山川均、守田有秋等人。幸德秋水并没有出席这次聚会。第二次聚会是在九段下的唯一神教教会（现在已经不存在了），即由真名板桥前行，再绕过饭田桥，从右侧拐角数处，第二家或第三家即是。这个教会是由赤司繁太郎担任牧师，因此在这里举行了第二次聚会。出席这次聚会的日本人有堺利彦、森近运平、大杉荣和我。会场就是由我出面联系的。第一次聚会时仅有中国同志、印度同志和日本的社会主义者参加；第二次聚会，则增加了越南革命党人和一两个菲律宾同志。与会的越南革命党人中，有一人是越南王的叔辈，其余的是四五名青年。他们都是装扮成中国人前来日本留学的，不幸的是朝鲜同志没有一个到会。在这次集会上，大杉荣依旧鼓吹反对军国主义。……这个亚洲和亲会的聚会，不幸因张继在第二年即明治四十一年（1908年）二月离开日本、亡命法国而受到挫折，致使联合亚洲各国革命党人共同奋斗的尝试未能成功。

两份材料对研究亚洲和亲会的集会、组织情况，具有参考价值，石母田正以为亚洲和亲会的集会在七月二十日左近，在锦辉馆开；竹内善朔则谓第一次集会时间"已记不清了"，"地点确是在青山的印度会馆"。疑筹议在先，陶冶公所藏《亚洲和亲会约章》，第一行即为"公元1907年4月，成立于日本之东京"。发起起草应为四月。竹内善朔以为系张继、刘师培发起，"却把章炳麟推于上位，以章炳麟名义发表了宣言书"。查亚洲和亲会是由处于半殖民地、殖民地地位的被侵略国家所组成，因此，凡属遭受帝国主义侵略的亚洲各国，如越南、缅甸、菲律宾、朝鲜等均可入会，而"先以中国、印度组织成会"。可知，它是为争取亚洲民族解放、各"复其故国"的革命组织。《宣言》出自章太炎手笔，章氏应参加筹议，不是一般的把他"推于上位"。

上揭石母田正《续历史与民族之发现》，东京1969年版，见第十章第191—203页；竹内善朔《本世纪初日中两国革命运动的交流》，载日本《中国研究》季刊第五号第74—95页。两文由李士苓、曲直译，译文见《国外中国近代史研究》第二辑。

泷泽诚《权藤成卿》载，章氏与武田范之间的一次谈话中曾说："我所希望的是在亚洲各国凡有政府者同时革命，被征服者同时独立。宫崎君（滔天）说中国革命一旦成功，日本也将带来变化。但我以为日本革命并非当务之急。我很希望让安南、印度、缅甸等地，从现在的悲惨境地中解脱出来。"并录于此，以供参考。

附录

亚洲和亲会约章

公元 1907 年 4 月，成立于日本之东京

亚洲诸国，印度有释加、商羯罗之教；支那有孔、墨、老、庄、杨子之学；延及波剌斯国，犹有尊事光明，如阖逻斯托逻者：种族自尊，无或陵犯。南方诸岛，悉被梵风；东海苍生，虑餐华教。侵略之事既少，惟被服仁义者尊焉。

百余年顷，欧人东渐，亚洲之势日微，非独政权兵力，浸见缩朒，其人种亦稍稍自卑。学术既衰，惟功利是务。印度先亡，支那遂沦于满洲；马来群族，荐为白人所有；越南、缅甸继遭蚕食；菲律宾始制于西班牙，中虽独立，亦为美人并兼；独有暹罗、波剌斯财得支柱，亦陵夷衰微甚矣。悲夫！

曩者天山三十六国，自遭突厥、回鹘之乱，种类歼亡。异日支那、印度、越南、缅甸、菲律宾辈，宁知不为三十六国继也。仆等鉴是，则建"亚洲和亲会"，以反对帝国主义而自保其邦族。他日攘斥异种，森然自举，东南群辅，势若束芦，集庶姓之宗盟，修阔绝之旧好。用振我婆罗门、乔答摩、孔、老诸教，务为慈悲恻怛，以排摈西方姤陀罗之伪道德。令阿黎耶之称，不夺于暂种，无分别之学，不屈于有形。凡我肺腑，族类繁多，既未尽集，先以印度、支那二国组织成会，亦谓东土旧邦，二国为大，幸得独立，则足以为亚洲屏蔽。十数邻封，因是得无受陵暴，故建立莫先焉。一切亚洲民族，有抱独立主义者，愿步玉趾，共结誓盟，则馨香祷祝以迎之也。

定　名

一、本会名"亚洲和亲会"。

宗　旨

一、本会宗旨，在反抗帝国主义，期使亚洲已失主权之民族，各得独立。

会　员

一、凡亚洲人，除主张侵略主义者，无论"民族主义""共和主义""社会主义""无政府主义"，皆得入会。

义　务

一、亚洲诸国，或为外人侵食之鱼肉，或为异族支配之佣奴，其陵夷悲惨已甚。故本会义务，当以互相扶持，使各得独立自由为旨。

二、亚洲诸国，若一国有革命事，余国同会者应互相协助，不论直接间接，总以功能所及为限。

三、凡会员均须捐弃前嫌，不时通信，互相爱睦，期于感情益厚，相知益深，各尽其心，共襄会务。且各当视为一己义务，以引导能助本会及表同情者使之入会；并以能力所及，建立分会于世界各国。

组　织

一、凡会员，须每月聚会一次。

二、各会员须存一全体会员名簿住址簿，开会时记入新会员于名簿，并介绍之于各会友；发表会务报告书；宣读在各国会员所致之报告函件等，并报告于各处分会；集收会费若干，以充临时费用，但其额则以能支纸笔邮费为限。

三、会中无会长、干事之职，各会员皆有平均利权，故各宜以亲睦平权之精神，尽相等之能力，以应本会宗旨；无论来自何国之会员，均以平权亲睦为主；现设总部于东京、支那、孟买、朝鲜、菲律宾、安南、美国等处，俾收发函件皆得定处，既便交通，且使散处之各会员，均得易悉会中事务。

> 此会成立于 1907 年（光绪三十三年）丁未之春，首由中、印两国志士发起于日本之东京。《亚洲和亲会约章》为章太炎先生之手笔，译成英文。开章明义即为反对帝国主义。……以余记忆所及，中国方面入会者有：章太炎（炳麟）、张溥泉（继）、刘申叔（师培）、何殷振（震）、苏子谷（元瑛，法名曼殊）、陈仲甫（独秀）、吕剑秋（复）、罗黑子（象陶）及余等数十人。……陶冶公附志，1954 年 4 月。

辛亥革命前夕的章太炎

章太炎是资产阶级革命家，也是著名的学者。他曾经由赞助维新到投身革命，也曾经由"拉车向前的好身手"到"既离民众，渐入颓唐"。由于情况复杂，思想递变，对他的评价，也就屡有争议。1908年《民报》封禁，这是章太炎政治生涯的一个重要环节，他和孙中山闹矛盾，又退处讲学，重组会党，致每为论者所不满。但是，这时章太炎是否已经脱离革命？对上述问题又该怎样实事求是地分析？颇有进一步研究的必要。

一

辛亥革命前夕，章太炎在东京讲学，讲的是《说文》《庄子》《楚辞》《广雅》《尔雅》，"或则阐明语原，或则推见本字，或则旁证以各处方言"①，主要是"文字音韵之学"。与此同时，他又写成大量学术著作，《新方言》《国故论衡》《刘子政左氏说》《庄子解诂》《小学答问》《齐物论释》《文始》等书陆续刊行。这些专著，种类繁赜，字数众多，在语文、历史、哲学方面，均有创获，对近代学术产生很大影响。而1909年以后，他的政治论文却相对地减少了。

章太炎的正式讲学，据《朱希祖日记》②所载，自1908年4月4日开始，亦即《民报》第十九期出版以后，这时，他主持《民报》，《排满平议》《驳神我宪政说》《革命军约法问答》等宣传反清革命、揭露立宪党人

---

① 许寿裳：《纪念先师章太炎先生》，《制言》第二十五期。

② 《朱希祖日记》，稿本，北京图书馆藏。

丑态的文篇，都是讲学以后所发，"匡扶光复"，应无疑义。问题是这些专著都完成在 10 月 10 日《民报》被封禁以后，也是章太炎和同盟会发生摩擦之时。那么，退处讲学，是否意味着他已"埋首书斋""潜心学术?"是否意味着他已脱离革命？这就值得探讨。我认为章太炎的衰退迹象虽渐呈现，但还不能说他已经"埋首书斋"、脱离革命。

首先，这些专著虽则刊于《民报》封禁以后，实际早已属草，有的且有成稿，并不都是 10 月 10 日以后"埋首书斋"所作。如《新方言》，是 1909 年 8 月印于日本东京，1910 年又加"修治"，再出"定本"的。而他起草此书却在 1906 年，即出狱东渡，主持《民报》不久，《丙午与刘光汉书》说，"若能精如扬子，辑为一书，上通故训，下谐时俗，亦可以发思古之幽情矣"①，即指《新方言》而言。此信写于丙午，即 1906年。次年，章氏将"近作《新方言》一卷"，寄送孙诒让"就正"②，接着，《国粹学报》开始刊载。丁未年第十二号章氏《与人论国粹学书》称："《新方言》亦著录讫，自谓精审"。《再与人论国粹学书》又称："即吾作《新方言》亦尚费岁余考索。"③可知《新方言》撰于 1906 年，成于 1908年。《民报》第二十一号附有《博征海内方言告白》："仆前撰《新方言》一册，略得三百七十余条，近复展转钩考，又发现百余事。"再加修订，到 1909 年印出。知《新方言》不是《民报》封禁后再写。

《国故论衡》，1910 年初版，其中好多篇目，早在《国粹学报》登过。如《语言缘起说》，载丙午年第十二、十三号；《古今音损益说》《一字重音说》，载戊申年第七号，而章氏自编的《太炎集》则系为"丙午"文④；《古音娘日二纽归泥说》，载戊申年第五号，《古双声说》载同年第六号，《太炎集》均系为"丁未文"；《原经》载己酉年第十号，而《太炎集》系为"戊申文"。它不全是《民报》封禁后所作。

《刘子政左氏说》，1908 年由《国粹学报》连载刊完。查章氏《与人

---

① 见《太炎文录》初编《文录》卷二。

② 章太炎：《与孙仲容书》，见浙江图书馆：《追悼章太炎先生特刊》，《制言》第三十期，有手迹摄片。

③ 两书均收入《太炎文录》初编《别录》卷二。

④ 《太炎集》，章太炎于 1908 年手订，抄本，系年编录，北京图书馆藏。

论国粹学书》称："今次得《刘子政左氏说》一卷。"此信载《国粹学报》丁未年第十二号，知 1907 年即已完稿。

《庄子解诂》，1909 至 1910 年由《国粹学报》刊完，自称，"会与诸生讲习旧文，即以己意发正百数十事，亦或杂采诸录"，是他在东京讲学时所撰。据《朱希祖日记》，讲授《庄子》凡六次，1908 年 8 月 5 日开始，8 月 20 日结束，《民报》封禁则在 10 月。

《小学答问》，1909 年由钱玄同写刻，1911 年出书，章氏自称系"亡命东京"，钱夏（玄同）、黄侃等"相聚讲学"而成。据《朱希祖日记》，讲授《说文》凡二十七次，1908 年 4 月 4 日开始，8 月 5 日结束，中间兼讲音韵。9 月 27 日，又讲《说文》一次，也在《民报》封禁以前。

《齐物论释》，1910 年"修治"，而撰写则始于 1908 年讲授《庄子》之时。

《文始》，1910 年成书，在《学林》连载，据章氏《自述学术次第》①，撰写时间应与《新方言》相近。

由上可知，这些学术专著，"修治"、刊出确在《民报》封禁以后，而撰述却早，大都是章太炎初抵日本、主持《民报》时即已属草，且系历年治学积累，决非短短二三年所克遽就。当然，"修治"定稿，要花费很大精力，"提奖光复，未尝废学"②，政治活动的时间减少了。但他在主持《民报》时"未尝废学"，《民报》封禁后也仍"提奖光复"，不能说他学术著作多了，就已脱离革命。

其次，这些著作，属于音韵训诂的"朴学"，而字里行间，仍不乏"提奖光复"之词。如《国故论衡》的《原经》说："国之有史久远，则亡灭之难。自秦氏以迄今兹，四夷交侵，王道中绝者数矣。然猾者不敢毁弃旧章，反正又易。藉不获济，而愤心时务时时见于行事，足以待后。故令国性不坠，民自知贵于戎狄，非《春秋》孰纲维是！……孔子不布《春秋》，前人往不能语后人，后人亦无以识前。乍被侵略，则相安于舆台之分。《诗》云：'宛其死矣，他人是偷。'此可为流涕长潸者也。"渗透着争取民族解放的信念，与反清斗争有关。当然，其中含有浓厚的

---

① 章太炎：《自述学术次第》，稿本，上海图书馆藏。
② 《太炎先生自定年谱》"宣统二年庚戌，四十三岁"。

大汉族主义思想和章太炎"用国粹激动种性，增进爱国的热肠"的"高妙的幻想"，但"提奖光复"，还是不渝。又如《齐物论释》，章氏后来追叙写作源由说："余既解《齐物》，于老氏亦能推明，佛法虽高，不应于政治社会，此则惟待老、庄也，儒家比之，邈焉不相逮矣。"①也不是不注意"政治社会"的单纯学术著作。

这些著作，又多和章太炎的东京讲学有关，《民报》封禁后，他仍讲学不辍，讲的确系古籍，确系训诂音韵，但他也讲过历史研究法②。"有时随便谈天，亦复诙谐间作，妙语解颐"③，不会不接触时事。鲁迅回忆："前去听讲也在这个时候，但并非因为他是学者，却为了他是有学问的革命家，所以直到现在，先生的音容笑貌还在目前，而所讲的《说文解字》却一句也不记得了。"④黄侃也说："其授人国学也，以谓国不幸衰亡，学术不绝，民犹有所观感，庶几收硕果之效，有复国之望，故勤勤恳恳，不惮其劳，弟子至数百人。"⑤章太炎并没有忘记"兵革"，他的学生也认为他是"有学问的革命家"。

再次，章太炎在《民报》封禁后二三年间，学术著作陆续出版，政治论文是相对地减少了，但并不是没有；只是有些文篇，没有辑入手定的《章氏丛书》，有的文篇虽然辑入，又未标明写作时间或经删削，以致被人忽视。这里试举数例：

1910年3月10日，章太炎主办的《教育今语杂志》在东京创刊，作为光复会的"通讯机关"⑥。重组光复会，使"同盟分势"，章太炎不能辞其咎，但当时他的斗争锋芒，还是针对清政府，这一点下文还将申述。即从《教育今语杂志》四册来说，署的是"共和纪元二千七百五十一年"，不是"清帝纪元"，而是明标"共和"。《缘起》说："真爱祖国而愿学者，盖有乐乎此也。"叫人要"爱祖国"，爱"中夏"，除"外祸"，"辟

---

① 章太炎：《自述学术次第》。
② 《朱希祖日记》，"1908年9月12日"。
③ 许寿裳：《纪念先师章太炎先生》。
④ 鲁迅：《关于太炎先生二三事》，《且介亭杂文末编》。
⑤ 黄侃：《太炎先生行事记》，原载《神州丛报》一卷一期，后载《制言》第三十一期。
⑥ 魏兰：《陶焕卿先生行述》，油印稿，陶本生先生旧藏。

邪辞"（第一册）。它又以"提倡平民普及教育为宗旨"，"演以浅显之语言"，用的是白话文。章太炎在该刊发表的演说和文章有七篇，即《中国文化之根源和近代学术的发达》见第一册，《常识与教育》《论经的大意》见第二册，《教育的根本要从自国自心发出来》《论诸子的大概》见第三册，《庚戌会演说录》《论文字的通借》见第四册。都是用章氏后来反对的白话文。这些文篇，不如《民报》的"针锋相对"，也夹杂不少封建糟粕，然而，忧国反帝之词，仍溢于言表，如《中国文化之根源和近代学术的发达》，说是"史学讲人话，教主讲鬼话，鬼话是要人愚，人话是要人智，心思是迥然不同的"。明显指斥康有为、梁启超等宣传保皇、主张立宪的鬼话，而要从历史中激起"爱国爱种的心"。《教育的根本要从自国自心发出来》，对"只佩服别国的学说，对着本国的学说不论精粗美恶，一概不录"的盲目崇外，以至"说别国的学说，中国古来都现成的"牵强附会加以批评，和当时政治仍有关联。

1910 年，章太炎在日本主编的《学林》两辑，也有诋击儒家今文学派和程朱宋学的文篇，如《信史》谓"儒家好今文者"以为，"玄圣没矣，其意托之经，经不尽，故著微言于纬"。章氏指出纬书不可信，不能"信神教之款言"。对康有为等宣扬的三统循环论也进行了批判。《程师》借批判廖平以批判康有为的"自拟仲尼"。《思乡愿》对当时士子迷恋程朱，"敷释《论语》，依附《集注》"，认为"不足化民"。《释戴》对戴震在文化高压政策下，"发愤著《原善》《孟子字义疏证》"，"明死于法可救，死于理即不可救"为"具知民生隐曲"。这种对康有为等利用今文鼓吹保皇立宪的揭露，以及对踞于堂庙的程朱信徒的指摘，都起过一定作用。

辛亥革命前夕，章太炎还写了《诛政党》，对立宪党人口诛笔伐，刊登在立宪党活动的槟榔屿《光华日报》上（详后）。武昌起义消息传到东京，"满洲留日学生""有主张向日本借兵"时，他又作书正告："所谓民族革命者，本欲复我主权，勿令他人攘夺耳；非欲屠夷满族，使无孑遗，效昔日扬州十日之为也；亦非欲奴视满人不与齐民齿叙也。""若大军北定宛平，贵政府一时倾覆，君等满族，亦是中国人民，农商之业，任所欲为，选举之权，一切平等，优游共和政体之中，其乐何似"①。申明反清"民族革命"，在于推翻清朝封建专制政权，并对革命以后建立"共和政体"表示向往。

最后，还应指出，这时章太炎的政治论文确渐减少，革命意志较前衰退，1908 年，他着手编辑《太炎集》，所录以学术论文为多。关于论文的选定标准，他在给友人的信中是这样讲的："以仆之文辞，为雅俗所知者，盖论事数首而已，斯皆浅露，其辞取足便俗，无当于文苑。向作《訄书》，文实闳雅，箧中所藏，视此者亦数十首，盖博而有约，文不奄质，以是为文章职墨，流俗或未之好也。"②"论事数首"，指的是《驳康有为论革命书》以及发表在《民报》《复报》等报刊上的战斗作品，章氏以为"无当于文苑"。这些"雅俗共知"，起了重大政治影响的"论事数首"，章氏反以为"浅露"，而佶屈聱牙、索解为难的，却以为可入"文苑"。以往章太炎在中外反动派的严密监视下，用比较隐讳深奥的文字阐述反清思想，是可以理解的；但章太炎在辛亥前夕，追求"流俗或未之好"的所谓"传世"之文，写作不再是为了当前的战斗，而想留入今后的"文苑"，这不能不说是一个倒退。不过，上述学术著作构思很早，东京讲学"提奖光复"，武昌起义"重申反清的事实"，也不容不顾。因此，章太炎在《民报》封禁以后"潜心学术"的衰退迹象虽渐呈现，但还不能单从学术专著的刊布说他已经"埋首书斋"、脱离革命。

二

《民报》封禁前后，章太炎和孙中山发生矛盾，此后，又和陶成章重组光复会，闹派别纠纷，做了一些对革命不利的事。但是否可说章太炎已经背离同盟会宗旨，不主张革命了呢？也不能这么说。

章太炎和孙中山的矛盾形成，发端于 1907 年，是为了《民报》的经费和续刊问题引起的。孙中山离日前，得到日本政府和股票商铃木久五郎馈金一万五千元，他以二千元留为《民报》维持费，余款悉充军费，遭到章太炎的反对。当时孙中山发动武装起义，筹办军饷，需款孔殷，

---

① 冯自由：《清肃王与革命党之关系》，《革命逸史》第五集。
② 章太炎：《与邓实书》，《太炎文录》卷二。

而《民报》经费确也困难。萍乡之役以后，"《民报》已不能输入内地，销数减半，印刷、房饭之费，不足自资"。章太炎所谓"入社则饔飧已绝，人迹不存，……持此残局，朝活文章，暮营悬费，复须酬对外宾，支柱警察，心力告瘁，寝食都忘"①，似属实情。黄侃说：章太炎这时"寓庐至数月不举火，日以百钱市麦饼自度，衣被三年不浣，困陋如此，而德操弥厉"②，也非虚语。吴玉章回忆："《民报》正遭遇到极大的困难。由于经费不继，章太炎等人几乎有断炊之虞。他派陶成章到南洋去募捐，也无结果，因南洋华侨与兴中会关系较深，而与光复会素少联系。因此章太炎骂孙中山先生不支持他办《民报》。其实孙中山先生这时到处搞武装起义都遭失败，也很困难。章的埋怨徒然暴露了同盟会内部派系之间的裂痕。看到这种情形，我觉得孙中山先生既无过错，而章太炎也可以原谅。"③这样的评价是公允的。在孙中山离日后、《民报》封禁前，章、孙矛盾已经存在了，章太炎的埋怨，暴露了内部派系之间的裂痕，但还可原谅。

值得注意的是，章太炎还在主编《民报》，坚持出版，继续文字宣传，展开反清革命，"寝食都忘""持此残局"，并没有向清政府妥协，也没有向帝国主义乞怜。特别是《民报》封禁时，章太炎责让日本内务大臣平田东助，揭露日、清勾结的阴谋，表示"不受权术笼络"，不变"革命宗旨"，"若以威吓利诱之故，而以《民报》之革命宗旨与满洲政府所赠利益交换，本编辑人兼发行人宁为玉碎，不为瓦全"④。他还亲莅警厅，慷慨陈词，不怕坐牢，高呼"革命无罪"⑤。这种精神，也很难能。

然而，孙中山离开日本以后，"东京同盟会颇萧散"，真如"群龙无首"，刘揆一又"望浅，众意不属"。《民报》封禁，汪精卫续办，章太炎

---

① 章太炎：《伪民报检举状》。
② 黄侃：《太炎先生行事记》。
③ 吴玉章：《辛亥革命》第 92 页。
④ 章太炎：《为民报封禁事移让日本内务大臣平田东助书》二，见巴黎《新世纪》第 79 号，1908 年 12 月 26 日出版。
⑤ 张庸：《章太炎先生答问》，见汤志钧：《章太炎政论选集》第 258 页。

斥之为"伪《民报》"，作《伪民报检举状》，责备孙中山"背本忘约，见危不振"，甚至说是什么"怀挟巨资""干没可知"，公开发表在《日华新报》上，并为新加坡保皇报《南洋总汇报》所转载，影响很坏。章太炎门户之见很深，没有顾全大局，这是他在辛亥革命前夕很大的错误。但在分析错误的形成和发展上，尚需考虑下述两点：

第一，续办《民报》的是汪精卫，章、孙矛盾的加深，和汪精卫的挑拨有关。1909 年，陶成章自南洋回到东京，在《致铁仙、若愚书》中说："东京总会名存实亡，号召不尽，全由一二小人诞妄无耻，每事失信，以至于此耳。弟初到之时，即与克强公商议，不料已先入精卫之言（先已有信云），而精卫亦即随之而至，以术饵克强，遂不由公议，而以《民报》授之，以精卫为编辑人，由秀光社秘密出版，托名巴黎发行。东京同人概未与闻，为易本羲兄所知，告之章太炎先生，太炎大怒，于是有传单之发。克强既不肯发布公启，弟往向之索回，不肯归还。太炎传单出后，克强屡使人恐吓之，谓有人欲称足下以破坏团体故也。"①《致亦逴、柱中书》也说："克公之言，弟未敢妄议其是非，唯精卫之欺妄，弟已亲受之矣。"②指出汪精卫在黄兴处的挑拨、"欺妄"。黄兴在《致孙中山书》中也谈到续办《民报》"与精卫等商量"③；在《为陶成章等诬谤孙中山事致巴黎〈新世纪〉书》又谓，"请精卫君来东任其编辑"，"前已由精卫君将情形函达贵社"④。知汪精卫"以术饵克强"，挑拨孙、章，增加裂痕；《民报》交给汪精卫续办，复"不由公议"，章太炎事前也不知悉，引起不满。汪精卫是在章、孙矛盾中起了推波助澜的作用的。

第二，续办的《民报》，托名"法国巴黎濮侣街四号为总发行所"，实则仍在日本秘密印刷，托名地点即《新世纪》发行所。《新世纪》为吴敬恒主编，吴又向为章太炎所鄙视，《复吴敬恒书》《再复吴敬恒书》就是揭露吴敬恒向敌人"献策"的。吴敬恒借《民报》封禁对章大肆攻击，

①② 手迹，原件无月日，湖南哲学社会科学研究所藏。

③ 黄兴：《为陶成章诬谤事致孙中山书》，《黄克强先生全集》第 116—117 页，1973 年 10 月增订本。

④ 黄兴：《为陶成章诬谤事致孙中山书》，《黄克强先生全集》第 118 页。

章也益为不满。

《民报》续办前后，《新世纪》对章太炎的抨击是多方面的，例如，1909 年 6 月出版的《新世纪》一〇二、一〇三号，对章氏《驳中国用万国新语说》连续批判。10 月 16 日出版的《新世纪》一一四号"本社广告"，谓《民报》第二十五期起，"将以本社为主要之发行所"，"其人皆由我国大撰述家所论述，其价值久著海内，无烦缕告"。注云："此非指国粹而言，文章当随时进化，同为天演界中之一端，岂有专求于昔人之古训词格，可尽文章之能事者，故好古之陋儒，拘墟于经典而为文，无异侈言商周之明堂、太室，用以研究新世界之建筑术也。"注中"国粹"云云，系讥章氏。12 月 18 日出版的《新世纪》一一六号"本社广告"："《民报》第二十五号已竟告成，由汪君精卫一手所编辑，汉民、民意诸君皆有述作，章太炎氏因未经参与，忽发简欢之牢骚，妄肆诋諆，骂为伪《民报》。东方党人皆不直章君之所为，群起攻斥，因此一段故事，续刊之《民报》一时愈为党界所欢迎"。"《民报》续刊，汪精卫君作总编辑，而章太炎君不悦。……实为新奇之竞争"。吴敬恒利用《民报》续刊和孙、章矛盾，从中挑煽，以发私愤，章太炎对此自然不能容忍。

章太炎攻击孙中山，当然不好；汪精卫、吴敬恒的挑煽，也因章太炎本身有弱点，有隙可乘。孙中山所说："陶（成章）之志犹在巨款不得，乃行反噬；而章之欲则不过在数千不得，乃以罪人。陶乃以同盟会为中国，而章则以《民报》社为中国，以《民报》之编辑为彼一人万世一系之帝统，故供应不周，则为莫大之罪。《民报》复刊，不以彼为编辑，则为伪《民报》。"①还只视为内部纠纷。即续刊的《民报》，在第二十六号所载"本社谨白"，分析章太炎所以发布《伪民报检举状》的原因，也说是"好信诙言"，以"章君夙反对《新世纪》报……今兹闻《新世纪》诸君兼任《民报》发行、印刷之事，故断然反对"，没有说章太炎已经走向革命的反面。

问题是《新世纪》刊登了章太炎写给刘师培、何震的信，说是章太

---

① 　孙中山：《致吴稚晖书》，见胡汉民：《总理全集》第四集《遗墨》第 66－67 页。

炎和端方有关系，"万金出卖一革命，至为便宜"；1910 年，章太炎又和陶成章重组光复会，造成分裂。这两件大事，却是剖析章太炎在辛亥革命前夕政治态度的大事，不可不论。

关于章太炎写给刘师培、何震的信，未曾看到原件照片，不能断定其中有无篡改，但从信中内容来看，所说"欲出家"、赴印度缺款等等，与章太炎行事相合。至于何震的注则不可靠，因为何震绝不会接到章信即行加注，而必定是投敌自首后所加，夸增缘饰，自所必然。这五封信的真伪和章太炎与端方的关系，杨天石等同志已有专文剖析①，这里不拟赘述。只是就信中所谓"欲出家"、赴印度和向清吏借款事，是否可以判定章太炎已经背叛革命？我认为也是不能，理由如下。

第一，五封信写于 1907 年 11 月至 1908 年 1 月间，而在此以后，章太炎仍在《民报》撰文。《民报》第十九号，刊于 1908 年 2 月 25 日，自此至第二十四号，章氏都有文章。试举两文为例，《排满平议》刊于6 月 10 日出版的第二十一号，文曰："吾侪所执守者，非排一切政府，非排一切满人，所欲排者，为满人在汉之政府。而今之政府，为满洲所窃据，人所共知，不烦别为标目，故简略言之，则曰排满云尔。""今之所排，既在满洲政府，虽诛夷汉吏，亦以其为满洲政府所用而诛夷之，非泛以其为吏而诛夷之，是故诛夷汉吏，亦不出排满之域也"。指出"今之所排"在"满洲政府"。《革命军约法问答》刊于 7 月 10 日出版的第二十二号，文曰："言种族革命，则满人为巨敌，而欧美少轻；以异族之攘吾政府者，在彼不在此也；若就政治社会计之，则西人之祸吾族，其烈千百倍于满洲。"事实证明，章太炎没有忘怀革命。

第二，章太炎确曾想到印度出家，没有旅费，向清吏借款，是一大污渍。即便如此，也尚未投敌。陶成章在《致柱中、若愚书》说："太炎作和尚之意实有，至侦探，断断无之。彼居东京，每日讲学，所出入者止学堂，何有官场特派员，昭昭在人耳目，诬妄太炎先生无益也。"即后来发现的刘师培自白书也只说："倘明公（指端方）赦其既往之

---

① 《南开大学学报》1978 年第 6 期。

愆，开以自新之路，助以薄款，按月支给，则国学得一保存之人，而革命党亦失一绩学工文之士。以彼苦身励行，重于言诺，往印以后，决不至于有负于明公。"①没有讲章太炎"得款"后投到端方门下。况且，章太炎即使到了印度，也断不会到印度去帮助清朝，只是使"革命党中亦失一绩学工文之士"。章太炎思想上一度"消极遁世"，行动上却未公开投敌。

至于重组光复会，是否意味章太炎"背叛同盟"呢？我认为关键还要看光复会当时的主要斗争锋芒是什么，是清政府还是同盟会？当光复会加入同盟会后，光复会中徐锡麟"志在光复而鄙逸仙为人"，陶成章"亦不熹逸仙"，李燮和"亡命爪哇"，陶、李深结，"遂与逸仙分势"，裂痕日深，终致重组光复会，和同盟会在南洋争夺势力。但他们还是"鼓吹革命"②。陶成章在光复会成立后写给谭人凤的信谓，"必不汲汲扩张，以教育为进取，察学生之有志者联络之，如是而已。又一面经营商业云"和"办暗杀事宜，以振动华侨"，对孙中山的"地方起兵"则示不满，陶成章还主张"将太炎公改为教育会会长方为合宜，盖彼之能力在此不在彼，若久用违其长，又难持久矣"③。在革命策略上，不满于孙中山的侧重华南武装斗争；在南洋活动上，"不受同盟会本部节制"。"使同盟分势"当然不好，但光复会反的还是清政府，还是以反清"光复"相号召，它没有暌离"驱逐鞑虏，恢复中华，建立民国"的同盟誓言。

章太炎、陶成章对孙中山、黄兴发动攻击，闹到重组会党，是不惬人望的。但在实际行动中，他们还是展开反清斗争；不久，他们对这一段纠纷公案，也认为"不必攻击"。陶成章稍后提出："孙文以后不必攻击，弟意亦然。而弟之意，即意见不同，宗旨不合者，辩正可也，不辩正亦可也，再不可如前者之《中兴报》，日从事于谩骂，不成日报体裁。即个人私德有缺陷者，亦不可多加攻击。盖羞恶之心，人皆有

---

① 《建国月刊》十二卷第四期。
② 魏兰：《陶焕卿先生行状》。
③ 陶成章：《致石哥书》，1910年，无月日，手迹。石哥即谭石屏，谭人凤。

之，多所取怨，于所办之目的宗旨上，毫无所裨益。"①把光复会和孙中山同盟会的争论，只看作"意见不同，宗旨不合"，视为内部问题。后来，同盟会在筹划广州黄花岗之役时，光复会即曾"合力筹款"②。武昌起义后，章太炎致书孙中山："同盟之好，未之敢忘。"③又追述光复会历史："二党宗旨，初无大异，特民权、民生之说殊耳。最后同盟会行及岭表，外暨南洋；光复会亦继续前迹，以南部为根基，推东京为主干。仆以下材，同人谓是故旧，举为会长，遥作依归，素不习南州风俗，惟知自守礼教而已。"④他和孙中山之间，还只能说是内部派别纠纷。我们不能张目于个人的攻击，把章、孙矛盾扩大化；不能把同盟会内部的冲突看作章太炎已经"背叛同盟"；也不能把资产阶级革命派政治上不成熟的表现，说是章太炎那时已经不革命甚至反对革命了。

三

武昌起义胜利，章太炎提出了"革命军起，革命党消"的错误口号，反对"以一党组织政府"⑤，并和一些立宪党人在一起，组织中华民国联合会，这些言行有他的阶级根源和思想根源。那么，是否章太炎在辛亥革命前夕，早和立宪党人沆瀣一气了呢？也不是的。

武昌起义前夕，章太炎写了《诛政党》，发表在槟榔屿《光华日报》上，以为"朋党之兴，必在季世"，"天下之至猥贱，莫如政客"。中国政党"非妄则夸"，并"校第品藻"，"发愤笔而诛之"，恰恰"诛"的是立宪党人。由于这篇文章，《章氏丛书》刊落，流传绝少，未曾为人注意，有必要引录说明。

章太炎认为当世党人"观其言行，相其文质"，略得七类：

---

① 陶成章：《致福哥书》，1910 年 11 月 5 日，手迹。
② 冯自由：《华侨革命史》第 95 页。
③ 章太炎：《复孙中山书》，1912 年 1 月，《大中华》二卷十二期。
④ 章太炎：《致临时大总统书》，《大共和日报》1912 年 1 月 28 日。
⑤ 《章炳麟之消弭党见》，天津《大公报》1911 年 12 月 12 日。

第一类是"治公羊学"，"自鸣得意，谓受殊知，及今犹自焜耀。中更狷狭，欲效高欢故事以弋大官，事机败露，逋逃异国，利夫蒿里丧元者不能起而辨其诬也，则侜张为幻，以欺黔首，身窜绝域之表，心在魏阙之下。见侨商多金，猰猰如鹰隼……贿赂之外，复营菟裘"。指的是康有为骗取华侨捐款，昌言保皇，抵制革命。又说："以学未及其师，而变诈过之，掇拾岛国贼儒绪说，自命知学，作报海外，腾肆奸言，为人所收，则更名《国风》，颂天王而媚朝贵，文不足以自华，乃以帖括之声音节凑，参合倭人文体，而以文界革命自豪。"①指的是梁启超于 1910 年 1 月在东京创办《国风报》，宣传"国会请愿同志会"成立的意义，号召各地的立宪分子参加，以扩大请愿的声势②。章太炎指斥这一类是"曲事大珰，以求禄秩""昏淫猰诈，古未曾有"。

第二类是"不争于朝，而争于市"。"既好货殖"，"家既不訾，乃求比封君而抗礼王侯，束帛之币，以赂贵臣，则膺显秩而备顾问，复大结朋党，将隐操政权以便其私"。指的是地主、官僚和民族资产阶级上层的一些立宪分子。1908 年 6 月间，广东士绅代表入京呈递国会请愿书，康有为的"中华帝国宪政会"也联合华侨中的立宪分子，以海外二百余埠华侨的名义上书要求开国会，实行立宪。康、梁等更谋贿赂肃亲王，拉拢良弼等满洲贵族为自己使用，"束帛之币，以赂贵臣"指此。章太炎斥为"选举徒有空名，民生日即艰苦，王室倾而政出富民"。

第三类是"心醉利禄，一变而谈保皇，宗国幅裂，民生多艰，置夏民而为引弓者谋生计，陈义纵高，权衡已丧，将以媚大长，则尤无耻矣。不辇金于朝贵而要藩镇，与一二党徒，激扬名声，以动听闻，大命一至，若恐弗及"。"高谈佛理，竟在欺世"，"至于告密藩镇，大者钩党，杀多士，贼烈女，以快其私"。指的是蒋智由。蒋曾学过佛典，"杀多士，贼烈女"，指"秋瑾案"告密事③。蒋智由和梁启超等组织推动立宪运动的政闻社，章氏曾与之斗争。本文斥之为"热中利禄，无由

---

① 槟榔屿《光华日报》1911 年 10 月 26、28、31 日，撰述则在武昌起义前。
② 《国会请愿同志会意见书》，《国风报》第一年第九期，宣统二年四月初一日出版。
③ 章太炎：《复蒋智由书》，《章太炎政论选集》第 448—452 页。

得进，大结党徒，闻政主上"。

第四类是"少游学于欧洲，见其车马宫室衣裳之好，甚于汉土，遂至鄙夷宗邦，等视戎夏"。"上者学文桐城，粗通小学，能译欧西先哲之书，而节凑未离帖括，其理虽至浅薄，务为华妙之辞以欺人，近且倡言功利，哗世取宠，徒说者信之，号为博通中外之大儒。"指的是严复。严复翻译甄克思（E. Jenks）《社会通诠》（*A History of Politics*），比附其说，谓"中国社会，宗法而兼军国者也"，断言民族主义不足以救中国，实质上是反对革命，为清政府辩护，立宪党人又予渲染，章太炎曾撰《社会通诠商兑》以驳之。本文又说，"下者以六籍之文为诬，而信大秦之教，既奉天生〔主〕圣母矣"，"而乃连结身犯重案之人，以成良莠不齐之党"。指的是马良。马良任政闻社总务员，发表《就任演说》等鼓吹立宪之作，章氏曾撰《驳神我宪政说》《马良请速开国会》等文批驳。本文指斥这一类是，"一则服事豪帅以致科第，且得议郎；一则专树朋徒以耀声誉，而求富贵。进无补于国计，退无迹于简编"。

第五类是"习闻苟偷法政者之言，以为国会可以致富强而便驰骋，于是以请开国会之名，号召党徒"。"既游京师"，"行必厚赆"，"而乃凭依权豪，附托显贵"，遂使"识者掩口，海内嗟叹"。指的是政闻社法部主事陈景仁请速开国会，马良复致宪政编查馆"宣布期限，以三年召集国会"，以及梁启超派他的密友徐佛苏去北京活动。1910年春，徐佛苏在北京参加了请愿代表团，和当时的请愿代表汤化龙、孙洪伊、林长民等发生联系，开展"国会请愿运动"。章太炎指斥这一类是以"请开国会"为"起富之道"，"是可谓党人之黠者，非真为国家"，"何无耻至于斯也"。

第六类是"既入资政之院，品核公卿，裁量宰辅，讥刺内宠，讪谤朝政，一言才出，直声闻于天下，贵臣动容，黎庶色喜"。"执政病其害己，稍羁縻之，亦帖然以就范围"，等到"爵秩既赐，谤声随衰，贵游一言，则稽首以拜大命，王公一怒，则征营不知死所。甚乃承受意旨，膏唇拭舌，甘祸生民，以效忠政府"。以致"开院一稔，四海困穷，而政府之暴滋甚"。指的是资政员和各省咨议局员。章氏斥为"非权贵适足以要权贵，谤政府适所以求政府"。

第七类是"昵迩豪帅，交欢贵臣，伺候奔走，不惶起处"。"近年朝野竞谈立宪，新党亦稍稍复出"，"观其建铁路于乡里，至言好货者必称其名，贪饕可以想见"。至于"夺齐民之业，借强国之债，逢迎当涂，以得大郡者，其罪更浮于为师傅者矣"。指的是江浙的张謇、汤寿潜以及争粤汉、京汉铁路权利的湘、川、闽、粤士绅，章太炎斥之为"有党若此，速中国之亡而已"。

章太炎认为这七类，虽则"操术各异，而兢名死利，则同为民蠹，又一丘之貉也"。事实上，这七类都是立宪派，跟随革命形势的发展，立宪派的立宪请愿活动也就越益频繁。章太炎在立宪声浪喧嚣一时之际，在海外华侨聚集、立宪保皇分子一度盘踞之所，发表了《诛政党》，把他们的面貌一一揭露。他没有和立宪分子沆瀣一气，而是和他们展开了斗争。

这时，武装起义时机成熟，清朝统治面临崩溃，章太炎指斥立宪派，却不谈武装革命，说什么"赫然振作，以恢九服"之后，各政党"内审齐民之情，外察宇内之势，调和斟酌，以成政事而利国家，不亦休乎？"反映了他政治上的彷徨和对群众斗争的不信赖。以致武昌起义胜利，章氏返国后，就和立宪分子一起搞他本来"诛"过的政党活动。但章太炎在辛亥革命前夕，还是反击立宪的，《诛政党》也不失为一篇抨击立宪分子的革命文献。

1907 年至 1908 年，同盟会在华南沿海和沿边地区发动了六次武装起义，光复会也在浙江、安徽发动两次起义。连续不断的武装起义，大为振奋人心，促进了全国革命形势的发展。但起义的失败，使同盟会的力量受到挫折，革命党人内部的分歧和涣散也明显加深。等到 1910 年广州起义失败后，同盟会一些领导人中间还出现过悲观失望的情绪，"举目前途，众有忧色，询及将来计划，莫不唏嘘太息，相视无言"[1]。一些革命党人丧失信心，不愿从事艰苦工作，企图组织暗杀团体，进行个人恐怖活动；有的还散布不满孙中山的言论，另组团体。

---

[1] 孙中山：《建国方略》，《孙中山选集》上卷第 180 页。

这是当时整个阶级斗争形势反映的一个侧面，也暴露了中国资产阶级的软弱性，他们的革命机构也只是一个组织涣散、纪律松弛的政治联盟。章太炎在这一时期，和同盟会闹矛盾，重组光复会，政治论文显见减少，革命意志较以前衰退，他还做了一些对革命事业不利的事。对此，必须正确指出，恰当批判。

然而，也应该看到，辛亥革命前夕，章太炎反清革命的大方向还是没有变。他与同盟会之间的争论，也只能说是革命派内部的派别纠纷。对历史人物的评价，不能求全责备，而应充分占有材料，根据当时的历史条件和实际情况，予以实事求是的分析。

原载《辛亥革史丛刊》第 2 辑，中华书局 1980 年版

章太炎和孙中山

孙中山是伟大的革命先行者，他领导人民推翻帝制，建立共和，后来又把旧三民主义发展为新三民主义，"为了改造中国而耗费了毕生的精力"。章太炎呢？曾经参加过孙中山领导的辛亥革命，一度以革命家现身，后来却"退居于宁静的学者，用自己所手造的和别人所帮造的墙，和时代隔绝了"。

孙中山是辛亥革命的领导人，本来是毋庸置疑的，而"四人帮"为了篡党夺权的需要，却有意抬高章太炎，贬低孙中山。这样便把历史颠倒，黑白混淆；而如何正确评价章太炎，也成为一个突出的问题。

章太炎和孙中山的关系究竟怎样？是追随还是反对？是"早已反孙"，孙中山死后仍"余恨犹在"；还是"中途弃捐"，渐告判离？章太炎又是为了什么闹矛盾、搞分裂？弄清这些问题，将有助于对章太炎做出正确的评价。

一

近代中国发展迅速，时代巨轮不断前进，一个人的思想也时有变化，或者拉车向前，或者逆流而动。判断章太炎和孙中山的关系，还得以社会发展规律为准绳，按照一定的时间、地点和条件加以科学剖析。

章太炎是在中日甲午战后民族危机深重的刺激下，走出书斋，参加政治活动的。最初，他赞成维新变法；政变发生后，还和"尊清者游"，对改良主义者表示同情。他开始听到孙中山的名字，是1897年春在上海担任《时务报》编辑时，"因阅西报，知伦敦使馆有逮捕孙逸仙事，因问梁启超：'孙逸仙何如人？'梁云：'此人蓄志倾覆满洲政府'"。章听后"心甚壮之"①。1899 年 6 月，他由台湾"渡日本"，经过梁启超介绍，"始识孙中山于横滨旅次，相与谈论排满方略，极为相得"②。7 月 17 日（六月初十）《致汪康年书》中谈到初晤后的感受："兴公（指孙中山）亦在横滨，自署中山樵，尝一见之。聆其议论，谓不瓜分不足以恢复，斯言即浴血之意，可谓卓识。惜其人闪烁不恒，非有实际，盖不能为张角、王仙芝者也。"③既誉"卓识"，又未深信，但心目中已对孙中山留下了印象。

1900 年，义和团运动掀起，八国联军入侵，慈禧一伙的卖国主义原形暴露无遗，章太炎受到极大震动，从维新梦中醒了起来。7 月，在上海召开的"国会"上，他激烈反对改良派提出的"一面排满，一面勤王"的模糊口号，"宣言脱社，割辫与绝"。接着，树起反清的旗帜，开始向改良派展开斗争，1901 年，在东京《国民报》发表《正仇满论》，尖锐批判梁启超："梁子所悲痛者，革命耳；所悲痛于革命，而思以宪法易之者，为其圣明之主耳。"

1902 年 2 月（正月），章太炎再次被追捕，流亡日本，初住横滨，后入东京。起初感到梁启超"专以昌明文化自任，中山则急欲发难"，"中山欲以革命之名招之，必不可致"，从而因其"交嫌"，欲为"调和"④。接着，偕秦力山往谒孙中山，自称："时中山之名已盛，其寓处在横滨，余辈常自东京至横滨，中山亦常由横滨至东京，互相往来，革命之机渐熟。"⑤"逸仙导余入中和堂，奏军乐，延义从百余人会饮，

---

① 朱希祖：《本师章太炎先生口授少年事迹笔记》，《制言》第二十五期。后来章太炎又说："丁酉，入时务报馆，闻孙逸仙倡是说（按指'遂满之志'），窃幸吾道不孤，而尚不能不迷于对山（指康有为）之妄语。"（《致陶亚魂柳亚庐书》，见《章太炎政论选集》第 191 页，中华书局 1977 年版，下简称为《政论集》。）又说："余因询孙于梁氏。梁曰：'孙氏主张革命，陈胜、吴广流也。'余曰：'孙果主张革命，则不必论其人才之优劣也。'"（《民国光复》，见《政论集》第 840 页）。

② 冯自由：《中华民国开国前革命史》上集第十四章《壬寅支那亡国纪念会》；又见《革命逸史》二集第 36 页。

③ 《政论集》第 92 页。

④ 1902 年 3 月 18 日《致吴君遂书》，《政论集》第 162—163 页。

⑤ 朱希祖：《本师章太炎先生口授少年事迹笔记》。

酬酢极欢。自是始定交"①。在孙中山的启发下，他们共同商讨"开国的典章制度"和中国的土地赋税以至建都问题，《訄书》重印本的《相宅》和《定版籍》中，就记录了他俩当时的讨论情况。章太炎还在孙中山的赞助下，准备在东京举行"支那亡国二百四十二年纪念会"，反对清朝的反动统治。当在东京为日本军警阻止，改在横滨补行纪念式时，章太炎宣读纪念辞，孙中山担任主席，"倡言各敬章先生一杯，凡七十余杯殆尽"②。这年，章、孙"定交"，关系很大，直到十年以后，龃龉渐深，章太炎仍追怀往事，不胜缱绻："同盟之好，未之敢忘。昔在对阳（日本对阳馆），相知最夙，秦力山所以诏我者，其敢弃捐。"③

1903 年 6 月，章太炎因宣传革命，被监禁于上海西牢。他在狱中，参预筹组光复会。三年出狱，孙中山特派同盟会代表至沪迎章赴日，他在日本加入同盟会，主编同盟会的机关报《民报》。从《民报》第七号起(1906 年 9 月 5 日出版)，到二十四号(1908 年 10 月 10 日出版，中间另增《天讨》一册)，他一直坚守《民报》阵地，中间虽一度以脑病辞职，仍挥笔不辍，时有论议。

章太炎在《民报》上发表了不少政论，基本上是宣扬同盟会的革命纲领的。在《民报一周年纪念会祝辞》中强调"扫除腥膻，建立民国"④，《演说辞》说："革命大事，不怕不成，中华民国，不怕不立。"⑤由章太炎手撰，以"军政府"名义发表的《讨满洲檄》，更明确指出："自盟而后，当扫除鞑虏，恢复中华，建立民国，平均地权。有渝此盟，四万万人共击之。"⑥尽管他的文章有着狭隘民族主义，渗有"国粹""宗教"等消极因素，但他宣传革命的大方向还是对的。他没有"早已反孙"，而是由于和孙中山"定交"，加入同盟会，从而论战文章，针锋相对，"所向披靡，令人神旺"，成为他一生中"最大最久的业绩"。

---

① 《太炎先生自定年谱》"光绪二十八年，三十五岁"。
② 冯自由：《华侨开国革命史》三"日本之部"八《横滨支那亡国纪念会》。
③ 1912 年 1 月《复孙中山书》，《大中华》二卷第十二期。
④ 《政论集》第 326 页。
⑤ 《政论集》第 330 页。
⑥ 《民报》临时增刊《天讨》，收入《太炎文录》初编《文录》卷二。

以上可说是章、孙关系的第一时期，章太炎由改良到革命，由和孙中山相识到"定交"，由入狱到主持《民报》，由筹组光复会到参加同盟会，这是他一生中的光荣岁月。他当时之所以影响大、功绩显，应该说和孙中山领导的革命运动有关。

1908年《民报》封禁前后，章、孙关系起了变化。还在1907年3月，日本政府应清政府的请求，驱逐孙中山出境，孙中山在离日前得到日本政府和股票商铃木久五郎馈金一万五千元，以二千元留为《民报》经费，余款悉充军费，遭到章太炎的非议。1908年10月，日本政府与清政府勾结，下令封禁《民报》，章太炎向日本内务省交涉无效，《民报》停刊，章亦离职。此后，孙中山派人秘密续刊《民报》，名为巴黎发行，实在日本印刷，章太炎又闹派别纠纷，斥之为"伪《民报》"。接着，陶成章到南洋筹款，和同盟会争夺地盘，又重组光复会，章、陶任正副会长，对孙中山发动攻击。

武昌起义胜利，章太炎提出了"革命军起，革命党消"的错误口号，主张解散同盟会，并和一些旧立宪党人在一起，组织中华民国联合会。1912年1月1日，孙中山在南京就任临时大总统，聘任章太炎为总统府枢密顾问，他不肯和孙中山合作，不愿长驻南京，返回上海。2月中旬，在讨论建都问题时，章太炎主张建都北京，拆了孙中山、黄兴的台。5月，黄兴条陈国民捐和劝办国民银行办法，章又以为"勒迫必自之生"，加以反对。南北和议告成，袁世凯上台，他幻想袁世凯能"厉精法治"，"以厝中夏于泰山磐石之安"①。中华民国联合会与一些小政团合并，改组为统一党，以后更与民社等并为共和党，推黎元洪为理事长，逐渐变成袁世凯手里的驯服工具。

袁世凯给了章太炎一个总统府高等顾问的空衔，不久又委任其为东三省筹边使，调出北京。章太炎兴致勃勃地跑到东北去"兴办实业"。没有多久，宋教仁被刺，血的教训使他震醒起来，对袁世凯不信任了，但是依靠谁去对付这个掌握兵权的军阀呢？他想到的还是清朝旧军官、民国新军阀黎元洪，章太炎遂跑到武昌，去找这个清朝的湖北新军协

---

① 1912年3月《致袁世凯论治术书》，《政论集》第584页。

统、当时的副总统，结果不得要领。于是由鄂赴京，由京来沪，而他早先提议在东北筹设实业银行的借款，财政部长梁士诒不肯盖章。章太炎"实业计划"落空，感到"大抵政府之与我辈，忌疾甚深，骂亦阻挠，不骂亦阻挠"，于是决计"辞差"，"奉身而退"①。

1913 年 7 月，孙中山、黄兴举兵武力讨袁，章太炎却不信赖，说什么"讨袁者亦非其人"②。他既骂袁世凯"用心阴鸷，正与西太后大同"，又骂孙中山"与项城一丘之貉"③。"谓宜双退袁与孙、黄，改建贤哲，仆则承命"④。8 月，"冒危入京师"，为袁世凯幽禁，直到 1916年袁世凯死后才被释放。

以上可说是章、孙关系的第二时期，章太炎由非议孙中山到重组光复会，由"同盟旧人"到和立宪党人沆瀣一气，由反对孙中山到为袁世凯利用，这是他"渐趋颓唐"的关键时刻。他的倒退，不能说与暌离孙中山，闹分裂活动无关。

1916 年 6 月，章太炎由京南返。这时孙中山也在上海，曾两电黎元洪"规复约法，尊重国会"；章太炎也认为"约法、国会，本民国固有之物，为袁氏所摧残"⑤，主张维护。此后，他多次和孙中山一起参加会议：7 月 11 日，出席黄兴为准备北上两院议员举行的饯行宴会；7月 15 日，出席驻沪粤籍议员的欢迎会；7 月 28 日，出席孙中山招待中日两国人士的宴会。他大都"起立发言"，基本主张与孙中山尚相契合。8 月，章太炎南赴肇庆，"视云阶"（岑春煊），更"出游南洋群岛，岁晚始归"。孙中山又致电黎元洪，认为章太炎"硕学卓识，不畏强御，古之良史，无以过之，为事择人，窃谓最当"，推举章为国史馆长⑥。

1917 年 3 月，段祺瑞召集督军团在北京开会，商讨对德宣战。5月 7 日，国会讨论参战案；10 日，段祺瑞组织"公民请愿团"等，包围

---

① 1913 年 6 月 21 日《致伯中书四》，《政论集》第 655 页。

② 1913 年 7 月 26 日《致伯中书九》，《政论集》第 666 页。

③ 1913 年 7 月 3 日《致伯中书八》，《政论集》第 661 页。

④ 1913 年 7 月 26 日《致伯中书九》，《政论集》第 666 页。

⑤ 1916 年 7 月 3 日在浙江国会议员欢迎会上讲话，《中华新报》1916 年 7 月4 日。

⑥ 《中华新报》1916 年 12 月 14 日。

国会，殴辱议员。章太炎与孙中山两次联名致电黎元洪，要求严惩"伪公民犯法乱纪之人"，"严惩暴徒主名"，"勿令势要从旁掣肘"①。6月7日，张勋率兵北上，与段派集议，电黎"调停须先解散国会"，孙、章联电陆荣廷等南方各省督军、省长，指出："调停战争之人，即主张复辟之人；拥护元首之人，即主张废立之人。""叛人秉政，则共和遗民必无噍类矣"②。又联名致电陈炯明："国会为民国之命脉，调和乃绥寇之资粮。""今者群益鸱张，叛形已著，黄陂（黎元洪）与之讲解，实同降伏"③。

7月1日，张勋复辟。3日，章太炎和海军总长程璧光等"集议孙公邸中"，"协议扫穴犁庭计划"④。接着，与孙中山、廖仲恺、朱执信、何香凝乘海琛舰由上海启程赴广州，于7月17日抵粤，当有人询以讨逆计划时，章即答以"余此次偕孙中山来粤，所抱之希望极大"，"讨逆之举，即为护法而起，惟不违法之人而后可以讨逆"⑤。永丰、同安、豫章三舰抵达黄埔，孙、章一起前往迎迓。广东各界开欢迎海军大会，孙中山、程璧光到会，章亦参加。9月1日，国会非常会议选举孙中山为中华民国军政府大元帅，章太炎任护法军政府秘书长，《大元帅就职宣言》就是章太炎起草的。《宣言》中说："民国根本，扫地无余，犹幸共和大义，浃于人心，举国同声，誓歼元恶。"誓"与天下共击破坏共和者"⑥。此后，因护法军政府中派系斗争激烈，章"欲西行"，孙中山劝以"不当先去以失人望"，章太炎表示愿为军政府争取外援，到云南联络唐继尧。当他抵达昆明后，和孙中山函电往返，孙中山希望章太炎"时慰箴言"，劝唐继尧"即日宣布就元帅职"，"分兵东下"；章也多次向唐进言，促唐东下，但"唐终托故不出"。这段时间，章太炎是基本上追随孙中山，赞成护法的。

1919年，反帝反封建的五四运动爆发，人民革命运动日渐发展，

①　《时报》1917年5月12、14日。

②③　《时报》1917年6月10日。

④　《时报》1917年7月4日。

⑤　《时报》1917年7月28日。

⑥　《政论集》第744—745页。

章太炎的思想逆转了，由反对军阀割据逐渐演变为赞成军阀割据。1920 年 11 月，湖南通电"湘省自治"，章太炎随即在北京《益世报》发表《联省自治虚置政府议》，认为"宜虚置中央政府"，"军政则分于各省督军"①。接着，又主张使"地方权重而中央权轻"，"各省自治为第一步，联省自治为第二步，联省政府为第三步"，还"必须以本省人充军民长官"②。这种"联省自治"说，和孙中山的统一主张背道而驰。1921 年 5 月，孙中山在广州就任非常大总统职，章太炎以为"非法"，并以"联省自治不可反对为献"③。不久，孙中山决定北伐，章太炎担心"出湖南"要影响他心目中的"自治模范"。1922 年 6 月，陈炯明叛变，章太炎和褚辅成联名电请孙中山"惠然来沪，赐以教言"④。8 月 15 日，孙中山抵达上海，次日发表宣言，重申决心为共和而斗争，章太炎又"不肯先见"⑤。

　　1923 年 1 月，孙中山在上海发表《和平统一宣言》，章太炎以为"统一利害，久处南方者自知。若谓借此以缓最高问题，则亦非计"⑥。1924 年 1 月，国民党第一次全国代表大会在广州召开，通过宣言，接受了中国共产党所提出的反帝反封建主张，分析和批判了当时社会上流行的各种错误的、反动的政治流派，包括"联省自治派"，宣告取消不平等条约。孙中山又系统讲述三民主义，制定了联俄、联共、扶助农工的三大主张。10 月，决定应冯玉祥的电邀，"即日北上"。章太炎对改组后的国民党很是不满，在国民党右派冯自由等的怂恿下，发出《护党救国宣言》，"冀以同盟旧人，重行集合团体"。不久，冯自由组织中国国民党同志俱乐部，章太炎也组织了辛亥革命同志俱乐部，再次背离孙中山，进而反对共产党。

　　不过，孙中山北上时，章太炎还"入谒为别，及孙公在宛平不预"，

---

①　《政论集》第 752—753 页。

②　《申报》1921 年 1 月 6 日。

③　《太炎先生自定年谱》，"中华民国十年，五十四岁"。

④　《申报》1922 年 6 月 26 日。

⑤　《申报》1922 年 9 月 2 日。

⑥　1923 年 1 月 21 日《致李根源书六》。

又"手疏医方"，嘱但焘"致之左右"①。1925 年 3 月 12 日，孙中山不幸逝世，章太炎参加商讨治丧事宜，"主张在正式政府未成立以前，为纪念孙公之功勋起见，应由家属及人民以礼行葬，待正式政府成立，再追予国葬，以符孙公生前主张"②。并发表谈话，"三民主义为先生所首创"，"先生做事，抱定奋斗精神，坚苦卓绝，确为吾党健者"③。4 月 12 日，上海举行追悼孙中山大会，壁间悬有章太炎的挽联：

> 孙郎使天下三分，当魏德萌芽，江表岂曾忘袭许；
> 南国本吾家旧物，怨灵修浩荡，武关无故入盟秦。④

挽联尚有微词，而《祭孙公文》则称，"天生我公，为世铃铎，调律专壹，吐辞为籔"，颇为称誉。可知章太炎在孙中山逝世时，还没有"余恨犹在""放言谩骂"。

以上可说是章、孙关系的第三时期，章太炎由参加孙中山的护法运动到西行联络唐继尧，由"联省自治"到反对孙中山的统一主张，由反对改组后的国民党到另组辛亥同志俱乐部。思想急剧倒退，"身衣学术的华衮，粹然成为儒宗"了。

章太炎和孙中山的关系，大体就是这样。

二

章太炎和孙中山矛盾的形成和发展，每每是在革命的重要阶段或关键时刻。

章太炎在同盟会中闹分裂、攻击孙中山，是在全国革命运动日渐高涨，武装斗争不断展开的时候。它发端于 1907 年，是由于《民报》的经费和续刊问题引起的。当孙中山被日本政府驱逐出境时，从一万五

---

① 但焘：《章先生别传》，《制言》第二十五期。
② 《申报》1925 年 3 月 14 日。
③ 《中山丛书》附志《中山逝世后中外各界之评论》。
④ 《申报》1925 年 4 月 12 日。挽联又见《菿汉大师联语》，载《制言》第二十五期。

千元馈金中提出两千元留作《民报》经费，余款悉充军费。当时《民报》经费确有困难，萍乡之役以后，"《民报》已不能输入内地，销数减半，印刷、房饭之费，不足自资"；但孙中山发动武装起义，经费更是困难，章太炎却对此不能谅解，加以诘难。这时，同盟会组织多次武装起义失败，有些不坚定分子因此表现消极。孙中山离开日本后，"真是群龙无首，一盘散沙"①。1908 年 10 月，《民报》被封禁，孙中山正在南洋各地加强同盟会的组织领导和筹办军饷，章太炎"屡以函致南洋，欲孙文有所接济"，孙中山往返新加坡、暹罗间，策划起义，也实无力顾及。陶成章到南洋筹款，受到同盟会的阻止，采取光复会的名义进行活动，形成分裂。在革命策略上，陶成章不满于孙中山侧重华南武装斗争，主张"中央革命"，即在江浙或华北地区起义，章太炎则强调文字宣传，续办《民报》。然而，续办《民报》的却是汪精卫，章太炎益为不满，作《伪民报检举状》，责骂孙中山"背本忘约，见危不振"，甚至说是什么"怀挟巨资""干没可知"，"今精卫复伪作《民报》……思欲腾布南洋、美洲，借名捐募"，公开发表在《日华新报》上，并为新加坡保皇报《南洋总汇报》所转载，影响极坏。孙中山所说："陶之志犹在巨款不得，乃行反噬；而章之欲则不过在数千不得，乃以罪人。陶乃以同盟会为中国，而章则以《民报》社为中国，以《民报》之编辑为彼一人万世一系之帝统，故供应不周，则为莫大之罪。《民报》复刊，不以彼为编辑，则为伪《民报》。"②基本情况就是这样。1910 年初，光复会在东京成立总部，推章、陶为正副会长，在南洋和同盟会争夺势力，"骎骎有取同盟会而代之之势"③，闹派别纠纷。

章太炎和孙中山的矛盾加深，是在武昌起义胜利不久，是他认为孙中山"任用非人，便佞在位"④而加攻击所引起。1912 年 1 月 14 日，陶成章被刺，凶手是陈其美的爪牙蒋介石，陈其美窃取了上海都督的职位，

① 吴玉章：《辛亥革命》第 93 页。
② 孙中山：《致吴稚晖书》，见胡汉民：《总理全集》第四集《遗墨》第 66—67 页。
③ 冯自由：《革命逸史》第二集第 235 页。
④ 1912 年 3 月《致张继于右任书》，《政论集》第 587 页。

和黄兴时有联系。陶成章死后，孙中山电嘱陈其美"严速究缉，务令凶徒就获，明正其罪"①；黄兴也电陈其美"设法保护章太炎"②，又引起了章的猜疑。接着，广东汕头民军司令光复会会员许雪秋、陈芸生"与同盟会员之领导者不合，势成水火"，章太炎写信给孙中山，追诩光复会之功绩，请孙中山对同盟会"谨饬"。孙中山从团结出发，专电粤督陈炯明和同盟会予以"调处"，章仍不能释然。在建都、筹款等问题上，章太炎大放厥词，和黄兴屡起争执。9月，孙中山在北京召集国务员、参议员及各界各团体于迎宾馆开茶话会，章太炎在会上说："中山北来，实为调和政党起见，此实中华民国莫大之要图。鄙人与中山相知最久，从前时对于中山行事不无责备，因其故形宽和，事多放任，因之往往或有弄权之弊，然此不得归咎于首领。""解职以来，失职者或谋暴乱，结党者惟务夤缘，而中山超然事外，从未赞成一语，至可佩服"。"彼地方党之排斥中山，不啻以卵投石"③。在《却与黄陈同宴书》中又说："中山行迹，不无瑕疵，然而金陵秕政，皆黄兴迫胁为之，非出自中山腹中。解职以还，大体不误"④。章太炎是讲"革命之道德"的，对孙中山"解职以还"，自难非议；但认为要"屏去幸人，悉心耆秀"⑤。当然，像汪精卫那样专门为袁世凯捧场，陈其美那样"阘茸小人""偷儿成群"，是应该指斥的；但他对黄兴也认为是"任用非人""朋比为奸"，则实欠公允。

章太炎的大肆攻击孙中山，是在五四运动发生，人民群众革命运动高涨以后。这是因为孙中山的主张统一、北伐，和他的"联省自治"计划相悖；特别是孙中山三大政策的宣布，更使他彷徨瞻顾，惴惴不安。这时，章太炎一反常态，本来是支持约法的，如今以"约法、国会、总统"为"三蠹"了⑥；本来是反对军阀割据的，如今是主张"地方权重"了。说什么"今者所患不在不统一，而在不均平，势不相衡则人

---

① 《民立报》1912 年 1 月 17 日。

② 《民立报》1912 年 1 月 20 日。

③ 《民立报》1912 年 9 月 12 日。

④ 《政论集》第 622 页。

⑤ 1912 年 1 月《复孙中山书》。

⑥ 《政论集》第 756 页。

思争命，促成分裂，其势必然"①，实际上是帮军阀说话。1922 年 8 月，原同盟会员孙岳"受北方将帅之嘱托"，到上海先谒孙中山，再谒章太炎，章面斥其为蒋干，还说什么"中山部党""今者与曹锟连"②，引起舆论哗然。章太炎还自吹自擂地说："中山之败，由于事前不听仆言，所谓'切勿负气忿事，致遭反动'者，在仆视为药石之言，而中山听之藐藐，以召失败。"③章太炎最关心西南"自治"，特别是湖南，1923 年 7 月，孙中山命令驱逐湖南赵恒惕，章太炎大为不满，认为"彼对湖南举动，与曹锟亦岂有异"④，"欲安西南，非去中山不可"⑤。"联省委员会，本非难成，惟因中山作梗，以致挫折"⑥。担心孙中山"专制西南，自为元首"⑦。意见日益相左，步趋日益向右了。

三

章太炎参加过孙中山领导的辛亥革命，是起过影响的历史人物，为什么他会"中途弃捐"，越跑越远呢？这是有他的阶级根源的。毛主席指出：

> 一方面，民族资产阶级受帝国主义的压迫，又受封建主义的束缚，所以，他们同帝国主义和封建主义有矛盾。从这一方面说来，他们是革命的力量之一。在中国革命史上，他们也曾经表现过一定的反帝国主义和反官僚军阀政府的积极性。

> 但是又一方面，由于他们在经济上和政治上的软弱性，由于他们同帝国主义和封建主义并未完全断绝经济上的联系，所以，他们又没有彻底的反帝反封建的勇气。这种情形，特别是在民众革命力量强大起来的时候，表现得最为明显。⑧

---

① 《复曹锟吴佩孚电》，《申报》1922 年 5 月 29 日。
② 《申报》1922 年 8 月 30 日。
③ 《申报》1922 年 9 月 2 日。
④ 1923 年 7 月 29 日《致李根源书二三》。
⑤ 1923 年 8 月 16 日《致李根源书二六》。
⑥ 1923 年 8 月 26 日《致李根源书二八》。
⑦ 1923 年 8 月 16 日《致李根源书二六》。
⑧ 《毛泽东选集》第 2 卷第 640 页，人民出版社 1991 年版。

　　作为资产阶级革命家的章太炎，在当时资产阶级的革命家中，是受传统的封建文化影响较深的一个，即使在他的"光荣岁月"里，所写文章也总掺杂一些封建糟粕，以致辛亥革命以后，很快与封建势力相妥协。他返国不久，在《中华民国联合会第一次大会演说辞》中就说："中国本因旧之国，非新辟之国，其良法美俗，应保存者则存留之，不能事事更张也。"①依恋旧制度，说什么"专制非无良规，共和非无秕政"，"政治法律，皆依习惯而成"②。主张中央"特建都察院"，"限制元首"，地方"废省存道"，而对代议民主制则表示反对；主张"限制田产"，又以"夺富者之田以与贫民"为"大悖乎理"③。在用人问题上，以为"同盟会人材乏绝，清流不归"④，反对"政党内阁"，提出"取清时南方督抚有材名者以充阁员之选"⑤。说什么"汉之良相，即亡秦之退官；唐之名臣，即败隋之故吏"，主张"循旧贯"，用"老吏"⑥。幻想袁世凯、黎元洪这两个"老吏"，"左提右挈，中国当不致沦亡"⑦。因此，辛亥后和立宪"老吏"沆瀣一气，而对同盟会屡起攻击，并不是偶然的。

　　等到袁世凯狰狞面目已露，帝制野心日炽，章太炎以为，"若为久远计，凡一政党，非有实业为中坚，即有侠士为后应，无此即不足以自树。非实业则费用不给，而政府得以利用之矣；非侠士则气势不壮，而政府得以威喝之矣"⑧。"实业"，指资本家；"侠士"，指会党首领和军人。那么，章太炎想去依靠的，还是以资本家为中坚，会党首领与军人为后应的军阀政客。正是在这种错误思想指导下，他跑到武昌，去找自以为"人望多属"的黎元洪，并多方为黎元洪制造舆论，不惜为之涂脂抹粉。以为总统改选，"大抵仍宜推举黄陂，必不肯任，然后求

<hr>

① 《政论集》第 532 页。
② 《大共和日报发刊辞》，《政论集》第 537 页。
③ 《中华民国联合会第一次大会演说辞》，《政论集》第 533 页。
④ 1912 年 6 月《上大总统书》，《政论集》第 612 页。
⑤ 《民立报》1912 年 6 月 25 日。
⑥ 《内阁进退论》，《政论集》第 609 页。
⑦ 1912 年 8 月 7 日《致江西统一党支部函》，《政论集》第 620 页。
⑧ 1913 年 8 月 27 日《致伯中书十四》，《政论集》第 677 页。

之西林"。"黄陂之廉让，可望责任内阁；西林之果毅，可望廓清贪邪"①。黎元洪也好，岑春煊也好，都是清朝旧官僚、民国新军阀，作为资产阶级革命家的章太炎，对这些人寄予厚望，他已彷徨歧途了。

孙中山以大局为重，对章太炎一直"奖掖"、尊重，在对待汉冶萍借款和举办国民捐问题上，既坦率说明南京临时政府的经济困难，又考虑了章太炎的意见。但原则则仍坚持，如参议院讨论建都地点时，孙中山即咨交该院复议，仍主南京。然而，章太炎却囿于偏见，自视过高，认为"孙君长于论议，此盖元老之才，不应屈之以任职事"②。甚至认为自己"鼓吹之功，必贤于中山远矣"；"中山本无人提挈，介绍中山令与学士相合者，实自弟始"③。孙中山是注意到群众的反清斗争的，而章太炎关心的则是"学士"。因此，辛亥革命前他注目文字宣传，而不满于孙中山搞武装斗争。此后，更是"既离民众，渐入颓唐"。

然而，革命潮流是滚滚向前的，历史的发展也不断予章太炎以深重的教训。孙中山站在正面指导时代潮流，章太炎却故步自封，停留在原有岗位上，以致一度参加护法战争，不久就"欲西行"了。此后，五四运动爆发，工农运动兴起，孙中山主张"立于民众之地位，而为之向导"④，接受无产阶级的帮助，改组了国民党。章太炎则在民众革命力量强大起来的时候，更感格格不入，一会儿游说吴佩孚"联省自治足以阻共"⑤，一会儿应孙传芳之"聘"，到南京做什么"修订礼制会会长"。夤缘于军阀之门，"晦气也夹屁股跟到"。

孙中山和章太炎，一个谦虚宏伟，不断前进，鞠躬尽瘁，死而后已；一个由拉车前进的好身手，倒退为"拉车屁股向后"。一个是伟大的革命先行者，一个则每为论者所不满。历史证明：中国民族资产阶级不可能领导中国人民取得民主革命的彻底胜利，反帝反封建的民主

① 1913 年 7 月 3 日《致伯中书八》，《政论集》第 661 页。
② 《宣言四》，《政论集》第 527 页。
③ 1912 年 12 月 23 日《致王揖唐书》。
④ 孙中山：《中国国民党宣言》，《民国日报》1923 年 1 月 1 日增刊。
⑤ 《申报》1925 年 10 月 25 日。

革命的领导，不能不落在无产阶级及其政党的肩上了。中国民族资产阶级及其政治代表，只有像孙中山那样，"适乎世界之潮流，合乎人群之需要"，接受无产阶级的帮助和领导，才能在民主革命中有所作为，而不致被历史所淘汰。

原载《社会科学战线》1978 年第 3 期

卷　二

伊藤博文关系文书

《伊藤博文关系文书》，日本国立国会图书馆藏。

日本伊藤博文关系文书研究会曾将其中文书，编纂成书，由塙书房出版。第八册印于 1980 年 2 月 28 日，内有《外国人书简》，收荣禄、汪康年、汪大燮、奕劻、蔡钧、张之洞、李鸿章、盛宣怀、梁启超、林辂存等函多通，颇有史料价值。今除一般酬应函件略志始末外，按原编次第，录之如下，并赘附志。

荣禄致伊藤博文函，发于光绪二十五年三月二十九日（明治三十二年四月十九日，即 1899 年），系接伊藤"以整军丰财为务"之函而复。查戊戌七月二十三日，伊藤由朝鲜来华，拟"与中国政府共筹东亚安全之策"①。二十六日至天津，次日谒荣禄，荣"即命驾拜会，即于下午六点钟在北洋医学堂张宴款待"，袁世凯、聂士成等作陪②。致荣禄函中述"昨岁津门"事，政变发生，伊藤协助梁启超避居日本。李鸿章请将康有为"执获送回"，答以"康之所犯如系无关政务，或可遵照贵爵相所谕，若干涉国政，照万国公法，不能如是办理，当亦贵爵相所深知"③。大概伊藤当时考虑帝俄屯军我东北，而后党则亲俄，故"书中备言欧亚情形"。荣禄复函为：

> 伊藤侯相阁下：昨岁津门，幸同尊酒，惜分襟较促，未罄所怀。比奉手书，谂知绿野优游，起居佳胜，颂慰无似！书中备言

---

① 《伊侯来华命意》，《国闻报》光绪二十四年七月十四日。
② 《中堂款待伊侯》，《国闻报》光绪二十四年七月二十八日。
③ 《李傅相与日本伊藤侯问答》，《昌言报》第八册，光绪二十四年九月十六日出版。

欧亚情形，谓敝国不图自强，贵国亦成孤掌，谆谆以整军丰财为急务，善哉言乎！子产之告羊舌，未能若是之深切也。方今敝国情势，早在鉴中，执事不姗笑之，而必欲策励之，使尽去积习，而臻于富强，非深维唇齿之义、力顾中东大局者，何能及此。

夫中国非真不可为也，积习相仍，骤难移易。譬之起虚羸，而仁瘘痹辅，以善药效，虽缓而有功；投以猛剂，病未除而增剧。客秋之事，略可睹矣。仆世笃忠贞，忝膺重寄，练兵筹饷，日切图维，执事知我爱我，必更有以教我也。楢原参赞昨已接晤，议论通达，不愧使才，固知大匠之门，定无樗栎细干也。此复，敬请台安。不备。荣禄顿首。中三月二十九日。

"客秋"，指戊戌八月政变。荣禄于戊戌五月，即授文渊阁大学士，补授直隶总督，兼充办理通商事务北洋大臣，故称"忝膺重寄"。此书发后，伊藤似有复书，后有荣禄复书，无月日：

来书音同笙磬。第练兵不可无饷，求财过急，则恐失民心。变法在乎得人，用人不当，则反滋流弊。仆以为法无新旧惟其是，国无强弱存乎人，事业出于精神，国是不争意气。诚得年少有才气者，从老成人翼导策驭之，破除锢习而不失中和，共立功名而不伤元气，中事庶有豸乎？用是兢惕昕夕。不遑。

汪康年致伊藤博文电，发于1901年3月22日，称"二十二日午后八时，上海发，俄约(《中俄密约》)事急，贵政府据理力争。汪康年等百六十五人"。

汪大燮致伊藤函，发于1903年10月18日(明治三十六年十月十八日)，时汪任清政府留学生总监督，返国后重抵日本，函请伊藤约定会晤时间。

庆亲王奕劻致伊藤函三通，一为光绪二十五年(明治三十二年七月，即1899年)，言刘学询等赴日"考查商务"事，函云：

昨因咨查商务，接晤贵国小田切领事，谈次纵论亚东大局，输忱解带，披胸洞心，忠告之言，良用欣感。但念方今环球强国，鹰瞵虎视，皆狡然思逞。惟我国与贵国同处一洲，辅车相依，关系尤重，急欲认真联络，借助他山以成众，建不拔之势。区区愚诚，想在洞鉴。现奉谕旨，简派道员刘学询、员外郎庆宽亲赴贵国考查商务，并偕贵国小田切领事东旋，赍有国电一书、密码一册，呈递贵国大皇帝，又奉皇太后、皇上旨意，致送贵国大皇帝礼物各种，一并赍呈。届时务祈遇事关垂，加以优待，实为厚幸。东向额手，无任瞻驰。专肃布命，祗颂勋绥。名另具。

另一函，仅署"正月二十四日"，无年份，查函称："客秋剑佩雍容来游"，指戊戌秋伊藤来华，中述"康有为、梁启超、王照此三逆者"，指康、梁、王政变后逃避日本，则亦发于光绪二十五年。函云：

客秋剑佩雍容来游，日下驺旌莅止，揽胜神皋，屡接清尘，幸陪曲宴，东道之谊，诸恶辑衮，骊歌旋赋，别思滋深。伏承君侯以纵横八表之姿，握经纬六骏之略，当其坐谋帷幄，运素书黄石之奇功，及夫颐志林泉，饶绿野平泉之风度，辉映竹帛，身名交泰，史称谢傅，勋高百辟，心在一丘，何以加兹。

曩者得聆闳词伟论，忠告之雅，披忱解带，洒落无藩篱，于古今时变之会、军国利病之要、弱噬强张之机势，龛时固圉之圣猷，胪举良图，动中窾要，深资启发，默识于衷。何幸蓬心得资药石，下怀感佩，莫可言宣。僪从南游，当即电致岘庄、香涛两制府及闽、浙诸帅，薄尽款曲，箭矢郊迎，倾盖所至，以山水华滋，发抒襟抱。旋闻匆匆回驾，东指扶桑，契阔相思，正殷翘企。乃荷长笺远贲，义重金石，信媲井青，再四循诵，焕若神明，旷若复面。承眷注敝邦，示以近日利病之所在，练兵理财为治国首务，两言扼要，推阐尽致，公诚之心，溢于楮墨之外，自非代为擘画，披心洞胸，谁肯发兹盹切匡救之言，敢不竭鄙怀所欲陈，以副雅命。

方今地球强国环峙，日夜以修制战备、扩充商务为能，尚诈力，贱仁义，不务广德与民休息，而专恃攻取角胜，实千古未有之变局。谋国之术，因时消息。尊示宜早画定规模一语，实为万金良药。敝邦恪守祖宗宽大爱民之制，故赋额轻减，蠲振频施，不肯竭泽而渔。从前封桩、羡余厉民之政所不敢出现。朝廷饬各省兴农桑、修水利，以殖民生，制造土货。经营矿产，以扩商利，风气初开，收效颇纡。至各省练兵之事，绿旗营操防乃系旧制，勇丁召募创自湘、淮，初用以剿平发、捻，因其性习土俗，部勒异宜，如湘、粤习水师，淮、楚习步，东三省习骑，各有得失之处，迨相沿日久，致有彼此互异、军械不齐之病。现疆圻大吏多取贵国成法，汰弱留强，观摩教练，所有操阵步伐、枪械口径，改归一律。局厂制造，毋许式样参差，以杜往日药不合弹、子不合膛之弊。京畿三辅，首练劲旅数大枝，亦一律用德国陆操，与尊恉所勗勉，不期而合，自顾轻材，猥缘肺腑，久膺重寄，尚望他日之助，时赐攻错，以冀有成。

抑又有进于此者，东方大局，辅车之势，唇齿相依，譬诸箭笴，众则难折，单则易摧。苟贵我两邦根蒂深固不摇，有同心断金之益，则彼殊域种族不同，志存蚕食者，不复妄冀渔人之利。贵国商务，三面皆海，惟倚支那沿海贸易为岁入大宗。倘从兹市舶常通，阋墙无衅，域中数大〔？〕，桴鼓不惊，修明政事，以共保我东方长势，乃息事安人之长策也。惟垂察焉。

别示援西律国事犯之例，康有为、梁启超、王照此三逆者，簧鼓邪说，谋危社稷，天下之恶，亦贵国所同深愤嫉者也。今蒙贵国政府格外严防，妥加管束，弥佩贵国代表友邦禁遏乱萌、益昭信睦之至意。惟此等行同蛇蝎、反复悖逆之人，久在东瀛，亦足为人心风俗之害。据鄙意请贵政府察及，似不若驱之出境，勿使污渎一方清净也，则蓬莱方丈，永绝魑魅网两之迹，不亦善乎？专肃奉陈，祇颂勋安，惟希雅鉴，不尽赡驰。庆亲王泐复。正月二十四日。

第三函亦无年份，末署"三月二十八日"，并附"庆亲王名刺"，系接伊藤复函后答，略云："承示时局艰难，务图富强，以固邦基、关爱友邦至意，溢于言表，感泖曷胜。迩来于整练营伍、开通商务诸事，凡可以致富强者，皆次第举行，前函已备述之，计日当荷鉴及。其不尽之言，已与楢原参赞晤谈，自必代达一切，尚希垂察为幸。"

蔡钧致伊藤博文函，系托日本驻上海总领事带至东京，赠"织绒福禄寿星中堂一幅、织绒挂屏四幅、龙须草制贡蓆二张、上品龙团红茶一箱"，别纸《伊藤博文赞》，中多谀辞，无年月。查蔡钧，任上海道，政变后开缺，此或书于戊戌八九月间。

徐承祖致伊藤博文书四通，徐当时为清驻日公使。第一函送"土产三色"，又其"先严遗著一种"；第二函附送"北京佳种"葡萄树；第三函为归国后发；第四函则"自丁亥冬"离日，"已经十载"，"卒至落职，勒赔巨款"，"景况日窘"，乞伊藤"俯念穷途旧侣"，便中致李鸿章一函，"恳其赏派差使"。四函均无年月，惟寻第四函所述，一、二函应写于丁亥前，当光绪十三年前；第二函则为"戊子夏"所发，当光绪十四年夏。

盛宣怀致伊藤博文函，光绪二十五年二月二十七日（明治三十二年四月七日，即 1899 年）发，言煤铁事，并附其父盛康所编《皇朝经世文续编》两部，函云：

> 沪江畅挹风裁，藉聆绪论。送别以来，正深驰想，兹奉惠书，备荷雅注。承示煤铁一节，诚两国有益之举，和田督办由武昌折回上海，面议章程，虽稍苛细，然仰体邦交挚意，已于今日签订合同。和田督办与大岛矿师历炼俱深，足见贵国人才辈出，各擅所长，尤为钦佩。借便寄呈《经世文续编》两部，聊以伴函。

张之洞致伊藤博文书，光绪二十四年于武昌发，无月日，函云：

> 春亩侯相阁下：前承驷从莅止，江汉生辉，连日盘桓，欣聆伟论，只以行旌匆促，未罄所怀，殊为怅惘耳。昨奉沪上惠缄，猥以东道简亵，尚辱署诸齿颊，尤深愧汗。兹悉大旆即日东旋，辰维迎春纳祐，为颂无量。前者承论亚洲大局各条，良规卓识，启发深切，莫名感佩。弟以驽朽下材，处兹危局，举凡一切补救之事，夙夜汲汲，思付厚期。惟自愧力薄权轻，才庸智钝，百忧丛集，寸效无闻，上无以报国恩，下无以慰朋好，中心如焚，夜不能寐。昨与小田切总领事倾谈，略述艰窘情形，谅达清听。此

次选派学生赴贵国学习武备，尚祈俯赐关垂，是所翘祷。东方大局日新月异，以执事勋望煊赫，大云再出，自在意中，海鸿西来，尚祈时锡箴言，藉匡不逮，幸甚幸甚。专肃布臆，敬请勋安，诸惟亮照。不备。愚弟张之洞顿首。

李经方致伊藤博文函两通，其一发于光绪二十八年（1902年），以伊藤"避暑地远，丧服中又不宜出，未及诣别，返满回任，再奉清谈"。其二无年月，赠以景泰窑花盆一只、景泰窑七宝盘一对、金华火腿四只、五香盐鸭两只。

李鸿章致伊藤博文书两通，其一发于光绪十三年正月二十四日（明治二十年二月十六日，即1887年），函云：

> 春亩尊兄大人阁下：久阙音尘，思与日积。东风入律，寰海镜清。遥惟筹荣宜勤，同时集祜为颂。昨由徐孙麒公使递到惠函，犹在崎案未定之时，远虑深情，溢于简牍。此事今已议结，更无纤介之嫌，曲直是非，不足复论。兵捕互斗，各国恒有，迩时变起仓卒，并非在事将吏所能预防，爰书既署，校量秒忽，一再争执，遂至累月，旁观推波助澜，曲为附会，望风瞻气，工于推测，乃几几乎如来书所云，假端启衅相矣。每念吴楚之祸，始于争桑，扬益之睦，犹疑增戍，杀运之兴，肇端甚微，而谗人交构于形迹之间，尤可惧也。方事之殷，流言沸腾，愚者之惑，亦有数端。初疑于客主之不敌，杀运之过多；总疑于悬案之待质，以为有心延阁；终疑于各处报馆不根之说，以为或出于战争，空穴之风，非尽无故。而鄙人力排众议，弹压流俗，惟明睦邻之大义，勿辱阋墙之私忿，而又虑其久不得结，愈生枝节也。遂有提案京津之议。盖解纷者必握其纽，事既在我，则他人不得而摇夺之，其所以不恤人言，独以身任者，匪惟两朝交谊，军国大计，人位之分，当然亦深感于诸葛丞相翼戴约信之殷，必当出身以分其责也。循诵来翰，明允笃诚，和平感听，徐公使书亦具述，勤勤恳恳之至意久要不忘。于兹益信东瀛、北海，两地一心，盈廷之评议，中外之造言，举不足惑吾徒之视听，而何论于区区文书之末哉？欧

洲合纵连衡之局，积衅弥年，而发见于近日。项闻新报，又似少弭。然厝薪伏火，终于必燃。法怀会稽之耻，誓报东门之役；俄背海上之盟，谋开南牧之路。惟英与德岂能宴然。昔人之论纵横者，以三晋之合离，为秦楚之强弱。今则局势阔远，合两洲之大而为七雄，又非春秋战国之比。亚洲独表东海，真为局外，不能为宋之弭兵，但可为魏之两谢凉州，倚柱自可远观。我两国正如金瓯，无一败欠，诘尔戎兵，明其政刑，真其时也。阁下高掌远蹠，目营四海，当有奇策挥斥八极。时望雄论，开明心目，引领东顾，未尽所怀。专泐布复，顺颂春祺，惟照不宣。光绪十三年正月二十四日。李鸿章顿首。

其二发于光绪二十年十月二十一日（明治二十七年十一月十八日，即 1894 年），值甲午战发，请德璀琳代达情愫，可见其"议和"本旨。函云：

> 敬启者：光绪十一年，因朝鲜事，贵伯爵大臣惠莅津门，与本爵大臣面商条约。两国平安，关系东方大局，和光洋溢，实获我心。定议画押之后，满拟玉帛千秋，永敦和好。梦想不到者，际我身世，尚生兹祸乱也。当乱机初发，尝思弥缝遏抑，力求其平。迫至战事既兴，条约已弃，无可挽回，本爵大臣深叹息焉。虽然，事至今日，事皆背戾，而本爵大臣所愿两国平安之志，念念不忘。夫胜败无常，莫知究竟，若兵连祸结，年复一年，至民穷财尽之时，两国之力必竭，此中损益，不待智者而知。因思再试通辞，两国自行解说，奏蒙我皇上钦派德璀琳前来，晋谒贵爵大臣代达情愫。德璀琳在中国久任艰巨，为朝廷及本爵大臣所倚重。且深悉两国情形，熟稔和战利害。从前办理条约，彼亦参赞其间，请即赐见垂询，可知心腹。海天在望，引领为劳，虽阔别多时，想贵爵大臣当不忘昔年情事，相印以心也。专此布臆，顺颂勋祺。不尽欲白。名另具。

梁启超、王照致伊藤博文、林权助书，写于戊戌政变发生，避于日本大岛军舰中，以光绪之"生死"，为清朝"存亡之所系"，"望与英美诸国公使商议，连署请见女后；或致书总署，揭破其欲弑寡君之阴谋，诘问其幽囚寡君之何故"。附片请营救谭嗣同等，已另入《梁启超佚札辑存》，兹不赘。

林辂存致伊藤博文函两通，其一书于光绪二十四年十二月二十八日（明治三十二年二月八日，即1899年），谓"八月于都门使署，一见颜色"。"事后康党案发，崇维新者，悉被株连，鄙人以西学故，恐被言官罗织，遂请假出都"，于"西历元旦来厦"。以为日本"所辟租界，业有数区，将来当以厦门为巨擘"。"惟台湾口岸，未知可许敝国派领事驻扎否，以襄办商务"。其二书于光绪二十七年一月二十五日（明治三十四年三月五日，即1901年），谓于二十六年夏，"承儿玉总督招游日本，躬诣公门请谒"，"竟不获一见，怅然而返"。又言"去年与儿玉总督创办东亚书院，一切章程皆手为厘订"，"今年又与上野领事，开设赤十字社，于行善中寓联络之意"，"欲将支那、日本两地之人心，融成一块，以期相扶而起"云云。末言"但能乘此和局未定，于条款中力请支那政府速行改革。改革之实验，尤须将戊戌政变诸达官志士一齐使用，定有成效可观"。查林辂存，福建厦门鼓浪屿人，戊戌政变起，八月二十二日，黄桂鋆劾其"请废中国文字"，"此皆以变法为名，阴用汉奸之计，非寻常莠言可比，请饬查各衙门代递条陈中，如有此种谬说者，概行革职"。① 第二函发时，正"辛丑议和"时。

黎庶昌致伊藤博文函，发于光绪十五年二月二十一日（明治二十二年三月二十二日，即1889年），系将李鸿章复伊藤函附送，但李函未见。

末有《外国人差出人不明》函数通，其一应为张之洞致伊藤博文者。今先录如下：

> 春亩通侯仁兄大人阁下：远隔风仪，久疏执讯，倾思积慕，不暂弭忘。近闻元老壮猷，俯从人望，钧衡再秉，许国匡时，欣诵之怀，难可言喻。曾托小田切总领事暨敝国李木斋星使代致贺忱，知邀鉴及。目前大儿权游历贵邦，猥叨容接，殷怀挚谊，感

---

① 《戊戌变法档案史料》第476页，中华书局1958年版。

戢尤深。兹敬启者，敝历七月初，闻有富有票匪倡乱长江，先在大通起事，江皖查出伪示各处，始知是康、梁逆党所为，旋复聚集武汉间，匪徒潜谋不轨，幸经破获，则康、梁弟子唐才常在焉。一切纠匪谋逆实情，供认不讳。国有常刑，不得不执法从事。嗣得李傅相与驻英罗星使往复电告，及湘省同时获匪所讯口供，均有康、梁主使，寄钱纠匪确据。近日广东德制军电知惠州匪乱暨广州省城炸药轰毁抚署，情节亦复相同，其所勾结皆系无赖会匪、两粤三江两湖，蔓延几遍，计谋凶狡，振古未闻。

盖康有为于外情世态，极善揣摩，当运穷变亟之秋，既以立宪维新之说诳诱少年，浮薄之文人又以民权自立之说，煽动江湖桀黠之群盗，冀尽天下智愚贤不肖咸堕其术中，然后惟所欲为，求遂其盗窃非常之举，真可谓乱臣贼子之尤者矣。海内之人，关心全球大局，不知中国实在情势，但急望中国变法自强，或遂以其能言新而误信之，且以其言保皇而深许之，初不料其诈伪凶险，一至于此也。此次提获唐才常等种种逆据，并军械火药等物，其会其军以自立为名，其谋以焚杀劫掠占据城池为事，其汉洋文规条，有指定"东南各省为新造自立之国，不认满洲一朝为国家"等语。其逆党逆信，有"皇上仓皇西窜，此时此机，万不可失"等语。其康、梁会衔伪通饬文，又有"欲图自立，必自借遵皇权始"等语。夫遵皇权，明言是借，且明言图自立，明言不认国家，甚至以逃窜等字加诸至尊。如此情词，尚有丝毫爱戴我皇上之意乎？其平日对外人所言，保皇果尚足信乎？而国会中人如唐才常等，竟甘心附和之、推戴之，悖谬极矣，弟于此辈少年文士，极愿培养其才，开通其智，勖以忠爱，进诸文明，储备国家他日缓急之用。不意康、梁从而煽惑之，得罪名教，干犯王章，鄙人当执法之时，未尝不深悯其愚，而惜其为奸人所绐误。爰特刊发告示，晓谕两湖士民，并于百忙中，别草《劝戒国会文》一通，广为传布，冀有以平其矜心，发其深省。颇闻在东游学诸生，习闻康、梁邪说，不无张脉愤兴之病，文中故兼及之。能少一人附和，即少一人株连，告诫谆谆，亦保全之微意也。

贵国与我邻壤同文，教以伦理为科，人以忠义为本，敦尚气节，最重尊亲，爱其国则如家，戴其君则如天，鄙人素深佩服。苟如康党阴谋暴行，自复宗邦，凡热心之士，必且共为鹰鹯之逐、豺虎之投矣。兹将告示稿、劝戒文，各备十册附呈台览，借可见鄙人办理此案之苦衷。向使康逆谋乱果成，东南各省同遭蹂躏，则华洋商务全局，必将搅扰不堪，是以李傅相特商英国政府，承允转饬新嘉波、香港两总督及驻华各国领事，于该匪潜来界内，立即查拿拘禁，勿再容留。澳门总督亦经粤省照会，复准代为拘拿。并拟有办法三条，极为妥协，已由敝处咨请李星使照会贵国外务大臣查照，一体切实施行。阁下维持东亚，夙具同心，倘有此种枭獍之徒，潜留宇下，万望会商内务、外务两省协力驱除，勿使凶人得以假息，弟非必欲穷其所往，盖亚洲时局，现在已极艰危，东南江海奥区，万不可再生祸乱，况必中国之内讧靖，而后外洋之商务可兴，大局所关，固彼此两利者耳。专缄布意，敬请勋安。名正具。

查此函首言"大儿权游历贵邦"，权，张权，字君立，张之洞之子；中述自立会，"提获唐才常等种种逆据"，此固张之洞在武昌所为；《劝戒国会文》亦之洞所拟，康有为且专文批驳。那么，此函是张之洞所书，时间应为光绪二十六年（1900 年）。

书简中，另有兴亚协会议员粤东吕靖、广东大埔李宝森诸函。

我另于日本国立国会图书馆《伊藤博文关系文书》原档中，录出《清国旅行日记》《晤谈节略》《清国皇帝陛下谒见次序》等有关伊藤来华与戊戌政变资料，已录入本书卷一。

宗方小太郎关系文书

《宗方小太郎关系文书》凡五：其一，遗墨集（全三卷）；其二，亡友遗墨（全二卷）；其三，遗墨集（一册）；其四，诸家书简；其五，诗。日本东京大学明治文库藏。

宗方小太郎，元治元年（1864 年）生，大正十二年（1923 年）卒。明治十七年（1884 年）来华，参加东亚同文会、上海同文书院，上海东方通信社社长，来华多年，所藏文书甚多。前日本成蹊大学教授神谷正男曾编《宗方小太郎文书》正续编，原书房出版，亦仅部分。

《宗方小太郎关系文书》与中国近代史料关系尤密者，"家书简"。例如：

其一，孙中山《复宗方书》：

> 宗方兄阁下：得接六月念一日来书，如见故人不可言。公过檀香山时，弟失之交臂，不克重逢话旧，近日支那革命风潮飞腾千丈，大非昔日之比，实堪告者。而弟所交游者，以贵国人为多，则日本人之对于支业，必较他国人为更关切，为吾人喜慰者必更深也。交，将基于是。弟之视日本，无异第二之母邦，独惜志士每多误会贵国之经营满洲为不利于支那。此等来两国之福也。弟每辨解，莫释疑团，是以去年六欲有所献议于贵国在野人士，以联两国民党之交，之进步。乃甫抵江户，则为贵国政府所挠，不克果，不胜浩叹。
>
> 弟既不能居留贵国，不得已远适欧美，比并结合其舆情，故特设支那革命党机关部于an

Francisco)、芝加哥(Chicago)、纽约(New York)等地，并欧洲之伦敦(London)、巴黎(Paris)、柏林(Berlin)及布鲁些路(Brussels)等处。自各机关部设立以来，日与彼都人士往还，彼都人士之知支那实情者日多，而渐表同情于是举者，亦大有人矣。他日革命一起，可保必无借端干涉者矣，此又吾人外交上之得手者也。然亦有所憾者，则尚未得贵国政府之同情，此为弟每念而不能自安者也。此事必当仗我东方故人之力，乃能转移。君者，吾故人之也。深望结合所识名士，发起提倡日本、支那人民之联络，启贵国之舆论，游说贵国之政府，使表同情于支那革命事业，俾那能复立于世界之上，与列国平等，则吾党受日本之赐多矣。族子孙百代必永志大德不忘也。幸为图之。

广东虽败，幸无大伤，而其影响于支那人心实有非常之大，败犹胜也。君以为时机尚早，弟亦谓然。再待数年，则军心民皆可成熟，必能学步葡萄牙革命之伟烈也。

承询在上海同志。弟思居留上海，实鲜其人，有之亦暂过往耳。弟之心腹同志，近年多入北洋陆军，故多未便相见。其间夭往外间者，则有前延吉都统吴禄贞君，如有过上海，君不妨为名见之。其他常来往上海者，则有现任海军提督程璧光君，年同谋之人也，亦可相见。惟皆当以谨慎出之，免招物议。

弟今冬欲再到日本，公能为我设法，使政府不阻挠否？如能，幸为示复。此候大安不一。弟孙文谨名。七月十六日。

用"少年中国晨报"信笺，毛笔书写，为孙中山旅美时发，在国晨报"下，钢笔载社址："881Clay Street San Francisco A"，末署7月16日，当为1911年所书。又此函曾以《日中重要文献》为题，载昭和三十六年九月一日日本报纸，《文书》辑入《孙中山全集》第一卷第523—525页，中华书局1981

其二，唐才常《致宗方函》：

> 北平先生大人执事：前日驺从往汉，匆匆未及拜送，至以为歉。兹有沈君愚溪、林君述唐拟与田野橘治君同往湖南，开办学堂、报馆等事，此举颇系东南大局，至为紧要。必须开创之时，极力冲破。以后举行诸事，自然顺理成章。顷悉白岩、荒井、宫坂诸君，皆于日内来汉妥商一切，务乞先生与数君子及沈、林二人公同会议，谋定后动，但求挟一必行之志，毋为浮议所移，湖湘幸甚，大局幸甚。

> 又闻贵报馆急需主笔一人，查有罗君邠砚者，为前湘抚陈宝箴之至戚，品学兼优，中外情况亦甚熟悉。现在侨寓武昌，未有馆地，如蒙台端不弃，引裹报务，甚为合宜。其住址问沈君愚溪即知。所怀千万，言不尽意。即叩台安不具。小弟唐才常顿首。华十月十九日。

系八行信笺，凡二纸，有信封："敬恳吉便带交宗北平先生，佛尘手肃"。末署"华十月十九日"，当为1899年所书。中华书局出版的《唐才常集》未曾辑录。

其三，汪康年《致宗方书》四通，第一书为一般酬应函，云：

> 北平先生阁下：前日足下行时，未及送别，别后又久不作书奉候，实缘忙剧所致。近想眠食胜常为颂。湖南之游，果在何日？弟已写就一信，足下到后，面交二君可也。现彼处虽生动力，然议论庞杂，未必有成。明哲见之，以为何如？专请游安。愚弟汪康年顿首。

> 再承托交清浦、松平二君之信，弟已与二君畅谈，信迄未交去。又及。

无年月。查信封为"寄汉口汉报馆宗老爷北平察收"，下署"上海时务报馆缄，闰月廿六日"。光绪二十四年（1898年）有闰三月，则此书应为戊戌闰三月廿六所发。又，从时间上说，这是第二书。

第二书介绍叶澜至《汉报》，书云：

东和谈宴，欢畅弥襟。阁下何日至鄂，报事如何？甚为记念。属觅佳主笔，现已觅得叶浩吾茂才之弟清漪茂才（名漪——原注。钧按，"漪"疑为"澜"之笔误）。浩吾向在鄂自强学堂，为香帅纂书，现开蒙学报馆，清漪亦深解西学，且于时事亦极明白，曾著有《天文地理歌略》，现属其将所撰文寄奉一首，如与尊意相合，即当代延。伊本在蒙学馆助其兄。然渠家在武昌，故甚愿就尊馆。至其品行，向极端正，弟可保其无他也。弟本欲至鄂，以事冗中止。阁下何日来申，乞示及，此上北平先生。弟康年顿首。初八日。

信封邮戳为光绪二十四年（1898 年）二月初九日，知戊戌二月初八书于上海。附叶澜《论中国急宜讲求农工之学》，稿二纸，工楷，并录于下：

论中国急宜讲求农工之学

仁和叶澜拟稿

窃以立国之道，莫要乎自强，而自强之基，莫先乎富国，是故《轻重》《九府》之书成而齐威以霸，务材训农之政举而卫文以兴。中国自农家者流绝而树艺播种之法失其传；《考工》之记亡而饬材成器之官旷其职。于是二千余年以来，民皆锢其智，蔽其聪，举凡农、工、商三者，皆听民之自为盈虚消长于其间而不之问。加以立约互市，启敌狡谋，外人之以商弱我，非一日矣。侵我权利，增我漏卮，夺我生业，吮我脂膏，小民穷蹙，乃至无以自活，虽有管敬仲、公孙鞅、桑弘羊、刘晏之徒相与持筹握算，亦将瞠目结舌而无所为计。然则至今日而始谈农工之务，是犹见兔而顾犬、亡羊而补牢也，不亦晚乎？然而，至今日而亟谋农工之务，是则尚能顾犬，尚能补牢，虽晚而犹未晚也。

间尝考西人之言富国学者，以农、矿、工、商分为四门：农者，地面之物也；矿者，地中之物也；工者，取地面、地中之物而制成致用也；商者，以制成致用之物流通于天下也。四者相需，缺一不可。顾目今中国帑藏告匮，司农仰屋而嗟，国债日增，海关不敷作息，流亡载道，匪党横行，说者谓急宜开矿以辟利源也，急宜保商以作抵制也。不知欲开一矿，必立公司，必购机器，必延矿师，必招工匠，动需数百万金，而矿苗之有无、利息之厚薄，尚在未定之天。往往一蹶不振，半途而废，此非资本厚、识力定者，不能办也。

通商互市，懋迁有无，主之利十而客之利五。乃中国所往之货，仅恃丝、茶两大宗，而彼之来者，奇技淫巧，以千万数，以两敌万，五尺之童，犹知其难。而况至今俄、印新产之茶日众，法、奥、日蚕桑之利日饶，中国丝、茶两商，岁一亏蚀，而不能别操一术以相抵。此非尽关乎商力之不足，而众心之不一也，实无材以供转运、无器以操奇赢耳。故欲保商而不先兴工务农，犹却步而求前也。

夫中国地处温带，生材极多，苟能测天时以知寒暑之宜，辨土质以别刚柔之性，讲粪壅以助生长，精刈获以免耗失，则一亩之所出可敌数亩，数亩之所出可敌数十亩。推之水草之地宜畜牧，高原之地宜棉桑，辟场圃而治蔬，开川林以植果，中人之产皆优为之，只求精于农学者首先创导。一人获利，千夫效法，不数年后而地面之生材已不可胜用矣。

中国工匠，多守古法，其拙笨不待言，即有匠心独运，别出新制，而欲以手工之巧，夺轮轴之利，犹夸夫逐日，终不能及也。且目今以中人用中物，所需尚多，手艺之人，犹得糊口，一旦他人入室，用土货悉改造洋货，多一机厂，即绝数十人之生机，以乘方法算之，其祸有不忍言者，而谓可不早救之乎？救之维何？曰：宜于各乡镇内先立小劝工厂，先购各种小机器，如造针、制扣、纺纱、织麻等事，教之数月，未有不学成者。学成而后，给以文凭，准其自立支厂，或设馆授徒，转展仿效，力轻易举。必先使固执之见、畏葸之情，潜移默化，然后再设立大劝工厂，罗陈百物，次第仿造。此时成效既昭，筹款自易，利之所在，人争趋之。幸而可以抵制洋货，收回利权；不幸而亦得以自食其力，免遭荼毒。不为惊世骇俗之举，渐求保家立业之基，于此实大有利赖焉。苟舍是而别求良法，则非吾之所敢知也。

第三书系复宗方四月二十一日书，云：

四月二十一日辱承赐书，欣慰之至。清浦、松平二公，未得深谈，甚恨恨也。陈、邹二君，亦非可与深言者。今人大率识短胆小，稍闻要之便掩耳却走，如此之类，可为寒心。此间来贵国人未永氏，闻是君同门，不审何如？前兄言平山周将来，何未见到。又云河南某君何时可来。

来函许弟，弟虽未敢承，而论述我国名士及忽以慎以之说，皆至言也。弟之在此，一冀得见同志，一欲激发庸俗志气，不知得偿此愿否也。我国皆无心肝人，何从与之言事，大约非胆小即游戏，两端尽之矣。

陈伯严，是湘抚之子（住抚署内），邹沅帆住矿务总局。兄言宜先诣邹。昨东肥洋行胜本君来，报知石印机器，云每具七十八元八角以上，或八十元。又云，是先生属也。今日又来，云实系七元八角或八元耳。不知究谁是也。

沙市事不要紧，弟亦知之，乃特召重臣，致因此折回，良如所嘱。保国会去者渐少，后遂停，敝国事多如此，可叹也。卓如得优保，当留京，不南来矣。北平先生大人。弟康年顿首。五月初七日。

末署"五月初七日"，言保国会事，亦发于戊戌年。

第四书言《时务报》改为官报，自办《昌言报》事，云：

北平仁兄大人阁下：接读来函，谨悉种切。比维动定多福为颂。敝馆自改为官报后，现与南皮函商，改名《昌言报》，盖谨遵六月初八日"据实昌言"之谕也。准于七月为始，照章出报，与《时务报》蝉联而下。所有一切章程，亦仍其旧，刻已刊登各报告白（并已托人登诸贵报），并知照各分派处矣。

阁下月底来申，极所忻盼，如到时，请示知，即当走谈。梁、胡二君，中秋前后亦能于沪上相见，更所深愿。余不赘，敬请近安。弟汪康年顿首。

无月日，信封署"寄汉口汉报馆宗大老爷北平察收，上海时务报馆缄，六月廿一口"，邮戳亦为"六月廿一口"。查光绪二十四年（1898 年）六月初八日，光绪下谕，《时务报》改为官报，此信即谕发不久所书。梁，指延主《昌言报》笔政之梁鼎芬，信上强调"与《时务报》蝉联而下"，又云"与南皮函商"，则《时务报》之为张之洞操纵，欲与《时务报》蝉联，又得一证。

其四，王先谦书三通。第一书二页，用"丁酉上巳葵园"自印八行笺，系送《景教流行中国碑文考正》，书于四月二十日，无年份，似发于光绪二十八年（1902 年）以后，书云：

> 宗方先生大人阁下：奉到手书，如亲大教，敬稔福德兼隆，慰颂无量。先谦家园□处，乏善足陈，头晕腰疾，不时辄□药饵相扶，了无生趣。年逾六十，子嗣尚虚，心意弥复灰懒，虽族戚或终年不一面，先生闻之，可以悉其梗概矣。承谕贵友管先生来湘，依然不克面晤，怅□实深，垂谅为幸。拙刻近有《景教流行中国碑文考正》，乃重播广东杨氏志，为作二序文，聊以伴函，伏希察入。遥钦德范，不尽依驰。手复布臆，敬请大安。不庄。王先谦顿首。四月二十日。

第二书为宗方"来湘惠顾失迎"而发，并谢宗方所赠《日本维新史》，署"新正十八日"，信笺与第一书同，似亦书于光绪二十八年以后，书云：

> 宗方大人阁下：前者台驾来湘，惠顾失迎，深为歉仄。昨奉汉报馆寄到赐书，知已元旋抵汉。前次奉书，已登签记，良用欣慰。承惠贵国《维新史》二册，祇领拜谢，欢喜无量，他日拙撰有成，皆出盛赐也。舍弟先恭，丰才博学，不幸早逝，仅存遗稿未刊，其《魏郑公谏录》补注各书刻成，奉上一编，聊资插架，借答隆情。伏希哂纳。云天相望，不尽所云。手复，顺请大安。新正十八日长沙王先谦顿首。冈幸大人同此致意。

第三书凡四页，用"云龙松摩室摩"十三行笺写，系谢宗方所赠《东方时局论》暨《东亚同文会章程》，书云：

北平先生道右：奉手书，知从者辱临敝邑，采访风土，通合气类，闻诸道路，以先谦为可与言，欲进而教之，盛饰崇褒，读之悚汗，如先谦之陋，岂能有当尊旨之万一，不虞从者之过听也。赐读大著《东方时局论》《东亚同文会章程》，意在融畛域，联辅车，申同文之情，奠将来之局，非深识远见、履安思危之君子，其奚及此。窃以为西方诸国，环境逼处，狼顾鹰视，蓄谋至深。今日在东言东，非如尊论两国上下一致，通力合作，别无固圉良策，此不易之至言也。

贵国与中国因甲午朝鲜之事，致启兵戎。和好之后，气谊犹□，联合之旨，朝官疆吏，多以为言，似与贵国人情尚不相远。但邦交之固，权在朝廷，草莽之臣，心知其意，而未便身预其事，此则与贵国情形，不无稍异者也。贵国历代以来，权归方镇，自西人构衅，强藩退位，势定一尊，封建之区，俄为郡县，殆运会之所开，非尽由于人事。改制之后，殚精工艺，并心一力，遂分西国利权之重，而开东方风气之先。积富成强，操之有要，此我中土所急宜步趋则效者。先谦虽身处田野，不能一日忘矣。先谦自督学江南，身婴末疾，乞休归里，已十四年，忽忽六旬，精力衰耗。近因病苦，杜门却规，虽亲知不相过从。惟生平耽嗜文艺，一息未死，犹思有所造作，以诏方来。曾为贵国《源流考》一书，根据中国史志，参稽贵邦图籍，颇有斐然之观。惟明治以来，搜讨不悉，迟未授梓，阁下东邦巨擘，博极群书，尚乞将来有以惠我。高轩之过，敬以疾辞，愿托神交，附于海外文字契好之末，何如？手复，敬请大安。王先谦顿首。冬月廿日南溟、西门两先生同此。

再，先谦近以修墓在乡，离省百里以外，函复稽迟，并希鉴恕。又及。

其五，文廷式致宗方书二通。第一书云：

项叨盛馔，谢谢。闻小轮仍可直抵长沙，昨所探误也。江西梅宅信已作就附上，如台旆惠然肯往，则吾乡人士自当趋接不暇，幸不吝教耳。弟到湘后如有赐函（或友人见寄之信），乞转寄"长沙省城南门外碧湘街龚永昌木厂收下转交文永誉收启"，必能收到，感荷不尽。余续谈。泐请宗方先生大人台安。弟文廷式顿首。十月六日。

大驾启程来湘，亦乞先赐一电，以便预接，濑川领事处乞致意，归途当奉候。

此书末署"十月六日"。查光绪二十四年（1898年）政变起，文廷式走避日本，与宗方小太郎、小田切万寿之助等相识。二十六年归国，在上海参加唐才常领导的上海"国会"。八月，唐才常事泄死难，文避湖南，闰八月卅一日，湘南巡抚俞廉三上密折："窃臣于本年六月初间，访闻革员文廷式潜来湖南省城南门外藏匿，当饬臬司密拿。该革员旋即远飏，未经弋获。"而从此信看来，文廷式仍未离湘，则此信应写于光绪二十六年。

第二书为：

省邵梦石十月有信来，言郑子丹尚在京，有所图。弟不在沪，未复信，以后即未有来函。刘岘帅入京，大约无甚要事。鹿芝轩于十二月廿四始接任。刘有幕府与弟同舟，其意亦欲劝岘帅引退，非有重大军务不出云。姚赋秋君适在上海，病已全愈，惟与小田切君尚未款洽，将来此事，须赖君调停其间也。又闻阁下致信井手君，言弟失陷泥中，而自讳落水，不禁大笑。俗语云，拖泥带水，弟做上两字，君做下两字，不可半隐半现也。作书报复，烦下一转语何如。初到匆遽，不及一一，泐请著安。十二月二十日弟式顿首。绪方冈兄并望致意，不另函。

小田切，小田切万寿之助，日本驻沪代理总领事；井手，井手三郎。末署十二月二十日，应与第一书发于同年。

其六，邹凌瀚致宗方小太郎书一通，云：

　　　　北平仁兄大人阁下：去岁在贵国，一别不觉驹光又经年矣。今有夏鉴臣兄，为敝省志士，亦知达时务之杰，偕舍弟来，深仰高风久矣，乞函代作介，拜访先生，祈进而教之，幸甚。前者近卫公来游，恨未获恭迎，一叙契阔，福岛大佐闻亦来，同此恨也。冬寒不时，希珍重起居为祝。此上，请道安。名正肃拜。

近卫，近卫笃麿，有《近卫笃麿日记》。邹凌瀚在维新运动时，曾资助《时务报》，后赴日本，此函系返国后书。

　　以上各函，均与戊戌、辛亥史事有关，特为辑录，以供参考。

　　又，宗方小太郎另有《关于中国的政党结社》报告一份，封面右角有"内示第二种"字样，旁注"明治四十五年七月"，当 1912 年，左角署"海军军令部"，它是宗方小太郎在上海调查清末民初政党结社的秘密报告，搜集甚为广泛，今全文译出，作为附录。各该宣言、宗旨等除个别政党据原文勘校外，因它有的是概括摘录，为保持原貌，不做更动。此件藏日本国立国会图书馆。

附录

中国的政党结社

宗方小太郎

例　言

　　一、本调查为本年二月末调查之《中国之政党》增补者。除增补部分外其他亦加修订。

　　二、本调查并记载具有直接之政党素质者，可知其他日或变形为政党。

　　三、中国形势随时变化，政党团体之离合亦难以确定，故望随时增补修订。

目　次

中国的政党结社

明治四十五年七月上旬

上海　宗方小太郎

绪　论

中国政治上的觉醒，是以东西方诸先进国家的制度文物为榜样而采取的变法，即以所谓宪政措施为标志，不过十余年而已。盖中国人之政治思想极幼稚，对宪政为何物不甚了了，政府当局亦不十分明确其意义。伴随宪政之发展，政党、组织极多，最近情况即属此表现形式。光绪三十二年（明治三十九年，1906 年），"准备宪政上谕"既下，以江苏、浙江、福建为中心的官绅组织"预备立宪公会"，是为此先声（光绪三十三年成立）。〔其先由康有为等于光绪二十四年（1898 年）间成立之"保皇会"，杨度等于光绪三十二、三年之交（1906、1907 年间）组织之"宪政公会"，梁启超之"政闻社"，及"同盟会""光复会"等均带有秘密结社性质。〕（参见"清代政治团体"）

而形势一变，宣统元年（1909 年），各省咨议局相继开设，以"预备立宪公会"为中心开始"速开国会请愿运动"，各省纷纷响应，遂于北京组织"各省联合同志会"，但该会无政党之确定主义、纲领，故亦无所制约。

宣统二年（1910 年），第一届资政院召开会议，以达"速开国会运动"之目的，将帝制缩短至宣统五年，各种政党组织纷纷成立。即如"帝国统一党""宪政实进会""宪友会""辛亥俱乐部"等。宣统三年（1911 年）上半年，此等政党组织纷纷活动，而下半年，武汉革命爆发，全国为之震动，第二届资政院开会时，政府官员、资政院议员及政党成员皆散于各地，中央仅留"宪政实进会"之骨架，其余皆呈消亡状态。

而以当时南方形势来看，北京政府对革命军讨伐缓慢，故其扰乱愈甚，革命军影响遍及十余省，因有南京临时共和政府之成立。于是以共和为主义之政党结社郁然而起，即作为原革命党机关之章炳麟一派，率光复会改组为中华民国联合会；孙逸仙等一派率同盟会一变其秘密结社性质，将同盟会扩充为大政党。其他如共和统一会、国民协会、国民共进会、自由党、民社、共和促进会、共和宪政会、社会党、工党、华侨联合会、大同民党、青白社、民生党、进步党、共和统一党、女子同盟会等，不胜枚举。士、农、工、商，各依其主义，组织会党，致使大小党社林立各省。加之北京政府纲纪已振，媾和谈判开始，其下又有共和促进会、共和急进会、共和进行会、北方共和会、蒙古联合会等组织。更因清帝逊位，正当南北合一，各种政党组织颇以之为例，在北方有国民协进会、汉蒙联合会、五族共和联合会、五族国民合进会、南北共和宪政统一会、政群社、中央集贤会、纯粹共和社友会、民权监督党、国群铸一通俗讲演社、满族同进会、回教联合会、藏卫团等。在南方则有后来加入诸党之民国公会、国民公党、共和建设讨论会、中华民族大同会、五族少年保国会、东亚大同社、政见商榷会等。其他各省自立之政党更是层见叠出。

南北既合，定都北京，内阁成立，召开参议院会议，此类政党皆将总部北迁，互与政权接近，以至开党争之端而成通病。于是开始产生以保守、温和、急进为范围的政党合并，即统一党、民社、国民协进会、民国公会、国民党而合为共和党（章炳麟率部分统一党后分立，参见后章）。与同盟会之全国联合进行会合并者如国民协会、国民公党、共和建设讨论会、统一共和党又将组织国民党（正在协议之中）。五族共和联合会又与中华民族大同会合并。但党争依然甚烈，各种政党于此间呼应纷扰，内治外交多所艰苦。政府苦于操纵政党，遂怂恿共和党、同盟会及共和统一党合并为政友俱乐部组织。

如此大党并立割据，小党星罗棋布，使中国政界愈加多事，抑付与该国程度卑浅之人民以自由平等和共和特权，预测其政事，将来必定难可逆睹之混乱。中国政党建于如此基础之上，而其盛衰消长又与政治关系甚大，诚为眼前之大患。故为明中国政党之情况，以下稍溯清朝时会社，由此简单叙述现时政党之一般。

第一编　清代政治团体

清代开国君主，鉴于历代治乱之迹，即于建国之初百方用意，预防政弊，未萌祸乱。其于会党之组织，严令禁止，故三百年治世中，党祸甚少。至光绪末年，政治性会党日见其多，尤经甲午之战（日清战争）、戊戌政变，政府纲纪弛废之状暴露，国人言政事得失者渐众，以致形成政治性会党组织。特别是日俄战争之后，宪政预备上谕颁发，继而两宫崩御、宣统即位，而设咨议局、资政院，及组织公开政党，遂开官民交争之端。

第一章　保皇会

附：宪政会、政闻社及宪政公会

该会于光绪二十四年七月二十九日（1898 年）由康有为奉光绪密诏成立。意在纠合同志，拥护光绪，实行革命。作为秘密结社性团体，实开清代会党之先声。今为了解当时形势之便，将光绪密诏及保皇会会例之一部分抄录于下：

> 光绪密诏：（上略）"朕维非变法不能救中国，而太后不以为然。今朕位几不保，可与同志妥速密筹，设法相救。"（下略）①

保皇会会例如下：

> 本会钦奉皇帝密诏，与同志共同专以救皇上，以变法救中国、救黄种人为主义。②
>
> 遵奉圣诏，凡我四万万同胞，有忠君、爱国、救种之心者，皆为会中同志。
>
> 此会为保救大清皇帝会，即保种会，与保国会、保工商会之

---

① 本件据《保救大清皇帝公司例》摘录，与《密诏》原文不同，参见本书卷一《关于光绪"密诏"诸问题》。

② 本件译自《保救大清皇帝公司例》，今除译文系摘录，采用译文外，其余均按原件录出；又原件"会"作"公司"，今据译文作"会"。

事皆同一贯主张。以保国、保种非变法不可，变法非仁圣如皇上不可。此会最名正言顺。

各地各埠皆公举值理，持簿劝讲，以任此事，值理人数以多为贵。盖亡国亡种，人皆有份，无可推辞也。凡值理皆得为本埠会中议员。

每埠于值理中公举忠义殷实数人为董事，专任一埠会事。凡收支捐款、通信各埠办事，皆主之。有事与各值理商议。

会中捐款，以招养忠义之士，奔走讲劝通信才能劳力之人，及开报印纸，传于内地，发明大义，鼓舞大众，大款咸集，则为银行、轮船，以保君国，外护工商。其遵诏设法各事，要皆筹救君国之用，不暇琐及。

等二十八条会规。

为计划会务之进行，康有为、梁启超等亡命之辈及其党徒多至日本、美国、南洋等海外诸地，以纯然秘密结社性质与革命党分庭抗礼。其后，会员徐勤、方子节等设华益公司、华墨银行等金融机构，一面培养该会实力，一面于实业界扶植该会势力，更欲与中国内地互通联络，成首尾相应之计。然中道受挫，康等遂于光绪二十九年（1903 年）渡海美国，以为策划之所。光绪三十二年（1906 年）预备立宪上谕下，改保皇会为帝国宪政会，梁启超弟子蒋观云、徐公勉等组织政闻社，杨度、熊范兴（贵州苗族人，留学早稻田大学，候补知县衔，其时为贵州省选举之参议员）等组织宪政公会、政法调查会，以保护当时政府，主张立宪君主政治之改造。然政闻社为政府所容，宪政公会则因杨度被授以四品京衔为之收买，后由其视察会务而生内讧，遂呈瓦解消亡之态。政党被挫，而中国人民政治思想则显著进步，尔后中国内地各种政治团体组织纷起。

第二章　预备立宪公会

该会成立于中国内地，为最初之政治性团体，或曰开中国政党之滥觞。创立于光绪三十三年（1907 年）。其性质以遵从预备宪政谕旨，由绅民通达国务而为预备立宪之基础，以研究有关宪政之事务、共图进步为主义。故实具政党之意义，而非一般社会组织。其入会手续、会员职务等亦略具政党之性质。该会设会长一人、副会长二人、干事十二人、名誉干事若干人，驻会事务员、书记、会计等职员。当时会长为张謇，副会长郑孝胥、张元济，干事有朱福诜、孟昭常、汤寿潜、雷奋、许鼎霖、周延弼、陶保霖等二十四人。会员以东南各省为主，即江苏、浙江、福建、广东，网罗朝野名士二百七十四人（今该会犹存，按当时统一期间）。试举其主要参加者如下：

张　謇　前农工商部大臣、南京实业部总长

郑孝胥　前湖南布政使

汤寿潜　前江西提学使、南京交通部总长

张元济　前学部次官

赵凤昌　现大统领顾问官

伍光建　前学部咨议官

温宗尧　前西藏参赞大臣、前驻沪交涉使

周延弼　前农工商部顾问官

陈宝琛　内阁学士、皇帝师傅

高尔谦　前云南布政使

孟昭常　前资政院议员

沈林一　前宪政馆统计科长

瑞　征　前湖广总督

沈懋昭　信成银行协理

谢远涵　前江西咨议局议长

章宗元　翰林院编修

庆　山　吉林咨议局议长

该会于各阶级中罗致有力者，实为当时宪政预备时代之大势力，又为以后各政党之源泉。该会会员，亦皆系中国文化较发达之东南各省的著名人士。

该会宗旨以稳健为最，急进破坏者甚少，一贯主张君主主义。然今帝政没落，民主共和已经确立，标榜君主立宪主义者自当消亡。故今之国家各种事业，得于该会会员之力者亦有。即如主张发起"国会速开运动"；又有锡良任东三省督帅时，计划修筑锦爱铁路；郑孝胥欲筑连山湾港口；汤寿潜参知枢机时，提倡移民实边计划；张謇计划设美清银行、美清航业会社及东三省拓殖银行；郑孝胥又力主铁路国有。看来该会于各方面确有根底。共和政府确立以来，不少会员在南京、北京参与政务。汤寿潜以浙江都督任南京政府交通总长，辞职后出南洋向华侨募捐，又为共和党内重要人物；张謇由南京实业总长下野，今为共和党理事，执掌政党；赵凤昌为大总统顾问，章宗元参与帷幄。中央地方政党实业，无不有该会会员，可见其已掌握新政府之关键。以下依次列举该会之组织团体。

一、国会请愿同志会

宣统元年（1909 年），第一届咨议局会议后，因有"速开国会请愿"之举而组织"国会请愿同志会"。该会实为"预备立宪公会"会员所提倡，由张謇、孟森、孟昭常、赵凤昌、方还、雷奋等为主之江苏咨议局首先发起，遂联络全国各咨议局派出政、商、学界代表至北京，推行"速开国会"运动。该会主义"以请求政府速开国会为目的"云云，实有政党之性质，并开各省派出代表组织团体进行政治运动之先声。该会规约十六条，设总部干事、支部干事，于北京设立总部以统一行动。其主要成员有：

孙洪伊	杨延栋	罗 杰	陈登山
刘崇佑	朱承恩	李 素	邓孝可
蒲殿臣	萧 湘	罗 纶	李 芳

等地方俊杰。（这些人现尚活动于各种政党，参照后章中华民国三大政党部分。）

（该会亦联络康、梁之"宪政会"，"预备立宪公会"，着手实行政治革命。由此观之，该会后改变为"共和建设讨论会"，并主张招梁启超，亦非无故。参照后章第三节国民党部分。）

二、咨议局议员联合会

该会于宣统二年成立。由各省咨议局议员代表会集北京，组织"咨议局议员联合会"。该会与"国会请愿同志会"相比，又有进步之处，亦可视如政党。当时该会议长汤化龙于《宣言》中曰：

联合会集合北京，朝野上下皆谓开吾国政党之先声，然联合会非无政党之实，联合会向资政院提出商讨之议案，乃与东西各国之政党于国会发表政见为同一性质。云云。

名为咨议局议员之联合会，其实质乃近于政党。该会有会规共六章三十六条，其议事范围如下：

一、各省咨议局共通利害之事。

二、向资政院提出预备议案。

三、本会规则及其他各种规则。

其主要成员如下：

直隶	阎凤阁	王振尧	谷芝瑞
	张凤瑞	于邦华	陈树阶
	孙洪伊	高俊涝	王法勤
江苏	孟森	杨廷栋	雷奋
	孟昭常	方还	
安徽	高炳麟		
江西	汪龙光		
浙江	沈钧儒		
福建	刘崇佑	椿安	康咏
广东	陈寿崇		
广西	吴赐龄	蒙经	朱景辉
	古济勋		
贵州	张光炜		
云南	张之霖		
四川	蒲殿俊	李文熙	高凌霄
	张政		
湖南	左学谦	曹作弼	罗杰
	席绶		
湖北	汤化龙	张国溶	陈登山
山西	梁善济	李素	
陕西	胡坪		

河南　　王佩箴　　杨治清

山东　　朱承恩　　周树标　　蒋鸿斌

奉天　　孙百斛

吉林　　福　裕

黑龙江　战殿臣

该会提出之国会速开案、咨议局规则改正案、教育案等，均经资政院赞同通过，故实为当时有力之政治团体也。（以上所列姓名之各省代表，今活动于共和党、统一共和党、同盟会及其他政党。）

第三章　帝国统一党

宣统二年十月，第一届资政院开会期间，议员分为官选议员、民选议员两派，因各自利益而引起纠纷争端，以致成资政院内意见对立的党派。其事产生，即为资政院所议之新刑律中，蓝票派为维护礼教而主张"无夫奸有罪说"，白票派主张"无罪说"（投票时以纸色区别，因而得名），为此，两派争执愈甚，由"预备立宪公会派"及官、民选议员中之一部分合议组织政党，遂有"帝国统一党"成立。然白、蓝两派遂因无法融合，因而解散，至去春，转为如下之各团体。

第四章　帝国宪政实进会

实进会乃资政院"蓝票派"之变形，由资政院议员陈宝琛、陶葆廉、沈林一、赵炳麟、于邦华、陈树楷、毓善、康咏等提倡发起。该会以帝国主义为依靠，调和资政院内外同志之意见。其作为政党出现，主要依如下政纲行动：

一、尊重君主立宪政体，关注上下之情，保持宪政精神。

二、发展地方自治能力，增进人民事业，巩固宪政基础。

三、斟酌现状，筹划政治社会之改良。

四、根据事业，以图机构法律之完善。

五、注重普通教育，确定教育方针。

六、提倡移民事业，达到拓殖之目的。

七、整理财政，以图经济前途之稳固。

八、振兴实业，以图人民生计之发达。

九、研究外交政策，加强国际交涉之权力。

十、充实军备。

该会党规有十二章三十一条。

其主要成员如次：

八旗	○庄亲王	○铠　公	○寿　公
	○霭　公	○善将军	○希　公
	○全　公	文　斌	○庆　恕
	○毓　善	○荣　晋	乐　泰
	○荣　厚	○文　溥	○文哲挥
	○定　秀	○恩　华	○奎　祥
		景　安	
奉天	○陈瀛洲	王均堂	闵万里
顺直	○张锡光	梁建章	○李揩荣
	王振尧	魏振邦	○郭家骥
	刘培极	○齐树楷	○刘春霖
	梁建邦	刘　焰	王其相
	张毓书	张凤瑞	姚翼唐
	蒋式惺	袁励准	赵云书
	史履晋	凭　恕	张　兰
	李士珍	○李士钰	○吴德镇
	云　诏	仇翰垣	张肇隆
	王宗佑	王海铸	刘变骏
	于振宗	白　堃	○陈树楷
	○于邦华	苏艺林	
江苏	○许鼎霖	○曹元忠	○沈林一
	○夏寅官	○顾栋臣	马士杰
	王荣官	王仁俊	姚锡光
	俞庆涛	田步蟾	陶世凤
	陈露华	杨廷栋	何宾笙

	胡国臣	杨寿柟	○赵椿年
	许廷琛	○方 还	○周廷弼
	○王季烈	○潘鸿鼎	
安徽	○李经畬	龚心铭	孙多巘
	窦以钰	江 穋	张鸿鼎
	许承尧	阮忠枢	吴和溎
	○江 谦		
江西	○汪龙光	高臣瑗	杨荫乔
	马 鲲	汪汝梅	○邹国璋
	张元通	张 捄	邹日恉
	毛玉麟	杨祖惠	余宗惺
	刘 芭	刘熙庸	
浙江	○劳乃宣	张祖廉	○陶葆廉
	蔡 玮	○吴士鉴	○吴纬炳
	○喻长霖	钱宝书	陶文瀛
	金兆丰	杜炳勋	
福建	○陈宝琛	○康 咏	黄肇河
	杨树璜	邹含英	项朝钦
	○张选青	林炳章	陈蓉光
	李兆年	李慕韩	○杨廷纶
湖北	傅岳棻	○谈 钺	贺良朴
	彭祖龄	叶开宾	○陈国瓒
	○郑 潢	○胡柏年	
湖南	黄瑞麒	○李长禄	○胡祖荫
	涂景涛	郭间茅	
山东	○郑熙嘏	○王佐长	○柯劭忞
	○尹祚章		
山西	王式通	吴新源	刘兴训
	○刘志詹		
河南	○王绍勋	○陶毓瑞	○魏联奎

	○陈善同	马耀宗	
陕西	梁守典	○卢润瀛	
甘肃	○宋振声	○杨锡田	○罗其光
	○王曜南		
四川	○高凌霄	○万　慎	○张　政
	李锡嘏	杜德舆	宋育仁
	张罗澄	罗迪楚	马　图
	李　景	冯精忠	袁朝佐
	张绍勋	吴桐林	刘　宣
	张康龄	马　忠	甘应泉
	施　愚	董清峻	赵增彝
	杨光湛	李时品	○李湛阳
广东	○罗乃馨	梁　宓	曾习经
广西	○赵炳麟	唐　庚	
云南	○张之霖	○王鸿图	
贵州	胡祖同	○牟　琳	何增仑
	黄宝森	李　伟	
吉林	○徐穆山	○庆　山	

（有○者为资政院议员）

该会通过各阶级网罗稳健之士，其发起人主要为官僚系统中人，推陈宝琛为会长，于邦华、姚锡光二氏为副会长，并有其他常任议员调查、编辑、审议各科。据传该会由泽公处接受基金甚多。去秋革命爆发，该会会员倾向革命军，陈宝琛仍以师傅身份辅育幼帝，陈树楷、于邦华等则最终仍主张君主立宪。与以下所记之宪友会、辛亥俱乐部相比，可有颇具意义之对照。

该会在天津设有支部。

第五章　宪友会

该会与由国会速开联合同志会之一部及帝国统一党之大部成员组成，与辛亥俱乐部同属资政院中白票派也。去春第二届全国咨议局联合会开会期间，由各省代表中之有力人士发起组织。江西咨议局议长谢远涵、山西咨议局议长梁善济、湖北同议长汤化龙、四川同议员李文熙、直隶同议员孙洪伊等为发起者。以下为该会活动政纲：

目的：以发展民权、完成宪政为目的。

政纲：

一、尊重君主立宪政体。

二、督促责任内阁。

三、整理各省政务。

四、开发社会经济。

五、讲究国民外交。

六、提倡尚武教育。

该会立会则七章二十五条，另有支部规则十五条，是为完全之政党组织。当时重要成员如下：

直隶	○李 榘	○籍忠寅	○齐树楷
	李长生	高俊澎	张铭勋
	○刘春霖	王法勤	孙洪伊
安徽	○李国松	窦以珏	陶冠禹
	康 逵		
吉林	何印川		
湖南	谭延闿	徐佛苏	欧阳辨元
浙江	汤尔和	马叙伦	陈黻宸
	○邵 羲	○陈敬弟	胡钟翰
	刘绍宽	蔡汝霖	
四川	蒲殿俊	何耀光	相庸章
	萧 湘	罗 纶	李新展
	刘登朝	○李文熙	
陕西	李良材	郭忠清	
河南	方 贞	王敬芳	方子杰
福建	高登鲤	刘崇佑	林长民
	林志钧		

江西	邹树馨	宋名璋	叶先圻
	罗家衡	郭志仁	谢远涵
	黄为基		
山东	周树标		
奉天	袁金铠		
山西	梁善济	李庆芳	○李华炳
	○王用霖	○李　素	
湖北	汤化龙	张国溶	郑万瞻
	胡瑞霖		
广西	甘德蕃	蒙　经	○吴赐龄
贵州	杨寿篯		
广东	伦　明	姚梓芳	黄一即
江苏	马　良	沈恩孚	黄炎培
	汪秉忠	○雷　奋	
八旗	垣　钧	文　耀	

（有○者为资政院议员）

该会所设之会长颇带共和色彩，设常务干事三人，其他文书、会计、庶务、调查、编辑、外交诸部部员。当时常务干事为雷奋、徐佛苏、孙洪伊三人。由此观之，宪友会实为民党之急进派。此次革命军起，该会会员占相当地位者甚多。即如汤化龙、梁善济、李素（山西）、萧湘（四川）、谭延闿（湖南）等宪政实进会成员，与其平时主义相比，亦有所异，可见当地革命分子多向北京浸润。该会于天津、福建、山西、江西、湖北、湖南设有支部。

第六章　辛亥俱乐部

"宪政实进会"（保守官僚党）及"宪友会"（进步党）成立，政界划为两大分野而展开角逐。资政院部分官吏议员与民选议员及民间部分有志之士遂组织成立"辛亥俱乐部"。该俱乐部由宗室长福（外务部郎中、资政院议员）、罗杰（湖南选出之资政院议员）、易宗夔（同上）、胡骏（四川同上）、黎尚雯等提倡，一时为纯然官党。其后伴随会员增加，遂公开打出民党旗帜，在政界发表主张。该俱乐部立党规九章三十一条，于湖南、奉天等地设有支部。其政纲如下：

一、阐扬立宪帝国之精神。

二、提倡军国民教育。

三、发展地方自治能力。

四、主张保护政策，振兴实业。

五、整理财力，增进富力。

六、审度公私经济能力，谋求交通发展。

七、整理军备，充实国力。

八、调查内外情况，确定外交政策。

该俱乐部以两湖人士为中心，背后执牛耳者恐为杨度之辈。其会员如下：

常议员	○长　福	○郑际平	○程明超
	○刘道仁	○赵椿年	魏思具
	刘颂虞	○何藻翔	○陈明官
	○王璟芳	○陈黻宸	○顾视高
评议员	○罗　杰	○汪龙光	○牟　琳
	席　绥	○胡　骏	张竞仁
	刘冕执	杨　悌	漆运钧
	顾　澄	○易宗夔	○陈懋鼎
庶务员			
及其他	刘　诚	张友栋	
	褚家猷	张东荪	袁本贵
	宁调元	左宗树	田　桐
	○刘泽熙	严启衡	

（有○者为资政院议员）

该俱乐部中资政院议员较多，故人皆视其为官僚党，而不知该俱乐部职员宁调元、程明超等及会员田桐、魏宸组、严启衡等皆为著名革命党。革命爆发前革命党人潜居各地之情况，由此即可推知一般。后因该俱乐部伴随党员增加，而转化为纯然之民党。

第七章　八旗宪政急进会

该会由宗室、资政院议员希公、景安、志公、毓善等主倡，发起者为年少气锐之八旗人士六十一名。该会以八旗之互相联络、八旗将来问题之研究、国会开设后之准备等为纲领。然党势未伸，即遭革命，而陷于萎微不振之状态。现亦将其作为政党，特记于此。

总之，此等政党因实处于混沌创设阶段，故其主义、纲领亦不够明朗，各党人员区别亦不甚明了，各党无共同首领。加之党员又无资历，故终难成完美之政党，而呈支离破碎之状态。一有革命，即无可作为而随时解散。在帝国宪政下而立之如上各政党，其亦潜在帝国没落之影。

鄙人前述中国政党创设时代之概要，以下就共和政府下所发现之各政党团体而述之。

第二编　中华民国之会党

中华民国成立，会党组织以百十数，今择其主要者，按其性质分为政治、风教、实业等，分类列记。

第一章　政治性会党

第一节　同盟会

该会乃孙、黄领导之纯然革命党机构，作为秘密结社，此次革命成功，本部亦由东京迁往南京，为新型政党组织，公开发表政纲。

同盟会成立于明治三十八年（光绪三十一年，即1905年）。孙文数次革命失败，逃亡欧美，旋来日本。当时东京革命党成员为谋求革命党之联络及统一，遂推孙文为首领，黄兴为副，胡汉民、宋教仁、汪兆铭、陈天华、刘揆一、张继、田桐等共同参加，是为统一的革命机构。其主旨如下：

一、颠覆现今之恶劣政府。

二、建设共和政体。

三、维持世界真正之和平。

四、土地国有。

五、主张日中两国国民之联合。

六、要求世界列国赞成中国之革新事业。

该会组织由外交部、内政部、军政部、联络部、言论部及暗杀团即"五部一团"组成(暗杀团为张继主张所设云)。机关报纸为东京之《民报》,香港之《中国日报》《世界公益报》《时事画报》,上海之《神州日报》,广东之《国民报》,新加坡之《中兴报》《星洲晨报》《南洋报》,兰贡之《中华新报》,布哇之《自由新报》,桑港之《大同报》,ばんくば之《大汉日报》等。该会并于中国各省、欧美各地及亚非利加(非洲)、濠洲、安南、暹罗、南洋诸岛设立支部。该会宣扬以"民族""民权""民生"为主体的共和主义,并以此为实行革命暴动之主义,还努力进行暗杀活动。

此次革命成功,孙文就任南京政府临时大总统,该会本部亦迁往南京。三月三日,召开政党组织大会,发表党规及政纲。

该会以巩固中华民国,实行民生主义为宗旨。政纲如下:

一、完成行政统一,促进地方自治。

二、实行种族同化。

三、采用国家社会政策。

四、普及义务教育。

五、主张男女平等。

六、厉行征兵制度。

七、整理财政,厘定税制。

八、力图国际平等。

九、注重移民垦殖事业。

该会立党规七章三十二条。其职员如下:

总理	孙　文		
协理	黄　兴	黎元洪(后辞职)	
干事	平　刚	刘揆一	宋教仁
	马　和	李肇甫	胡汉民

张　继　　汪兆铭　　居　正

田　桐

同时，于如下各地设立支部：

支部名	所在地
广东支部	（广州）
皖　支部	（安庆）
贵州支部	（贵阳）
重庆支部	（重庆）
蜀　支部	（成都）
湖州支部	（浙江湖州）
云南支部	（云南）
江西支部	（南昌）
山西支部	（太原）
陕西支部	（西安）
闽　支部	（福州）
京津同盟会	（天津）
山东支部	（芝罘）
湖北支部	（武昌）
湖南支部	（长沙）

各主要支部代表如下（三月三日选定）：

安庆	赵宋卿	殷云	
北京、天津	黄复生		
湖州	许唯心	陈少南	
南昌	钟震川		
杭州	张伯岐	黄骥	张浩
	朱价人	周珏	
广东	冯自由	林直勉	
福州	陈子范	史家麟	
嘉兴	陈以义	吴文禧	
绍兴	金冠洁	童有时	

处州	吴逢樵	关麟书
宁波	胡朝阳	
武昌	田 桐	丁仁洁
金华	陈 豪	
上海	张同伯	
湖州	蒋介石	

南北统一，定都北京，民国会党皆将总部迁至北京，同盟会亦于五月上旬将总部移至北京前门内兵部洼，南京仅设支部。北京总部临时组织及工作人员名单如下：

总务部	田 桐	张大义	曾 蹇
	尹赐龄	尹 侗	周仲良
理财部	陈 策	曾鲁光	
交际部	张 继	熊傅第	胡国樑
文事课	任鸿隽		

另有评议科及评议员若干名

其他有力会员有国务院总理唐绍仪、宋教仁，参议员李肇甫、熊成章、杜潜、彭元、邓家彦及《国民日报》总理景耀月、于右任等二十余名，党势渐扩张。

南京支部之现状如下：

总务科科长	熊传第
交际科科长	陈文海
政事科科长	胡肇安
理财科科长	巴泽宪
文事科科长	方培良

该会总部既已北迁，为处理南方诸省事务，于五月上旬于上海支部特设总部驻沪机关部，故上海乃成同盟会事实上之总部所在地。今举驻沪机关部职员如下：

正部长	姚勇忱
副部长	吕志伊
总务长	褚民谊

理财长	王一亭		
政事长	戴天仇		
文事长	徐血儿		
交际长	陈汉元		
评议长	吴稚晖		
评议员	赵林士	陈基明	沈缦云
	钮有恒	戴莲叔	周　浩
	周柏年	梁　龙	庞青城
	张公威	王　夏	李征五
	张辨群	李怀霜	邬俊卿
	王汉强	周佩箴	吴仲华
干　事	金铁军	徐级三	解子和

如此，同盟会于南方之地盘稍有确定，遂锐意向北方扩张党势。其首先为合并全国联合进行会。

第一项　全国联合进行会

该会由李万铨、李安陆等倡议组织，成立于本年四月，系以直隶、山东、河南三省人士为中心，并于南方设有支部数个，会员号称二千余人。该会以建立强有力之中央政府，统一全国为主义。其政纲有如下十二条：

一、采用法国制度。

二、整理全国财政。

三、促进蒙古、西藏同化。

四、确定教育方针。

五、提倡征兵制度。

六、振兴海陆军备。

七、发展农工商业。

八、加速谋求交通便利。

九、厉行开垦事业。

十、维持国际和平。

十一、改良社会习惯。

十二、筹划八旗生计之途。

另立会规八章三十四条，并规定会务。

至五月中旬，因同盟会与其主义、政纲颇相类似，遂有合并之议。同盟会由交涉委员文群、李肇甫与进行会代表议定十二项合并条款，全国联合进行会乃与同盟会合并，并用同盟会之名称。是为同盟会一大发展。

同盟会于上海有《民立报》《天铎报》《民权报》《太平洋报》《民强报》等准机关报，又将一向设于南京之《中华民报》迁至上海，并计划发行纯机关报《民国新闻》(资本五十万元，由汪兆铭主持云)。北京则有《国风日报》《国事新闻》《中央新闻》《守真日报》，天津则有《民意报》《国风日报》《民约报》《民国报》《天民报》，香港、广东则有《中国日报》《世界公益报》《国事报》等。中华书局为同盟会机关书店。

<h3 style="text-align:center">第二项　中华书局</h3>

该书局为同盟会革命事业永存计而设。凡注入民国精神之学校教科书及一切书籍之出版事业，皆为其经营对象。该书局主义如下：

一、培养中华共和国之国民。

二、并用人道主义、政治主义、军国主义。

三、重在实际教育。

四、融和国粹以欧化。

该书局设施齐备。然同盟会势力于北方却萎靡不振，想是因其轻佻俊烈所致，其势力于南方朴实强韧，此正说明同盟、共和两党倾轧争斗之结果。其后，同盟会于北方及中部各省之势力渐趋削弱。

该会中主要人物除孙、黄、唐、宋外，其余重要人物概略如下：

胡汉民	邓家彦	刘揆一	张　继
熊克武	陈其美	陈炯明	胡　瑛
张伯纯	赵百光	陈雄州	柳亚庐
龚练百	廖　炎	黄　藻	张炽章
戴天仇	任鸿隽	雷铁臣	石　瑛
仇　亮	耿觐文	王鸿猷	李　骏
张通典	蒋作宾	章勤士	唐文夏

于右任	杜次珊	陈少白	刘思复
陈景华	吴鼎昌	杜 潜	吴荣世
段宇清	李肇甫	文崇高	平 刚
景耀月	张耀曾	刘星楠	熊成章
彭占元	顾视高	王芝祥	沈秉堃

该会中关键人物除以上所列外，余亦皆为具备新学问、新知识，通晓世界大势，有进取志向者，然因会中多年少气盛者，而少熟悉官场经验、有政界阅历者，故对彼等甚为推重，以为会中柱石。孙、黄二人及其余著名党员，皆集于上海，企图扩充党势。该会势力，犹自称会员有五十万之众，且资力丰厚，赫然为一大政党。

第二节　共和党

以防止小党分裂之弊，便于开展政务，实行共和政治为主旨，谋求多数政党之协同合作，共和党即为率先成立者。

该党由统一党、民社、国民协进会、民国公会、国民党等五个政治团体合并而成，于本年五月九日在上海举行成立大会。该党政纲如下：

一、保持国家统一，采用国家主义。

二、以国家权力扶持国民之进步。

三、顺应世界形势，以和平实利为立国之本。

该党另立党规十五条、支部规则九项。总部设于北京前门内化石桥专门学堂。

于成立大会推选之该党职员如下：

理事长　　黎元洪

理　事　张　謇　章炳麟　伍廷芳

　　　　那彦图　（章炳麟后脱党）

该党尚有程德全、蓝天蔚、李经羲等仅次于以上诸理事者之重要人物。由合并之各团体中选定该党干事共五十四名为：

林长民	叶景葵	杨廷栋	王印川
龚焕辰	汤化龙	陆大坊	黄云鹏
孟 森	刘莹泽	唐文治	童学琦

邓　实	汪德渊	刘成禹	时功玖
陈绍唐	项　骧	胡　钧	汪彭年
张伯烈	张大沂	孙发绪	吴景廉
王　睿	籍忠寅	李　榘	陈懋鼎
刘颂虞	邵　羲	范源濂	蹇念益
周大烈	长　福	林志钧	沈彭年
朱寿朋	姚文枏	潘鸿鼎	叶鸿积
张毓英	沈　周	贾丰臻	张一鹏
王　戈	沈钧业	黄　群	李祖虞
袁毓麟	汪　希	陈敬第	高凌霄
蔡元康	王家里		

该党有以下各地支部，并于上海设驻沪机关部：

温州　杭州　上海　长沙(湖南)

合肥(安徽)　无锡(江苏)　贵州(贵阳)

云南　江靖支部(江苏江阴靖江)

南汇(江苏)　滁盱支部(安徽)

瑞安(浙江)　如皋(江苏)　武昌

东清(浙江)　宣城(安徽)　平阳(浙江)

泰顺(浙江)　海宁(浙江)　玉环(浙江)

常州(江苏)　太仓(江苏)　宜兴(江苏)

和州(安徽)　东台(江苏)　平湖(浙江)

广东支部　漳州(福建)　嘉兴(浙江)

山东支部　直隶支部(天津)　宝山(江苏)

芜湖(安徽)　苏州支部　金山(江苏)

南京支部　松江(江苏)　太平(安徽)

开封(河南)　仪征(江苏)　南陵(安徽)

六安(安徽)　青阳(安徽)　南昌(江西)

永嘉(浙江)　崇明(江苏)　东三省支部

黑龙江支部　常熟(江苏)　楚雄(云南)

南通(江苏)　金坛(江苏)

并预定在内蒙古、外蒙古、青海、西藏设立支部。

以上五十余处，并附设政务研究会，另设交际员。名单如下：

吴鼎昌	汪振声	方咸五	吴乃琛
曲卓新	陈福颐	稽镜	彦德
江瀚	王文豹	章宗元	常堉璋
陈籙	牛淇	贡桑诺尔布	
朱联沅	张竞仁	王家驹	王治昌
陈宗蕃	梁志宸	湖源汇	马英俊
顾德邻	蓝公武	张厚璟	王璟芳
熊范兴	陈威	陆鸿逵	金汉支
苏瑟巴图尔	艾知命	曾述綮	
棍楚克苏隆	王晁坤	郑沅	
宝熙	陆建章	舒鸿贻	翟文选
梁建章	陈时利	金秉燧	曾鉴
张元奇	唐在礼	冒广生	张派
赵椿年	薛大可	郭则沄	名铸
黄濬	乌泽生	傅良佐	梅光羲
唐浩镇	吴廷燮	祝瀛元	恩倍
覃师范	杨承谋	申钟岳	荣勋
廖芥尘	魏国铨	王朴	周应熙
康宝忠	金城	颜韵伯	刘家佺
邵章	饶汉祥	罗虔	董鸿祎
范熙壬	方德齐	孙宝藻	邝汉卿
张栩	陈介	刘辅周	张孝移
祝椿年	傅疆	东彝进	钟朴臣
胡汝麟	石小川	王鸿年	孙培
刘培极	叶澜	余大鸿	徐季卿
应德闳	项兰生	施今墨	蒋柳之
余繁昌	石龙川	樊时勋	丁立中
宋伟臣	林大闾	李凌	杜海生

江华本	陈二庵	张　昉	刘一清
陈锦章	阮毓崧	雷保康	石志泉
叶于澜	彭又岩	黎少本	邢　端
张恩寿	唐　肯	邓毓怡	贺良朴
廖　炎			

附：共和党政务研究会

该会为共和党准备发表政见而由其党员组成，以研究各种政治问题为目的。该会研究事项于如下三科进行（每科各分数课）：

一、法政科。

甲课：宪法、议员法、选举法

乙课：官制官规

丙课：刑法

丁课：民、商法

戊课：法院编制法、诉讼法

二、财政科。

甲课：预算、决算

乙课：租税

丙课：公债

丁课：币制、银行

戊课：会计制度

三、行政科。

甲课：外交

乙课：内务

丙课：军事

丁课：教育

戊课：实业

己课：交通

庚课：地方

该会研究问题之范围如下：

一、政府向议院提出之议案。

二、议员向议院提出之议案。

三、本党向议院提出之预备议案。

该党以其人物众多、组织完善，而堪具大政党之性质，其言论机关，有北京之《中国日报》（原《帝国日报》）、《亚细亚日报》《北京日日新闻》（今改为《新纪元报》，为章炳麟主持之"统一党"机关报）。准机关报及倾向该党之报纸有：《国民公报》《中国报》《北京日报》《大同报》《京津时报》《民视报》《政报》等，以及天津之《民兴报》《北方日报》《大公报》等，上海之《时事新报》《民声日报》《神州日报》等。《大共和日报》自章炳麟分离后亦为该党掌握，对该党颇相附和。其余上海各报，除属同盟会派者之外，殆倾向该党。

共和党之概况略述如此，以下依次略记组成该党之各政治团体。

第一项　统一党

该党于去冬由章炳麟、程德全、张謇等组织，改"中华民国联合会"，合并"共和协会""国民共济会"而成立（当时情况参见第三百七十六号报告）。发表党章九章三十八条、政纲十一条。

其总纲曰：

本党以统一全国建设、强固中央政府、促进完美共和政治为宗旨。

其政纲曰：

一、固结全国领土，厘定行政区域。

二、完成责任内阁制度。

三、融和民族，齐一文化。

四、注意民生，采用社会政策。

五、整理财政，平均人民负担。

六、整顿金融机关，发达国民经济。

七、扩张海陆军备，提倡征兵制度。

八、普及义务教育，兴起专门学术。

九、速成铁路干线，力谋全国交通。

十、厉行移民开垦事业。

十一、维持国际和平，保全国家权利。

该党成立时职员如下：

理　　事	章炳麟	程德全	张　謇
	熊希龄		
参　　事	汤寿潜	蒋尊簋	唐绍仪
	庄蕴宽	赵凤昌	汤化龙
	应德闳	叶景葵	王清穆
	温宗尧	郭　宝	陈荣昌
干　　事			
总务科	黄云鹏	孟　森	
书记科	康宝忠	刘莹泽	王　朴
	马　质	钱芥尘	
会计科	黄理中	张　孤	
交际科	王印川	林长民	王观铭
	龚焕辰	杨　择	
庶务科	章驾时	王季琳	
基金监	赵凤昌		
评议员			
江苏	陈则民	赵鸿藻	
浙江	陈毓楠	宗熊述	
安徽	汪德渊	刘慎贻	
湖南	章驾时	许邓起枢	
广西	周应熙	汪凤翔	
四川	熊小岩	皮祖珩	
河南	张远善		
江西	李　约		
贵州	杨　华	宁士桢	
陕西	康宝忠		
直隶	纪文翰		
甘肃	田骏丰		

该党总部于四月下旬迁往北京，上海机关即行关闭。是时，章炳麟率唐文治、李联珪、龚焕辰、陆其昌、朱清华、王绍鏊、孙肇圻、

易宗周等主要干部北上，总务科王印川、刘莹泽二人已在北京，以图扩张党势。该党北京总部人物如下：

参　事

阿穆尔灵圭	赵秉钧	赵尔巽	
萨镇冰	曾鉴	那彦图	
贡桑诺尔布	荣勋	张元奇	
宝熙	郑沅	王庚	唐在礼
孙毓筠	金还	曾述棨	陆建章
张锡銮	阮忠枢	贺良朴	陆大坊

总部干事表

总务科	刘莹泽		
书记科	易宗周	孙肇圻	四明善
	黄濬		
会计科	张弧	黄子通	黄农
交际科	张一麐	吴景濂	祺诚武
	祝瀛元	宾图王	奈曼王
	吴廷燮	张厚璟	舒鸿贻
	傅良佐	赘汉贝子	沿格
	汪荣宝	景定成	黄大暹
	许存绥	乌泽声	吕铸
	薛大可	梅光羲	恩培
	王丙坤	李联珪	申钟岳
	冒广生	博公	梁建章
	唐浩镇	丁世峄	刘盥训
	覃师范	王印川	田骏丰
	垅焕辰	王绍鏊	朱清华
	朱德裳	魏国铨	陈时利
	孙希彭	陶镕	王观铭
	朱家磐	周肇祥	蒋邦彦
庶务科	贺尹东		

该党支部如下：

直隶	天津支部		
江苏	上海支部	苏州支部	常州分部
	无锡分部	江北分部	南通州分部
	常熟分部	扬州分部	山阳分部
	太仓分部		
浙江	杭州支部	嘉兴分部	宁波分部
	平湖分部		
安徽	安庆支部	合肥分部	庐州分部
	婺源分部		
江西	南昌支部		
福建	福建支部		
山西	山西支部		
山东	山东支部（济南）	烟台（芝罘）分部	
广东	广东支部		
广西	广西支部	梧州分都	
云南	云南支部		
贵州	贵州支部		
湖南	湖南支部		
四川	四川支部	开县分部	
奉天	奉天支部		
吉林	吉林支部		

该党网罗如此得力人物，支部遍于全国，实为确立庞大政党之基础。其党内情况及关系等，可参考其前身"中华民国联合会"，自可明白。

附：中华民国联合会

去年十一月，章炳麟、程德全等为提倡独立各省之统一而发起组织"中华民国联合会"。其主要领导者章炳麟率原属光复会之官吏、地方绅士，于今年一月三日举行成立大会，定会则、支部规则七章二十三条，发表政纲十条，以联合全国、扶助彻底共和政府之确定为主义。

其政纲则与前揭"统一党"大同小异。

光绪二十八、九（1902年、1903年）年间，反对俄国占领满洲时，章炳麟、蔡元培、陶成章、徐锡麟、龚国元①等趁此机会，为便于进行革命运动，组织以反俄为名义之"对俄同志会"。三十年（明治三十七年），日俄战争起，遂形成纯然革命性质之秘密结社，改称"光复会"。以蔡元培为会长，会员多为浙江、安徽人。因当时北京政府对革命党密切注意，故移至南洋诸岛，专图在海外扩张党势。又当时（明治四十一年间）革命党一派因云南河口一战失利，避难南洋诸岛者甚多。党人中遂生"同盟会"派与"光复会"派，今日同盟会与光复会体系之共和党、统一党相容者即发端于此。翌年，宣统元年（明治四十二年，1909年）九月，在爪哇为减轻两派倾轧，试图联络李燮和、沈钧业、王大饮②等人，组织光复总会，以章炳麟为会长，陶成章为副会长，以党势之发展、革命之实行为志。至去秋革命爆发，该会主旨为继承所谓"内诸夏、外夷狄"之中国传统学说，恢复国权，发扬国粹，标榜传统之民族主义。知识分子及官吏中持革命主义者为此派基础，且势力牢固。去秋革命爆发，江浙一带及该会会员率先响应，占领上海、苏州、镇江、南京、杭州等江、浙两省主要都市。如光复军司令官李燮和、苏军司令官刘之絜、浙江军司令官朱瑞等。

该联合会发起人如下：

章炳麟	程德全	赵凤昌	张 謇
唐文治	陈三立	黄云鹏	应德闳
野 珍	汪德渊	章驾时	张通典
钟正懋	林长民	邓 实	贺孝胥
景耀月	杨若堃等		

该会主要职员如下：

会长	章炳麟	
副会长	程德全	
江苏	唐文治	张 謇

---

① 即龚宝铨。

② 应为王文庆。

浙江	蔡元培	应德闳
湖南	熊希龄	张通典
湖北	黄 侃	
安徽	汪德渊	程承泽
四川	黄云鹏	贺孝胥
江西	刘树堂	邹凌沅
广西	陈郁瑞	
云南	陈荣昌	
广东	邓 实	
甘肃	牛载坤	
贵州	符诗镕	王 朴

以上者为代表各省之本会参议员，其余主要会员如下：

蒋尊篼	庄思缄	朱 瑞	李燮和
柏文蔚	洪承点	刘之絜	褚辅成
夏曾佑	朱文劫	姚桐豫	董公复
陈振民	吴锡齐	赵文衡	陈庆安

该会包括当时众多人才，其成为主要政党绝非偶然。因该会组成者多为缙绅官吏，故其主义较为稳健，并且当时已与袁氏接近。（《大共和日报》为该会言论机关。）

第二项 民 社

该社为两湖人士倡导组织之政党，以卢梭《民约论》为基本思想，试图统一舆论、联合国民，达到组织完全共和国之目的。该社主义如下：

本社对于统一共和政治持进步主义，以谋国利民福。

其政纲为如下四项：

一、提倡军国民教育。

二、采用保护贸易政策。

三、扩张海陆军备。

四、主张铁路国有（未定）。

该社于本年一月十六日在武昌成立，制定六章十七条社则及七条

〔章〕十三条支社规则。发起者为如下诸人：

黎元洪	蓝天蔚	谭延闿	王正廷
王鸿猷	李登辉	孙 武	朱 瑞
张振武	王〔吴〕敬恒	杨曾蔚	列〔刘〕成禺
项 骧	宁调元	孙发绪	周 恢
张伯烈	汪敦〔彭〕年	高正中	朱立刚
徐 伟	高彤墀	郭健霄	何 雯

该社网罗两湖军政界人士，彼等于武昌发动革命，贯彻初志者纷纷于各政党出人头地（设首都于武昌，即为该社主张）。其组织成立后迁往上海，并于北京设京津支社，以示其为民国政治之中心。总部设社长，领导如下组织开展活动：

总干事	吴敬恒		
秘书科	何 雯		
庶务科	汪彭年		
主计科	张伯烈		
招待科	宁调元		
评议员	李登辉	王正廷	周 恢
	张振武	项 骧	张伯烈
	孙发绪		

京津民社设于前门外李铁拐斜街，其职员及社员如下：

干 事	陈绍唐	张伯烈	孙 培
	陆鸿逵		
评议员	张大昕	方咸五	郑万瞻
	马 林	屈映光	王文庆
	阮毓崧	李庆芳	饶凤璜
招待员	徐协贞	曹赤霞	马 林
	陈 梁		

主要社员有：

朱家宝	汪荣宝	谭学衡	黄为基
时功玖	刘一清	胡大勋	王 赓

缪庆善	张栩	恒钧	胡作宾
张之文	刘远驹	陆鸿墀	吕铸
熊范舆	彭介石	雷寿荣	周景墀
方咸五	张鸿翼	王邦屏	陈宦
罗虔	张昉	黄敦恀	吴景濂
李振龙	应龙翔	彭方传	

又在南京及武昌设支社，其主要人才则集中上海及北京。该社在各地之支部如下：

黑龙江支部	爱国两级学堂
临淮支部	第四师团司令部
漳州支部	漳州司令部
绍兴支部	绍兴《民兴日报》
奉天支部	奉天小西边门外
安庆支部	荣陞街
长沙支部	黄汉湘报馆
南昌支部	江西民报馆
杭州支部	吉祥巷
开封支部	东聚奎巷
徽州支部	屯溪徽州军政处
大通支部	和悦州永吉里
芜江支部	《皖江日报》
镇江支部	

该社言论机关为发行于上海之《民声日报》，该报总经理为何字尘，总编辑为宁调元。

该社成员多为较稳健者，实为黎元洪之与党。其政纲与行动并无急进之举，故自然与袁世凯接近。又联络统一党合并其余政团而为共和党。

第三项 国民协进会

该会为北方人士严修、籍忠寅等倡导组织，于本年三月成立，总部设在北京（前门内化石桥专门学堂尚志学会）。该会目的为宣达民意、监督政府。并于成立大会规定十三条会则，发布如下政纲：

一、巩固共和政治。

二、确定统一主义。

三、发达社会实力。

该会设法制、财政、行政三科，并附设政治讨论部，以图研究政治问题。该会常务干事有：

严　修	范源濂	吴鼎昌	籍忠寅
梁志宸	曲卓新	那彦图	刘泽熙
陈懋鼎	周大烈	刘颂虞	蹇念益
邵　羲	王振圭	黄为基	林志钧
李　榘	王璟芳		

通观干事中人，无非皆袁氏幕下乃至袁氏系统者。严修为袁氏之股肱。籍忠寅以北洋法政学堂监督身份为资政院民选议员，常秉承袁氏旨意，鼓动舆论；那彦图为庆王姻亲，曾与袁氏交。陈懋鼎前在外交部任职，亦受袁氏推挽。刘泽熙与杨度交结，共同组织"共和促进会"，要请清帝退位，亦实为袁之门徒。而周大烈、邵羲、蹇念益、曲卓新等人皆刘之与党。至于范源濂，则为袁氏得力部下，其由南方来，今为学部次长。由此看来，因与袁氏关系而与"共和党"合一，共同进行政治活动，实非偶然。

第四项　国民公会

该会乃以浙江人为中心组织之政党。发起者为前浙江省选出之资政院议员陈敬第及同志袁文薮、黄群、诸翔九等。于本年四月上旬成立。规定会则十四条，发表如下政纲：

一、保持中华民国之统一。

二、建设巩固之中央政府，顺应世界大势，以促进民国之进步。

三、振兴健全之舆论，保证民国之民权，此当永无障碍。

四、以期国民经济之发展。

该会成立时总部设于上海，后依从会规第二条而移至中央政府所在地。该会成立不久，即因缺乏得力会员，而与政纲相同之如上各政党合并为"共和党"。并与"国民协进会"合作，在上海收买《汉字新闻》

改为《时事新报》，成为纯粹之共和党机关报。

第五项　国民党

该党由亲美派朱寿朋、汤一鹗、潘昌煦、陆鸿仪等提倡发起，得到伍廷芳等赞助，于本年二月二十七日成立。因其党员不多，故为振兴党势，以"于全国统一政治之下，以人民为国家主体，完全保护其固有之权利，以发挥共和之精神"为该党之主义。

该党制定之纲领如下：

一、共和精神之养成。

二、采用美国之共和制，根据杰克逊之学说以国民民政为行政基础。

三、外交上以亲美为方向。

四、尊重国民之权利义务。

五、制定完整之宪法。

六、期待国会之开设。

该党原与"统一党"关系密切，此次与之合并而为"共和党"乃自然趋势。

共和党实为合当时较有力量之多数政党而成者。其中人士纵然多为前朝遗老官吏及具有旧思想之学究，但通晓当时国情及在政、商、军、学界各方面阅历颇深者极众，因以其态度之稳健而颇孚声望，遂致党势隆盛，更有袁氏于幕后巧妙操纵。然互相猜疑权势之念甚多，由各种势力合成大党，必有将来分裂之忧。果然该党成立后十日，内讧产生。即章炳麟因不满"合并案"而率部分旧"统一党"成员脱党，程德全又因章炳麟之褊狭而慨然脱党。

（程德全于章脱党之同时又复归。）

（章所率之统一党人员数量多少，尚有异议，组织政纲亦与旧时有异云。）

今者两党间犹有纠纷。章炳麟分立，共和党为巩固自身基础所进行之事，可以想见。该党与同盟会同为当时主要大党，将来能影响国家之内政外交，不容忽视，故该党之盛衰消长不得不引起特别注意。

第三节　国民党（未成立）

共和党成立，政党合并之风遂起。盖众多政党并立，错杂纷纠之烦势在必然。如该党之企图合并而为大政党未成，即是一例。该党与"国民协会""统一共和党""共和建设讨论会"及"国民公党"四政党合并，先派定各代表于上海及北京议事。现将在北京之各党代表及商议情况记述如下：

国民协会代表	张国淦	张鹤第	张嘉森
统一共和党代表	吴景濂	殷汝骊	欧阳振声
共和建设讨论会代表	汤化龙		
国民公党代表	虞熙正	江孔殷	

由以上代表数次商议，以张嘉森为起草员，拟定以下三条有关该党组织之意见：

第一条　称党名为"国民党"。

第二条　党义为如下四项：

　　一、巩固中央权力，保持国家统一。

　　二、培植自治能力，确定共和基础。

　　三、同化种族，谋求共同进化。

　　四、采用社会政策，注重国民生计。

第三条　本党实行前条之主义。

又，根据中国政治上、财政上、社会上之各种事情，于国会议员选举及国会开会之时发表政纲，以实行本党之政见。

国民党虽见其发表党名、政纲，但未见正式成立，故此事仍为悬案。闻中国方面人曰："既见国民党之成立，共和建设讨论会与国民协会力举梁启超为国民党副理事长，但国民（公）党及统一共和党未加同意，遂使合并难以实现。"其事之真假，一时尚难确定，兹记述于此，以备一说。

政纲既已发表，可见各党代表在协商之际，未能相互妥协，解决实际问题。

现将组成该党之各政治团体记述于下。

第一项 统一共和党

该党为"国民共进会""共和统一会""政治谈话会"三团体合并而成，于本年二月十八日成立。"国民共进会"因其后总部北迁而分离。

该党主义为：

巩固全国统一，建设完美之共和政治，循世界之趋势，发展国力，力图进步。

其政纲如下：

一、厘定行政区域，以谋中央统一。

二、厘定税制，以期负担公平。

三、注重民生，采用社会政策。

四、发达国民商工业，采用保护贸易政策。

五、划一币制，采用虚金本位。

六、整顿金融机关，采用国家银行制度。

七、建设铁道干线，及其他交通机关。

八、实行军国民教育，促进专门学术。

九、振兴海陆军备，采用征兵制度。

十、保护海外移民，奖励边地开垦。

十一、普及文化，融和国内民族。

十二、注重邦交，保持国家对等权利。

由其政纲可见该党与"统一党"之政治主张相同。该党又规定党则八章二十七条。其总部先在南京，后迁北京。该党职员有：

总务干事	蔡　锷（云南都督）			
	孙毓筠（前安徽都督）			
	张凤翙（陕西都督）			
	王芝祥（广西军司令官）			
	沈秉堃（前广西巡抚及都督）			
常务干事	殷汝骊	张树森	袁家普	
	陈陶怡	彭允彝		
参　议	萧　堃	李载赓	马邻翼	黄序鹓
	贺国昌	沈钧儒	刘　馥	阮性存

席聘臣	赵世钰	景耀月	许燊
吴景濂	王葆真	李素	欧阳振声
刘彦	张蔚森	陈景南	周珏

该党以湖南、山西人士为主，于"同盟""共和"两党间持中立态度。党中人物与他党相比，并无逊色。其党员之阅历及党之政纲颇与昔日"宪政党"（"保皇会"派）相投合，故为实行纯粹之立宪共和制者。

一说该党因四党合并困难而单独改称"国民党"云。

第一款　共和统一会

该会于去年十二月二十日成立。其政纲（意见书）及发起人鉴于当时混沌状态之纠纷，企图统一舆论与党派，组织完全之政党，以期共和政府之确立及全国之统一。其政纲及发起人如下：

一、以推翻满洲政府为目的。

二、希望恢复战后秩序。

三、谋求国体之确立与民度之增进。

四、以期达到鼓舞国民士气、健全政治之希望。

五、注意外交，防止干涉。

六、崇尚人道主义，尊重人民生命财产。

七、完成南北统一，成就民主共和。

八、组织联邦政府，确定国是，促进宪法制定。

九、维持领土，确实五族（满汉蒙回藏）联络。

十、统一各省舆论及行动，建设健全的大共和国。

其发起者为如下诸人：

伍廷芳	张謇	唐文治	温宗尧
胡瑛	王宠惠	赵凤昌	陈其美
钮永建	汪兆铭	马君武	于右任
朱葆唐	景耀月		

由此可见该会日后为何种政党活动。其创立之际，为图国内统一，经同盟会及联合会中志士提倡，而为其暂时利用。

第二款　国民共进会

该会为统一共和党之组成者，于最近独立。总部设在北京，在上海设有总机关部。故该会具体情况于后章述之。

第二项　国民协会

该协会于去年十一月六日成立。当时，温宗尧、伍光建、张嘉璈等因革命目的未成，而南方诸省有动摇反拨之兆，故有忧民国分裂之虞，为谋求融合统一，达到和衷协力革命之目的，遂发表宣言性政纲如下：

一、值此列强角逐之秋，割据苟安，岂可长恃？断宜消除旧日省界，联络海内志士，戮力同心，以期建成巩固不拔之中央政府，达吾民最后之目的。

二、破坏时代将次结束，建设事业逐渐进行，此后重要问题，如政府议会之组织、宪法之制定、军政财政之统一，断宜荟萃群材，公同讨究，以求得当而后已。

三、自备省闻风响应，设立军政府以来，地方治安赖以保持。所可虑者，共和草创之初，易流为武断政治，凡我国民安可不长虑却顾自保其监督之权。

四、发表政见，以促进当局之改革；指导舆论，以定民心所向。

继而该会于本年一月二十三日在上海召开成立大会，确定工作部署。举唐文治为名誉会长，温宗尧为总干事长。温氏即席演说，阐明该协会之主义，并发表如下三条政纲：

一、统一国权。

二、培养国民精神。

三、以图民力之发达。

当时该协会职员如下：

名誉会长　　唐文治

总干事长　　温宗尧（温后辞去，由王人文代，两氏后共入国民公党）

总务部长　　张嘉璈　　外部员四名

调查部长　　夏廷桢　　部员七名

交际部长　　沈作廷　　部员七名

研究部长　　稽荃孙　　部员十三名

评议部长　　　伍光建　　　部员二十名

名誉赞成员　　伍廷芳　　　李钟珏　　　周晋镳

　　　　　　　哈　磨　　　陈其美　　　黄　郛

　　　　　　　虞和德　　　高云麟　　　朱佩珍

　　　　　　　唐元湛　　　胡　瑛　　　纪芹生

　　　　　　　沈敦和　　　其他会员三百余人

该协会主义稳健者多为旧官吏及地方绅士，本年四月上旬，会中干部更迭，唐文治、温宗尧、王人文等皆离会，唐绍仪入会，为名誉总理，杨士琦、袁树勋为协理。四月七日召开大会，发表如下政见：

一、实行行政区域之厘定。

二、提倡实行地方自治。

三、奖励移民实边。

四、充实及整顿海陆军备。

五、促进财政整理及经济政策之刷新。

六、保护并奖励农林矿业。

七、谋求振兴实业教育。

八、注重国民外交。

九、希望司法权独立。

另举如下诸人为该会参议员：

诸　翔　　　向瑞琨　　　袁思永　　　赵从藩

沈祚远　　　汪秉忠　　　张国溶　　　张　浍

杨景赋　　　高彤墀　　　陈明善　　　凌文渊

李国楝　　　向瑞彝　　　彭继洵　　　李国琮

吴鼎昌　　　陈时夏　　　卢初璜　　　施绍常

蒋汝藻

从其成员情况可见，该会以民党而具有政府党之性质。主持该会者如唐绍仪、杨士琦、袁树勋等皆为袁氏股肱之徒。

第三项　共和建设讨论会

该会为旧"宪友会"派人员所组成，以谢远涵、刘崇佑、汤化龙、孙洪伊、林长民、李文熙、萧湘等为中心（参见《清代政治团体·宪友会》），成员多为旧咨议局联合会之残党。该会于本年四月中旬在上海设立总部，其职员如下：

编辑干事	汤化龙		
文书干事	谢远涵	林长民	萧　湘
	杨增荦		
会计干事	陈元佐	陈兆瑞	陆乃翔
庶务干事	余绍宋	李文熙	刘树森
交际干事	胡瑞霖	陈焕章	孙洪伊
	李　芳	窦以珏	吴景濂	梅光远
	李　素	黄可权	向瑞琨	赵　熙
	杨兆麟	许炳榛	陈登山	马中骥
	刘崇佑	余庆龄	钟紫垣	陶懋鑫
	吴　琛	李缙云	高松如	陈廷昌
	张嘉森	欧阳烈之	黄耀宗	蒋士宜
	王继贞	梁祖禄	夏瑞芳	刘世珩
	潘澄波	陈元灿	王丰镐	陈官一
	郑官应	郑业臣	谷钟秀	黄中垲
	饶孟任	马仕纯	梁应绵	胡仁源
	凌士钧			

该会成员中多为昔时中央及地方之经验丰富的议员，旧"宪政会派"（康、梁一派）人物亦不少。故当四政团合并时，主张以梁启超为副理事并非偶然。

该会虽未正式作为政党成立，亦无发表政纲，然其主义旨在稳健进步，作为巩固之政党而存在来说，从该会组成之成员可见其将来极有发展希望。

备考：或曰该会与统一共和党、国民公党相联结，并联络康、梁一派，与同盟、共和两党相对峙。

第四项　国民公党

该党原为中国共和研究会（本年初成立），于本年三月成为政党组织，遂改称国民公党。先是，因王人文、温宗尧等脱离"国民协会"，而推岑春煊、程德全等，遂将中国共和研究会改为本党。该党首脑如下：

名誉总理　　岑春煊　　伍廷芳　　程德全

总　理　　王人文

协　理　　温宗尧

其政纲如下：

一、实行平民政治。

二、整理厘金，减除苛税。

三、尊重法律，拥护人权。

四、调剂国用，休养民力。

五、提倡国民外交。

该党又立党规八章二十七条，号称目下有成员四百余名。人或谓，该党以其主持者岑春煊在南方之声望及在政界之阅历故，预想袁氏政府之崛起，从岑氏之现状及该党党员、党纲可见。该党与前记趣味相同之有力政党合并，可知预期活动。其最可注意者即因该党在借款问题及其他财政问题、政治问题上对政府的忠告劝育，而引起的破坏中伤。

政友俱乐部组织

关于现时具备所谓政党之体质者，以前记三政党为最。此三党活动于中央政界，因有党争之端及势利之争；中央政府及全国不堪其扰，而由政府授意组织政友俱乐部，是为融和党争之机关。

该俱乐部于五月下旬发起，初称"三党俱乐部"，后改为今名。其主旨曰：

> 为消除共和党、同盟会、统一共和党之相互误解，融和感情，值此建设之际，共同辅佐政府，乃组织"政友俱乐部"。

五月十九日，以共和党汤化龙、李肇甫、陈鸿钧，统一共和党谷钟秀、张树森、章勤士为代表，共同协议，决定成立政友俱乐部。其大致方针由该俱乐部另设之政谈会中可见。

政谈会规约：

一、本会以联络感情，交换政见为目的。

二、本会由如下各员组成：

1. 各政党参议员及干事。

2. 各政党国务员。

3. 各政党新闻记者（每社一人）。

4. 各政党委员五名。

三、本会由各政党推举干事一名共同经理会务。

四、本会于每月第一个星期日召开常务会议，会前由干事于三日前通知，如遇紧急事件，经干事合议，可召集临时会议。

五、本会经费由各政党负担。

六、本规约经各政党之干部会议决认可后施行。

政友俱乐部虽经成立，但以上三党之争愈加激烈，可见融和党争并非容易之举，而该俱乐部亦终成有名无实之组织。

第四节　上海团体

关于现时在中央政界之政党活动者，已如前三节所述，与同盟、共和及国民（统一共和党）有关之其他团体，无非区区小党，然亦可了解其中各政党之主义纲领。当时上海、北京已为南北之政治中心（上海先于北京而产生政党，北京之党派多为从上海各党中分化而来）。

第一项　共和宪政党

该党为"共和宪政会"之发展。（于本年三月下旬改称党）是为党势未振而主义稳健之政党。现由其前身"共和宪政会"而及该党现况。

共和宪政会，于去年十二月三十日成立，由李平书、朱绳先、沈镜登、沈练石等据自由平等即"三大自由说"而定共和宪政之大纲，以期完成战后之统一。其《宣言书》曰：

> 参酌欧美共和诸国之宪法，制定适合中国国情之宪法，确立纯粹之共和政体，且反对绝对之君主政体，共享自由平等之幸福，督促共和政体之进行。

孙文及陈沪军都督皆于该会成立时派委员出席开幕式。该会创立二月后，即有会员三百名，并于杭州、嘉兴、嘉善、海盐、绍兴、宁波（以上浙江）、南京、镇江、扬州、泰州、淮安、兴化（以上江苏）及福建、广东等各地设立支部。其时该会发表政纲如下：

一、振兴实业。

二、整理财政。

三、与德、美两国结为同盟。

四、普及教育。

五、减少军备。

六、图谋社会进步。

其职员如下：

会　长	李平书	副会长	伍廷芳
总务部长	郑允恭	文牍长	苏平甫
庶务长	唐小澜	会计长	郑子庚
交通部长	费璞庵	研究部长	杨春若
编译部长	李藻臣	宣讲部长	徐企文
外部员五人			

该会计划发行《共和宪政杂志》为其言论机关，其宣讲部巡回各地宣传其政治主张，以扩张党势，宣扬共和宪政。

该会成立之初，因国民对日、英两国感情最好，故其政纲中之外交政策为"以联合日、英两国为目的"；后在借款问题上舆论界对日本颇不满，遂将其改为"与德、美两国结为同盟"云。其政纲既定，又因故而改变主义，此反复无常者，实为中国人之性情暴露。

以顺从民情而图扩张党势，是为本国民众所欢迎。三月下旬，该会遂改为正式政党，称"宪政党"。党内机关亦有所变动，其情况如下：

正首领	伍廷芳	副首领	李平书
总务部长	郑允恭	交通部长	赞元煜
编译部长	陈福民	宣讲部长	戈鹏云

该党又附设"南洋法政学校"，培养学生，以图扩充党势。但因无政党性实力，故亦少单独之行动，其势力更难于在中央政界形成。

第二项　自由党

该党由《天铎报》主笔李怀霜及留学生王钺、赵铨章等发起，其政治主张为"维持社会之自由，驱除共和之障碍"，因倡导绝对自由，故带社会主义色彩。该党主要首领为少壮留学生及新闻记者，有声望及阅历者甚少。试列举如次：

　　蔡之韶　　谢树华　　林兴乐　　杨兴春

　　徐麟寰　　高冠吾　　梁舜传　　梁炳麟

　　罗　传　　王　钺

该党并在如下各地设有支部：

　　苏州　　　汪绍芳

　　常州　　　丁锡龄

　　镇江　　　许公武　　郑　权　　胡义庆

　　广东香港　黄温初　　方丽泉

　　浙江　　　罗　传

　　四川　　　何观光　　窦尚甫

　　福建　　　陈毓祺　　刘崇彝

　　云南　　　赵铨章

该党于本年二月三日在上海举行成立大会。当日，依靠美国传教士组织"万国改良会"，经常与中国的政治方面及其他各种事件发生关系的美国人丁义华（Twing）亦出席大会，因而引起相当注意。继而，该党于本年三月下旬在党的例会上发表如下政见：

一、注意民生与民权之关系。

二、研究公理中之平等，法律上之自由。

三、提倡人道主义。

四、了解自由平等之国家关系。

五、明确地方自治与自由之关系。

六、指导黄帝子孙之汉族了解数千年来所得之自由，以尊崇自由而保持完全之自由。

该党奉孙逸仙为总裁，黄兴为副总裁，李怀霜负责党务。以倾向同盟会之《天铎报》《民权报》为其言论机关（两报曾一度因纠纷而与该党断绝关系，后又恢复）。该党主张社会主义，党内多年少不逞之徒，故未获得社会信任，其宗旨与同盟会、社会党一致，反对现政府，是为将来难以对付之党派。

第三项　社会党

该党为浙江人江亢虎（《天铎报》记者）提倡发起，主张将欧美社会主义与中国传统习俗相融合，以取得绝对平等自由及女子参政权。去年在上海召开第一届社会主义研究会，本年一月十日举行该党成立大会以来，党势有所扩大。该党首领除前记江亢虎外，并有李怀霜（自由党临时总裁）、张继（革命党著名人物，直隶天津府沧州人，主张无政府主义，曾在巴黎出版《新世纪报》，热心鼓吹其主义，今为同盟会重要人物活动于北方）等热心主持者，故其党势日益扩大。目前该党总部置于上海，在各地设有支部，其主要支部及（负责）人员如下：

苏州　　陈翼龙　　詹天雁　　李静梧（女）
　　　　裴桂珍（女）

南京　　高观潮

扬州　　季志云　　冯叔鸾

淮安　　陈少侯　　汤　铃

镇江　　赵钦汉　　吴豹卿　　陶德源
　　　　马凤池

常熟　　王冀如

平湖　　沈懋学

常州　　刘嵘昌　　杨　游

广东　　谭民三　　叶夏声　　易　侠

绍兴　　杨无我

嘉兴　　朱铭勋

其他支部所在地如下：

长沙	南昌	泰县	芜湖	宁波
杭州	海盐	武昌	汉口	汉阳
台州	海安镇	嘉应州	福州	中洲镇
余杭	无锡	江阴	清江	大通
萧山	昆山	长安镇	泉州	大安
南通州	高邮	六合	梅州	庐州
荡口镇	新市	十二圩	黟县	嘉善

邵武	兴化	天津	汕头	海门	菱湖
浦口	安庆	崇明	宿迁	重庆	厦门
丹阳	松江	沙市	嵊县	乌青镇	景德镇
滁州	隽阳	右门	新篁镇	路桥	太仓
宁国	南陵	镇海	湖州	浦东	钱江
蕲水	临海	蒲圻	岳州	江陵	普陀

等八十余处

有党员五千余人，发行《社会日报》为其言论机关（该报先为插入《天铎报》，后借《民立报》之一部分以为社会党发表言论）。该党如其名所示，颇有破坏性质，议论多为矫激，行动多无节制，乃上流社会之野心家所为，又因受下层社会欢迎。今该党党势之扩充，恰如燎原之势，而蔓延全国。该党与同盟会主张相似，多有接近，对现政府持反抗态度。又闻该党内部急进的无政府主义与稍为温和的民生主义派有分裂倾向云。

第一款　仁党

该党为社会党员发起，以实行博爱主义、人道主义、平等主义及大同主义为目的。其党纲如次：

一、消灭种族区别。

二、筹划平民生活。

三、破除社会阶级。

四、主张土地国有。

五、努力谋求财产平等。

六、实行义务教育。

七、提倡农工商业。

八、改良社会习惯。

其总部当时设于南京。后与社会党采取统一行动。

第二款　万国统一天民党

与社会党无直接关系，由与社会党同一主张之闻天裔、冯复苏等发起设立，其主旨曰：

以扶持人道主义，增长道德，提倡民生，谋求社会之最大福利为目的。排斥破坏社会秩序、妨碍公共利益之行为。对他党以道义支持。按种族界限设立国界，一视同仁，以博爱为起点，以五大洲统一为最后目的。

其盟约曰：

一、以道德为君主。

二、人人以天民自待。

三、不作消极之行为。

四、对本党表示诚恳之爱情即可。

五、对本党党规表示原则同意即可。

六、入党后即为终身党员。

该党党员在党规约束下，贫富平等、法律平等，同患难、共安乐，状况甚为严重，是为社会党之另一类型。其发行《天民杂志》为言论机关。该党于本年四月成立，尚未形成什么势力。

以上两党与社会党宗旨相同，故收入同一项内。

第四项　共和促进会

该会由沙淦、厉明度、张明远等军政界有志中坚者组成，于去年底在上海召开成立大会，推举伍廷芳为名誉会长、陈其美为名誉副会长，会员号称数千，依其最初之政治主张开展活动。其主旨曰：

一、确定民主国体，政治组织拟采法国制度。

二、国民会议拟采两院制。

三、组织政党之基础。

四、广萃隽才，为政治之运动。

五、联络各政团及各省政事机关，扶植本部势力。

六、辅导共和政府施政之方针。

当时南北和议未成，时局前途处于混沌状态，该会如仅作为团体而促进共和政体之确立，未免缺乏政党性素质，本年以来，该会基础既定，遂发表政纲，以至始带政党色彩。

一、促进共和，建单制国家，设总理内阁。

二、持急进主义，行国家主义。

三、主持中央集权，改良行政区划。

四、采"五权分立说"（五权即立法、司法、行政、教育、纠察）。

五、国会取两院制，用普通选举法。

六、谋宪法及各种法律之改良。

七、据讲坛学派以理财政。

八、依改良社会主义，谋经济之发达。

九、改良通货，发展金融机关。

十、采用农商并重主义。

十一、厉行全国征兵，扩张陆海军备。

十二、移民开垦，巩固边境。

十三、注重国际竞争及国际社会上行政。

十四、实行强迫教育。

如此政纲，虽堂而皇之，然其实力则成疑问，该会成立半年以来，未闻有所作为。近来该会为振兴会务计，举会员陈介石为干事长，但首脑既得，而又财政窘迫，故呈今之现状，其岂能与同一主张之大党相联络而角逐于政界？

第五项　大同民党

该党为光绪二十七年（1901 年）由襄、陕、潼尚字革命团发起，于本年春在上海纠合同志，以"大同民党"名义改良之。其发起者有如下诸人：

陈天华	张震亚	何观莲	杨牺之
梁　牺	倪学宽	陈英培	姜　坤
毛祥澍	魏彦龙	章　峻	宁玄靖
章水天	焦　桐	张烈裔	张笙阶
李　荃	丁宜中	章时瑾	陈　言
章汉廷	娄善籛	萧　汉	邹光汉
李本汉	叶惠钧	胡宗桢	伍廷芳
成济汉	许　纶		

赞成者有如下数人：

黄　兴	李登辉	蒋汉民	李平书
聂云台	刘复汉		

该党以化除畛域，联合同胞，组织共和进行为主旨。其性质在于清除满人专制之余毒而振兴汉族，因视全国如一人，视天下如一家，以尽同胞之天分天职，主公平无我之见地，共享共和之福。

该党亦立党规十条，依如下之职员负责党务：

会　　长　　章水天

第一支会长（苏州）　　卢振声

第二支会长（镇江）　　娄善簏

第三支会长（扬州）　　陈天华

第四支会长（南汇）　　顾　藩

第五支会长（荡口镇）　李本汉

第六支会长（平望镇）　黄洛同

太平县支部　　张崇直　　林　俊

其他支部七十余处

该党以联合五大民族，并谋求其融和为宗旨，为注重将来而制定实业政策及社会政策，预备设立银行、医院、学校。于本月发行《民强报》为其言论机关。原来该党与同盟会关系密切，今在某些问题上亦与同盟会步调一致。其与自由党、社会党及促进会共为同盟会之有力后援。

备考：因近时同盟会、共和党、统一共和党诸党派纷争甚多，故会长章水天发起"三党联合会"。

第六项　中华进步党

该党由少壮留学生发起，于本年二月底成立，总部设在上海。在日本、新加坡、青岛、香港、汕头等地设有支部。其宗旨以尊崇道德、改良社会、促进实业之发达、增进人类之幸福为目的。其发起者中之重要人物有：

苏筼尚　　杨岘庄　　郑鉴宇　　郑正秋

刘惠人　　叶惠钧　　洪炳甲　　周复生

三月下旬发表如下政纲：

一、巩固国是，伸张国权。

二、普及平民教育。

三、尊崇道德，改革宗教，推进世运。

四、改良社会，尊重人权。

五、振兴实业，救济贫民。

六、提倡农业开垦，奖励劳动者。

七、力求交通殖民事业之发达。

八、平均地权，实行地价制裁主义。

九、改正法律，破除阶级。

十、监督行政，力求国际间之平等。

十一、鼓吹弭兵，以增进人类福祉。

其政纲大旨与社会党相仿佛。该党四月十七日于上海万国改良会事务所召开职员选举会，通过如下决定：

正总裁	谭人凤（湖南哥老会头目、北面招讨使，现任粤汉铁路督办）
副总裁	李经羲（前云南总督）
名誉总裁	苏本炎
临时评议部长	刘集贤
临时干事部长	李光瀛
临时文牍部长	杨震瀛
临时交通部长	庞光志
临时纠察部长	柳大年
临时调查部长	郝儒林
临时庶务部长	李治
临时财政部长	翟师彝
名誉赞成员	李怀霜（自由党临时总裁）
	丁义华（美国人 Twing）　　　林檀浦

该会未见有政党性行动，然其政纲与自由党、社会党相类似，且其党员与上述二党有关者甚多，故该党将与同盟会联合而注重政界，亦未可知。

备考：万国改良会会长、美国人 Twing，中国姓名为丁义华，常与社会性政党保持关系。其先于京、津两地以"万国改良会"名义鼓吹禁烟，颇为满洲政府所取悦，其后天津搜集有关时事之各类问题无偿向中国各报刊投送稿件，常揭露对日、英、俄三国不利之事，以鼓吹排日、排俄风潮，宣扬亲美主义（彼通过美国驻天津领事、驻北京公使而从其政府处获得津贴）。革命爆发，奔走于南北各地，利用中国人之亲美热，推行各种政治运动，并首先以外国人身份邀请清帝逊位，要求承认中华共和国等。其前次出席自由党成立大会，今又为进步党之名誉赞成员，实为在中国积极推行排日亲美之人。此等借宗教名义，以传教士身份参与政治者，现今中国大有人在。

第七项　公民急进党

该党于本年三月上旬成立。其宗旨为：清朝既亡，国民于南北合一而生责任之心，徒以党派纷争、公私混合，必开全国分裂之端，而于政事方针亦对人民有所刺激，此即民国成立之难。我"公民急进党"即为此而立云云。该党主义为：

> 养正锄非，化私就公，拥护民权，发展民意，全国人民当各尽公民之天职，造就完全之共和国家。

其发起人为如下诸人：

周福鹏	郑铁如	徐　千	查士端
罗鸣举	邹东山	鄢江如	田颂尧
陈鹏云	高集生	沈剑侯	梁炳麟

又于本年五月上旬召开临时会议选举职员，并决定待于四月内在全国设立预定之二分之一支部后召开正式大会。

掌理	沈剑侯	许九畹	陈飞公	
参事	查士端	郑铁如	刘强夫	张觉民
	唐端夫	孙寄尘	周俊人	陈根香
	谭经纬	王甦民	顾允中	丁毓青
	彭治齐	陈汝舟	张馨谷	
监察	沈剑侯			
理财	孙采丞	许绥臣		
总务	查士端			

文牍	张觉民	唐端甫	黄芬圃
	王生一		
交际	孙寄尘	郑仲诚	王伯祥	刘共山
会计	王梦生	袁秀身	
庶务	郭秉学	周仲华	

该党未见有作为政党之行动者，若非与大政党合并而附随之，必难以驰驱于政界。

第八项　中华国民自竞党

该党于本年四月上旬成立。其主义为提倡公义，遏制私争，发扬国家精神，增进国民幸福，兼与列国为伍而发挥国家价值。该党主要联络各省志士，以开通民智、促进自给机构之发达，期待民国之完全。

一、注重教育。

二、提倡实业。

三、振兴尚武风气。

该党又特别规定：凡以中国人而有自治之能力者，不问男女，均可为其党员。该党发起者有如下诸人：

汪子静	徐蕴玉	庄子湘	李寿耆
钮荫芝	胡志平	陆汉生	

第九项　竞进会

该会于本年四月中旬由上海绅士陈槐、陈华等发起组织。以竞争进步为主，重视道德，注意实业，共同谋求民国之发达。其目的为：民国成立后注重国民生计，联合大多数国民，不问男女，共同研究民生主义，讲究自治之道德，培养营业之品格，去除倚赖之心，言行一致，以振兴国民独立之精神。其主要职员如下：

名誉会长	徐绍桢
同	沈勇桢
协理	陆树范
正会长	陈槐
副会长	陈华

本年五月上旬，举行欢迎以上诸职员之大会，名誉会长徐绍桢承诺

支出补助金，以希望会务之开展。该会成立时，美国人丁义华亦列席。

第十项　政益会

该会由江苏人恽毓龄等发起，会员主要为前清官吏、道学派人物。多为极力反对革命、维护传统名教、主张君主立宪者。今急进派势力大盛，故其表面蛰伏，而暗中网罗满、汉中之有志者。其总部设于上海英租界白克路，以谋求党势之扩张（现有上海之会员二百余名）。然其党势不振，若为开展政治活动，必与同一主张之政党联络，或与大政党合并。如此亦不能完全贯彻其政治路线。

恽毓龄，江苏常州人，前安徽官钱局总办，年五十六。与道学派之陆润庠、荣庆等善。

第十一项　华侨联合会

该会由海外之归国侨民组成，其主义如下：

> 本会联合国外侨民，共同一致，协助祖国之政治、经济、外交活动，并研究侨民之利害。

该会成员以广东、福建、浙江诸省为中心，其发起者如下：

南洋代表　　吴荣世　　　汪兆铭

美国代表　　冯自由

布哇代表　　温雄飞

日本代表　　马聘三　　　黄卓山

爪哇斯拉比亚代表　　曹育文　　　王少文

　　　　　　　　　　亚　齐　　　谢碧田

新加坡代表　吴应培　　　蒋玉田　　　何剑飞

　　　　　　张永福　　　张仁南　　　林文庆

马尼拉代表　卢治三

爪哇撒马兰代表　　蒋逸波

仰光代表　　陈钟灵

爪哇巴塔比亚代表　　李竹舫　　　白蘋州

暹罗代表　　吴金发　　　陈载之

越南代表　　徐瑞霖

上述诸人皆为同盟会会员。

列示赞成人及名誉赞成员之主要者，以为参考：

名誉赞成员	黄　兴	蒋作宾	黄钟瑛
	居　正	魏宸组	胡汉民	伍廷芳
	蔡元培	张　謇	汤寿潜	唐绍仪
	陈锦铸	徐绍桢	温宗尧	陈其美
	宋教仁	吴志伊
	等六十余名

上述诸人皆为与民国有关之主要人物。

该会现有如下职员处理会务：

评议长	林文庆
评议员	陈载之	张永福	冯自由	王少文
	吴金发	蒋玉田	李锦堂	方乃三
	缪安光	何剑飞
庶务科	马聘三	吴应培
会计科	庄啸国	徐瑞霖
书记科	谢碧田	白蘋州
调查科	蒋逸波	卢治三	曹育文

本年二月上旬举行成立大会，同时发表如下宣言性政纲：

一、谋图散居海外之华侨之联合统一。

二、主张且尊重华侨权利。

三、确定政府对华侨之将来方针。

四、谋图殖民政策之实行及海外移民之保护。

五、注重利权回收与海外贸易之发展。

该会并非纯然之政党，实为海外离乡者之保护团体。然将来必与同盟会联合而活动于政界。

第十二项　上海社会联合会

该会以革命后谋求社会改良、共享共和政治，在上海联合社会各阶层共同研究政治为目的。由兴起于上海之公余学社、学商公会、西北城地方协赞会、舆论折中会、东南城地方协赞会、公益研究会、农人公会等组织发起，主要参与地方性社会事件及非政治性活动。

第十三项　五族少年同志保国会

该会于本年五月下旬成立，所谓年少者之团体，以《民权报》记者戴天仇为会长。该会设志士团、辩护士、探访团、童子团及敢死团，以鼓舞国民之元气、培养法律知识、注入尚武精神为主义。发起者有：

　　　　雷　振　　张治国　　金石志　　陆联魁　　等二十八人

赞成者有：

　　　　岑春煊　　王人文　　姚文栋　　高崇礼

　　　　梅竹庐　　胡　康　　等名士

该会以年少轻佻之徒为主体，言行诡激，并早已干涉政治。曾向北京参议院发电，反对借款条件，强请承认国民募捐。如是活动，与孙逸仙等于海外组织之"少年中国党"相仿佛。目前号称会员二千余人，是为同盟会之宠儿。

第十四项　统一国民党

该党系本年六月下旬成立，由郑浩然等留学生组织。慨然于今时事多艰、党争甚烈之现状，诉以国民爱国之精神，肃清民气，期待完全之统一。以此为目的，其政纲如次：

一、厘正军民分治之行政区域。

二、保全国家之利权，维持国际之和平。

三、整顿金融机关，发达国民经济。

四、厉行征兵制度，巩固国防。

五、振兴实业，采用贸易保护政策。

六、普及教育，培养专门人材。

七、加速敷设铁路干线，谋求交通便利。

八、厉行移民垦殖，促进边荒之同化。

九、整顿盐政，改革税法。

十、实行男女平等教育。

由此观之，该党性质与旧统一党相近。将来发达之望尚难预料，今于其创设之际，实力亦不清楚。

第十五项　少年中国党

该党为孙逸仙等为扩张革命党势力而在海外组织（于美国桑港为根据地）。与秘密结社相同，内容亦不明了，以减借外债而主张国民募捐。是为与孙、黄一派关系颇密切者。

第十六项　政见商榷会

以挽救政党林立、党同伐异之弊，融和各党感情为目的而产生该会。发起者为如下诸人：

黎元洪	黄　兴	唐绍仪	伍廷芳
汪兆铭	王人文	蔡元培	宋教仁
于右任	赵凤昌	熊希龄	程德全

上述诸人为当时民社、同盟会、统一党、国民公党（今之共和党、同盟会、国民党）之首领，故是为融合各党研究政治问题之最适当机关。然实际为有名无实之团体。

第十七项　国民公会

该会亦称"江苏省国民公会支部"（总部在苏州），实际行总部之事。由江苏省之志士陆蔚臣、李伯增〔埙〕、江确生、梁干臣等组织。该会因现时党会林立、会员复杂、互相竞争而与社会实际相背，故以主张纯正、监督政府、保护人民权利而结成团体，实行社会政策为宗旨。其主要职员如下：

正会长	姚子樑
副会长	江确生
同	李伯增〔埙〕
会计长	何伯勤
文牍长	蔡芝庭
庶务长	梁干臣

另设医业部。该会政治上亦注重社会政策。

第十八项　救亡会

该会由所谓"伶界联合会"发起，潘月樵等主持，于本年五月下旬成立。主张反对借款，反对财政监督。乃好事少壮不逞之徒之团体。以该会会长戴天仇为同盟会会员一事，可知该会与同盟会之关系。

第十九项　国民捐会

该会以国民募捐为手段，孙逸仙为总理，王人文、沈秉堃为干事长，以拒绝外债为目的，是为同盟会之别动团体。

第二十项　其他团体

关于上海之政党结社，层见叠出，不胜枚举，故将其中主要者列记于上，知其概要。其他团体，则未必为重要者，仅记其会名。

一、共和建设会。

二、国民总会。

三、商团共和会。

四、律师会。

五、中华国民鼓舞社。

六、伶界联合会。

七、民生国计会。

八、东社（该社以融和新旧各社为目的而组织，兼以引导国民监督政府，由黄钟、郑仲诚、吴兆桓、潘望成等发起。计划发行《齐民日报》）。

以下略。

第二十一项　女子关系会党

中国革命中女子亦奋起于政治、军事。试举其团体有：

一、中华女子竞进会。

二、女子参政同志会。

三、中华女子共和促进会。

四、神州女界共和协济会。

五、中华民国女子同盟会。

此类团体组织女子北伐队，热衷争取参政权运动，以此引起社会注意。总之，中国女子知识程度幼稚，不足言者。然其与社会主义派相联系，搅乱国家风教，亦有几分势力。

第五节　北京团体

民国定都北京，大小政党争集于此，是为政党之总汇。因此以由南北合一前至现在情况叙述如下。

备考：南北和议开始，北京仍处于混沌形势之中，尚无政党组织之事，仅"君主立宪同志会"等二三团体。

第一项　共和促进会

南北和议纠纷起，清廷逡巡不决，是时，袁世凯授意杨度、刘泽熙等于辇毂下主张共和，作为威吓清廷之组织，有确定之主义政见。当时该会主要人物为如下诸人：

杨　度	王　赓	刘泽熙	邵　羲
曲作新	蹇念益	薛大可	陆鸿逵
刘鼎和	乌泽声	舒鸿贻	梅光羲
周大烈	籍忠寅		

皆为袁派中之有力者。

第二项　北方共和会

是亦斟酌杨度一派之无名小辈组织，其发起者为：

黄　仁	刘珏	林宗汉	李一得
存　竞	赵祈	许　球	宋体乾
何士元	朱思诚	文　郁	绍　先
杨　杰	伍道明	承　明	李用民
徐竞平	刘彤民	孙仰琴	王志元

第三项　共和进行会

该会乃在京蒙古王公及上流社会之汉人，以解决满汉交争、组织新型国家之名义而发起之组织。鼓吹共和热，劝说清帝及早退位。由蒙古王那彦图等与袁派一流者主持。

以上三会，皆于清帝退位前即本年一月至二月上旬成立。其他有"共和弭兵会""八旗和兵会"等，皆不过为袁氏实行其野心之机关，无政党性实质。故此等会党于南北统一后即解散，或与其他政党合并。

第四项　蒙古联合会

该会意在联络全蒙古实行革命政变，以图改良蒙古之风俗政治，保存民族权利，是为蒙古独立之机关。由蒙古汗亲王、郡王、贝勒贝子、公、札萨克、台吉、旗员等组织，喀喇沁王等提倡。其后该会为各种要求极力主持蒙古利益。可望得以于中央政府进行政治性活动。

第五项　共和政体研究会

清帝退位，南北合一，共和政体确定，旧北京政府之官绅中有志者于二月末组织该会。以研究共和之原理，组成完美之政体为目的，得以称为政党而记入政治性团体中。其发起人如下：

王　牧	楼思诰	王承吉	沈承熙
王　榆	汪张黻	李绮青	胜　柏
李升培	王　燮	张湘林	张曾启
徐士瀛	张启熙	黄良弼	

第六项　南北共和宪政会

该会以联络南北政党及志士，化除畛域、发表政见，讨论共和新政府之建设问题，巩固全国统一机关为主义，且与军界统一联合会、共和促进会、民社、国民协会相联系，贯彻务实主义。其发起人如下：

丁乃杨	陶建章	张绍曾	杜　潜
傅良佐	唐在礼	姚锡光	白逾植
李季直	俞长麓	刘恩源	刘基炎
蔡儒楷	冷公剑	欧阳萼	韩德铭
李士锐	毛继成	张鸿逵	孔庆塘
方咸五	相治初	睦　锦	丁惟忠
丁沙彪	胡海门	华世中	华学栋
刘任秋	张宗楷	苏至元	曾广为
夏清贻	韩云骏	吴烈辉	宗发祥
汪　莹	汪树壁	尹渔村	陈维成
郑　鸿	王忠荫	蒋耀奎	崔庆钧
刘秉堃	朱　纶	靳云鹏	史久力
崔季友	程　度	马肇群	廖宇春

皆为政界较重要之人物。该会主义稳健，因会员中有与共和党、统一党有关者，故将来可望与二党提携，共同行动。

第七项　共和急进会

于本年二月下旬成立。以泯除私见、联络各阶级而组织一大团体，扶持现时共和政体之成立乃至永久为主义。其政纲如下：

一、施行民生政策。

二、筹划地权平均。

三、整理中国财政。

四、普及军国民教育。

五、振兴实业。

六、充实国民经济。

七、谋求国际贸易之扩充。

八、扩张陆海军备。

九、实行殖民政策。

该会成立时总部设于武昌，定都后遂迁至北京。其发起人如下：

黎元洪	黄　兴	蒋翊武	蔡济民
刘　公	时功壁	邵玉麟	王守箴
马伯援	徐祝平	孙　武	潘　江
王安澜	曾尚武	许伯华	冯光翼
江华东	张　汉		

该会后与民社取同一步调。

第八项　纯粹共和社友会

该会以联络满、汉、回、蒙、藏五大民族及各宗教，洗净专制之余习，帮助共和国之进化，制造大国民，共同监督本国行政为主义，不问男女，皆可为该会会员。会内另设文治部、武备部、教育部、实业部，各部皆服务于该会。其发起人及赞成者如下：

姚珍贤	旷　达	戴亦秋	承　志
王　俊	刘　昌	释道阶	刘绍文
彭仲垣	袁祖恩	释来振	徐思谦
周敬廷	沈钟琳	周春廷	胡　义
詹道太	何承栓	向　华	陶镇民
盛　年	骆松林	惠　敏	海　秋

第九项　中央集贤会

该会于本年三月下旬成立，意在联合德才兼备之士，组织纯粹政党，研究治理、发明政策。中央政府乃用人行政机关，应得其人而用，方可巩固共和基础而受共和之福。该会以培养人才，而备政府采访、条陈利弊、研究时政，谋求国利民福，以此为目的。该会依如下诸项作为党纲研究：

内政　　外交　　法律　　财政　　教育

实业　　交通　　军备　　边务

其发起人如下：

齐忠甲　　申钟岳　　郭星五　　王赤卿

高汝清　　李文肇　　冯绍唐　　杨书升

陈嘉乐　　秦玉权　　徐　谦　　马体乾

于定一　　文　征　　杨乃赓　　王太卿

赵振熙　　刘述尧　　张著谦

第十项　政群社

该社于本年四月成立，以融化种族界限、增进国民智能、维持领土统一，建成巩固之共和国为主义。该社政纲如下：

甲、政治方面：

一、中央政权之统一。

二、行政区域之厘定。

三、国家社会主义之采用。

乙、经济方面：

一、振兴实业。

二、拓展交通。

三、厘定租税，平均人民之负担。

四、划一币制，整理金融机关。

丙、军政方面：

一、提倡征兵制度。

二、推行屯垦政策。

三、巩固海陆边防。

丁、教育方面：

一、努力维持国学。

二、讲通文言。

三、注重小学教育。

戊、外交方面：

一、维持国际和平。

二、保护侨民权利。

其发起人如下：

胡大勋	刘远驹	王葆心	王人杰
张玉麟	沈乃诚	王璟芳	朱国桢
李盛和	王　佑	丁承濂	李学仁
徐大中	李良骏	王树梅	俞之昆
石耀翔	冯汝珍	王正铭	曹敬修

等八十余名

参与同盟会之流甚少，而有政治阅历者亦少，故未为政界所重。

第十一项　国群铸一通俗讲演社

该社为各省之有志者于北京统一全国思想界，为扶持共和宪政稳固进行计，而致力于讲演者。

第十二项　民生促进会

据传该会由同盟会及社会党一派所组织，以期促进民生主义。发表政纲如下：

甲、地权之平均：

一、变革地主契约。

二、实行地价税法。

三、改良印契税则。

乙、资本问题：

一、募集外资开办生产事业。

二、注重劳动时间问题。

丙、国有问题：

一、采用德国铁道国有制度。

二、未经民间修筑者为国有。

三、既筑者三十年后收归国有。

四、矿山国有者可贷于民间开采。

该会虽实行稳健之社会政策，而将来若附从同盟会等经营之，则其效果难以预料。

第十三项　民权监督党

该党以伸张民权，监督议院之议案及政府之行政，积极谋求共和政体之进行为主义。其政纲如下：

一、巩固中央集权，建设稳健美满之共和政体。

二、监察行政机关，筹划救济对峙之手续。

三、审查议案得失，确定维持补助之方针。

四、提倡国家社会主义，注重民生问题。

五、借入外债时，本党得以提出质问并监督支配。

六、推行财政整理政策，中央及各省之支出收入适当与否，本党得予查核。

七、力求国际均势，主张公正之外交政策。

八、组织"演说团"，主张强迫教育，讲急进之齐民方法。

九、注重道德教育，积极发达国民之自制心。

十、勉力于边荒垦殖，巩固国防，实行军事经济性移民政策。

十一、改良水利，振兴实业，开发富源，谋求国民之生计。

十二、发起国民捐款，募集爱国公债，劝说国民担负经济责任。

十三、采用军国民制，在全国振起尚武精神。

十四、扫除专制之积弊，改良社会之恶习。

其发起人如下：

魏文仲	冯自由	马宗林	李廷辅
崔嵩严	苗士铭	王希贤	李兴中
周振华	郑连升	戴峻鹏	周夒都
周心泉	叶梦元		

此外尚有四十余名，皆为同盟会派人士。是为扩充民生民权之机关。将来与同盟会联合而谋求党势之振兴，以在北方巩固党势。

第十四项　国民共进会

该会于本年二月初旬在上海发起，待首都北迁，总部亦定于北京。该会曾为统一共和党之组成者，后分离（参见第二节"统一共和党"）。

主张国家以民为本，共同策划建国方针。其政纲如下：

　　一、灌输国家思想。

　　二、维持地方秩序。

　　三、改良社会习惯。

　　四、增进国家道德。

　　五、主张世界和平。

　　六、筹备平民生计。

　　七、振兴工商实业。

　　八、提倡尚武精神。

其职员如下：

会　长	伍廷芳			
副会长	王宠惠			
会　员	徐　谦	沈其昌	许世英	马德润
	陆　定	徐　巽	马振宪	沈宝昌
	姚　箴	舒鸿贻	陈锦涛	罗文庄
	罗文干	顾祝高	陈　篆	林志钧
	王世征	陈启辉	朱神思	潘　敬
	张庆桐	胡云程	邓家让	杨观东
	牟　琳	王廷杨	江　辛	胡　骏
	陈命官	岳昭燏	蒋履福	李　增
	金在镕	张之霖	金兆丰	章兰孙
	朱有濂	刘曜垣	郭文彻	萧堪炜
	沈元鼎	贾其桓	左　坊	王炽昌
	舒良弼	胡　镛	舒　翎	舒继芬
	汪培源	何宝权	程　炎	陈秉瑜
	徐　晋	胡凤起	项致中	

　　该会又于上海设驻沪机关部。陈其美、应夔丞、张绍曾、宋赓平、周维山、陈锡恩、李厚初等为发起人。该会会员多为与旧宪政实进会及共和党有关者，故将来可与共和党及统一共和党相联系（与统一共和党、共和党之关系可参见第二节、第三节）。

第十五项 平民党

该党鉴于提倡共和政治而引起党会林立，或以政治纠纷为事，或靠拢社会党而有无政府主义之倾向，深恐因之而危及国基，乃合如上述两主义而为其政治目的。注意发展个人能力，培养自立精神，担当辅佐改良政治之责任。该党推行稳健之国家社会政策，然未见有政纲党规发表。发起者为江西某人，党员不过四十人，总部设于北京，准备渐次扩张党势云。

第十六项 满族同进会

该会为联合全国旗人之组织。其目的为：为京外八旗满洲、蒙古、汉军人士互相砥砺，一致进行而享大同之幸福，征询全国旗人之意见，筹划旗民生计，协助政治进行，增进自治能力，与同胞共享共和事权之利益。

职员及主要人物如下：

正会长	熙彦			
副会长	魁斌			
评议长	荣勋			
评议员	毓善	徐致善	宝熙	李多文
	景禖	达寿	白常文	崇林
	崇欢	巴哈布	张德彝	荫德贺
	陈松珍	奕寿	邵常斌	端绪
	爱绅	祺光	治格	三多
	班吉本	福启	荣厚	恒钧
	庆宽	董六铨	惠铭	春秀
	诚璋	董文庆		
预备评议员	文耀	铨林	降彬	瑞清
	文斌			

发起人在上述诸人中。赞成人有：

寿耆	达寿	瑞丰	治格
诚璋	文斌	董玉麟	荣源
铨林	宝熙	荣桂	毓善
荣顺	铁林	成奎	熙玉

崇 彝	荣 肇	祥 桂	春 秀
张荣祺	福 启	和尔谨	惠 英
永 宝	班吉本	耆 祥	成 埙
李 植	祺 龄		

名誉赞成人

那彦图	阿穆尔灵圭	赵秉钧	陆大坊
达 赉	祺诚武	祺克坦	沈国钧
祝瀛元	陈时利	汪善荃	

可谓搜集其同族人才，然彼等对在现时形势下，满人应进行如何之政治行动，则无能为力，故将来之发展值得注意。

第十七项　救国团

该团愤于近时国势危迫，于北京聚集同志，以救国为目的而组成一团体。未见其正式成立。

第十八项　回教俱进会

本年五月北京回教徒中之有志者组成。目的在于对共和政府确定可行之方针，谋求教徒之自卫发达。未见有政治性活动。

第十九项　宗社党

该党为清帝退位前以清皇族宗室及旗人为中心组成，是食清朝俸禄之义士策划挽回宗社、报复改良之政治性团体。因首领良弼因爆炸毙命，受袁氏一派压迫甚剧而没其影，其中有为之辈又多隐栖分散，故该党现已名存实亡。如今各地所谓宗社党，皆为假其名而消灭敌党之手段。

第二章　采用全国统一政策之团体

革命党以起事为手段，在全国反对清朝，作为鼓吹革命之唯一口实，就在于民族主义。然今满洲朝廷已亡，在包容如此众多民族之国家，倘再以民族主义为口号，势必危及统一基础。因此彼等早已提出化除种族界限，鼓吹民族融和，以造就各民族联合之团体，共同处事，以示畛域浃洽之事实，于是而产生种种各族联合之团体。故统称其采用全国统一政策团体。

第一节　汉蒙联合会

此为最先采用统一政策之组织。联合汉、蒙两民族，于本年三月上旬成立。旨在联合汉、蒙志士，消除畛域，谋求共同行动。发起人皆为汉、蒙中著名人士（以下各节所举团体之发起人及会员亦不出此范围）。

发起人	科尔沁王	阿穆尔灵圭	张庆桐
	袁克定	吴廷燮	唐在礼	梅光羲
	金还	陆大坊	常堉璋	陈毅
	蔡树楷		
赞成人	那彦图	帕勒塔（土尔扈图王）	
	棍楚克苏隆	贡桑诺尔布	苏珠克图巴图尔
	博迪苏	梁士诒	阮忠枢	伍廷芳
	张謇	程德全	严修	王宠惠
	张一麐	沈恩孚	袁希涛	汪荣宝
	叶恭绰	周自齐	华世奎	曹如霖
	施愚	曹汝英	王邵廉	张寿椿
	毕桂芳	余建侯	曾文玉	吴燕绍
	沈兆祉	金邦平	阮惟和	陆定
	谢永灯	张庆桂	

该会可谓网罗汉、蒙名士。袁氏首先将蒙古王公中难以对付之人那彦图、博迪苏等收入囊中，其蒙古政策可便于推行。由此亦可知该会当作为有力之政党而活动政界。

第二节　中华民族大同会

当时孙逸仙等之南京政府即着意于少数民族之招抚统一，北方政府组织汉蒙联合会后，南京方面亦联合中国五大民族组织民族大同会。该会总部后迁至北京。其发起人如下：

黄兴	刘揆一	吴景濂	沈秉堃
景耀月	王芝祥	谭延闿	李瑞清
马邻翼	孙毓筠	张继	胡瑛
恩华	张通典	吕志伊	尹昌衡

李 鉴	赵士北	蒋 彬	范源濂
谷钟秀	王正廷	姚雨平	时功玖
李 素	刘星楠	章勤士	赵士钰
王有兰	文 群	平 刚	彭占元
熊成章	汤 漪	黄树忠	程子楷
德 启	仇 鳌	王 宽	温世珍

等九十六名

该会网罗共和(当时为统一党)、同盟之著名人物,以资全国统一(当时该会总理为黄兴)。其后于上海设立支部,推广事业。上海支部职员如下:

支部长	徐绍桢	王人文	沈秉堃
副 长			
实业部	叶惠钧	王一亭	桑 实
	沈缦云		
教育部	李端青	吕志伊	
调查部	蓝天蔚	温宗尧	陶 铸
	王 夏	邓恢宇	徐 肃
	姚勇忱	蓝宗鲁	
编辑部	洪翼升	邵元冲	张照汉
	王禹称		
文 牍	陈泉卿		
庶务会计系	旷若谷		

第三节 五大族共和联合会

本年四月上旬于北京组织。旨在联合五大族之感情,振兴汉、满、蒙、回、藏之一切新事业,辅佐政府协助共和,以达富强之目的。以巩固中华民国之邦基为主义。该会实为秉承袁氏之意,故赵秉钧代袁氏莅临发起大会。其成立时发表如下政纲:

一、融和五族,创建坚固之国家。

二、改良社会,寻求共和之真相。

三、振兴实业,首先谋求八旗之生计。

四、普及教育，促进人民程度之进步。

五、提倡婚姻自由。

六、提倡移民事业，谋求语言之统一。

七、规定宗教。

八、提倡国民外交。

九、注重军事教育。

  总 理 赵秉钧

  协 理 陆建章

  主要会员

  段芝贵 乌 珍 治 格 李觉生

该会又逐渐于各地设立支部，以举民族统一之事实。

第四节　五族国民合进会

本年四月下旬成立，与前记数者同为用统一政策之团体。其主义如下：

一、合五族国民之知识才能而共推共和政体之施行，以期确保领土、巩固邦基。

二、本会依法律及现今之国情，与政府人民共同奠定共和政体之基础。

三、本会融合东方学理，保全传统道德，以我五大民族之自治能力完成共和国民之人格。

四、共和国通行五族宗教、语言，信教、语言自由；并以通晓各种文字之人予以研究，以为溯道德之源，植政见之根。

五、教育、营生两项，乃国民发达之根本也，为五族人民谋求同等教育、营生，乃本会斡旋之责任。

六、五族人民之资财得以互相通融，并互相扶持提携，互营移住业。

七、五族人民以外，西北有哈萨克，西南有苗、瑶等族，此中主要人物如欲入会，可随时加入之。

其发起人为如下诸人：

  姚锡光 戴 功 志 钧 松 椿

德 寿　　熙 彦　　宝 熙　　赵秉钧

段祺瑞　　蔡元培　　黄 兴　　严 修

袁克定　　温世霖　　徐绍桢　　张锡銮

王树枬　　那彦图　　希凌阿　　双木那木凯

章禅巴图苏隆　　马安良　　马福祥

等五十余人

赞成人有

黎元洪　　阿穆尔灵圭　　梁士诒

都凌阿　　卓凌阿

等十余名

于五月二十六日选定职员：

会　长　　姚锡光

副会长　　汉　族　赵秉钧

　　　　　满　族　志　钧

　　　　　蒙古族　熙凌阿

　　　　　回　族　王　宽

　　　　　藏　族　萨　伦

常务员　　宝　熙　　双　林　　志　崇　　刘思霈

　　　　　许长春　　丁梦刹　　金抡元　　德齐特

　　　　　刘若曾　　郑　沅　　周正朝　　陆钟岱

　　　　　吴士英　　黄　震　　谭汝鼎　　董元春

　　　　　屠振鹏　　沈　钧

调查科　　张士钰

编辑科　　云　书

讨论科　　何宾生

交际科　　吴桐林

庶务科　　海　宽

会计科　　增　昆

起草员　　张恩寿　　吴秉钊　　何宾生　　曹　英

第五节　五族合进会、民族大同会、五大族
共和联合会三会之合并

政党合并之风终促使此等诸会合并，其结果当为三会具有同一性质，且如同一人物，尤其于五族之融和、全国之统一等重大问题，不得各行其法。兹于合并议起，五族联合会于北京安庆会馆欢迎民族大同会代表刘揆一、马邻翼、朱德裳、谷钟秀等，会中议及合并，五族国民合进会亦同意之。该会会长姚锡光与大同会会长黄兴经电报交涉，合并即以成立。此事于政界颇重视。然因过去共和、同盟诸党离合之事实，亦会影响该会之消长，故其作为独立团体而言，势力将极薄弱。

第六节　回教联合会

该会由在南京之回教徒金峙生、马德甫、艾峻斋等发起，其目的为联络各省回人，振兴宗教，兼以促进共和。当时，南京留守政府对其设立加以保护，以谋求融化回教徒。该会奉行如下之大纲：

一、崇宗教以重道德。

二、兴教育以求人才。

三、务实行以广生计。

又有会则十条。可谓带宗教色彩而活动于政界者。

第七节　藏卫团

此为中国对西藏实行招抚统一之机关。于本年五月中旬成立，其目的在于集合有各种学识经验之同志，赴西藏与藏联络，共以实业、教育及一切于西藏有利事业为本，其主旨以下所记可见：

一、图谋垦荒种植之事。

二、振兴牧畜事业。

三、调查天候地质，向中央报告何种事业为最适合。

四、测量藏地之山川、要阨及疆界，并向中央报告。

五、调查矿物，如有发现，即与藏人共同采取。

六、设宣讲团，晓谕五族平等之旨。

并完备其他必要之机关。发起人如下：

| 李新琪 | 熊兆谓 | 周代本 | 阿旺限登 |
| 吴　山 | 罗　桑 | 彭错朗结 | 熊兆南 |

代锡九	石连城	廖　赡	张萼华
伍贞恭	刘　汉	何　英	成治安
王锡恩	郭　湘	曾　敦	邹泽宣
周壁阶	陈　驿	范　蓁	刘德言
余　昂			

此等九十余人，欲救济处于累卵之危之西藏，实有鞭长莫及之感。

第八节　融洽汉满禁书会

该会如其名所示，可知原非政党。其主旨为：融合满汉两族之感情，促进共和，泯除民族界限，敦信昆季之谊，和衷共济、协力同进，以谋求完全之统一。发起者为如下诸人：

陈其美	王人文	陈荣昌	丁　槐
吴　照	盛先觉	何锡康	刘显治
黄鲁连	张寿龄	顾视高	段宇清
何　畏	陈时铨	杨生梯	江祖葵
邹　钊	林爱岚	张步瀛	吕世涛
贺时雍	朱　英	朱鸿基	章　灏
刘世骏	由宗龙	明增材	周增奭
李文鑫	李文森	黄守义	蔡福昌
传竞陆	张仁溥	传　琦	张述尧

第三章　有关风教之团体

革命以来，以矫正社会风俗为目的，各种团体陆续组成。此等团体将为未来之中国社会除去积弊，改良恶习，助长文明之风尚。

第一节　上海团体

第一项　进德会

以矫正社会风俗为目的，由汪兆铭、李煜瀛、张继、吴敬恒等中坚分子于今春在上海组成。该会会员严守一夫一妻主义，又禁吸鸦片。民立报社为入会申请处。目前会员已达千余名。

第二项　佛教会

中华佛教总会于四月十一日在上海召开成立会，举僧敬安为会长，僧道兴、清海为副会长。该会主旨在于振兴改良中国佛教。以熊希龄为会长之佛学会亦属此类。

第三项　昌明礼教社

该会以维持礼法、改良风俗、普及教育、开通民智、培养完全之人格为目的而设立。该会以杨士琦为中心，于社内设政治、筹备、言论三团，以期将来之发展。

第四项　青白社

为防止借口革命而取悖德之行为者，乃纠合同志组成该社，以达共和之目的。发起人不详。

第五项　侠义党

该党主旨与上述"青白社"同，发起者不明。该党于上海设事务所，作规则书以募集党员。

第六项　空无党

闻该党在上海，然所在地及发起者不能详知。该党主义虽空漠无定，实与上述"侠义党"同。盖因共和之后，追名逐利之徒甚多，而慨然提倡又一种精神革命者。

第七项　世界宗教会

该会由王人文、沈曾植、李瑞清、姚文栋、释谛闲、李提摩太、梅殿华、陈治镐、哈麖、狄葆贤、陈作霖、钱宝钧、释应乾、黎炳南等为首组织，旨在联合各教、研究至理，以资道德之涵养、生民之利济。会员不问国籍，凡有宗教知识信仰者均可入会。

第八项　通俗教育研究会

该会由于右任、王正廷等三十七人发起成立，以研究通俗教育设施、方法，向普通人民灌输常识，养成公德，启发有关社会教育之事为目的。事务所在江苏教育总会内。

第九项　中华民国世界语会

以讲究世界语为目的之学会，分演习部及函授部，由中国社会党人士为首组织。

第十项　随营宣讲团

以尊重人道主义、传播文明之教化，补正军队之缺点、保全军人之名誉、增加人民之幸福为宗旨。

第十一项　中国学报社

谭延闿、刘揆一、谭人凤等二十七人倡导发起，以期国学之振兴。王闿运为总裁。

第二节　北京团体

第一项　国民开明会

该会由马体乾等发起，以求社会之开明，创国家富强之基础为主义。蒋式惺、张毓书、马体乾三人为干事。计划开设演说会、报纸阅览所、职业介绍所、图书馆、孤儿院、养老院、法政经济讲习会等。

第二项　中央牖民统一会

该会以致力爱群保种、增进国利民福、改善社会风俗为主义，由周锜民、李挹卿等十八人得到京、津报界及多数有志者赞成而发起。

第三项　教育统一会

由刘莹泽、裴梓青等三十二人发起，旨在联合全国教育家谋求教育之彻底改革，并监督教育行政、养成共和之精神。各种教育之改良、振兴、普及，语言统一并有关全国学会之事项，均为该会逐步进行之主要事业。

第四项　我爱我会

由李升培、丁开嶂等六十四人发起成立，其目的为劝导国民爱惜土物，以谋生计之道，拓展利权。设总会于北京，各省设分会，各府、厅、州、县设支会。

第五项　孔子戒会

旨在思慕古代圣人，振作世教。发起人有姜兰亭、邵树华、于梓生、唐贤一、王汉辅、王汉章等六人。

第六项　明道会

由陈懋治、章宗元、汪荣宝、马体乾等赞成创立。声称以基督舍己而求公益为模范，实行救世主义。会员负有严守戒约之义务。是纯然基督教信徒之团体。

第四章　军事性团体

　　共和既成，中国人民政治思想狂热发生，遂至军人社会亦组织政治性团体。军人依干戈而建设共和，意气颇盛，必通过其团体而表现。然政府当局则企图利用其进行军事统一，此种现象，昭然易见。以下即稍作记述。

第一节　陆军团体

第一项　军界统一会（改陆军阶行社）

　　该会于本年三月成立。民国成立以来，南北军队杂然林立，此于军事行动极为不利，该会即以解除此弊为目的而组织者。

　　组织该会之代表、会员均从全国选出。

湖北全省代表	应显翔	赵均腾	
	张　昉	彭方传	
沪〔军〕代表	唐之道		
南京卫戍总督	柯　森	黄　尩	
奉天全省代表	李际春	赵宗谟	
	马　凯	易兆霖	
	郝福田		
武卫左军	张殿如	刘朝仰	
彭德学务处	卢香亭	王子甄	
山东全省代表	张树元	郑士琦	
甘肃全省代表	常推楷		
临淮关	段景炎	缪庆善	阎梦松
浙江全省代表	屈映光	张　栩	
江苏全省代表	刘之洁	张一麟	
军咨府	章遹骏	李祖植	
河南全省代表	刘承恩	张锡元	
江北第二军	华元云		
安庆都督府	陈扬中	姚任文	吴介璘
汤河四十协	徐廷荣	张炳贤	

广东全省代表　　宁尚武　　陈国强

安徽军政府　　范厚泽

广西全省代表　　翟干华　　陈裕时

黑龙江全省代表　德　权　　寿　庆

吉林全省代表　　元陛穆　　恩　堂

禁卫军　　赵瑞龙　　吴中央

陆军部　　吴经明　　雷炳焜

江南江防营　　吴起恒　　李廷玉

山西军政府　　井介福　　王人杰　　孔　庚

江西参谋部　　方　清　　秦国镛　　钱　桐

湖南全省代表　黄本璞　　张翼鹏　　蒋国经

南京粤军　张　文

江北军政府　　栾如霖

第二镇　孙传芳　　何佩瑢

第一镇察哈尔　褚其祥

大通军政府　　曹赤霞　　马　林

蒙　古　那彦图　　阿穆尔灵圭

第一军　徐树铮　　靳云鹏

直隶全省代表　方宝琛　　孙国英

此可谓网罗各省军人（该表为本年三月成立时统计）。

然因该会未有活动，今已改为陆军阶行社。

第二项　全国将校团

与军界统一会同于本年三月成立。亦期军队之完全统一。其主义曰：本团联合全国将校，为努力维持统一之共和国家，研究各种进行方法。

该团以北方军队之将校为主，总部设于北京。

第三项　南京陆军将校联合会

该会于本年四月上旬成立。

正会长　　黄　兴

副会长　　陈　蔚

名誉会长	黎元洪	段祺瑞	姜桂题
	冯国璋	蒋作宾	徐绍桢
协　理	陈懋修	林调元	
评议部长	史久光		
调查课长	周　视		
审定课长	钱　桐		
纠察部长	瞿　钧		
纠正课长	蓝任大		

其他会计科、干事部等略

该会因黄兴等主张，合并于军界统一会所改之阶行社。

第四项　军学研究社

该社以军人干涉政治之手段而组织之，专门研究军事学问。初由德国留学生、参谋部科长周凝修发起，并联络东洋、西洋留学生军人，依如下之主义行动。

一、研究军事问题。

二、灌输外国学术。

三、培养军人道德。

四、联络感情、交换知识。

此为绝对干预行政之事。

其职员如下：

名誉社长	黎元洪	段祺瑞	黄　兴
	陈　宦	蒋作宾	冯国璋
	钮永健		
总　干事	林　摄		
庶务部长	朱和中		
研究部长	史久光		
编辑部长	段学汉		
调查部长	史久光	朱和中	秦国镛
	段学汉	周凝修	陈　虹
	李祖植	雷炳焜	吴经明

陈　晋　　　王　鹗　　　方　清

钱　桐　　　王风清　　　等

该社集当时军界之精粹，当为将来军界最有力之团体。于本年五月中旬成立。

第五项　其他团体

其他有"陆军学生联合会"及"江苏海陆军将校进行社"等。皆并不重要，故略。

第二节　海军团体

第一项　海军协会

该会于本年三月上旬成立，以改良过去之海军，再兴海军大计，研究世界海军之趋势，确保民国之海权为主义。会员主要为海军士官及朝野知名人士。又有针对政府之对该会表示同情者，组成名誉赞成员与该会结为一体。该会发起人如下：

朱声岗　　　刘勋石　　　丁士芬　　　姚蔡常

奚定谟　　　刘永谦　　　刘华式　　　夏孙鹏

温树德　　　王傅炯　　　陈　复　　　李石文

汤芗铭　　　朱天森　　　唐伯勋　　　吴振南

吕德元　　　李毓麟　　　宋文翔　　　郁邦彦

凌　霄　　　余振兴　　　谢刚哲　　　朱　伟

林国赓　　　王　统　　　王时泽　　　任光宇

沙训麟　　　肃举规

北京组织新内阁而发生内阁成员纷争时，该会首先干涉之（但仅就海军部事项）。

第二项　中华民国战舰会

该会由南方诸省、特以同盟会人士提倡发起之组织。以制造军舰、扩张海军为主义。其活动经费以向海外华侨募捐为主要财源，故在南洋、新加坡等地设该会义捐金募集之总会处，另于各省及海外各地设支部，以便募捐。惟该会非海军中有资历人物组织，故难以收得效果，终成有名无实之团体。

第五章　外国关系团体

新共和国建设之际，与列国中有特殊关系并为之策划者甚少，其中唯有法国、德国，今举其概要于下。

第一节　华法联进会（中法协会）

该会以联络中国、法兰西两国人民之感情，研究两国政治、实业、科学三大问题，扩张两国人民相互权利为主义。于政治方面，旨在保守和平；于实业方面，开辟固有之利源；于科学方面，为交换知识。其进行方法为凡有益之事业均可实行。为更易解决中法两国之各种问题及使两国邦交愈加亲睦，总会设于法国首都巴黎之豆腐公司（前年由中国人组织之会社），又于中法两国各城市设支部。双方会员首脑中国方面为陆征祥（外交总长）、吴景濂（驻法公使）、蓝天蔚；法国方面有著名人士、豆腐公司工业部总理李煜瀛为执行部会长，豆腐公司商务总理韩汝甲为副会长。〔该会在中国设有上海支部，由韩汝甲主持。〕

该会宣扬以法美两国均为共和国，故中国人应对之具有友好感情，与该两国结为同盟，世界和平可得保证。希望于七月四日美国独立纪念日，在法国首都举行三国联合之共和纪念。

第二节　中德协会

该会为谋求中德两国之接近及国民联络之组织。其主旨与前清时华德交通社（中德交通社）同一性质。由德国驻上海副领事希毛阿及中国人王庆道、邱仁坚等致力创成，于五月上旬成立。该会在上海之行动，且不论谋求两国之感情，主要极力为小笔借款斡旋之云。

第三节　德文学社

以传入德国文字语言为目的，以中德两国之联谊为主旨，由中国人提倡，在上海成立。与其有关者如下：

发起人	白靓圭	潘季玉	李人铎
赞成人	伍廷芳	吴绍璘	陈其美
	温宗尧	王朴	杜元
	徐绍桢	王人文	夏廷桢

第六章　实业关系团体

革命战争之后，伴随新国家建设而起之现象，除政治性事实之外，即整理充实紊乱渴竭之财政及回收利权之经济现象。外债之外，中国目前须对付者，即振兴实业。于是有各种实业性团体兴起。今不胜枚举，故记其概要如下。

第一节　中华民国实业协会

该会为倾向南京政府之专攻实业之留学生所组织，以振兴实业、救济国计民生、回收利权，而救国家之急为主义。在全国广集会员，制定会则，谋求进步。今因首都北迁，该会总部亦移往北京。组织该会之会员皆锐意进取之留学生，可知其将来或变为政党。但未见有政治性活动。

第二节　中华民国实业联合会

本年三月，该会得孙逸仙等赞成，由程定夷等倡议发起，计划联合全国各种实业家，其会则如下：

一、陈请政府制定实业保护法。

二、考虑实业之相互联合融和。

三、考虑实业界之改良。

四、发刊《实业新闻》，办实业宣讲社，以增进实业知识。

五、设立实业学堂试验所及陈列所，以促进实业之进步。

六、设立实业银行，以便利实业界之金融。

七、组织律师团，以保卫实业界之秩序及权利。

该会名美实备，然未能实施其主义及抱负。

第三节　上海总商会

该会为上海商业界之机关。后改为商务总会，并于本年五月改选职员，以下诸人亦有变更。

总　理	周金箴		
协　理	贝润生	王一亭	
议　董	朱葆三	杨信之	陈润夫	苏筠尚
	李云书	郁屏翰	顾馨一	周舜卿
	丁钦斋	叶鸿英	叶明斋	胡稺芗

沈练芳	沈缦云	唐露园	朱吟江
夏粹芳	庞莱臣	印锡璋	施善畦
洪念祖	张　乐	傅筱庵	朱衡斋
劳敬修	陈子琴		

第四节　农业促进会

该会为注重民主主义，计划振兴农业之组织，于本年四月成立。其职员如下：

临时会长	杨叶侯
临时干事长	丁辛垞
临时书记长	张养儒
同	贺庆征
临时会计员	孙功甫

该会经营方针如下：

一、各国农业关系书之翻译。

二、有关农业之杂志之编辑。

三、农业学校之设立。

四、农业试验场之开设。

五、农业产品陈列所之设置。

六、畜牧开垦事业之提倡。

七、林业之经营。

八、肥料及防虫除虫药之制造。

九、新式农具之制造贩卖。

十、提倡农产品之改良。

十一、有关农业之博览会。

十二、农业银行之组织。

十三、拓殖事业。

十四、农团之设置。

第五节　中华民国盐业协会

该会集合所谓与盐业有利害关系之人士，研究盐业之改良，以考虑盐业经济之发达为目的。该会组织完备，由以下发起人所组成：

熊希龄	吴〔稚〕晖	金鼎	曹文澜
伍正名	钟衡臧	陈非	孙敏之
林元良	吴宗慈	徐宗彦	张镠
高穰	胡瀋泰	倪学宽	王文泰
孙英	何恢禹	李襄	

名誉赞成人

| 伍廷芳 | 张謇 | 蔡元培 | 钟光 |

第六节 中华民国工党

即所谓劳动党。为以上海为中心之工业界人士之组织。该党主义如下：

一、促进工业之发达。

二、开通工人知识。

三、讲究工人救济方法。

四、鼓吹工人尚武精神。

五、勉力一般工业界参政权之主持。

该党制定规则，确定部署，以谋求党务之发达。将来或可联合工业界而在政界抬头。

第七节 工商勇进党

即所谓上海少壮实业家，联络侨居海外之实业家，谋通商之发展，求实业进步之一派。

第八节 工业建设会

该会旨在实行工业之发达，廓清工业界之政策，招请工业专家讨论研究工业，设立模范工场，调和新旧工业，培养技师，振兴幼稚祖国之工业。以钟衡臧为会长，宣讲推广之途。

第九节 工党共进社

该社目的为：疏通工人之感情以振兴事业，劝诱工界出品以补助国家。于本年五月组织而成，依如下诸人经营之：

总代表	梁炳农	
副代表	李志公	
会计员	李飚田	林理邦

第十节　工界同盟会

该会由上海制造工团关系者发起，未知有何等实力。其职员如下：

临时主裁　　俞惠民

会务担任者　　徐其相　　王调孙　　徐志励

第十一节　农工商业共进会

该会由北京杨以俭等发起，于本年三月下旬创立。以建设农工商业机关，提倡开展农工商业为主义。总部设于北京，有完备之会则，然会势未振。

第十二节　中华民国商学会

该会以设立商业图书馆、商品陈列所、商务调查所、商学研究会，筹划商界之觉醒进步为目的。总部在上海。

第十三节　国货维持会

该会会旨为：振兴中国商业，维持国货，促进商品之改良发达，抵制外货进入。以江、浙一带商人为主。职员如下：

正会长　　姚涤源

副会长　　张紫荫

会　员　　戈朋云　　叶惠钧　　黄膺白

　　　　　刘艺舟　　朱子尧　　陆治天

　　　　　陈竞生　　梅竹庐　　等

排斥外货并有拒绝为外国人服务等因素，此似与现今中国之社会思潮颇相投合。

第十四节　铁道工会

该会本年四月一日成立于南京，以考虑全国铁道之发达及铁道工事之改良为目的。今总会在汉口。职员如下：

正会长　　史青

副会长　　虞愚　　苏建勋

编辑员　　谢学瀛　　沈桢　　马传秦

书记员　　周志钟　　赵鸿济

会计员　　苏声　　徐遂良

常议员　　万树芳　　陈青州　　陈恕

冯雨苍　　张宴清　　等二十余人

名誉会长　唐绍仪　　汤寿潜　　于右任

未见其有具体活动。

第十五节　中华民国铁道协会

由北方人士于本年五月上旬在北京组织，主旨与铁道工会大致相同。发起人为：

魏武英　　王芸芳　　方殿华　　陈　策

金　超　　陈廷飚　　李壮怀　　张大义

张复汉　　马国桢　　沈尚涛　　汪华陆

杨　若　　万树芳　　陈青州　　等四十余人

该会创立日浅，未见其重要。

第十六节　中华全国铁路协会

该会主旨与以上两会无异，其组成人员皆有资历经验者。发起者为：

詹天佑　　冯元鼎　　黄仲良　　钟文耀

丁平澜　　权　量　　朱启钤　　叶恭绰

施肇曾　　孙多钤　　郑鸿谋　　等

该会集北方之大员。其主旨如下：

一、协助本国路政之进行。

二、维持铁道工业之发达。

三、保护本国铁道之权利。

四、融和铁道同事间之情谊。

因该会最为着实，并具有实质性，故在铁道关系诸会中最有声望。

第十七节　中华物产研究会

该会为本国对外贸易之振兴计，以改良研究本国产品为目的。由林步随、杨儁、杨伯罗等与对外商业有关者组织成立。

第十八节　中华实业共济会

该会以集合五大民族共同筹划实业之振兴，开拓国家之富源，发展民生及经济为目的，总部设于北京，各种机关完备。由如下诸人发起：

许世英	乔保衡	李士钤	马振宪
刘彭年	李春湘	李镇桐	章渠
王善荃	孙树勋	宝熙	舒鸿贻

第十九节　中国实业会

本年五月中旬成立于北京，为全国模范性实业会。以振兴革命以来本国实业萎靡不振之状。职员如下：

正会长	沈云沛		
副会长	唐文治		
总务科干事	唐浩镇	饶凤璜	丁乃扬
	朱启钤		
文牍科	贺良朴	夏仁虎	等八人
交际科	吴善培	俞人凤	等十二人
庶务科	吴敏	刘濬	等四人

该会会员多主义稳健而有资历者，又得农林部批准，可称霸于实业界。因其与其他政党接近（倾向共和党），故难保其不活动于政界。

第二十节　民国矿政研究社

该社以研究本国矿业之发达及矿产开通之要政为目的，由南方人士提倡组织。注重四川、云南等西南边省矿产区域，然未见其有大发展。

第二十一节　国计维持会

该会以联合同志，研究国家经济问题为目的，总部设于北京。主要发起人如下：

陆建章	杨震华	李尧勋	田尚志
方观涛	李义铨	刘湛霖	等

主要由共和党参议院议员提倡发起，将来可有希望。

第二十二节　航业党

该党于本年六月上旬在镇江成立，旨在联合全国同志考虑航业之发达，以挽回权利。蓝浩吾、倪逢伯等组织发起。于上海设立总部。

第二十三节　国际贸易协会

该会于本年五月中旬为黄遵阶等提倡，未见组成完全之组织。

第二十四节　民生团

该团以一般人民应有其职业，从而养成高等之国民为目的。主义为：采用国家社会政策，经常注重民生。初创立于南京。

第二十五节　中华民国协济会

该会得到革命后之临时政府许可，为其军资调达之机关。含有战事以后之实业性质。

第二十六节　蒙藏交通公司

该公司于本年四月设立，以期完备蒙古、西藏两地之开发及其与内地之交通机关，又为密切两地之政治关系，共开未发之富源，以振兴实业。由清朝蒙古各王发起，与蒙古实业公司同一性质。该公司事业大要如下：

一、总公司设于北京、上海，全国各地设立支部，以资本公司事业之进行。

二、铁道线路之测定及汽车之运输，以便利交通。

三、增设旅舍以便利行旅。

四、开办学堂以培养人才。

五、奖励游历，推荐留学。

六、推广实业，增设工厂等。

其职员为如下诸人：

总　理　　伍廷芳

协　理　　温宗尧　　王人文

总务部长　于右任

交涉部长　陈英士

并选出满、汉、蒙、回、藏之各族名誉总理，以图公司事业之扩张。

第二十七节　垦殖协会

该会与蒙藏交通公司同一目的，旨在针对边疆诸省，立于边防政策，开垦边荒，殖产兴业；以对日本之满洲，俄国之蒙古、新疆，英国之西藏经营施行国防政策。或有对外机关之意义。其于本年二月中旬成立于南京，始称拓殖协会，后改现名。该会发表如下之事业纲领：

一、调查实地情况。

二、筹商进行方法。

三、调查各种关系事项，发行杂志。

四、筹划本协会一切附设事业之充实。

该会有如下职员：

会　长	黄　兴		
名誉会长	陈锦涛	王芝祥	徐绍桢
名誉干事	吕志伊	王鸿猷	陶　昌
总务部	钟毓琦		
交际部	吴应培		
编辑部	黄家本		
调查部	邱心容		

其他赞成人

熊希龄	蔡元培	胡汉民	宋教仁
范源濂	张　继	李　燮	马君武
景耀月	黄复生	吴景濂	朱　瑞
刘揆一	邓家彦	陈雄州	

等四十余人

此作为同盟会会员之事业，先从满洲着手，然后以蒙古、新疆、西藏之顺序进行。

第二十八节　其他会党

其他有改革江浙漕粮之"革漕团"，计划江北、安徽地方水利垦殖之"江皖水利协会"，"民国农圃公会""通国临业联合会""女子实业进行会"等，略。

第七章　北京、上海之同乡组织团体

因中国人习惯上邻里乡党之念甚厚，故各地同乡团体无不设置会馆、公所，以在政治机关不健全之情况下，由同乡之团结力量而保护各人生命财产，此已养成习惯。亘古以来，各地设会馆、公所即出此必要。革命之后，破坏旧秩序，建设新国家，为适应时代风潮，出现新同乡团体组织。今将此同乡组织之新团体择主要者列记如下。

第一节 上海之部

一、四川公会。

旧名四川共和助进会。为上海四川人之组织。会长程德全，副会长赵熙。

二、江西建设讨论会。

为上海江西人之组织，会员为陈三立、谢远涵、梅光远等江西名士。

三、奉直鲁协会上海支部。

在上海之奉天、直隶、山东三省人组织该协会上海支部，何万波为会长，高凌霄及其他要员为干事。

四、两湖联合会。

先于南京成立，为湖南、湖北两省人士之组织。黄兴为总会长，刘崧衡为湖南省会长，黄之根为湖北省会长。

五、广西共和公会。

在上海之广西人组织，旧为广西共和协进会。

六、福建同乡会。

会长高尔谦，副会长蓝建枢。

全皖旅沪同乡会、徽州公民会、云南同乡会、豫秦陇协会（河南、陕西、山西、甘肃协会），其他不胜枚举。

第二节 北京之部

一、陕西同乡会。

为在京之陕西人组织，薛宝辰为正会长，余宝龄、钟降鉴为副会长。

二、西北实业协会。

甘肃、陕西、山西人士所组织，计划发展西北诸省之实业。

三、西北协进会。

以促进西北诸省文化、巩固共和为宗旨，设立于北京，于右任为会长。

四、陕甘同乡会。

会长于右任，副会长张赞元。

五、甘肃共和实进会。

由上海移至北京。

六、四川协会。

在京四川人之组织。旨在加强四川与中央之联络，并向政府及参议院建议恢复四川秩序，增进福利。施恩、顾鳌等为发起人。

其他各省团体多在北京。如此各省会馆、公所又组织新团体，各自不息其利害关系，此为难以统治之物。

第八章　各省团体

中央政府所在地及要冲之地有政社组织，各省亦同样有之，今分类略记于下。

第一节　北方诸省团体

第一项　七省联合会

该会联合北方七省人士于北京组成。以七省取同一步调，贡献于国政。七省之代表如下（其中旧咨议局议员占大多数）：

直隶	阎凤阁	王振垚	高俊澎
	丁宗峄	梁庭华	
奉天	刘与甲	李心曾	
吉林	沈景佺	谷嘉荫	
黑龙江	战殿臣	文铎	
山东	丁惟鲁	丁维沛	
河南	王佩箴		
山西	刘盥训		

第二项　直隶公益会

直隶同乡人组织之团体。于省内联合各省州县公正绅士，维持省内各地秩序，谋求农人耕作安全，共享共和之利益。于本年三月下旬成立，组织完备。

会　长　　冯国璋

副会长　　史履晋　　刘若曾

其他协赞员八人，评议员八人，常务员十人，调查干事十人，文牍干事十人，庶务干事十人，以谋会务之进行。

第三项　新直隶会

该会所谓为新国家在新直隶省推行政治刷新活动者。由直隶锐意进取之少壮者组成。主要者有如下诸人：

王法勤　　张铭勋　　温世霖　　张务本

张书元　　张仲山　　王鸿敏　　何凤华

朱佩实　　李成章　　郭月访　　顾德保

同志五十余人。

第四项　直隶维持会

该会由直隶咨议局解散后，争议临时省会议员选举法之事而产生。以梁式堂等发起，是为讲调停之策之机关。

第五项　热河共和进行会

共和成立，于清朝离宫所在地热河组织共和进行会，由热河志士沈鼎新、孙品璋等提倡，有如下政纲：

一、实行民族融和，享受平等之权利。

二、为各民族贫民筹划生计，杜绝盗源。

三、考查现状，以筹划政治法律之完全。

四、整理财政，实行开源节流政策。

五、扩张国民公权，发展自治能力。

六、注意国民教育，筹划普及之。

七、研究外交政策，巩固国际权力。

八、发扬尚武精神，铸成军国。

第六项　东三省共和进行会

该会于本年三月联合东三省人士组织政党，以巩固共和国体、筹划各种进行事项、补充官治自治之不足、敦促社会前进为目的。

齐耀琳　　世　荣　　冯绍唐　　育　凯

齐忠甲　　杨乃赓　　于定一　　王赤卿

郭星五　　王桢廷　　世　培　　高汝清

那文裕　　文　征　　承　者

以下并有同志四十余人。

第七项　奉天共和促进会

成立于本年四月，与东三省共和进行会同一性质。以齐耀琳、孙百斛为会长组成如下组织：

评议部长　　袁金铠　　评议员五十余人

干事部长　　曾有异

会计科员　　宝　堃　等六名

调查科员　　王富春　等十四人

编辑科员　　海　清　等九人

书记科、庶务科、招待科各有成员数人。

第八项　吉林团体

由本省人士组成之政友社及统一共和党支部，以为扩张党势，但因风气未开，故举其事实颇难。

第九项　山西司法急进会

该会以联络法律界同志，根据司法独立之精神，创建完美之司法机关为目的，由山西人士仇元洽、刘志学、许喆、施今墨、王子敬等组织。

第十项　河南省团体

一、教育革新社。

二、共和筹进会。

三、共和政治进行社。

四、民社河南支部。

五、共和急进会。

六、同盟会支部。

七、统一党支部。

八、司法筹进会。

九、军事急进会。

十、警务促进会。

十一、祥符议事会。

第二节　南方诸省团体

南方诸省团体，其组织规模颇小，多为北京、上海之大党分流，重要者不多。今择其要，列记各党名称于下。

第一项　湖北团体

东亚大同社。

该社据黎元洪意见成立，旨在统一融洽汉、满、蒙、回、藏五大民族。总部设于武昌，于上海设机关部，各地设有支部。虽创立日浅，但于此地颇有声望。其它还有民社总部。

第二项　湖南团体

一、共和统一促进会。

二、东亚联合会。

三、民立立宪急进会。

四、铁路维持会。

五、社会党湖南支部。

六、同盟会支部。

七、共和党支部。

第三项　福建团体

一、恳亲共济会。

二、盐业研究会。

三、留学联合会。

四、共和国民会。

五、国民集益会。

第四项　苏州团体

一、国民资格研究会。

二、公权研究会。

三、社会党支部。

四、自由党支部。

五、中华国民公会。

六、民党进行社。

七、实业协会。

八、苏州工业会。

九、学生宣讲社。

十、共和促进会。

十一、工党。

十二、教育会。

十三、女子教育研究社。

第五项　南京团体

一、南京团队联合会。

二、同盟改进党。

其他略。

第六项　广东团体

一、同盟会支部。

二、进步党支部。

三、民主政党。

四、共和社。

五、振武社。

六、议政会。

七、社会团。

八、同志会。

九、维持公安会。

十、共进会。

十一、广东自治会。

十二、广东自治社。

十三、警察团。

十四、公民协赞会。

十五、翼政会。

十六、进步同盟会。

十七、法政团。

十八、民国演说会。

十九、汉武社。

二〇、人道扶正社。

二一、军国协会。

二二、民军共和会。

二三、三合会自治会。

二四、广东国民团。

二五、舌战决死队。

二六、中华并进会。

二七、国家商业会。

二八、商务商会。

二九、银行研究会。

三〇、报界公会。

三一、天民社。

三二、孔圣会。

三三、机器研究会。

三四、轮船公司。

三五、实业进行社。

三六、农务总会。

三七、教育团。

三八、博爱团。

其他略。

第七项　其他各省党会

浙江绍兴府	中国政治俱进会
同宁波	社会公益促进会
湖北	民社
同	鄂州共和急进会
云南	共和国民会
同	国民演说会

其他不胜枚举，今略之。

第九章　主要政党之现状

中国政党结社数目，实有百余种之多，而考察这些团体如何划分势力范围以割据政界之状况，为颇有意义之事。今述其概要如下。

备考：全国政党结社有一百余种之多，但与成败之数有关者仅同盟会、共和党、统一共和党（共和建设讨论会、国民协会、国民公党亦包含其中）三大政党而已（其他皆为其分支）。因以三党为基础记述之。

第一节　中央政府各党现状

袁世凯　　有直接党派（共和党），又与统一共和党接近。

陆征祥　　有党派关系。

赵秉钧　　先入共和党，又为同盟会员，但对同盟会无好感。

熊希龄　　共和党领袖。

段祺瑞　　无党派关系，但不同情同盟会。

刘冠雄　　同盟会。

蔡元培　　前与统一党接近，今属同盟会。

王宠惠　　同盟会。

宋教仁　　同盟会。

陈其美　　同盟会。

施肇基　　无党派关系。

唐绍仪　　（略）

第二节　地方各政党现状

直隶都督张锡銮　　与袁氏之股肱党派有关（原注：张应为冯国璋）。

奉天都督赵尔巽　　共和党员（原注：赵应为张锡銮，张为署理）。

△吉林都督陈昭常　　党派旗帜不明，但对共和党表示同情。

△黑龙江都督宋小濂　　与赵尔巽亲交，一跃而为都督。不同情同盟会。

△山东都督周自齐　　袁氏股肱之人。

×山西都督阎锡山　　同盟会员。旧八十六协协统，日本陆军士官学校出身。

△河南都督张镇芳　　久为袁氏部下，曾任天津盐法道。

×陕西都督张凤翙　　同盟会会员。旧混成协参谋长，日本留学生，曾在保定军官学堂。

△甘肃都督赵维熙　　前任该省布政使，长庚辞职后，由袁氏提拔之（原注：袁党）。

△新疆都督杨曾新　　前都督袁鸿佑被杀后，由袁氏提拔为都督，久居新疆。

△江苏都督程德全　　共和党员。

×安徽都督柏文蔚　　与共和党、同盟会均有关系。

×江西都督李烈钧　　同盟会员（原注：日本士官学校明治四十二年毕业。李病假后由军务司长俞应麓代理）。

×湖北都督黎元洪　　共和党。

△湖南都督谭延闿　　同盟会派，又与共和建设讨论会有关系。前湖南咨议局议长。

×四川都督尹昌衡　　同盟会。日本留学生出身。前四川陆军小学堂监督（原注：尹昌衡前加胡景白）。

×云南都督蔡锷　　统一共和党总干事。日本士官学校出身，湖南人（原注：三十四岁，曾助梁启超，与孙、黄一派不和，近黎元洪）。

×贵州都督唐继尧　　纯统一共和党成员。

×浙江都督蒋尊簋　　日本留学生，前广东混成协统。同盟会员。

×福建都督孙道仁　　前第十镇统制。同盟会派。

○广东都督胡汉民　　同盟会派。

×广西都督陆荣廷　　旧广西提督，党派关系不明。

○沪军都督陈其美　　同盟会（原注：此条删去）。

此中旧官吏八人（带△者），旧军人十一名（带×者），纯粹革命派二名（带○者），法政出身一名。军人中张凤翙、蔡锷、尹昌衡等均带革命倾向。虽以同盟会派居多，但旧官吏中亦多同情共和党。故颇可见将来各派势力之消长。

第三节　参议院之政治派别现状

现时政党势力之消长，于中央参议院中亦可明了。

一、同盟会。

四川　　贡树中　　李肇甫　　熊成章

湖南　　覃　振　　孙　钟　　○欧阳振声

　　　　　　　○彭允彝　　○刘　彦
山东　　刘星南　　彭占元
云南　　张耀曾　　顾视高　　段宇清
　　　　席聘臣
陕西　　景志傅　　李述膺　　○赵世钰
　　　　茹欲可
广东　　曾　彦
山西　　刘盥训　　宋汝梅
江苏　　杜　潜　　王嘉宾
河南　　阮庆澜　　刘绩学
　　　　○陈景南
广东　　卢　信　　司徒颖　　徐传霖
安徽　　江　辛　　俞道暄　　曹玉德
江西　　陈鸿钧　　卢士模
甘肃　　○王鑫润

　　以上王鑫润、欧阳振声、彭允彝、刘彦、陈景南、赵世钰六人又兼为统一共和党员。同盟会纯粹会员共二十九名。

　　二、共和党派。

湖北　　时功玖　　汤化龙　　张伯烈
　　　　刘成禺　　郑万瞻
江苏　　杨廷栋　　韦瑞玠　　张鹤第
　　　　汪荣宝
江西　　李国珍　　曾有澜　　郭　同
蒙古　　博迪苏　　达　赉　　唐古色
　　　　熙凌阿　　那彦图　　阿穆尔灵圭
　　　　祺诚武　　鄂多台
直隶　　李　榘　　籍忠寅　　谷芝瑞
　　　　王振圭
浙江　　王文钦　　王家襄　　陈时夏
甘肃　　秦望澜　　宋振声　　吴　钧

田骏丰

山东　　周树标　　　侯延爽　　　姚　华

丁世峄

黑龙江〇关文铎　　〇高家骥

安徽　　〇胡璧城

贵州　　陈国祥　　　陈廷策　　　刘显治

奉天　　〇吴景濂

以上四十二人中关文铎、高家骥、胡璧城、吴景濂四人又为统一共和党成员。共和党纯粹党员三十八名。

三、统一共和党派。

直隶　　谷钟秀

湖南　　〇欧阳振声　〇彭允彝　　〇刘　彦

吉林　　王树声　　　金鼎勋　　　何裕康

李　芳　　　杨　策

山西　　张联魁　　　李　素

河南　　〇陈景南

奉天　　孙孝宗　　　〇吴景濂　　李秉恕

刘兴甲　　　曾有翼

浙江　　殷汝骊　　　周　珏

黑龙江〇高家骥　　　王赤卿　　　〇关文铎

战殿城

安徽　　〇胡璧城

陕西　　〇赵世钰

甘肃　　〇王鑫润

以上二十六人中欧阳振声、彭允彝、刘彦、赵世钰、陈景南、王鑫润六人与同盟会有关系，吴景濂、关文铎、高家骥、胡璧城四人与共和党有关系。统一共和党纯粹党员不过十六名。

四、无党派议员。

福建省议员刘曾佑、陈同熙、连贤基、林翰、周翰五人。

以上所列名单至六月二十二日。参议院中以共和党为多数，统一共和党则与同盟、共和两党相背。今各党间盛行外交性折中行动，前统一共和党与共和建设、国民协会、国民公党等合并而呼号于政界，则三党鼎立之势出现，政治纠纷将愈加严重。

第四节　北京、上海两地报纸
与政党之关系

数年来，社会开放，自由言论之风产生，遂发刊新式报纸，相继讲共和政府之建设。与东西方诸先进国家相比，虽有逊色之处，但此类新式报纸有个人、政府及各团体之后援，亦有其有力之处。此即所谓机关报。因此，中国人有关人事之端，皆赖此而发。目前在中国对报纸之地位、关系最为注重且发达者，数北京、上海两地。北京为全国政治中心，上海为南方政治、经济界中心，人文汇集，具备新式报纸之演变之代表性资格，故各政党竞相于此两地设立机关报，以谋求扩张党势。以下从两地称作同盟、共和等大政党之机关报中择其主要者列出。

第一项　北京报纸与党派之关系

一、同盟会派报纸。

《国风日报》　前年由安徽人吴友石创立，初以议论诡激而鼓吹革命。吴本为安徽革命党人，现为同盟会之舆论机关。

《国事新闻》　由革命党人田桐创立，旧称《国光新闻》，去年未发刊。

《中央新闻》　革命后创设。先以攻击赵秉钧、乌珍为主，为某军队拘留后出名。

《守真日报》　同盟会派报纸，新近发刊。

同盟会派报纸在北京尤以此四报为有力者。

二、共和党派及统一共和党派报纸。

《中国日报》　旧称《帝国日报》。杨度创立。为今之最有力之共和党机关报。

《亚细亚日报》　革命后创立，与杨度等有关系。

《中国公报》　革命后创立。

《北京时报》　为最近发刊之共和党机关报。

《中国报》 先由黎宗岳主持，为安徽人之机关报。一度休刊，今又陆续发行。

《国民公报》 原咨议局联合会机关报，主笔为梁启超之友人，湖南人徐佛苏(原名公勉)，极力反对同盟会。该报为共和党机关报，与统一共和党、共和建设讨论会关系不深。

《北京日报》 袁氏之机关报，属老报纸一类。主笔为袁等之走狗，广东人朱淇。其旗帜鲜明，对共和党表示同情。

《民视报》 由旧君主立宪党之于邦华、陈树楷等主持，对共和党有好感。

《大同报》 特别对旗人有好感。由旧《帝京新闻》改名。

《京津时报》 由《上海时报》分出，与共和党及统一共和党接近。

三、统一党机关报。

章炳麟主持该党时，改《北京日日新闻》为《新纪元报》出版。

其他：在天津有同盟会《国风日报》《民意报》《中华民报》《天民报》，共和党《民兴报》《大公报》《北方日报》《经纬报》等，略。

第二项 上海报纸与党派之关系

一、同盟会派报纸。

《民立报》 为过去之同盟会机关报，标榜共和主义。

《天铎报》 向来标榜自由主义，近为自由党机关报，又为同盟会准机关报。主笔李怀霜。

《民权报》 本年四月发刊。标榜自由、民权，为同盟会机关报。主笔周浩、戴天仇等。

《太平洋报》 本年四月发刊。仰仗于海外华侨资金。四川人朱少屏主笔。同盟会派机关报。

《民强报》 本年五月发刊，大同民党机关报，亦为同盟会准机关报。

《民国新闻》 预定七月初旬发刊，汪兆铭主笔。为纯同盟会总机关报，南方最有力之言论机关。

《中华民报》 先时发行于南京，后因临时政府、留守府相继撤销，而移往上海继续发行。

二、共和党派报纸。

《时事新报》 本年五月从民国公会、国民协进会买收，为纯然之共和党机关报。主笔张云搏。

《神州日报》 安徽人之机关，今亦为共和党机关。主笔汪允中。

《民声日报》 本年发刊，民社机关报。纯属共和党。

《时报》 投入党派漩涡中即标榜立宪共和，对同盟会无好意，故接近共和党。

《申报》 无党派关系，但讴歌现政府。

《新闻报》 与《申报》同，无党派关系，但赞成现政府，反对同盟会。主笔金世和。

《民报》 与《时报》同，不与同盟会友善。

三、统一党报纸

《大共和日报》 章炳麟之机关报。

其他数种报纸，因不重要，故略。如此各党各机关报而发主张、言论，相互攻击之，实呈喧嚣之状，中国之言论机关因之而遭破坏。

附：中国报界俱进会

该会为联络全国报纸之新闻社团。以去年上海、北京、天津、汉口、东三省等报社为中心，成立于南京（时博览会正举行）。第一次会议于去秋在北京召开，因遇革命爆发，而告解散。此次为期待共和政府之确立，又于本年六月上旬在上海召开大会，议定该会规则十五条。最注重如下纲领：

一、与全国新闻界有关之共同利害问题。

二、用本会全名处理对外事件。

三、（确定）政治、外交之言论范围。

后逐次于上海、南京、北京、天津、奉天、吉林、汉口、广东、香港召开常会，以期全国报界之完全结合而为言论拥护之机关。

该会既为代表性言论机关之团体，故今后必在中国政治、外交上产生重大关系及势力。其言论、行动不可不加以注意。

备考：近传唐绍仪一派拟设《东大陆报》为其机关报，预定在上海、北京、汉口发行。暂记于此，俟日后再报。

第五节　政派系统分类表

本表按各政党之主要人物及政纲等分类，难以正确，俟他日更正。

　　袁黎派

　　袁氏系统

　　　　章炳麟　　统一党　　统一国民党

　　　　　　　　共和急进会

　　　　　　　　南北共和宪政会

　　　　　　　　共和政体研究会

　　　　　　　　蒙古联合会

　　　　　　　　共和进行会

　　　　　　　　北方共和会

　　　　　　　　共和促进会（在北方者）

　　　　　　　　汉蒙联合会

　　　　　　　　五大族共和联合会

　　　　　　　　五族国民合进会

　　　　　　　　藏卫团

　　　　　　　　全国将校团

　　　　　　　　中国实业会

　　　　　　　　中华全国铁道协会

　　　　　　　　七省联合会

　　　　　　　　直隶公益会

　　　　　　　　国民协进会 ⎫

　　　　　　　　民国公会 ⎭ 与民社、国民党合并为共和党

　　黎元洪系统

　　　　　　　　统一党（由章分置，合于共和党）

　　　　　　　　国民协会①

　　　　　　　　阶行社（军界统一会）

---

　　①　原注：三会后与民国新政社、共和统一团合为民主党。该党以梁启超、孙洪伊、杨度、林述庆（前镇江都督）等组织，汤化龙任干事长，刘崇佑为干事。

共和建设讨论会①

民社
国民党 } 与国民协进会、民国公会合并为共和党

军学研究会

共和急进会

东亚大同社

国民共进会②（将来有向袁黎派接近之倾向，故
再录出）

共和宪政派

统一共和党③

国民公党④

政益会

中央集贤会

共和建设讨论会

孙黄派

同盟会⑤

全国联合进行会

五族少年保国会

少年中国党

救亡会

进德会

国民捐会

民生促进会

民权监督党

宪政党

政群社

---

① 原注：三会后与民国新政社、共和统一团合为民主党。该党以梁启超、孙洪伊、杨度、林述庆（前镇江都督）等组织，汤化龙任干事长，刘崇佑为干事。

②③④⑤ 原注：四团体后合称国民党。

国民共进会①

大同民党

自由党

社会党 　　　仁党

万国统一天民党

空无党

共和促进会②

华侨联合会

公民急进党

海军协会

中国战舰会

自竞党

进步党

民族大同会

工党

民生团

垦殖协会

蒙藏交通公司

西北协进会

平民党

承载译

---

① 原注：该党多为无赖棍徒，借以扰害地方，扩张势力。

② 原注：三会后与民国新政社、共和统一团合为民主党。该党以梁启超、孙洪伊、杨度、林述庆（前镇江都督）等组织，汤化龙任干事长，刘崇佑为干事。

井上雅二关系文书

《井上雅二关系文书》，凡三大部分：一为日志，二为亲笔原稿，三为书类。日本东京大学明治文库藏。

井上雅二（1876—1947 年），日本兵库县人。1893 年入海军兵学校肄业，次年退学。1895 年，学习中国语，任职台湾总督府。1896 年归国，入东京专门学校（早稻田大学前身）英语政治科，到中国上海、苏州旅行，关心"东亚问题"。肄业期间，与康有为学生罗普（孝高）、徐勤（君勉）相识。1898 年 7 月，以东亚会干事资格到中国旅行。经上海、杭州、苏州、武汉、南京、天津而入北京，到北京没有几天，政变发生，协助梁启超、王照脱逃。1899 年毕业，毕业论文是《支那论》。旋任东亚同文会上海支部干事，经营《同文沪报》。1900 年 10 月归国。1901 年 4 月，赴奥地利，不久，留学德国。后任东洋拓植株式会社顾问、东亚同文会理事、东洋协会评议员等。生平见永见七郎《兴亚一路·井上雅二》一书，刀江书院铅字排印本，全书 1184 页，昭和十七年（1942 年）四月出版，仅印八百部。

据永见七郎《兴亚一路·井上雅二》序称：此书于昭和五年执笔，七年渐成，曾公开一部分，昭和十四年续写，十六年脱稿。全书十一章，其中第四章《日东男儿》，有《东亚会》《支那大陆之再游》《戊戌政变记遇》《东亚同文会之创立》，第五章《凤雏之活跃》（"北清事变"时代），有《东亚同文会上海支部干事》《北清事变时之活动》《留学之前》，与戊戌变法、唐才常自立军有关。井上雅二著作甚丰，凡二十六种。

《兴亚一路·井上雅二》曾记康、梁记戊戌变法、唐才常自立军事，但不及《井上雅二关系文书》（下简称《文书》）原始，《文书》中《日记》原件今存三册：

一为《世路日记》第九册，线装一册，毛笔行书，每页十二行，兰格竹纸条笺，行约三十字，共三十四页。上有"智以启财，财以启众，众以启贤，贤之有启，可以王天下矣。吕尚"语录。起明治三十一年（1898年）七月十四日，迄同年十二月三十一日，后有全年摘要。末为明治三十二年（1899年）一月一日至七日日记。本册记载到达京、沪情况，与康有为、梁启超、王照交往，暨政变后偕康、梁出逃。又对唐才常、毕永年"壮志"之钦佩，于康、梁在日活动，也有简要记载。

二为《当用日记》，红封面布装，精装一册，为市坊"日记手册"，起明治三十二年一月一日，迄同年十一月一日，毛笔记录。其中一月一日至七日与《世路日记》大体相同，惟《当用日记》补"箴言""交往"等。四月，志毕永年来访。五月，志梁启超、徐勤、韩文举、叶觉迈来访，惟较《世路日记》为简，且中有缺记，如七月八日至十一日仅记"终日看书"。七月八日至十一日缺，后又为"终日高卧发热"。七月二十二日至二十三日、八月七日至十月二十八日全缺。十一月后似因赴华（十一月十四日来华）未记，但有在上海张园、杭州之处记录。

三为《日记》中最重要者。封套"大学1—1"。棕黑封面一册，钢笔书于洋纸笔记簿上，横本直写，用纸六十张，起明治三十三年（1900年）五月，迄明治三十六年（1903年）二月，首有"明治三十三年。男儿三十未平国，后世谁称大丈夫"语。全册次第为：

第一，明治三十三年（1900年）五月二十八日起，记义和团起义，八国联军入侵，以记唐才常自立军起义事为最可贵。

第二，明治三十三年十月至三十四年四月，准备欧行。记十月二十四日至北京，十一月十四日东亚同文会开会。三十四年（1901年）二月欧行，至维也纳，游巴尔干，记至七月四日。

第三，明治三十五年（1902年）一月起，在维也纳，记至三月十五日。

第四，明治三十五年三月三十一日至八月十六日，其中空白甚多，为欧洲日记。

第五，明治三十五年十一月六日至三十一日，又明治三十六年一月一日至二月六日，为"柏林日记"，下空白。

《日记》中记载唐才常自立军起义，自酝酿、集会、檄文、宣言，以至和哥老会关系等都有记载，是一份重要的原始记载，也是一项珍贵的历史文献。

今将《日记》中有关自立军的记载，举要如下：

七月二十一日　　唐才常一派在长江举事已见征候。狄平子预计不久用一个星期的时间沿长江去，为的可能是去汉口与哥老会做一交涉。

　　二十五日　　记湖南黄忠浩统率兵营活动，暨汪康年来访。晚唐才常来访，谈与湖南哥老会暨南京一带之联络。又记王照谈"袁世凯目前孤立之情势"。

　　二十六日　　记中国议会开会暨宗旨。

　　三十日　　记第二次会及讨论情况。

　　三十一日　　续记"中国议会之真宗旨""唐才常一派之计划"。

八月一日　　记唐才常、容闳来访。

　　四日　　记唐才常告"自立会会员已有十余万人"。又记中国议会之办事办法。

　　六日　　记容闳、唐才常、狄平子来访。

　　七日　　记与严复、汪康年、姚文藻相见。

　　八日　　记容闳、狄平子来，未遇。

　　九日　　记唐才常、汪康年、容闳来访。

　　十二日　　记大通起事。

　　二十一日　　记文廷式由湖南来，又谈昨日临时大会，拟对外宣言。

　　二十二日　　记起事失败。

以下有《唐才常举兵一件》《自立会的纲领及檄文》《中国自立会的布置》以至哥老会的分布，末为《中国朝野人物》系剪报（日文），下列：一是拳党，端王、刚毅、赵舒翘；二是非拳党，庆王、荣禄、王文照〔韶〕；三是主权者；四是武卫军之处分；五是地方疆臣，李鸿章、刘坤一、张之洞三督，下又有裕禄、陶模、奎俊、崧蕃四人，并略志毓贤、李秉衡以至魏光焘、俞廉三、饶应祺、松寿、于荫霖、黄槐森、丁振铎等；六是武官；七是在野人物，有陈宝箴、康有为及其门人（梁启超、麦孟华、徐勤、唐才常）、孙文及其一派（所谓兴中会）、文廷式、汪康年、唐才常、吴大澂、马建忠、黄遵宪、翁同龢、张荫桓、孙家鼐、唐薇卿、吴汝纶、何启、胡礼垣；八是各省人才，"匪徒之巢穴"；九是结论。

《日记》对于唐才常自立军的记述，不但可以补充史乘之不足，且可正记闻之讹误，试举数事：

第一，中国议会开会之时间、地点。冯自由《中华民国开国前革命史》上册《正气会及自立会》谓，于"六月间"，"开国会张园"。张篁溪《自立会始末记》亦谓"六月"，"以挽救时局为名，约请上海维新志士开国会于张园"。晚近史籍，多沿其说，且有称之为"张园国会"者。以往我编撰《章太炎年谱长编》，独采孙宝瑄《日益斋日记》定为"七月初一"，开"大会于愚园之南新厅"，也有人以此为孤证致疑。今观井上雅二《日记》七月二十六日（七月初一日）记："愚园开会之来集者五十二名"，举容闳、严复为正副会长，议定章程。那么，中国议会开于"七月初一日"，开于"上海愚园"，可成定谳。

第二，中国议会开会的次数、人数。冯自由、张篁溪均泛指开会，似仅一次，实则"中国议会"正式开会两次，一为七月二十六日（七月初一日），一为七月二十九日（七月初四日），今将孙宝瑄和井上雅二所记对比研究：

孙宝瑄《日益斋日记》	《井上雅二日记》
（7月26日）七月初一日，是日上海同志八十余人，大会于愚园之南新厅。	（7月26日）愚园开会之来集者五十二人。
（7月29日）七月初四日，诸同志在愚园第二次开会，到者六十余人。	（7月30日）昨日（29日）第二次会之集者六十余人。

除第一次集会略异外，其余记载完全相同，知中国议会开会两次，一为七月二十六，一为七月二十九，都在愚园开会。

第三，中国议会的章程和宗旨。孙宝瑄和井上雅二所记中国议会宗旨有所不同。孙宝瑄谓，"宣读今日联会之意：一、不认通匪矫诏之伪政府；二、联络外交；三、平内乱；四、保全中国自主；五、推广中国未来之文明进化，定名曰中国议会"。井上所记为，"一、保全中国疆土与一切自主之权；二、力图更进，日新文明；三、保全中国交涉和平之局；四、入会之人专以联邦交，靖匪乱为责任"。末有"此不认现在通匪矫传之伪命"，后为铅笔涂去，不知何故，而此则孙宝瑄列为第一条者。又孙记于二十六日，井上记于"三十日"，谓"昨日之会，"即二十九日。或二十六日议定章程，此项宗旨至二十九日重加讨论。又井上记"大多数之宗旨"为尊"光绪帝，不认端王、刚毅，不讲明新政府而得实施之"。并言章太炎之"不允满人之入会"，"救出光绪帝为平民"云云。是章太炎之反对"议会""一面排满，一面勤王，既不承认满洲政府，又称拥护光绪皇帝"之矛盾主张，应为七月二十九日之第二次会。章氏有《请严拒满蒙人入国会说》《解辫发说》，并附"来书"，刊于"庚子七月十五日"（1900 年 8 月 9 日）之《中国旬报》第十九期，"来书"则撰于"七月九日"（8 月 3 日）。井上特志章氏意见，知章氏争议之激烈，至"救出光绪为平民"，尚未见其他记载。

又，井上"三十一日"日记更载《中国议会之真宗旨》《唐才常一派之计划》，都可补充其他文献。

第四，汪康年与中国议会。井上雅二《日记》屡志汪康年往访，七月三十日"会员之重要者"，中有汪康年，且以为"中国议会之枢栋"。七月三十一日载"汪康年之言"。八月四日又载汪康年言"中国议会之办法"。七日，记汪偕严复往访。八日、九日，载唐才常、容闳、汪康年等来访，可知汪康年与中国议会关系密切，可资探讨。

第五，自立会纲领及檄文。《安徽大通勤王布告文》有自立会宗旨，经康有为点窜，汉口《自立会宣言》用英文公布，《中外日报》光绪二十六年八月十四日有译文，《觉迷要录》亦辑译文，与之有异。今井上《日记》所辑为英文原件，自然原始可靠。

查井上《日记》所辑英文原件，《自立会史料集》均有中文译件，经与《日记》比勘，颇有异同。今先将《自立会史料集》所载三件译文录附于后：

（汉口自立会宣言，一九〇〇年八月二十四日）

现因端王、荣禄、刚毅暨一概骄横旧党，暗中主使劝助拳匪滋事，我等中国自立会诸人，现在已经持械起义，特此布告男女洋人知悉：

我等谓满洲政府不能治理中国，我等不肯再认为国家。变旧中国为新中国，变苦境为乐境，不特为中国造福，且为地球造福，系我等义士所应为之责。

我等定议，合今日上等才识，议易国家制度，务使可为天下之表式。本会之宗旨，系使百姓保有自主任便议权。

我等与联合各国之意相同，剿平昏迷狂邪之乱德，惩办仇视洋人凶恶僭位诸人。

各国洋人租界，各教礼拜堂，中外耶教人之性命产物，定必保护，不加扰害。

特此布告汝等，我等所为，不必惊惶。

汉口中国自立分会启①

按：英文原件有"1900 年 8 月 24 日"日期，第三段中文译本为"我等定议，合今日上等才识，议易国家制度，务使可为天下之表式"，而原件为：

We resolve to reinstate H. M. Kuang Hsü as emperor，and to construct a constitutional Empire which in everything shall be made a model of policy worthy of the creation of the highest combined intelligence and enlightenment of twenty century.

应该译为："我等定议，恢复光绪皇帝权位，建立立宪制国家，务使成为二十世纪最高智力与启蒙之表式。"中文译为"议易国家制度，务使可为天下之表式"，都较笼统。

第二件自立会宗旨，中文译本为：

———————————

① 杜迈之：《自立会史料集》第 37 页，岳麓书社 1983 年版。

宗旨　　一、保全中国自主之权；二、请光绪皇帝复辟；三、无论何人，凡系有心保全中国者，准其入会；四，会中人必当祸福相依，患难相救，且当一律以待会外良民。①

与英文原件尚无大异，唯最后一句，即"且当一律以待会外良民"实为第五条。

第三件为军令八条，中文译本为：

第一条　勿侵害国民之生命财产。

第二条　勿侵害外人之生命财产。

第三条　勿焚毁寺院，勿惊动教堂。

第四条　保护租界。

第五条　严禁奸淫窃盗及一切不法行为。

第六条　待遇擒获敌人，禁用惨酷非刑，须照文明交战条规处治之。

第七条　对敌时用残酷待遇及猛毒武器，均所不禁。

第八条　所有清国专制法律，建设文明政府后一概废除。②

经核英文原件，第三条原文是："Churches shall be Protected from being burnt, and native Christians from being disturbed or injured."应译为"勿焚毁教堂，勿侵害教民。"

第五条，核英文原件，"奸淫窃盗"下应增"酗酒等"。第六条与第七条次序倒易，英文原件第六条是："Poisonous weapons, and cruel treatment towards enemies, shall be prohibited."应译为"严禁对敌采用残酷待遇及猛烈武器"，中文译义不当。

英文原件第七条（中文第六条）是："Captives Shall be dealt with according to the belligerent laws of civilized nations, and shall by no means be murdered in a barbarous manner."中文译件脱"不得妄行杀戮"句。

---

① 《自立军史料集》第14—15页。

② 《自立军史料集》第18页。

英文原件的发现，不但可以纠正中文旧译的讹误，对宣言、檄文发表时间和内容，也可厘定清楚。

第六，《中国自立会之布置》。文中言湖南、湖北、安徽、江苏、江西各地实力，虽然人数似较夸张，也不失为研究会党史的重要资料。

《井上雅二文书》，是1983年冬旅东期间，我在日本东京大学近藤邦康教授的陪同下，在明治文库发现的，蒙该校坂野润治先生的帮助，得见全卷。大约花了一个星期的时间，经过翻阅、复印、摘录，写有上述札记。此后，近藤邦康教授将《井上雅二日记——唐才常自立军峰起》，在日本《国家学会杂志》第九十八卷第一、二号发表，将我写的"札记"也录附其中。

由于这宗资料，对唐才常和自立军的研究很有参考价值。我返国后，又经整理，并请何凤圆女士翻译，黄绍海同志校阅，并经近藤邦康教授审定，发表于后。

附录

井上雅二日记

明治三十一年七月至三十三年五月　消息概要

明治三十一年（1898年）七月初　以东亚会干事的身份踏上漫游中国的旅途。先抵上海，后游苏、杭，又与甲斐宽中一起顺长江至汉口、武昌、南京等地，八月末回到上海。接着，与华人毕永年同船北上，在芝罘与平山周结伴进天津。正值伊藤博文来华，我们与他先后抵达北京。在北京我们投宿于泷川海军大佐家中。

与康有为等人时有往来。

此间与小越平陆游览万里长城、西山、明陵七天。

九月二十四日　回到北京不久，随即发生了政变，王照逃到我们住处。半夜，将王照托付给山田良政，即去天津。

二十六日　于停泊在大沽的大岛舰中会见了梁启超。

二十七日　与大冈育造搭"玄海丸"号去朝鲜。在仁川上岸，游览了京城。两天后，仍搭"玄海丸"号离开，同船的有朝鲜人安炯寿。十月初回到东京。（这一段旅行记，曾在当时的《读卖新闻》上刊登过，即《大陆啸傲录》。）

十一月　东亚同文会成立，任干事。

与中国人交往愈加频繁。

明治三十二年七月　毕业于东京专门学校。

同年九月　成为同文会上海支部委员而去中国。

同年十二月　参加谈判收买汪日卿主持的《沪报》事，决定以三千日元买之。

从明治三十三年一月四日起，改名为《同文沪报》发行。该报由井手三郎经营管理，我担任编辑。

三月初　与安村喜当、曾根原千代三同游浙江省，游览了杭州、绍兴、宁波、舟山群岛、普陀山等地，历时二十多天。当时的游记，即《越中纪游》，曾寄日本报纸发表，遗憾的是没有登载结束。

男儿三十未平国，

后世谁称大丈夫。

明治三十三年

五月二十八日　义和团开始起事。

六月八日　因义和团事件与东亚时局关系重大，故报告了东亚同文会总部，提醒会员注意。同时，要求陆实、池边吉太郎等刊物主编推荐发表评论必须重视时局的文章。

六月十七日　大沽炮台被联军占领，因而宗方第二天即从大沽撤回上海。因为时局突变，致使当初的政策无法得以实施。

六月二十三日　联军进入天津。

六月二十五日　从二十五日、六日起，端王几乎独揽了大权，两宫徒具其名而已。

派出唐才常的人去探听南京刘（坤一）的意向。汪康年与张之洞进行了商谈，但毫无结果地归来。

七月

七月二、三日之交　会见了陶森甲。据说兵器的事，陶已托了白岩，我就不再为之奔走了。

觉得应该与李寿亭等人作一筹划。

五、六日左右　田锅安之助、佐佐友房等来沪。了解了总部以及政府的意图。

打算建立一个通讯机关，而约汪、唐、文等人进行商谈。

十五日　与井手、宗方、田锅等人商量决定未来应该采取的方针，如上面所说的。

七月二十日　井手、宫坂匆匆回国。

井手将与根津、小山和近卫公等人商量与参谋总部和海军省联系沟通思想，这是他回国的一件要事。宫坂为的是与森就某件事进行一下协商。

二十一日　九十二度。唐才常一派在长江举事已见征候。狄平子预计不久用一个星期的时间沿长江去，为的可能是去汉口与哥老会作一交涉。

李鸿章抵沪。外国人对他评价不好。安排派汪康年去刺探一下李的情况。

自称为皇帝密使的志钧抵沪。

二十二日　九十三度。白岩、牧来此处共作商谈。

昨天陶森甲发电给白岩，询问关于五万磅无烟火药的价值。此事将向姚文藻打听。

与末永节议及同广东那帮人通气的事，双方同意。决定双方现在正不表明各自的计划。

福本日南发来急电。我请来山田良政作一商议。决定趁山田南行的机会，把中部的意图告知广东的两三个人。

去电佐佐友房、伊藤博文，请求引见给李鸿章。决定佐佐会见李劝说，使李赞同我们的计划。

二十一日　姚文藻、志钧兄弟均赞同我们的计划。晚上，李经方、杨某、志钧等八九人会商。

经方说过，我们有我们的打算，你有你的打算，还是切勿谋划国事前途。他似有断然回避商量之意。严密保守秘密，事关重大，这事恐怕怎么也无法劝说。

刘坤一只想保住自己的地盘，且有还乡之意，因而毫无自立或北上的意气。

对西太后仍感佩服。

张之洞大概也同样。只是公然表示在列强将要实行割据的时候，一定要坚决抵制。

李鸿章与西太后有缘难分。

二十三日　叶瀚来信，磋商王照之事。决定答应叶瀚的请求，去见领事商量。

《国闻报》主笔方城，六月二十日在天津突围，身无一物地携妻逃来。就保护之事作了商议。

晚上，访小田切领事，谈及保护王照之事。

田锅、山田、中村等赴南京。

枪械的买卖，根据领事会议的决议，须经所属领事的认可，从而十分严格。

王修植昨天回定海。陈锦涛今日抵达。

二十四日　早上访佐佐友房，相约同去见李鸿章。

去张元济家中访王照，因他外出而未遇，与稻村大尉作了交谈。唐才常派的驻京代表赵从蕃来访，说是十九日回沪的。

二十五日　极热，室内九十五度。上午方城来访，谈及北方之事，打算同访陈锦涛，因王照来访而未成行。

王照决定四五日内赴汉口，先与黄忠浩（统率湖南兵二千人之统领，现在日本）和郑孝胥作一筹划，且探听张之洞的意向后作决定。他认为，起用所有不仇视外国人的人，发动兵变以实现我们的行动。他似有意与哥老会人士进行接触。与宗方商谈后分手。

汪康年来说：对我们通过郑官应而提出的条件论策，李鸿章尚无答复。对此，亦不能指责郑官应。

想来李是不能作主的，他的本心是得根据太后的回电而作出决策。

汪自己似乎非常没有决心。

晚上，访唐才常。唐决定联络长江一带的哥老会，特别是湖南人，并派狄平顺长江去镇江、南京等地办事，而他自己则在十天内赴汉口。

唐认为要是周汉及孔宪教自称奉诏，将能率兵五千人打汉口的洋人，那么，自己就要控制周、孔。

张之洞说，十天以后如不离开汉口的话，外国人的保护则难以保证。从中可知，目前黄忠浩的兵仍驻在汉口，除了护字营外的凯字营，哥匪力量正在壮大。狄平决定三四日内回沪。

当康有为来告知宫崎、清藤等人在新加坡被捕时，收到我曾托中国人去电打听情况的回电。

康有为详述了事实并作了辩解，而且似乎感到很抱歉。福本日南今天给末永来电说："福本前去，请等待。"估计宫崎、内田等人已从新加坡到了香港，并将直接回福冈。

孙文的党徒尤明在上海的力量薄弱。

志钧兄弟昨日去了南京。

总部来信，关于沪报上有关痛论国策的文章。

王照又说：袁世凯眼下十分孤立。山东任城县以北均被义和团占领，对洋人的作物一概抛弃。袁一意剿团，而民心则不服，而且他手下的新建陆军也不很心服。同时，山东布政使张人骏，因其父与西太后之父是朋友，他是团党，因而常常妨碍袁世凯。

今日，王致函众议院议长片冈健吉，他认为，"日本兵应当首先进京拥帝，否则让俄国人捷足先登的话，将会虐杀民众，丧失两宫，大局将难以收拾"，并希望政府明白这一点。此话亦在理上。

稻村说：陈泽霖、张春发部下的兵已进入北京，两人拜见了两宫，目前李秉衡已率兵二百人到了济南境内。吴淞附近有一艘大舰，时常停泊着，一旦有事，四十分钟以内将占领吴淞炮台。香港有三千英兵，一有电令，将在五十小时以内来津，保护租界。

方城说：天津附近的新党人都生存来沪了。眼下没有声息，似乎是中国复兴没有希望，一会儿迁居沪上，等待时机。从天津逃来上海的新党人有：

王修植　浙江人　京师大学堂总办　著名
严　复　福建人　水师学堂总办　道台
伍光建　福建人　水师学堂教习　生长在美国
陈锦涛　广东人　京师大学堂教习　康有为门下的高才　精通算数
温钦夫　海关道翻译
赵仲宣　京官　江西人
蒋新皆　举人　浙江人
方　城　浙江人　《国闻报》主编

陶模在京中，魏光焘无力镇压其管辖区域，贵州巡抚邓华熙也不日将逃离北京来沪。

二十六日　下午六时，佐佐一行人与小田切领事一起在刘学洵别墅访问李鸿章。佐佐用两个小时谈了时局。李毫无成算，关于奉太后之命北上之事，也似乎只遵从君臣名分。外国人尤其是英国人反对李，是因为李与俄国的关系。

在座的有刘学洵及杨崇伊。有人说杨决非端王派，这是个疑问。

晚上，与佐佐一行赴愚园，出席汪康年的宴请。十二点回寓所。

在沪各人士的中国国会。

汪康年、唐才常等一个月以前提出的所谓国会，今天终于在愚园召开了。出席者五十二人，均为民间人士。前美国公使容闳为主席，严复为副主席，决定二十九日再次开会，但章程等尚未制定。

二十七日　温钦夫、陈锦涛二人到来。他们都出席了昨天的国会。

桑田、冈田等从福州来沪。稍有不适，躺了一天。

佐佐木来了两封信，得知刘坤一对我们的出兵抱有怀疑。

给总部中西各位去了一封秘信，论及时事，又给干事去了两封信。

给田锅秘信一封。

二十八日　佐佐友房、林民雄、太田原、成田等归国。

二十九日　上午九时，佐佐木来信。因有必要，便给总部发了一电：

刘坤一对我日本出兵天津的理由和目的抱有疑虑，以为日本将取各国共同分割的态度。望立刻采取措施解除其怀疑。沪报上不断有所报道。

四川来电，井户川辰三成为参谋，劝提督丁鸿臣率兵北上勤王。详情不明，候告。这一周内英国的举动实在奇怪，似想完全放弃北方而成事在中原。

三十日 访牧和赤城舰长上伸。

对英军司令官西摩亚中将的行动，有两种看法。

其一，他的南下，是根据其本国政府的意图实行分割南方的计划吗？（无论有否英俄协商）

其二，只是（消极地）保护长江一带吗？

不管怎么说，中将今后的举动将决定大乱的时机。如有一兵上岸，张（刘也同样）将会予以对抗。今后的一周左右值得注意。

唐才常四五日内动身，他有事要与我商议。

最近将在安庆举行暴动（与唐等一致行动）。

唐希望张采取排外态度，与黄等一起收复武昌。

哥老会中明白人较多，并非一定不打洋人。

哥老会与义和团不合。

中国议会不断接受带兵的官。

刘与张很难联络。

　　中国议会宗旨

昨天召开第二次会。

出席者六十多人。

一、保全中国疆土与一切自主之权。

二、力图更新，日进文明。

三、保全中外交涉和平之局。

四、入会之人专以联邦交、靖匪乱为责任。此不认现在通匪诸矫传之伪命。

大多数人决定在此宗旨之下，实行以下三点：

尊光绪帝。

不认端王、刚毅等。

力讲明新政法而谋实施之。

但并不一定排除满人。

会中极少数人如章炳麟主张：

不允许满人入会。

救出光绪帝为平民。

从而与其他人意见不一致，却与孙文的意见接近。

主要成员有：

容　闳

严　复

汪康年　参与中国议会的中心机构的有张元济、沈士孙、赵仲宣等，与汪观点一致。

唐才常

主事：丁惠康、吴葆初、孙宝瑄等。

宋伯鲁、张元济、王照等没有加入。郑观应等没有势力。陈三立不日将参加。

唐才常联络了广东南关游勇的大头目陈翼亭。

吴之恺是哥老会中的人。

唐还打算设立中国自立会。

晚上，为宗方、中路、石田等游览长江去送行。访末永。

福本日南来到。原定八月三日乘和泉丸来沪，现在似乎原计划有所变更。

王照今晚该去汉口了。

孙文想起事的事，已被广东巡抚所探知，并做好了一切防备，因而行动更为困难了。

深夜，汪康年来谈到，据唐才常说有一来自井上的消息："西摩亚中将给李鸿章一信，说一周内没有公使的确切消息，就要占领吴淞炮台。"我说我不知此说，他很吃惊，然后就回去了。

三十一日　约了唐才常，他却没有来。

与汪康年作了商谈。

中国议会的真正宗旨

绝密。很多会员是不知道的。对外的简明章程如前所述，要点是："根据十二条，废弃旧政府，建立新政府，保全中外利益，使人民进步。"

决定一两天中向日、美、英三国公布此宗旨。一公布，西方报纸必然登载，这样，中国官吏就会知道。那些维新党人都在上海，他们不会很安分，一定在另择地点活动。收揽哥老会为己所用，夺得长江上的重要据点，这是他们的意向。哥老会中有明白的人，他们并非一定憎恨外国人。

汪康年说，张之洞的态度是排斥外国人，刘坤一也许是主战论者。

下午七点，电告总部关于中国议会向日、英、美三国发布电告的事：

> 由前驻美公使容闳、严复、唐才常等六十多人创立的中国议会，以建立新政府、保全中国国土、平息团匪、排斥端郡王为目的，两三天内会发电给日、英、美三国政府，以求承认。李鸿章衷心赞成，不反对在沪外国人。张之洞、刘坤一或许会予以拒绝。西摩亚中将举动奇怪。刘的意见是，无论哪国，如果在长江布兵，那就坚决抗击，不依靠日本的援助。张不能与北京政府脱离关系。

刘、张、李三老，至今仍有联系。

唐才常一派的计划

建立中国自立会，纪律严格，铲除泄漏军事机密者和奸淫者。像哥老会那样，以暗号对答。宗旨在于中国的自主独立。不允许虐杀外国人，盼望与外国人和睦相处。

据唐才常说，长江一带兵营的大部分从属于中国自立会，哥老会数万人亦表示同意。

张通典之兄庆云现在湖南。带有二千五百兵，是总兵。黄忠浩与他是一致的。

汪与唐心中互不合拍。唐认为汪不可信赖，而汪认为唐有野心。汪不知自立会的事。而容闳好像是知道的。

固然，中国自立会与中国议会是一致的，自立会已有了会印，数万人已签名。

等一位朋友。

陶森甲昨天到沪，预定逗留一周，他与白岩合得来。

据陶讲，刘的意见是，不论哪国在长江动兵，就击退它。

关于日本出兵的原因，刘从小田切和佐佐木那里得到了解释。原因一开始就很清楚的，但事到如今他不相信日本。江阴一带布设了水雷，他有决心马上实行。

张认为不能脱离北京政府。他一开始就没有统制自己管辖区的能力，但打洋人的劲头当然是有的。

今天，陶该会见李中堂了，走前，白岩忠告他，必须把事情向李谈明，"如果各国进兵长江，刘、张将死力对抗，所以，要向各国发电以提请注意"，陶表示同意后便前去了。

总之，当初由三总督维持秩序的事，由于英国的行为而成为不可能的了。

今日，该会见上海领事、舰长，商谈关于防卫计划的事。

宫坂来电，军械的事，目前已完全不行了，很让人失望。不得不赶快寻找财源。

八月

一日　佐佐木四方志昨天抵沪，今早来此处，知道了刘的决心。

田锅来信

　　农历六月二十六日的上谕

其上谕是：命令刘坤一、张之洞、李鸿章、王之春、刘树堂、奎俊等人，必须保护外国人，谋求和平，这是各督抚和朝廷均表示同意的事。同时，除了德国公使以外，要保证各国公使的平安无事，目前要送去蔬菜食物，并命令他们在管辖区内发布保护外国人的公告。但如果外国依靠兵力侵犯疆土，则坚决击退之。只是不要从我们挑衅。

想来，刘、张对此是会赞成的，两宫存在，就不能与南方联盟，他们注重忠诚，决不会对北京朝廷作出行动。

当然，湘军的大将李占椿也与刘采取同一态度，如果他们一致行动的话，就不会使刘动摇。

田锅说，攘夷思想波及南方，今天已非以满汉来加以区分了。满清政府由于这次的行为而赢得了人心。这是官场中的一般看法，是需要考虑的。

小田切万寿之助来信，赶去相见。

他说："从张、刘处听说关于报纸取缔的事，要求很厉害。今天召开领事会议商量这件事，请留意。"

下午，与唐才常一起访问容闳。七十三岁的老人，仍很精神。

容与汪不合拍。容认为汪有私心。唐与汪也完全不合拍。汪的朋友中没有决心死战的人，令人叹息。容在美国人、英国人中有很多知己。不大喜欢在上海的外国人中官场的人。因为各国领事等只是利用他们来维持秩序。小田切对中国议会表示嘲笑。

二日　给总部近卫公发出第二号秘密公告。田锅来一信说，南京有刘光才、杨金龙两个统领。他们统率着湘军，名望甚高，心服于刘坤一，并听从刘的指挥。革命党的首领来自各地，都与湘军有联络，而湘军营的军官拒绝面晤。

徐老虎的降伏是一时的计策。随时行动的准备工作已就绪。以上是从徐的部下一个姓熊的人那里得到的消息。

在南京的哥老会首领辜人杰等已离开南京。

陶森甲来沪，似接受张之洞的命令。昨天他应该见过李中堂了。

晚上，出席由赤城舰长举行的宴请，地点在徐家花园。第一次认识了新参加的蔡钧以及美国海军大尉、摩耶舰长等。

三日　早上，福本日南从香港抵此地，立刻与他见了面。

福本打算搞农民起义，不依靠日本，而只是作为一个东洋人革旧帝国的命。当然，他似乎没有把握。我谈了自己的想法，我们约定相互帮助，然后就分别了。

与唐才常会面。

几天以后将作长江行。

姚文藻来。他反对中国议会。得知志钧现在芜湖。

四日　陶森甲加入中国议会。他说将奉张之洞命令见福岛安正。

李鸿章并不见怪中国议会，刘坤一似乎没有妨碍他的意思。

唐才常说，如果北京已将破了，刘、张将没有了权力，只有为我们效劳。

目前，自立会会员有十多万人。

汪康年说：中国议会有两个办法，一是推一大名人为总统，二是中国各省自行治理。

趁现在民心大乱之机，派人去各省，与土匪联合起来以成一派势力。民间各处都有私党，各种流派，有些纪律严明，而有些纪律松懈。他们有力量，联合起来也是可能的。看起来容易的却很难，看起来难的却很容易。

今日有谣传说，张、刘、李以及盛宣怀在上海，将被捉拿。恐怕是因为他们的宗旨在不打洋人。

陈宝箴旧历六月二十五日卧病在床，第二天死了。陈三立回国。

可以说已失去了援助。

五日　早上，访问前水师学堂总办严复。他的意见与汪、唐相同。袁、许两大臣被杀，王文昭〔韶〕革职，这些都是事实。

晚上，访问龙和谷，打算谈谈关于石川舜台的事，未遇而归。

向田锅发出第六号信。

六日　早上，访问容闳、唐才常、狄平。下午，与高雄舰长和摩耶舰长谈话，后又与汪康年、沈少纬兄弟谈话。

电文首先发给英、美两国，决定用邮票发往日本。英文是由容闳写的，汉文是由严复写的。由于电报费太高，所以日本距离较近就用邮寄的方法。

沙里斯培利中国事务章程有六条。从中足以了解英国政府的意图（本月三日在下院制定的）：

第一，英国政府与各国一起支援北京各公使，在任的各公使是奉君王之命而来的，公使受辱等于君王受辱。

第二，长江各省如有骚乱，英国政府将出兵帮助各督抚，治安各地，保全大局。此事已与各督抚作了商定。因此，我政府应该事先做好了准备，以应各地之急。

第三，英国政府必定反对他国对中国政府的瓜分，想必各国亦必与我英国持同样想法。

第四，中国政府不论如何变动，必须以华官为主，欧洲各国不能代执中国政权。

第五，中国将来如要聘请外国人训练军队，各国必须利益均等，不能由一国独揽。

第六，现在英国政府替中国剿匪，将来安定以后，英国政府必定向中国政府要求军费赔偿。

李秉衡入京以来，被弹劾的大官很多。

据传，袁世凯被刺客所刺，同时，前山东巡抚张曜的先锋孙军门也被刺。

董福祥的威力正盛。

荣禄原主张剿匪，但是，在农历五月二十四日，董军与英提督西摩军作战后回京，突然一反前态，竟与董军一起进攻英国公使馆（据德国使馆的一个目击者所述）。

七日　与严复、汪康年、方城、姚文藻见面。

小越平陆从香港抵此，谈及南方、平山、福本等的计划，颇为周密。

山西福公司长刘铁云来，与他是初次见面。这是一位富豪。今年初，由于创办矿务而被控有罪，原来农历五月初三将被捕，刚巧他在上海而幸免于难。刘说，太后的真意不在重视义和拳，他是由于刚毅而被挟制。去年，关于程文炳去见太后，以及要挽回时局首先只有与英、日、美联盟，排开俄国，太后命他提出意见书。那时刘本人替程撰文。太后大喜，立刻命令荣禄与程商办。第二天，刚毅大怒而议罢。由于去年十一月的事，程请假回原籍了。

中国议会昨天发电英、美两国。目前正在商量是派人去日本还是用邮寄发往日本。

福本、平山、孙文等的计划：打算与康联络但没有成功。宫崎等在新加坡得到二万多日元的兵饷。所有的计划，都在平山、福山心中。最初打算在广东省城动兵，但因为防备严密，没有成功的希望，所以准备在惠州方面动兵。

孙——惠州、海丰、陆丰土匪约二千人，被作为主力。

邓荫南在省城附近，是福字军的哨官，另外，在河南缉捕里有他的同志。他率领着约九十人。

林信贤
吴苏如 } 都在省城。

此外，有一个英国人名叫莫鲁克鲁，他是孙的人。上述三人都是原来由原江闻一介绍给平山等的。有人说他们是已与官兵联络好了，实际上是不确切的。

朱通孺 { 说与省城附近的有志者、壮年有志者以及武官有所联系。
广西一派与康党接近。

下面是与原江有关的：

唐景崧 { 王庆延，在郁林、浔州、平乐等地有根据地。
王颖祁
王　第

他们要拥戴唐景崧为团练，进口兵器，发起行动。

原江认为平山等在惠州开始的行动是不行的，表示反对。他自己想在广西地方巩固根据地以发起行动。平山与原江之间一直不合拍。另外，平山派的士、原（称为近藤）、野田、尾崎、伊东等相互表示不满。

为对付这些，官军的防备如下：

炮舰　自二三百吨至七百吨，十二艘

汽艇　二十三四艘

另外预定买进八珊克诺登炮二十艘和格林式机关枪。

经李鸿章的手所购的军械六千件，在刘学洵处，还未分下去。

陆军中

福字营　刘永福　　　　　六营

另外炮队　　　　　　　　一营

另外新招收　　　　　　　一营

信勇　镇军黄金福　　　　五营

熊字军　领队陈维熊　　　正副二营

安勇　郑澜才　　　　　　八营

分散在各地，同时，另外也正在招收。

督标	四营
抚标	二营
副将王德胜	不明
南海番禺县缉捕	不明
八旗	一千五百人

如上所述，存在着优良与低劣之差，同时，钱不超过四五万，人心分离。而且，三千件的军饷还未到达，进口军械的方法似乎没有把握。

但是，自从李北上以来，虽然民心有些变化，但不能靠他们来行动，但并不一定不能乘当地土匪起义的机会来发起行动。只是英国力求和平，不希望骚乱，他们确实反对动兵。

八日　容闳、狄平来，没有见到。

中岛裁之从四川来。井户川等也该撤回来了。丁恐怕不想北上。访问了唐才常、白岩、容闳、汪康年等。

决定明天上午十点与唐才常一起访问容闳，商谈有关事宜。明天想同唐才常一起游长江，打算与甲斐靖同行，有事需要商量。

小山田从汉口来，带来宗方的信。宗方认为唐一派没有能力发起行动。

张之洞已电奏签定了保护长江一带条约的事，但非他的本意。

他的本意是，与北方人亲善，使之听从端、刚各政府。

杭州领事等撤到拱宸桥畔，是不适当和轻率之极的。

井上藤三郎带来了内田甲的信。他是专门学校的学生，答应暂时在此停留。

九日　访问唐才常、汪康年、容闳等人。

唐才常设法让张通典与我同行，并访问了容闳。我决定在十天内回沪。一周后发电报。

从汪康年那里得到去汉口、南京的介绍信。赞成中岛裁之等的计划。宫坂九郎给白岩一信。

参谋总部的意图似乎完全是准备日俄开战，首先解决朝鲜问题。

与甲斐靖交谈，他决定与唐才常一起首先视察汉口。

晚上，在六三亭召开专门学校校友会，与会者有牧、中路、桑田，以及领事馆书记生某人和我五人。小山田、坂上都没有来。十一点钟，搭乘大井川丸号的上等舱，同行者有七人，甲斐、唐才常等五人去汉口，我和小越去南京。三井的藤原也同船。

长江视察日记

十日　晴。十点半经过仪征县。下午三点，来到一个左岸山势险峻、河宽不过一里的地方，这就是江阴。山上山腰都是炮台，兵营也很多。

停泊着海琛、海天兵舰十一艘，水雷舰三艘，汽艇一艘。

晚上九点，到了镇江。

十一日　阴。早上五点，到达南京，与甲斐、唐才常等告别后径直登陆。乘车来到在鼓楼妙相庵中的同文书院，当时已过六点。那里有田锅、中村以及留学生共十人。白天温度很高，比上海热。

妙相庵是个好地方，院内有树木和水池。

上午，知府王毓平以及保甲总局总办候补道张锡寿两人来。

下午雷雨。

送唐才常的介绍信给辜人杰，他改名为万年。回信说明早上七时来访，并一起去访问杨军门。一整天都很清闲。

十二日　早晨，辜人杰来。因很忙，马上就走了。辜现在是杨金龙的副将，统率着五百人。约好十六日上午再见。

统领杨金龙病了。副将赵云龙出城拿匪，不知何时归。据说除了这三个人以外，南京没有好军人。

大通的乱耗：县水师营被革职的兵勇与土匪纠合发起骚乱。不知有没有与唐才常所说的铜陵、南陵的匪徒有所勾结。前天晚上，衡字营的王世熊率三营从水路去讨伐。

听说大通督销委员候补道钱寿甫松年是从事剿匪的，等到官兵来回南京去了。他的一名幕友被杀，还死了几个兵官，结果不知如何。

徐老虎前天来京拜见刘，昨天回镇江去了。托洋务局的叶某作访问徐的准备。

康有为。昨天禁了富有钱店票，并捉拿康党。听说这是康党伪造的。富有是店名，据说康党在长江一带有一万余人。康的名望较高。

晚上，访问汪康年所介绍的杨文会，这是一位六十多岁的老人。用笔交谈了一会儿。杨在英国待了几年，现在讲授佛学，过隐居生活，是个明白事理的人。

晚上，与中村、大森上鼓楼赏月。

十三日　早晨，前道台俞明震及其弟弟明颐来了，气质很好，但不是很主动的人。约好一两天中去会见几位绅士，随后就分手了。田锅为给在上海的留学生训戒而去了上海。小越也来了。

我给辜（人杰）写了一封信，希望告诉我大通的情况。辜很忙，他决定再在京区留几天。一整天都很清闲。

十四日　上午，与松岛、大森、内藤三人一起骑驴马游玩玄武湖。湖中满是莲花。

中午，俞明震来说二十二日一起游玩秦淮的事。

杨文会的儿子杨自超来访。

听说大通的匪徒已被官兵击退，逃到青阳县一带。

十五日　洋务局叶某来说：大通的闹事，其原因是，督销盐局的二十名缉捕被强行解雇，没法糊口，便与不逞之徒勾结而闹事。

督办钱松年的父亲是兵部尚书钱应涛，现已南下去了扬州。他听说此事，便用一万二千两贿赂了贼匪来救钱松年。

由于徐独自被任命招抚官，而部下没有得到恩惠，徐老虎的部下有怨气，出现骚乱的征兆。

十六日　广东人林颂三来，是个头脑清醒的人。

晚上，约定辜人杰来访的。等了他一天，结果他因忙而没有来。

杨金龙也因病卧床，赵云龙忙于公事，很遗憾。只有辜有通知来说明天中午来访。

十七日　辜突然接到见总督的命令，不能前来，很遗憾。

早晨，山田兄弟、曾根源、大原、神津五人回沪。

下午三点，应俞明震等当地绅士的邀请，游玩秦淮画舫。有美人和弦歌陪伴，这是游玩中的一件趣事。晚上八点半告辞，归途中访辜，不遇，九点归院。

与会者有：

刘世珩聚卿　　候补道，现办商务局

傅春官茗生

秦际唐

濮文逞　　前河南南阳府知府｝没有来

易顺鼎　　江防营务处

顾云石　　一位五十多岁的豪爽的人

薛培萃次申

俞明震

另外还有一人，记不清名字了。席中谈到中国议会的事，大家表示赞同。

十八日　与留学生一起在池中捕到几条二尺大的鲤鱼，食鱼饮酒，倒也风流。

晚上，辜人杰来，杨金龙、赵云龙等谈到自立的事。

接着，俞明震又来了，商量了联合的事。

在金陵的要事基本完成：

一、在民间绅士、官人方面，由俞明震做工作，使之与中国议会作一致而努力。

二、在武官方面，由辜人杰作中介，联络了杨金龙、赵云龙等，使之为自立会的事而尽力。

三、我回沪即与陶森甲、张通典二人会谈，联络南京文武志士的事有成功的希望。

四、现在时局有了一点好转，当然可以使得徐老虎和他们团结一致，虽然文官绅士中没有大胆豪杰，但赞同我是必然的。

五、长江一带到处有哥老会。只是督率者较少。要使他们采取不打洋人的方针是不难的。

六、刘坤一认为两宫的西奔将导致清朝的灭亡，便与李鸿章一起竭力阻止，但在京的大员多无见识，都会西奔，此时，他们如与两宫一起西奔的话，刘也没有对付之策。如果只是太后、端王等西奔，刘等就可以不承认太后等，而如果与两宫一起西奔的话，那么刘等就会同各国发生意见冲突，无可收拾。一旦到了这种地步，我们就必须帮助中国议会在南方成立新政府，使各国准备善后政策。

七、我或许将视事情的大小，在与容闳等商量以后，赶紧回日本与要路商量。

总之，逗留金陵的八天里，可以说，我的任务首先是取得了好成绩。回沪以后，要努力发挥我的力量。过去，小田切万寿之助的意见与我稍有不同，他的差错是由于不了解内部情形，我想，当他渐渐了解了，我的意见就会接近了。

凉快。白天温度不到九十六七度。秋高气爽的季节，真希望我们的工作有个大飞跃。

总部国友重章来了两封信。将信给在汉口的甲斐靖寄去了，让他马上报告武汉和湖南的情况。

十九日　在金陵的要事基本结束，需要立刻回上海，与留学生神津、谷原、御园生三人一起回沪。上午九点半，辞别同文书院，下午一点，从下关搭乘太古洋行的鄱阳号。送行的有山田兄弟、曾根源、大森、大原、松岛六人。

下关停泊着英国舰哈西昂号。五点，到了镇江。那里有中国舰两艘、英国舰一艘。在船中与北京同文馆的某中国人见了面。他说，昨天有电说，联军在农历二十一日进入了北京，端、刚表示反抗，现与两宫一起仍在城中。真假尚不可知。半夜想来，感慨万分。

二十日　上午十点半，抵达上海。

回到馆里，宗方在。听说平山周在沪，马上去访问了他。他今天乘日本丸号回国，预定三个星期后再去香港举事。与牧一起访问了从重庆新来的堺与三吉，接着，又访问了筱崎、容闳、狄平、西村天囚、白岩，傍晚回到住处。桑田和中路在。

容闳等的中国议会，在这十天中没有新的消息，今天通过英国领事打电报给英国政府，并等其回电。对日、美也将予以公布。要等到回电以后，我们才可知道中国议会的前途如何，谈到此而别。

自立会情况依旧。

宗方依然认为汉口决不成功。

陶森甲昨天去苏州，据说明天回沪。

得知十五日北京失败，李秉衡因此而死去，端、刚、两宫逃到山西五台山。庆王和荣禄在北京。

一千英国兵和二百左右的法国兵在上海登陆。我国也在丰桥驻进了陆战队六百人，听说远藤少将将把八重山舰作为旗舰。

二十一日　夜，下雨。近来天气凉快起来了。

张通典来，并带来了辜人杰的口信。

给近卫公发出第五号秘密报告。

下午，访问桑田，接着去摩耶舰访问牧原雄吉，以及舰长佐佐木等，谈到傍晚。与牧一起上岸访问桑田，他不在，小田桐在。三人去旭馆同饮，归途中访牧、堀两人，十点半回到住处。

昨天，遇到王照。他四五天内去北京。桑田回福州。

文廷式今天从湖南来，似乎事情没有成功。腐儒终难成事。

十六日总部来电说："昨天召开了临时大会，通过了以下宣言。保全中国是本会的宗旨。时局的变化使我们对此确信无疑，并发誓为之而努力。"

除了这宣言以外，所采取的方法、手段则不可知。

收到井手三郎十一日的来信。关于扩大报纸的问题好像很困难，关于我的欧洲之行还没有商量过，在等待一两天内中根津一去京。同文书院情况较好。

王照、白岩来。

二十二日　唐才常等三十人被捕，计划大大受到挫折。

下午二时，汉口来电说："昨晚，唐才常及其一帮人，还有甲斐靖都被捕。"正巧陈锦涛来，让他把此事告诉狄平等。我自己直接去见狄平、张通典、李学孝等，让他们立刻打电报给汉报馆询问被捕理由和被捕后情况。此后，访问容闳，也谈及此事。回馆直接给汉报馆发电"望告知情况"。

听说打给三井洋行的电报中提到，康有为一派有三十人，大多数在东京逗留过。陈锦涛来，并带来五十元请我打电报。我答应了，并发电"请立刻告知唐才常等的被捕理由及现状，电报费以后寄来"。也给《日本新闻》发了电。

傍晚，唐才常的弟弟来，请求我去东和洋行。便一起到了东和，进了楼上一个房间，不料见到梁启超及另外几个人，都穿着西装。梁先请求给近卫公发电，要求营救唐等，我与宗方作了商量，结果，效果不大，决定给与伊藤关系甚好的佐佐友方、片冈谦吉两人发了电，让他们请伊藤向张之洞发电。电文说："维新党人唐才常以及二十九人，以煽动民众的嫌疑，昨夜在汉口被捕。如果他们被杀，长江一带将难免骚乱，望立刻与伊藤商量，给张之洞打电，以求营救。"我向梁忠告陶森甲受到张之洞的信任，应让陶参加营救活动；陶会见了小田切万寿之助，请求小田切发电营救，小田切答应了，他要我详细地谈一下情况。因此，晚上十点，访问了小田切谈及此事。正巧宗方在某处碰到唐，带来了同样的意见。小田切认为，先询问被捕的理由，然后发电谋求营救方法，如果唐等只是因为是康有为派的人而被捕的话，或许能解救出，而如果是他的计划为张之洞所获悉，那么，由于张十分憎恨唐等人，而且他有随机处决的权力，那就恐怕解救不了。只有甲斐靖没什么事，两三天内就会释放的。

十点半，辞别小田切，又来到东和访梁，报告了小田切的承诺。但是，他们感到都是徒劳的。

据梁说，哥老会、三合会与康派已有联络。而且与大通的事件有关。失败后，杀了六百人，陈宝箴的死多少也造成了挫折。对于联络哥老会，唐有很大的价值，他如果死了，对长江一带的活动是不利的。

梁是从横滨乘法国邮船今天中午到沪的，他没有对任何人说到他来沪的事。

前些日子梁与孙在东京见了面。他为孙有能力而无同志感到可惜。

梁到这里是想投入长江一带的活动，忽然得知此消息，连夜派秦鼎彝去汉口探听实情，并等着电报以决定自己的去向。也许将去两广。似乎与两广的唐景崧等已经联系好了。目前，两广的活动将与孙文派一同进行。梁认为，将来必定要联合行动的。

康有为目前暂时没有动身的可能。梁是没有通知我政府而来的。事实上，美国和英国也不希望梁等出走。

中国议会前天已向英国发了一封密电。

晚上十点收到南京发来的电报，说："形势恶化，后天将离开此地。请找安顿处。"也就是说，同文书院将撤离。

今天，听小田切说，博物馆特派员安村喜当前天平安抵沪，是从四川坐车去北京，途经长安，在陕西巡抚端方的保护下避难，平安回沪。我与他曾一起在苏浙旅行过，所以对他的情况很关心，今天得到此消息，很放心。

前几天，日本人协会给西公使以及山口师团长发去了慰问信。

二十三日　早晨，赵仲宣来商量为营救唐等而向在东京的钱恂打电报的事。电文是："唐才常等留东学生三十余人在汉口被捕，望顾全大局，保护志士，速电告张帅，并请日本当局设法营救。沈翔云代表。"

下午一点，在常盘访安村喜当，听说了四川、陕西的情况。四川对我日本人表示好感，而一到陕西就完全变了，害怕与日本人接近。

安村从成都来到广元，然后到长安，在潼关，由于时局的突然而南下，经过襄阳，三天前回沪。从宜昌上长江进入四川，途中四个月，今天能够生还，实属大幸。

访梁启超，丁惠康、贺某等在座。不一会儿，赵仲宣来了，说据今天英国领事馆接到电报，昨天被捕的人中有两人已被杀，姓名不知。

陕西方面的传说令人吃惊。

方城、沈小伟、文实甫、白岩、小林、坂上等来了。西村天囚、唐才常的弟弟也来了。

晚上十点，收到汉报馆的电报："甲斐靖被释，今晚乘大井川号船出发，其他人被斩。"也就是说，张之洞马上处决了唐等。被处决的人有几个，则不可知。如果三十人都被处决的话，那张就是下决心的了。我与唐关系较深，所以，在这件事中，我对唐较关心。现得到这个消息，甚感悲哀。但愿唐的同志们能完成唐的事业，这也足以安慰亡灵。这次果然如井伊扫部头处决讨幕志士的。关于这件事，容闳等的态度以及外国人的想法，要等到明天去探听一下。

接到此凶电，马上去访梁启超，在座的有狄平。大家叹息不止而无言可对。我昨天的苦心都成了泡影，今天面对他们更是伤感。临别的时候，我写下了"每经一难一倍来"的话语，梁表示同意。

访问白岩、西村、牧，十一点半回住处。

二十四日　来访者有狄平、西村、中村、曾根原、山田。

早晨，访问狄平，后又访问容闳，谈了唐才常等人的事情后返回。

狄平来，说让王照给伊藤、青木打电报以营救唐等。我说这无益而且不妥，让他回去了。

中村等从南京来，做借房子的准备工作。陶森甲昨夜去南京。

小田切领事认为，陶森甲是为探得中国议会的内情而入会的侦探。

唐才常给徐老虎通信以及汉口、大通的事等，都是奸细向张之洞、刘坤一告了密。甲斐靖给我的信中提到过开封的事，这对中国来说不是秘密。

二十五日　给近卫公发出第六号秘密报告。上午访问了安村、小田切。西村、中村、管、文廷式、小越来了。

关于皇帝在日本军中的传闻不是事实。

昨天筱崎升之助从东京来沪。三名八重山乘组士官到来。

访问梁启超、牧、白岩。上村海军少佐来。

筱崎带来安永东之助的口信，说："□□有所进展，对刘坤一、张之洞需要利用。希望回信。"

二十六日　早晨，与白岩商量，看来陶森甲那里很有需要，不管怎么样，在弄清安永的进展如何后再开始着手。发了一电："有订货，如果货物准备好可以立刻送来的话，请乘明天的便船来。"

根据与安永会谈的情况来看，并非不行。

十一点钟，大井川丸号船从汉口到沪。由于甲斐靖伤未愈，所以，仍在汉口领事馆治疗，没有回沪。三井的藤原回沪了。据他说，关于唐才常等动兵的事：七月，他们在英租界以一百五十两银子借了一所大房子作为根据地，大家共同在做军械、弹药等的举事准备，预定二十二日行动，袭击机器局，乘势打击护军营的骨干，攻取武昌。但是就在前一天，出现了告密者。张之洞先照会报告英国领事，派兵一百名包围了房子，并进行了射击。房子里的人有的逃走，有的抵抗，终于十六人被捕。后来连夜搜查，又逮捕了十多人，唐才常、林述唐、向联升三人立刻被杀，其他人押往武昌。现在十多人已被杀。

甲斐靖也同时被捕，由于我濑川领事坚决要求引渡，在二十二日被释放。因为遭到殴打，所以现仍在治疗中。

唐等的自立会檄文在外国人中评价较好，只是英文中"如果必要，就用兵（with arms if necessary）"等用语，稍欠稳妥。

当然，张之洞把他们作为土匪来论处，并且还就富有票来论罪。目前，维新党没有动静，而哥老会稍有骚动的迹象。据传在新堤已有暴动，派兵前去了。

事情真相，失败的原因：

对哥老会党，如果不是像督抚那样掌握兵权的人是无法驾驭的。他们都是些散漫的兵，而且不知国民义理为何物。

这次唐的失败主要在于两点：一是只利用哥老会中与自己意志相符的人，而与大多数人是相背离的。二是寻求的并不是党中的俊杰，而只是一些只听令行动的人。原来大通与武汉约好同一天行动的，但是大通先行动了，而武汉没有响应。唐到汉口去督催。林述唐等威望低但权欲重，他的部下不听调度。所以丧失机遇，以致败露。

同时，唐的举动又给人提供了口实。他模仿会匪故智，发行富有票，而且，抢劫大通的钱庄和当铺。这些行为是为筹集军费的，但难免被人讥讽。

有否后继者：叶瀚在等待着汪康年明天回沪，想收拢唐等的败兵并利用他们。现在他是中人。他将收拾败兵，以利他日使用。听说他是哥老会党中的有力者，现已去汉口。

哥老会分散在各地，或许会有骚动。

兵官难以服从：长江一带的兵官与哥老会有联系的人较多，但如果没有统帅者则无法调度。他们如果没有名利可图，是决不会服从我们的。

中国议会对他们的看法和影响：

因为后继者较少，实际上，会长容闳并不知道唐等的事情，完全是康有为等人一手操纵的。所以他无法来挽回和收拾。容本来与康关系较好。因此，汪康年一派厌恶他的祖护，从而出现了唐的事件。民众的情绪更加纷乱。事情大白时，会长又说不知道。所以，今次唐失败后，很难再有后继者。将来如果再要求民众顾全大局作出行动的话，就可以报偿唐的苦心。

叶瀚听说大通的事情失败后，急忙让狄平打电报给在新加坡的康有为，希望筹集资金帮助唐率兵西上保皇。电报是二十日发出的，第二天就收到报告失败的电报。

由于唐的事情，李、刘等对中国议会抱有疑问并阻止其活动。张十分憎恨康，他以唐等被杀为快。

密电是经英国领事的手发出的，这是事实。容闳等重视外交，并等待回音以布置一切、组织团练。民间用兵只有明暗两种方法。明的是以北上西指为名，暗的是组织团练以保护长江一带。

中国议会与张、刘难以并存，如果不废除长江保约，难以推动国民运动，而且无法与各国进行协商。两宫已离开，北京的事由联军代理，东南保约成了废物。如果各国都用兵力行事，张、刘将同败，民众仍无利。

上海各报的调子：《新闻报》视其为土匪，其行动被记述为聚群行动。《中外日报》没有很强烈的评论，仅仅只是一句话的记事。马鲁丘里认为其自称为维新党而实际上是哥老会，因而不对其予以同情。汉口的外国人则态度不同。

因为外国与张之洞有保约，而无法公开庇护维新党。这是一种对唐等的怜悯。

田锅来要求营救唐才常，但事情已经迟了。考虑到这件事已经影响到南京，故发电去探查：

"唐才常等被杀，甲斐靖被释。湖北哥党有骚动的迹象。南京情况如何，请探查。"

今天开始的事情将登在《华英日记》中。

由于唐才常的事件，维新党的势力完全受到挫折。同文会报告（明治三十三年十月发行）中谈到其原因。

附件：

自立会的纲领及檄文

（汉口）自立会宣言

Hankow 24th August，1900

Ladies and Gentlemen—we，the members of the China Independence Association，in view of the Boxer movement which has been clandestinely instigated and encouraged by prince Tuan，Yung Lu，Kang yi，and the whole pack of bigoted senile reactionaries，have now risen in arms and do herby assure you：That we will no longer recognise the Manchu Government as a political organisation fit to rule over China.

It is our bounden duty to make a new China of the old，to fill the land with happiness instead of misery，and to make it a blessing to the Chinese nation in particular and to the World is general.

We resolve to reinstate H. M. Kuang Hsü as emperor，and to construct a constitutional Empire which in everything shall be made a model of policy worthy of the creation of the highest combined intelligence and enlightenment of twenty century. Its aim is to secure to the people civil freedom and constitutional liberty.

It is our firm conviction to agree with the allied powers to put down the fanatical and insane movement，and to bring the anti-foreign and wicked usurpers of the government to punishment.

All the foreign concession in the treaty ports，churches of all kinks，and the life and property of foreigners and native Christians，shall be protected from disturbance and injury. We assure you that you need not be afraid of our actions.

By order of the Head of the Hankow Branch of the China Independence Association

Objects of the Association

1. To maintain the independence of China.

2. To restore the Emperor H. W. Kuang Hsü to power.

3. To admit as member any person anxious to preserve the independence and integrity of China.

4. To establish a firm union amongst the members who must render mutual help to each other.

5. To treat with courtesy and humanity all harmless and good people who are not members of the association.

Rules for Action

1. The life and property of harmless people shall not be injured.

2. The life and property of foreigners shall be protected from disturbance and harm.

3. Churches shall be Protected from being burnt, and native Christians from being disturbed or injured.

4. All foreign concessions of the treaty ports shall be protected from disturbance and injury.

5. Lawlessness of all kinds, such as robbery, adultery, drunkenness etc, shall be prohibited.

6. Poisonous weapons, and cruel treatment towards enemies, shall be prohibited.

7. Captives shall be dealt with according to the belligerent laws of civilized nations, and shall by no means be murdered in a barbarous manner.

8. All tyrannical laws of the country shall be abolished in order to establish a civilized government.

By order of the Head of the Hankow Branch of the China Independence Association.

中国自立会的布置

哥老会成员较多

长沙	杨鸿钧、罗桂堂、张灿等	
岳州		部下约一万人
新堤	谭凤池等	

汉口　唐才常的旧属　　　　　五六千人

麻城　陈谠等　　　　　　　十多万人

安庆　唐凤翔、肖波等　　四五千人

镇江　张金山、徐长山等　　　七八千人

九江　谭荣　　　二三千人

扬州　宋刚涛等　　二三千人

安庆从昨天开始就应该行动人。军师是秦力山（鼎彝），打算夺取南陵、铜陵、宁国等。

与黄忠浩、杨金龙、辜人杰、熊希龄、唐景崧、陈翼亭、康有为、梁启超等在进行联络和商量。

康吾友　参将，曾在台湾打过游击，唐景崧的部下。

李花亭

长江一带到处都有哥老会，如果使其头目能联合起来，有了军械和兵饷，就足以统率他们稳定天下。吴元恺还不能使用。李寿廷、黄少春不足以谋大事。但是众多士兵是哥老会会员，可以依靠。

武人利用文人来搞外交，文人利用武人来搞军事，自立会如果能使两者相互拥护和支援，就一定有成功的希望。

康有为当初不能让他工作，只是要利用他的筹饷。

　　　从天津来上海避难的志士

严　复　前水师学堂总办，现住在上海新马路昌寿里。四十多岁，
　　　　博有好感的人。被选为中国议会副会长。

王修植

伍光廷

陈锦涛

温钦夫

赵仲宣

蒋新皆

方　城

四川　周善培　二十五岁

康有为的门生

陈千秋、曹泰两人被认为青出于蓝而胜于蓝，都过世了。梁启超、徐勤、赵兰生、麦孟华等是如"直参"般的高徒①。

南京的文武绅士

杨文会　高士，曾在英国住过。

俞明震　前道台，南京止马营。

赵云龙　副将

杨金龙　总兵

辜人杰　副将，游府西街星沙辜公馆交辜大人。

徐宝山　投靠刘的土匪头目。

蒯光典　候补道、格致书院总办。

卞　彬　武解元、侍卫。有部下二三千人，是个有事业性的人。可惜的是，他近来迷信拳匪巫术。

龙　璋　上元县知县。

朱起琇　兵部郎中，有财产二百万元。

钱德培　前陆师学堂总办，现在江西督销盐局。

陶森甲

大部分志士对康有为的看法

为人朴实而有主张的绅士们认为，康有为性子太急，没有实心，知道变法的好处，但不了解中国的情况。戊戌政变以来，北京政府越来越顽固，这不能不归罪于康、梁等。太后不如从前那样顽迷了。康的急变，使满朝大员渐致顺应当今的形势。以上评价较接近事实。

江阴

黄金满　现在指挥江阴炮台。官职小于徐老虎。十年前是有名的宁波的强盗头目。

① 直参，日本江户时代直属将军的一万石以下的武士。

井手三郎关系文书

《井手三郎关系文书》凡二：一是原资料，包括日记、旅行记、诗、著作、写真；二是书简。日本东京大学明治文库藏。

井手三郎，生于文久三年（1863 年），卒于昭和六年（1931 年）。明治二十年（1887 年）毕业后赴华。中日战时任陆军翻译，后在福建编《闽报》，又任东亚同文会上海支部长，经营《同文沪报》《上海日报》。《文书》中有《乙未日记》（明治二十八年十月十四日至十二月十六日）、《丙申日记》（明治二十九年一月一日至十二月三十一日）、《丁酉日记》（明治三十年一月一日至十二月三十一日）、《戊戌日记》（明治三十一年一月一日至十二月三十一日）、《己亥日记》（明治三十二年一月一日至十二月三十一日）、《庚子日记》（明治三十三年一月一日至十二月三十一日），以至明治四十年（1907 年）四月十五日日记（以后有"旅行日记"，不全）。

经检"乙未"至"戊戌"间日记中有与近代史料有关者。据《日记》，井手三郎于光绪二十二年（1896 年）丙申曾至山东、上海、北京，丁酉去台湾，戊戌赴武昌后归国，《戊戌日记》三月十八日记：

> 阴。晨，汪康年自上海到汉后立即来访，将赴湖南云。永泷领事来邀，今晚至一品香尝中国菜。汪康年赴武昌至东肥洋行见梶川。午后六时至一品香。神尾大佐、东肥洋行三人，商船公司三人，汉报馆三人出席、船津辰一郎来会，梶川及其他二人因故不来。宴毕，在东肥洋行洗澡，十一时后归。

七月二十七日记：

> 晴。早起，访内田康哉于其寓，谈话移时去。访铸方少佐，

不在，已去参谋部上班。访池边，商议天津报纸事宜。访国友，就前日同人运动商洽。在该所就午餐，午后四时，池田、甲野、中路、狩野来，以鳗饭醋食供之。中岛裁之亦来，有私事商洽。菊池谦让来访，稍谈离去。其他四人过十一时离去，第理则来电，故池田发来明信片。接芝罘大杉正之信。接汉口宗方本月十七日信。复中西正树转来之乡里电。寄信与西京根津氏。寄明信片给狩野。

七月二十八日记：

晴。访福岛大佐，途中遇宫崎虎三，平山周来访。宫崎昨日正午到京云。约定在溜池会面。至福岛处，不在，还乡信州，本月三日归京云。访谷子，不在。即去溜池，与宫崎等会合，又会合大内、菊池，就支那、朝鲜问题畅所欲言。询问松平在否，不在。夜，辻武雄来访，长坐。给平山发去明信片。将本会意见书邮送池边。

七月二十九日记：

晴。午前七时至早稻宫崎、平山寓所会晤孙逸仙、陈白。访犬养毅，中西先到，对清设施预计大加赞同。商议联合各派力量。犬养氏办事如利刃，立即谈其方法。再至宫崎等寓所，暂与中西话别。见市木者。午后又至溜池至夜。菊池谦让来会，与中西三人商议联络赞成者之事。上田仙太郎自故乡来京。自溜池处寄一书信给国友。给克堂一信由上田转交。高木来电。接第理则信。本日狩野、池田等来访。大内十二时赴京都。

七月三十日记：

晴。井深、仲卿来访。甲野、吉藏来访，中西又来。至栗原处访陆。晚又访谷子，不在。池田来访。给宗方小太郎邮送一封长信与同文会意见书。宫崎来电话，犬养毅预定明日七时至溜池。此日与国友商洽。午后至溜池与中西商量，归途访宫崎大八，不在，去大矶（记录漏处补）。自溜池归遇小泽大尉。

七月三十一日记：

晴。早起至溜池，宫崎、平山先到，中西去各处，神鞭有事，其他不在。国友来。柴病中至大石旅行。故犬养毅来大体商定，与神鞭访首相府，近卫公若归京，亦一起拜访首相。菊池谦让来会，七人围桌子谈话。午后散会。宫崎、平山、中西与我抄写三种有关清国施设文件，托宫崎送犬养毅，供其参考。访松平正直氏，谈同文会进展情况。寄一封信给小山英谷，有关牧之事。

八月一日记：

阴。午后雷雨。午前八时由内田康哉介绍去农商务省见大槻书记官，替桥元问山林之事。该书记官及山林局松浪氏问源由。应高木之托去军令部与白须贞面谈，遇安源中佐。有要事去参谋本部，遇铸方少佐，又面会梶川大尉。傍晚，陪宫崎、平山、陈白同去金滔楼吃饭，谈至深更。有小山英谷之明信片。楢木俊藏来访。发出致中岛裁之、菊池谦让、内田康哉三人明信片，道别。本日，大内自京都归京。

八月初二日记：

阴。晚又有雷雨。与宫崎、平山、陈白在不忍池之长醉亭赏莲花。约半天，访池边家，在该处吃午饭，谈话稍久。访国友，谈话稍许，国友宿醉不醒，容貌颇奇，高桥长秋友人铃木某来访。午后，至溜池有要事与中西会谈，大内先归云。访乃木陆军中将，中将病卧。交创办《闽报》之报告书，同时递交同文会意见书。访宇都宫氏，谈话颇为热烈。在该处用餐。对同文会大加赞成。又至中西处一宿。菊池来传话，午后四时到予寓拜访。与上田夜谈，整理行李，明日一早起程。中岛裁之来访。

八月十二日又记，读张之洞《劝学篇》。

《日记》虽简略，但有助于对孙中山、宫崎等《年谱》时日的考核；对资产阶级革命派、改良派与日方人士的交往，也可参稽。

梅屋庄吉关系文书

《梅屋庄吉关系文书》，凡两大部分：一为日记，大正八年（1919年）至十四年各一册，昭和二年（1927年）至八年各一册；二为书类，有书简、孙中山历史影片和《上海物品证券交易所缘起》《国际银公司设立认可之关系书》《日华经济会议开催趣意书》《孙文传》《布引丸事件秘录》等。日本东京大学明治文库藏。

梅屋庄吉，明治元年（1868年）生，昭和九年（1934年）卒。十五岁即来华，后返日设照相馆。大正元年（1912年），设立日本活动写真株式会社，与孙中山有交往。

第一，"布引丸事件"资料，存"中村弥六书简"中，有"布引丸沉没行方不明者""布引丸沉没漂流救助生存者"（中有平山周）名录。末附中村弥六跋语，书于"昭和四年四月二十八日"（1929）。查1899年（明治三十二年）7月19日于菲律宾独立时，孙中山与中村弥六等，指挥布引丸装兵器弹药前往，21日沉没。"跋语"略识经过，名录向未露布。

第二，孙中山致梅屋庄吉书两通，均为英文。第二封信封署名"中山琼英"，书于1916年11月。另有"秘书朱执信"11月15日代复，谓"此次克强先生之丧，偏蒙东邻贤士大夫之深厚同情，致哀赐唁，感谢实深。重蒙勉以为国自重，为平和尽瘁，敢不再拜，敬佩嘉言，特嘱执信代复台端，聊申谢意。一欧君处，亦经由孙先生将尊意代达"。

第三，宋庆龄致梅屋庄吉英文信，译成日文，并有1921年宋庆龄照片一张。

第四，张继、居正、蒋中正、戴传贤、张群、蒋纬国、陈少白等函札甚多，均为民国十年（1921年）后书札。

第五，孙中山历史影片"趣意书"暨影片，多方采录，亦有可取。

又闻梅屋庄吉能制赝品，故"文书"中恐杂有伪件，尚需认真鉴别。

井上馨关系文书

井上馨（1836—1915 年），日本周防国吉敷部汤田村人。明治维新后，历任法制局长官、外务卿、农商务大臣等职。1892 年（明治二十五年）第二次伊藤内阁，任内务大臣，一度临时代理内阁总理大臣。辛亥革命时虽已辞官，但仍为政界元老。

1952 年，井上家属将井上馨关系文书让渡日本国立国会图书馆，经该馆整理，分为书翰、书类两大部分。由于井上馨历参机要，经办内政、外务，故文书内容极为丰富。书翰部分，有日方政界著名人物有贺长雄、有松英义、伊藤博文、近卫笃麿、陆奥宗光、小田切万寿之助、大久保利通、大隈重信、西园寺公望等书翰，也有"外国人书翰"；书类部分，有"日清战争""汉冶萍问题""二十一条问题"等资料。今辑录孙中山、黄兴、盛宣怀写给井上馨的信件。

这些信件，汇订为《孙文、黄兴、盛宣怀书牍》，下标"全"字，编号"井上馨六二五"，内计孙中山信函两件、黄兴信函一通、盛宣怀信函六通。孙中山两信都是经人缮录、孙中山亲笔署名，黄兴则系行书手迹，盛宣怀信函出于幕僚之手，馆阁体正楷书写。

孙中山第一函，用"中华民国总统府普通用纸"，共二页，未经发表；第二函编号第 104 号，用中国铁路总公司用笺，共七页，收入《孙中山全集》第三卷第 60—61 页（1984 年 9 月中华书局版），系转录，末后谓"战后由日本国会图书馆抄录下来"，实际原件即在国会图书馆。黄兴 1912 年致井上函，用"上海大吉楼"八行笺，系中华民国临时政府成立后发。盛宣怀函件，历时较久，都和汉冶萍公司有关。这些资料，除孙中山第二函外，均未发表，有重要史料价值，特按原件辑录。

附录

孙中山、黄兴、盛宣怀书牍

孙中山致井上馨书一

（1912 年 2 月 3 日）

井上侯爵阁下：

由三井森君处得闻阁下赞助之良意，感谢千万。今后新政府与日本财政上之关系，凡百当从于阁下之指导，必有统一之办法，以企最完满之结果。近日任命代表来谒贵邦，惟阁下有以教之。前以电信奉闻。今更函白诚意，区区不尽，伏祈亮察，仰仗鼎助，无任拜祷。即颂起居。

孙文叩

山县、桂两公处，亦乞代达鄙忱为荷！

再者，西园寺侯处，未能直接通函，亦乞代为致意。

孙文叩

二月三日

孙中山致井上馨书二

（1913 年 5 月 17 日）

井上老侯阁下：

前者观光贵国，深荷贵国朝野人士推诚相与，一种真挚之意，有非言语所能形容，实足表见贵国人心与敝国实行联好之忱，曷胜铭佩。归国后对众称述，无不为之感动，从此敝国与贵国睦谊日亲，感情日厚，实可深信。

惟是敝国虽经革命之余，而政治之本源未清，新旧之党争愈烈。文尝言欲求政治之进步，非新派战胜旧派，不能铲除恶劣之根性，发挥法治之真理，此文所当与敝国志士极力图之者也。不意民国甫建，而专制之毒焰愈张，宋教仁以发表政见，促进议院政治，惨被暗杀。

及经地方长官会同检察官搜查证据，始发见此案之真实。袁、赵诸人，确为主名，违背公理，灭绝人道，莫此为甚。是以证据一经披露，全国人心异常愤激。政府作贼，异口同声，千夫所指，势将立倒。

乃袁氏知不能见容于国人，个人禄位将不可保，遂思以武力为压服国民之举。然现政府财力竭蹶，苟非得巨款以补充，淫威终莫由逞。是以悍然不顾，竟将二千五百万镑之大借款不交国会通过，遽尔私行签字，于是举国哗然。自国会及各省议会乃至各省都督，以至其他团体或个人，除袁氏之私人外，无不痛恨其违法。否认之电，反对之词，不绝于书。袁氏曾无斯须悔祸之心，尚复布令狡辩，且据西报之谣言，诬国民将有二次革命之举，一面掩盖杀宋之罪恶，一面为准备军事之借口，其居心之叵测，实不堪问，引虎入室，以盗保家，生命财产，宁有全理。所惧者，旧派之人，惟利是视，虽卖国有所不恤，且将凭借欧洲之势力，以排斥我利害与共之友邦。

袁氏诡谋，贵国人士向所深悉。此次传闻与俄人隐相结纳，尤将为东方之不利。袁氏而得志，岂独非敝国之福乎？至敝国国民与现政府之冲突，自系敝国国内之事，惟有关世界大局者，尚望阁下有以维持之。即如交款一端，于人道关系甚大，现虽业经开始交付，苟能限制，不许充为战费，则袁氏或不致残民以逞。若敝国之和平可保，则东亚之和平即可保。阁下为日本之伟人，一言一动，足系世界之轻重，尚祈俯念敝国与贵国关系最切，有以扶持之，则幸甚矣。书不尽意，敬颂大安，诸维朗照不宣。

孙　文
中华民国二年五月十七日

黄兴致井上馨书

（1912 年）

井上先生大人阁下：

违教久矣。每怀丰采，心写心藏，缅惟起居多膺吉祉为颂。迩者民国政府初立，兴以薄德，忝受陆军总长之职，任重道远，良用惴惴。民国主旨在革新政治，开中国之新运，以确保东亚之和平。贵国士夫念唇齿之相依，鼓舆论以相助，寸心铭感，各有同情。尤望先生于民国成立之初，鼎力提倡，俾得速邀各国之承认，大局平定，得以从容布置，奠我国基。我全体国民受惠实多矣。敬托何君天炯代陈一切，希维亮察，专此，敬请伟安。

弟黄兴顿首

盛宣怀致井上馨书一

（1910 年 3 月 16 日）

实业当以彼此两益以为目的，贵国所需钢铁，年盛一年，下走曾游若松，甚佩工师悉屏外人，而又甚惜炼钢太少，商民工作仍资欧货。敝厂正在决议推广化铁，贵处如有应商之事，似可派人来华，敝处无不竭诚接待也。兹乘高木六郎回东之便，专布，敬请台安。井上侯爵阁下。

盛宣怀谨启
清历三月初六日

盛宣怀致井上馨书二

（1910 年 3 月 16 日）

敬启者：

上年就医东来，未及晤聆大教，至今歉仄。小田切、高木六郎先后过沪，面述盛意，殷殷远人，闻之尤深感念。贱恙仍未全愈，驽骀之质，不足比龙虎精神，以致一时不克东渡，重践前约，然誉怀丰采，无日忘之。伏念两国相为唇齿。开通〔……?〕。再，将来通工易事，必需用一通才，高木六郎前年随往若松等处，译述颇见详明，倘能为敝处留用，可期彼此有益，但须令其暂离三井，台端如以为然，敬祈转商三井为感。再请勋安。

盛宣怀又启

盛宣怀致井上馨书三

（1911 年 3 月 3 日）

井上侯爵阁下：

载奉教言，有睥睨一世之概。老当益壮，海内归宗，如弟衰庸，读之亦觉有据鞍顾盼之雄心，回环捧诵，拜赐良多。承示略形迹而披肝胆，实为邦交探本之至论，盖坛坫尊俎之间，未有互相猜疑而能致两国感情坚同金石者。况贵国与敝邦唇齿相依，利害相共，有非寻常所能比拟者乎？风浪同舟，是在我辈之开诚布公，各尽忠告，而两国交际周旋，得如公之勋旧硕望，登高一呼，必有善邻之道也。弟才庸事棘，力绌心余，蒿目时艰，杞忧曷极，亦惟有竭我棉薄，为尘壤涓流之助，以仰答朝廷高厚之万一耳。制铁所与汉厂所订铁约，闻已经贵议院通过，殊深欣慰，诚如尊论，此约虽谓为实业同盟之先声可也。我日清两国实业，已步趋人后，急起直追，是在我之联络一气。公与鄙人于此具有同心，自当抱持此旨，以副雅意。高木陆郎英年俊才，相需甚殷，得公与三井介绍，暂时借用，至用纫佩。专肃奉复，敬颂台祺。统惟爱照。

愚弟盛宣怀顿首

清历二月三日

盛宣怀致井上馨书四

（1914 年 6 月 6 日）

井上侯爵钧鉴：

东京小住，重承青睐。别后三年，望风钦慕，东方无事，不敢琐渎。现有两国商务关系要端，叨在知交，用敢一言，伏祈爱而教之。月前接正金银行小田切君来电，内有汉冶萍公司相机中日合办一节，属为解决。鄙见该公司与若松制铁所订立售铁借款合同，实本于伊藤侯与弟创议，供应贵国所需之铁，而不干涉公司之权，至公至允。前年小田切君与李维格续议草合同条款，股东群起反对，鄙人几遭不测之祸，上年另订合同，展限四十年之久，并聘用贵国工程、会计两顾问，求请中政府维持承认，虽未有合办之名，而必能收其实效。至合办一节，如只中日一家，原无深虑，无如中华情势，一国开端，必致各国效尤，英在潞泽，德在山东，及比、法亦各有成约。中国铁矿遍地皆是，且有煤铁相近，滨海滨江，运道比较萍冶为近。将来中英、中德、中法以及诸国，必皆要求合办，而不能拒绝。汉冶萍应用之款，已在六千万以外，始则官办靡费，继因革命损伤，中国公司股份，即须利息，此皆他国公司无此亏损者。原旧股东尤以为十余年劳苦功高，将有余利，若议合办，必须承认其利益。窃恐他国公司钢铁成本比较，彼轻我重，互相跌价，争夺生意，于日商无益而有损。且汉冶萍公司，中国创办垂三十年，缔造经营，备藏艰苦，官商维持，至今始渐稳固，甫可坐观其成。贵国迭次订借巨款，赖以扩充，公司固应感佩不忘，而欲借以改为合办分公司之利，众股东岂能甘心。总之，此公司为中国目前绝无仅有之公司，不能不图保存之计，此实公理人情，贵国何必注意要求合办，致伤感情。鄙人虽衰老无能，必当勉竭智能，尽心筹画。凡公司从前种种之障碍困难，现正力求政府俯予主持保护，总期达我目的，并无负贵国借款襄助之盛意。鄙人为日商计，似不必负其虚名，要在谋其实利，彼此统筹，总以铁矿足供所求为第一要义，借款公司利源稳妥为第二要义。弟并非专为中国一面解说，实为两国通盘计划。伏念大元老兼筹并顾，必不河汉斯言。弟老病日增，谨贡数语，余属高木陆郎君面陈一切，此请台安。

盛宣怀谨启

五月十三日

盛宣怀致井上馨书五

（1914 年 10 月 4 日）

井上侯爵阁下：

敬复者，西泽公雄回冶，承惠赠玉照，得以瞻仰丰采，悬诸座右，千里一室矣。偶摄小影，谨以一片，仍交西泽寄奉，用以先缔神交。高木陆郎到京，又递到手书，诵悉一一。贱恙备荷锦注，殷拳之意，感纫无似。上月北来，正值秋高气爽之候，体中稍觉胜常，私心窃喜。

惟视阁下之龙马精神，则深愧不如矣。西潮东趋，世局一变。阁下友邦砥柱，一代伟人，以东方之文物为体，借西国之实业为用。目光万里，远烛靡遗，贵国日跻繁盛，自可操券。来示富国一策，在钢铁之发展，此语实中鄙怀。弟一身事业，以现办之汉冶萍厂矿最所经营，即是此意，而同洲共济，尤重与贵邦易事通工，彼此挹注。盖坛坫雍容，终不若利益相需、有无相通之为实在也。弟去年东渡调养，贱体颇有裨益。本拟重寻旧游，借聆大教，而丛务羁绊，一时势难如愿，用特先布悃忱，以达微意，俟有机缘，再图良觌耳。手复，敬颂勋祉。惟希朗照不尽。

愚弟盛宣怀顿首

清历八月十五日

盛宣怀致井上馨书六

（无年份）

井上侯爵阁下：

敬启者，高木陆郎来京，询悉台侯曼福，至用欣慰。接谈之间，言及贵国需用木炭、磷轻生铁日多，远购于瑞典国，重洋所隔，运费既昂，又多阻难。适汉冶萍公司有磷轻矿石，与瑞产同一精美，所缺者木炭耳。高木言贵国北海道室兰一带，森林薮野，木炭取用不竭，正好设炉炼铁，怂恿筹办。鄙人以此事于两国实业均有裨益，固乐观其成。特嘱高木面商台端，如尊处亦以为然，当俟得复，再行详定办法可也。敝部为联好邦交起见，在贵国发售公债票一千万元，聊副盛意，然已煞费周章矣。专肃，敬颂勋祺。

盛宣怀谨启

三月念六日

唁　函

（1915 年）

敬唁者：

昨接高木君来电，惊悉尊公侯爵薨逝之耗，骇愕良深。伏念侯爵阁下以扶桑钟毓，为维新元勋，寿逾八秩，名垂千祀，较之吾国唐、宋时郭汾阳、文潞公辈，福寿相埒，而功业过之。鄙人崇拜之诚，久萦寤寐。何幸东瀛税驾，获睹芝颜，且蒙优睐逾恒，以政治家相推许，私衷铭刻，引为光荣。兹闻泰斗倾颓，能无悲感。尚望左右节哀继志，以慰先灵。谨循敝国丧礼，寄奉挽联、祭幛各一事，聊表刍忱。敬希代荐几筵。专函祇唁孝履，不庄。

盛宣怀谨启

寺内正毅关系文书

寺内正毅(1852—1919年)，日本山口人，宇田多正辅之子，出嗣寺内勘右卫门。明治维新后，任陆军大尉、少佐、大佐、第一师团参谋总长、教育总监、陆军大臣、朝鲜统监等职，1916年10月至1918年9月，任内阁总理大臣。

1964年，寺内裕纪子将《寺内正毅关系文书》寄赠日本国立国会图书馆，经该馆编订为书翰、书类两大部分。书翰部分绝大多数是日方人士书信，有犬养毅、桂太郎、儿玉源太郎、松方正义、内藤虎次郎、松方正义、大隈重信、西园寺公望、志贺重昂、田中义一等；另有"朝鲜中国人书翰"，这里所辑，就是其部分信札。

善耆，原为清肃亲王。辛亥革命后，袁世凯"帝制自为"，善耆以为"中国必乱"，"袁世凯既无爱国之真诚，而革命党亦缺救民之实力"。他和日本关系密切，并寄以幻想。所录两信，为1915至1916年所发，行书，有印章，共六页。

铁良，曾于1903年赴日本考察军事，归国后任练兵大臣。1908年，专司训练禁卫军大臣。原信八行笺，二页，正楷书写，由幕僚缮清。信中谈到慈禧、光绪相继死去后清廷情况，以及请对清陆军留学生"鼎力维持"。

张之洞，于1902年任督办商务大臣，再署两江总督，次年入京。原信四页，八行笺，幕僚清缮，为其孙张厚琨、张厚瑷赴日而发。

这些信件，未见发表，特辑于此。

附录

善耆、铁良、张之洞书牍

善耆致寺内正毅书一

（1915 年）

寺内爵帅阁下：

弟自到旅顺以来，诸承鼎力扶持，衔感之情，没齿不能已也。默察袁氏情形，帝制自为，中国必乱；即不帝制，中国亦乱。何者？既上欺我君，复不能下爱吾民，谲诈百出，横征暴敛，自古无此立国之道也。阁下忠义为怀，天下钦仰。若时机一至，积极进行，不独拯救敝国之生灵，亦贵国不朽之功业。弟虽不材，愿侧身以随其后也。川岛君与弟廿年同志，患难至交，兼系阁下所知，祈常与接洽，即弟之代表人也。此颂勋安，诸希惠照。

肃亲王善耆顿首

善耆致寺内正毅书二

（1916 年 6 月 9 日）

寺内爵帅阁下：

拜启者，五年在旅，垂注良多。衔感之情，与日俱积。值此南风送暖，伏维政体健康是祝。窃察敝国情形，迩来更深纷扰。吾君困厄，奸宄弄权，南北分争，生民涂炭，袁世凯既无爱国之真诚，而革命党亦缺救民之实力，长此不顾，洵至沦胥。耆忝列亲藩，责无旁贷，志趣虽坚，材力孔薄，仰仗贵国仁人义士一切赞同。近日略有端倪，循流溯源，皆赖阁下暗中维持之鼎力也。若得稍酬素志，则我祖宗臣民皆承大德，保东亚之和平，谋两国之幸福，仍望阁下多助力焉。兹恳内田先生赴东，代达感激不尽之意，其详情面谈也。临缄百拜，即请勋安。

善耆拜启

铁良致寺内正毅书

（1908 年 11 月）

寺内大臣阁下：

前者凤都统等回京，敬问起居，借悉安泰。顷又接奉台翰，备荷关垂，展诵回环，无任欣幸。敝国不造，猝遇两宫大事，致动友邦悼痛之情，凡我臣民，莫不悲感交集。所幸嗣君正位以来，摄政王整理纪纲，上下相安，国事底定，足慰锦怀。此后唇齿辅车，互相维系，两国实利赖之。冀幸之私，非可言喻。又闻敝国陆军留学生由学校肄业入联队者，均得各军队优视，是以彼此极为融洽，具见阁下照拂之力。将来入队人数渐众，尤望鼎力维持，是所切祷。专此复谢，顺颂勋祺，不备。

铁良顿首

张之洞致寺内正毅书

（1903 年）

寺内仁兄大人阁下：

蓬瀛一水，幸鲤讯之遥通；葭露三秋，听鸿名之逖播。望风引领，积日驰怀。敬惟韬钤在抱，经济垂时。参伟略于枢机，才优帷幄；陈讦谟于密忽，勋著旂常。翘企宏猷，曷胜欣颂。此次贵国举行陆军大操，鄂省特派朱观察滋泽等文武十二员，并小孙厚琨、厚瑷往观巨典，并游历各处，考究学校、武备、工厂等事，以开茅塞。惟是该员等学识谫陋，人地生疏，恐问俗之未周，致礼文之有阙，务祈阁下雅谊关垂，照拂指示，喜师资之有赖，卜宾至之如归，曷胜感幸。弟谬领疆符，无裨时局。西门种树，惭坐镇之无功，东璧分光，钦善邻之古义。私愿窃方于学海，远怀遥寄于停云。一切除由朱观察等面陈外，谨附呈微物四种，聊充芹曝，尚祈哂存是幸。专肃布恳，敬请勋安。诸惟爱照不具。

愚弟张之洞顿首

木堂先生书翰

　　木堂先生书翰两帙，系犬养毅（木堂）秘书鹫尾旧藏，由其家属捐赠，今藏日本冈山县乡土文化财团，原件在冈山县木堂纪念馆展示。

　　犬养毅（1855—1932 年），日本冈山县人，二十岁赴东京，肄业于庆应义塾。1890 年，当选为第一届众议院议员，历任各届国会议员。1897 年底，派宫崎滔天、平山周等调查中国秘密会社。1898 年，任大隈内阁文相。组织东亚会（后与同文会合并为东亚同文会）。这时他结识孙中山、陈少白等人，康有为、梁启超在戊戌政变后，流亡日本时，也与犬养毅有交往。

　　犬养毅在政变发生，孙、陈、康、梁都在日本时，企图调和革命、改良两派，并由柏原文太郎等居间说合。在《木堂先生书翰》中，有康有为、梁启超、梁铁生和犬养毅的笔谈，也有梁启超写给犬养毅的信，可以看到当时资产阶级改良派和犬养毅的交往是比较密切的。如康有为不忍"坐令寡君忧死"，对日本政府寄以幻想；梁启超函请犬养毅将在横滨"所演说之文稿，欲悬诸讲堂以励诸生，并刊诸报章以告同志"，加以推誉。查改良派这时在横滨设大同学校，以犬养毅"最关心于东亚之局，以联络中国为宗旨"，延为校长，于 1899 年 3 月 18 日（光绪二十五年二月初七日）开校。犬养毅在开校典礼上演说"学校宗旨及扶翼中国之法"（《大同学校开校记》，《清议报》第十册，光绪二十五年二月二十一日出版），文中所说"演说"即指此。又，梁启超与犬养毅的笔谈中，提到："仆等之于孙，踪迹欲稍疏耳，非有他也，而横滨之人或有与孙不睦者，其相轧之事，不知如何，而极非仆等之意矣。孙或因滨人之有违言，而疑出于仆等，尤非仆所望矣。敝邦有志之人既苦希，何可更如此相仇？仆欲一见孙、陈而面解之。"无疑是研究 19 世纪末

20 世纪初，资产阶级革命派和改良派关系的一项重要史料。

又如，王照与犬养毅的笔谈，谈到光绪皇帝的"密诏"，说是"惟袁世凯亦曾见之，四军机之家属亦必有能证者"。可见王照是承认光绪皇帝有"密诏"的，可以据以考核"密诏"的来源和真伪。

孙中山手札两件也很珍贵。10 月 21 日一件，对 1900 年 10 月惠州起义的部署，留下了一份原始记录。陈少白的信中，所谓"自到港后，非岛支配人追问中村君之消息究竟如何"，指孙中山经由犬养毅介绍，委托中村弥六为菲律宾独立军购买军火，由布引丸载运，不幸沉没。随后，宫崎滔天由犬养毅派来香港，处理布引丸军火问题及促进兴中会、哥老会、三合会的联合。陈少白此信，当为 1899 年夏、秋之间所写，对兴中会"接办"报纸以及兴中会的活动，很有参考价值。

毕永年，与同省籍谭嗣同、唐才常关系甚密，1898 年赴日本，入兴中会。归国后参加自立军，是联络湖南会党的重要人物。但他遗存下来的文字极少，也未见到手迹，这里却有他和犬养毅的笔谈以及《留别同志诸君子书》，它不仅可以看出毕永年对"中原羯虏沦华族"的愤慨，也可看他对"湘人激于义愤"，准备"举动"的设想。

以上各件，都写于 1898 年至 1900 年间，至于熊希龄致犬养毅书则时间上应在 1905 年以后。

以上各件，除孙中山 10 月 21 日一件、陈少白一件，曾载《辛亥革命史丛刊》第二辑、第三辑外，其余都未公开过。

这些资料，是日本冈山大学文学院石田米子助教授提供，并复印见赠的。

附录一

康有为、孙中山、毕永年、王照、
梁启超等笔札

康有为与犬养毅笔谈

柏原兄心术最仁，才大心细，再一游历各国，更成大才。若近者相待以来，无微不至，何不令一出外国游乎？若令出游，莫若同行。至此间梁生等微通贵国语，原无待如柏兄者始能接待也，未知宜否？若得柏兄同去，则佳甚。

梁铁生与犬养毅笔谈

公，东亚之大任，而黄种人之父母也。仆行期甚速，不能常亲炙，歉甚。然万里神交，东亚风云，常入魂梦，尚望时惠书函见教耳。柏原君与仆至好，仆之行止，当告柏原君也。

孙中山致犬养毅书

木堂先生足下：

前委谋之件，已与友人商之，因近日金融太紧，彼有之资又出贷他人，恐不能一时收回，故无所决。彼原可出得余资一二万，而又带侠气，故弟留一介绍书于他，托彼于事决之时，则持来见先生，而交涉此事，然彼来否未可必，若来则望先生随机而勉之，或可令之出一万也。弟今日起程赴神港待船，前途如何，若有好音，立行飞报。此致，即候大安不一。

弟孙文拜启
九月十九

毕永年与犬养毅笔谈①

先生见教极是。湘人素称勇悍，仿佛贵邦萨摩，今回因西后淫虐已极，湘人激于义愤，咸思一旦制其死命。仆远在此间，不知湘中刻下已有举动否？但昨飞电急催，则情形可想，如已箭在弦上，不得不发，则将来各国干预时，亦望贵国出而干预，则仆等自有成算，惟先生察之。

王照与犬养毅笔谈②

皇上本无与太后不两立之心，而太后不知，诸逆贼杀军机四卿以

---

① 本件下注："毕永年，湖南人，字松琥。"
② 本件边注："王照，北京人，礼部主事。"

灭口，而太后与皇上遂终古不能复合。今虽欲表明皇上密诏之实语，而无证矣。惟袁世凯亦曾见之，四军机之家属亦必有能证者。然荣、刚谮皇上以拥太后，此时无人敢代皇上剖白作证，天下竟有此不白之事。

梁启超致犬养毅书

木堂先生有道：

频侍教，欣喜无量。仆昨日适横滨，彼中绅商感先生教诲之意甚至，且亟命仆请于先生，求其日所演说之文稿，欲悬诸讲堂以励诸生，并刊诸报章以告同志。伏望先生日间为录出一通交仆寄出，副其饥渴之望，不胜大愿。贵恙近日何如，想已尽痊，敬念无已，伏承起居。

启超再行

二十四夕

附录二

陈少白、梁启超、熊希龄、孙中山、
康有为等笔札

陈少白致犬养毅书

肃启者：

别后一帆无恙，安抵香江，历蒙爱顾，非可言谢。自到港后，非岛支配人追问中村君之消息究竟如何，盖近日非岛新京已让米人占据，绝不抵拒，其中当别有深意存焉。惟需弹药万分之急，器械、士官次之。最妙是从台暗渡，米人必不及防云。又谓渡非之汽船，每周间必一二次，惟从无定期。

弟驻此岛（香港），虽有四面之敌，尚幸爱护弟者，有人从中调护，或不至有意外也。港中有一新闻社，名曰《通报》，今已不能支持，甚欲退手，弟已与之有成约，允接受之。如果先生以为然，可即遣宫崎兄来，及预备接济之法。若宫兄之来过迟，则恐此社倒闭，错过机会，再遇为难矣。弟之回此，筹资为弟之唯一目的。今为日未久，不能预知，而以前之旧伙，皆喜再作收拾余烬之举。盖皆信贵国人士之助我者极多，故亦自愿多少效劳也。总之，筹资之情况，甚属可望，余待详告。

要之，宫兄之速来，极有造于弟所谋之事。先生其督促之勿迟为幸，不禁伫望之极，诸望自加珍摄。不尽。

弟陈白顿首
四月初三日

犬养木堂先生暨令寿堂、尊夫人阖府统此请安。

梁启超致犬养毅书

木堂先生有道：

数日不侍几杖，方思走诣。顷见柏原君，始知贵体清恙稍剧，想念之至。伏乞为大局自保重，善自调摄，不胜企祝。仆顷为康先生译人来滨，须往彼一会晤，两日内归京，更当走谒，问讯一切，敬请兴居。

梁启超再行
四月十四日

黄忠浩致犬养毅书

木堂先生阁下：

去年观光贵国，亲聆雅教，深慰渴思，并荷厄酒殷勤，肝胆披露，鄙怀铭感，非可言宣。浩自归国后，将一切情形与当道言及。今春复来长沙，与乡人商议矿事，略集股本银四五十万两（尚未限定），分采各矿。惟是敝省人于矿务一道，向少学问，非得熟悉之人指示，难望有成，特属乡人蔡松坡与儿侄辈恭谒台端，敬求代为询访深明金、银、铜、铅、煤、铁各矿之人。每月薪银若干，向在何处办有成效，何学堂毕业，曾否游历西洋，统求详示，以便商酌延聘。前抄示矿律已接到，谢谢。朱砂二箧，即产自敝乡，土仪聊表敬意，哂存是幸。手此布臆，祇候台祺。

黄忠浩顿首
三月初七

熊希龄致犬养毅书

拜启者：

昨在东京，匆匆奉候，值公他出，未晤为歉，刻因急于归国，于今日行，抵门司直往满洲，有月三十日以内可回至上海，八月初旬内外，何须随同戴、端两专使至北京。闻贵邦驻京公使林氏力主东亚联合之说，弟意欲往见之，乞公予以介绍书，俾得畅谈一切。

尊函作成，请寄上海四马路时报馆狄楚卿氏代收，转交弟手，必不遗误。弟俟将北京事务了妥，恐须再至贵邦，一聆高论也。专此肃泐，敬请大安。

熊希龄顿首

犬养毅殿

孙中山致犬养毅书

木堂先生足下：

十月六日郑军起惠州，前经电达，想得尊览。自起事以来，连获胜利，所向无敌，势如破竹，今已据有惠州，为进取之地。此外，陈君起海丰、陆丰，而进取潮、嘉二州；吴君起香山、顺德二县，而进迫广东省城，以牵制清兵；史君起西江，以窥梧州、肇庆；邓君起阳江、阳春，而据高、雷等府。清兵处处败北，吾徒人心大振。惟当草创之初，百事未备，徒手奋起，铳炮弹药，皆从清兵夺来而用，初未尝如他人之有资财数十万而运用之也。所恃者，人心勇敢而已。

敌兵败后，举国兴师，南省大兵已陆续云集。清朝虽颓，犹俨然一大帝国；北地虽糜烂，而南部尚金汤无缺。广州城内之铳炮弹药，犹有取不尽而用不竭之多。吾徒人心虽勇，而兵器、弹药，尚乏接济之源。久持非计，不得不先作未雨之筹谋。敢乞先生一为尽力，游说政府，为吾人借一臂之助。若今得洋铳万杆、野炮十门，则取广州省城如反掌之易耳。广州既得，则长江以南为吾人囊中物也。时不再来，机不可失，支那兴亡，在此一举。贵政府如允济弱扶危，则各物可从台湾密送。文当尽一切施行之策，可保无虞。如何之处，务乞早示佳音。专此谨托，即候道安不备。

弟孙文拜启

十月二十一日书

梁启超与犬养毅笔谈

西欧之人，常谓敝邦人无爱国之性质，斯言，仆几无以辨之也。然仆敢谓敝邦人非无爱国之性质也，其不知爱国者，因未与他国人相遇，故不自知其为国也。然则观之于海外之人，则可以验其有爱国性与否矣。今内地督抚无可望，民间受压制，不敢小行其志，欲其扶危局，难矣。故今日惟求之于海外，庶几有望也。

孙逸仙近曾见先生乎？仆等之于孙，踪迹欲稍疏耳，非有他也。而横滨之人，或有与孙不睦者，其相轧之事，不知如何，而极非仆等之意矣。孙或因滨人之有违言，而疑出于仆等，尤非仆所望矣。敝邦有志之人既苦希，何可更如此相仇。仆欲一见孙、陈而面解之。先生有暇日，约会见于此间，可乎？至仆等与彼，踪迹不得不疏之故，仆见彼当面解之也。

梁铁生与犬养毅笔谈①

敝国人在布哇者二万余人，皆有志维新，渴望甚切。仆今欲往布哇，推广大同学校分局。然欲借贵国布哇领事之力，两国联络，共扶黄种，此仆之愿也。并欲得美政府在布哇之保护，则办事更易。今烦君代诸美公使之保护何如？

康有为与犬养毅笔谈②

我两国同教同文，较泰西各国，其情最亲，其办事亦有不同。我邦通人侧首东望，莫不在此，并不必引公法也。以我两国自有经义可引，所以深得敝国人心者亦在此经义而已。闻贵国宪法，太后皇后亦在臣列，此即经法与敝国同之者也。今伪临朝之篡废，在西人公法认

---

① 本件旁注："梁铁生之笔。"

② 本件下注："康有为，字长素，号南海。"

之，且以为托于训政，亦以公法免干预内政之故。惟我两邦兄弟唇齿，其情亲而势逼，似有不能以西人公法论者。若坐令寡君忧死，而伪临朝拥□主而擅权，外分内讧，支那必亡，高楼大厦之倾，其旁邻亦为危墙所压，似不能不议支柱之也。

留别同志诸君子

日月久冥晦，川岳将崩摧。中原羯虏沦华族，汉族文物委尘埃。又况惨折忠臣燕市死，武后淫暴如虎豺。湖湘子弟激愤义，洞庭鼙鼓奔如雷。我行迟迟复欲止，蒿目东亚多悲哀。感君为我设饯意，故乡风味俨衔杯。天地澄清今有待，大东合邦且徘徊。短歌抒意报君贶，瞑看玉帛当重来。

双湖浪士毕永年拜呈，均希哂政

《台湾日日新报》

《台湾日日新报》，日刊，台北台湾日日新报社出版，东京大学明治文库藏有明治三十一年（1898 年）五月一日至大正十三年（1924 年）四月三日的报纸，其中略有残缺，东京守屋图书馆则藏有全帙（略有裁剪缺损）。

《台湾日日新报》，系《台湾新报》与《台湾日报》合并改题。明治文库另藏《台湾新报》明治三十一年一月四日至同年四月二十九日，《台湾日报》明治三十一年一月四日至同年四月二十九日（中有缺损）出版的报刊。

《台湾日日新报》原为当时日本驻台湾总督儿玉源太郎、民政长后藤新平为控制台湾舆论而设，社长守屋善兵卫，守屋图书馆即就守屋善兵卫旧址建成，今称东京都目黑区立图书馆。

守屋善兵卫，庆应二年（1866 年）一月二十五日生于日本冈山县备中国小田郡大井村东大户二千八十七番地。幼攻汉学，十五岁入东京外国语学校及德国协会学校。明治二十六年（1893 年），任职内务省，后入陆军省，与儿玉源太郎、后藤新平共事。三十一年（1898 年），儿玉任台湾总督，后藤为民政长，守屋也入台，创《台湾日日新报》，居十余年。明治四十四年（1911 年），任《满洲日日报》社长。昭和五年（1930 年）卒。①

守屋图书馆门前，有他的胸像，刻有《守屋善兵卫胸像记》，文曰：

> 守屋君善兵卫，小字久太，讳智行，号亦堂，又如乡，备中

---

① 参《守屋善兵卫年谱》，见《守屋善兵卫追悼录》第 241—248 页，守屋善兵卫追悼录编纂事务所发行，非卖品，昭和十年（1935 年）十二月十日发行。

国小田郡东大户村人。其系出于物部大连元和中守屋官兵卫者，为备中八田乡士七世孙曰弥作，讳好智，配目崎氏，是为君考妣。

君以庆应二年一月二十五日生，明治九年袭祖父名称善兵卫。是年，出乡黉，入明志学舍，专攻汉学。十三岁，欲以医立身，来游东京，学外国语学校及独逸协会学校。十六年，创欧亚学馆。明年，受太政官，令翻译独书。寻为诸官省嘱托，译出独书数十部。此间刊行卫生新闻，又效力大日本卫生会，为其常务员。二十六年，出仕内务省，无几，转陆军省。似岛检疫所之设也，所长儿玉源太郎、事务官长后藤新平二公，日夜励精，效果大扬，而立案骨子，皆系君译出焉。三十一年，儿玉公任台湾总督、后藤公为民政长官。君受其怂恿，创《台湾日日新报》，为其社长。拮据经营，大资台湾统治。居十余年，漫游欧米，视察其政教，所得不鲜。四十四年，以南满洲株式会社嘱，为满洲日日新闻社长。大正三年，改组织以巩社础。五年，辞职归京。君又覃思产业振兴，推为诸会社社长取缔役者数矣。十二年五月，新筑一洋馆于此地，四边皆田园，加以道路狭隘，交通甚不便。君及献私有地于官，率先垂范，以努其开发。昭和五年十二月十日获疾以殁，享年六十有五，法谥曰智行院文光拓绩亦堂居士。

君禀性谨厚，识趣明敏，尤笃友谊，好提撕后进，后进赖以成名者颇多。其处事真挚，至死不变，常以弘公益、开世务为己任，其功岂可没耶？

夫人须永氏，下野佐野人，其兄元君，以志士称。夫人天资贞淑，多内助功。去年丁纪元二千六百年，官举其式典，夫人有所感，与嗣子时郎君谋举邸宅赠目黑区，以显君遗志，因经区议会决受之，名曰守屋纪念馆，广供公用。今特制其铜像，立之庭园，并勒行履梗概，以谂后人云。

守屋图书馆有守屋善兵卫部分藏书，《台湾日日新报》即守屋旧藏。在我去日本讲学之前，东京大学近藤邦康教授就将经群马高等专门学校阿川修三先生辛勤搜集和发现的章太炎在戊戌十月至次年五月间旅台论文一束复制寄赠。这次赴日，由近藤邦康教授亲自陪至明治文库阅读此报，又承阿川修三先生陪同前往守屋图书馆遍阅守屋藏书，得获全帙。由于章太炎旅台论文已在《历史论丛》第四辑发表（齐鲁书社1983年11月版），我也写有《章太炎在台湾》一文，见本书卷一，兹不赘言。

今将《台湾日日新报》中与戊戌变法史事有关者举要如下：

其一，明治三十一年（1898年）十月二十五日《台湾日日新报》第二版《清帝密谕二道》（日文版），谓："今从友人处抄得康主事有为所奉密诏两道，乃洞明是事之源委，爰急刊布以告天下。"其中杨锐带出之朱笔密谕，末为"汝可与谭嗣同、杨锐、刘光第及诸同志妥速密筹，设法相救，朕十分焦灼"。接着又命林旭带出朱笔密谕："汝可迅速出外，不可延迟，汝一片忠爱热肠，朕所深悉。其爱惜身体，善自调摄，将来更效驰驱，共建大业，朕有厚望焉。"同上第三版汉文版与此同。此为"密诏"刊发之较早者。第一诏"汝可与谭嗣同"等四卿"妥速密筹"，已有"诏示康有为"之意；第二诏"汝可迅速出外"，下无"求救"，知康有为最初露布，尚无"求救"云云，详拙撰《关于光绪"密诏"诸问题》。

其二，明治三十一年十一月三日《台湾日日新报》第五版有《康氏答问》。系在香港与"西报访事人"讲话，较1898年9月7日《字林西报》（转录《中国邮报》）为略，文字亦有异同，姑录于下：

> 清国才士康有为在清虽为罪犯，而论万国公法之例，各国罪人，系为邦家谋事，遇倾轧而罹罪者，逃出外国，所至国人，必以其旧时在朝官职高下之礼待之，故此次康有为等内渡入我东京，我国之志士仁人，必善加保护于其间，以不失邻交之谊也。而在他国亦然。兹传康氏之在香港，有西报访事人与之会晤，亲承答问，所言清廷近事，颇足资殚闻洽见者，互证参稽，特附录之。其原文云：

> "康有为潜逃出京，由申来港，迄今仍寓巡捕署内。二十一晚，某西报访事人与之会晤，询其出京时如何情景，康有为不谙西语，所有问答，俱借某洋行买办代为传述。有为答问之先，谓：'我此行来港，蒙英国政府及英国人如此保护，实深感激。我于前数日所以不欲见客，因系闻说我弟在京被杀及皇上被弑之语，殊

觉耿耿不安。我国太后平时固执己见，不欲将权交与皇上，即如建铁路、置兵船等事，实为当今急务，而国中筹得之款，太后多用以为修饰园囿等费，似此虚耗，深为可惜。当中日未战之前，李鸿章最为得用，迄战败后渐失宠眷，而恭忠亲王与荣禄由是得秉国钧，然所有政事，均由太后专权，弛张任意，有内侍名李元恩〔李莲英〕者，乃直隶省人，在宫中渥承恩宠，虽台辅亦难与比，并无论谋干何事，必须行贿于李元恩〔李莲英〕始能有济。各直省督抚等官，以纳贬〔贿〕而得者比比皆是，所以李元恩〔李莲英〕富甲天下，虽李鸿章亦弗能及。太后未归政之前，每召见诸王大臣，垂询国是，及归政后，悉听李元恩〔李莲英〕及内务府陈奏，以定从违。我于日前曾得瞻太后仪表，其身材修短得中，其容色黑黄，凤目高准，有威可畏，严厉之气，见于词色。偶一瞻望，即知为大有智慧之人也。前数年间，汪鸣銮及张伦〔长麟〕曾奏请将国中大权交还圣上，盖谓太后不过位列东宫，按照本朝家法，不能立为皇后也。此奏既入，汪、张〔长〕两人旋被黜革，圣上此时颇悟太后实非其母，而太后辄与圣上为博塞之戏，或令圣上强饮至醉，使不能整理万机，其居心概可知矣。近数年间，圣上意见每觉郁不乐。德人占据胶州之后，上心更为焦躁，曾面请太后交还全权，否则情愿退位。太后万不得已，乃限以时候，任其权理庶政，并云操纵一切，听上所为，而其存心殊不若是也。'"

"有为说至此，访事人谓'太后之居心行事，尔何由知之尔，果得之目见耳闻，有可深信者乎？'有为答称：'并非亲见亲闻，仅得之同僚传述耳。'访事又问：'尔日前得蒙召见，系由谁人荐举？'答称：'乃御史高燮曾所保荐。翁同龢及李端棻亦同荐剡〔？〕，欲请皇上立我为顾问官，后由皇上命我与总署商议维新诸务，因恭忠亲王与荣禄力拒，我之意见甚难就绪，我曾奏请改设十二官局，亦不能见诸施行。我中国所征税课，多由官吏中饱，即如南海一邑，每年地丁钱粮征银二十四万，其归公者只二万而已。我曾将所著之书二本进呈御览，以备取法：一言日本维新始末，一言俄国彼得事迹。上御仁寿殿召我入见，自黎明五点，殷勤垂问，历时两点钟之久。至五月间，准我自行奏事，此后则未有召见矣。张荫桓并非与我同党，亦非维新党人，然亦与我甚为相得。至于新党之被拿者，则皆新进之小臣也。'访事问：'此次北京之变乱，究竟缘何而起？'有为答称：'日前皇上忽将两尚书、四侍郎尽行罢黜，内有礼部尚书怀塔布，乃太后之懿戚，此事必早达慈听。加以李鸿章及敬信均于次日撤去总署差事，各员被黜后联班入见太后，恳求体察。并谓太后倘由皇上如此行政，则所有旧臣，必至尽遭削夺。既而各员又往天津，与荣禄筹商此事。荣禄乃太后素所宠眷，其足以动听，或由于此。又有人谣传，今上欲废太后，所以太后密嘱荣禄，必须先为下手，此系七月二十八、九日之事。初二日，曾有上谕，着我即往上海开办官报，勿再逗留都中。此时圣上明系着我速为逃避，因向来催促出都之谕旨，皆施之于边疆重臣，如我之末秩员，则未有此命也。初三日，又有密旨二道，言太后专揽朝政，圣躬将恐不保，着我设法救护等语。我奉旨后，即与同党筹商如何救驾。筹议既毕，我即往见美〔英〕牧师李察〔李提摩太〕，欲请李察〔李提摩太〕往见英国钦差。适值麦公使〔窦纳乐〕先已出都，我又亲谒美国钦差，适美钦差亦驻节西山，不获会晤。倘英公使在都与相见，必能弭此变端也。本月初三日，都中仍安谧如常。至初四日，始有友人谓我大难将至，遂于初五早四点钟由广东会馆逃出都门，所有行李概交我之兄弟代为看管。我出都后，乘火车直抵唐沽，欲向连升火船购买上等船位。伊等见我行李甚少，着买备船位，然后下船，不得已复回天津，在某客店权留一宿。有人教我将胡子剃去，我不从所说，惟有听天而已。次晨，往搭重庆轮船，只买平常客位。当未出都时，李察〔李提摩太〕愿留我暂驻。我因圣上业已降旨敦迫，所以不敢复留。我由天津至烟台，并未接有英使信息，当行抵吴淞时，英领事待我甚厚，即接过鸦士火船，各西人亦甚喜悦，想必李察〔李提摩太〕曾向英公使为我先容，是以有此优待也。'访事问'尔现在此处将欲作何行止？'答称：'圣上曾着我速往外国，设法保护圣躬。我现时意见，甚欲先往英国，以英国系普天下著名秉公之国，曾经两次救护土

耳其，伤亡士卒二万余人，耗费帑藏，不知凡几。今者，中国圣
上有急，想英国必能代为之谋。我在上海时，经面求英领事电致
英外部大臣设法救我圣上，为英国计，必不靳此一举，以拯我中
国君民，倘或英国力却不从，则俄国之西卑里亚铁路一经告成，
必将中国隶入版图，而中国各省地方尽为俄有矣。我离都时，皇
上圣躬无恙，良堪告慰。我之风尘奔走，非为贪图官爵起见，使
致身通显，亦恐惹妒招尤，惟保全中国之心，则时刻不敢或忘，
虽劳瘁有所不惜。前蒙圣上恩赏银二千两，如此旷典，乃从来所
罕见，自当竭力图报。'云云。"

"此皆有为之言，照译登报，并无增减，尚有问答之词，因限
于篇幅，俟下日再行译录。如以上所说，听其言，可以知其为
人矣。"

十一月六日《台湾日日新报》续载《康氏答问》：

"以《德臣报》之访事人前日赴本港巡捕署，与康有为问答各
节，经已译录，兹再述两报所未尽者。"

"康有为云：'皇太后现有一子，年华方富，已封为晋亲
王〔？〕，将必令其入承大统。'康又云：'本年四月二十八早五点钟，
皇上御仁寿殿，召我入见，奏对阅两点钟之久。其时正当俄人割
取旅顺、大连湾之后，皇上垂询各事，甚为恳切。上此时宵盱忧
劳，精神锐减，幸圣躬素本强健，故能日理万机。上眉目清秀，
仪容修洁，鼻直而额圆，手长而指纤，且聪明天亶，与仁爱慈祥
之念，一望可见。圣体之修短，适得中度，而其仪表之超越，无
论满汉人，俱不能仿佛。是日，御平常冠服，而所御之衣，系绣
有团龙者。初升殿时，由内监护卫，御黄幄，登宝座，蟠两足焉。
既而屏退内侍，只系我在上前造膝敷陈。皇上频频注视堂帘，似
恐有人探听也者。御前陈设长案，中置二蜡炬，正中布有毡毯，
以备大臣拜跪，我只跪于一隅。至垂问已毕，始蒙叫起，所有问
答，皆用清语。上谓我进呈之书，甚为有用，能闻〔开〕民智。我
又将中国之积弱不振，经日前具折奏闻者再行陈奏。上谓我言甚

是，此皆守旧诸臣之误朕等语。我言中国虽弱，及今挽回未迟，因将普法之战对上陈说。我谓法国所赔军饷，比之我国之赔偿日本为数尤巨，而且法国失地两省，中国仅失台湾，为时未几，法即悖然而兴，而中国则赔款割地，已阅三年，未见稍有振作，实难索解。皇上垂听至此，尤为留意。还问我可言其故否？我奏称法国挫败后，谆谕国中人民，务须尽除旧习，力行新政，冀得回所失之地。斯时法人同心戮力，上下如一，所以转机如是之捷。今者中国守旧诸臣，依然固执成法，不知变计，所以此三年内较之中日未战之前，更有江河日下之慨。我又言日本变政一事，其艰难数倍于中国，因日本亦多守旧之臣，比之中国旧臣，其权更重，惟赖日皇乾纲独断，择年力富强而具有才识之士，俾以政柄，又复派员出洋访求善法，以匡辅国政，故能收效神速耳。又言俄皇彼得如何变法，恳皇上以法、日、俄三国为程式，自可立著奇功。倘虑及人才不敷，则无妨借目异国，而借材之法，当先求之英国，次则美国。譬如欲成一衣，须有如许布帛，又须善为裁剪，欲营宫室，必先绘定图室，而后鸠工庀材，此乃不易之理。我所虑中国难于振兴者，以现时所行各政，诸多缺憾，既欲改变，而又如建宫室者，本绘图而失储物料，如制衣服者，尚布帛之未备，又遑论夫裁剪乎？今中国如一日久失修之屋，败坏已极，必至倾颓，非特急宜兴修，且须全行拆卸，再植其基，始能有济。若为旧习所蒙蔽，则终无见功之日矣。我国之旧臣，固属不习西法，亦不知西国之何以兴，即令其尽祛〔成〕见，改弦更张，亦断无成效可睹。譬如进缝纫之人而责以烹饪，以修容一事而属之舆台，未有能胜其任者。此等细事，皇上亦必慎选其人，量能任使。况事关家国之重，可以委曲迁就乎？上闻此说，谓现时太后秉权，不能将旧臣罢退，我国旧臣虽不能退，仍可使新进之贤才日在左右，借以赞襄密勿，如是亦获益不少。上谓朕素知旧臣不欲讲求西学，以维持中国，朕亦无如之何。我奏称诸臣事烦任重，又或精力已衰，虽欲舍旧图新，每虞有志未逮，其由科甲出身者，所学皆为无用。皇上欲兴中国，非先废八股、改制科断断不可，未晓能见诸施行否耳。上谓朕素知中国士人所学之无用，不若以经济取士，始能借济时艰。如尔所言，自当切实举行也。我又请派宗室人员出洋游历，以增见识。并言我意中所欲陈奏者，尚不止此，容异日再行入告。上谓中国臣工皆不及外国廷臣之善于兴事。我谓圣上曾将宝星颁赐李鸿章、张荫桓两人，是亦西国褒功之典，皇上何不降谕改行西法，使臣下不知所率循。上笑而不言。少顷，我即退出。'云云。"

其三，明治三十一年（1898 年）十二月十三日、十五日《台湾日日新报》连登《游清纪语》，载伊藤博文、康有为谒谈情况，已辑附在拙撰《伊藤来华和戊戌政变》之后。

其四，明治三十一年十一月二十日《台湾日日新报》第五版有梁启超《致山本梅崖书》，已辑入《梁启超佚札辑存》内。

其五，明治三十一年十一月十日《台湾日日新报》第三版"志士诗稿"，有康有为"何气葱葱郁郁哉"诗、梁启超《去国行》。又杨深秀《狱中诗》三首，误作谭嗣同诗。

其六，明治三十一年，当戊戌年，报中留存变法资料颇多，尤以政变后资料为可贵。如明治三十一年十二月四日《辨驳谤书》，先载"据传清国康有为寄书上海新闻报馆诽谤清宫内事"，继登梁鼎芬《辨驳书》。查梁书虽见刊录，而"据传"之康氏"寄书"，则未见露布[1]。同年十二月八日有《清国六士传》，录《谭嗣同传》[2]。明治三十一年一月二十六日、二十七日、二十九日连载《康工部求救文》，末录光绪"密诏"；另于外务省档案中取得康氏《奉诏求救文》，系日本驻上海总领事馆抄呈外务省者，与此正可勘复，当另文考核。同年七月二十一日、二十二日载梁启超在日本演说，此等资料，均与研究戊戌政变与康梁思想有关。

---

[1] 《辨驳书》见《申报》光绪二十四年九月十三日，收入《觉迷要录》。康有为《来书》，原载《新闻报》光绪二十四年九月初五日，已辑于拙撰《关于光绪"密诏"诸问题》之后。

[2] 按：即《亚东时报》第四册所载逸史氏《六士传》。

《新学伪经考辨》

日本庄原和撰《新学伪经考辨》一册，稿本，日本京都立命馆大学西园寺文库藏，该校松本英纪助教授发现，京都大学名誉教授岛田虔次先生复印见赠。

庄原和是日本著名汉学家重野成斋的学生，“能读古书”。1894年，大槻如电听到康有为刊有《新学伪经考》一书，因于七月(甲午六月)托鹿岛网曳差人去上海购得一帙，“得而翻之，服其见出人意表也”①。后将《新学伪经考》交给重野成斋。次年，重野的学生庄原和“作考辨”②。1898年(明治三十一年)，大槻为作《序言》。这时，政变已作，康有为流亡海外，庄原和也已逝去，大槻将此稿交康有为亲自阅读，康有为在书稿卷首题诗三首，云：

> 去国曾怀赵江汉，说经谁识吴草庐。海东好事能著辨，合与洪朱并案书。(湖北洪给事良品、浙江朱侍御一新辨此皆有书)
>
> 虎视异同从古难，古文真伪自来争。天遗老夫犹未死，又来东国识经生。
>
> 风靡鸾吪经几劫，春兰秋菊自芳馨。徂徕新井后来秀，多谢殷勤问管宁。

康有为长素甫读《新学伪经考辨》，呈陆实、大槻二子，惜庄

---

① 大槻如电：《新学伪经考辨序》，见后。

② 根据《新学伪经考辨》末后庄原和附志，撰于“明治廿八年(1895年)十二月”。

原生逝矣，不及面与说经。戊戌岁孔子生二千四百四十九年十月①。

二十年后大槻"西游"，"重阅此书"，在书后志以跋语：

> 数年前沽却多年所收典籍，盖身后之计矣。今兹戊午，西游访富冈君，重阅此书，有他年逢知己之想，亦复添一奇因哉！七十四翁大槻修知。

照此说来，《新学伪经考》出书以后，庄原和写有论辩，康有为得睹其稿。可知《新学伪经考》书出，也曾引起了日本学者的注视。

《新学伪经考辨》（下简称《考辨》），分《辨秦焚六经未尝亡缺》《辨河间、鲁共得古文出刘歆伪托》《辨刘歆窜改〈史记〉》《辨刘歆造〈汉书〉》《辨刘歆伪作经传》《辨刘歆作伪字》诸章，其中《辨刘歆伪经传》几及全书之半，将《易》《尚书》《毛诗》《礼经》《礼记》《周官》《乐记》《左氏传》《论语》《孝经》《尔雅》分别论辩。

《考辨》认为，"六经残缺之说，出于《史记》《汉书》，《史记》决不出歆窜入，《汉书》亦非歆所作"；康有为说是刘歆"假校书之权"，把六经"归之秦焚"，是"诬也"。认为"博士所藏，烬于楚人一炬，而天下无复是本，是亡经之罪"，可以归之秦始皇、李斯，而不应归之刘歆。认为萧何所收是"图籍文书，而不是《诗》《书》六经"。"诸经有口授者"，但不能"以此为六经不缺之证"。

《考辨》认为，河间献王和鲁恭王所得古文经传，载于《汉书》，司马迁"未详得其事，以故略而不载"，这是"无足怪"的。《汉书》所载"未尝矛盾"，"二本同出于鲁，其同源可知"。至于篇数不同，也是"无以怪"的。辩驳康有为所说河间献王、鲁恭王所传古文是"刘歆伪说"的

---

① 按：此诗，收入梁启超手书《南海先生诗集·明夷阁诗集》，标题改为《日本学者庄原和著〈新学伪经考辨〉，以书寄赠，并承问讯，不意旧著远到鸡林，且有驳辨，益征好学，喜而赋答》。《诗集》所录，与原稿也有异同。如第一首注，《诗集》作"洪右臣给谏良品、朱蓉生侍御一新皆有专书驳辨，日本乃亦有人为之，洵佳语也"。第二首"天遗老夫犹未死"，《诗集》作"天遗老夫犹不死"。第三首"春兰秋菊自芳馨"，《诗集》作"春兰秋菊各芳馨"。

论断。

《考辨》认为，康有为所说刘歆窜改《史记》、伪造《汉书》，是不足信的。司马迁"于《春秋》宗《公羊》，故其采《左氏》唯取事实，不取经义"。《史记·儒林传》主要"叙经术"，《十二诸侯年表》主要"叙史事"，"故不载于彼而载于此"，不能"疑为窜入"。《汉书》是班固续班彪所作，积二十余年而成，"若但取刘歆伪造"，为何要"如此之岁月"？

《考辨》对康有为所云"刘歆伪作经传"之说，予以考辨。认为刘歆移让太常博士之时，"莽未有逆谋"，王莽"居摄篡位之谋"，也"非歆出"，所以刘歆伪造经传"助莽佐篡"是"不足信"的。接着，逐经论列：认为康有为以为《易》"《说卦》为京、焦学者伪托"，是"不善读书"；《尚书》则引段玉裁、王鸣盛诸说，认为"孔安国传授流派，极为明晰"；《毛诗》则郑玄"已知之"，它的传授年代，也能"略符"；《礼经》则高堂生所传，只是《士礼》，"言《士礼》备于十七篇则可，言孔子所传之《礼》备于十七篇则不可"；《礼记》"亦出壁中，而传布最早"，"大小戴各删取其书，宣、元以后已行于世，康不得诬为歆作"；《周官》"则在成帝时，众儒已排"，这时刘向方校理秘书，"歆安得伪作欺父"；《乐记》也不是刘歆伪造；《左氏传》"本主事实"，"非《左氏》书全无书法"，康有为说刘歆"改《国语》为《左氏传》"，"不免矛盾"；康有为以《论语》中"《足恭》一章为窜入"，是"妄言"；对《孝经》《尔雅》也有考辨。

《考辨》认为，康有为以为"歆为伪经，更为伪字"，是"妄言骇人"。

可见《考辨》对《新学伪经考》是做了比较广泛的"订其所误，祛其疑而说之"的。

《新学伪经考》是在近代中国民族危机严重之时，是在康有为第一次上书清帝未曾上达之后、公车上书发动之前撰述和刊印的。它攻击新学、指斥伪经，是为了推翻古文经学的"述而不作"，打击封建顽固派的"恪守祖训"，从而拔除变法维新的绊脚石。因而它不是一部单纯的学术著作，不是单纯的辨伪专著，而是披着经学外衣，作为"托古改制"、变法维新的理论著作。

如果胶柱于学术来衡量《新学伪经考》，那么，书中确有武断之处，就康有为攻击最力的《左传》《周礼》而言，说什么"《王莽传》所谓'发得

《周礼》以明因监'，故与莽所更法立制略同，盖刘歆所伪撰也。歆欲附成莽业而为此书，其伪群经乃以证《周官》者"。但王莽的封地四等，即不同于《周礼》，而大致与《王制》相仿，它不是与王莽的"更法立制"完全相同的。况且《周礼》一书，《大戴礼记》曾经引用过，司马迁、匡衡也曾引用过，无论如何不是西汉末刘歆所"伪造"的。近人对《周礼》的制作时代的研究，虽至今尚有分歧，但一般都是认为它是战国时期的作品，不是西汉末的作品。《左传》的出现虽然较晚，古代也无确切的记载，但其中史料却源自春秋时期的各国史书，它的体裁既和《国语》不同，即就文字风格看来，也决非汉代的文体，也不是如康有为所述，是刘歆从《国语》窜改而成的。《考辨》对《新学伪经考》"订其所误，祛其疑而说之"，有些考辨，尽管文字简略，还是中肯的。

然而，《新学伪经考》不是单纯学术著作，它出书以后屡遭毁板，也不是因为它对经书的考辨，而是因为它侵犯了封建统治秩序，破坏了旧传统。1894年，就有提出毁禁的折片，说"六经如日月经天"，汉儒、宋儒既有功于经，清政府又"重道尊经"，垂为功令，康有为"力翻成案"，是"圣贤之蟊贼，古今之巨蠹"，是为了他"非圣无法，惑世诬民"，而请毁禁①。此后，王先谦、叶德辉指斥《新学伪经考》为野说、邪说、诐词，也是为了保卫"圣教"，为了防止"煽惑"人心，违忤"圣教"。他们是为了维护封建秩序，而对《新学伪经考》的"狂悖骇俗"，深恶痛绝，于是不择手段，肆予破坏。

《考辨》还是囿于学术范围对《新学伪经考》提出责难，对它"逆乎常纬"的政治意义及其当时予传统冲击的意义，却未能触及。

《新学伪经考》出书以后，加以阐扬诠释之书有谭济骞《伪经考答问》，梁启超在《时务报》上、在湖南时务学堂的讲学和答问中，也屡次称引康说。对《新学伪经考》提出异议的有洪良品、朱一新等。至于封建顽固派则集矢攻击，可见它在国内影响之大。如今看到《考辨》，说明它在日本也有影响，康有为读其稿后，还在题诗中以之与洪、朱相比，说是"日本乃亦有人为之，洵佳语也"，那它也可说是中日文化交

---

① 《安晓峰侍御请毁禁〈新学伪经考〉片》，见《翼教丛编》卷二。安晓峰即安维峻，据《康南海自编年谱》，劾奏者为余联沅（晋珊）。

往的一段掌故吧！

附　记

《新学伪经考辨》，蒙岛田虔次教授复印寄赠，并经绁绎标校后，对此书的作者情况、收藏始末以至曾否公开诸问题，向岛田先生请教。岛田先生于九月十七日详为解答，并附立命馆大学松本英纪助教授《西园寺文库所藏の庄原和著〈新学伪经考辨〉いつひて》一文（《立命馆东洋史学会会报》第七号，昭和五十九年三月二十日发行），今将原函暨松本先生论文摘译如下：

岛田先生 1985 年 9 月 17 日函云：

《新学伪经考辨》尚未公开刊行，估计抄本存在，稿本则藏京都立命馆大学西园寺文库（西园寺公望，1849—1940 年的所有旧藏书均庋该文库）。立命馆大学是西园寺的秘书中川小十郎（1866—1944 年）创设，他把西园寺的藏本保存下来（西园寺做过总理大臣、枢密顾问官，是公爵、元老，汉学造诣很深，和内藤湖南是朋友）。《新学伪经考辨》，立命馆大学松本英纪君曾有解说，稿本也是由松本君提供的，关于稿本何时发表，没有确定。今将松本君的解说附上，他也问起可否发表，作为立命馆大学是愿意提供的。

解说中《题词》明治三十一年九月二十一日，是旧历（农历），明治时代汉文习惯用旧历。

书后大槻如电跋尾中提到的富冈谦藏的父亲是富冈铁斋（1836—1924 年），铁斋是日本近代有名画家、学者。

康有为题诗中有大槻如电、陆实二人。陆实（1857—1907 年），陆是姓，实是名，号羯南，与德富苏峰并称，是明治时代大记者。题诗是大槻、陆实访问康有为后题的（先交给康有为看，后来取回书稿时康有为题署在上的）。大槻如电是幕府末期至明治初的著名学者、汉学家的大槻磐溪的长男。大槻如电名清修，号如电，博学有名，《新撰洋学年表》是其有名著作（弟大槻文彦是有名日本语学者）。

以上人物都是第一流学者，人名辞典都有记载（川田瓮江，1830—1896 年。重野成斋，1827—1910 年）。

松本英纪先生的文章中云：

庄原和（字育卿，号竹轩），原是磐城守山藩医生大森道见之次子，后为德山藩儒者庄原箎塾的继嗣养子，在递信省总务局任职。明治三十一年（1898 年）六月二十日中患肺病去世。康有为对其急逝颇为痛惜。庄原和著《新学伪经考辨》的末尾日期为明治二十八年（1895 年）十二月，当木版翻印康有为《伪经考》的四年以后。大槻如电在序文中这样记述庄原和得到《伪经考》的经过："尝闻康氏有《新学伪经考》一书，甲午（1894 年）六月，吾友鹿岛网曳以沽贩差人上海，因托购一册，得而翻之，……此书一阅，致之瓮江先生（川田刚），先生受读数月，自朱见返，复致之成斋先生（重野安绎）。先生之门有庄原子，作此《辨》。"即大槻如电托友人首先购得此书，交川田刚和重野安绎读过，重野的弟子庄原和为康有为的《伪经考》写了《辨》。

如上所述，庄原和死于 1898 年 6 月 10 日，康有为流亡日本，借此机会，大槻如电将此书送给康有为，推测九月二十一日是旧历（文中可以看出康氏来日之事）。庄原和生前和康有为一定未曾相识，《明夷阁诗集》标题中称："日本学者庄原和著《新学伪经考辨》，以书寄赠，并承问讯。"事实上很可能是大槻如电。

但是，这部《新学伪经考辨》是怎样成为西园寺文库藏书的呢？这是第二个疑问，也是我现在也只能说是"完全不清楚"的问题。只有本书后面附有大槻如电七十四岁时写下的回顾说："数年前沽却多年所收典籍，……戊午年，西试游京都，重访富冈君，重阅此书，有他年逢知己之想，亦复添一奇因哉！"富冈君也许就是当年在京都大学任讲师的富冈谦藏（铁斋之子）。目前，还没有调查大槻如电和富冈谦藏之间的关系，然而，添写了康有为亲笔诗的

《新学伪经考辨》就留存在京都了。至于此书是怎样交给西园寺公望或中川小十郎的，那就无法查明了。

我接到复信和文章后，又向岛田先生提出，《新学伪经考辨》可否整理标校，在中国发表。岛田先生于同年十月二十一日函复，谓和松本君电话联系，表示同意。

由于岛田先生的信和松本先生的信，有助于对庄原和其人其书的了解，故附录于此。

1985 年 11 月 13 日

附录

新学伪经考辨

《新学伪经考辨》序

曾闻有康氏《新学伪经考》，甲午六月，吾友鹿岛网曳以沽贩差人上海，因托购一本，得而翻之，服其见出人意表也。然余闻先人说，夙知《周礼》《左传》《孝经》及《古文尚书》等为西汉伪托，今又何论。后阅《说文》，大有所疑。李斯得志在始皇十年，其死则二世二年，间三十年，其变古籀，作秦篆，当在此间。而同时程邈作隶，汉以后依之。然则李之所作，何人读之，何书用之，其可征之后世者，不过一二碑本耳。况于隶之字原，多出古文乎？康氏曰：古字三千，刘歆伪字六千，余谓《仓颉篇》三千字，以篆记之，又且不能无疑也。

此书一阅，致之瓮江先生，先生受读数月，自朱见返，复致之成斋先生。先生之门有庄原子，作此辨，亦能读古书者。初，余获此书时，会与清国搆衅，故赍来之后，忽禁通航，事颇奇合。今兹戊戌，康氏避难我国，更复奇。而瓮江先生及庄原子今则为泉客，唯其不奇吁矣！记以遗后昆。

明治三十一年九月念一
大槻修如电年五十又四

近有妄人康祖诒著《新学伪经考》一书，以为古文经传皆刘歆所伪作，因谓"六经虽罹秦焚，未尝亡缺，其言亡缺，出歆伪说。凡《史记》中言古文、载古文说者，皆歆所窜入。《汉书》则歆撰之恣其虚伪，而班固取之也"。先是，刘逢禄著《春秋左氏考证》，谓左氏书法出歆窜入。康则广而大之，举诸经传入之一网中，遂言歆以其学夺孔子正统，许慎、郑玄辈皆为所幻惑。从斯以来，训诂形声之学遍天下而大道灭矣。其言妄诞，不足与辩。但恐近日学者猖狂恃气，务弃斥旧说，抵诃前人，以为学者能事。令若辈读斯书，必有雷同附和、妄腾口说者，则贻患不鲜也。乃为之辨，以示初学。大抵康说凭空臆决，不多具证，验其所援引，往往误读本书，疑所不当疑。今订其所误，祛其疑而说之，缪戾自见，不必深论难也。康又举经说同异，以扬今文、抑古文。夫两汉诸儒，各持门户，互有得失，学者宜虚心平气，舍短取长，党同伐异，最当戒慎。而康举经说之得失，多不足决经本真赝，故略而不辨。

辨秦焚六经未尝亡缺

康曰："后世六经亡缺，归罪秦焚。秦始皇遂婴弥天之罪。不知此刘歆之伪说也。歆欲伪作诸经，不谓诸经残缺，则无以为作伪窜入之地，窥有秦焚之间，故一举而归之。一则曰书缺简脱；一则曰学残文缺；又曰秦焚《诗》《书》，六艺从此缺焉；又曰秦焚《诗》《书》，书散亡益多。"云云。"皆假校书之权为之也"。（卷一，五叶。）

"六经残缺之说"，出《史记》《汉书》，《史记》决不有歆窜入，《汉书》亦非歆所作（辨并见下）。以为歆伪说者，诬也。使歆果作此说，则当时学者闻数百年未闻之说，曾无一人疑而辨之者，何也？虽曰"假校书之权"，岂能然乎？

康曰："焚书之令，但烧民间之书。若博士所职，则《诗》《书》百家自存。"云云。"《史记》别白而言之曰：'非博士所职，藏者悉烧。'则博士所职，保守珍重，未尝焚烧，文至明也。又云'若欲有学，以吏为师'，吏即博士也。然则欲学《诗》《书》六艺者，诣博士受业则可矣。实欲重京师而抑郡国，强干弱支之计耳"。（卷一，五叶。）

又曰："《秦始皇本纪》云：'若欲有学法令，以吏为师。'徐广曰：'一无"法令"二字。以《李斯传》考之，云：'若有欲学者以吏为师，无"法令"二字。'"云云。"然则'法令'二字，为刘歆所窜乱者可见矣。徐广所见，犹是史公原本"。（卷一，七叶。）

又曰："秦焚《诗》《书》，博士之职不焚。是《诗》《书》，博士之专职。秦博士如叔孙通有儒生弟子百余人，诸生不习《诗》《书》，何为复作博士。"（卷一，六叶。）

又曰："博士所职六经之本具存。七十博士之弟子，当有数百，则有数百本《诗》《书》矣。此为'六经''监本'不缺者一。"（卷一，十七叶。）

秦但烧民间之书，博士所职则自存，此言诚然。然博士所藏烬于楚人一炬，而天下无复完本，则亡经之罪固当归之政、斯。且焚书之事，源于博士淳于越。是封建而非郡县，以激成李斯之怒，故有挟书之律、偶语之禁，其意在禁儒术，非强京师弱郡国之计也。安有使博士传《诗》《书》之事乎？秦时博士掌通古今，以备顾问、参计议，与汉世五经博士专门教授者不同。其弟子亦练习国家故事典礼，以故叔孙生弟子百人共起朝仪可见已。《始皇本纪》"法令"二字，有者为是，即无此字，其意自明。上文曰："今天下已定，法令出一，百姓当家则力，农、工、士则学习法令辟禁。"是士之所学，当世法令，而非《诗》《书》古训，灼然明白矣。其称博士为吏，亦非所闻也。

康曰："萧何收丞相御史府之图书。丞相府图书即李斯所领之图书也。斯知六艺之归，何收其府图书。六艺何从亡缺。"（卷一，十叶。）

又曰："丞相所藏，李斯所遗，此为六经'官本'不缺者二。御史所掌，张苍所守，此为六经'中秘本'不缺者三。"（卷一，十七叶。）

李斯从荀卿，亦学六经者，然师死而遂倍之，安尊六经而藏之？且焚书之议，明言博士官所职，则不藏于丞相、御史之府明矣。张苍，秦时为御史，主柱下方书。如淳曰："方，版也。"谓书事在版上者也。是御史所掌，则吏胥文书，非《诗》《书》六经也。且苍虽得《春秋左氏传》献之，不必献《诗》《书》六经也。《史记》曰："萧何收秦丞相、御史律令图书藏之，项王与诸侯屠烧咸阳而去，汉王所以具知天下阨塞，户口多少、强弱之处、民所疾苦者，以何具得秦图书也。"（以上节文）

是可见何所收图籍文书，非《诗》《书》六经也。而博士所藏诸经亡于此时，亦可知矣。

康曰："孔子之书藏于庙，自子思至汉，凡二百余年不绝。"云云。"史迁读孔氏书，又尝观其藏书之庙堂。及车服礼器，又讲业其都，未尝言及孔庙所藏之六经有缺脱。而叹息痛恨之"。（卷一，十二叶。）

又曰："孔子世传，六经本不缺者四。"（卷一，十七叶。）

按《史记》云："孔子冢大一顷。故所居堂弟子内，后世因庙藏孔子衣冠琴车书。"（以上）唯言书耳，必非六经。果六经，则已诣守尉烧之矣。

康曰"《儒林传》言"云云，"高帝围鲁，诸儒讲诵习礼乐不绝。又言"云云。"汉兴，诸儒修其经艺"云云。"所云'讲诵'，所云'经艺'，皆孔子相传之本"。（卷一，十一叶。）

又曰："齐鲁诸生，六经读本不缺者五。"（卷一，十七叶。）

鲁中诸儒，讲诵、习礼乐，不必执书诵之。汉兴，诸儒修其经艺，即浮丘伯传《诗》、伏生传《书》是也。非有孔子相传之本。假令有之，已不免秦焚，安能存乎？

康曰："李斯再传为贾谊，贾祛一传为贾山，皆儒林渊源可考者。"云云。"贾祛、吴公传六经读本不缺者六"。（卷一，十七叶。）

《汉书》："以贾山祖父祛，故魏王时博士弟子也。山受学祛，所言涉猎书记，不能为醇儒。"（以上）不言贾祛传六经完本也。《史记》："河南守吴公治平，为天下第一，故与李斯同邑，而常学事焉。"（以上）亦不言李斯传六经完本也。

康曰："藏书之禁，仅四年，不焚之刑，仅城且〔旦〕，则天下藏本必甚多，若伏生、申公之伦，天下六经读本不缺者七。"（卷一，十七叶）。

自战国时，诸侯力政，除去典籍，儒术之绌既久矣。而秦法峻急，天下孰敢犯禁触法者，是必无之事也。

康曰："经文简约，古者专经在讽诵，不徒在竹帛，则口传本不缺者八。"（卷一，十七叶。）

诸经有传于口授者，若《诗经》、若《公》《穀》《春秋》是也。然以此为六经不缺之证，则不可。且康谓《书》止廿八篇，《礼》止十六篇，故曰"经文简约"。其实《书》百篇、《礼》五十六卷，岂所口授能传乎？

辨河间、鲁共得古文出刘歆伪说

鲁共王坏孔子旧宅，于其壁中得古文经传，河间献王得古文先秦旧书《周官》《尚书》《礼》《礼记》《孟子》《老子》之属，立毛氏《诗》、左氏《春秋》博士，《汉书》载之，而《史记》不载，康以为刘歆伪说。

康曰："古文诸伪经，皆托于河间献王、鲁共王。以史迁考之，寥寥仅尔。若有搜遗经之功，立博士之典，史迁尊信六艺，岂容遗忽？若谓其未见，则《左氏》乃其精熟援引者。天下遗文古事，靡不毕集，太史公不容不见矣。此为无古文之存案。"（卷二，五叶。）

天下遗文古事，毕集太史公，史传、谱谍之类则然，若经籍，则不必然。刘歆《七略》曰："外则有太常、太史、博士之藏，内则有延阁、广内、秘室之府。"（《艺文志》注，如淳引之）据之，藏书之府不独太史所管领，则史迁亦当有未见矣。《左氏》则献于张苍，不与壁中诸经涉也。史迁时，古文未立学官，河间虽立博士，唯以教授国中，其传不广，史迁未详得其事，以故略而不载，无足怪也。且史迁略而班固补之者亦多，如贾谊《治安策》、董生《天人对》皆是也。此皆出刘歆伪作乎？

康曰："据《艺文志》《刘歆传》《河间献王传》，古文《礼》《礼记》，共王与献王同得，而皆不言二家所得之异同。岂残缺之余，诸本杂出，而篇章、文字不谋而合，岂有此理？其为虚诞，即此已可断。"（卷四，六叶。）

又曰："即使献王在武帝初，共王在武帝末，相距数十年，则献王之古文《尚书》应大行，何以山东诸儒未尝有之？俟共王得书后而孔安国乃传之哉？其自相矛盾，作伪日劳，抑可概见。"（同）

共王坏宅得书，在景帝时（《艺文志》云"武帝末者"，误）。盖其真本入中秘，其写本或留在孔氏，或传至河间，河间所得与共王所出本，非有二本也。河间立《毛诗》《左氏》博士，不立《尚书》《逸礼》等博士，则得书而未读也。至孔安国，乃读其《尚书》，以起其家。其事之先后，可求而得。《汉书》所叙，未尝矛盾也。

康曰，"《艺文志》又言：'《礼》古经者，出于鲁淹中及孔氏。与"十七篇"文相似，多三十九篇。'是古文《礼》，淹中又得，淹中及孔氏所得，与'十七篇'同一相似，同一多三十九篇，不谋而同，绝无殊异。焚余之书，数本杂出，而整齐划一如是，虽欺童蒙，其谁信之？"（卷四，七叶。）

二本同出于鲁，其同源可知。篇数之同，无以怪也。

按壁中所出经传，与河间所得，《汉书》志、传所言，详略互见，今作表示于下：

《尚书》古文经四十六卷	壁中所出	《艺文志》刘歆《移书》《说文·叙》	献王得之 《献王传》	孔安国家献之《志》《移书》
《毛诗》二十九卷			献王立博士	
《毛诗诂训传》三十卷			《献王传》	
《礼古经》五十六卷	同	《移书》出鲁淹中及孔氏《志》	同 （同）	孔安国家献之《志》
《记》 百三十一篇	同	《志》《叙》	同 （同）	
《周官经》 六篇			同 （同）	
《春秋古经》十二篇	同	《叙》	献王立博士	
《左氏传》 三十篇			《献王传》	张苍献之 《叙》
《论语古》二十一篇	同	《志》《叙》	同 （同）	
《孝经古孔氏》一篇	同	《志》《叙》	同 （同）	鲁国三老献之 《叙》

辨刘歆窜改《史记》

康谓《史记》多为刘歆所窜改，凡《史记》中言古文者八条，《诗》《书》六条，《礼》二条，《易》三条，《春秋》九条，皆以为窜改。又引赵翼《廿二史札记》，以证《史记》多经后人窜补。然至歆为窜入，则无一征验。但引《后汉书》注及《史通》载歆续《史记》之事。然续集不足以为窜改之证，且二书所言，疑据《西京杂记》为说，恐不足信。

康曰："当成帝时，东平王宇以叔父之尊，上疏求《太史公书》，朝廷不与，则外人见者绝少。其唯刘歆肆行窜入至易也。"（卷二，三十七叶。）

按《汉书·司马迁传》曰："迁既死后，其书稍出。宣帝时，迁外孙平通侯杨恽祖述其书，遂宣布焉。"（以上）据之，宣帝时既传于世矣。其东平王求而不与者，自有说。按《汉书》，东平王初通奸犯法，久之，与太后不相得，元帝敕谕王及太后，又敕傅相曰："自今以来，非五经之正术，敢以游猎非礼道王者，辄以名闻。"成帝时来朝，上疏求诸子及《太史公书》，上以问，大将军王凤对曰："诸子书或反经术，非圣人，或明鬼神、信物怪；《太史公书》，有战国纵横权谲之谋。汉兴之初，谋臣奇策、天官灾异、地形阨塞，皆不宜在诸侯王。不可予。""遂不与"。（以上节文）是知王之求者，非唯求之，乃请读之耳。不能以此为外人少见之证也。

《五帝本纪》曰："总之不离古文者近是。"康曰："《史记·五帝本纪》依《五帝德》《帝系》而作。古文如《周官》《左传》《国语》，则添出伏羲、神农、少昊，与《史记》大相违谬。何为忽以古文为'近是'，得无自相矛盾乎？其添设之迹，不攻自破。"（卷二，廿三叶。）

按司马贞注此曰："古文，即《帝德》《帝系》二书也。"（以上）此解可通。凡言古文者有三，一谓"壁中经本"，二谓"壁经字体"，三谓"先秦旧书"。史公所称古文，多谓"先秦旧书"。康见"古文"二字，辄认为"壁中经本"，故致不通也。此外所引七条皆同，其误不悉辨也。

《十二诸侯年表》曰："鲁君子左丘明。"云云。康曰："《儒林传》述《春秋》有《公羊》《穀梁》，而无《左氏》，史迁征引《左氏》至多，如其传经，安有不叙？此为辨今古学真伪之铁案。"云云。"歆以《史记·儒林传》彰著，难于窜乱，故旁窜于《十二诸侯年表》，以为《左传》之证"。（卷二，三十一叶。）

康又曰："或疑诸经古文不列学官，以《儒林传》从功令，依博士叙之，其不列学官者，自不能及。释之曰：若古文为真，古文《逸书》亦不列学官。而《儒林传》已言之。同为不列学官，于古文《逸书》则详之，于《毛诗》《逸礼》《周官》《左传》则略之，岂情理乎？此可一言断也。"（卷二，十三叶。）

又曰："《儒林传》虽粹然完书，然云：秦时焚书。"云云。"又云：孔氏有古文《尚书》。"云云。"又云：《礼》固自孔子时，而其经不具。"云云。"此三条是刘歆窜乱以惑人者"。（卷二，十八叶。）

又曰："难者曰'《儒林传》全篇粹完，若歆能窜入，则歆为《毛诗》《逸礼》《周官》《费易》《左传》何不并窜之？'释之曰……"云云。"《儒林传》人人共读，若骤窜群经之名，诸儒骤起，按旧本而力争，则其伪更易露。唯略为点缀一二语，使无大迹，非唯不攻，且足为其征助。"（卷二，二十二叶。）

史迁于《春秋》宗《公羊》，故其采《左氏》唯取事实，不取经义。《儒林传》主于叙经术，《年表》主于叙史事，故不载予彼而载于此，亦史迁之微意尔。不得疑为窜入也。《儒林传》又不载《毛诗》《逸礼》《周官》者，《逸礼》《周官》未有读之者，《毛诗》虽河间立博士，史迁未闻其说，故不载。其载《逸书》者，史迁从安国问古文说，其作《商本纪》，具载《逸书·汤诰》一篇，故特载之，亦无所容疑也。康既云"《史记》外人见者绝少，故刘歆肆行窜入"，此又云"《儒林传》人人共读"，"《儒林传》彰著，难于窜乱"，何其辞之游邪？

辨刘歆造《汉书》

康曰："葛洪《西京杂记》谓，'《汉书》本刘歆作，班固所不取，不过二万许言'。刘知几《史通·正史篇》亦谓，'刘歆续《太史公书》，即作《汉书》也'。盖葛洪去汉不远，犹见《汉书》旧本，乃知《汉书》实出于歆，故皆为古学之伪说。听其颠倒杜撰，无之不可。其第一事，则伪造河间得书、共王坏壁也。"（卷四，一叶。）

康欲抹杀《汉书》中古文事实，而不得其计，偶得《西京杂记》之说，遂喜而采之。然《西京杂记》之为伪书，已有定论，康岂不知？唯取其利于己耳。今揭《班固传》以辨其妄，《传》曰："武帝时，司马迁著《史记》，自太初以后，阙而不录。后好事者颇或缀集时事，然多鄙俗，不足以踵继其书。（注曰：好事者谓扬雄、刘歆、阳城卫、褚少孙、史孝山之徒也。）彪乃继采前史遗事，傍贯异闻，作后传数十篇。固以彪所继前史未详，乃潜精研思，欲就其业。既而有人上书显宗，告固私改作国史者，有诏下郡收固系狱，尽取其家书。固弟超，恐固为郡所核考，不能自明，乃驰诣阙上书，得召见，具言固所著述意，而郡亦上其书，显宗甚奇之，召诣校书部，除兰台令史，成《世祖本纪》，迁为郎，典校秘书。固又撰功臣、平林、新市、公孙述事，作列传、载记二十八篇奏之，帝乃复使终成前所著书。固自永平中始受诏，潜精积思二十余年，至建初中乃成。"（以上节文）据之，则彪先有《后传》数十篇之著，固又积二十余年之功，其书方成。若但取刘歆所造，则何由要如此之岁月邪？是可见《西京杂记》之妄也。假令刘歆续《史记》，亦续太初以后耳，必不补《史记》所有纪传，且所谓"多鄙俗"，"不足以踵继其书"者，乃彪、固所不取也。

辨刘歆伪作经传

康谓刘歆伪作古文经、传，其目如左：

《易》费氏经二篇	《尚书》古文经二十九篇
《毛诗》二十九卷	《礼》十七篇
《春秋》古经十二篇	《论语》古二十一篇
《孝经》古孔氏一篇（以上依今文作之）	
《易》序卦传、杂卦传	《尚书》逸篇十六篇
《尚书序》一篇	《逸礼》三十九篇
《周官经》六篇	《易费氏章句》
《易费氏分野》	《毛诗故训传》三十卷
《明堂阴阳》三十三篇	《明堂阴阳说》五篇
《周官传》四篇	《乐记》二十三篇
《王禹记》二十四篇（有名无书）	
《春秋左氏传》三十卷（别《国语》为之）	
《左氏微》二篇	《邹氏传》十一卷
《夹氏传》十一卷（有录无书）	《孔氏孝经古文说》一篇

《尔雅》三卷　　　　　　　《小雅》一篇

《古今字》一卷　　　　　　《八体六技》

何其伙也。而康云歆伪撰由于总校书之任，故得托名中书。今据《汉书》，考校书始末，曰："成帝河平三年，求遗书于天下，诏刘向等校理秘书，歆与焉。每一书已，向辄录而奏之。绥和元年，向卒（据卒后十三岁王氏代汉之文推之）。二年，哀帝初立，王莽时为大司马，举歆为侍中，诏歆卒父业。歆于是作《七略》奏之。"（以上节文）上文所出诸书，除《易费氏经》及《分野》《章句》之外，并载在《七略》，果令歆伪作，则奏《七略》时既已成书，其下手当在成帝时。是时，向犹在，歆虽湛靖有谋，恐不能瞒欺其父也。是可以决无伪作之事矣。康又推歆伪作之本意，曰"篡夺孔学"。曰"翼成莽业"，今按《汉书》云："及歆亲近，欲建立《左氏春秋》及《毛诗》《逸礼》《古文尚书》，皆列于学官，哀帝令歆与五经博士讲论其义，诸博士或不肯置对，歆因移书太常博士责让之，大司空师丹大怒，奏歆改乱旧章，歆惧诛，求外出（师丹，绥和二年十月为大司空，建平元年十月免）。哀帝崩，王莽持政，乃以歆为右曹太中大夫。"（以上节文）由是言之，歆欲与博士讲论古今同异，而博士不肯置对，是今学家之杜塞古学，而非歆之倾排今学也。故歆移书深以为憾，陈其立古文之意曰："夫礼失求之于野，古文不犹愈于野乎？"又曰："与其过而废之也，宁过而立之。"是歆之意，实在广道术，非必欲倾排今学，况于篡夺孔子之学乎？且歆移书之时，莽未有逆谋，康亦自知其不通，又为其说曰："歆始伪造经传之时，未有附莽之志。遭逢莽篡，固点窜其伪经，以近媚之。"夫歆欲立古文诸博士，已见其书矣，安得从后点窜之？且自歆复用，至莽居摄，中间仅五年耳，而其四年已有更公卿大夫元士官名位次之事，则不得不谓歆点窜在两三年中，虽以歆博见强志，过绝于人，决非得为之事也。是歆伪作本意，已无可推论焉。盖歆其人，非有远大谋虑，唯自恃才力，汲汲成名，始入秘府，得见古书，乃欲治博士未治之学，是以专攻《左氏传》，研究《逸书》《逸礼》。及其父卒，年少气锐，即欲建立古文，责让博士，已而惧罪外出，幸获王莽推挽，复得使用，于是依附曲从，唯恐失之。故居摄篡位之谋，非由歆出也。《莽传》曰："甄丰、刘歆、王舜，为莽腹心，倡道在位，褒扬功德，安汉、宰衡之号，及封莽母、两子、兄子，皆丰等所共谋，而丰、舜、歆亦受其赐，并富贵矣，非复欲令莽居摄也。居摄之萌，出于泉陵侯刘庆、前辉光谢嚣、长安令田终术。莽羽翼已成，意欲称摄，丰等承顺其意，莽辄复封舜、歆两子及丰孙，丰等爵位已盛，心意既满，又实畏汉宗室、天下豪杰，而疏远欲进者，并作符命，莽遂据以即真。舜、歆内惧而已，丰素刚强，莽觉其不悦，故徙大阿、右拂、大司空。"（以上节文）此可以见矣。故歆之于古文、于王莽，皆非若康之说也。康于所谓伪作诸经，各有考证，今举其最妄者辨于下。

《易》

康谓《序卦》《说卦》，歆所伪窜。其云《费氏经》亦出伪托。按《易》不经秦焚，与壁中诸经不相关系，但由《费氏经》与古文同一语，遂诬为歆伪作，然无证验，不须与辨也。康又以《说卦》为京、焦学者伪托。康曰："至《说卦》《序卦》《杂卦》三篇，《隋志》以为后得。盖本《论衡·正说篇》。河内后得《逸易》之事，《法言·问神篇》，《易》损其一也。虽蠢知阙焉。则西汉前《易》无《说卦》可知。杨雄、王充尝见西汉博士旧本，故知之。《说卦》与孟、京《卦气图》合，其出汉时伪托无疑。"（卷三，七叶。）

按《隋书》云："及秦焚书，《周易》独以卜筮得存，唯失《说卦》三篇，后河内女子得之。"（以上）"三"字必"一"字之误。盖本《论衡》，但其定为《说卦》，则别有所受也。《论衡》曰："至孝宣皇帝之时，河内女子发老屋得逸《易》《礼》《尚书》各一篇奏之，宣帝下示博士，然后《易》《礼》《尚书》各益一篇，而《尚书》二十九篇始定矣。"（以上）言"下示博士"，则施、孟、梁邱诸家，集而论之，以为真本也。其不出京、焦学者伪作，明矣！是引《论衡》，不足以为伪作证，其引《法言》，则又大误矣。其云"《易》损其一也"者，假设之辞。"一"者，谓一卦，非阙一篇之意。康之不善读书如此！

《尚书》

康曰："伏生所传二十八篇。伏生，故秦博士。秦焚书，非博士所职悉焚。则博士所职不焚。然则伏生之书，为孔子所传之全经确矣！"（卷三上，十一叶。）

秦所不焚者，博士所职官本耳。伏生虽为博士，其家所藏，则自不能免。

康曰："孔子定《书》二十八篇，传在伏生，纯备无缺，故博士之说，皆以为备。"云云。"《尚书大传》引孔子曰：'六《誓》可以观义，五《诰》可以观仁。'"云云。"孔子总揽全经，提揭大义，果有百篇，则百篇中尚有《帝告》《仲虺之诰》《汤诰》《康王之诰》。《尚书大传》又引《揜诰》，何孔子不称十《诰》而称五《诰》乎？何所称诸篇，又绝无一篇在二十八篇之外者乎？"（卷十，三十二叶。）

窃疑《大传》所引孔子之言，止于上文，填填正立而已，是故以下欧阳、夏侯辈推其意而附益之耳。故据二十九篇而言（康谓六《誓》当作五《誓》，非也），无一及逸篇也。刘歆时，博士以《尚书》为备者，亦谓《书》之可观者，备于此尔，非不知《书》有百篇也。

康曰："盖孔子制作五经，阴寓改制，苟不关改制之事者，虽详勿录。故《诗》三千篇，而唯取三百五；《礼经》三百，威仪三千，而唯取十六；《诗》《礼》如此，《尚书》可知。"（卷十三，十七叶。）

又曰："或曰'孔子有不修之书，固矣。然孟子为孔子嫡传，《礼记》出七十后学，岂所读之书亦非孔书？'曰：不修《春秋》，述于《公羊》，曲引旁称，圣门不废。若以为不修《春秋》，《公羊》能引之；不修《书》《礼记》，孟子不能引之。岂通人之论乎？"（卷十三，十八叶。）

孔子制作五经，阴寓改制，是本《公羊》黜周王鲁之说。以此说《春秋》犹不可通，况于他经乎？《书》者，史也。帝王之文章，焕乎可观者存于此。周室既微，载籍残缺，孔子思存前圣之业，必将广采而周传之，安有阴寓改制，妄行删削邪？若然，则与宋儒定《四书》之见无异，孔子岂其然哉？且果令廿八篇之书，寓孔子制作之意乎？为孔子之徒者，宜保持不失传其本真，不宜传诵其所删诸篇，以淆乱制作之意。今检孟子之书，引《书》凡十七，而在廿八篇中者仅四，其十三皆在逸亡篇，皆称以"《书》云"，不相别白，何其守孔子之道不笃，乃不如西汉博士拒绝《逸书》邪？康以《公羊》引不修《春秋》为例，夫《公羊》引此者，据以明孔子笔削之意耳。与孟子引《书》以辨王霸、黜异端不同也。康以为例，不伦甚矣！

康曰"或难曰"云云，"今考《尚书大传》，有《九共》《帝告》《说命》《太誓》《大战》《嘉禾》《揜诰》《多政》《粊命》九篇，苟非伏生所有，何以引之？答曰"云云。"伏生传授孔经，而兼引他书，亦犹《公羊》引不修《春秋》之例"。（卷十三，十八叶。）

伏生之《书》，称曰"《大传》"，传者，解经之名也。《九共》诸篇，若非孔子所定之经，则伏生何由作《传》解之？其于《说命》、于《太誓》，明言"《传》曰"，是可以定其为孔经也（《大战》《揜诰》《多政》不在百篇之内，是正《书序》今古文之异同也）。武帝时，得《泰誓》，增加一篇，是伏《书》所本，有故直加之。若伏《书》无有，则何博士之妄邪？武帝距伏生不远，其博士为欧阳辈，必不为是妄举也。是伏《书》不止廿八篇之明证。

康曰："孔子作《书序》之说，自来所无。"云云。"考其所以敢创此说者，盖以《史记·三代世表》云：'孔子因史文，次《春秋》，纪元年，正时月日，盖其详哉！至于叙《尚书》，则略无年月。'《孔子世家》又云：'序《书》传。'两文皆有'序'字，故得影造其说。然考《史记》，所谓'序'者，不过次序之谓。"云云。"且《世表》所谓'正时月'者，指《春秋》本经，上下文义相承，则所谓'略无年月'者，亦指《尚书》本经，无所谓序，明甚"。（卷十三，二十一叶。）

以"序"为次序之义，说亦可通。但所谓"略无年月"者，必据《书序》而言，非据《尚书》本经而言。《尚书》本经非孔子所作，有无年月，不关孔子次序也。若令此字指本经，则唯言《尚书》而足矣，必不下一"叙"字也。

康曰："孔安国以今文字读古文，纵有'壁中书'，安国亦仅识二十九篇耳。若何而知为多十余篇。"（卷三上，十三叶。）

段玉裁曰："今文者，汉所习隶书也。以今文读之者，犹言以今字读之也。凡古云'读'者，其意不一，讽诵其文曰'读'，定其难识之字曰'读'，得其假借之字曰'读'，抽续其义而推演之曰'读'。子国于'壁中书'兼此四者，后人读《史记》《汉书》不察，乃谓以伏生、欧阳《尚书》

校《古文尚书》，信如是，则谁不能之，而独让子国起其家欤？"又曰："壁中所出《尚书》，子国既尽以今字读之，尽得其读，更无余篇矣。刘向《别录》、桓谭《新论》所谓'五十八篇'是也。"（以上《古文尚书撰异》节文。）

康曰："兒宽受业于安国，欧阳、大小夏侯学皆出于宽，则皆安国之传也。司马迁亦从安国问故，则使确有古文，确多十六篇，欧阳、大小夏侯皆传之，则今古文实无异本矣。《儒林传》云：'迁书载《尧典》《禹贡》《洪范》《微子》《金縢》诸篇，多古文说。'凡此皆今文篇，无一增多篇者。所异者，乃安国古文说耳。然古文所异在字，安国仍读以今文，更无说也。即安国确有其说，亦与兒宽同传，且今考史迁载《尧典》诸篇说，实皆今文以为古文者，妄。"（卷三上，十三叶。）

王鸣盛曰："安国在当时，实兼今文、古文而通之。其为博士时，自当授弟子以今文，所谓'禄利之路'然也。至别有好古之士，如马迁、都尉朝方从安国问古文，所谓古文不合时务是也。兒宽初事欧阳生治《尚书》，以文学应郡举，诣博士，受业孔安国，以试第次，补廷尉史，此非经学既明，而得禄之验乎？其所受者，乃今文也。"（以上《尚书后传〔案〕》）按王此说，分别安国传授流派，极为明晰，故引以为辨。至史迁所载古文说与今文说异者，段玉裁、孙星衍书详之，今不赘。

康曰："安国传《书》，至龚胜者八传，至孔光者五传，至赵玄者七传。以今学经八传而至胜，古学经三传而至胡常，即至哀、平世矣。何相去之远乎？"（卷三上，十三叶。）

师弟授受，与父子继承不同，非可以传数多少、论年齿修短也。且胡常受《穀梁》于江博士，江博士之死，在宣帝时，安国三传而至常，无可怪者。常传徐敖，敖传王璜、涂恽，璜、恽正当王莽时。

《毛诗》

康于《毛诗》，举伪作十五条，今举其首五条辨于下。其第六，《史记》无立《毛诗》博士事，辨已见上。第八以下，不过举其三家说异同，论其优劣，故不辨也。

康曰，"《志》云：'又有毛公之学，自谓子夏所传。'托之自谓，不详其本师。其伪一。"（卷三上，二十叶。）

又曰："徐整、陆玑述传授源流、支派、姓名，无一同者。"云云，"其伪二"。（同）

又曰："同一大毛公，一以为河间人，一以为鲁人，则本师籍贯无稽。其伪三。"（卷三上，二十一叶。）

伏生之于《书》，高堂生之于《礼》，皆不详所出。三家《诗》，申公则出荀卿，如辕固生、韩婴则亦不详所出，何独怪于毛公哉？传授源流、本师贯籍，非毛公所述，又非刘歆所说，假令其说不实，亦徐整、陆玑妄言之耳，不与歆相关也。使歆果伪作毛公其人，其于假设传授本籍，亦容易耳，何留此衅隙，容后人纷纷异说邪？

康曰："《汉书》但称'毛公'，不著'大毛公'、'小毛公'之别，不以为二人。郑玄、徐整、陆玑以'大毛公''小毛公'别为二人，刘、班不知，郑、徐、陆生后二百年，何从知之？则本师歧乱。其伪四。"（卷三上，二十一叶。）

又曰："《汉书》有'毛公'而无名，郑玄、徐整以'毛公'有大、小二人而亦无名，陆玑疏《后汉书·儒林传》，以为毛亨、毛苌矣。夫刘、班、郑、徐之不知，吴、宋人如何知之？"云云，"其伪六"。（卷三上，二十二叶。）

《汉书》所称"毛公"，即小毛公。其不称"大毛公"者，以不录训诂传作者也。康云不以为二人，非也。郑、徐、陆所传，盖《毛诗》学者相承之说。二毛之名，郑盖知之，偶不载谱中耳。且郑《谱》不传其全本，无以考也。郑后班仅三十年余，徐、陆与郑年代相接，范则举陆说耳。

康曰："《诗》《书》自汉初至西汉末，已八传。而《毛诗》自子夏至西汉末，仅八传。"云云。"若如陆玑说，自孙卿至徐敖，凡五传，阅三百年，亦不足信也"云云，"其伪五。"（卷三上，二十二叶。）

郑云"大毛公为训诂传于其家"，则至小毛公，不知其传。小毛公在武帝时，至王莽时，凡百五十年。自小毛公四传至陈侠，为莽讲学大夫，其年代略符也。大毛公以上徐、陆说异，不论可矣。

《礼经》

康曰："《礼经》十七篇，自西汉诸儒，无以为不全者，余设四证以明之。"（卷三上，二十七叶。）

高堂生所传，明言《士礼》，故言《士礼》备于十七篇则可，言孔子所传之《礼》备于十七篇则不可。西汉诸儒，就十七篇为说，故其所说，自不出《士礼》之外，然未闻有一人疑《逸礼》者也。康所设四证，皆不得肯綮，故不举而辨。

康曰："《礼经》虽十七篇，而《丧服》为子夏作，故《大戴》附之于末，则孔子所手定者，实十六篇，云十七者，合《丧服传》言之。则高堂生之目，犹《易》上、下二篇外之有《系辞》也。"（卷三上，三十二叶。）

《丧服》有经有传，传为子夏作，经非子夏作也。康诬为传者，固持孔子制作《士礼》之说，以《丧服》通于天子，故强排之经外耳。

康曰："孔子所以制《礼》仅十七篇，以教万世者。以为内外精粗已足也。"云云。"天子诸侯之礼，非可下达，官司所掌，典至繁重，士民有老死不可得见者，非可举以教人"云云。"孔子穷不得位，于王礼自不能全具，然已有诸记，埤附其间，弥缝其隙，俾后王以推行之，固已举隅使反矣。故十七篇，断自圣心，传为世法。"（卷三上、三十一叶。）

《礼》者，孔子所传，非孔子所制也。虽有其德，苟无其位，亦不敢作礼乐，孔子安敢制礼哉？孔子以天纵之圣，当改革之运，其志欲纂周公起东周，故所问之礼，自天子诸侯以达士庶人，无非治国平天下之具。至穷不得志，则传之其徒，其取舍之意，弟子窃记之矣。故知孔子之志，则知其所问，知所问，则知其所传。孔子语颜渊以四代礼乐，岂不传其事而徒言其意乎？天子诸侯之礼，非人人所行，然藏而待用，亦学者之志也。若专守《士礼》而为备，七十子不如是之陋也。后苍推《士礼》致于天子，诚由不传天子之礼，不得已而为之说耳。康则曰，天子诸侯之礼，非可举以教人，故孔子唯制《士礼》以教万世。其说之固陋，出于后苍之上矣。

《礼记》

康曰："盖七十子后学记，即儒家之书，即《论语》《孝经》亦在其中。孔门相传，无别为一书谓之《礼记》者，但《礼》家先师刺取七十子后学记之，言《礼》者为一册，俾便于考据，如后世之为类书然。"云云。"史迁引宰予问《五帝德》，尚未以为《礼记》，则出之甚后，故大小戴、庆氏各有去取，各有附益，既非孔子制作，亦无关朝廷功令，其篇数盖不可考，但为礼家附记之类书，于'中秘'亦不涉焉。刘歆知其然，故采《乐记》于公孙尼子；采方士明堂阴阳说，而作《月令》《明堂位》；采诸子杂说，而作《祭法》，并推附于戴氏所传类书中。因七十子后学记，而目为《礼记》，自此始也。"（卷三上，三十五叶。）

《艺文志》于《记》百三十一篇下注曰："七十子后学者所记也。"于王史氏二十一篇下注曰："七十子后学者，绝不言有名。"七十子后学记之书，康以为书名，可怪也。盖《礼记》亦出壁中，而传布最早。其《五帝德》《帝系姓》，史迁采以作《五帝本纪》，而大、小戴各删取为书。宣、元之后，已行于世，康不得诬为歆伪作。因假设七十子后学记一书以为《礼记》原书，其意与以《国语》为《左传》原书同，皆诬歆之术也。夫《乐记》《明堂阴阳说》等，既行于世，何须采附戴氏记中？且戴氏记，今文家所传授，安容歆窜入乎？

《周官》

康曰"《周官经》六篇"云云，"盖刘歆所伪撰也。歆欲附成莽业，而为此书，其伪群经。乃以证《周官》者。故歆之伪学，此书为首"。（卷三上，三十八叶。）

《王莽传》（元始三年）"请考论五经，定取礼正十二女之义"。康曰："是时歆《周礼》未成，故三夫人、九嫔、二十七世妇、八十一御妻之说未出。故犹从今博士说。"（卷六，十叶。）

《七略》之奏，在哀帝时，假令伪撰《周官》，是时已既成书，安有元始三年未成之理乎？且信康说，则歆初伪作群经，意在抑今学，其后作《周官》，意在附成莽业。《周官》已成，乃又点窜前所作群经，以证《周官》。夫《周官》与群经，伪作本意不同，其说之龃龉难合也必矣！点窜既成之文字，必使一一吻合，虽歆不能为也。康之诬，不亦甚乎？

贾公彦《序周礼废兴》，引《马融传》曰："至孝成皇帝，达才通人，刘向子歆，校理秘书，始得列序，著于录略。"云云。"时众儒并出，共排以非是，唯歆独识。其年尚幼，务在广览博观，又多锐精于《春秋》，末年乃知其周公致太平之迹，迹具在斯。"康曰："云'唯歆独识'，众儒'以为非是'，事理可明。此为歆作《周官》最易见。其云向著录者，妄耳。"（卷三上，三十九叶。）

按文，众儒之排《周官》，当在成帝时，刘向方校理秘书，歆安得伪作欺父邪？康之引马说，适足证其说之妄耳。

《乐记》

康曰："歆谓王禹献二十四卷《记》，刘向得《乐记》二十三篇，与禹不同，其道寖以益微，而所列即二十三卷记居首。歆所造诸古文，列皆居首，是歆以二十三卷记为主矣。《礼记·乐记正义》谓刘向所校二十三篇著于《别录》，二十四卷记无所录。《正义》又载二十三卷之目，有《窦公》一篇，《别录》出歆所改窜，窦公其人又即歆所附会者，此尤歆伪二十三卷记之明证。然则王禹二十四卷之记，特歆点缀之，以为烘托之法，犹高氏之《易》，邹、夹之《春秋》耳。其以二十四卷为益微抑扬，尤为可见。是《乐记》出于歆无疑矣。"（卷三上，四十四叶。）

又曰："刘歆伪撰《乐记》，托之河间献王，又别托为王禹所传，以烘托之。朱晖等之上言、平当之议，盖即授意于歆者。"（卷三上，四十五叶。）

康谓二十三篇《乐记》，歆所伪作，托之河间献王者；王禹记，歆空载其名，始无其书；朱晖之上言，歆授意为之也。按二十三篇《乐记》，《志》不言其所出（《小戴〔戴〕记》，《乐记》十一篇，则壁中《礼记》所自有，非采之二十三篇《乐记》也）。河间王所作，即王禹记，非二十三篇《乐记》也。王禹记，臧琳以谓邓展注。《食货志》曰："《乐语》《乐元语》，河间献王所传。臣瓒引其文，《白虎通》又引《乐元语》，盖皆王禹记文。"（以上《经义杂记》节文）据之，则王禹记非有名无书之本也，康说皆妄矣。又朱晔上言在成帝时，其时歆未有建古文之议，何由伪作，此事实授之晔邪?

《左氏传》

康曰：“《左氏春秋》至歆校秘书时乃见，则向来人间不见，可知歆治《左氏》乃始引传文以解经，则今本《左氏》书法，及此年依经饰《左》缘《左》，为歆改左氏明证。”（卷六，六叶。）

又曰：“盖经传不相附合，疑其说者自来不绝。自博士谓左氏不传《春秋》，班固为《歆传》云：‘及歆治《左氏》，引传文以解经，转相发明，由是章句义理备焉。’班为古学者，亦知引传解经由于歆矣。”（卷三上，五十五叶。）

按《刘歆传》云：“及歆校秘书，见古文《春秋左氏传》，歆大好之。”（以上）不单言《春秋左氏传》，而言“古文”，则知歆所见，壁中所出，张苍所献，古本也。古本独藏秘阁，其传外间者，今字写之，犹《周官》有故书、今文之别也。故下文云：“时丞相史尹咸，以能治《左氏》，与歆共校经传。”（以上）咸所治则今文，故与歆共校古文经传也。《汉书》文意甚明，非言向来人间不见《左传》也。左氏所传，本主事实，虽载书法，亦颇简略，非若公、穀二家句释字解，便于讲说。西汉诸儒不以此说经者，以为义例不备，不能讲说全经也。非左氏书全无书法也。故史迁于其书，颇载其义。至歆推其义例以通全经，寻绎传意，发明经义，于是可传以解经，故云章句、义理备焉。班之言引传解经者，褒歆之功也，非疑之也。博士谓左氏不传《春秋》，则所谓雷同相从，随声是非，非事实也。

康曰“歆以其非博之学，欲夺孔子之经而自立新说，以惑天下，知孔子制作之学首在《春秋》，《春秋》之传在公、穀，公、穀之法与六经通，于是思所以夺公、穀者，以公、穀多虚言，可以实事夺之。人必听实事，而不听虚言也。求之古事，得《国语》与《春秋》同时，可以改易窜附。于是毅然削去平王以前事，以《春秋》以编年比附经文，分《国语》以释经，而为《左氏传》。”（卷三上，四十八叶。）

又曰：“《汉书·司马迁传》称：‘司马迁据《左氏》《国语》采《世本》

《战国策》述楚汉春秋。'《史记·太史公自序》及《报任安书》俱言'左丘失明，厥有《国语》'，《报任安书》下又云：'乃如左丘无目，孙子断足，终不可用。退论书策，以抒其愤。'凡三言左丘明，俱称《国语》。然则左丘明所作，史迁所据，《国语》而已，无所谓《春秋传》也。"（同前）

以左氏书法为歆窜入者，出刘逢禄说。其言改《国语》为《左氏传》者，系康创说。其所证，不过《史记》称《国语》，不称《左氏》一事。按《史记》非不称《左氏》，其称者，康以为窜入也。且《五帝本纪》《十二诸侯年表》皆云《春秋国语》，《春秋》即《左氏》也。其《自序》及《报任安书》称《国语》，不称《春秋》者，上文有孔子作《春秋》之句，故避相触耳。又《司马迁传》云："《左氏国语》者，即《春秋传》也。"上文云"孔子因鲁《史记》而作《春秋》，而左丘明论辑其本事以为之传，又纂异同为《国语》"，所指甚明。康引以为证，不免矛盾。

《论语》

康曰"自郑康成杂合今古，则今本《论语》必有伪文。如巧言令色足恭"云云"一章，必歆伪窜。又何晏《论语集解》，杂采古今，采孔、马之注，则改包、周之本，用包、周之说，又易孔、马之经。今'巧言令色'一章，《集解》正引伪《孔安国注》，其为古文《论语》，尤为明确"。（卷三下，二叶。）

以"足恭"一章为窜入，妄言耳。若以《集解》载孔注为证，则《集解》专载孔注之章不唯十数，岂皆齐、鲁所无乎？郑玄就《鲁论》篇章，考之《齐》《古》以为之注。篇章异同，盖具注之。今郑本亡失，但释文所载，犹为可考。《卫灵公篇》"子曰父在"章云："《集解》无此章。"郑本有云："古皆无此章。"《尧曰篇》末章云"《鲁论》无此章，今从《古》"，盖《鲁》《古》两本章异者，唯此而已。（《隋志》云"《古论语》章句烦省，与《鲁论》不异"者，亦非也。）

《孝经》

康曰："《志》不云古文有孔氏说，而许叔重遣子冲上《说文》书，并上《孝经》孔氏古文说，则歆又伪作孔氏《孝经》古文说。《志》不详之，犹歆有《易费氏章句》《费氏分野》而《志》不叙也。或作于定《七略》后也。"（卷三下，六叶。）

按是不善读《说文》之过也。《说文》，许冲上表曰："慎又学《孝经》孔氏古文说。古文《孝经》者，孝昭帝时鲁国三老所献，建武时给事中议郎卫宏所校，皆口传，官无其说，谨撰具一篇并上。"（以上）《孝经》孔氏古文说者，言壁本《孝经》之说，非言孔安国之《孝经》说也。且言口传，则慎以前未著于书，安有载之《七略》之理哉？

《尔雅》

康曰："《尔雅》一书，张稚让《上〈广雅〉表》以为周公所作。然刘歆《西京杂记》云，郭伟以谓《尔雅》周公所制。"云云。"按《尔雅》不见于西汉前，突出于歆校书时，《西京杂记》又是歆作，盖亦歆伪撰也。赵岐《孟子题辞》谓文帝时，《尔雅》置博士。考西汉以前，皆无此说，唯歆《移太常书》有孝文诸子传说立学官之说，盖即歆作伪造，以实其《尔雅》之真。及歆与扬雄书称说《尔雅》，尤为歆伪造《尔雅》之明证。歆既伪《毛诗》《周官》，思以证成其说，故伪此书，欲以训诂代正统"。（卷三下，六叶。）

《尔雅》所记，多《周官》之事，其释训诂与《毛诗》合。康已以《毛诗》《周官》为伪作，则又以《尔雅》为伪作，固宜已。知《毛诗》《周官》非伪作，则《尔雅》之非伪作可知矣。康引《西京杂记》，《杂记》乃伪书之著名者，康欲证歆伪作，乃引伪作之书，其可信邪？康云"歆伪此书，欲以训诂代正统"，是康以训诂学为非正统也。康所谓正统，非今文诸家之学乎？岂谓今文诸家之学不由训诂邪？古今语异，必训诂而后知，故汉初经师皆重训诂。史迁以《尚书》作五帝、三代本纪，以训诂字代经文，是有所受也。以今文诸家所著言之，《书》有大、小夏侯解故；《诗》有申公训故，有齐后氏故、齐孙氏故、有韩故；丁将军《易说》，训诂举大谊可以见已。两汉经师虽纯驳不同，无舍训诂说经义者。降至赵宋，学者自贤，以意说经，经术荒芜日甚。迨清乾隆、嘉庆之间，英俊辈出，斯学复盛，殆迈汉京而经义焯然，如日中天。康辈赖其余惠，幸得略读经籍，乃妄言议训诂学，真小人无忌惮者。

辨刘歆作伪字

康曰："歆为伪经，更为伪字，托之古文，假之征天下通文字诣公车以昭征信。扬雄、班固之伦，果为所欺矣。周、汉所传真字，在《仓颉篇》五十五章三千三百字，其余六千字，皆歆伪字也。"（卷九，九叶。）

又曰："李斯、赵、胡各自著书，本不相谋，则复字当必多，是并无三千三百字之数矣。西汉六艺群书，当备集矣。此为周、秦相传之正字也。而扬雄、班固所增，凡一百三章，以六十字一章计之，共六千一百八十字，骤增两倍之数。"（卷三下，十六叶。）

壁中诸经之字，有与今文异者，如《仪礼》郑注古文某作某，及《说文》所引经文与今本不同者，皆是也。康既以经为赝本，遂以字为伪作，无足怪也。但言六千字出于刘歆，则妄言骇人矣。《仓颉》三篇，取之史籀，亦所以教学童，盖收日常通用之字耳，必非冈罗六艺群书所载矣。是以司马相如作《凡将篇》，则颇出《仓颉》外矣。言周、汉所传真字，在《仓颉篇》三千三百字，非。扬雄作《训纂篇》二千四十字，又易《仓颉》复字，合五千三百四十字。班固续扬雄，增七百八十字（仓颉至班固，合六千一百二十字，今言扬雄、班固所增六千一百八十字，误也）。其后贾鲂则增一千二百六十字，许慎则增三千二百三十三字。其以渐增加者，非唯拾前人所遗，亦由文字孳乳寖多也。今字书所载已数万，是非一代一人所造作也。由是言之，《仓颉篇》外六千字，决非刘歆伪作矣。

康曰："《志》称《史籀篇》者，周时史官教学童书也。与孔氏壁中古文异体，则非歆之伪体，为周时真字断断也。子思作《中庸》，犹曰今天下书同文，则是自春秋至战国绝无异体异制。"云云。"子思云'然则孔子之书六经，藏之于孔子之堂，分写于齐、鲁之儒'，皆是"。（卷三下，十八叶。）

康谓籀变为篆，其间曾无古文。古文，刘歆所伪作也。按古文、籀文本非别体，《说文叙》曰："大篆十五篇，与古文或异。"（以上）言"或异"，则异者少也。故八体举大篆而赅古文，亡新六书，举古文奇字而赅大篆，可以见矣。盖周制尚文，故籀文繁茂，至东迁后，稍趋省易，乃有古文一体。孔子用以书经，亦当时所用也。（言史籀变古文，而孔子复之者，非也。）西周礼乐制度，至孔子时，崩坏错乱，孔子亦有从众之言，然未有大损益，犹谓之"周礼"。况古文于籀文改易不多，且同行天下，固不妨书为同文。但《中庸》所言，谓孔子时也，至战国诸国异形，如秦篆文，即其一也。言"春秋至战国绝无异体"，误矣。

康曰："歆称萧何律之六体及甄丰之校六书，皆有古文奇字而无籀，其抑之可见。盖秦篆文字出于《史籀篇》，史籀为周之文，而为汉今文之祖，歆之抑之，亦犹言《易》则尊费氏而抑施、孟、梁邱，言《春秋》则右左氏而左公、穀也。"（卷三下，十五叶。）

按歆欲立古文学，非欲废今隶而行古文也。故其移书博士，无一语及之，且史籀者，古文之所出，歆所喜而尊尚，何抑之也。《艺文志》小学十家，首载《史籀》十五篇，次载《八体六技》。八体以大篆为首，即籀文也，何得言抑籀文邪？且秦篆杂取古籀，非专取籀文，但《仓颉篇》中文字多取《史籀》十五篇中字耳。（《说文》所言，未得其详。据《艺文志》则晰。秦篆，程邈所作，非李斯所作，且《仓颉篇》有"幼子承诏"之语，则成于二世时也。）

康曰："许慎《说文叙》诋今学，谓诸生竞逐说字解经谊，称秦之隶书为仓颉时书，云父子相传，何得改易。盖是汉世实事，自仓颉来，虽有省改，要由迁变，非有人改作也。"（卷三下，二十一叶。）

康谓隶出于篆，篆出于籀。籀盖与仓颉所作不异。故今学家称秦隶书为"仓颉时书"。其回护今学家力矣。然许所述今学家之言，实不然也。许曰："诸生竞逐说字解经谊，称秦之隶书为仓颉时书，云父子相传，何得改易。乃猥曰：'马头人为长，人持十为斗，虫者屈中也。'廷尉说律，至以字断法。苛人受钱，苛之字，止句也。若此者甚众。皆不合孔氏古文，谬于《史籀》。"（以上）依许此说，则今学家实以隶书为仓颉所造字体，不独疑古文，并不信籀、篆，故许之作《说文》叙篆文合以古籀，以祛今隶之妄也。如康说，则今学家明信籀、篆矣。信籀、篆，则何有"马头人、人持十、屈中、止句"之解哉？

明治廿八年十二月东京庄原和稿

孙文先生东游纪念写真帖

　　《孙文先生东游纪念写真帖》一册，日本《日华新报》社长品川仁三郎、编纂部主任西岛函南编，日华新报社大正二年（1913 年）五月版，凡《记事顺序》《写真登载顺序》两部分。今辑其中《记事顺序》部分。

　　1913 年 2 月 10 日，孙中山乘轮船"山城丸"自上海启程赴日本考察，马君武、戴季陶、何天炯等随行，13 日，至长崎、门司、下关，受到中国留学生和宫崎寅藏等的热烈欢迎。在下关答记者问，告以此行目的是"图中日两国亲交，并访旧友"（《在日本下关答记者问》，见《孙中山全集》第三卷第 13 页，1984 年 6 月第一版）。次日，抵东京。15 日，应东亚同文会之请，"演说日华两国之关系"。16 日，凭吊前东亚同文会会长近卫笃麿之墓。17 日，出席东邦协会午餐会。18 日，访日本参谋、陆军两部部长，参观炮兵工厂及火药厂，并与外务大臣加藤晤见。19 日，赴众议院议长大冈主持的宴会，当晚，出席后藤新平男爵的晚餐会。20 日，出席日本实业家联合会。21 日，招待日本"支持革命人士及旧知"二百余人。22 日，出席日华学生团等举办的欢迎会。23 日，对中国留日学生发表演说，强调学生须以革命精神努力学习。25 日，出席日本首相大隈重信的茶会和东京市长阪谷的宴会。此后，又出席三菱公司、日华实业协会、日本贸易协会、日本银行等茶话会或餐会。

　　3 月 1 日，出席东京的国民党支部、共和党支部及广东同乡会联合召开的约四千余人的欢迎会，并发表演说。4 日，出席日本新任外务大臣牧野的欢迎午餐会，日本内阁各大臣及朝野知名人士数十人出席作陪。5 日，离东京去横滨。6 日，在国民党横滨支部欢迎会上发表演说。7 日，往横须贺参观日本楠滨海军炮术学校，参观军舰及海军设施。8日，抵名古屋，参观商品陈列馆。9日，到京都参观访问。10
日，抵大阪，出席大阪市长肝付主持的大阪市欢迎会，发表演说。11
日，参观大阪纺织会社、大阪每日新闻社，出席大阪经济会招待会。
12日，参观炮兵工厂、大阪高等医学校等。13日，抵神户，先后在华
侨欢迎会和神户国民党交通部欢迎会上发表演说。14日，参观同文学
校、川崎造船所，出席舞子吴锦堂欢迎午餐会。随后到广岛参观海军
工厂。15日，抵宫岛。16日，抵下关，参观明治专科学校。17日，
到八幡参观制铁厂。18日，赴福冈，参观九州大学。19日，抵熊本。
21日，至长崎。22日，出席长崎基督教青年会，以及侨商、长崎市
长、留日医专和高等商业学校学生分别举办的欢迎会。23日，离长崎
回国。

在这历时月余的参观访问中，孙中山多次发表演说。他在旅日时
期的活动和演说，除日本各种报纸都有报道外，日本《民谊》杂志第六
号《孙中山先生日本游记》和《国民杂志》第一号都有专门记载。在《孙中
山全集》第三卷中，也辑有孙中山《在日本东亚同文会的演说》《致东京
各报馆函》《在大阪欢迎会的演说》《访神户川崎造船所答谢词》。而《孙
文先生东游纪念写真帖》对孙中山这次访问，记录比较系统，尽管有的
比较简略，有的演说词也不及其他报刊详赅，但互勘异文、稽考行程，
还是有参考价值的。

《孙文先生东游写真帖》，神户华侨历史博物馆藏。

附录

孙文先生东游纪念写真帖

目　次

于东京孙中山先生

于横滨孙中山先生

于名古屋孙中山先生

于京都孙中山先生

于大阪孙中山先生

于神户孙中山先生

于山阳及九州孙中山先生

欢迎孙中山先生之辞

孙文大人阁下钧鉴：

我之与贵国，谊则邻友，情则兄弟，文物典章，嗜好习俗，概皆近似。懋迁之事日繁，应酬之交月重，中日两国，固当联络一轨，提携辑协，况于唇齿之形、辅车之势乎？此次阁下星槎降临，我朝野人士重其事而美其意，期待阁下者不啻云霓也。东西一辙，由是益开，彼此辑协，由是益固。自今而后，推诚协力，肝胆相照，联镳比辙，则异日我二邦之势巍然高出环舆之上，可翘足而待也。今恭迎台旆，不胜雀跃之至。兹敬表欢迎之意云尔。

大正二年三月十二日

《日华新报》社同人谨启

《孙文先生东游纪念写真帖》发行主旨

中华民国首勋孙中山先生今次来游我国。惟中山先生不独为中华民国四万万国民所钦仰而已，实为世界之伟人也。兹值先生东渡，我朝野之人士洵能披沥赤诚，异常欢迎，以尽善邻之至情。吾人目睹此盛状，不胜额手庆贺之至。而先生亦勉应酬，每天自各界受邀请者数次，或演说世界大势，或劝说日华联盟，殆无暇晷，而意气颇旺盛，精神益健刚，绝不露疲劳之容，曷胜钦仰。本馆有见于兹，相商朝野有识，特发行《孙文先生东游纪念写真帖》，以欲永远纪念巨人来朝，且致仰慕之忱。抑我《日华新报》创刊以来，十载于兹，专以资两国之国交，兼为两国商务场中之管键为任，幸荷蒙江湖之眷爱，社务日益兴旺，感激不尽也。是书之发行，聊表野人献芹之微意耳。大方诸君，请谅察吾人之微衷，以纪事不妥，当勿咎其意，即幸甚。

大正二年五月二十日

《日华新报》编纂部敬启

孙中山先生东游日抄

大正二年二月十日，孙中山先生带同随员搭乘轮船山城丸，自上海启程，上东游之途。随员马君武、何天炯、戴天仇、袁华选等数氏。

二月十三日	午前七时抵长崎上岸。
同日	午前九时十分换坐火车，自长崎发程。
同日	午后五时二十分抵门司。
同日	午后七时十分自门司发，抵下关。
二月十四日	午后八时二十五分抵东京，投宿帝国旅馆。
自二月十五日至三月四日	东京淹留。
三月五日	离东京往横滨。
同 六 日	横滨一宿。
同 七 日	往横须贺观察军港，抵国府津一宿。
同 八 日	抵名古屋一宿。
同 九 日	抵京都一宿。
同 十 日	抵大阪。十一、十二两日淹留。
同 十三日	抵神户一宿。
同 十四日	抵广岛一宿。往吴观察海军工厂。
同 十五日	宫岛一宿。
同 十六日	抵下关一宿。
同 十七日	抵八幡，观察制铁厂。门司一宿。
同 十八日	抵福冈一宿。
同 十九日	抵熊本一宿。
同 二十日	火车中。
同 二十一日	抵长崎。二十二日淹留。
同 二十三日	午后五时，搭乘"天洋丸"轮船向上海前往。

同　二十五日　　　　回到上海。

孙文先生东游纪略

中华民国首勋孙中山先生今春来游我国，我朝野各界披沥热诚以欢迎。即自二月十三日长崎上岸之日至三月二十三日回国登舟之日，约四旬之间，历游东京、横滨、名古屋、京都、大阪、神户、广岛、下关、门司、福冈、熊本、长崎等各地，到处官民异常欢迎，而孙先生每天自各界受邀请者四五次，或演说世界大势，或劝说日华联盟，殆无暇晷。然先生意气颇旺盛，日夜应酬，精神益强，绝不露疲劳之容。其意志之刚健，真可钦仰也。兹将先生东游中应酬之大要抄录如左（原文竖排）：

△于东京孙中山先生

二月十四日午后八时二十五分，孙先生一行来到新桥。我官绅数百人，民国留学生一千余人欢迎车站。孙先生下车，与旧知握手叙久阔，由学生团赠呈花环，先生带同随员过欢迎队堵列之间，万岁声里，驱自动车到旅馆帝国客栈。

十五日午后五时。东亚同文会邀请孙先生一行，开欢迎会于华族会馆。出席会员二百余人。六时开宴。先由副会头清浦子爵述欢迎词，继由孙先生述谢词。略曰：

> 予此次来游贵国，受沿途官民上下欢迎，既至东京，又承诸君厚意，赐以嘉宴，感谢之诚，不可言宣。窃思文以菲才，奔走国事，流离欧美，赴贵国者且十余次，贵国人士多进而教之，是贵国者，予之第二故乡。贵国人士，更予之良师友也。今者敝国政治改革之功虽竣，而国力未充，民智未进，所望于贵国人士之援助者实伙。昔当敝国危急之秋，首倡保全中国者，自东亚同文会始。前会长故近卫公、现会长锅岛公爵及会员诸君，皆以热诚图东亚之幸福，名之所至，实亦副之。谨代表中华民国之国民，表最诚之敬意，兼祝贵会之发达于永久。

孙先生答词毕，会众一同举杯，祝孙先生之寿。撤宴，更集会另厅，孙先生再起演说日华两国之关系者一时间余，洋洋数千言，披沥胸襟，痛言日华提携联盟之必要，热诚如溢，会众恍然如醉，欢忻鼓舞，尽兴而散。

前东亚同文会长、故近卫笃麿公曾庇护孙先生，使得免清朝之捕拿。荷思匪浅，故于十六日午前十一时，孙先生偕同随员赴京外日暮里追吊故近卫公爵之墓。此日，故公爵遗公子及亲族并同文会员等特来迎接，孙先生叙寒暄之后，进故公爵墓前礼拜，敬行捧玉串之礼，并供白蔷薇大花环于墓前，以表追慕之忱。鞠躬而退，与众员摄影墓前，以为纪念。返客栈之后，更莅近卫公家招待会。此夜开旧友晚餐会于红叶馆，招请孙先生。

孙先生自抵东京以来，颇受各团体之欢迎，连日赴宴，殆无暇晷。即十七日东邦协会午餐会及中华民国汪代表晚餐会。十八日，加藤外务大臣午餐会及日本邮船会社晚餐会。十九日，大冈众议院议长午餐会及后藤新平男爵晚餐会。二十日，开日本实业家联合欢迎会于保险协会会馆，列席者三井、三菱、日本银行、正金银行，其余著名大公司员一百余。先由涩泽男爵述欢迎词，继由孙先生述答词。主客交欢谈笑，颇极一时之盛。二十一日，日华协会午餐会。晚间，由孙先生提倡，招待前年革命时代本邦志士赴中国援助革命者等及旧知二百余人，开晚餐会以犒其劳。二十二日，横滨正金银行午餐会、日华学生俱乐部晚餐会。二十三日上午九时，开中华民国留学生欢迎会于美土代町青年会馆，孙先生莅席演说二时许，督励留学界者，纤微靡有不至，发挥人道主义，灼具世界眼光，言论之伟大，道德之高尚，尤令钦仰无已。孙先生演说大意曰：

> 现在欲维持中国，必人人负建设之责任。建设事业，必须学问，实所赖于学生诸君。诸君在此留学，须要认真研究学问，不可同从前留学生一样。从前留学生分为两派，其一派鉴于祖国之危亡，异族之凭凌，废弃学业，奔走革命。其又一派，既不能与革命诸士一致进行，又不能研究实学，只想弄一个方法，混一纸文凭，以夸耀乡里，这也难怪他们。此辈人见中国事已不可救，革命事业自己扪心揣度又做不来，求了学问又无用处，无法可想，

只好鬼混一辈子，将来中国不幸瓜分，横竖中国是已经亡过一次的，随便做那一国的顺民、那一国的奴隶，都是无甚紧要的，只要有一个吃饭的所在就是了。今日诸君，不可如前日之分为二派。当此建设之始，需才孔急，量才器用，各尽其长，大才有大用，小才有小用，只要有真正学问，不愁没用处的。况且破坏事业已告成功，从前希望均已达到，将来之希望即是建设事业，正好安心在日本留学，用数年工夫，求数年学问，以为建设之用。在此留学诸君，须要一种决心，就是从前留学生一种牺牲性命的心。此种决心求学，将来之成就正未可量。迨学成为中华民国求幸福，非为一人求幸福，必须存牺牲自己个人之幸福，以求国家之幸福的心志，社会始可改良。诸君现在之地位，在中华民国四万万人之上，将来做成事业，必也要在四万万人之上，方不愧今日之地位。学问志愿，两种并行，有学问而无志愿，不徒无益，而反有害。诸君志愿，须求大家之利益，办大家之事业，不必计较私人之利害。究竟大家享幸福，大家得利益，则我一人之幸福自然包括其中。此之谓人道主义、社会主义也。

现今五洲大势，澳、非两洲均受白人之钳制，亚洲大局维持之责，应任在我辈黄人。日本与中国，唇齿之邦，同种同文，对于亚东大局维持之计划，必能辅助进行。纵有些小龃龉，亦复顾全大局，不能成一问题。日本海陆强盛，称雄于世界，我中国须要数十年始能办到。假使从前无日本，则东亚前途必不可问，东亚地方得留与我辈成就革命事业，都是日本之力。中国此次革命成功，对于日本不能不感谢。日本与中国利害相关，欲保全日本利益，不得不保全东亚利益。大凡立国，必须与利害相关之国携手进行，方能进步；利害不相关之国，纵彼欲与我相亲，都不可与之亲近。从前满洲政府介在于日、俄两国之间，而与日本距离较近，尤觉可怕之狠。彼时不知道利害相关之道理，纯是远交近攻之政策，亲俄防日，以致贻今日之大患。一经亲俄，天山以西巴米尔高原一带，已非我有。延至今日，蒙古又将不见了。这就是与利害不相关的国亲的害。

我国此次革命，原来是不要人赞成的，也不受人干涉的。日本对于我国，很想首先承认的，因与各国须取一致之行动，故未发表。俄国则对于我国不肯承认，而对于库伦独立，不惜首先承认。不但自己承认，并介绍于各国。因为俄国对于我国，绝无利害相关，不过持一种侵略主义。今日亲俄坏了蒙，再要亲俄，内地十八省恐怕都不稳了。日本不然，与我国利害相关，绝无侵略东亚之野心。从历史上观察之，日本为岛国，我为陆国，绝对不相侵害。纵近年来不免有侵害之举动，亦出于万不得已，是我们最要原谅日本的。我们中日两国，最宜联合一致进行，将来能联合、能亲交与否，这种责任都在学生诸君身上。诸君在日本留学，日日与日本之讲师、学生相周旋，必能联络感情，互相亲爱。从前日本最看不起中国人，固为地位不同，今日民国成立，日本人羡慕我不暇，还能藐视我乎？故我们对于日本人之心理，亦需要变愤恨而为亲爱。今日谋巩固中华民国，须注重外交。亲日政策，外交上之最妙著，其责任当以学生诸君负之。日本人种种对于中国之误解，可以详细说明，日本之政策方针，亦次须用心研究，风土人情，亦当调查。消灭冲突，解释误会，共同谋亚东大陆之幸福，同为东亚之主人翁。

亚洲人口占全地球三分之二，今日一部分屈于欧人势力范围之下，假使中日两国协力进行，则势力膨胀，不难造成一大亚洲，恢复以前光荣之历史，令世界有和平，令人类有大同，各有平等自由之权利。世界幸福都是黄种五万万人造成的，而学生诸君是其起点。今日学生诸君，不但须担任亚东和平之责任，并要担任世界大同之责任，这是兄弟所为诸君期望的。

此晚，东京各新闻杂志通信社等联合组织之春秋会，邀请孙先生于帝国客栈开欢迎会。会长箕浦胜人氏述欢迎词，孙先生述谢辞。主客交臂欢语，尽兴而散。二十四日，大仓洋行晚餐会。二十五日午后二时，莅大隈伯爵茶话会。高田早稻田大学长以及其余诸大学名教授并官绅一百余名均陪席。此晚莅阪谷东京市长晚餐会。东京市会议员以下著名士陪席。十时，主客尽欢而散。二十六日，三菱公司午餐会。

日华实业协会茶话会。日本贸易协会晚餐会。二十七日，日本银行晚餐会。

三月一日，莅中华国民党东京支部欢迎会。副岛博士等日本著名绅士亦陪席。是日系该党支部、共和党支部、广东同乡会三团体联合大会，来集者约四千余八〔人〕。首由临时主席共和党支部副长韩开一君报告，次由胡瑛君读欢迎词，次孙先生起演说，掌声如雷。继由汪大燮、胡瑛、李作栋等相次演说。为纪念撮影而散。会场、军乐，布置极壮丽，洵空前之盛举也。二〔三〕月三日，由各团体邀请孙先生开欢迎会。四日，新任牧野外务大臣邀请孙先生于霞关官邸，开欢迎午餐会。内阁各大臣及朝野知名之士数十人陪席。

五日，孙先生离东京向横滨。新桥车站欢送者有大隈伯爵、澀泽男爵、副岛博士、犬养毅，其余著名官绅二百余人。列队者则有成城学校、同文书院、志成学校、各大学、各高等学校留学生及日华学友会员等数千人。横滨华侨代表周庆慈君至京恭迓。万岁欢呼声里，离东京向横滨。

孙中山先生离东京之际，寄退京之辞于各报曰：

> 敬启者：文等观光贵国，沿途受官民上下热诚招待，留京之日，更蒙诸贤士大夫暨各界诸君不弃菲德，宠以嘉荣，感激之诚，不可言宣。足征贵国人士爱同种同文之真诚，非特文等个人之私荣而已。返国之际，敬当举贵国人士以爱同文同种者爱敝国，兼及于文等之至意播之全国，俾两国人士共相提携，以继日华二国历史上之亲处，且所以谋东亚之幸福。此文等所敬谢贵国人士，亦所切望于贵国人士者也。谨致数语，聊表谢忱，并祝日本帝国万岁，东京市民万岁。

△于横滨孙中山先生

三月五日，孙中山先生离东京，抵横滨。中华国民党横滨支部特派周庆慈君至京恭迓。车发东京，中华国民党支部长黄伯群、干事刘寿朋、冯裕芳、黄申芛等十数人随车送至横滨。午后五时，开神奈川县市部县会、横滨市会，同经济协会、同商业会议所四团体联合欢迎会于横滨银行集会所，孙先生与随员来莅。六时半开食堂，大谷嘉兵卫氏述欢迎词，孙先生继陈答辞。至八时，三呼万岁。撤宴散会之后，孙先生再赴中华会馆欢迎晚餐会。

六日正午，孙先生莅中华国民党横滨支部欢迎会。先由支部长黄焯民君代表全体述欢迎之意，继由支部副长卢逸堂君诵欢迎词，次由孙先生演说，注重党纲党德，反复譬喻，历二时许，乃撮影宴会而散。

七日，孙先生发横滨，午前九时五十四分，乘火车往横须贺。先至镇守府面会山田司令长官，观览镇守府内各部，更巡览楠滨海军炮术学校，再至镇守府受午餐之飨。午后，参观巡洋舰"比睿"舣装工事，并大型驱逐舰"海风"、军舰"香取"等。四时五十五分，横须贺发抵国府津一宿。

△于名古屋孙中山先生

孙中山先生曩离东京，巡游横滨及横须贺等。三月八日午前九时四十分，搭乘东海铁道特别车来到名古屋车站。随员戴天仇、马君武、宋嘉树、袁华选及山田纯三郎等五氏。迎接车站者，坂本市长、奥田商业会议所会头儿玉、三井洋行支店长、商业会议所议员、各银行董事等绅商数百人。名古屋在留民国留学生数十人亦奉迎车站。孙先生下车之后，与坂本市长以下迎接诸绅握手述谢词，一行分乘自动车到名古屋客栈。少憩之后，于楼上客厅会见市内新闻记者，少时交谈。自午后一时半，拜观名古屋离宫，更观览商品陈列馆。自午后三时半，莅中华留学生欢迎会于名古屋客栈，列席学生五十余名。散会之后，自六时临席名古屋市主催欢迎会于银行集会所。名古屋市代表参列者八十余名。先由坂本市长述欢迎词，一同干杯，祝孙先生之寿。坂本市长欢迎词大要如次：

> 中华民国之将来，待孙先生之手腕者颇多，吾人为东亚和平，切祈孙大人自重自爱，特于与敝国之经济关系，就中我名古屋市之经济关系，期待先生者孔大。今夕辱蒙孙先生驾临，本市之光荣曷加之。兹表感谢之意。敬祝先生之寿。

孙先生对坂本市长欢迎词借戴天仇氏之通话陈谢词。其辞殷勤质实，其神采雄风，颇令会众感动。宴毕，主客一同抵荣町伊藤吴服店，巡览场内，更于楼上天厅观览著名歌妓所演各种舞踊。主客尽十二分之欢，至十一时散。

九日午前九时四十分，孙先生与坂本市长同乘自动车至名古屋车站，欢送之官绅异常拥挤，车站内极热闹，孙先生与欢送官绅交换诀别之辞。十时发车，万岁声里西下。

△于京都孙中山先生

孙先生一行三月九日午后二时三十七分自名古屋来到京都火车站。欢迎官绅一百余名，京都帝国大学及高等学校在学中华留学生六十余名亦奉迎车站。孙先生下车对官绅叙谢词，直驱马车抵京都客栈。自午后三时，乘自动车至西本愿寺，与大谷光瑞伯会谈。四时至京都府立图书馆，莅在京中华留学生欢迎会。理工科大学学生张怡惠氏述欢迎词，孙先生对之为训示的演说。演说毕，一同为纪念撮影。少餐之后，回京都客栈。自七时莅京都商业会议所欢迎会。孙先生于谈话室与来会者握手交欢。滨冈商业会议所会头以下议员、大学教授、实业新闻记者等六十余名列席。宴酣，滨冈会头起述欢迎词，会众一同举三宾酒之杯祝孙先生之健康。继由孙先生述感谢之意。至十一时半，主客尽欢散会。

十日午前十时二十五分，自京都车站启程向奈良。欢送车站者，官绅及学生等数百名。十一时半抵奈良郡山，临伯爵柳泽保惠氏招待会。午后三时四十分，由郡山车站发，四时半来到大阪凑町车站。

△于大阪孙中山先生

孙中山先生带同随员何天炯、马君武、宋嘉树、袁华选、戴天仇及宫崎寅造、岛田经一、山田纯三郎、菊池良一等十氏，三月十日午后四时四十分自奈良来凑町火车站。住友男爵、肝付市长、商业会议所议员、府市会议员，其余著名官绅迎接车站者数百人。孙先生下车之后，对官绅叙寒暄，更与肝付市长同乘自动车至中岛大阪客栈休息。此日晚间六时，大阪官绅招请中山先生一行，开大阪市欢迎会于大阪客栈，来会者数百人。大阪市长肝付男爵代表提倡者朗读欢迎词，一同干杯，祝孙先生一行之健康。继由孙先生述谢词，缕缕数万言，费一时间，最见热心，披沥肺肝。在会日人为之感动。兹将孙先生演说摘录其大要如左（原文竖排）：

今晚辱蒙诸公之盛意宠招，莫任感佩。今次鄙人东渡，自长崎至东京，淹留数旬，此间不分昼夜，蒙官民上下之欢待，五内铭刻。倘欧、美人目睹今日之光景，决不能分别孰为日人、孰为中人也。鄙人前年游历欧、美各国，彼国人常目鄙人为日人，且吾国人亦屡误认鄙人为日人。盖我两国人本出同种同根，决无相异之理也。况鄙人久住贵国，前后往来者二十余年，实以日本为第二之故园也。故今与诸公在一堂之下，如是交膝款谈，诚有一家同胞团圞之思。故鄙人今夕演说亦如我一家中之言，亦无些客气。愿诸公谅之。

方今立国东洋者，唯有日本与中国而已。然而维持东亚和平之实力者，惟日本为然。盖日本于四十年前早已著维新之曙光，文明风物逐日改进，四十余年间之进步发展，遂致升世界强国之地位。东亚和平之局，实为日本帝国所支持。若不幸于四十年前西力之东渐，有如今日乎？我东亚各国，非黄种之有也。敝国自古以守旧有名，去岁革命一举，遂碎破数千年之旧习而肇造民国。惟维新伊始，国步颇艰，令外人视今日敝国之情态为危险最可忧，亦属不得已之势。鄙人往年游欧美之时，彼国人士咸谓：支那而实行革命，必至启列国干涉之端，或陷分割之运命，故劝鄙人以中止前图。鄙人不肯听此忠言，断然从事革命者，实依赖日本之强兵与信义也。自谓虽实行革命，决无为列国瓜分之虞，亦必邀日本之厚意的援助，造就维新事业莫疑也。是以专心企图改革，幸而得达当初之目的。今日我中国仅造就革命，只将来欲赖日本之热诚援助之力，以济有终之美而已。鄙人此次游历贵国各地，受贵国朝野之欢迎，光荣曷胜。今夕亦际会绝好机会，得吐露微衷，惟冀自今而后，益提携共同防御欧西列强之侵略，令我东洋为东洋人之东洋，则岂不愉快哉！鄙人流寓东西各国者多年，而来往日本则实至十数次之多，最蒙贵国人士之垂青，领教匪浅。则贵国，鄙人第二之乡国，而贵国人士，则为我师兄也。敝国改革伊始，一切须待贵国之援助莫论也。本日来会之诸公，皆为维持亚东之幸福，热心尽瘁，众目俱观，不必多赘。兹代表中华民国国民，谨致诚表谢悃之意，敬祝大阪商工业诸君之发展。

云云。孙先山演说毕，至午后九时半，主客尽欢退散。

十一日午前十时出旅馆，视察中村紧身布工场，坂本大阪市商工课长带道。正午，茬纺绩联合会欢迎会于堺卯楼。会员总代谷口房藏氏述欢迎词，孙先生陈谢词。午后二时，散会之后，抵三轩家町大阪纺绩会社及大阪每日新闻社视察作业状态。午后四时，至土佐堀青年会馆，依会员之恳求为演说。五时，回旅馆。六时，临席大阪经济会招待会于大阪客栈。会员二百余名。先自中桥德五郎氏述欢迎词，继由孙先生陈答辞，主客谈笑数刻，至十时，尽欢散会。

十二日，午前十一时驱自动车出旅馆，先赴炮兵工厂访问提理村冈少将，视察厂内。正午十二时，临席肝付大阪市长主催欢迎午餐会。午后二时，至筑港考察大阪筑港将来之计划。午后四时，茬大阪高等医学校欢迎会，对学生为激励之演说。午后六时，赴中华民国商务总会晚餐会。自午后九时，临席实业家联合欢迎会于天王寺森下博药房主别邸，十一时回旅馆。

十三日，午前十时出旅馆，搭乘阪神电车，向神户出发。此日大阪官绅奉送车站者约一千余人。万岁声里，装花电车载伟人西走。

△于神户孙中山先生

大正二年三月十三日午前十一时，孙中山先生来到神户。此日，春风和暖，天气晴朗，日本官绅及华侨商学两界之欢迎队约数千人，衣冠楚楚，齐集泷道电车站鹄候。至时遥闻炮声轰然，众知已其〔甚〕近，于是各肃静整列。旋见装花电车飘扬日华两国国旗缓抵西站。万岁之声撼动天地。孙先生下车，随员王领事介绍先生于日本官绅，继由华侨迎接员杨寿彭请先生登自动车，同文学校生徒一百余人武装排列车傍，行捧铳礼。自动车向南徐行，到欧里因多客栈。

同日午后二时，华侨全体在中华会馆开欢迎会。男妇老幼约一千五百人，途为之塞。二时十五分，孙先生登场，学生列队鸣铳致敬。会场秩序，先由马君聘三述开会辞，继由吴君作镆读欢迎词，继由孙

先生演说。略谓：

今天蒙神户在留男女老少诸同胞开欢迎会，兄弟心里最欢喜、最感激。此次汉族光复，系由祖宗手失落，而我同胞万众一心，居然将丧失之河山恢复。何幸如之！但诸君须知，我同胞从前与现在之地位不同。从前之天下，系满洲一家之天下，汉人受满人专制压制，我同胞为奴隶、为亡国民二百六十余年。今日之国家，为我四万万五族公共之国家，我四万万人成了中华民国之主人。在主人之地位与奴隶之地位不同，故全国人对于此次光复，非常欢喜，非常希望。且将来子子孙孙永享主人幸福。但我中华民国成立不过第二年，改革虽已成功，惟建设尚在幼稚，我四万万同胞应同心同德，力图建设，以谋富强。但建设虽不比破坏之难，无大危险，无大牺牲，然当此新破坏以后，我四万万人尚在艰难困苦之中，必俟建设完全，方能安享幸福。譬之建屋，旧屋不好，必须推倒旧屋，一面扫除，再谋新筑，但新屋未成，我同胞仍是在困苦地位，尚非谋安乐之时。待至新屋成功，方可以共享幸福。故此幸福二字，断不能与建设二字同日语。大家总以为改革之后，即能享辛〔幸〕福，万无此理！凡事由渐而来。现在中华民国如生子，新出生一男儿，举家欣庆，以为将来莫大之幸福、莫大之希望。须知望子孙成人，必要培养他、教育他，使他建功立业，报答父母。现在造成之民国，亦比如初生之子，正须塔〔培〕养，方能成人，方有基础可以成才，可以享幸福。故今日我中华民国成立，本来最欢喜之事，但欢喜之中切不可忌〔忘〕了，我等现尚在艰难困苦之地位。但是一般不明白的人，以为从前革命成功即马上能享幸福，现在幸福未至，且内地有乱过之地方，人民谋生比从前稍难。故不明白之人以为现在共和政体不及从前专制政体之善，因满清时代尚不至于此。此种不明白的人，内地尚属不少，此不过无国家思想之言，志〔忘〕记了从前奴隶人格。即从人格而论，现在我四万万人恢复了主人地位之人格，便可以算幸福矣。昔日美国有一种作白人之奴〔隶〕者，此种生长南美洲之黑人，可以叫他为黑奴，任白人鞭策，不识不知，反作白人之奴隶为荣，非常安乐，非常幸福。后来"南北战争"，有一美国人救他，把他等放了，此何人乎？即美国之大人物、最尊重人道之林肯也。在黑奴，本来与禽兽无异，不知人道之可贵，只知佣工有衣有食，以为无限幸福，一〔旦〕林肯将他等释放，反以为林肯害了他等之生路，怨声载道。今日之中华民国成立，一般无知无识人，以为乱过之内地，农夫不能耕种，工人不能作工，反不及从前之优游快乐。比〔此〕种人与黑奴之心理同出一辙。不过此种人在中国是个少数，大约也不知人格可贵之缘故耳。后来黑人也知林肯是英雄，当时所以不知此理，不知此地位之可贵者，不过从前见织〔识〕卑陋之原故。总而言之，今日艰难之建设，为最高之代价，可以买将来之安乐，为子孙谋幸福。无识者虽然反对，有识者自然欢喜，俟三五年后自然知道今日之价值矣。所望我同胞同心协力，共谋民国巩固，以图异日之幸福。现在我国外交非常危险，内政非常紊乱，现在中华民国之国民，要知政府是为人民造幸福的。从前专制政体权在独夫，今日共和政体权在国民，我中华国谋完全建设之方法，全赖我四万万同胞组成一个完全国家。故我等民权愈大，而责任亦随之而愈重。俄〔我〕同胞若自己放弃责任，不担国事，则民国是造不成功矣。故为国家前途计，惟有人人应负之责任，则国家自然能达富强之目的。此间商人最多，可否以商比国，譬如商人中有两种：一种是东家之生意，一种是公司之生意。我等从前是东家生意，所获利益全归东家独享，现在民国是公司生意，我等人人皆是股东，司事人就是如今之大总统、各部总长、国务员等，就是一切办事人员，都系我股东之公仆。今我四万万人作了主人之地位，应有主人之人格、主人之思想、主人之度量，方能堪公司之发达、公司之幸福。从前为满清奴隶，今日为民国，中华民国就是国民之生命财产。民国之衰弱，即国民之衰弱，民国之富强，即国民之富强。人人皆知爱身爱家，即我华侨无论在日本、南洋、欧美、澳洲，受千辛万苦，离乡远航，艰险备尝，恬不自顾，何为乎爱身爱家耳？若我四万万人以爱家之思想、之能力合而爱国，则我国之富强，对内外可以在地球上占第一强国。现在改革之初，人多不知此种道理，实因习惯成自然。若不爱国，何有于家？故人人应担一分责任，或尽大力量，或尽小力量，先知先觉，以引导后知后觉。不必专依赖政府，须知政府之责任，即我之责任也。今日财政外交如此困难，人人都依赖政府，其实外交之棘手，系因条约之困难，是外债而已。我国财政所拮据者，不过二万五千万元，以中国四万万人每人负担一元，即得四万万元，本来不须借外债，但须人人能尽应尽之义务，负担此种责任耳。不担义务而能享权利幸福，世无此理也！人人存爱国心，何事不成？今日蒙诸君欢迎，特将此理与诸君说知。今日与从前之地位不同，我国之能否富强，实系乎我同胞之能否负国民之责任耳。当此艰难困苦之时，愿诸同胞努力为国，以图将来幸福，是兄弟之所希望于诸同胞者也。

演说已毕，万岁之声雷动。更赴茶会，为纪念撮影而散。时午后三时。洵自中华会馆开幕以来未曾有之盛举云。

孙先生辞中华会馆之后，旋到基督教青年会馆欢迎会。会集逾千人，森田青年会董事述欢迎词，继由孙先生陈谢词，并所希望之意见。四时五分，万岁声里辞馆，驱自动车赴中华国民党交通部欢迎会。先由副部长杨寿彭述开会之词，次由正部长吴作镆读欢迎词，继由孙先生登坛演说，约半钟时。演说毕，各员举杯三祝万岁而散。孙先生抵旅馆少憩。

六时半，孙先生复赴中华会馆华侨欢迎宴会。会馆门前悬二花圈，曰"尊崇人道"，曰"拓展民权"。七时，主客就席开宴。会众四百余人，日本官绅陪席者数十人。酒三行，王敬祥朗读欢迎文，戴天仇氏代孙先生陈述谢词。至九时，主客尽欢而散。

三月十四日，午前十时，孙先生带同属员驱自动车赴中山手通三丁目同文学校。少时休息之后，于楼上讲堂对学生为训示的演说。演说毕，为纪念撮影。午前十一时辞去。再驱自动车抵川崎造船所。盖孙先生为考察造船事业起见者。副社长川崎芳太郎、四本营业部长等迎接延客厅。先由副社长赠呈该厂建造船舰及兵库分工厂制造各品之写真帖二册之后，川崎副社长先导，自楼上造船图室顺次视察厂内工作部作业之状态，就中对于现在建造中之兵舰"榛名"（二万八千吨）、邮船"鹿岛"（一万一千吨）及水雷艇等，孙先生最热心，凝视其构造，且亲观有威力各种制船机及工人动作之敏活，感叹如不能措者。各部巡视毕，再入客厅，举三宾之杯，川崎副社长述欢迎词曰：

> 孙文先生阁下本日特厚蒙驾临敝社，洵为敝社光荣，而从业者一万二千余人所欣佩不措也。敝社与贵国有关系为日匪浅，屡荷蒙眷顾，制造贵国舰艇者不鲜，且最近既了炮舰"永翔号"之受授，又江西铁路客车亦实系敝社所制造。将来敝国与贵国益加亲善，敝社与贵国之关系因此更加一段之亲密，不胜切祷之至也。兹敬祝贵国之万岁。并颂祷阁下之健康。

川崎副社长颂词毕，由孙先生述谢词曰：

> 本日始视察贵厂，惊叹其规模之宏大与进步之显著，今日于我东洋得目睹斯业之发展，诚为余辈所欣喜不能措也。庶几将来社运益隆昌，为东洋平和又有事之际，均寄与多大之贡献。是为至祷。

云云。孙先生谢词毕，再举三宾之杯，万岁声里辞去造船厂，旋向舞子吴锦堂邸。时午后一时，随从者王守善、王敬祥、何天炯、马君武、戴天仇、马子衡、鄘〔郑〕祝三、马聘三、宋嘉树、李文权等十七人。一时四十分抵舞子，临吴锦堂欢迎午餐会，由吴君呈欢迎祝词如左（原文竖排）：

> 中华民国第一任大总统孙中山先生偕同志诸公，繁戟遥望，作谟〔镆〕代表神户全体华侨特开欢迎大会于中华会馆，复蒙枉驾惠顾，谨就舞子敝庐拥笔洗盏，敬晋一觞，并贡数言为寿。伏承先生与诸志士千辛万苦，以铁血造成民国，去四千余年专制之锢蔽，一且〔旦〕创肇共和，以天下为大公，功成退位，赠勋不居，其高风不翅古之尧舜。吾祖国四万万之同胞敢不钦感！先生云天之盛德，流芳万世，今逄硕郅治，达共和之真际，进世界于大同，懿欤休哉！请以是言为左券，虔摅景臆，仰祈伟鉴。吴作镆谨祝。

宴毕，为纪念摄影。四时八分，发舞子，回神户旅馆少憩。六时，更临神户市主催欢迎会于常盘花园。当夜，正宾孙文先生并何天炯、马君武、袁华选、宋嘉树、戴天仇外数氏，副宾中日两国官绅及新闻记者等十余名，主倡鹿岛神户市长、武藤山治、泷川辨三、川崎芳太郎以下八十余名列席。酒三行，鹿岛市长代表提倡者演述欢迎主旨，赠呈银制大花瓶。孙先生述谢词。中检柳原等校书斡旋杯盘之间。至八时半，主客尽欢退散。孙先生归途访中山手四丁目三上丰夷氏叙旧谊，闲谈数刻。十时二十分，更驱自动车抵神户车站，欢送者中日两国官绅数百人。车站内人山人海，异常热闹。十时五十七分，万岁声里向广岛发程。

△于山阳及九州孙中山先生

三月十四〔五〕日，孙中山先生抵广岛。观察吴海军工厂。十五日抵宫岛一宿。十六日午前五时五十分抵下关，少憩山阳客栈。此间沿途官绅迎送，不异东海各地。午后由安川敬一郎氏带道，往户畑视明治专门学校，依校主之恳请，对学生为一场之演说。十七日午前抵八幡，观察制铁厂。十八日抵福冈，先参诣玄洋社坟地，展旧友之墓。更视察九州大学，应学生之需为演说。十九日抵熊本，二十一日午后归来长崎，莅中华领事馆晚餐会。二十二日午前，莅基督教青年会主催欢迎会。演说之后抵福建会馆，莅长崎在留华商全体欢迎午餐会。午后四时，莅长崎市长欢迎会于凤鸣馆，孙先生偕同随员赴会。晚再莅医学校、高等商业学校等留学生招待会，对学生为训示演说。二十三日午后五时，搭乘"天洋丸"向上海启程。全埠官绅并华侨咸集恭送。

孙先生返国之后，寄书于本邦各报馆，谢先生淹留中由我各界所受之厚意。略谓：

敬启者：文等此次观光贵国，备受各界热诚欢迎，足证月〔明〕贵国人士确系以爱同文同种之国为心，以保全亚洲为务，凡我亚洲人士无不应馨香崇拜，并期极力实行，以副贵国人士之望。文等当尽全力以贵国人士好意布诸国民。俾两国日增亲密，匪特两国之幸，实世界平和之幸也。专此肃函。敬谢招待之厚意。并祝前途幸福。

孙文先生此次来游我邦，淹留数旬，此间历访东西各都市，考察各界情势，殆无宁晷。惟中山先生不独为中华民国四万万国民所钦仰而已，实为世界之伟人也。我官民披沥热诚欢迎先生，以尽邻谊之至情。吾曹目睹此盛状，不胜额手庆贺之至。东西一辙，由是益开，彼此辑协，由是愈固。可以证明，日华两国亲交，更加一层之敦睦也。我《日华新报》创办以来十载于兹，专以资两国之国交，兼为两国商务场中之管键为任，幸荷蒙江湖之眷爱，社务日益旺盛，曷胜感激。兹值中山先生来朝，为纪念其壮观起见，发行是书，盖野人献芹之微意耳。至于《纪略》一篇，唯不过记先生应酬之一端，其文拙劣，何以足渎大雅之清鉴乎？然事孔急，一纸脱稿，直附刷印，不暇推敲。是以文意不彻底者必有之，言辞不逊者必有之，观者请谅察吾人之微衷，以文辞不妥当，勿咎其意，即幸甚。

大正二年五月

《日华新报》社长品川仁三郎　　　同
同　　　　编纂部主任西岛函南　　启

卷　三

东京、京都、神户讲记

1983 年 11 月 3 日至 1984 年 5 月 2 日，应日本国际交流基金会的邀请，到东京大学社会科学研究所讲学和研究。原定讲题是《戊戌变法和康有为》《辛亥革命和章太炎》及《中国近代史研究近况》。到了日本，除在东京大学按原计划讲上述专题外，又在日本辛亥革命研究会、中国研究所作过报告。京都大学人文科学研究所名誉教授岛田虔次先生、狭间直树教授和文学部的日原利国教授邀我讲经学，从而由大阪而京都，讲《近代经学的特点》《史料的鉴别和整理》。接着，遵神户孙文研究会负责人山口一郎教授、神户华侨总会陈德仁会长之嘱，讲了《章太炎和孙中山赘论》。此外，又在东京大学文学部讲了几篇《訄书》。

报告前，我都写好讲稿，事先印发，以便提问，报告一般连同翻译一小时以内，仅述要点；其余两小时则为讨论、解答。时间安排是：

1983 年 11 月 26 日 《戊戌变法和康有为》 东京大学社会科学研究所

12 月 3 日 《辛亥革命和章太炎》 东京大学社会科学研究所

12 月 8 日 《中国近代史研究近况》 东京日本学士会馆

1984 年 1 月 21 日 《辛亥革命和章太炎》 日本辛亥革命研究会日本女子大学

2 月 25 日 《中国近代史研究近况》 东京中国研究所

3 月 9 日 《史料的鉴别和整理》 京都大学人文科学研究所

3 月 11 日 《近代经学的特点》 京都大学乐友会馆

3 月 16 日 《章太炎和孙中山赘论》 神户孙文研究会

3 月 26 日 《中国近代史研究近况》 东京大学教养学部

4 月 14 日 《史料的收集、鉴别和整理》 东京大学社会科学研

究所

在东京大学讲《訄书》四次，除概述《訄书》版本、内容外，讲解了《儒墨》和《清儒》。时间安排是：

1983 年 12 月 17 日　　　《訄书》版本种种

1984 年 1 月 17 日　　　《訄书·儒墨》

1984 年 2 月 4 日　　　《訄书·清儒》

1984 年 2 月 18 日　　　《訄书·清儒》

今按报告专题，侧重记述讨论、解答情况；讲稿则另行录附，兹不赘。至于讲述《訄书》，也事先译成白话，酌注典故，复印分发，因多涉文字训诂，讲稿和译文，也不另附。

一、戊戌变法和康有为

1983 年 11 月 26 日，下午二时，在东京大学社会科学研究所讲《戊戌变法和康有为》，东京大学近藤邦康教授主持，坂元弘子女士通译，到会者有：

姓　名	工 作 单 位（职称）	研 究 范 围
阿川修三	群马高专讲师	章太炎、《台湾日日新报》之发现者
伊东昭雄	横滨市大学教授	中国近代思想史
小岛晋治	东京大学教养学部教授	中国近代史、太平天国
佐伯有一	东京大学名誉教授、御茶水女子大学教授	中国近代史、明清经济史
杉山文彦	东海大学教授	中国近代思想史
高田淳	学习院大学教授	中国近代思想史、康有为、章太炎、李大钊、鲁迅
木山英雄	一桥大学社会学部教授	中国文学、鲁迅、周作人
丸山松幸	东京大学教养学部教授	中国近代思想史、李大钊
户川芳郎	东京大学文学部教授	中国经济学史、汉魏经学

续表

姓 名	工 作 单 位（职称）	研 究 范 围
大沼正博		当代文学
绪方彰	东京大学博士研究生	中国近代思想史、章太炎
尾山兼英	东京大学东洋文化研究所	中国文学（白话小说史）
岸本美绪	御茶水女子大学	清代政治思想史
泷泽诚		近代社会思想史
冢本元	东京大学法学院助手	中国近代政治史
原岛春雄	学习院大学	中国近代思想史、章太炎、孙中山
藤井友子	东京大学大学院文学部	中国近代史、张之洞
木间次彦	东京大学大学院文学部	中国思想史、王夫之
村田忠禧	东京大学文学部博士研究生	中国现代思想史、毛泽东
毛里和子	国际问题研究所研究员	中国现代史、中国共产党
渡边浩	东京大学法学部	日本政治思想史、日本儒学
孙玉石	东京大学文学部客座教师（原北京大学中文系副教授）	中国现代文学
近藤邦康	东京大学社会科学所教授	中国近代思想史、章太炎、李大钊
坂元弘子	东京大学大学院文学部	中国近代思想史、谭嗣同

另有若干迟到者，未及询问姓氏。

首由近藤邦康教授介绍，略谓：为了开展国际学术交流，经国际学术交流基金会邀请，汤志钧教授来日本讲学、研究六个月，汤的经历和著作，已见另表。汤一贯抱着实事求是的学风，有着深远见识、踏实作风，在中国经学史和中国近代思想史方面有卓越成就。我们从五十年代起，就读到他的著作，今天和大家见面，表示欢迎。

继由我做报告，略谓：1983 年是戊戌变法与康有为研究最为活跃的一年，对 11 月的广州会议稍作介绍。指出目前对戊戌变法的性质有三种不同意见，一为未成熟的资产阶级革命，二为政治改良运动，三为资产阶级改良主义运动。国内有人提出，探讨它的性质，应从三方面来考虑：一为中国近代社会的性质，二为康、梁改良派的变法目的和内容，三为运动领导者的阶级属性。并谓，革命指暴力革命、社会革命，康、梁不赞成革命，要求改封建的中国为资本主义的中国。而采取的则是自上而下的方式，在理论上是"托古改制"，在组织形式上是团结地主阶级出身的官僚及其知识分子，对封建土地所有制也不敢触及，性质是资产阶级改良主义。但在半殖民地半封建的中国，资产阶级刚刚登上政治舞台，有其进步意义。

接着，谈对康、梁的评价要实事求是。并谓康有为早年治《周礼》，崇周公。1888年上书不达，受廖平启示后再转治今文，但他和廖平不同，康有为是利用今文昌言改制变法，廖则着重与古文争孔子真传。

报告毕，解答提问：

近藤邦康：1958年，戊戌变法六十周年时，范文澜提出戊戌维新是具有进步意义的改良主义运动。如今中国搞现代化，引进资本主义国家先进技术，在学术上是否要重新估价资产阶级的积极方面？

汤的两篇论文，都是重点讲经学与近代思想，康有为、章太炎也涉及经学中的今古文问题。汤就这个角度，作为线索探讨，请简单介绍自己的治学经历。

答：我过去同意范文澜先生戊戌变法是资产阶级改良主义运动的看法，在《学术月刊》上也有专文论列，迄今没有改变。

我国正进行现代化建设，对中国近代史上一些问题是要足够重视和实事求是地分析的。过去我们对资产阶级的积极面也曾注意，毛泽东就说康有为是"先进的中国人"。对西方资本主义国家的先进科学技术也是注意的，但我们不是照搬，也不是全部接受。

我是江苏常州人，常州是清代今文学派的发源地，母亲即姓庄。我过去受吕思勉教授的影响，吕先生自称，少年时受康、梁影响。后来我开始注释刘师培的《经学教科书》第一册（《经学历史》），此书原为国学保存会本，后收入《刘申叔先生遗书》。它是站在古文经学派的立场写成的，而周予同教授注释的皮锡瑞《经学历史》则是站在今文经学派的立场写成的。又读了章太炎的《检论·清儒》，逐步由今文转治古文，感到古文学风严谨，比较"实事求是"，从而读《说文解字》，作笺注，但对《清儒》中"太湖之滨，苏、常、松江、太仓诸邑，其民佚丽。自晚明以来，憙为文辞比兴，饮食会同，以博依相问难，故好浏览而无纪纲，其流风遍江之南北"，并不赞成，可能因为我是常州人的缘故。但章太炎晚年也定居苏州，到"太湖之滨"了。

户川芳郎：现在中国对经学中今古文学派的学术继承问题如何考虑？特别对年轻人如何培养？

答：北京中国社会科学院历史研究所杨向奎教授写有经学方面的论文，我过去招的研究生，专题是清代经学，已毕业，很有前途。1959 到 1962 年，周予同教授和我在复旦大学开过中国经学史的选修课。总的来看，研究的人较少，今后准备继续招研究生。

高田淳：汤的研究和著作，从戊戌过渡到辛亥，由改良到革命，是在什么情况和影响下这样的？是否和"文化大革命"有关？是否由于"文化大革命"，研究改良的戊戌变法不方便，从而研究辛亥革命的？

康有为起先主张君主立宪，辛亥后主张"虚君共和"，应该如何看待？究竟他接受了"西方"没有？

康有为重视《周礼》，诚如汤文所说，不能说是古文经学派；后来转治今文，也不能说是今文经学派，如何从本质上全面解释其思想？

答：我的研究，由戊戌而辛亥，和"文革"无关，尽管我写的辛亥方面文章发表较晚，但《章太炎政论选集》早在 1961 年就编好了。至于由戊戌到辛亥的研究动机：

一是研究专史，就要向上、下延伸，探讨戊戌，自然连到辛亥。

二是研究中国近代思想史，和经学的关系很大，康有为、章太炎刚好一今一古。要探索近代经学的演变及其与社会的关系，必延伸到辛亥以至"五四"。

康有为主张君主立宪，后来又主张"虚君共和"，思想上实际是一脉相承的，即采取自上而下的改良，反对由下而上的革命。所以光绪死后拥载沣，辛亥后又主"虚君"，说明他思想上封建性很浓。但是，时代发展了，社会前进了，旧的沉渣不断浮起，就由不适应到落后以至反对了。

康有为初治古文，后攻今文，是利用经学的形式，为其政治目的服务。中国传统经学，对知识分子桎梏很深，只有透过现象，才能正确剖析。

丸山松幸：康有为学习西方，"利用"今文经学，说是"利用"，似乎不好，因为康有为是衷心主张"孔子改制"的。

答：康有为学习西方，但中国封建社会漫长，儒家传统思想影响很深，要吸引知识分子对变法维新的信任，在理论上即"利用"今文"变"的哲学，借用孔子"托古改制"。所以要分析康有为的思想，不能只看他"学术"的一面，首先要考虑他是政治家。

丸山松幸："利用"是作为工具，康有为自己思想上信仰孔子，不管是封建的孔子，还是资产阶级的孔子，均有其共同点。康有为是衷心信仰的，说是"利用"，即和"信仰"矛盾。以后康有为反对革命，没有民主革命思想，即因他思想核心中有孔子思想。

康有为信仰孔子，和其他知识分子不同，他是信仰孔教的。

答：康有为信仰孔子，不等于他是孔子真正信徒，而是想使信奉孔子的人，尊崇他改扮了的孔子之神。只要看，强学会初设，他到南京谒见张之洞，张即劝以"勿言孔子改制"。而他却在《强学报》上，以"孔子卒后二千三百七十三年"纪年，以之与"光绪二十一年"并列，以致张之洞阅后，大为不满，嘱"此报不刊，此会不办"。可知戊戌时"孔子改制"之事，不是单纯学术争论，思想斗争，而是一场政治斗争。

至于康有为信仰孔教问题，他在戊戌时主张"立孔子教"，辛亥后设孔教会，但政治上变化了，孔教也变化了，前者是资产阶级化，而后者倒退为封建了。

绪方彰：康有为遇到廖平，思想转变，由古文到今文，是否还有古文影响？是否还保留一部分？

说皮锡瑞植根封建，请问有什么资料？

答：康有为转治今文后，据他《自编年谱》，"光绪十四年"（1888年）："发古文经之伪，明今学之正。""光绪十六年"（1890年）："是岁既与世绝，专意著述，著《毛诗伪证》《周礼伪证》《说文伪证》《尔雅伪证》。"攻击古文经学，把他自己过去"专攻何劭公（休）"之书也烧掉了。还说："圣经已为刘秀（歆）篡，政家并受李斯殃。"写了《新学伪经考》，反对古文，以扫除封建绊脚石了。

皮锡瑞的植根封建，可参考《皮锡瑞日记》，和他在南学会的十二次讲演。

藤井友子：戊戌时期，湖南谭嗣同、唐才常的民权思想，有没有受到康、梁的影响？（按：她以为谭、唐受明末清初思想家的影响。）

答：谭嗣同、唐才常是受到康、梁的影响的。只要看谭嗣同给欧阳中鹄的信中说："传耶稣教则保之，传孔子教则封禁之，自虐其人以供外人鱼肉，中国人士何其驯也？"又想成立"湖南强学会"。1896 年，谭嗣同和梁启超相识后，又谓："一切微言大义，竟与嗣同冥想者，十同八九。"以之为"肇开生面"。

唐才常在 1896 年撰《春秋三传宗派异同考》，分析《公羊》《穀梁》和《左传》三传异同。旋在《湘学报》刊发《各国政教公理通论》，等到辑入《觉颠冥斋内言》时，增加了"厄于刘歆"诸语，可知受康有为影响。

又，梁启超在湖南时务学堂讲学，对谭、唐也有影响。

杉山文彦：康有为在戊戌时提倡资本主义文化，辛亥后又恋栈封建，对康有为这种"共同点""社会相"如何分析？一方面要实事求是，一方面在概念上如何理解？康有为的"两端"很明显，中间不明显，如何理解？

答：中国近代历史发展迅速，时代在前进，一个人的思想跟不上形势，旧的抬头了，就容易导致逆转。康有为思想原有封建性，所以维新运动也只是改良主义。后来社会向前了，康有为越来越不习惯，"不忍"了，"国粹"了，对新形势、新事物格格不入，由落后而堕落了。康有为的"社会相"，要"入世界观众苦"，后来却依恋旧的，皇帝也有"苦"了。他的"两端明显"，"中间"即其思想演变过渡，也是明显的，即逐步"由好变坏"，不是一下子落后的。

总之，我们对"社会相"理解是：一个人的活动不能脱离社会，要根据社会发展、历史规律，把个人的活动放到时代中去分析，不能孤立地由人物论人物；同时，也不能只看前面进步，忘去后来落后；也不能以后来的落后否定他过去的劳迹，要在充分占有资料的基础上具体分析。

渡边浩：中国对于日本研究中国近代史的情况有否报道？

答：有。中国有不定期刊物《国外近代史研究》，登录日本学者的文章。最近，中南地区辛亥革命研究会出版《辛亥革命研究动态》，对日本学者的研究也有介绍。

会后，在文京区本乡，东京大学对门"红灯笼酒家"酒聚，到有佐伯有一、近藤邦康、坂元弘子、岸本美绪、藤井友子、村田忠禧、阿川修三、泷泽诚、孙玉石、木间次彦、冢本元等。

二、辛亥革命和章太炎

东京大学社会科学研究所主办之讲习会，第二讲为 1983 年 12 月 3 日下午二时至五时。讲题为《辛亥革命与章太炎》。到会者有：

姓　名	工　作　单　位(职称)	研　究　范　围
阿川修三	群马高专	
伊东高雄	横滨市立大学教授	
大里浩秋	东京大学大学院	陶成章
绪方彰		
小熊光子	津田塾大学大学院	中国近代思想史、梁启超
小仓芳彦	学习院大学教授	中国古代史、《左传》
木山英雄	一桥大学教授	
坂元弘子	东京大学大学院文学部	
佐藤一树		辛亥革命、五四运动
佐藤丰		中国近代思想史、《国粹学报》、章太炎、刘师培
高田淳	学习院大学教授	
泷泽诚		
冢本元	东京大学法学部	
户川芳郎	东京大学大学院文学部教授	
野村浩一	立教大学教授	中国政治思想史、康有为、毛泽东
原岛春雄	学习院大学	
藤井友子	东京大学大学院文学部博士研究生	

续表

姓　名	工　作　单　位（职称）	研　究　范　围
木间次彦		
丸川松幸	东京大学教养学部教授	
村田忠禧	东京大学大学院文学部	
渡边浩	东京大学大学院法学部	
Kanko Laitinen		中国近代思想史、章太炎

又，小岛晋治教授因有会议，东京大学东洋文化研究所滨下武志助教授则去香港，毛里和子研究员、冈山大学石田米子助教授也另有会议，先后电话请假，甚为慎重。

会议由东京大学近藤邦康教授主持，坂元弘子女士翻译。报告和翻译共近一个小时。

报告除简介对辛亥革命性质和章太炎阶级属性的各种观点。主要讲两个问题：

一是章太炎和儒家经学的关系。章太炎是俞樾的学生，是继承古文经学的治学方法的。但在甲午战后，康有为利用今文宣传变法维新时，章太炎却一度援用今文。这是因为"救亡图存"，代表当时中国社会发展趋势，是从政治上着眼的，甚至"政变"后他对康、梁还表示同情。

章太炎思想的变化，是在义和团运动以后，在1900年7月的上海"国会"上"割辫与绝"的，这是反清的标志。此后，在孙中山的启发下，从事革命，对今文"三世""三统"说加以批判，对今文家以孔子为"神明圣王"也示反对。认为孔子是"史家宗主"，自己也准备写《中国通史》，以"发明社会政治进化衰微之原理"。"苏报案"发生后，用古文经学的治学方法对"维新"名义驳斥。出狱主持《民报》，进一步发挥顾炎武经学思想史的实践内容，宣传民族主义，为资产阶级革命服务。

二是章太炎在辛亥革命时的作用。指出其作用主要在宣传反清、鼓吹革命方面，对知识分子影响更深。

戊戌政变后，知识分子对康、梁存有幻想，康有为"力主立宪以摧革命之萌芽"，《驳康有为论革命书》打击了改良主义，后来他又以古文反对今文。

章太炎之所以要用传统经学进行斗争，是由于经学是中国封建文化的主体，对半殖民地半封建社会的中国仍然影响很深。康有为以今文宣传改良，章太炎也用古文经学与之对抗，为"秀才造反"制造舆论，他是"有学问的革命家"，其作用为一般人所不能代替。

章太炎在辛亥革命时的作用不能和孙中山相比，但也不能说他和同盟会闹矛盾就是"脱离革命"，他在辛亥时期，还是起进步作用的。

近藤邦康：汤先生两次报告，重点都在经学，谈了康有为与今文经学、章太炎与古文经学的关系，我个人感到很有兴趣，受到启发，我的印象是如此。汤先生根据丰富的资料，对经学史有深刻认识，能将其中内在联系展开线索，水平很高。汤先生对章太炎的评价较高，是合理的，也有说服力。

上次讲习会，日本人发言的时间较少，今天请大家提更多的印象、感想和问题。

从上次到今天的报告，我提一些问题：

一是对康有为、章太炎的评价。讲稿说"透过经学外衣，才能找出它的实质"，不能理解。

康有为强调"大同"，颂扬"圣人"；章太炎《客帝》讲满汉矛盾，以孔子为"古良史"，有"齐物"思想。这可能是在方法论上从这两方面考虑的。

我对康、章的评价，基本上和汤先生相接近，对章太炎的评价也高，但研究的角度和方法不同。

上次，丸山松幸先生对康有为的经学思想内容提出问题。汤先生说，"使用古人的语言，演出历史的新场面"，"透过外衣，找实质"。不把康有为放在经学上，而把经学史服务于思想史，认为康有为是面临民族危机，为了救亡，研究今文经学。基本态度我是同意的。但对"语言""外衣"等提法不同意，他不仅是"语言""外衣"，而是内在信仰。

汤先生指出今文有"变"的哲学，章太炎发挥了顾炎武古文经学中的"经世"含义，不知有否例证？

康有为改良思想形成时，作《礼运注》，认为可由"小康"到"大同"，这不是人的自由意志，而由"圣人"关怀。《孔子改制考》以孔子为神明圣王，绝对化了，但康有为适应当时情况，把"圣人"关怀人民的旧结构保存下去，作为变法维新的理论。

章太炎写了《客帝》，后又"匡谬"，以孔子为"支那共主"，走向民族革命。他为了反抗压迫，讲"国粹""宗教"，主体是唤起汉民族意识。

康有为思想上讲今文，救亡则是主题。

二是《大同书》问题。1955 年到 1959 年，汤先生和李泽厚先生有过一场论争。汤先生谈到改良、革命问题，这很重要。但不知汤先生对《礼运注》中的大同思想看法如何？康有为的"大同"，继承中国旧传统较多，和主要吸收西方"大同"说者不同。谭嗣同、孙中山、李大钊都讲"大同"，但含义不同。

章太炎有《齐物论释》，在政治上反对康有为的君主立宪，但他的"大同"，又与之有共同逻辑。

三是研究方法。汤先生研究中国近代史，有两大支柱：一为反帝反封建，救亡图存，这是"空间"；二为封建制度过渡到资本主义制度，这是普遍规律，是"时间"。

汤先生用"语言""外衣"等词句，由下面标准来分析：一是他们重视西方进步，看到中国落后，从而康有为、章太炎以救亡为课题；二是他们一方面否定传统，另一方面又欲保存，以抵抗西方。那么，怎样一分为二地分析传统思想，何者应保存、何者该扬弃呢？中国的特色和外国不同，用什么特色来分析中国特有的文化结构，不知高见如何？

高田淳：汤先生对康有为和章太炎的分析标准是改良和革命。对这个标准，我有不同看法。康有为、章太炎作为思想家，那就要看他从少到老，看整个人物的思想。章太炎的思想变化，是其特色。1908年以后，有《齐物论》思想，内容就不是改良、革命，似应分析其全体思想。

大里浩秋：我研究光复会，感到：

其一，章太炎和孙中山对立，章太炎的"排满"没有动摇，我同意这个观点。但中国人研究孙中山，评价太高，把光复会作为对立面研究，不大好，孙中山与章太炎对立的全体相，还不大清楚。

其二，章太炎和光复会的关系。章太炎在《民报》上的文章，可说对光复会有影响，但他的行动和光复会的关系又是如何？光复会成立，章太炎在狱中，起了什么作用？辛亥以后，他和光复会的关系又是怎样？一般看来，陶成章被暗杀后，光复会实际被消灭，以后章太炎与光复会关系究竟如何？

原岛春雄：两次讲座，总的印象深刻。

1979 年，参加广州孙中山学术讨论会，感到评价历史人物，中国学者对章太炎评价过低。经过几次讨论，中国已比较实事求是，对章太炎的评价也高了。

思想家总是思想家，孙中山和章太炎，从思想家来讲，是很难说高低的。中国研究人物，往往有先得出结论的倾向，我对此有疑问，似应注意各人的背景。

Kanko Laitinen：章太炎与光复会的关系，汤先生《章太炎年谱长编》中还不多，不知光复会、亚洲和亲会有没有新资料，请能告知。

佐藤丰：康有为以"今文"理论作为维新基础。汤先生报告，比较明显，也较清楚。但章太炎思想上古文经学与"排满"革命的关系还不大清楚。章太炎批评康有为，是不是两个学派的对立？

答：根据上面几位先生的提问，我归纳为五个问题，进行解答。

第一，答高田淳。作为思想家来研究，自应注视其全体，研究他的思想发展，分析其在不同时期所起作用，当然不能简单地用"改良""革命"来概括。

由于东京大学出的题目是《戊戌变法和康有为》《辛亥革命和章太炎》，刚好一个"改良"，一个"革命"，又都和经学有关，问题就是这样展开的。是我"按题作文"，而非我对思想家简单地从"改良""革命"分析。

第二，答近藤邦康关于"外衣""语言"及"变"的问题。康有为主张维新变法，强调《易经》所说"穷则变，变则通，通则久"，孔子所说"齐一变，至于鲁；鲁一变，至于道"。主张"因革损益"，援用孔子所说："殷因于夏礼，所损益，可知也；周因于殷礼，所损益，可知也；其或继周者，虽百世可知也。"这不正是借用古人的语言，借用孔子的语言，"托古改制"吗？

研究经学史，既要看内涵，也要注意"外衣"，从中国经学史来说，学派之间的斗争，实际也是以经学为形式，代表不同阶级或阶层而展开的思想斗争，政治斗争。

顾炎武经学思想中有"经世"内容，他是"读书"与实践相结合的，主张"博学于文"和"行己有耻"。前者重在文字、音韵、考证，后者则笃志励行，有其反清民族意识。此后，学者只注意"博学于文"，并有所发展。章太炎则对顾炎武"经世"思想中的"行己有耻"也予强调，想从古事古迹中了解民族之可爱，灌溉民族主义，进行排满革命。

第三，答近藤邦康《大同书》的问题。1957年、1959年，我确和李泽厚先生在《大同书》上发生过一番争论。我对他很尊重，还有一篇文章，想等李泽厚先生反驳后再发表的，结果他没有写，我也就至今未曾发表。

《礼运注》是康有为在1897年至1898年，即戊戌前完成的作品，受到西方的影响，但比较少，中国固有的却多，封建性较重。至于《大同书》的成书年代，我至今仍以为是1901年到1902年所撰。

香港中文大学许冠三教授认为《礼运注》撰于戊戌前，而序文则为后来补写，也可参考。

第四，答近藤、丸山、原岛。中国过去评价历史人物，有不够实事求是的地方，近年来强调实事求是，也注意人物的阶级性和方法论等。至于"四人帮"粉碎后我专门撰文评价《章太炎和孙中山》，也是在当前特定的情况下研究的，因为"四人帮"有意贬低孙中山，应该恢复其本来的历史面目。孙中山是辛亥革命的领导者，是中华民国的创造者，这是谁也不能否定的。

第五，答大里、佐藤。光复会和陶成章资料，新发现的，据我所知，《蔡元培自编年谱》谈到光复会初成立的情况。陶成章早年课艺和《中华民族权力消长史》未刊的第三章草稿也有发现，新加坡《中兴日报》也有署名"巽言"的文章，我已辑入《陶成章集》。

关于光复会，过去所以研究得少，我以为主要因为：一是光复会由秘密会社组成，秘密会社本身资料就少；二是陶成章之死，和蒋介石有关。一些研究同盟会历史的，又以兴中会到国民党为主体，过去对光复会就不大注意。据陶成章家属告知，家藏资料早交国民党党史征集会，今亦不知下落。

我在 1912 年的《神州日报》上看到征求光复会史料的广告，也不知征集情况如何？后来保存情况也不清楚，但在《神州日报》上还是有章太炎讲陶成章和光复会的历史线索。至于章太炎治古文经学与"排满"的关系，则他自己屡称顾炎武，他提倡的语言文字、典章制度等，也正是古文经学派所注视。

最后，由近藤邦康教授宣布，于 12 月 17 日下午二时起，开始讲《訄书》，希望参加者准时出席。

会后，到东京大学赤门前鸟料理大野屋酒聚，席地而坐，品啤酒、日本酒。"鸟"者，纯由鸡肉、鸡汤制肴，用火锅。参加者以学习院大学为主，有高田淳、小仓芳彦、近藤邦康、坂元弘子、原岛春雄、木间次彦、阿川修三、村田忠禧、大里浩秋、绪方康、佐藤丰。有人告知高田淳对两次讨论，甚为激动，誉为"划时代的交流"。又谓"文化大革命"前，中国学者访日，有时只有中国人讲，日本人听，只是一方面"交"，这次提出不同看法，汤也能谈自己看法，将来互相交流，将可更加深入云。小仓方彦为《左传》专家，见我能背诵经书，亦示欣感。

1984 年 1 月 21 日，应日本辛亥革命研究会之邀，再次在日本女子大学讲《辛亥革命和章太炎》。是日，彤云密布，雨雪霏霏，小岛淑男教授来春日寓所偕往，到会者有：

姓　名	工 作 单 位(职称)	研 究 范 围
久保田文次	日本女子大学教授	孙文、日中关系
小岛淑男	日本大学经济学部教授	辛亥革命时期社会经济史
中村义	东京学艺大学教授	辛亥革命在湖南、日中交流史
石田米子	冈山大学助教授	清末秘密会党
佐藤佳子	冈山大学大学院	萍浏醴起义

续表

姓　名	工　作　单　位（职称）	研　究　范　围
马场毅	都立筱崎高校	红枪会
小松原伴子	学习院大学东洋文化研究所	清末民初政治思想史、宋教仁
佐藤公彦	女子美术史附属高校	白莲教、义和团
清水伸哉	东京学艺大学	
镰田和宏	东京学艺大学	
末次玲子	东京都立大学非常勤讲师	辛亥、"五四"时期妇女运动
加藤直子	御茶水女子大学	辛亥至"五四"时期之山东
松本武彦	筑波大学大学院	辛亥时期之华侨
中见立夫	东京外语大学言语文化研究所	辛亥国际关系史，中、日、俄关系
小林共明	埼玉县立吹上高校	留日士官
小川嘉子	日本大学教育制度研究所	中国近代教育史
秦惟人	东京都立大学院	清末社会经济史
藤谷浩悦	筑波大学大学院	清末改革运动（戊戌变法—清末新政）
深泽秀男	岩手大学人文社会科学部教授	戊戌变法
野村浩一	立教大学法学部教授	"五四"时期之政治状况
杨中美	立教大学东洋史研究科	瞿秋白
藤井升三	电气电信大学教授	孙文之对外态度
野泽丰	东京都立大学教授	辛亥时期的资产阶级、日本帝国主义、五四运动
笠原十九司	宇都宫大学	"五四"时期的民族资产阶级
石川照子	津田塾大学大学院	宋庆龄
中川靖子	一桥大学大学院	清末新政、直隶民变
小泉和美	角川书店	一八五四年的云南
坂元弘子		
近藤邦康		

　　下午三时三十分开会，久保田文次教授主持，略谓：过去刘大年先生、胡绳先生访日，曾请报告，今特邀请汤先生讲《辛亥革命和章太炎》。接着，由我报告，坂元弘子翻译，共近一小时，主要讲两点：一为章太炎和儒家经学的关系，二为章太炎在辛亥革命时期的作用。

报告毕，提问解答：

中村义："革命军起，革命党消"何时提出？它对辛亥后的政治有何影响？

答：根据我的印象，此语最早见于《致谭人凤电》，载1912年12月12日天津《大公报》，原句是"革命军起，革命党消，天下为公，乃克有济"。因武昌起义后，谭人凤来电"以革命党人召集革命党人"，章氏以为"是欲以一党组织政府"，加以反对。后来在《民国光复》讲话中又提到"革命军起，革命党消"。

章氏此语，当时即为黄兴等批判，孙中山也多次提到，直到1924年还提到。

我以为章太炎这句话，有过激处，或因过去和同盟会有龃龉所致，反对"一党组织政府"。但当时也不一定对革命影响过大。辛亥后政局之入军阀手中，也不能说是由此一语所造成。

石田米子：章太炎和会党有何关系？听说章氏原有小刀，是否从会党携来？又听说章太炎曾指名某人为会党接班人，还有人询问三支金镖有否找到？是否有此事，章和会党关系有具体材料否？

答：所云传闻，似来自汤国梨，惟汤国梨晚年衰颓，所言亦仅供参考。

章太炎和会党有关系，但非直接关系。查光复会渊源于军国民教育会，龚宝铨参加。1902年，龚宝铨由日返国，经沪赴浙，与陶成章运动会党，旋返沪组会。章太炎《龚未生事略》曾言及。光复会成立，章已入狱，则陶、龚活动，应或早知。又，入狱时与外界仍有联系，不能谓与会党绝无关联。

"光复"之名，似亦与会党有关。陶成章逝世后，闻章曾撰传，但未获见此件。我曾于1912年《神州日报》见有陶成章逝世后章氏谈话，中亦略述会党。1910年，章太炎重组光复会。光复会组织之初，和会党是有关联的。

藤谷浩悦：第一，请问康有为《杰士上书汇录》的价值如何？第二，《康有为自编年谱》和梁启超《戊戌政变记》的价值如何？

答：第一，《杰士上书汇录》藏中国第一历史档案馆，正将整理出版。《杰士上书汇录》有《戊戌奏稿》未曾辑入者，也有辑入而有异文，异文涉及"立宪""议院"等。《应诏统筹全局折》中制度局十二局的名称就和《戊戌奏稿》不同。《戊戌奏稿》刊于宣统三年(1911年)，曾见清抄稿，应亦缮于同年，这时上距戊戌已十三年了，内容是有窜改的。但也不能说《戊戌奏稿》全是伪作，其中应该尚存实迹。

第二，《康有为自编年谱》光绪二十年(1894年)前撰于1895年，乙未至戊戌撰于1899年，时日非遥，记述原始，有重要史料价值。但一般自述，总有溢美或自谦处，还要根据当时实际情况和其他载籍综合研究。

《戊戌政变记》，最初在《清议报》发表，距离"政变"时间不长，又是当事人记载，自有根据，它是研究戊戌变法史的重要载籍之一。

但是，《戊戌政变记》也有渲染，如对光绪皇帝的记载。因为它又是政变后鼓吹"勤王"的宣传品，梁启超后来写《中国历史研究法》也说不敢谓"全为信史"了。

久保田文次：现在中国批判绝对平均主义，李泽厚《中国近代史论》也批判章太炎有绝对平均主义。实际上章太炎的"均田"，孙中山的"平均地权"，在当时的历史条件下都有积极作用，似应根据当时情况评价其积极性。

答：章太炎《訄书·定版籍》中，提到"均田"，其他文章中也有。当时讲"平均""平等"，是有积极作用的，自然不能一笔否定。

小岛淑男：章太炎批判改良派，文章锐利，但对发展资本主义和建立共和民国的议论却少，这是为什么？

答：章太炎曾学习西方，文章中有发展资本主义的思想，谈共和的文章也有。如《读管子书后》，后来改为《喻侈靡》，就言"泰西商务所出"。但章太炎文字古奥，学西方又援古籍，致若干文句反而意为文掩。又如《代议然否论》也谈政体，其中也有谈西方的。

深泽秀男：戊戌变法时的学会和报刊，有没有确切数字统计？

答：我以为可以统计，但确切数字却不大可能。例如，《戊戌政变记》和《戊戌履霜录》所载的数字即有不同。况且，维新运动时间短暂，有的仅有会名，没有活动，或者只有组织，未闻实况。很多学会主张维新，但也有守旧的；有与政治关系密切的，也有纯学术的。政变以后，又有人怕祸且及己，又多掩饰。所以我以为即使统计出数字，似乎也无大作用。

野泽丰：章太炎对欧美，对日本的社会理论、政治学说有何关系？有何认识？

答：章太炎学习西方，刚刚已经谈到。但，其一，章太炎学习西方，与孙中山不同，孙中山遍游欧美，通外语，对西方资本主义国家实际情况有了解。章太炎则来自间接，只是从日文书和译本中了解一些西方情况，不过他还是努力从事的，还翻译过岸本能武太的《社会学》。

其二，章太炎学习西方，而西方主要资本主义国家，这时已发展到帝国主义阶段，社会矛盾尖锐，与过去不同。基于此，他既学西方，又感西方有问题，有些茫然。

小松原伴子：章太炎与宋教仁的关系，除《太炎先生自定年谱》、宋教仁《我之历史》外，他们在日本的关系，有没有别的材料？

答：《检论》中《对二宋》即言宋恕、宋教仁；后来，章太炎在《致伯中书》中也谈到。《我之历史》中有章、宋讨论中国哲学的记录，这时章太炎的思想处于上升阶段，生气勃勃，应予宋教仁影响，章、宋对同盟会也有共同看法。

讨论至六时二十分结束。辛亥革命研究会组织很好，外埠也有闻讯赶来者，如石田米子由冈山来、深泽秀男自岩手来，需乘四小时火车始抵东京。前驻华大使小川田次郎之夫人小川嘉子听讲，并于休息时询问林乐知与教育学，立教大学教授野村浩一亦偕研究生杨中美来，嘱杨今后照顾我的生活。野泽丰教授夫人患病，仍冒雪赶来，这些都令人感动。另外，古岛和雄教授、小岛晋治教授、久保田博子女士因中国研究所开会，未能莅会。

讲毕，至日本女子大学附近之日本式餐室聚饮，参加者：中村义、久保田文次、小岛淑男、藤井升三、深泽秀男、笠原十九司、小松原伴子、松本武彦、藤谷浩悦、小林共明、近藤邦康、坂元弘子等。用两大火锅，且馈余以鲷鱼一碟，盖专犒贵宾者。首由中村义致欢迎词，末为藤井升三致结束词，饮谈甚欢。久保田文次提议，今日之会，可称饮辛亥酒。我作谢词："今日之会，可谓少长咸集，孔子说：'焉知来者不如今也。'后来必然居上，来者必能胜今，今后中日两国研究辛亥历史，必能取得更大成果。明年广东中山将开学术讨论会，在座必有参加者，我们可在中国再饮辛亥酒了。"阖坐大欢。深泽询以《农学报》共有几期，答以共三一五期，颇有佩我记忆力之好者。有言我解答问题能简明扼要，亦有言我发言有材料有分析者，最后鼓掌多次，依依惜别。

野泽丰、深泽秀男、笠原十九司均赠书籍、论文。

三、中国近代史研究近况

1983 年 12 月 8 日，应东京各大学教授之邀，在本乡东京大学左侧学士会馆讲《中国近代史研究近况》，近藤邦康教授早于 11 月 13 日预定席次，门口牌示"二○一室，汤志钧学术报告会"。四时五十分，近藤偕古岛和雄、藤井升三来，同赴学士会馆，参加者均为高资教授，原定参加者为：

姓 名	工 作 单 位（职称）
市古宙三	中央大学教授、原御茶水女子大学校长
古岛和雄	大东文化大学教授、东京大学名誉教授
佐伯有一	御茶水女子大学教授、东京大学名誉教授
田中正俊	信州大学教授
山根幸夫	东京女子大学教授
野泽丰	中央大学教授，原东京都立大学教授
藤井升三	电气通信大学教授
中村义	东京学艺大学教授
久保田文次	日本女子大学教授
久保田博子	中国研究所
小岛淑男	日本大学教授
近藤邦康	东京大学教授

除田中正俊、野泽丰因事未到，久保田博子家务羁身外，余均到会。会议由佐伯有一主持，近藤邦康翻译。报告稿早经印发，仅就1983年有关中国近代史之四次会议，即中国史学会首届年会、太平天国天京定都学术讨论会、中国近代资产阶级讨论会、戊戌维新与康梁讨论会，做一扼要介绍。并将《中国近代人物文集丛书》和《中国近代史资料丛书》的最近进展情况进行介绍。连同翻译近一小时。

讲毕，佐伯有一请参加者就最近研究情况，或对自己有兴趣之计划，自我介绍。今按发言次序记录如下：

中村义：我是第一次见到汤先生，很是高兴。汤先生的大作早经拜读，颇受启发，如今我研究辛亥革命，对杨度有兴趣，准备就杨度以研究湖南人的由旧到新。同时，对中国留日学生也做研究，最近整理成城学校资料，对陶成章从成城学校退学回国的日期可以考定。

山根幸夫：我和汤先生已多次相见，我最近研究的问题也已早告。一是近代日中关系史，特别是辛亥时期，二是对中文化事业，如用庚子赔款办文化事业等。上海、北京过去组办自然科学研究所和人文科学研究所，以前汤先生曾陪我到上海自然科学研究所旧址摄片留念。

小岛淑男：其一，研究辛亥革命时期农村经济和抗租斗争，将以前发表的论文修改，一二年内想整理出一本书。其二，研究中国近代资产阶级，对沈缦云特别有兴趣，在《民立报》《时报》《申报》中找到一些材料，希望能够协助。

佐伯有一：注意中国近代经济资料，中国人民银行资料可进行研究。

藤井升三：一是研究孙文和对外关系；二是研究近代日中关系，特别是国民革命时期，即"三一八"左右。

市古宙三：明年三月要正式退休了，退隐以后，做自己喜欢方面的研究。过去想研究西安事变，发觉有困难，如今想研究太平天国。汤先生讲得扼要，把中国近年讨论情况介绍，极有帮助。我今天虽患感冒，但尽力参加了。

久保田文次：研究辛亥革命。一是研究孙文与辛亥革命，特别是他的经济思想，以及中华革命党时期的阶级情况；二是研究近代中国与日本关系，感到有兴趣的是历史、地理方面，如何人在何处相逢等。

以后对中国的希望是：其一，希望能看到孙中山、宋庆龄的藏书目录。其二，中国近代出版物，似乎早期变法派的著作较少，如王韬、陈炽、郑观应、薛福成、郭嵩焘的著作。

古岛和雄：研究现代农业问题。今年3月，曾访问中国三个星期，到过云南、湖南、贵州少数地区。访问动机是研究中国汉族村落的经济结构。我的研究计划是，参观少数民族村落，由少数民族角度看汉族村落，是为了阐明汉族村落而看少数民族的。经过访问，发觉对少数民族本身也有很多课题。

介绍毕，晚餐，边饮边谈，餐毕，继续讨论至八时五十分，所谈问题是：

第一，关于辛亥前变法人物思想及洋务派人物资料问题。

第二，座中有两位女子大学教授，久保田谈女生请教授喝酒情节，古岛谓中国妇女访日团到日本，谈起正在筹设女子大学。他们问我中国旧社会妇女被压迫情况。我先就文字学角度，谈到"姓"从"女生"，古代帝皇之姓，从女旁者多如姚、姒、姬、姜，女权尚尊；而"取"字从右、从耳，"奴"，从女从手，"妇"，从女从帚，已含贬义。至《诗经·小雅·斯干》"生男""生女"之诗，重男轻女现象已甚显著，并诵诗句，"乃生男子，载寝之床。载衣之裳，载弄之璋。其泣喤喤，朱芾斯皇，室家君王"。"乃生女子，载寝之地。载衣之裼，载弄之瓦。无非无仪，唯酒食是议，无父母诒罹"。背诵甫毕，阖坐大欢，且誉我为博闻强记，"经学娴熟""章太炎专家"云云。其实这些在治经学者看来，也较普通，但如果知识面不广，也不容易应付裕如。且在座多数是六十岁以上名誉教授，学养有素，在酬答中，更应言之有据，不能信口雌黄。席间，我饮酒仅酒量的四分之一，遂能凝神益智，从容酬答。

宴毕，小岛淑男教授摄片数张留念。

1984年2月25日下午二时至五时，在东京都千代区九段北4-1-34中国研究所讲《中国近代史研究近况》。中国研究所理事长坂本楠彦教授莅会，由东京大学小岛晋治教授主持，近藤邦康、原岛春雄二人司译，参加者凡三十一人：

姓　名	工 作 单 位（职称）	研 究 范 围
幼方直吉	爱知大学	东京财团
藤井升三	电气电信大学教授	
山根幸夫	东京女子大学教授	
并木赖寿	东海大学讲师	清代秘密结社
仓桥正直	爱知县立女子短期大学讲师	中国近代经济
阿川修三	群马高专讲师	
岸本美绪	御茶水女子大学	
朴元镐	韩国	明末"民变"
松本武彦	筑波大学博士课程	华侨史
藤谷浩悦	筑波大学	
丸山松幸	东京大学文学部教授	
大沼正博	东京大学	
石田米子	冈山大学助教授	光复会
久保田文次	日本女子大学教授	
臼井佐知子	东洋文库研究员	清代经济
大里浩秋	东京大学	光复会
村田忠禧	东京大学	
杉山文彦	东京大学	盛宣怀
杉山登	东京大学	
藤井友子	东京大学	张之洞、唐才常
野泽丰	中央大学教授	
江里晃	东京都立大学教授	
小松原伴子	学习院大学	宋教仁、王国维
久保田博子	中国研究所	
小岛晋治	东京大学教养学部教授	
杨中美	立教大学	

姓　名	工　作　单　位(职称)	研　究　范　围
阪本楠彦	中国研究所理事长、原东京大学教授	
近藤邦康	东京大学教授	
原岛春雄	学习院大学	
江副敏生		
宇野和夫	中国研究所编集长	

首由理事长阪本楠彦致欢迎词，谓：今天非常荣幸，能见到汤先生，并听他的报告，非常高兴，先此致谢。

继由小岛晋治教授介绍我的经历，略谓：汤先生识见兼备，学风踏实，对中国近代史、中国经学史的研究业绩显著，经常接触日本访华学者和单位。他的著作很多，日本和中国都受他的影响。在座曾经访沪的学者，如石田米子、久保田博子都受到他的接待。

接着，由我报告，亦就1983年中国近代史几次学术讨论会和近代史料的整理情况作扼要说明，讲毕，参加者自我介绍后，略用茶点，旋即提问解答。

并木赖寿：

一是平均主义评价问题。现在中国历史学界，对于这个问题，有什么动向？您的想法怎么样？您同意不同意董楚平先生的意见？

二是关于资产阶级讨论会。把毛泽东、范文澜以来的对于资产阶级的看法，最近有了再探讨，是不是？您的看法怎么样？

三是对于日本的中国近代史研究。对日本的研究者的问题关心研究方法，您有什么印象，请给我们率直地批评。

答：第一个问题，关于平均主义的评价。我以为中国是长期封建社会，农民备受压迫，平均思想自发而起。中国又长期受儒家思想影响，孔子也说："不患寡而患不均。"宋代王小波起义，也提出"等贵贱，均贫富"的口号。平均的提出，对封建等级制度有冲击。但在农民掌握政权时，平均思想也有不良影响。尽管如此，提出平均，仍然是有积极意义的。董文使人有平均主义不如封建主义的印象，我不同意。

我以为，应将平均口号的提出及其组织起义的作用，和掌握政权后"平均"的局限具体分析，不能笼统立论。

关于第二个问题，资产阶级讨论，近年比较活跃，也进行了探讨。我认为，目前很多同志认为毛泽东同志和范文澜同志的分析，是重要理论指导，也符合实际。即 19 世纪 60 年代，资产阶级开始出现，有民族资产阶级和买办资产阶级。近年的讨论，主要是：

其一，过去对资产阶级研究不够，研究文章就没有农民战争的多。

其二，通过史料的掌握和具体的研究，有些问题，应做细致分析，深入探讨。不同地区有先进和落后之分，不同人物有开明和保守之别，近年的讨论，在这方面做了一些工作，如辛亥革命，各省市根据各自特点，写有专门论文。

其三，中国资产阶级的形成和西方资本主义的侵入有关，因此在"学习西方"或"引进"西方技术方面有不同看法。我认为，近代史上过去对资产阶级的作用有估计不足之处，但也不能为此而贬低它的作用。

其四，今后我们要加强近代经济史和近代文化史的研究，估计对资产阶级的研究，可有进一步的发展。

关于第三个问题，即日本对中国史的研究。我认为，日本同行在这方面做了不少工作，在国外学者中，对中国近代史的研究，日本学者成绩是突出的。

日本先生们研究很细，也较深，经常到我国查阅资料和进行学术交流，我个人很佩服。日本学者对问题一般不肯放松，甚至个别文句也仔细推敲，态度是严谨的。

日本先生们也能注意一些我国研究得不够充分的问题，如会党；也注意中日两国共同关心的问题，如中国留日学生、资产阶级、近代中日关系。

日本先生还帮助我们提供资料，如近藤先生帮助搜集章太炎资料，久保田先生帮助搜集辛亥革命史料。

我对这些印象很深。

如果要提意见的话，希望：

其一，历史有连续性，中国近代史和中国古代史有联系，和东西方国家也有联系，上下左右，纵横交错，最好在注意点的同时，也考虑到面。这些，很多日本朋友也是这样做的。

其二，希望更多地能就日本资料的特点，帮助和提供给我们，使近代史的研究更加繁荣。

大里浩秋：辛亥革命前后，上海、浙江地区秘密结社调查研究情况如何？

答：上海、浙江地区对秘密结社文字方面曾有整理，但研究者并不多。最近上海准备召开会党学术讨论会。

仓桥正直：先生是无锡国学专修学校毕业的，请问唐文治先生的教学情况。

答：唐文治是我的老师、校长，他当时讲授《论语大义》《周易研究》《阳明学术发微》等课，我曾选读。唐是太仓人，选读的人不多，因为考试很难，只出一个论文题，不容易得到高分，记得《论语大义》考试题是《父母唯其疾之忧》。我在"其"字上做文章，说"其"，或指子女，那么子女有疾，父母唯以为忧；父母有疾，子女怎能不唯以为忧呢？居然获隽，得最高分。唐先生双目早盲，经书能背诵，讲课时则由陆修祜教授陪同，唐高音低，陆稍诠释，因系乡音，致福建、广东同学都听不懂。听说近年将办唐先生一百二十周年纪念会云。

野泽丰：《李平心史论集》研究甲骨文、金文，也研究近代史，为什么他对古典的也感兴趣？在《纪念辛亥革命七十周年青年学术讨论会论文选》中很多有培养前途的青年的文章，如卿斯美英语很好，赵军也懂日语，近代史研究要懂得外语，也要懂古汉语，你们是怎样培养的？

答：李平心先生本来研究近代史的，对中国近代史和《各国革命史》都有著作，研究古代史似在新中国成立以后。

我们在纪念辛亥革命七十周年会时，考虑到青年可能不容易取得参加会议的机会，所以在长沙特地专门组织青年讨论，评奖鼓励，也发现了一些人才。

卿斯美是卿汝楫先生的女儿，家学渊源，外文基础很好，她又诚朴勤奋，极有前途。

章开沅教授的研究生赵军、饶怀民、罗福惠也都成绩优良。

我国自恢复研究生招考后，出现了一批人才，前几年考生年龄较大，自学成才，有社会经历，但外文掌握有的不够熟练。近年考生多数是应届大学毕业生，比较年轻，社会经历少，知识面较窄，现在正在注目培养。近代史研究生招收时，要考外语，也要考古汉语。

解答毕，由小岛晋治教授致谢词。①

散会后，到饭田桥酒宴，餐聚时，增加滨下武志（东京大学东洋文化研究所）助教授和石川照子（津田塾大学博士课程）女士。

1984年3月26日下午六时至七时半，在东京大学教养学部讲《中国近代史研究近况》，亦略如中国研究所所讲。卫藤沈吉教授主持，毛里和子女士翻译。参加者都是卫藤教授研究室同人，专攻国际关系史者为多，有川井、石井、森山、若林、古田、木间、镰田诸先生。

卫藤沈吉教授谓：我听到汤先生于去年来到日本，今天第一次有机会见面，感到很是高兴，表示欢迎。今天参加的研究人员，基本上是我的学生，他们在东京大学学习过，能得到研究上的帮助，这是我的责任。前些日子听说汤先生身体不大好，很是担心，如今已恢复健康了。去年冬天，东京天气特别不顺利，希望随时注意。汤先生是中国著名学者，现在请他讲谈。

讲毕，已逾七时，除略询档案借阅、最近出版情况外，因时间关系，未能展开。七时半，雇车三辆，至六本木新大沽饭店十六楼大观苑，酒肴甚丰，共十二人，东京大学适于今日为卫藤沈吉举行离休送别会，故卫藤沈吉未能来此。席间，日本友人对中国人民大学复印报刊论文今年起不对外发行有疑问，对档案借阅再次提出意见。

四、史料的鉴别和整理

我在1984年3月7日抵京都，住京都大学职员会馆三○二室。9日下午二时，在京都大学人文科学研究所，讲《史料的鉴别和整理》。

早在1983年12月和1984年1月，京都大学人文科学研究所狭间

---

① 这次报告，中国研究所《中国研究月报》1984年5月号曾全文刊载，并木赖寿、石田米子记录，近藤邦康解题整理。

直树、森时彦两位先生专程来东京相邀，并希望我讲和经学有关的问题，岛田虔次教授等均期待前往。

今日报告由狭间直树教授主持，森时彦翻译，到会者有：

姓　名	工　作　单　位（职称）
狭间直树	京都大学人文科学研究所
彭(伊原)泽周	大阪外国语大学教授
小野和子	京都大学人文科学研究所助教授
森纪子	
滨田直也	
赵军	京都佛教大学
宇佐美文理	京都大学
松尾洋二	京都大学
后藤延子	信州大学
朴钟玄	京都大学
小林善文	京都大学
片冈一忠	大阪教育大学
森正夫	名古屋大学教授
麦谷邦夫	京都大学人文科学研究所助教授
日原利国	京都大学文学部教授
岛田虔次	京都大学人文科学研究所名誉教授
森时彦	京都大学人文科学研究所
北山康夫	奈良日中友好学院院长
小野信尔	京都花园大学教授、副校长

报告内容，主要是：

第一，对资料应"去粗取精，去伪存真，由此及彼，由表及里"。因为：一是古籍中有伪书，近代资料亦有伪作，举严复"手札"为例；二是有些手稿、手札，经过鉴定，确是真迹，而内容则需推敲，举《翁文恭公日记》为例；三是有人抓住一点资料大加发挥，也应辨明线索；

四是阶级偏见。又言资料不能堆砌，而需采掇最为原始者，并谈到实事求是与烦琐考据的界限。

第二，资料整理，应根据史料情况，考虑传统影响；应根据历史实际，反映时代特征。

讲至三时三十分，开始提问解答。

狭间直树：陶成章去世后，他的家属曾否收集、整理他的遗著。

答：陶氏家属曾提供家中现藏和所知线索，陶夫人名孙晓云，藏陶氏在上海广慈医院最后遗墨一纸。幼子陶珍，也注意收集，但家中除早年闱墨尚存数篇外，所存不多。浙江图书馆和绍兴市文物保管委员会还有一些函札、闱墨。我曾编《陶成章集》，已完成，交中华书局。

岛田虔次：冈山木堂纪念馆藏有与康有为、梁启超的笔谈和信札，坂出祥伸教授曾做研究。

彭泽周：国会图书馆可能也有收藏。

岛田虔次：《梁任公年谱长编》，对学术界颇起作用，不知今后有无重编计划？

答：《梁任公年谱长编》有油印本，台湾排印出版，如今上海重印此书，增加图片。今已决定重编《梁启超全集》，已进行，估计字数约一千二百万，较《饮冰室合集》增加四分之一以上。

彭泽周：康有为《大同书》自称1884年成书，您说手稿是1901年到1902年所撰。我曾见到美国所藏抄稿数卷，为两人所抄，缺七、八两部，经过康同璧修订，也说是1884年所写，究竟写于何年？

答：我曾在上海市文物保管委员会看到《大同书》手稿，有力地证实它确撰于1901年到1902年间。因为：其一，《大同书》中以"太平世"（大同）的社会组织形式是全世界设立一个统一的整体，最高的中央统治机构叫作"公政府"；他以为要达到这个"理想"，需要通过"弭兵会"来解决，并举荷兰海牙和平会议为例，而此会1899年5月18日由沙俄尼古拉二世倡议召开，则《大同书》自应撰于1899年以后。其二，《大同书》中述及不缠足会，还讲"戊戌曾奏请禁缠足"，自应撰于戊戌以后。其三，手稿中有不少游历欧美后的见闻记录，提到印度或印度史事的记载尤多，如"吾昔入加拿大总议院""而观欧美之俗"，正是康有为在政变后游历、定居所记。其四，手稿与康有为在 1901 年至 1902 年所撰《孟子微》《论语注》同一笔迹，同一纸张，应撰于同时。

小野和子：《大同书》手稿是否有 1902 年以后事迹的记载？

答：有，这是后来增补，不在原稿正文中。

彭泽周：我在上海，见到华东师范大学吴泽教授，他曾劝我将现藏美国的《大同书》抄稿整理出版。

后藤延子：从严复手迹的真伪问题，怎样鉴别伪书的来源？

答：情况较多。严复致庄蕴宽手札，字迹极像，内容不易伪造，但信纸却是后来的。这就可能是古董商照原信（真件）模仿，以便分售两处从中渔利，然而他没有考虑笺庄开设年代，从而暴露伪迹。唯在原件已佚的情况下，对这种"假中有真"的资料，还应注视。

中国古籍浩繁，伪书不一。有表示能得孔子真传的，如西晋王肃与郑玄学派论争而伪造《孔丛子》《孔子家语》；有表示所言最有来源最可信的，如清代毛祥麟《三略汇编》，言小刀会尚有亲历，言鸦片战争来自传闻，言太平天国则多掇拾，所以它虽是稿本，而内容也有重要不重要，有些"来源"也不是"最可信"；也有回忆往事，追述有误，且有掩饰或夸张者，如《黄帝魂》中若干篇文，并非章士钊所写，而《疏皇帝魂》却说是他写的。总之，资料贵在鉴别取舍。

狭间直树：竹内实教授说过，梅屋庄吉曾经几次受到警察警告，就是因为他伪造孙中山的书信。

讨论至五时半结束。京都大学组织工作很好，大阪、信州大学等均有人莅会，森正夫教授由名古屋赶来，北山康夫已七十高龄，由奈良前来。讨论毕，至附近店肆酒聚，到有狭间直树、彭泽周、小野和子、森时彦、森纪子、后藤延子、小林善文、日原利国、北山康夫，另京都大学青年二人，已不能忆其姓氏。席间，北山康夫教授邀赴奈良，谓愿任向导，情意拳拳，恳切周挚。

1984 年 4 月 14 日，在东京大学社会科学研究所讲《史料的搜集、鉴别和整理》，近藤邦康教授主持，坂元弘子女士翻译。到会者有：

姓　名	工　作　单　位（职称）
佐伯有一	东京大学名誉教授、御茶水女子大学教授
村田忠禧	东京大学大学院
藤井升三	电气电信大学
村上胜彦	东京经济大学
野泽丰	东京都立大学教授
久保田文次	日本女子大学
佐藤丰	学习院大学
藤井友子	东京大学大学院
木山英雄	一桥大学
并木赖寿	东海大学
臼井佐知子	东洋文库
杨中美	立教大学
新保敦子	东京大学大学院教育学部（研究容闳）
尾上兼英	东京大学东洋文化研究所教授所长（研究明清小说史）
陈正醍	东京大学大学院
大沼正博	
佐藤公彦	（研究义和团）
本间次彦	东京大学大学院
阿川修三	群马高专
日原传	东京大学大学院
小松原伴子	学习院大学东洋文化研究所
小岛淑男	日本大学经济学部
久保田博子	中国研究所
小岛晋治	东京大学教养学部
本野英一	东京大学大学院
高见泽磨	东京大学大学院
大里浩秋	东京大学大学院
手代木有儿	东北大学大学院
丸山松幸	东京大学教养学部
滨下武志	东京大学东洋文化研究所
カラトライイネン	东京大学大学院
近藤邦康	东京大学社会科学研究所
坂元弘子	东京大学大学院

报告就京都大学所讲，略事补苴，搜集主要讲：一是有的放矢，实事求是。即根据各自的专题，了解各地藏书的特点，利用现有成果，倾听当地介绍。指出不是资料以多取胜，即不等于数量多就一定质量

好，应该紧扣主题，抓住中心，注意全面与重点的关系。二是识别稀有，注意一般。指出不掌握大量一般资料，不能识别稀有资料，对稀有资料的价值，也要有分析，鉴别、整理与京都所讲略同。

讲毕，近藤邦康谓：汤先生来此五月，我们获益良多，此次专门讲史料，希望先生们不要放弃机会，尽量提问。

小岛淑男：上海图书馆除南京路、徐家汇藏书楼外，是否还有其他图书馆？上海图书馆的图书目录、卡片整理怎样？藏书目录有无出版计划？

野泽丰：《赵凤昌藏札》内容如何？今藏何处？可否借阅？

高见泽磨：会审公廨材料，同治、光绪间档案，上海是否还有保存？

手代木有儿：《严复全集》整理情况如何？有何特点？

久保田文次：翁同龢日记有自我改窜处。辛亥前后资料有否改窜？以致与原文有明显出入者？用什么标准鉴定？当时改窜有无政治目的？

村田忠禧：武汉政府资料有无保存？

藤井升三：1921年至1924年美国纽约出版的《中国评论》，后来（1924年）是否在上海续刊？

大里浩秋：族谱、家谱，是否后人仍有保留？你们是否收集？是否准备整理目录？

小岛淑男：《辛亥革命回忆录》很有用，有的是否可靠？如何鉴别？

我根据上述提问，归纳数题，依次答之：

第一，上海图书馆为综合性图书馆，另有专门搜藏科技书籍的图书馆。人文科学方面，上海主要图书馆，除上海社会科学院图书馆外，高等学校有：复旦大学图书馆，藏有吴兴刘氏嘉业堂旧藏《清史列传》抄本；华东师范大学图书馆，有原圣约翰大学部分藏书和严复、盛宣怀藏书；上海师范学院图书馆，有原南洋中学王培荪藏书。

上海图书馆的古籍（线装书）卡片较完整，平装编目则有问题。因为书多地少，搬整维艰，但相信今后必渐趋完善。如今他们除出版《中国近代期刊篇目汇录》外，与全国各主要图书馆合作，正在编《全国善本书目》，听说经部、史部已将完成。

第二，《赵凤昌藏札》，共 109 册，现藏北京图书馆。其中第 107、108、109 册，另名"辛亥要件"，都是上海光复至南北议和期间的函电文稿，其他各册也有一些辛亥资料，我们曾选编在《辛亥革命在上海》一书中。

第三，上海公共租界会审公廨档案，听说还有保留，但纸张有的已破损，字迹也花体难辨，"五四""五卅"部分我们曾翻译。《上海公共租界工部局月报》可以借阅。

第四，《严复全集》由南京大学历史系编辑，原负责人王栻教授已逝世。此书闻最近将由中华书局出版，它最有价值之处：一是严复在天津《直报》《国闻报》发表的论文，如《原强》《救亡决论》均与结集有异。只是《国闻报》论说不署名，而编者除严复外，尚有夏曾佑、王修植、杭辛斋，若干篇文尚须厘定，我向他们提出，凡存疑的可暂作附录，待读者自辨，以免轻率遽下结论。二是此书所收函札，如致陈宝琛、汪康年、张元济书等，大都没有发表过。

第五，辛亥历史之改窜，回忆录亦有之，如章士钊《疏黄帝魂》。章为当时身历之人，初在日本又入南京陆师，再入《苏报》，所言理应可信。但此文将《黄帝魂》的若干篇文不是他写的也说是他写的，这些文章，又是宣传革命的好文章，那么，回忆录也不可全信。

第六，19 世纪中后期农民资料，农民自己写的资料缺如，但揭帖、规约是有的。至于地主阶级文人，记 19 世纪中期江浙农民情况者似不乏其人，如蒋敦复《啸古堂文集》、毛祥麟《对山书屋墨余录》、冯桂芬《显志堂稿》。又同治、光绪间档案，牵涉到太平天国史事的，江苏人民出版社已出有《吴煦档案选辑》。

第七，家谱、族谱，私人收藏已不多，但各图书馆有保藏，如上海图书馆即很丰富，只是还未整理编目。

解答毕，已五时半。佐伯有一教授邀往上野公园看樱花，同去者十二人，摄影留念。又在精养轩（"支那亡国二百四十二年纪念会"原是在此举行，为日警方所阻）前，与佐伯合影。六时半，至广元的醉月店聚饮，九时始散。

五、近代经学的特点

1984 年 3 月 11 日，在京都大学乐友会馆讲《近代经学的特点》，到会者较 9 日为多，近藤邦康教授午间自名古屋赶来，和歌山大学、关西大学、三重大学、立命馆大学、大阪大学亦有人参加。会议由京都大学文学部、人文科学研究所共同举办，狭间直树司会，小林善文司译，出席者：

姓　名	工 作 单 位（职称）
岩井茂树	京都大学文学部
狭间直树	京都大学人文科学研究所助教授
近藤邦康	东京大学社会科学研究所教授
岛田虔次	京都大学人文科学研究所名誉教授
河田悌一	和歌山大学助教授
奈良行博	关西大学大学院
石田博彦	关西大学大学院
彭（伊原）泽周	大阪外国语大学院教授
福田亨	京都大学文学部
北村稔	三重大学
森纪子	
小野和子	京都大学人文科学研究所
森时彦	京都大学人文科学研究所
池田秀三	京都大学文学部
福岛正	京都大学文学部
中纯夫	京都大学文学部
坂田荣夫	京都大学文学部
末冈宏	京都大学文学部
宇佐美文理	京都大学文学部
木岛史雄	京都大学文学部
岛一	立命馆大学文学部
泷野邦雄	大阪大学大学院
鬼玉宪明	大阪大学文学部

姓　名	工　作　单　位（职称）
坂出祥伸	关西大学文学部教授
日原利国	京都大学文学部教授
庄方寿	京都大学文学部
齐木哲郎	大阪大学文学部
平田昌司	京都大学人文科学研究所
小林善文	京都大学文学部

报告主要指出，经学是中国封建文化的主体，鸦片战争以后，情况变了，经学的传统地位没有变，内容变了，经学的形式没有变。它的主要特点是：

第一，封建统治阶级利用经学锢蔽思想，反映了封建势力的顽固性；进步的思想家也搬弄经学倡言变革，反映了资产阶级的软弱性。

第二，根据经书立论，拘守经义的情况有所改变；根据社会需要，借用儒经的倾向逐益明显。它和封建时代的经学有别，反映了时代的特点。

第三，思想体系中的阶级性和继承性，在近代经学中也很显著。具有以"经学"为形式而展开的思想斗争和政治斗争。

报告连同翻译近一小时，三时十分起解答问题。

岛田虔次：近代经学发展变化，章学诚"六经皆史"说，与经学新的变化有何关系？龚自珍继承今文，为何也讲"六经皆史"。

答：这个问题很有意义。章学诚"六经皆史"说，与经学新的变化是有关系的。其所以有关系，因为章氏"六经皆史"中有"经世"含义。其《答陈鉴亭》书即对学术界占统治地位的汉学、高踞堂庙的宋学加以批判。他的"六经皆史"说，既予龚自珍以影响，章太炎亦受其影响。

龚自珍之所以袭"六经皆史"说，我以为龚原学古文，后受今文影响，我在《龚自珍与经今文》一文中曾经探讨他和庄存与、刘逢禄的关系。大概龚氏才深于学，学无常择，见章学诚"六经皆史"说中有"经世"内容，从而援之以言改革，固不必视"六经皆史"为"古文"而谓与今文毫无关系。龚逝于 1841 年，如晚死，其受西方影响或更明显。

坂出祥伸：其一，近代经学中的曾国藩，言"礼治"，是否指扬州学派凌廷堪等？其二，对康有为的评价，认为以经学为形式的斗争是思想斗争、政治斗争。但他提出"伪经"，提出经书疑义，推翻经学权威，对后人有影响，似乎主要在学术上。

答：康有为《新学伪经考》《孔子改制考》，推翻经书权威，对近代疑古辨伪之风确具影响，对经书疑义也有见地。但不能单纯视为这是学术斗争。如只从学术上着眼，那么，他的考证很多不可为据，如言《周礼》等为刘歆伪造等，这是不可能的。今可再举二例：

一是康有为言维新改制，必言孔子，诋伪经，而封建势力之诋击康氏，也必斥其"托古改制"。

二是章太炎治古文，而维新运动时采用今文《齐诗》说，也因同情康、梁的"革政"，如果只从学术上着眼，即不得其解。

至于曾国藩言"礼治"，不必单言扬州学派。因为：一则礼为封建统治支柱，是封建纲常名教的凭借；二则汉学颇多在《礼》学中有建树者，如江永《礼书纲目》、秦蕙田《五礼通考》。

河田悌一：岛田教授谈到章学诚对龚自珍有影响，钱穆以为戴震对他也有影响。戴震究竟对龚自珍政治思想影响如何？

答：龚自珍即使没有专门文章歌颂戴震，但从龚氏文章中对当权者的批判，对"台阶论"的诋击来看，应与戴震之批判理学有关，不能说《孟子字义疏证》对龚氏没有影响。

狭间直树：曾国藩言"礼治"，与鸦片战争以前是否有不同含义？

答：有，这也是时代使然。举例言之，曾国藩主张学西学、西艺、西文，又以"礼"为本，这些，就为鸦片战前所未曾言及。

日原利国：报告中近代经学的第二特点，说它与封建时代经学有别。我对此有不同意见，请能详细介绍，我再提自己的看法。

答：举例来说，清代复兴的今文经学，庄存与、刘逢禄即据经书立论，刘逢禄之言越南贡物，诏书之改"外夷"为"外藩"，言嘉庆死后之丧制，都是围着经书转的。而近代则不然，维新运动时康、梁言今文，辛亥革命前章太炎言古文，就根据社会需要，借用儒经。

日原利国：那么，清末比较进步的思想家如何援用经学？

答：如维新运动初期，康有为以《公羊》"三统""三世"与《礼运》"大同""小康"相糅，他是援今文以议政，用今文"变"的哲学以言改革的。章太炎的倡言古文，也是揭扬民族主义，想从古书，古事、古迹中激起民族感情，为反清革命服务。

日原利国：大体说来，汤先生刚才所说是正确的，不过小的方面，还有不同意见。相对地说，进步思想家以儒家思想表达，而经书中有很多种类，它的成书年代不同、背景不同，在每一时代，每一思想家把自己需要的部分从经书中取出，表达自己的主张。因此，每有进步思想家从经书中找出符合自己思想部分，随意表达。日本也有儒书解说，他有自己的思想立场，而后找取符合自己的部分。我认为经学是自动地扩大的，经学本身有此性质，所以二千年来有它自己的寿命。

答：经书在不同时代有不同见解、不同内容，所以研究经学，要根据时间、地点、条件，实事求是地分析。

小野和子：同意日原教授意见，儒家每一时代自己革新。中国儒家通过考证学环节，对近代经学有何影响？

答：考证学对近代经学也是有影响的。但顾炎武最初所提是"博学于文，行己有耻"，乾嘉时对"行己有耻"忽视了，章太炎才重新提起。因而，不能单从考证着眼，还得从政治与学术联系起来判别。

狭间直树：时间已经不早，今天解答得很具体。

日原利国：我还要求发言，今天汤先生所讲，内容丰富，很是感激。刚才我做了很不礼貌的事，如今我又要说很有礼貌的话。1963年，侯外庐先生来京都访问，侯先生讲的"新"，那时讲很有意义。此后二十年，我从爱知大学到大阪大学再到京都大学，虽听过中国先生讲学，但不多。过去几位先生相当多的讲学，是一种唯物主义形式论，或对大学生那样讲的，这样讲可能有理由，日本也理解。

不过，今天和前天汤先生讲的，使我重新认识到中国有伟大的学者。听到先生讲课后，知道先生头脑很灵活，记忆力特别强，逻辑明确，人格更好，使我很爱先生，真是"鸿儒硕学"，中国的确有像先生这样有很大学识的"鸿儒硕学"的。听到伟大先生的讲学，很是感谢，希望今后再来访问。

彭(伊原)泽周：二十一年前，侯外庐先生来，我也参加，今天听到的很实际，表示感谢！

讲毕，在乐友会馆摄影留念，并行酒宴。由岛田虔次教授致祝词，谓："从两次报告中，知道汤先生学识之渊博，可称为'鸿儒硕学'。昨天，我和汤先生讨论桐城派，汤先生说桐城派讲阳刚、阴柔，'阳刚者，气势浩瀚，磅礴以出之；阴柔者，气势婉弱，吞吐以出之'，过去我就没有听过。使我知道，我们研究汉学，一定要和中国朋友交往，汤先生来京都，使我们得益不浅。谨为汤先生的来访和健康干杯。"我也即席致谢辞。

六、章太炎和孙中山赘论

1984 年 3 月 16 日，在神户孙文研究会讲《章太炎和孙中山赘论》，报告由该会和中华华侨总会合办，地点即在神户中华华侨总会华侨史博物馆。

报告由神户孙文研究会会长山口一郎教授主持，神户大学文学部陈来幸女士翻译，参加者有：

姓 名	工 作 单 位(职称)	研 究 范 围
石田米子	冈山大学文学部助教段	
鸟井克之	关西大学	汉语语法、历史
大冢博久	山口大学教授	
庄司庄一	高野山大学教授	
野川和则	关西大学	六朝时道教
松田郁子		
陈德仁	神户中华华侨总商会会长	
北冈正子	关西大学中文系	鲁迅
今里祯	天理大学中文系	中国语文、文学

续表

姓　名	工　作　单　位（职称）	研　究　范　围
椥木正	关西大学法学部	
彭泽周	大阪外国语大学教授	
安井三吉	神户大学教养学部	中国近、现代史

我在 1978 年第 3 期《社会科学战线》发表过《章太炎和孙中山》一文。这次由京都、奈良至神户，山口一郎教授嘱作简单报告。因报告由孙文研究会出面，我的《章太炎和孙中山》也发表了好几年了，意有未尽，因此在旅邸，起草讲稿，仅赘述三事：一是章太炎之由维新到革命，受到孙中山的影响；二是 1908 年前后的章、孙矛盾，是革命派内部矛盾；三是孙中山是辛亥革命的领导者，而章太炎则在舆论上起作用。

讲毕，山口一郎教授宣布，座谈会开始，请畅所欲言。

庄司庄一：听说汤先生在东京大学讲学时，曾对古文翻译，请做介绍。

近藤邦康：汤先生在日本情况，我准备写文章在《思想》上介绍。我们学章太炎文章时，将典故一个个调查，而这些典故，汤先生头脑中都有。讲时，先把章太炎的文章读一遍，再用现代语翻译，我们读得很细致。想起自己过去在大学读书时，一小时读几行，查出典，而汤先生都能背下来。他的教书方法和我们不同，先看全局，掌握主题，再逐字解决。听说中国读古文方法先重记忆，有时老先生也不一定完全理解清楚。

我们讨论时，一个个讨论，如何读法，还在探讨。

庄司庄一：请问中国是怎样个读法？

答：过去有的重训诂名物，逐字寻绎。也有"不求甚解"，认为"心知其意"，可以一旦"豁然贯通"的。

近藤邦康：日本对汉文学习，是一个个字学的。

庄司庄一：日本从大学开始慢慢讲汉语，有时理解得很少，请问汤先生怎样能将原书背诵出来？

近藤邦康：汤先生在东京讲学时，一背一大串，古书记得很熟，都在头脑中。

庄司庄一：汤先生对现在大学生是否也是这样培养？现在能背古书的多吗？

答：我并不要求研究生、大学生像我一样背书，我是在过去的时代里，特定的环境中读古籍、背古书的。现在年轻人能背经书的恐怕不多了。

今里祯：说孙中山思想是民主主义，是否他是彻底的民主主义者？

答：我是说孙中山是伟大的民主革命先行者。他晚年由旧民主主义到新民主主义，不幸在1924年国民党第一次代表大会后不久，他北上逝世了，否则他会"适乎时代之潮流"，更有发展的。

大冢博久提两个问题：

一是报告不谈辛亥后孙、章矛盾，是否妥当？

二是对康有为、章太炎，用今文、古文言改良、革命，是否意味古文比今文先进？

答：其一，今天报告题目本为"赘论"，只是作《章太炎和孙中山》一文的补充，关于辛亥后章、孙关系，我已在《社会科学战线》上讲了，这里一开始我就说明，只讲辛亥前。

其二，康有为、章太炎之言今文、古文，不过说那个时代的援用，并不意味章太炎以古文反对今文，以革命反对改良，古文即进步。与此相反，维新运动时期，今文经学具有活力时，章太炎虽主古文，也一度援用今文。

即使同一今文，同一古文，在不同时期也有不同内容，为不同政治服务，起进步作用者有之，逆时代而动者也有之。以古文为例，顾炎武是清代古文经学的复兴者，以读书与抗清相结合，乾嘉时就不同了，直到章太炎才将顾炎武经学思想中的"经世"内容，为其反清革命服务。以今文为例，清代复兴今文，原为维护封建统治，康、梁始用以变法维新，欲改变封建的中国为资本主义的中国。

所以研究经学，应该根据社会条件、时代特点、历史情况具体分析。我在本文中言之不尽，也只是就这一时代而言。

石田米子：我对光复会有很大兴趣。孙中山和章太炎反满一致，汤先生对光复会、同盟会的分析，我都赞成。请问，第一，光复会和同盟会基本见解一致，有否独特作用？第二，光复会是否有同盟会没有的东西，如会党和有学问的革命家之能献身革命？

答：光复会在联络会党方面，比同盟会注意，且曾亲自活动，如陶成章、龚宝铨、魏兰就在浙江会党中做了不少工作，联络了会党。但同盟会也不是不联络会党，萍浏醴之役就有会党参加，但他较多地注意新军。

光复会有有学问的革命家，大约是指章太炎。但同盟会也不是没有理论家，当初《民报》与《新民丛报》斗争时，章太炎还没有到达日本。

然而，注意会党是光复会的特点，但会党历史长，封建性浓，地区性狭，更兼组织涣散，也带来一些不良影响。"有学问的革命家"在宣传反清方面起了极大作用，又有封建的东西和佛学思想。但资本主义的东西和建立民国后怎样办，却显得乏力，这不能说不是局限。

我认为，光复会和同盟会的主要矛盾，是在革命策略问题。同盟会主张推翻清朝，建立民国，光复会主张光复；同盟会主张武装起义，光复会主张教育宣传；同盟会主张各省起义，光复会主张中央革命。再加人事、组织、经费等问题，从而引起了矛盾。

近藤邦康：孙中山在政治上注意革命前途，光复会没有。为什么光复会没有想到前途呢？这和江浙的阶级、经济有关，是否他们对资本主义有怀疑？光复会领导人是没落士大夫，对破产农民是同情的，对旧社会是反抗的。

答：光复会对革命前途的考虑不如同盟会。他们对资本主义，与其说是怀疑，不如说是不大理解。不像孙中山亲自到过欧美，了解和亲见资本主义社会。章太炎、陶成章、龚宝铨虽也到过日本，但主要对欧美只能依靠翻译本西书，而这时的主要资本主义国家已到了帝国主义阶段，从而使他们也看到资本主义没落的东西，使他们彷徨。

北冈正子：1905年日俄战争时，留日学生在《江苏》《浙江潮》《湖北学生界》，提出"黄祸论"，要中国人与日本人共同与外国人斗争，这与辛亥革命主流是否相合？

答："黄祸论"，未之前闻（北冈正子：说错了，是"白祸论"）。日俄战争时，留学生在日本出版了不少刊物，但各个刊物的内容、主张，也不完全相同，当时对帝国主义国家在中国领土作战是愤慨的。

由于当时以慈禧太后为首的清政府是亲俄的。1896 年《中俄密约》，1898 年的以旅顺、大连为帝俄租借地；而自 1884 年中法战后，法吞越南，俄法又订协约。这样，"俄包中国之北，法占中国之南"。拒俄拒法运动在 20 世纪初展开，反对清政府也以此为突破口。本来，在半殖民地半封建的中国，帝国主义和封建主义是两大敌人，从这点来讲，这和辛亥的民主革命还是相合的。

至此已逾五时，华侨总会已闭门，即至附近"楼外楼"继续座谈，并餐聚，共两席。陈德仁、山口一郎陪神户先生一席，余一席则均为外地专程赶来者，有近藤邦康、陈来幸、庄司庄一、石田米子、北冈正子、大冢博久等。北冈又询清季思想界动态，我说：清季学习西方，赞成者有"全盘西化"论者，也有接受由经济改革到政治改革者；反对者有深闭固拒者，也有"旧体西用"者。至九时始散。

七、《訄书》及其他

1983 年 12 月 17 日，1984 年 1 月 17 日、2 月 4 日、2 月 18 日，在东京大学社会科学研究所讲《訄书》四次，除第一次讲《訄书》版本外，另讲《儒墨》《清儒》两篇，参加者有：

姓　名	工 作 单 位（职称）	研 究 范 围
户川芳郎	东京大学文学部教授	中国古代思想史（汉魏经学）
丸山松幸	东京大学教养学部教授	中国近代思想史（李大钊）
木山英雄	一桥大学教授	中国文学（鲁迅、周作人）
原岛春雄	学习院大学	中国近代思想史（章太炎）
大里浩秋	东京大学大学院	光复会
村田忠禧	东京大学大学院	中国哲学史（毛泽东）
阿川修三	群马高专	章太炎

续表

姓 名	工 作 单 位(职称)	研 究 范 围
佐藤丰	东京大学大学院	中国哲学史(刘师培)
藤井友子	东京大学大学院	中国哲学史(张之洞)
坂元弘子	东京大学大学院	中国哲学史(谭嗣同)
绪形康	东京大学大学院	中国哲学史(章太炎)
本间次彦	东京大学大学院	明清思想史(王船山)
近藤邦康	东京大学社会科学研究所教授	中国近代思想史
杨中美	立教大学大学院	瞿秋白

讲《訄书》时，先发讲稿，除第一次《訄书版本种种》进行总的介绍外，《儒墨》《清儒》两篇也印发。一为解题，二为翻译，译为现代汉语，提问多及典故及文学理解，兹不赘。

1984年4月10日，近藤邦康教授于东京大学社会科学研究所报告《中国近代思想史研究》，对我和李泽厚同志做比较研究，报告后来发表在同年11月《思想》上。

近藤教授报告，并经讨论后，最后主持人大石嘉一郎嘱我作答，姑将答词附后，作为本文的结束：

> 听到近藤先生的报告，很感兴趣。报告对我介绍和批评，能够叫我参加，感到荣幸和不安。
>
> 我在近代思想史研究方面做得不够，过去年轻时写的东西也不成熟，如对《大同书》，我较注意了它的写作年代和当时的政治实践，而对《大同书》的思想积累和早期"先进"之处，尚待进一步研究。
>
> 对章太炎，受他的影响很深，今后也将深入探讨。
>
> 经学，过去是封建社会的上层建筑，鸦片战争以后还起作用。经过五四运动，虽退出历史舞台，但作为历史的研究，却有必要。
>
> 近藤报告对我有启发，讨论得热烈，也感兴趣。到贵国已五月，再隔二十多天即将返国，在这里蒙大石所长和各位先生的热情接待，衷心感激。请允许我借此机会，向研究所全体先生表示谢意，并祝中日友谊万古长青，祝各位先生身体健康。谢谢。

戊戌变法和康有为

新中国成立以来，戊戌变法和康有为的研究，比较太平天国和辛亥革命，似有不如。但出版的论著和资料还是不少，特别是 1983 年，分别在北京、广东举行了戊戌变法学术讨论会，可以说是新中国成立以来戊戌维新运动研究特别活跃的一年。

1983 年 9 月 21 日至 28 日在广东举行了戊戌维新和康有为、梁启超学术讨论会，是全国性的。收到论文一百二十多篇，于广州开幕，又在新会讨论四天，南海讨论二天，参观了康有为的故居和西樵山，以及梁启超的读书处怡堂书室。从会议提交的论文来看，很多是关于戊戌变法的评价和康有为、梁启超思想的研究。有的进而探讨戊戌维新与辛亥革命，孙中山与康、梁关系；有的论及资产阶级革命派和改良派；有的进而论述戊戌维新与近代思想文化史、科技进展、教育改革等；有的研究某一地区的维新运动，如广州万木草堂、湖南南学会，湖南新旧斗争；有的则就故宫档案，对《日本变政考》《戊戌奏稿》以及百日维新期间康有为与光绪皇帝的态度展开讨论。在人物评价中，还有一些新课题，如康有为与肃亲王的关系，李鸿章、宋伯鲁、郑观应、容闳与戊戌维新的关系等。

会议期间，对戊戌变法的评价和性质，以及对康有为、梁启超的评价，讨论比较热烈。这里，我准备就这些问题做一简单介绍并提出自己的看法。

一、关于戊戌变法的评价及其性质

戊戌变法是中国近代史上起过进步作用的运动，这主要表现在：

其一，它是爱国救亡运动，是在中日甲午战争以后为了挽救民族危亡而日益高涨的；其二，它是思想解放运动，对封建的旧传统、旧文化进行了猛烈的冲荡；其三，它是一次资产阶级政治变革，通过光绪皇帝实现了"百日维新"。前面两点，评价虽或有高低，但基本上是肯定的；对于第三点，牵涉到戊戌变法的性质，却有明显的分歧。

有的认为它是洋务运动的继续和发展，为辛亥革命准备了条件，是中国近代民主革命的开始；有的认为戊戌维新和日本明治维新近似，是未成熟的资产阶级革命；有的认为它是政治改良，不能称为革命，改良和革命在中国近代史上是并行发展的；有的认为这是在半殖民地半封建社会发生的爱国救亡、思想启蒙、政治改革运动，就其性质来讲，则是资产阶级改良主义运动。关于改良派所提出的君主立宪问题，过去有人采取否定态度，这次很多人提出，君主立宪是与资产阶级改良运动相一致的，它适合于中国当时的实际情况，实行君主立宪，可使资产阶级分享政权，但它不能推翻旧政权，只是一种政治改良。

究竟戊戌变法是未成熟的资产阶级革命还是政治改良？是政治改良还是资产阶级改良主义？我认为它是可以被称为资产阶级改良主义运动的。

列宁指出，"改革"和"革命"两个概念是相对立的，同时也指出这个对立不是绝对的。据我理解，在哲学社会科学语词中，当改革或改良用来作为同革命相对立的概念时，改革或改良一般指事物运动的渐变、量变过程，或相对和平发展中的变化，革命的概念一般指事物运动的突变、质变过程，即显著变化的状态。而有些事物在发展过程中，经过一系列的改良、改革，也可达到革命的结果。至于社会革命中的改良道路，则一般指自上而下的、比较和平的变更；革命的道路，则一般指被压迫群众自下而上的暴力活动。

至于改良主义，列宁曾经说过："一般说来，改良主义就在于，人们只限于提倡一种不必消除旧有统治阶级的主要基础的变更，即是同保存这些基础相容的变更。"①这是对改良主义特点的概括说法。

---

① 列宁：《几个争论问题》，《列宁选集》第二卷第479页，人民出版社1972年版。

在近现代世界无产阶级反对资产阶级的革命斗争中，工人运动中的改良主义思潮，实际上是一种资产阶级体系。有反动资产阶级思想家用来反对马克思主义社会革命论的改良主义，有右翼社会党人用来反对马克思社会革命论的社会改良主义。这种改良主义是反马克思主义的，所以列宁多次批判。

我们说戊戌变法是资产阶级改良主义，显然不是说它属于列宁批判的形形色色的"改良主义"；而是发生在半殖民地半封建社会的中国，在资产阶级革命尚未形成时发生发展的。它也有防止农民革命的企图，但其主要斗争锋芒是针对当时的封建顽固派的。这种反映资本主义要求的思想潮流，进一步发展为资产阶级的政治运动，在当时的条件下，是进步的。然而，就其变更的性质来看，却是改良主义。

封建土地所有制，是戊戌变法时期"旧有统治的主要基础"，康有为等提倡的正是"同保存这些基础相容的变更"。他们主张通过自上而下的改革方式，变半殖民地半封建社会为资本主义社会，走的正是资产阶级改良道路。这些都说明，康、梁确实是资产阶级改良派。"把封建主义制度范围内的改革看成是最终目的"，就称不起资产阶级的改良派，就不会有资产阶级改良主义的政治运动，就和当时的洋务派没有区别了。

就戊戌变法的主要领导人康有为来说，他在戊戌变法时期所形成的一整套理论体系，也属于改良主义性质。

康有为等希望在中国发展资本主义经济，实现国家的独立和富强。为此，他们反对封建顽固派的"天不变，道亦不变"的思想，说是"朝夕之暮，无刻不变"，"故天惟能变通而后万物成焉"，"至变者莫如天"。既然"天地不变且不能久，而况于人乎？"那就只有变法维新，才能挽救危亡，"更新百度"。[①]

康有为等反对洋务派的"中学为体，西学为用"，认为"若决欲变法，势当全变"，那种"枝枝节节"的改革，只是"变事"，不是变法。主

———————

① 康有为：《变则通通则久论》，光绪二十一年朝考卷，见汤志钧：《康有为政论集》上册第110－111页，中华书局1981年版。

张"择法、俄、日以定国是，大集群才而谋变政，听任疆臣各自变法"①。要求改变封建专制制度为资本主义君主立宪制度，梁启超也指出，变法需知"本原"，变法"本原"是"变动科举"和"工艺专利"。前者旨在摧毁束缚知识分子思想的封建科举制度，后者要求给予民族资本主义的发展获得一些条件，他们要变封建的中国为资本主义的中国。

康有为等对封建顽固派、洋务派的反对，即反对地主买办阶级主张走的半殖民地和殖民地的道路；同时，他们也反对农民和资产阶级革命派反帝反封建的革命道路。他们要求的是，在中国实行君主立宪的政体，而不是民主共和的政体。

以康、梁为代表，认为通过改良，可使中国富强，制造了一整套反映民族资产阶级利益愿望和具有中国当时民族资产阶级上层知识分子思想的理论体系，我们称之为当时中国的资产阶级改良主义，称这种政治派别为资产阶级改良派，以区别于稍后兴起的（当时已经出现的）以孙中山为代表的资产阶级革命派，应该说是符合历史实际的。

只要看，康有为等为变法维新提供的理论根据，是利用儒家今文经学的旧形式来"托古改制"。要改封建之制，却又"托"封建之旧。想使崇拜孔子的人，信奉改良派改装了的孔子的"神"；想使迷恋经书的人，咀嚼改良派揭橥的"微言大义"。那么，康有为等改良派主张向西方学习，又不能摆脱封建的束缚；要改变封建的中国为资本主义的中国，又和封建势力有联系。他对封建卫道者借孔子以维护封建秩序极为不满，又想依援孔子儒经推行他的维新大业。要的是新制，用的还是旧经。这样，就注定了他"救中国"的办法，不是采取推翻封建专制制度的革命办法，而是采取在不根本动摇封建专制制度基础上进行政治改革的改良办法，演成了资产阶级改良运动，反映了开始登上政治舞台的资产阶级的软弱性。

从他们的组织形式来说，虽然有强学会、保国会一些组织，对争取团结一部分地主、官僚出身的知识分子，以及促使光绪皇帝对变法的赞助，起过一些作用。但是没有坚强的领导，没有明确的政治纲领

① 康有为：《上清帝第五书》，光绪二十四年，《康有为政论集》第208—209页。

和组织原则，没有严格的组织纪律，因此它只能是一个成分复杂、组织松散的政治团体，不能起到应有的领导和组织作用。他们小心翼翼地避免损害封建统治权力，希望取得封建势力的合作来从事改革，没有触动封建统治的根基。

从他们的活动方式来看，除开学会、办报刊以争取团结地主、官僚出身的知识分子外，还向光绪皇帝不断上书，争取光绪进行政治改良。想叫一个封建皇帝"变"为"维新"皇帝，完成"一种不必消除旧有统治阶级的主要基础的变更，即是同保存这些基础相容的变更"。

照此说来，康有为等在戊戌变法期间，坚持走资产阶级改良道路，积极主张清政府实行自上而下的具有资产阶级性质的改革，希望在中国发展资本主义经济，实现国家的独立和富强。他们有一套具有中国特色的资产阶级改良主义思想体系，戊戌变法是可以称为一次改良主义运动的。

称戊戌变法为改良主义运动，并不意味贬低它的进步作用。它是19世纪末叶发生在半殖民地中国的改良运动，不是资产阶级思想家或右翼社会党人反对马克思主义的改良主义运动。不能因为列宁批判过与机会主义等并称的改良主义，就认为称戊戌变法为改良主义，是"不光彩的政治思潮和政治流派"。

二、关于康有为、梁启超的评价

关于康有为、梁启超的评价，广东会议时，大家对他们在戊戌维新时期的进步作用是肯定的。认为康有为是向"西方学习的先进的中国人"，梁启超在维新时期的宣传鼓动作用也功不可没。很多人认为过去对康、梁有不够实事求是之处，不能说戊戌政变后康、梁就"马上倒退"。康有为由"先进"到落后有一定过程，梁启超"流质善变"，有时"变坏"有时却又"变好"，即使在他主编《新民丛报》时期，政治上和革命派的机关报《民报》论战，而文化上介绍西方资本主义学说，作用很大。也有人对改良派划成左、中、右表示不同意的。

近两年来，很多人对第一历史档案馆收藏的《杰士上书汇录》和康有为进呈的《日本变政考》《波兰分灭记》及《列国政要比较表》表示重视。有人据此对《戊戌奏稿》发生怀疑，认为《戊戌奏稿》有原则性的改动，"不能完全真实地反映康有为在戊戌变法时期的政治主张"。有人认为"百日维新中，康有为在条陈、奏折中都没有提开国会、行宪法，只提在宫中设制度局讨论新政的建议"，"还阻止谭嗣同、林旭开议院的主张"。有人认为不能就百日维新中康有为的奏稿说他没有实现自己的纲领，戊戌维新应从 1888 年算起，不能只看"诏定国是"后的一百天。我过去写过《戊戌奏稿辑目》①一文，认为康有为的《戊戌奏稿》"纵有改窜，内有实迹。纵有追忆，中含要素。固不可怀疑一切，悉予摒弃"。现在看来，这个问题还需进一步探索。《戊戌奏稿》只有二十折，又有目无文十三篇，和《凡例》所说"手撰奏稿，都六十三首"相差很远。如康有为代屠仁守、徐致靖、宋伯鲁、杨深秀、陈其璋，王鹏运所拟奏稿，《戊戌奏稿》就未收入。《杰士上书汇录》中也有七件未刊入。至于从《杰士上书汇录》和《戊戌奏稿》不同的五件来看，有的是日期不同，这是因为《杰士上书汇录》所存是军机处或其他部门的代递日期，所以较原定的为晚。至于内容的改动，还需认真考核，今后我准备就此再加钻研。

在广东会议上，我提交的论文是《重论康有为与今古文问题》。过去人们公认康有为利用今文经学，宣传维新变法，但对他早年"酷好《周礼》"，尊事周公，即对古文经学派所崇奉的书和人表示信从，却未为人注视。我从康有为《自编年谱》和梁启超在《清代学术概论》中所说"有为早年酷好《周礼》，尝贯穴之著《政学通议》（'政'应为'教'），后见廖平所著书，乃尽弃其旧说"得到启发，找到了康有为的未刊稿《教学通议》，联系他的早年著作，对他和经学中的今古文问题，重新提出讨论。

《教学通议》写于 1886 年，它的宗旨是"言教通治""言古切今"。康有为认为周公是"言教通治"的典范，经书中的典章都是"周公经纶之

---

① 社会科学战线编辑部编：《中国近代史论丛》第 125—150 页。

迹"；周公"熔铸一时""以时王为法"，从而"制度美密，纤悉无遗，天下受式，遏越前载"，是"言古切今"的。周公不是空洞说教，而是"有德有位，用以纲维天下"，"因时更化"，从而"大周之通礼会典一颁，天下奉行"（《从今篇》），"教学大备，官师咸修"。康有为讲《周礼》官守，崇周公权威，并从周公"有德有位"着眼，恰恰是古文经师的立论所在；他还以六经是"周公之制"，孔子只是"搜括文武周公之道"，"宪章祖述，缵承先王"（《亡经篇》），与古文经学家以孔子为"述而不作，信而好古"相似。

康有为早年尊周公，崇《周礼》，是否他就是古文经学家呢？不是，这时他还"忧患百经未闻道"，还未形成完整的思想体系，他对汉、宋还未专主，也未偏废，想在各种学说中抉择汲取。只是想捧出周公的偶像，渴望有"以时王为法""颁行天下"的政典，注目于"时王"，依托于周公，而其实际要求是"变"。是想从周公的"敷教言治"以"言古切今"，从六经的"经纶之言"以"言教通治"。

1888 年，康有为趁入京应试的机会，第一次向光绪皇帝上书，请求变法。他也想望光绪皇帝能有周公那样的辅佐，能有成王那时的郅治。所以上书时，对在朝大臣多方奔走，寄予厚望。他曾上封事请光绪的师傅翁同龢代递，也上书给曾任军机大臣、时任工部尚书的潘祖荫，还请吏部尚书徐桐"感悟上意""翻然图治"①，又请都察院左都御史祁世长"抉士气而维国家"②。然而，这些活动，没有达到康有为的预期效果，处于高位者既没有周公那样"吐哺握发"的接待，康有为且饱受各种各样的讥讽。据说除翁同龢"以书中有馋言中于左右数语"，感到"语太讦直无益"，故不为代递，"意在保全"③。潘祖荫"垂接颜色，教以熟读律例"外④，祁世长"雅不喜西法，门下士有愿为总者、司员者，公闻之辄蹙额，相见必力阻之"，看到康有为上书，自然"不

---

① 康有为：《与徐荫轩尚书书》，光绪十四年，《康有为政论集》第 50—51 页。
② 康有为：《与祁子和总宪书》，光绪十四年，抄稿。
③ 徐勤：《南海先生四上书记》。
④ 康有为：《与潘文勤书》，《万木草堂遗稿》卷四。

纳"。以顽固著称的徐桐，更"以狂生见斥"①，衮衮诸公，"龌龊保位"，欲求如周公其人，又何其难也。

第一次上书不达的教训是，大臣阻格，格不上达，不但无"吐哺握发"的周公，并且尸位素餐，壅塞隔闭。尽管翁同龢对康有为心目中有印象，但在后党的掣肘下，也乏实际权柄。上书不达的另一教训是，"虎豹狰狞守九关，帝阍沉沉叫不得"②，且遭"朝士大攻"，视为"病狂"。他曾一度消沉，退治碑版，然而"治安一策知难上，只是江湖心未灰"③，怎么办呢？这曾促使他有找寻新的理论依附的必要。

由于中国封建社会的长期性，封建顽固势力在政治上、学术上都占统治地位，要找寻新的思想武器，除"向西方学习"外，还需从中国传统的封建学说中去探寻。因为西方资本主义国家的那些东西固然可以学习，但举朝上下，或者"视新法如仇"，深闭固拒；或者"奉之如帝天"，媚外辱国。要使大家认识"变"的必要性和迫切性，在封建思想笼罩下，仍得到封建学说中去求索，使之"言古切今""言教通治"。只有这样，才能"耸上者之听"，才能"鸣其友声"，才能实现他变法图强的政治目的。

本来，康有为幼年接受严格的封建教育，当时古文经学（汉学）风靡一时，程朱理学（宋学）高踞堂庙；他总感到考据家著书满家，究复何用？理学空疏，也无补时艰。一度"由阳明学以入佛学"，探讨儒佛之书，仍然"偶有遁逃聊学佛""忧患百经未闻道"，陆王心学，佛教哲学，没有使他找到出路。上书不达前，他对"有德有位"的周公、"奉行天下"的《周礼》是崇奉的，而对烦琐经学却认为"学而无用"，为了避免缴绕，他把古文经学的烦琐，归之于许慎、郑玄，不拉扯到"经纶天下"的周公。他泛览百家，尚无归宿，这在他 1888 年写给黄绍箕的信中可以看到，信中说："仆尝谓词章如酒能醉人，汉学如饾饤能饱人，宋学如饭能养人，佛学如药能医人。""醉""饱""养""医"，既似褒词，又含贬义，对这些不同学术流派都曾探讨，却未找到出路。

---

① 康有为：《与徐荫轩尚书书》后康有为亲笔注语。

② 康有为：《己丑上书不达出都》，光绪十五年，《康有为政论集》第 75 页。

③ 康有为：《感事》，光绪十五年，《康有为政论集》第 62 页。

就在第一次上书不达，回到广州时，晤见了廖平，廖平是今文经学家，今文经学是讲微言大义，主张通经致用的。康有为鉴于外患日深而上书不达，又受了廖平的启示，觉察陆王心学虽"直捷明达，活泼有用"，但不及今文学的"灵活"；佛教哲学虽讲"慈悲普度"，但"与其布施于将来，不如布施于现在"。这样，他便想从今文经学中汲取可资运用的东西进而议政，在他的撰著中，也就有了前所未有的今文内容。

至于康有为为什么要"明今学之正"，今文经学中究竟有哪些可资运用的理论？我已另外申述了。

补　记

《康有为和今文经学》一文，将在《中国近代史》编辑部编的《中国近代人物论集》中发表。

我认为，康有为是在中国民族危机严重，清朝封建统治腐朽的情况下，借助儒家今文经学议政言事的，是在 1888 年上书不达以后，受了廖平的启示，"明今学之正"的。他汲取了今文经学中"变"的哲学，糅合"三统""三世"理论，以明"因革""损益""改制"及维新。

我认为，康有为受廖平的启示，是无可怀疑的。但他借今文经学以议政，却和廖平不同，廖平的辟刘歆、崇今文，旨在说明今文经传之可信，康有为却予封建传统思想以大胆地扫荡。

廖平的尊孔子、言素王，旨在说明今文经为孔子所作，今文经学为得孔子之传；康有为则用孔教名义提出变法维新主张。因此，尽管廖平也讲变，也讲"三统"，但他比较遵守今文家法；康有为则把"三统"和"三世"相糅，构成一个比较完整的思想体系，且与其实践相结合。

康有为"详于义"，不但和廖平不同，即和同讲今文、同讲变法的皮锡瑞也有区别。康有为学习西方，是要把封建的中国变为资本主义的中国；皮锡瑞却以"西学出于中学"，"讲西学还得先通中学"。康有为讲孔子改制，是为了"救亡图存"，维新变法；而皮锡瑞则主要以孔子为"先师"。康有为诋击汉学、宋学，是为了扫除维新变法的绊脚石；

而皮锡瑞则主"调和汉、宋，开通门户之见"。

廖平、皮锡瑞立足在学术上，而康有为则着眼于政治。廖平虽主今文，偏重家法；皮锡瑞虽主变法，植根封建。康有为是向西方学习的先进中国人，皮锡瑞则主要是今文经师。

康有为始终抓住他所汲取的今文经说、塑造的孔子改制，使用古人的语言，演出了历史的新场面。

辛亥革命和章太炎

　　辛亥革命是 20 世纪初发生在中国的资产阶级革命，章太炎曾经主编过资产阶级革命派的机关报《民报》，在辛亥革命时期起过重要作用。关于辛亥革命和章太炎的研究，论著不少，日本学者也有专文，去年近藤邦康教授来到中国，也做过专门介绍和报告。这里只想就章太炎和儒家经学的关系，以及他在辛亥时期所起的作用，提出一些个人的看法。

一

　　章太炎是俞樾的学生，俞樾又是顾炎武、戴震、王念孙、王引之等一脉相传下来的清代著名的"汉学"大师。章氏闻其余绪，"学益精审"，以"私淑"首先宣扬古文经籍的刘歆（子骏）自居，早年撰著《春秋左传读》，就是驳难清代经今文学者刘逢禄的。

　　1894 年，中日战争发生。次年，《马关条约》签订。帝国主义的侵略，清政府的腐败，激起了人民的愤怒。康有为等运用今文"微言"，宣扬变法维新。章太炎走出书斋，参加强学会，编撰《时务报》《经世报》和《实学报》，基本上赞成维新变法。指出中国应该"发愤图自强"，"不能惟旧章之守"，主张"以革政挽革命"。

　　章太炎和康门弟子共事不久，但他在这时的论文中，却有沾染今文学说的迹象。如《论学会有大益于黄人亟宜保护》说："是故整齐风俗，范围不过，若是曰大一统；益损政令，九变复贯，若是曰通三统。通三统者，虽殊方异俗，苟有长技则取之。""吾闻《齐诗》五际之言曰：午亥之际为革命，卯酉之际为革政。……变郊号，柴社稷，谓之革命；

礼秀民，聚俊才，谓之革政。今之亟务，曰以革政挽革命"。①《异术》说："三统迭建，王各自为政。仲尼以春王正月莫络之，而损益备矣。"②"通三统"是《春秋》公羊家言，《齐诗》传者喜以阴阳灾异推论时政，它们都是今文经说。

今文学派的学说，并不排斥其他学派的援用；但作为严守家法的古文学派来说，每每视若鸿沟。章太炎后来诋击康、梁，批驳今文，自称："余治经专尚古文，非独不主齐、鲁，虽景伯（贾逵）、康成（郑玄）亦不能阿好也。"③和他所学异途并为他后来所深诋的今文学说，在维新运动时期一度援用，原因何在？且先看他是怎样阐释这些经说，旨在说明什么？

章太炎以为"大一统"是"整齐风俗，范围不过"；"通三统"是"益损政令，九变复贯"，和吸收"殊方异俗"的"长技"，"以卫吾一统之教"。也就是说，凡是西方资本主义国家（殊方异俗）的"长技"，可资中国"借镜"的，可以作为改变成法（益损政令）的参考。例用举办"有益于黄人"的学会以说明"修内政"、行"新制度"的必要，说明不能"惟旧章之守"，而需"发愤图自强"。又就《齐诗》五际"革命""革政"加以推衍，认为在当时的社会条件下，应该"礼秀民，聚俊才"，进行"革政"，亦即实现政治改革。那么，他援用《公羊》《齐诗》，旨在阐明变法的必要性。章太炎在戊戌变法时期，政治上同情资产阶级改良派，参加了他们宣传刊物的编辑，并在自己的文章中，运用了今文观点。

章太炎之所以在政治上同情资产阶级改良派，以至在自己的论著中渗附了某些今文学说，这是因为甲午战后，外侮频仍，国势浸衰，康有为等提出救亡图强，代表当时中国社会发展的趋势，赋有进步意义。章太炎对康、梁的同情，主要是对这种政治主张的同情，从挽救民族危亡、进行变法图强来说，他们这时的政治主张基本上是一致的。

① 章太炎：《论学会有大益于黄人亟宜保护》，见汤志钧：《章太炎政论选集》第13页，下简称《政论集》，中华书局1977年版。

② 章太炎：《异术》，见汤志钧：《章太炎年谱长编》第55页，下简称《章谱》，中华书局1979年版。

③ 章太炎：《自述学术次第》，《制言》第25期。

但是，章太炎和康有为等毕竟不是同隶一个学派，他赞助康、梁，也只是由于时代的特点，而不意味学术思想上的混一。他同意康、梁改革的主张，并不能证明他们政治上的完全一致；而学术对立中产生的理论差异，又每易导致他们政治上的某种分野。今文经说的"诡诞""恣肆"，毕竟与"朴学"殊科，"论及学派，辄如冰炭"，"然古今文经说，余始终不能与彼合也"①。尽管如此，他们之间的争论，每每基于学术领域上的理论争论，且未公开决裂；对解决社会实际问题的变法主张，又多赞同，并且延伸到"政变"以后②；还是主要从政治上着眼。章太炎怀疑的是"改制"的夸诞外衣，而赞同的则是"改制"以解决社会实际问题。基于后者，他和康、梁暂未分裂；基于前者，跟随社会历史的发展，他和康、梁终告分裂。

二

1900 年，义和团运动掀起，八国联军入侵，慈禧一伙的卖国原形暴露无遗，章太炎受到震动，从维新梦中醒了过来。7 月，在上海召开的"国会"上，他激烈反对"一面排满，一面勤王"的模糊口号，而"宣言脱社，割辫与绝"。接着，他树起反清的旗帜，开始向改良派展开斗争。1901 年，在东京《国民报》发表《正仇满论》，尖锐批判梁启超："梁子所悲痛者，革命耳；所悲痛于革命，而思以宪法易之者，为其圣明之主耳。"

1902 年 2 月，章太炎再次被追捕，流亡日本。起初感到梁启超"专以昌明文化自任，中山则急欲发难"，"中山欲以革命之名招之，必

---

① 《太炎先生自定年谱》"光绪二十二年丙申，二十九岁"。

② 戊戌政变以后，章太炎在《今古文辨义》和《翼教丛编书后》中，仍认为康、梁在变法时"不失为忠于所事"，还对"经术文奸之士，藉攻击廖士（平）以攻击政党者"加以批驳。在《台湾日日新报》发表的《康氏复书》，章氏自述"论学虽殊，而行谊政术自合"，所与论辩的在于"左氏、公羊门户师法之间"，亦即囿于学术上今古学的异同。至于"黜周王鲁，改制革命"，亦即政治方面，却"未尝少异"，政治上还同情康、梁。

不可致"，从而因其"交嫌"，欲为"调和"①。接着，偕秦力山往谒孙中山，"自是始定交"②，"视听始变"③。在孙中山的启发下，他们共同商讨"开国的典章制度"和中国的土地赋税以至建都问题，《訄书》重印本的《相宅》和《定版籍》中，就记录了他俩当时讨论的情况。章太炎还在孙中山的赞助下，准备在东京举行"支那亡国二百四十二年纪念会"，反对清朝的反动统治。

章太炎在政治上由改良转入革命，思想上也用古文反对今文。

第一，对康有为等宣扬的今文"三统""三世"说开始批判。过去，章太炎同情变法，也曾一度间采今文，这时却严加抨击了。他指出，"三统迭起，不能如循环；三世渐进，不能如推毂"，并正告"今文五经之家"，"信言不美，美言不信"④。对康有为等"世儒"，"喜言三世以明进化"，诋为"察《公羊》所说，则据乱、升平、太平于一代而已矣。礼俗革变，机器迁讹，诚弗能于一代尽之"⑤。批判了康有为等人的历史循环论和庸俗进化论，对其基本理论加以"箴贬"。

第二，以孔子为"史家宗主"，宣扬古文经学的治学方法，想从前人思想材料中汲取营养。古文经学家是以孔子为史学家的，章太炎也说孔子"古良史也"，"孔子死，名实足以优者，汉之刘歆"⑥，推崇孔子，推崇汉代古文经学的开创者刘歆。他"平日有修《中国通史》之志"，1902 年，曾与友人多次谈及"修史"，说："所贵乎通史者，固有二方面：一方以发明社会政治进化衰微之原理为主，则于典志见之；一方以鼓舞民气，启导方来为主，则亦必于纪传见之。"⑦认为历史不是单纯的"褒贬人物，胪叙事状"，而应"发明社会政治进化衰微之原理"；历史不是颂古非今，引导人们向后看，而应"鼓舞民气，启导方来"，引导人们向前看。在他的《中国通史略例》中，既有《革命记》《光复记》，

---

① 章太炎：《致吴君遂等书》1902 年 3 月 18 日，见《政论集》162—163 页。
② 《太炎先生自定年谱》，"光绪二十八年，三十五岁"。
③ 章太炎：《检论·小过》，《政论集》第 709 页。
④ 章太炎：《征信论》，《学林》第二册。
⑤ 章太炎：《尊史》，《訄书》重印本。
⑥ 章太炎：《订孔》，《訄书》重印本。
⑦ 章太炎：《致梁启超书》1902 年 7 月，见《政论集》167 页。

也有《洪秀全考纪》，承认剧烈的变革。准备"熔冶哲理，以袪逐末之陋；钩汲智深，以振墨守之惑"①。

应该说，章太炎这时浏览东西方"学理"，还翻译了日本岸本能武太所撰《社会学》；但他的"修史"，又是继承了古文经学家的一些治学方法。他说"觉定宇、东原真我师表"，"试作通史，然后知戴氏之学，弥仑万有"②，对乾嘉汉学吴、皖两派的主要代表惠栋、戴震倍加称誉，特别是戴震。他说："上古草昧，中古帝王之行事，存于传记者已寡，惟文字语言间留其痕迹，此与地中海僵石为无形之二种大史。"③戴震精于文字音韵，对文字语言间留其痕迹的"无形大史"，每能"寻审语根"，章太炎闻其余绪，学益缜密，遂觉"真我师表"。想从前人对经书的阐释中找寻思想材料，为其"排满"宣传服务。

因此，章太炎的重古文，修通史，不是为"修史"而"修史"，而是为了"开浚民智"，激发士气。而这时的康有为"腾书主君主立宪"，力护清帝，由"革政"转为"悲痛革命"，章太炎作书驳之，力言康说之不可信，并称其立宪主张，与《公羊》原旨亦不相契。谓："长素固言大同公理非今日即可全行，然则今日固为民族主义之时代，而可涵淹满、汉以同薰莸于一器哉？时方据乱而言太平，何自悖其三世之说也？"《公羊》言"复九世之仇"，康有为却忠于清室，"甘与同壤，受其豢养，供其驱使。宁使汉族无自立之日，而必为满洲谋其帝王万世祈天永命之计"。"种种缪戾，由其高官厚禄之性素已养成，由是引犬羊为同种，奉猳尾为鸿宝，向之崇拜《公羊》，诵法《繁露》，以为一字一句皆神圣不可侵犯者，今则并其所谓复九世之仇而亦议之"。即以其人之道，还治其人之身。

革命宣传的昂扬，震骇了清朝政府，勾结帝国主义力图阻遏。1903年6月，章氏就逮。他在狱中，又就古文经学家所擅长的文字训诂之学，对康有为等宣称的"维新"名义，痛加驳斥。他援引古籍，谓"维新"之名，始见于《大雅》，再见于伪《古文尚书》。伪《古文尚书》称："歼厥渠魁，胁从罔治，旧染污俗，咸与维新。""亦可见未有不先流血，

---

① 章太炎：《哀清史》附《中国通史略例》，《訄书》重印本。
②③ 章太炎：《致吴君遂书》，1902年8月8日，《政论集》第172页。

而能遽见维新者"。"衣之始裁为之初，木之始伐谓之新。故衣一成后不可复得初名，木一枯后不可复得新名"。清朝的"新"，只在康熙、雍正年间，"今之政府腐败蠹蚀，其材已不可复用，而欲责其再新，是何异责垂死之翁以呱啼哺乳也"①。只有采取革命一途。

那么，义和团运动以后，章太炎逐步由改良走向革命，以古文反对今文，对康、梁崇法《公羊》而言立宪展开斗争了。

三

1906 年 6 月，章太炎出狱东渡，主持《民报》，搬用儒家经籍，利用古文经说，鼓吹"排满"革命。

章太炎刚到日本不久，即在东京留学生欢迎会演说辞中，对立宪党人以今文说附会立宪，加以批判，认为他们"说什么三世就是进化，九旨就是进夷狄为中国，去仰攀欧洲最浅最陋的学说"而已。接着，在积极阐扬推翻清朝的同时，发挥清代古文经学开创者顾炎武经学思想中的实践内容，借用语言，汲取思想。他说："宁人居华阴，以关中为天府，其险可守。虽著书，不忘兵革之事，其志不就，则推迹百王之制，以待后圣，其材高矣。"②又说："若顾宁人者，甄明音韵，纤悉寻求，而金石遗文，帝王陵寝，亦靡不殚精考索，惟惧不究。其用在兴起幽情，感怀先德，吾辈言民族主义者犹食其赐。"③可知他对顾炎武的敬仰。

顾炎武的经学思想，是有其经世内容，有其反对满洲贵族统治的民族意识的。章太炎也强调"民族主义"，说："故仆以为民族主义如稼穑然，要以史籍所载人物、制度、地理、风俗之类为之灌溉，则蔚然以兴矣。不然，徒知主义之可贵，而不知民族之可爱，吾恐其渐就萎兴也。"④灌溉的是民族主义，史籍却能起灌溉作用。古文经学家本来

---

① 章太炎：《论承用维新二字之荒谬》，《政论集》第 243 页。

② 章太炎：《衡三老》，《政论集》第 325 页。

③ 章太炎：《答梦庵》，《政论集》第 398 页。

④ 章太炎：《答铁铮》，《民报》第十四号。

重视史籍，章太炎继承顾炎武经学思想的实践内容，利用史籍宣传民族主义。

　　章太炎运用古文经学的治学方法，讲解华戎之辨，进行反清宣传，说是"当初顾炎武要想排斥满洲，却无兵力，就到各处去访那古碑古碣以传示后人"，从而也想在"古事古迹"中找寻"可以动人爱国的心思"。认为中国人要爱惜历史，"这个历史，是就广义说的"，其中可以分为三项：一是语言文学，二是典章制度，三是人物事迹。如果"晓得中国的长处"，那么"就是全无心肝的人，那爱国爱种的心，必定风发泉涌，不可遏抑"①。语言文学、典章制度，正是古文经学家所擅长的。但章太炎却不仅叫人懂得这些，而是要激发人们"爱国的心思"，认识到目前正处在满洲贵族的压迫之下，处在清朝政府的腐朽统治之下，要"爱惜自己的历史"，就需进行"排满"革命。

　　照此说来，章太炎的提倡古文，反击今文，旨在宣传"排满"，反击立宪。他不是单纯继承古文经学派的治学方法，而是将顾炎武经学思想中的经世含义进一步发展，并适应新的时代特点，为资产阶级革命服务，他"先前也以革命家现身"的。

四

　　辛亥革命前，章太炎由赞助维新到倾向革命，由援用今文到宣传古文，究竟他在这场资产阶级革命运动中起了什么作用？又该如何评价？

　　我认为，章太炎在辛亥革命时期的作用，主要在宣传反清、鼓吹革命方面，特别是对思想界影响深邃，在中国近代思想史上有其一定地位。

　　近代中国，是动荡的中国，戊戌、辛亥间，中国面临着尖锐的阶级矛盾和严重的民族危机，人民要革命，时代在前进。变法失败，康有为以"维新志士"遁逃海外，光绪皇帝以"诏定国是"被幽禁瀛台，保

_____

　　①　章太炎：《东京留学生欢迎会演说辞》，《政论集》第 276 页。

皇救国，政治改良，自有一些人表示同情。然而，义和团运动的掀起，八国联军的侵入，人民的觉悟提高了，反清的旗帜树立了，章太炎宣称："满洲弗逐，而欲士之争自濯磨，民之敌忾效死，以期至乎独立不羁之域，此必不可得之数也。浸微浸衰，亦终为欧美之奴隶而已矣。"是当时较早由改良转入革命的先进人物。康有为等却"力主立宪以摧革命之萌芽"，当时知识界仍"为康、梁邪说所惑，混淆其良知"①。《驳康有为论革命书》既出，打击了改良主义，提高了革命思想；"苏报案"发生，狱中坚持斗争，激扬了民族气节；主持《民报》，积极阐扬推翻清朝、建立民国的旨意，深刻揭露改良派"污邪诈伪""志在干禄"的丑态，文字锐利，"所向披靡"：章太炎在辛亥时期是有其劳迹的。

问题是，章太炎为什么要运用中国传统儒家经学的形式进行斗争？由于儒家经学在中国漫长的封建社会中，一直是封建文化的主体。鸦片战争以后，中国社会性质发生变化，一些封建知识分子向资产阶级转化，但孔子的偶像依然存在，即使像康有为那样"先进的中国人"，也不断搬用或推衍儒家经籍，传统的儒家学说桎梏很深。这样，章太炎也就用自己的思想去发挥经书里的东西，借经书里的东西去证实自己的思想。你说孔子是"改制"的"神明圣王"，我说孔子是"史家宗主"；你用"三统""三世"昌言"革政"，我用民族主义鼓吹革命；你说今文经学是孔子"真传"，我说今文学说是"诡诞""诬妄"。从而粉碎康、梁坚持改良的理论依附，促使知识分子在头脑中消除康、梁影响，而革命潮流也如"黄河伏流，一泻千里之势矣"②。

章太炎东渡之后，一方面指斥改良派的"竞名死利"与清政府的预备立宪遥相呼应，使"虏廷之自恣必甚，而亡国划类，固可以旦夕俟之"③，从政治上加以"箴贬"；另一方面反对今文学说"信神教之欵言，疑五史之实录"，认为只是"空穴来风"，所谓"三世"说，也只是"以胸臆度"④，从理论上加以驳斥，辞正义严，言而有征。连攻击他的人都

---

① ② 《生章炳麟与死邹容》，《复报》第四号"批评"栏。

③ 章太炎：《箴新党论》，《政论集》第 343 页。

④ 章太炎：《信史》上、下，《学林》第二册。

说："枚叔颇为《民报》所欢迎，盖利用其文章，以为金钱主义，销数极旺，亦是好际遇。"①那么，章太炎和康有为之间的论战，有时好像是"经学"问题，而实质上却是社会实际问题，反映了他们的不同政治要求和不同见解，在"经学"问题的后面，隐藏着不同的观点和理论体系，为不同的阶级或阶层服务。他们不是单纯的经学上的学派之争，而是以经学为形式展开的思想斗争和政治斗争。

章太炎之所以着力对康、梁改良派进行批判，又是因为康、梁等"鼓其簧舌"，在知识界中仍肆"煽惑"。本来，鼓舞民志，提高觉悟，知识分子是起先锋作用的；而"倾侧扰攘"，附会经训，也会在知识界制造混乱。章太炎认为："目下言论渐已成熟，以后是实行的时代。但今日实行上有一种魔障，不可不破。因以前的革命，俗称强盗结义；现在的革命，俗称秀才造反。"②那么，"秀才"就要起制造舆论、宣传鼓动作用，章太炎在辛亥革命时期的贡献主要在此。

或者认为，章太炎是"从清朝前期地主阶级反满派中汲取思想，是吕留良、曾静等的继续"。是的，章太炎确实继承了顾炎武以来古文学派的治学方法和经世含义，但也是适应新的时代特点，为排满革命服务。只要看，章太炎这时既钻研了东方的佛教哲学，又渗透了西方的社会政治学说，这点就和顾炎武不同。只是由于当时革命派思想上的敌人依附今文，妄图立宪，于是以古文反今文，利用"经学"的形式而已。至于"光复"，也不和吕、曾尽同，他的"民族主义"，主要"排满"，也曾"反对帝国主义，期使亚洲已失主权之民族各得独立"③。他的"光复"，又是"义所任，情所迫"④，只要看武昌起义后，各省光复，不还是称为"光复"吗？他的"光复"不正是为反清革命服务吗？

或者认为，章太炎一味反对经今文学派，但今文学派在维新运动是曾经有进步的一面的。似乎反对"有进步的一面"的今文经学，就是落后或反动的了。实际上章太炎利用古文经学反对今文之时，今文经

① 楼思浩：《致汪康年书》，《汪穰卿先生师友手札》，上海图书馆藏。
② 章太炎：《民报一周年纪念会演说辞》，《政论集》第 328 页。
③ 章太炎：《亚洲和亲会约章》，《章谱》第 243 页。
④ 章太炎：《官制索隐》，《民报》第十三号。

学已不能起它"进步"的作用了，康有为也已逐渐落后于形势了。非但如此，今文经学具有活力，维新运动代表进步趋势之时，章太炎却赞助过康有为，并在自己的论著中一度援用今文说，尽管他是古文经学派。只从学术上的异同、学派中的分歧，评价历史人物，不能诊断出他的症结所在，只有透过经学的外衣，才能找出它的实质。

当然，章太炎矢志革命，又是依援儒经，"兴起幽情""感怀前德"，脱离不了儒家经学的羁绊，有着不少封建性的糟粕，有其严重的局限性。这点，也应充分估价，进行必要批判。但章太炎在辛亥革命时期的反清宣传作用，还是主要的；而且，像他这样一个"有学问的革命家"，以革命反对改良，以古文反对今文，每为一般人所不能代替。

或者说，这样对章太炎是否评价过高了，他后来和孙中山闹矛盾，重组光复会，埋首书斋，"脱离革命"，又将如何看待？我认为，历史研究贵在实事求是，应该根据当时的历史条件和实际情况加以剖析，既不要虚誉溢美，也不要求全责备。如果说评价能够符合实际，那也就没有过高过低之嫌。章太炎在辛亥革命的作用，当然不能和"革命先行者"孙中山相比拟。孙中山领导了这场革命，而章太炎的作用主要只在宣传反清方面。特别是 1909 年后，章太炎的政治论文减少，革命意志较前衰退，甚至做了一些对革命事业不利的事。但他爱"中夏"除"外祸""辟邪辞"①之心未尝稍减，没有脱离革命。他和同盟会闹矛盾，使"革命分势"，当然不好；但他的斗争锋芒所向，仍旧是清政府及其追随者。他和同盟会的矛盾，只是内部冲突，而不是"背离同盟"。他在武昌起义前夕，还写了《诛政党》，说各类立宪派是"同为民蠹，一丘之貉"②，他反清的革命大方向还是没有变。

然而，也正由于章太炎受到儒家传统思想的影响很深，使他蒙上一层封建的翳障，不能进一步有所作为，但他在辛亥时期宣传革命的历史作用，还是值得重视的。

---

① 《缘起》，《教育今语杂志》第一册。
② 章太炎：《诛政党》，《章谱》第 360 页。

　　本文是在日本朋友的帮助和启发下写出的，特别是《台湾日日新报》，就由近藤邦康教授和阿川修三先生提供。本文写出，又蒙近藤邦康教授随时协助，特此志感。

1983 年 11 月 18 日

中国近代史研究近况
——1983 年的几次学术讨论会

1983 年的中国近代史学术讨论会，除中国史学会首次年会讨论一些共同性的问题外，主要有太平天国定都天京学术讨论会、太平天国北伐讨论会、甲午战争讨论会、刘永福评价讨论会、近代中国资产阶级研究讨论会，以及戊戌维新和康有为、梁启超学术讨论会等。现在仅就中国史学会和太平天国，近代中国资产阶级和戊戌维新方面做一简单介绍。

一、中国史学会首次学术讨论会

中国史学会首次学术讨论会，于 1983 年 4 月 11 日至 14 日在北京举行，集中讨论马克思主义与历史科学、爱国主义教育、历史遗产与社会主义精神文明等问题。

讨论中，认为历史研究要以马列主义为指导，强调历史研究工作者系统学习马克思原著的重要性。对于历史科学与现实的关系，大家认为，现实性是史学发展的基本属性之一，历史研究不能脱离实际，不能脱离现实。但对历史为现实服务，有不同看法，有人认为，过去"厚今薄古""立足现实"等口号产生的流弊，应从各方面清除，特别是历史的影射。很多人提出，历史是科学，有自己的规律性，如果只按现实需要去研究历史、解释历史，是不科学的。

关于加强爱国主义的教育，大家认为，中国是一个历史悠久的文明古国，有不少杰出的人物；用历史进行爱国主义教育，以激发人民的爱国主义热忱和民族自豪感，非常必要，特别要吸引青少年学习历史知识的兴趣，激发爱国主义热情。对于爱国主义的含义，则有两种理解：一是狭义的，即认为爱国主义指遭受外族的压迫和侵略时，从言论上和行动上进行抵制，捍卫国家和民族的利益，关怀祖国而有所贡献；二是广义的，即把历代农民起义和统治阶级进步人士的改良活动，也视为爱国主义的重要表现。

关于社会主义精神文明与历史遗产的关系，很多人认为他们之间的关系是批判继承的关系。社会主义精神文明的核心是共产主义思想，共产主义思想也是历史地形成的。有人认为，社会主义精神文明，既继承了过去，又高出于古代，它与旧时代的精神文明不同，是建立在公有制基础上的。至于应该继承历史上哪些伦理思想遗产，有人认为，中华民族有自己的传统美德，如民族气节、尊师敬老、救济孤独残疾、移风易俗等，可以批判继承。有人认为，历史上传统的处理人与社会关系的总则是仁、义、礼、智、信"五常"，它固然代表统治阶级利益，有一定的欺骗性和虚伪性，但对调整人与人之间的关系，还有一定作用。

关于如何对待历史遗产，意见很不一致，过去有两种不同意见，一是批判地继承，二是抽象地继承。应该批判继承，但不能简单化，要有破有立。有人认为，从历史遗产的批判继承中，选择出有益于社会主义的精神食粮，对文化遗产应该取其精华，去其糟粕。有人认为批判不是照搬，批判要有分寸，也不能在批判继承问题上歪曲事实。

二、太平天国定都南京学术讨论会

太平天国定都南京学术讨论会，于 3 月 15 日至 19 日在南京召开，会议集中讨论了定都天京的得失。多数人不赞成建都天京是战略错误，从而导致革命失败的论点。认为定都南京确有得失利弊，但不是决定成败的关键，从军事、政治、经济上看，它对革命起了积极作用。有人指出，占领南京后，太平天国从战略进攻转入防御，是其弊所在。也有人认为，建都南京是战略决策上的失误，终至坐困而败。还有人认为，定都后北伐、西征牵制了敌人，如果统帅得人，也不一定失败。

会议讨论天京事变的原因，一种意见认为，天京事变是曾国藩和曾国华在太平天国领导集团中进行挑拨引起，洪秀全、韦昌辉等中了敌人"离间计"；另一种意见认为，目前还找不到曾国藩进行"反间计"的证据，杨秀清逼封万岁和洪秀全激韦杀杨，是可信的，要抓住农民领袖权力之争这个关键问题，事变的实质是权力再分配的斗争。

会议认为，定都天京和天京事变，是太平天国史研究中的两个关键问题，对于总结农民运动的经验教训甚为重要。同时也提出要开拓新的研究领域：一是把太平天国和以后的历史事件联系起来研究；二是继续搜集、整理和翻译中外文资料；三是影印出版档案资料，编写大型多卷本太平天国史。

三、近代中国资产阶级研究讨论会

近代中国资产阶级研究学术讨论会于 8 月 18 日至 23 日在上海举行。

会议就中国资产阶级何时形成，中国资产阶级是"一个"还是"两个"，中国资产阶级的历史地位应如何看待，中国近代史的主线是什么等问题展开讨论。

关于中国资产阶级的形成，一种意见认为形成于 19 世纪末 20 世纪初；另一种意见认为甲午战争前就已形成；还有一种意见认为，19 世纪 40 年代到 60 年代，中国虽然还没有出现使用机器生产的资本家，但已有为数众多的手工业工场资本家、买办商人等，他们已作为一种力量在社会上发生作用。

关于中国资产阶级的结构，多数人认为，除了民族资产阶级以外，还存在着经济地位和政治态度很不相同的另一资产阶级。中国资产阶级企业，除外国资本外，还有民族资本、官僚资本和买办资本，从而产生相应的阶级，他们的政治表现也不同。对另一个资产阶级，有的提"买办阶级"，有的提"带买办性的大资产阶级"，较多的提"官僚资产阶级"。个别人提出 19 世纪下半叶有两个资产阶级，一是掌握物质文明的资产阶级，二是掌握精神文明的资产阶级。另一种意见认为，中国的资本和外国资本都有矛盾，只有一个中国资产阶级，他们力量有强有弱，与外资关系有亲疏，可分为大、中、小三个阶层。

如何看待中国资产阶级的历史地位？很多人认为，"五四"以前的近代中国，最先进的阶级是资产阶级，以往强调农民和农民战争，不符合历史。另外一种意见认为，农民群众始终是近代中国反帝反封建的主力军，强调农民作用贬低资产阶级作用是不恰当的，强调资产阶级作用而贬低农民作用，同样也不足取。

讨论涉及中国近代史体系，有人认为，"五四"以前，中国唯一出路是走资产阶级道路，资产阶级的发生、发展应是近代史上的主线。有人认为，近代八十年经历农民战争、洋务运动、维新运动、资产阶级革命四个阶段，是中国近代历史前进的基本标志，主张以阶级斗争为主线。有人认为，要从半殖民地性质和社会基本矛盾来概括近代史。有人认为，应以三次革命高潮来叙述近代史。有人认为，各种意见都有可取之处，不急于求得一致。

四、戊戌维新和康有为、梁启超学术讨论会

8 月 23、24 日在北京大学举行纪念戊戌变法八十五周年学术讨论会，会议讨论的焦点集中于戊戌维新的性质和评价，认为"尽管戊戌变法从政治改革上说是失败了，但它作为爱国救亡运动，作为要求发展资本主义的经济改革运动，作为思想解放运动，都达到了空前未有的高度和深度"。有人认为"不能凡是改良主义必然是反动的"，对于百日维新中光绪实行的是洋务派政治路线的主张，也提出不同意见。会上有人明确反对把戊戌变法认为是资产阶级革命的观点，但也有人认为，"可以把戊戌维新称之为资产阶级民主革命的开始"。

会上，有人根据百日维新期间康有为进呈的《日本变政考》《俄罗斯大彼得变政考》《法国革命史》和《波兰分灭记》等书，激励光绪"学习西方"，有"托洋改制"的论点。有人不同意"一般认为戊戌变法失败后康有为日趋于消极"的看法。

9 月 21 日至 28 日，在广东举行了戊戌维新运动和康有为、梁启

超学术讨论会，会议提交的论文，很多是关于戊戌变法的评价和康有为、梁启超思想的研究。有的进而探讨戊戌维新与辛亥革命，孙中山与康、梁关系；有的论及资产阶级革命派和改良派；有的进而论述戊戌维新与近代思想文化史、科技进展、教育改革等；有的研究某一地区的维新运动，如广州万木草堂、湖南南学会、湖南新旧斗争；有的则就新发现的故宫档案，对《日本变政考》《戊戌奏稿》及百日维新期间康有为与光绪的态度展开讨论。

讨论中，对戊戌变法的评价也有不同意见，有的认为它是洋务运动的继续和发展，为辛亥革命准备条件，是中国近代民主革命的开始；有的认为戊戌维新和日本明治维新近似，是未成熟的资产阶级革命；有的认为它是政治改良，不能称为革命，改良和革命在中国近代史上是并行发展的；有的认为这是在半殖民地半封建社会发生的爱国救亡、思想启蒙、政治变革运动，就其性质来讲，则是资产阶级改良主义运动。关于改良派所提出的君主立宪问题，过去有人采取否定态度，这次很多人提出，君主立宪是与资产阶级改良运动相一致的，它适合于中国当时的实际情况，实行君主立宪，可使资产阶级分享政权，但他不能推翻旧政权，这是一种政治改良。

讨论中，对康有为、梁启超的评价，很多人认为过去有不够实事求是之处，不能说政变以后，康、梁就"马上倒退"，也不能就百日维新中康有为的奏稿说他没有实现自己的纲领，戊戌维新应从1888年算起，不能只看"诏定国是"后的一百天。

讨论中，对维新运动的启蒙思想在文化史上的地位，也做了充分估价，肯定了它的历史作用。

讨论中，也涉及历史研究的方法论，一致认为，应该在马列主义的思想指导下，对历史人物和历史事件进行实事求是的评价，应有历史感。也注意到比较研究，如把戊戌维新和洋务运动、辛亥革命做了比较；也注意到社会经济，认为不是在珠江三角洲经济发达的地区，不是在接触西方资本主义文化较早、遭到西方资本主义国家侵略较深的广东，就不会产生康、梁这样的人物。

近几年来，我国对近代史的研究，是进展较快的，不仅填补了过去的空白，提出了新的课题，同时也注意到资料的搜集和整理。据我所知，《中国近代史资料丛书》中太平天国、甲午战争、辛亥革命已经纂集《补编》；《中国近代人物丛书》《严复集》《蔡元培集》《陶成章集》《王国维全集》《梁启超全集》也已经陆续整理出版；各省市在开展地方史研究的同时，也注意地方特色的资料编纂和整理。今后对中国近代经济史、中国近代文化史的研究还将加强。我们感到要做的事情很多，任务艰巨，但通过大家的努力，是可以使中国近代史的研究更加繁荣昌盛的。

史料的搜集、鉴别和整理

中国是文明古国，历史悠久，文化灿烂，考古材料和文献资料异常丰富。据《四库全书总目提要》，收正式入库书 3470 种，存目 6819 种，每种多则几百卷，少亦有几卷。又据 1959 年上海图书馆编《中国丛书综录》，当时全国 41 个图书馆收藏丛书 2797 种，各种学术著作 38891 种。

中国各地档案馆、图书馆收藏的档案、图书也是堆积如山，北京中国第一历史档案馆、南京中国第二历史档案馆、北京图书馆、上海图书馆，很多国际友人去查访过。面对这样浩如烟海的资料，既不能望洋兴叹，又想海底捞珠，我们该怎么办呢？

第一，有的放矢，实事求是。一般说来，每一个图书馆或档案馆，都有各自的特点，如中国第一历史档案馆主要收藏明清档案，上海图书馆的报纸、杂志比较多。根据各自的专题，分赴有关地区，利用现有成果，注意时间断限，参照作者里第，倾听当地介绍，比较能够有的放矢，事半功倍。

有人说，资料以多取胜，资料越多越好，此言似有道理，实际并不尽然。从数量可以看质量，但并不是说数量多就一定质量好。还要看你是不是紧扣主题，抓住中心。搜集资料要有一定的面，但也应有一定的尺度，不能无边无际。资料是无穷的，人生是有限的，所以我们在搜集资料时，一定要把握好全面与重点的关系。

第二，识别稀有，注意一般。稀有即很少有，很难得的资料，当然是珍贵的。如乔重禧的《夷难日记》，就能解决鸦片战争时期上海地区的一些问题；《赵凤昌藏札》对辛亥前后上海革命党人以至立宪派的活动，提供了原始素材。稀有资料有助于一些具体史事的理解。但是，一方面，不能一味追求稀有资料，而把大量一般资料搁置一边，因为不研究、考察大量的一般资料，就不可能识别稀有资料。另一方面，对稀有资料，也应有个分析，有的稿本、抄本确实尚未发表过，但只是从其他书刊截取拼凑，或得自传闻，那也只能是二手材料，逊色多了。

在广泛搜集资料的基础上，进一步做好鉴别考证工作是一个十分重要的环节。这就要求我们对搜集的资料下一番"去粗取精，去伪存真，由此及彼，由表及里"的制作功夫。

我们要下功夫"去伪存真"，是因为客观上有不少"伪"的东西。

一是古籍中有伪书，近代史料中也有伪作。即使像"手稿""手札"，也会有人伪造。前几年发现了近代著名人物的"手札"，经过鉴定，认为信笺是 20 世纪 20 年代的，而内容却是 20 世纪初的，从而定为伪作，理由不能说不充分。但仔细观察，很可能"手札"内容是真，而伪造者是据此人的手迹描摹的，只是忽略了信笺的选择。

二是有些手稿、手札，经过鉴定，确是真迹，但其中的内容却需要推敲。一种情况是原作者出于种种原因自己改的，如《翁同龢日记》，是照他的手稿影印的，其中对谭嗣同的评价是他在变法失败后避免贾祸亲自缮改的，把原来的"杰出"改成"桀傲"。另一种情况是古代地主文人自己花钱请人刻书，为了显示自己言论之正确，显示自己是孔学"嫡传"而假造古书。西晋初年，王肃为了夺取学术界的地位，曾伪造《孔子家语》和《孔丛子》。对于这一类伪书，也不要完全摒弃，因为它们是假中有真，上面两部书再假也是西晋的，保存了一些史料。再一种是为了争夺发明权和其他因素，把自己的作品倒填年月。上海文物保管委员会有康有为的《大同书》手稿。康有为自己说《大同书》是光绪甲申年即 1884 年写的，但书中却写到了 1895 年陈千秋的死、1898 年康广仁的死，以及 1901 年他在新加坡与加拿大等地的见闻，等等。看看《大同书》手稿，才知他确是 1901 年至 1902 年间所撰，说是 1884 年，是倒填年月。

三是有些人抓住一点大加发挥，也造成了不少真伪混杂的东西。如毛祥麟写过一部《对山书屋墨余录》，所讲上海掌故，大体抓住一鳞半爪，只能作为参考，不能作为信史。

四是出于阶级偏见，即使是稀有资料、原始资料也存在大量错误。至于夸大或掩饰的地方，更非鲜见。

搞资料不能太杂，这就要求去粗取精。基本的一条，在于尽量用第一手资料，不放弃第二手资料，少用第三手资料。否则看上去好像堆砌了不少，实际上还是一个东西，就不精了。当然，也不是绝对的。如研究清史，《清实录》可说是第一手资料了（尽管故宫档案比它更原始）。然而，《德宗实录》有些记载就不如《光绪朝东华续录》具体，因为后者参照《京报》和其他报纸而成，《德宗实录》却是成书仓促，中有删节。又如报纸材料，北洋军阀时期的许多电报，在不同的报纸上登载的内容就会不一样，因为各报还有自己的立场。所以要注重原始的东西，并不是说原始的东西就一定可靠，也要有所分析。

在鉴别资料时，也牵涉到实事求是与烦琐考据的界限。我以为，考据是历史研究中的一种方法，不能以为考据就是烦琐，当然也不能为考证而考证。他们的关系还要在研究历史科学的实践中去探讨。什么是烦琐考证？我想，一种是牵涉面过广，终生陷于书本，置身于世外。乾嘉时有人以经考史，以史证经，考来考去未得出科学结论。有的认为只有汉儒解经才可靠，当然汉儒离先秦为近，训诂比较近实，但也不能唯汉是从。例如，《左传》杜预的注，在军事方面的注释，就有很多可取的地方。另一种是凭兴趣出发，玩弄笔墨，这种考证似不足取。不要烦琐考证并不是不要考证，历史研究应该实事求是，一些重要历史情况是应该搞确切的，包括时间、地点、人物、事件等。要把事实搞清楚，还得做些考证。

近代史资料，新中国成立前出的不多，新中国成立后就出得很多了。仅《中国近代史资料丛刊》就出版了《鸦片战争》《太平天国》《捻军起义》《回民起义》《洋务运动》《中法战争》《中日战争》《戊戌变法》《义和团运动》《辛亥革命》等多种。第一历史档案馆出了《戊戌变法档案资料》《义和团档案资料》《清末筹备立宪档案史料》等；第二历史档案馆也出了《辛亥革命》《南京临时政府》等。中国人民大学出版了《天地会》资料。专业性的刊物有《近代史资料》《清代档案史料丛刊》等。工具书方面也出了不少，如上海图书馆编《中国近代期刊篇目汇录》、中华书局出版的《清季重要职官年表》等，编得都各有特色。

据我所知，《中国近代史资料丛书》已纂集太平天国、甲午战争、辛亥革命的《补编》；《中国近代人物丛书》《严复集》《蔡元培集》《陶成章集》《王国维全集》《梁启超全集》，也已陆续整理出版；各省市在开展地方史研究的同时，注意地方特色的资料编纂。今后对中国近代经济史、中国近代文化史的研究还将加强。

关于资料的整理，我个人的体会是：

其一，根据史料情况，考虑传统影响。中国旧史书，或者以人物为主，如从《史记》到《清史稿》；或者以时间为主，如从《春秋》到《续资治通鉴》；或者以事件为主，如从《通鉴纪事本末》到《清史纪事本末》；或者以典章制度为主，如从《通典》《通志》《通考》到《清续文献通考》。以上四种，各有特点，各有弊病，可以汲取优点，避免弊病。如今搞近代资料，又有了新的特点，增加了帝国主义的东西。搞资料不能从主观出发，要从客观史料情况出发。过去编《鸦片战争时期英军在长江中下游的侵略罪行》时，开始要搞"人民抗英斗争"，以为广东有三元里平英团，长江中下游也会有这类史料，可是所得不多。这是因为广东和外国人接触较早，和上海的情形不一样，所以从反面来编，书就很快编成了。

其二，根据历史实际，反映时代特征。每一时代，总有前所未有的事物，也没有旧辙可寻，那就应该有所增补。如《清史稿·兵志》中，就增加了《海军》《海防》，《交通》中又有《铁路》《驳船》《电报》《邮政》等。这种情况，就得根据历史实际，立例编括，汇集成书。

研究历史，资料工作是非常重要的，恩格斯说过，即使只是在一个单独的历史实例上发展唯物主义的观点，也是一项需要多年冷静钻研的科学工作，因为很明显，在这里只说空话是无济于事的，只有靠大量的、批判地审查过的、充分地掌握了的历史资料，才能解决这样的任务。我们感到，要做的事情很多，但通过大家的努力，是可以使中国近代史的资料整理工作，搞得更加繁荣昌盛的。

近代经学的特点

　　这里所说的近代，指 1840 年鸦片战争以后到 1919 年"五四"运动，儒家经学由变化改造到退出历史舞台的八十年。

　　经学，是中国封建文化的主体，是封建政府用以进行思想统治的工具。漫长的封建社会，儒家经典崇奉勿替，儒家创始人孔子也作为偶像被膜拜，在社会上有着深刻的影响，成为一种传统力量。

　　鸦片战争以后，由于外国资本主义的侵入，中国一步一步地变成了一个半殖民地半封建的国家。情况变了，经学的传统地位没有变；内容变了，经学的形式没有变。它的主要特点表现在下述几个方面。

　　第一，封建统治阶级利用经学锢蔽思想，反映了封建势力的顽固性；进步的思想家也搬弄经学昌言变革，反映了资产阶级的软弱性。"学习西方"的"先进的中国人"没有摆脱儒家经学的羁绊，标榜"西学应世事"的官僚们维护的还是纲常名教。

　　鸦片战争以后社会矛盾的激化，爆发了太平天国运动。基督教义和农民的平均思想，洪秀全曾用以激发群众走向斗争，"至圣先师"孔子的牌位被捣毁，冲荡了封建等级制度和封建思想。

　　太平军攻入湖南，湘军倾巢出动，曾国藩叫嚷这是"开辟以来名教之奇变，我孔子、孟子所以痛哭于九原"[①]。把大清的危亡和"名教之奇变"联在一起，把封建统治和孔孟联在一起，恰恰说明，传统经学是封建地主阶级维护统治的精神支柱。

　　地主阶级要卫封建之"道"，护孔孟之经，不允许"礼仪人伦""扫地以尽"，曾国藩在镇压太平军的同时，对传统儒学也进行了一番改造。

---

　　① 　曾国藩：《讨粤匪檄》，《曾文正公全集》文集卷三。

他要求摒除门户之见，"会通"汉宋之学，以加强本阶级的团结，以便"协力助剿"。由"一宗宋儒"，到"汉宋兼容"，标榜"礼治"，以挽救"名教之奇变"。利用儒经，锢蔽思想。即使学习西文西艺，也要课以封建儒经；对外妥协，也从儒经中去找理论依附，反映了封建势力的顽固性。

孔孟的儒经，不能挽救封建的沉疴；外敌入侵的加深，促使人们的觉醒。19世纪60年代，中国资产阶级出现了，身处遭受西方资本主义侵略和接触西方资本主义文化最早地区的康有为，19世纪70年代末开始"学习西方"，80年代末，开始向光绪皇帝上书。当他想望能有辅佐周成王那样的周公，能有以"时王"为法的典制，没有达到目的后，乃"明今学之正"。康氏利用今文经说中的"三统""三世"学说，昌言变革。把今文经学加以改造，把资产阶级所需要的东西，诸如民权、议院、平等、选举等，附会到孔子身上，把孔子视作"制法之王"。他在"学习西方"之后，使今文经学注入了新内容，对儒家学说做重新解释，建立了变法维新的理论体系。这种"逆乎常纬"的反抗，是对封建专制制度和传统思想的大胆冲荡。然而，康有为却又是拿今文来对抗古文，拿孔子来对抗孔子。他要挣脱封建制度的束缚，又摆脱不了传统思想的羁绊，于是回过头来再向传统文化中寻求偏方，好像急病求医一样，依援的还是"孔子旧方"。这又反映了刚开始登上政治舞台的中国资产阶级的软弱性，也说明了中国封建传统影响是何等顽固，精神枷锁是何等严酷！

统治阶级利用经学锢蔽思想，进步的思想家利用经学昌言变革，成为半封建半殖民地社会的一种特殊思想形态。这是近代经学的第一个特点。

第二，根据经书立论，拘守经义的情况有所改变；根据社会需要，借用儒经的倾向逐益明显。它和封建时代的经学有别，反映了时代的特点。

封建时代的经学家，不论是汉学还是宋学，不论是西汉的今文学还是清代"复兴"的今文学，不论是东汉的古文学还是清代"复兴"的古文学，一般说来，都是以经书为指归，根据经书立论，是围着经书转的。近代经学则不然。龚自珍主张"救裨当世""不必泥乎经史"，不是盲目信奉，恋栈儒经，而是借用"出没隐显"的"微言"，"通乎当世之务"。康有为更"立例编括"，撰写《孔子改制考》，说什么孔子的"托古"是为了改制，孔子为了改制又依赖托古。把孔子视为"制法之王"，尊孔子为教主，用孔教名义提出变法维新的主张。

封建时代的经学家，总是供奉中央王室，维护封建统治。西汉董仲舒强调君权神授、天人感应，是为了把汉王朝中央集权的封建制度说成是天授的永恒真理。清代"复兴"的今文经学也"全至尊而立人纪"，强调尊亲事君，成其"一统"。但近代中国，内政衰朽，外敌凭临，一旦民族矛盾上升，就坚持主张反抗外来侵略。鸦片战争时期，龚自珍主张"火器宜讲求"，魏源提出"师夷长技以制夷"，学习西方的"长技"，使中国富强。中法战后，康有为上书皇帝，要求改革，并从今文经学中汲取思想，倡导变法。义和团运动以后，章太炎更对清朝封建统治，由"革政"转向"革命"。他们根据社会感受，羼入自己见解，浏览东西载籍，灌注新的内容，不守绳墨，不守家法，和正统的为经学而经学者迥然不同。

不围着经书转，不是"唯经"；不随着皇帝转，不是"唯上"。即使是进步的思想家，也不能摆脱儒家经学的束缚，打上封建的烙印，但"学习西方"，已为时代所需，"革政""革命"诸说，也非封建经学所能言。这是近代经学的另一特点。

第三，思想体系中的阶级性和继承性，在近代经学中也很显著。中国经学史中学派的形成，是中国社会经济、政治的反映，富有时代的特点，带有阶级的烙印。近代中国，封建统治依然存在，儒家思想仍很牢固，但社会性质变了，于是在"继承"关系中也有了新的情况。举例来说，清初顾炎武想用"经学"来保存民族意识，扛了"舍经学无理学"的大旗来抗击元、明"宋学"，"复兴"古文经学，希望文字流传，人心不死，汉族有复兴的一天。所以他注重经史，读书与抗清结合，著述与实践（致用）一致，是清代古文经学的开创者。但是，乾隆、嘉庆时期，继顾氏而起的经学家，却"继承"了他的音韵训诂，而放弃了他"读书致用"的本意，学者有时为考据而考据，脱离了实际生活。他们在文字训诂和考据工作方面颇有成就，但政治上却和顾炎武不同。只是到了 20 世纪初，章太炎又重新汲取了以顾炎武为代表的思想家的民族主义思想，为他的"排满"革命服务。他不是单纯地继承古文经学派的治学方法，而是将顾炎武经学思想中的经世含义进一步发展，并适应新的时代特点，为"排满"革命服务，和乾隆、嘉庆时代的古文学者放弃"读经致用"本意不同。

另一种情况则是学派在形成中原是维护统治阶级利益的，但在发展过程中却又因社会的变动，代表一定进步倾向的阶级利益。例如，清代今文学派的开创者和奠基人庄存与、刘逢禄，揭橥了《春秋公羊传》的"微言大义"，利用这些"微言大义"来说明"一切既受命于天，故宜畏天命，需应天顺人，示人以拨乱反正"①，要人们在清朝做顺民，以应"天命"。而戊戌维新运动时期的康有为，则在民族危机严重和民族资本主义初步发展的情况下，也揭橥了《春秋公羊传》的"微言大义"来"托古改制"，进行改良主义的政治活动。他代表开始登上政治舞台的民族资产阶级要求，与完全代表清朝封建统治阶级利益的庄存与、刘逢禄有所不同。他继承的只是今文经学的形式，实际是援今文以议政，借孔子言"改制"。康有为是在近代中国民族危机严重、封建制度腐朽的情况下，改造今文学说，为他的变法维新事业服务的。

近代经学继承了前人的经学遗产，但在新的历史条件下，又为不同的阶级或阶层服务。这是近代经学的第三个特点。

第四，近代经学充满了斗争，有时以学派斗争的形式出现；有时为了对抗新思想，旧势力也会联结起来，甚至披上新的外衣。这种以"经学"为形式所展开的思想斗争和政治斗争，是中国近代阶级斗争的一种特殊反映。

这里，可以用维新时期以"经学"为形式展开的斗争为例。康有为在"明今学之正"以后，写了《新学伪经考》，将"汉学"专指今文经学，而斥古文经学派为"新学"，即"新莽之学"。他之所以专指今文经学为"汉学"，是要利用过去今文经学的思想材料"托古改制"，要从西汉今

---

① 大意见刘逢禄：《春秋公羊经传何氏释例》第 30 页。

文经说中去找寻变法维新的理论根据，进行改良主义的政治活动。认为今文经学派得到孔子的"真传"，是"真正"的"汉学"；古文经学则是"伪学"，即"宋人所尊述之经"也是"伪经"。用以打击当时学术界占统治地位、又为封建政府"合法"提倡或"默认"的两大学派，为维新变法扫除障碍。

就在维新运动掀起之时，封建势力就已嗅出康有为利用今文经学的"蛊惑民主"了，《新学伪经考》刚刚出版，即遭劾奏。他们除在政治上扼杀外，又想牵合各种经学流派，抗击康有为宣扬的"今文学"。例如，湖南叶德辉对今文经学就肆予攻击，说什么"煽惑人心，欲立民主，欲改时制，乃托于无凭无据之《公羊》家言，以遂其附会之私智"①。将经学流派分为今文学、古文学、郑氏（玄）学，朱子（熹）学四派，说什么："余尝言自汉以来，传孔子之道者，有四学。四学者，今文学、古文学、郑氏学、朱子学也。"②为了维护封建秩序，企图调和汉、宋学，取郑玄、朱熹牵合为一事，以抗击改良派。他的这种"分派"，也可说是封建顽固势力在改良派利用今文学说掀起政治改良运动时感到愤怒和恐惧的一种反映。然而，近代中国的社会情况和过去不同了，深闭固拒，因循守旧，不能抵挡新思想的传播。也有人不谈排斥西学的论调，也采用"托古"尊经的言辞，但他们这样做，却又是为了对抗援用今文宣扬变法的改良派。张之洞的《劝学篇》就是在戊戌年春天抛出来的一部"绝康、梁并以谢天下"③的作品。

康有为主张"学习西方"，又采用"孔子旧方"。张之洞是洋务派官员，又以"挽澜作柱"自熹，在《劝学篇》中对"中学""西学"问题上也做了一番推敲。

康有为揭橥孔子"托古改制"，张之洞也尝"托古"，把西方资本主义国家的科学技术，说是中国古已有之，"圣经已发其理，创其

---

① 叶德辉：《輶轩今语评》，见苏舆：《翼教丛编》卷四。
② 叶德辉：《皮锡瑞六艺论疏证序》，转引自皮名振：《皮鹿门年谱》第 65 页，商务印书馆 1939 年版。
③ 辜鸿铭：《张文襄幕府纪闻》卷上《清流党》第 9—10 页。

制"①，搬运儒家经学，祭起圣经贤传。

康有为主张学习西方，张之洞在《劝学篇》中又是这样说的：要讲西学，"必以中学固其根柢"②，一切都要"折衷于圣经"③他虽然也讲新旧兼学，也或新旧互訾，而其要，则曰"旧学为体，西学为用"④。西学只能"补中学之缺""起中学之疾"，而作为"道本"的中学则不能变。中学为体，起决定作用，而西学则仅能辅助。为了维护"体"而汲取辅助的"用"，而"用"的辅助，正是为了"体"的维护。"体"是根本，不容变更，用者"辅助"，仅能"补缺"，"补缺"的用，还得"无悖乎经义，无损于圣教"。那么，《劝学篇》维护的还是封建秩序。

叶德辉以康有为援用今文经说为"离经叛道"，张之洞对康有为的"孔子改制"说也始终反对。康有为在外患日深的情况下宣传保国、保教，张之洞则以"明礼教之原本，人禽之大防"以"保教"⑤，"陈述本朝德泽深厚，使薄海臣民咸怀忠良以保国"⑥。他们之间的分歧，也是以经学为形式而展开的思想斗争和政治斗争。

近代中国，又是遭受外来资本、帝国主义的侵略灾难深重的时代，在严重的民族危机下，不同学派也会一致御侮救亡。甲午战后，康有为、梁启超等运用今文"微言"，宣传变法维新，组织强学会，创刊《时务报》。本来是俞樾的学生，并以"私淑"首先宣扬古文经籍的刘歆（子骏）自居的章太炎，却也助资强学会，任职《时务报》，与康门弟子共事；并在当时所撰文篇中，有着沾染今文的迹象。如《论学会有大益于黄人亟宜保护》说："是故整齐风俗，范围不过，若是曰大一统；益损政令，九变复贯，若是曰通三统。'通三统'者，虽殊方异俗，苟有长技则取之"。"吾闻《齐诗》五际之言曰：午亥之际为革命，卯酉之际为革政。……变郊号，柴社稷，谓之革命；礼秀民，聚俊才，谓之革政。今之亟务，曰：以革政挽革命"。"通三统"是《春秋》公羊家言，《齐诗》传者喜以阴阳灾异推论时政，它们都是今文经说。

①② 张之洞：《劝学篇》外篇一三《会通》。
③ 张之洞：《劝学篇》内篇五《宗经》。
④ 张之洞：《劝学篇》外篇三《设学》。
⑤⑥ 张之洞：《劝学篇序》。

今文学派的学说，并不排斥其他学派的援用；但作为严守家法的古文学派来说，每每视若鸿沟。章太炎诋击康、梁，批驳今文，而在维新运动时期却一度援用，这是因为甲午战后，外侮频仍，国势浸衰，康有为等提出救亡图强，代表当时中国社会发展的趋势，赋有进步意义。章太炎对康、梁的同情，主要是对这种政治主张的同情，从挽救民族危亡，进行变法图强来说，他们的政治主张基本上是一致的。

值得注意的是，以经学为形式展开的斗争，反映了中国近代社会的动荡；而社会的动荡，也促使一些受儒家经学传统影响的人，不能固守藩篱。有的跟随社会发展，走向时代前列，如康有为改造今文经说，呼吁救亡图存；章太炎一度援用今文，赞同维新，以至后来的以古文对抗今文，以革命反对改良。也有在封建旧势力的笼罩下，把本来已具进步倾向的经说转趋保守的，如邵懿辰和戴望。

当初，魏源发挥今文"微言"，讥切时政，诋排专制，也从事今文经学本身师传的探寻。他写了《诗古微》，发明齐、鲁、韩三家今文《诗》的"微言大义"；又写《书古微》，发明西汉伏生所传今文《尚书》，注目今文经书的专门研究。但他是为了议政言事，借用今文，从而明"今学之正"的。邵懿辰、戴望则不然，邵懿辰撰《礼经通论》，认为"《仪礼》本非缺佚不全之书，而大小二《戴记》文皆可依次列入"①，使《礼》复于西汉。戴望则初好颜元之学和古文经学，后受宋翔凤启发，肄习刘逢禄所撰书，大为佩服，撰《论语注》，"欲求素王之业，太平之治"②。他们主要继承的是西汉今文学派的某些治学方法，严守《公羊》义例，斤斤与古文学派争孔子真传，讲究今文师法的"经学正统"和魏源不同。

邵懿辰、戴望拘泥师法，似乎和现实接触较远，难道就一点没有政治主张，真的为学术而学术吗？不是的。只要看，邵懿辰见曾国藩"进官之速"而"赋诗勉之"③。戴望也为曾国藩所罗致，"夤缘入曾湘乡

①　邵懿辰：《致张鼎书》，《礼经通论》附第 33 页，张氏适园丛书本。
②　戴望：《论语注叙》，《谪麟堂遗集》第 2 页，宣统三年归安陆氏刊本。
③　邵懿辰："五言古诗"，《半岩庐遗集》遗诗。

偏裨之幕"①，在曾所创设的金陵书局校勘旧籍，向曾国藩推荐治《穀梁》的柳兴宗，请求援之以手，不惜奖借②。还劝曾"功名成就，急流勇退"③，他们和曾国藩都有渊源。

邵懿辰、戴望所处的时代，又正是太平天国革命展开，清朝封建统治危机重重之时，他们和曾国藩有渊源，政治立场也与之相同，对太平军是切齿痛恨的。在他们的文章中，有不少"怀念"抗拒太平军致死的清朝大小官吏的"行状""传略"，如邵懿辰《戴文节公行状》，记戴熙"从容就义""殉难始末"④，戴望更为"城陷，阖户自经死，妻及子妇皆从"的周学汝撰《墓表》⑤，为"骂贼"死的金华教谕凌堃撰《墓志铭》⑥，为"贼陷湖州"，"从母赴水死"的程庆余撰《墓版文》⑦。他们是维护封建秩序，忠于清朝统治的。

非但如此，戴望"闻湖州已陷，则仰天长号，僵仆绝气"，终为"曾文正公闻其名，悯之，始延之校所刻书"⑧。邵懿辰更于太平军攻杭州时，说什么"读圣贤书，所学何事？……与其求免而辱，何如一死殉城，犹为心之安乎？"⑨乃"殉城而死"。他们植根封建可知。

邵懿辰、戴望在学术上拘泥师法，在政治上维护封建，他们又都和曾国藩有关联。本来和政治关联较深，并在封建危机隐伏的情况下昌言"更法"，主张"变易"的今文经学，至此发生了变化，至此受到了锢蔽，这不能说不和太平天国革命的展开有关，不能说不和曾国藩的利用经学锢蔽思想有关。

近代经学，充满斗争，而论战的双方，都是以经学为形式，这是

---

① 李慈铭：《赵缦堂日记》同治十一年（1873年）五月十六日日记。

② 戴望：《与曾相国论荐柳兴宗书》，《谪麟堂遗集》第9页。

③ 马叙伦：《石屋余沈》第161页。

④ 邵懿辰：《戴文节公行状》，《邵位西遗文》第74—81页。

⑤ 戴望：《周孝廉墓表》，《谪麟堂遗集》第13—15页。

⑥ 戴望：《凌教谕墓志铭》，《谪麟堂遗集》第19页。

⑦ 戴望：《先师程君墓版文》，《谪麟堂遗集》第16页。

⑧ 施补华：《戴君墓表》，《谪麟堂遗集》卷首。

⑨ 马新贻：《奏为在籍生员守城殉节胪陈死事情形恳恩敕部议邮恭折》，《半岩庐遗集》卷首。

近代经学的第四个特点。

综观从鸦片战争到"五四"运动的八十年中，进步的思想家，挣脱不了传统经学的羁绊，封建势力又利用经学锢蔽思想。既在不同的社会条件和政治气候下，呈现出新的特点，又像一条绳索紧紧地缠绕着思想界。

既然要汲取西方新文化，对封建旧文化就毫不批判吗？并不如此。近代思想恰恰是在和封建文化的斗争中发展起来的，龚自珍、魏源对传统经学曾经"冲击"，康有为更对汉、宋两大学派猛烈冲荡，辛亥前夕，章太炎对康、梁奉为神圣的今文学派诋之不遗余力，能说他们对传统的儒家经学没有批判吗？

问题是，近代的思想家，他们反对传统儒学，只是其中某一派别或集团，没有也不可能彻底地反封建，他们往往扮演成以儒经反对儒经，以孔子反对孔子的闹剧。他们对一向认为"圣人之书"的经典发生怀疑，爬梳史料，曲予考辨，使研究的范围扩大，对我国古史的探索提出了古籍真伪等课题，破坏了传统的盲目信古，导致此后的"疑古""辨伪"之风。然而，孔子的权威并未动摇，像康有为那样还利用儒家学说中的"孔子旧方"来减轻"非圣无法"的压力，对封建势力又是何等妥协！

问题又是，近代的思想家看起来争论的是经籍中的经学问题，而实质上却是社会实际问题，反映了不同阶层、不同集团的不同利益和不同见解。他们在经学问题的后面，隐藏着各种各样的观点、思想方法和理论体系，在不同的时代为不同的阶级或阶层服务。辛亥前夕，章太炎利用古文反对今文，又是革命和改良，"排满"和"立宪"的斗争。至于封建制度的卫道士，也在新的形势下，建立起一种新的统治思想体系，曾国藩对内"汉宋兼容"，对外"忠信笃敬"，张之洞的"旧学为体，西学为用"，又是适应历史的变化，利用封建文化中一切可以利用的东西。尽管也说"西艺"，强调的还是"明纲""教忠"，也只是封建统治思想向半殖民地半封建统治思想转化的缩影。

近代经学，是受到西方资本主义影响的，一些进步思想家都接触西方文化，要求改革现状。但他们每每用自己的思想去发挥经书里的东西，借经书里的东西去证实自己的思想。在不同程度上、不同场合中尊奉各自的孔子，不敢动摇孔子的权威，不断搬用传统的儒经，在近代史上的政治斗争、思想斗争中，有时还以"经学"的形式展开，成为中国半殖民地半封建社会阶级斗争的一种特殊反映。

进步的思想家摆脱不了儒家经学的羁绊，封建势力利用经学锢蔽思想，经学传统的牵制束缚之深，可以想见。这种情况，直到五四运动以后，经学退出了历史舞台，才发生变化。然而，由于经学在我国流传甚久，影响很广，经书及其注释中也保留了古代的历史和思想资料，要批判和继承我国的文化遗产，还脱离不了经学。作为封建统治思想的经学是要批判的，但作为当时的文化思想，却不能简单抛弃，而要认真清理。

章太炎和孙中山赘论

孙中山是伟大的革命先行者，辛亥革命的领导人；章太炎主编过《民报》，在辛亥时期起过作用。我在《章太炎和孙中山》一文中①，曾就孙、章关系，提出一些看法。这里，再想就章太炎受孙中山的影响，以及对其在这场革命中的评价做一些必要的补充。

一

章太炎由赞助维新到投身革命，是受到孙中山的影响的。

章太炎是在甲午战争以后走出书斋，赞助"救亡图存"的维新运动的。1898年变法失败以后，他还和康有为、梁启超等"尊清者游"，对改良主义者表示同情。章太炎开始听到孙中山的名字，是1897年春在上海担任《时务报》编辑时，"因阅西报，知伦敦使馆有逮捕孙逸仙事，因问梁启超：'孙逸仙何如人?'梁云：'此人蓄志倾覆满洲政府。'"章听后，"心甚壮之"②。又说："是时上海报载广东人孙文于英国伦敦为中国公使捕获，英相为之担保释放。余因询于梁氏。梁曰：'孙氏主张革命，陈胜、吴广流也。'余曰：'果主张革命，则不必论其人才之优劣也。'"③但当时对孙中山还是了解不深，即使在政变发生，避居台湾时，还错误地认为孙中山不能与时务报馆经理汪康年并称，他在写给汪康年的信中说："东人言及公名，肃然起敬，而谬者或以逸仙并称，

---

② 朱希祖：《本师章太炎先生口授少年事迹笔记》，《制言》第二十五期。

③ 章太炎：《民国光复》，李希泌笔记，见汤志钧：《章太炎政论选集》第840页，中华书局1977年版，下简称为《政论集》。

则安矣。"①

1899 年 6 月 10 日，章太炎由台湾基隆出发。14 日，"步上神户"。17 日，"发大津趋名古屋"②。在日本与孙中山相晤，受其启发，自称："自台湾渡日本，时梁启超设《清议报》于横滨，余于梁座中始得见孙中山，由梁介绍也。越二三月，余回上海。"③冯自由记："己亥夏间，钱恂任留日学生监督，梁启超时办《清议报》，均有书约章赴日，章应其请，先后寄寓横滨《清议报》及东京钱寓、梁寓，由梁介绍，始识孙中山于横滨旅次，相互讨论排满方略，极为相得。"④

章太炎在日本初晤孙中山，影响很大。7 月 17 日（六月初十日）《致汪康年书》中谈到初晤时感受："兴公（指孙中山）亦在横滨，自署中山樵，尝一见之，聆其议论，谓不瓜分不足以恢复，斯言即浴血之意，可谓卓识。惜其人闪烁不恒，非有实际，盖不能为张角、王仙芝者也。"⑤虽尚有微词，仍誉为"卓识"，可见他这次和孙中山初晤，留下了印象。

1900 年，义和团运动掀起，八国联军入侵，章太炎在上海参加唐才常发起的"国会"（又名"中国议会"），当场表示"不当一面排满，一面勤王"，而宣言脱社，割辫与绝，并写《解辫发说》以明志，从此，他和改良派决绝，矢志革命。值得注意的是，章太炎在参加"国会"后，写了《请严拒满蒙人入国会状》和《解辫发说》，寄交兴中会主办的《中国旬报》，还附上写给孙中山的信⑥，首称："去岁流离，于□□君座中，得望风采。先生，天人也。""数年以来，闻先生名，乃知海外自有夷

---

① 章太炎：《致汪康年书》二，光绪二十五年正月初七日，见拙撰：《章太炎年谱长编》第 79 页，中华书局 1979 年版。

② 章太炎：《游西京记》，《亚东时报》第十七册，光绪二十五年十月十八日出版。

③ 朱希祖：《本师章太炎先生口授少年事迹笔记》，见《制言》第二十五期。

④ 冯自由：《中华民国开国前革命史》上集第十四章《壬寅支那亡国纪念会》。又见《革命逸史》二集第 36 页。

⑤ 章太炎：《致汪康年书》五，《政论集》第 92 页。

⑥ 《中国旬报》第十九期，1900 年 8 月 9 日，即光绪二十六年七月十五日出版。曾署"□□先生阁下"，"□□"即孙中山，见拙撰：《章太炎的割辫和〈解辫发〉》，见本书卷一。

吾，廓清华夏，非斯莫属。去岁幸一识面，稠人广众中，不暇深谈宗旨，甚怅怅也。"□□应为"卓如"，即梁启超。信中誉孙中山为"天人"，感到"廓清华夏，非斯莫属"。下面提到，如今"言保皇者十约八九"，是"背弃同族，愿为奴隶"，自己言"复汉"，"逢彼之怒"，于是愤而割辫，撰文明志，请为刊布。

"割辫"，表示章太炎"不臣满洲之志"，是他对变法图强、政治改良的决绝；是他"愤激蹈厉"，以明"誓以犁庭扫穴为事"的表白。他把文章寄交《中国旬报》，附函孙中山，说明章太炎的倾向革命，是受到了孙中山为首的革命派启发的。所以《中国旬报》刊登"来书"和所附两文后，附识说明：

> 章君炳麟，余杭人也，蕴结孤愤，发为罪言，霹雳半天，壮者失色。长枪大戟，一往无前。有清以来，士气之壮，文字之痛，当推此次为第一。隶此野蛮政府之下，迫而思及前明，耿耿寸心，当已屡碎矣。君以此稿封寄前来，求登诸报。世之深于世味者，读此文，当有短其过激否耶？本馆哀君之苦衷，用应其请，刊而揭之，俾此文之是非，得天下读者之公断，此则本馆之私意已。本馆志。

此后，章太炎树起反清的旗帜，开始向改良派展开斗争。1901年，在东京的《国民报》发表《正仇满论》，尖锐批评梁启超："梁子所悲痛者，革命耳；所悲痛于革命，而思以宪法易之者，为其圣明之主耳。"

1902年2月（正月），章太炎再次被追捕，流亡日本，初住横滨，后入东京。起初感到梁启超"专以昌明文化自任，中山则急欲发难"，"中山欲以革命之名招之，必不可致"，从而因其"交嫌"，欲为"调和"①。接着，偕秦力山往谒孙中山，自称："时中山之名已盛，其寓处在横滨，余辈常自东京至横滨，中山亦常由横滨至东京，互相往来，

---

① 章太炎：《致吴君遂书》，光绪二十八年二月初八日，《政论集》第162—163页。

革命之机渐熟。"①"逸仙导余入中和堂，奏军乐，延义从百余人会饮，酬酢极欢。自是始定交"②。在孙中山的启发下，他们共同商讨"开国的典章制度"和中国的土地赋税以至建都问题，《訄书》重印本的《相宅》和《定版籍》中，就记录了他俩当时的讨论情况。章太炎还在孙中山的赞助下，准备在东京举行"支那亡国二百四十二年纪念会"，反对清朝统治。当在东京为日本军警阻止，改在横滨补行纪念式时，章太炎宣读纪念辞，孙中山担任主席，"倡言各敬章先生一杯，凡七十余杯殆尽"③。这年，章、孙定交，关系很大。

1903 年 6 月，章太炎因宣传革命，被监禁于上海西牢。他在狱中，参预筹组光复会。三年后出狱，孙中山特派同盟会代表至沪迎章赴日。他在日本加入同盟会，主编同盟会的机关报《民报》。从《民报》第七号起(1906 年 9 月 5 日出版)，到二十四号(1908 年 10 月 10 日出版，中间另增《天讨》一册)，他一直守住《民报》阵地，中间虽一度以脑病辞职，仍挥笔不辍，时有论议。

照此说来，从章太炎和孙中山相识到"定交"，以至后来参加同盟会主持的《民报》，章太炎是受到孙中山的启迪和扶掖的，他当时之所以影响大、功绩显，应该说和孙中山领导的革命运动有关。

二

问题是，1908 年《民报》封禁前后，章、孙关系起了变化，为了《民报》的经费和续刊问题，引起一场纠纷。

当时孙中山发动武装起义，筹措军饷，需款孔殷，而《民报》经费确也困难。萍乡之役以后，"《民报》已不能输入内地，销数减半，印刷、房饭之费，不足自资"。章太炎所谓"入社则饔飧已绝，人迹不存，……持此残局，朝活文章，暮营悬费，复须酬对外宾，支柱警察，心力告

---

① 朱希祖：《本师章太炎先生口授少年事迹笔记》，《制言》第二十五期。

② 《太炎先生自定年谱》"光绪二十八年，三十五岁"。

③ 冯自由：《华侨开国革命史》三"日本之部"八《横滨支那亡国纪念会》。

瘁，寝食都忘"①，似属实情。黄侃说：章太炎这时"寓庐至数月不举火，日以百钱市麦饼自度，衣被三年不浣，困阨如此，而德操弥厉"②，也非虚语。吴玉章回忆："《民报》正遭遇极大的困难。由于经费不继，章太炎等人几有断炊之虞。他派陶成章到南洋去募捐，也无结果，因南洋华侨与兴中会关系较深，而与光复会素少联系。因此章太炎骂孙中山先生不支持他办《民报》。其实孙中山先生这时到处搞武装起义都遭失败，也很困难。章的埋怨徒然暴露了同盟会内部派系之间的裂痕。看到这种情形，我觉得孙中山先生既无过错，而章太炎也可以原谅。"③这样的评价是公允的。

后来《民报》封禁，汪精卫续办，章太炎斥之为"伪《民报》"，作《伪民报检举状》，责备孙中山，公开发表，影响很坏，当然不好。但他这时还在主编《民报》，坚持出版，继续文字宣传，鼓吹反清斗争。不久，重组光复会，闹派别纠纷，也是不惬人望，然在实际行动中，还是反清的。不久，他们对这一段纠纷公案，也认为"不必攻击"。光复会另一领导人陶成章稍后提出："孙文以后不必攻击，弟意亦然，而弟之意，即意见不同，宗旨不合者，辩正可也，不辩正亦可也，再不可如前者之《中兴报》，日从事于谩骂，不成日报体裁。即个人私德有缺陷者，亦不可多加攻击。盖羞恶之心，人皆有之，多所取怨，于所办之目的宗旨上，毫无所裨益。"④把光复会和孙中山同盟会的争论，只看作"意见不同，宗旨不合"，视为内部问题。后来，同盟会在筹划广州黄花岗之役时，光复会即曾"合力筹款"⑤。武昌起义后，章太炎致书孙中山，表示"同盟之好，未之敢忘"⑥。又追述光复会历史："二党宗旨，初无大异，特民权、民生之说殊耳。最后同盟会行及岭表，外暨南洋；光复会亦继续前迹，以南部为根基，推东京为主干。仆以下材，

---

① 章太炎，《伪民报检举状》。
② 黄侃：《太炎先生行事记》。
③ 吴玉章：《辛亥革命》第 92 页。
④ 陶成章：《致福哥书》1910 年 11 月 15 日，手迹。
⑤ 冯自由：《华侨开国革命史》第 95 页。
⑥ 章太炎：《复孙中山书》1912 年 1 月，《大中华》二卷十二期。

同人谓是故旧，举为会长，遥作依归，素不习南州风俗，惟知自守礼教而已。"①他和孙中山之间，还只能说是内部派别纠纷。我们不能张目于个人的攻击，把章、孙矛盾扩大化，不能把同盟会内部的冲突看作章太炎已经"背叛同盟"，也不能把资产阶级革命派政治上不成熟的表现，说成章太炎那时已经不革命甚至反对革命了。

三

孙中山对《民报》封禁前后的一段文字纠纷，并没有介然于心。孙中山是伟大的革命家，有着远大的政治抱负，又能不忘革命党人的劳迹，即使是过去和他争论过的光复会员。中华民国临时政府成立，孙中山就任临时大总统时，和蔡元培议及"内阁之设备及组织用人之道"时，认为章太炎等"则不过偶于友谊小嫌，决不能与反对民国者作比例"②。陶成章不幸被刺，孙中山又特致唁，"为我革命前途痛悼"，并嘱浙江都督府查陶成章生平行谊。他在《致陈炯明及中国同盟会电》中说："光复会则有徐锡麟之杀恩铭，熊成基之袭安庆。近者攻上海，复浙江，下金陵，则光复会新旧部人，皆与有力，其功表见于天下。两会欣戴宗国，同仇建房，非祇良友，有如弟昆，纵前兹一二首领政见稍殊，初无关于全体。今兹民国新立，建房未平，正宜协力同心，以达共同之目的，岂有猜贰而生阋墙。"③胸襟坦然，光明磊落，他没有对前嫌"猜贰"。可知孙中山对章、陶的争议，作为"友谊小嫌""政见稍殊"，是作为内部争论，没有说他们"背离同盟"。

这些，正是孙中山的政治家风度，而章太炎则书生气重，只是"有学问的革命家"。尽管如此，章太炎后来追述往事，还是不胜缱绻，说是"同盟之好，未之敢忘。昔在对阳，相知最夙，秦力山所以诏我者，其敢弃捐"④。

---

① 章太炎：《致临时大总统书》1912 年 1 月 28 日，《政论集》第 557 页。

② 孙中山：《复蔡元培书》，《孙中山全集》第 2 卷 18 页，中华书局 1982 年版。

③ 同上，第 46—47 页。

④ 章太炎：《复孙中山书》1912 年 1 月，《大中华》二卷十二期。

当然，章太炎在辛亥革命中的作用，不能和革命先行者孙中山相比拟，孙中山领导了这场革命，而章太炎的作用主要只在宣传反清方面。他的政论文章，对鼓舞民气，提高觉悟是起过作用的。他自己说："以前的革命，俗称强盗结义；现在的革命，俗称秀才造反。"①"秀才"，就要制造舆论，宣传鼓动，章太炎在辛亥时期的主要贡献在此，而且他以革命反对改良，以古文反对今文，也每为一般人所不能代替。

因此，我认为，过去有人站在同盟会的立场上对光复会的劳迹加以漠视，固然是不对的；过分强调同盟会和光复会的矛盾，甚至贬抑光复会，也不妥帖。至于"四人帮"，有意抬高章太炎，贬低孙中山，那是别有用心，颠倒历史，不属于学术讨论的范围了。

① 章太炎：《民报一周年纪念会演说辞》，《政论集》第 328 页。

《訄书》版本种种

章太炎的《訄书》，撰于 1894 年甲午战争以后，到 1914 年改为《检论》，中经多次修订增删，在篇目和内容上都有很大改动。

一、原刊本

《訄书》的最初刊本是木刻本，列目五十，自《尊荀》第一始，《独圣》下第五十终。书后另有《訄书补佚》，收《辨氏》《学隐》两篇。

《訄书》的辑订结集，据章太炎称，在"辛丑后二百三十八年十二月"，是他在戊戌政变后避居台湾时修订的。原刊本手稿，《制言》第二十五期有照片。

章太炎在台湾曾将《訄书》交给馆森鸿看，《儒术真论序》谓章将文稿五十篇见示，即指《訄书》。又馆森鸿《送章枚叔序》更称，读其《訄书》认为，"议论驱迈，骨采雄丽，其说时务，最精最警，而往往证我维新事例以讥切时政"，对之十分推服。

但《訄书》的付梓，则为光绪二十五年（1899 年）冬，是在苏州刊印的。

原刊本卷首有梁启超题签。查章太炎在台湾编订《訄书》后，于光绪二十五年五月初三日（1899 年 6 月 10 日）"发基隆"，初七日（6 月 14 日）"步上神户"。至日本后，先后寄寓横滨清议报馆和东京梁启超寓所，题签当为章太炎在日本时请梁启超所书。

原书本似以"甲午秋"写的《独居记》（《明独》）为最早，其中《儒墨》《儒道》《儒法》《儒侠》《儒兵》曾在《实学报》发表。《民数》在《译书公会报》发表，《平等难》、《读管子书后》（《喻侈靡》）、《东方盛衰》在《经世报》发表，《蒙古盛衰》在《昌言报》发表，《客帝》在《清议报》发表。另外，《经世报》上的《变法箴言》修改为《播种》。

二、手校本、修订手稿

上海图书馆藏《訄书》原刊本上有章太炎改本，其中：

第一，《儒法》第四"仲舒之决事比，援附格令"，"格令"改为"经谶"。

第二，《客帝》第二十九上有眉注，"辛丑后二百四十年，章炳麟曰：余自戊己违难，与尊清者游，而作《客帝》，弃本崇教，其流使人相食。终寐而颖，箸之以自劾录，当弃市"。

第三，《官统》第三十"以其六典，上诸孔氏"，"孔氏"改为"大旅"。

第四，《分镇》第三十一，"咸丰之季，潢池日扰，重以外寇，天下之势，阽阽如絫九丸"，"潢池日扰"，改为"汉帝已立"，"天下之势"改为"孤清之命"，还有其他改动和眉注。

这些改动，关涉到对今文经学的批判和对"汉帝""孤清"的看法。他的修改，应在1900年义和团运动以后，明确一些，可说在这年七月上海"国会"召开，章太炎"割辫"以后。

上海图书馆另有：

第一，章太炎手写修改目录一份，列《原学》第一到《解辫发》第五十七，另《明群》《东鉴》《原教》等未编入，实为六十四篇。

第二，《訄书》手稿残册，即上项目录所增部分篇文，今存《尊史》、《原教》上、《官统》中、《礼俗》、《通法》、《述图》、《王学》、《颜学》、《消极》、《方言》等十一篇，末附《定赋》，即后来重印本《定版籍》部分内容。

三、重印本

重印本于1904年出版，东京翔鸾社印刷，铅字排印，署"共和二千七百四十五年夏四月出版"，封面邹容题签，内有章氏相片，次年秋八月再版，"七年秋七月"又行再版。

章太炎在《訄书》付梓后即行修改，上揭手校本，手稿残册就是修改证明。据《太炎先生自定年谱》"光绪二十八年壬寅"记："余始著《訄书》，意多不称，自日本归，里居多暇，复为删革传于世。"次年，即因"苏报案"入狱，《訄书》重印本"扉页"章太炎照片后，说是章氏"被逮，而《訄书》改订本则已于前数月脱稿，阅一年，其友为之出板"。那么，他修改《訄书》始于"付梓"后，到1902年"删革"就绪。

重印本的篇目和手校本大体相同，计收前录《客帝匡缪》《分镇匡缪》两篇，另《原学》到《解辫发》六十三篇，共六十五篇，对原刊本颇有增删。

"删革"后的《訄书》，除前录"匡缪"外，大体可分四类：

一是《原学》第一到《学隐》第十三，论述先秦诸子到近代的学术史，力图"观省社会因其政俗"，对中国古代学术思想发展变化的历史做出说明。

二是《订实知》第十四到《冥契》第三十，用生存竞争学术解释自然界和人类的发展。

三是《通法》第三十一到《消极》第五十五，在政治、经济、军事、文化、教育等方面，为"后主立制"，提出建设方案。

四是《尊史》第五十六到《解辫发》第六十三，探讨编著史书，以明"社会政治盛衰藩变之所原"。

四、手改本

北京图书馆藏有章太炎的《訄书》手改本，改在《訄书》重印本上，改笔都是蝇头小楷。

手改本拟目增列不少篇文，所增大都是《国粹学报》《民报》《学林》刊载过的，如《原儒》《原经》及《代议然否论》（后入《文录》）等。

手改本的改定时间，则他改在"七年秋九月"的重印再版本上，自在1906年以后。《太炎先生自定年谱》"宣统二年庚戌"记："先后成《小学答问》《新方言》《文始》三书，又为《国故论衡》《齐物论释》，《訄书》亦多修治矣。"在手改本所拟目录，发表最晚的是 1910 年，和《年谱》所言"修治"也合。但其中有的词句，显然为辛亥革命后所加，想系 1910 年"修治"后，后又增益。

五、《检论》

《检论》的成书年代，据《太炎先生自定年谱》"民国三年甲寅"："余感事既多，复取《訄书》增删，更名《检论》，处困而亨，渐知《易》矣。"这年，他在家书和《致龚未生书》中多次提到《訄书》，如 8 月 11 日《致龚未生书》嘱将"自著《訄书》改削稿本"寄来，似指上述手改本，可知是他 1914 年在手改本的基础上"修治"付印的。

《检论》改为九卷，《客帝匡缪》《分镇匡缪》《解辫发》等篇均删（手改本还保留）。增加的篇目，有的为手改本所无，如《易论》《尚书故言》《关雎故言》《诗终始说》《礼隆杀论》《春秋故言》等。

1915 年，上海右文社铅字排印本《章氏丛书》出版，收有《检论》，1919 年浙江图书馆刊本出版。另见四川有排印本，书肆有石印本。

《訄书》的版本，据目前所知，大体如上。了解它的修订、出版情况，对研究章太炎思想是有帮助的。

卷　四

日本康、梁遗迹访问

1898 年戊戌政变发生后，康有为、梁启超流亡日本。康有为于次年 4 月，由横滨乘轮赴加拿大；10 月，自加拿大返香港，途经日本。1910 年重来日本。梁启超则在横滨编印《清议报》《新民丛报》，旅居日本时间更长。康、梁在日本留下了大量遗迹、遗物，探访这些遗迹，搜录有关康、梁在日活动的旧闻，是我多年的愿望。1983 年 11 月至 1984 年 5 月，我应国际交流基金会的邀请，在东京大学研究院讲学和研究，其间也到过京都和神户。在东京大学、日本女子大学、日本大学、筑波大学、京都大学、大阪关西大学、神户大学诸教授和青年的协助下，访问了康、梁在日的有关遗迹。尽管时间安排得很紧凑，但日本朋友热心导游，广泛联系，使我扩充了视野，收集到了一些书本上不见记载的康、梁史事。

一、访问遗址

康有为、梁启超在日本活动的主要地区是东京、横滨、神户，其间他们也曾到箱根、镰仓游览。这次访问，主要也是到上述地区。

横滨康、梁遗址

横滨是日本仅次于东京和大阪的第三大城市和工业中心，距东京约 30 千米，属"京滨经济圈"，也是日本重要的国际贸易港口。二百多年前，这里还只是一个人口不足一千的半渔半农的寒村，20 世纪 80 年代已发展为拥有 280 万人口的大城市。

我是 1984 年 2 月 19 日，在日本女子大学教授久保田文次和筑波大学大学院松本武彦、藤谷浩悦的陪同下，由东京前往横滨的，主要访问了当年华侨聚居的山下町。

山下町五十三番为文经印刷所旧址，冯自由称："乙未九会广州之役，……既败，总理偕陈少白、郑士良二人亡命至横滨，首访镜如于山下町五十三番地文经印刷店。文经为经营外国文具及印刷事业之老商号，冯氏开设三十余年，在侨商中藉藉有名。既相见，欢若平生，即请总理三人下榻于店中二楼，并邀紫珊……等十余人在文经二楼会商组织兴中会事。"①文经印刷所是横滨兴中会的发起地，由《清议报》发起人冯镜如经营。据《清议报》第一册封底："发行编辑人，冯镜如，横滨居留地五十三番馆。"此即文经印刷所所在。但《清议报》的印刷，却是在"横滨居留地百三十九番"的清议报馆活版部，一百三十九番也是《清议报》初期的发行所。

《清议报》创刊于 1898 年 12 月 23 日（光绪二十四年十一月十一日），在横滨发刊，梁启超主编。他在《横滨清议报叙例》中称："我支那国势之危险，至今日而极矣。虽然，天下之理，非剥则不复，非激则不行。挽近百余年间，世界社会日进文明，有不可抑遏之势，抑之愈甚者变之愈骤，遏之愈久者决之愈奇，故际列国改革之始，未尝不先之以桎梏刑戮干戈之惨酷。""乃者三年以前，维新诸子创设《时务报》于上海，大声疾呼，哀哀长鸣，实为支那革新之萌蘖焉。今兹政变，下封禁报馆之令，揆其事实，殆与一千八百十五年至三十年间欧洲各国之情形大略相类。呜呼！此正我国民竭忠尽虑扶持国体之时也。是以联合同志共兴《清议报》，为国民之耳目，作维新之喉舌"。这时正值变法失败，《清议报》宣传"维新"，鼓吹改良，反对慈禧、荣禄、拥护光绪复辟。梁启超的《戊戌政变记》、谭嗣同的《仁学》都曾在《清议报》发表。《清议报》共出一百册，当时传布国内，对国内的改良派和进步力量起了极大的鼓舞和推动作用。文经印刷所旧址今为神奈川县警察本部。

由文经印刷所北行十分钟，至山下町一四〇号，便是横滨大同学

---

① 冯自由：《兴中会组织史》，《革命逸史》第 4 册。

校旧址。横滨大同学校系资产阶级改良派所设，于 1898 年 3 月（光绪二十四年二月）开馆，徐勤任中文教习。

关于横滨大同学校的开馆日期，有人以为是 1897 年，但据《知新报》四十七册（光绪二十四〔1898 年〕年三月初一出版）《横滨大同学校近闻》和光绪二十四年正月二十四日徐勤《致汪康年书》所写"大同学校规模已定，日间开馆，东文社习者若干人，暇乞便告中朝有何举动，乞常以书相示"①，开馆应在 1898 年。又《知新报》第六十三册（光绪二十四年七月十一日出版）《横滨大同学校颂圣诗》注云："横滨大同学校，自二月开馆，来学生徒，共有百五十人，其师徒于来复日，歌诗习礼，颂扬孔圣，今得其《尊圣诗》九章，录之以告天下；其《保国诗》改日再录。"则开馆于光绪二十四年二月。据徐勤《日本横滨中国大同学校学记》②，所学为"立志""读书""合群""尊教""保国""尊祀孔子"；或习中西东文，兼习算学；或专习中文，兼习天文地理各图。曾于光绪二十四年"三月入禀钦差领事立案"③。大同学校旧址已毁，档案亦无，今横滨中华学校则为后来建筑，唯校侧关帝庙犹存故迹。

出校门经小街折入一百十九番，为 1897 年孙中山与宫崎滔天邂逅处④。这里街道宁静，步行二分钟即有各种饮食店，相传康有为、梁启超、章太炎等均曾在此散步谈心。再行一分钟，抵一百六十番，为《新民丛报》发行所；一百三十九番、一百五十二番为《清议报》旧址。今番号未交，而房屋则已翻建。一百三十九番今为"兴昌中华料理"，一百五十二番则在西芳杂货店、新新中华料理、广新桥本馆之中，对面为中华物产店"老维新号"，店名还用"维新"。

据松本先生研究，《清议报》和《新民丛报》馆址前后不同，今引列见下表：

---

① 《汪穰卿先生师友手札》，上海图书馆藏。
② 《知新报》第 52 册。
③ 《驻横滨总领事准大同学校立案给匾批词》，《知新报》第 62 册。
④ 《辛亥革命研究》第二号，1982 年 3 月日文版，中载日本外务省档案明治三十年（1897 年）八月二十一日神奈川县知事中野健明上外务大臣大隈重信报告"秘甲第 410、第 403 号"。

《清议报》	第一至第三十一册	山下町一三九番	1898 年
	第三十二至第七十册	山下町二五三番	1899 年
	第七十一至第一百册	山下町一五二番	1901 年
《新民丛报》	第一至第三十三号	山下町一五二番	1902 年 2 月 8 日
	第三十四至第九十六号	山下町一六〇番	1903 年 6 月 24 日至 1907 年 11 月 20 日

《新民丛报》创刊于 1902 年 2 月 8 日（光绪二十八年正月初一日），在日本横滨创刊，半月刊，梁启超主编。列宗旨三条："一、本报取《大学》新民之义，以为欲维新吾国，首先维新吾民。中国所以不振，由于国民公德缺乏，智慧不开，故本报专对此病而药治之。务采合中西道德，以为德育之方针；广罗政学，以为智育之本原。二、本报以教育为主脑，以政治为附从。但今日世界所趋，重在国家主义之教育，故于政治，亦不得不详。惟所论务在养吾人国家思想，故于目前政府一二事之得失，不暇沾沾词费也。三、本报为吾国前途起见，一以国民公利公益为目的。持论务极公平，不偏于一党派，不为灌夫骂坐之语，以败坏中国者，咎非专在一人也。不为危险激烈之言以导中国，进步当以渐也。"分"时局""政治""教育""宗教""学术""农工商""兵事"等二十余栏（《新民丛报》第一号《本馆告白》），继续宣传改良。它虽在革命形势高涨的情况下，成为鼓吹立宪、反对革命的刊物，但介绍西方资本主义文化"以导中国"，在当时和后来都起过影响。该报在日本刊行六年，远销国内外。

神户中华同文学校

横滨大同学校开设后，梁启超又赖华侨郑席儒、曾卓轩等资助，创高等大同学校于东京[①]，又创华侨同文学校于神户。1939 年，神户华侨同文学校与神阪中华公学合并，改名中华同文学校，校址在神户市中央区中山手通六丁目九番一号。

---

① 实藤惠秀：《中国人留学日本史》中译本第 28 页，生活·读书·新知三联书店 1983 年版。

据《神户中华同文学校四十周年纪念刊》"大事记":"己亥夏四月,梁任公先生因横滨大同学校成立,专来神户,与麦少彭翁商议华侨教育,旋演说于中华会馆,侨众赞成。秋八月,创建小学校于市内中山手町三丁目廿四番地。翌年庚子春,堂舍落成,命名同文学校。"可知神户中华同文学校筹议于1899年夏,次年校舍落成。又据《神户中华同文学校要览》,初创时学生有一百二十一名(内男生一百零六名,女生十五名),以犬养毅为名誉校长。至1906年,增设幼儿园及初中预科。1946年神户大空袭中校舍被毁,1958年另建新校。

神户中华同文学校创办至今已有九十多年的历史,培养了不少人才,梁启超之子梁思成在这里肄业,林丽韫同志在这里读过书,访日时现在校长曾健卿也是校友。全校有中小学学生八百五十余人,教职员四十七人,学校讲汉语,读汉文。它的办学宗旨是:"通过民族教育,培养华侨子弟能够正确地理解祖国的一切知识,在德育、智育、体育各方面取得健全的发展,并能为中日友好工作做出积极的贡献。"

须磨康有为故居

1911年5月8日(宣统三年辛亥四月初三日),康有为自新加坡到香港。6月6日(五月初十日),赴日本,初去箱根,后居神户①。他到达神户后,先住梁启超所居的双涛园。双涛园原为神户华侨麦少彭别墅,地近海滨,松影婆娑,"双涛"即指海涛、松涛而言。康有为有《辛亥夏来日本须磨,居任甫双涛园,筑小楼十弓临海,名曰天风海涛楼,室成,与任甫、觉顿乐之,兼寄若海索和》,诗云:

> 海外逋亡十四年,又来须磨结三椽。纸窗板屋生虚白,夕霭朝晖览万千。松罅旧亭立前后,丘中曲径得回旋。小楼坐大吾知足,吞吐东溟占碧天。

> 双涛浪拍与松筛,海碧山青日月移。丈室可施花雨榻,故人□寄草堂资。白波万里如舟入,青盖千株绕壁欹。过眼云烟浑欲

---

① 日本外务省档案:《各国内政关系杂纂·支那党关系》第五卷一门六类一项4—21。

忽，侧身天地更何之！①

梁启超也有《南海先生倦游欧美，同居须磨浦之双涛园，述旧抒怀，敬呈一百韵》②。

这年 10 月，武昌起义，接着各省响应。辛亥革命推翻了清朝政府，结束了两千多年来的封建帝制。康有为认为"革党必无成"③，慨叹"国事亦多变，神州竟未还"④，恋栈旧制，眷念清室。在双涛园写了《救亡论》《共和政体论》，提出"虚君共和"的主张，认为"立宪犹可无君主，而共和不妨有君主"⑤，表现出对当时的革命形势的不适应。

1912 年，康有为因携同眷属，久居双涛园不便，置须磨长懒园别庄(后以梁启超之请，改名奋豫园)，在长懒园过了他的五十五岁寿辰(壬子二月初五)，并在园中写了不少诗篇。

关于康有为在须磨客寓情况，日本关西大学教授坂出祥伸经过实地调查，写有《康有为の须磨客寓时代》一文⑥。我在京都大学讲学时，坂出先生知道我将去神户，特把访问情况见告。1984 年 3 月 16 日上午，在神户中华总商会会长陈德仁先生的协助下，由关西大学教授山口一郎、东京大学教授近藤邦康陪同，神户大学陈来幸女士驾车，先找到七十二年前见过康有为的鸿山俊雄先生，一起前往须磨。从神户市区出发，车行近一小时，先往双涛园，转折上坡，即至长懒园，门牌号码是神户市须磨区千守町一丁目五番五十九号。如乘国铁到须磨站，北行五分钟即可达。

康有为寓居时的长懒园面积很大，有二千三百坪，内房屋建筑六十坪，亭园一百五十坪。后土地渐被征用，今存旧屋和部分亭园。房

---

① 《南海先生诗集》卷一二《憩园诗集》。
② 《饮冰室合集·文集四五》。
③ 康有为：《致徐勤密书》，《民立报》1911 年 12 月 27、28 日，见汤志钧：《康有为政论集》第 649 页，中华书局 1981 年版。
④ 康有为：《辛亥重九日闻党禁开》，见汤志钧：《康有为政府集》第 651 页。
⑤ 康有为：《共和政体论》，见汤志钧：《康有为政府集》第 690 页。
⑥ 见东洋学论集《森三树三郎博士颂寿纪念》，昭和五十四年(1979 年)十二月一日发行。

屋、楼梯、池塘都保持原式，只是园中旧有四桥，今已改变。进门有小山，中有一石刻人像，左手已残，据闻日本很少有此类石刻。室外有一小池，旁植花卉，西为六叠屋十间，南有四室。今为三条衣料的三条胜二先生寓所。三条已八十有三，他是三十五年前购有此屋的。他不无感慨地说："可惜原来室内的什物家具都没有了，只有门前的石像、小池还保持原样，房屋虽经整修，格式没有变动。"

鸿山俊雄是在幼时见过康有为的，曾在《兵库史散乘》上发表《须磨の康有为》①，据他介绍："五六岁时，曾随父母到须磨见过康有为，那是七十二年以前的事，在明治四十五年（1912年）的秋天。记得当年门口左面房内有一大桌，有厨师二人，做的是中国菜，另有女佣一人，还有一年轻日婢。室外有红色枫叶，菊花正开，菜肴中也有菊花肉。寓中还有七八个人，分居各室。每一室中的天花板木料、式样都不一样，很是别致。"

鸿山先生如今还藏有康有为写给他父亲鸿山理三郎的横幅，系七绝一首："落月风荷奈此湖，松寒柳没晓城乌。故山夜夜桃花水，春病诗疏进酒无。"另有信一通，系一般酬应函。并藏梁启超手书条幅一件："玉宇沉沉夜向阑，跨空飞阁倚高寒。一壶清露出云表，聊为幽人说肺肝。"末署"庚戌十一月"。

两位老人谈风均健，因已近午时，乃在寓前摄影留念而别。

追踪康、梁旧游地——箱根

箱根是日本著名风景区，属神奈川县。康有为、梁启超曾屡游其地，赋诗纪事。

1899年，梁启超约罗普同往箱根读书，寓塔之泽环翠楼，攻读日文，编《和文汉读法》。康有为也曾两赴箱根②。第一次是戊戌政变后，流亡日本，经热海赴箱根，有《日暮登箱根顶浴芦之汤》诗，"茫茫睨故

---

① 《日华月报》1979年10月19、20日。

② 康有为曾三次赴日，第一次是1898年9月政变发生后；第二次是1899年9月自加拿大还香港，经日本；第三次是1911年。但第二次是在神户下船时，为日本政府留难，故游箱根只有两次记录。

国，怅怅非吾土"，"温泉岂能暖，冰心谁可告"。眷恋王事，怅惜维新，忧国之情，恻然可掬。

第二次是 1911 年，有《辛亥腊游箱根与梁任甫书》和《辛亥除夕前六日在日本箱根环翠楼阅报，适看玉帘泷还感赋》，诗云：

> 绝域深山看瀑云，故京禅让写移文。玉棺未掩房陵土，版宇空归望帝魂。三百年终王气尽，亿千界遍劫灰焚。遗臣党锢随朝运，袖手河山白日曛。

这年，武昌起义，全国响应，推翻清朝，筹建共和，康有为却认为"三百年终王气尽"，表现出已不能适应时代潮流了。

1984 年 3 月 23、24 日，我在东京大学名誉教授古岛和雄、教授近藤邦康陪同下，蒙田岛俊雄助教授亲自驾车，驰赴箱根，得见康有为、梁启超旧游之地。回顾康有为当年游箱根，由汽车"旦过静冈"，"午到国府津"，至箱根山，改乘马车，而"仆痛马瘠，天昏日黑，前途渺渺，客舍茫茫"，"踟蹰路左，匍匐冥行"。经电话呼救，"客馆迎至"，然后"凄苦之余，忽化闹境"。第二天才"策马芦湖，瞻望富岳"①。时隔七十余年，交通工具现代化，游客也多，不是康有为所说的"荒山竟日""人踪俱绝"了。

康有为两游箱根，均宿环翠楼，《明夷阁诗集》有游箱根诗多首，今环翠楼犹藏有《环翠楼浴后不寐，夜步同廊》条幅，诗云："电灯旳旳照楼台，夜屟游廊几百回。明明如月光难掇，渺渺微尘劫未灰。风叶一秋疑积雨，瀑泉竟夕隐惊雷。晓珠斗大盈怀抱，数遍银屏过去来。"

康有为第二次游箱根时，"追思鼎湖之痛，自哀绝国之奔""俯仰身世"，和第一次游箱根时迥然不同。这是因为革命军起，"全国沸变"，清政已覆，"王气"已"尽"，康有为却"孤臣死罪惭衣带""追念维新涕泗流"，于是"随旧朝而尽"，"悲从中来"了。一个"先进的中国人"，伏阙上书，冒危变法，曾几何时，颓唐至此！也可见中国近代历史发展迅速，如果思想不能跟随历史前进的步伐，那么就会成为时代的落伍者。

---

① 康有为：《辛亥腊游箱根与梁任甫书》，见汤志钧：《康有为政论集》第 695 页。

二、搜辑佚文

康有为、梁启超留居日本期间，留下了大量佚文、散札，藏庋各处。在日本友人的协助下，此次搜集到一些函札、笔谈及其他文献资料。

函札、笔谈

康有为、梁启超函札留存在日本的，有的已经公开，如《日本外交文书》《伊藤博文关系文书》《近卫笃麿日记》《续对支回顾录》均有收录。中华书局出版的《辛亥革命丛刊》第二辑也发表了《辛亥以前康有为、梁启超致柏原文太郎等十三封信》。另外还有许多未公开的，或散存在文书、档案中，或刊载在当时的报纸上。尤以政变发生，初抵日本时诸函最为重要。如 1898 年 11 月 6 日梁启超致大阪日清协会山本梅崖书，载同年 11 月 20 日《台湾日日新报》，函中有云：

> 弟等为吕、武、操、莽所不容，空拳徒张，寸心未死，忍留七尺，来哭秦庭。适值贵邦政海翻澜，朝士汹汹，洶莫能执咎。事机迅逝，后此难追。既为敝邦痛，抑亦为贵邦惜也。窃察贵邦人士颇有畏露如虎之心，仆以为露之为东方患，虽五尺童子皆知之矣。然我东方欲自保独立，必及露人羽翼未成，庶几尚可以之〔止〕之，则今日正其时也。及今所〔不〕图，数年之后，岂复有图之之时哉！仆甚不解贵政府之徘徊瞻顾者，将欲何待也。敝邦虽屠矣，然一二年来，南部诸省，民气奋发，智力开张，颇异畴昔，以湘拟长，以粤拟萨，未敢多让也。愿〔顾〕贵邦三十年前外患未迫，故仅扩国内之力而即可成。敝邦今日敌氛四张，非借友邦之助而难奏效，是则所以深望于贵邦者耳。

函中可以看出，梁启超等对帝俄扩张的野心十分愤恨，但又对日本存有幻想。查政变前，伊藤博文来华，康有为曾访伊藤于日使署，请其"维持东方时局"，于觐见光绪时"进而教之"。并请向慈禧"剀切陈说"，以使"回心转意"①。政变发生，康流亡日本，梁启超又于 9 月 27 日上书伊藤博文、林权助，谓据《国闻报》载，慈禧谕称光绪病重，他以为"寡君之生死，敝国存亡之所系，而敝国之存亡，又东方大局之所系也。今者强俄眈眈，视东方诸邦已如彼囊中之物。苟敝国之自立，舍寡君而外，他无可冀者"②。此函又说："非借友邦之助而难奏效。"把中国的存亡，系之光绪一人，甚至想请伊藤"干预内政"，借以"维持"，反映了资产阶级的软弱性。他看到南方"民气奋发"，又只是"以湘拟长，以粤拟萨"，还是想有长洲、萨摩诸藩那样的人，完成"尊王攘夷"的"维新大业"，只是不久在和资产阶级革命派接触后，梁启超的思想才一度转变。这封信，无疑对研究政变后康、梁的政治活动和思想演变有一定的参考价值。

其实，康、梁在日本的函札，不但有他们留居日本时的，也有后来返国后的。梁启超逝世后，梁思成还写信给柏原文太郎，请他"征集遗事函札"，以便"编定年谱、文集"。

此外，康、梁留居日本期间，由于言语隔阂，留有笔谈记录，也颇珍贵。如冈山木堂纪念馆藏有梁启超和犬养毅的笔谈记录，谓：

> 西欧之人，常谓敝邦人无爱国之性质，斯言仆几无以辨之也。然仆敢谓敝邦人非无爱国之性质也，其不知爱国者，因未与他国人相遇，故不自知其为国也。然则观之于海外之人，则可以验其有爱国性与否矣。今内地督抚无可望，民间受压制，不敢小行其志，欲其扶危局，难矣。故今日惟求之于海外，庶几有望也。

> 孙逸仙近曾见先生乎？仆等之于孙，踪迹欲稍疏耳，非有他也。而横滨之人，或有与孙不睦者，其相轧之事不知如何，而极非仆等之意矣。孙或因滨人之有违言，而疑出于仆等，尤非仆所望矣。敝邦有志之人既苦希，何可更如此相仇。仆欲一见孙、陈而面解之。先生有暇日，约会见于此间，可乎？至仆等与彼踪迹

---

① 《伊藤问答》，《闽报》光绪二十四年八月引《日日报》，转引自《戊戌新政上谕》，光绪二十六年十月上海排印本。

② 《伊藤博文关系文书》八，《外国人书简》七八，塙书房 1980 年版。

不得不疏之故，仆见彼当面解之也。

查戊戌、己亥间，资产阶级革命派与改良派曾组织会谈，商讨合作，康有为不到会，梁启超为代表，没有谈出什么结果。孙中山又派陈少白往访，梁启超导陈见康，少白反复辩论至三小时，请康"改弦易辙，共同实行革命大业"。康答曰："今上圣明，必有复辟之一日。余受恩深重，无论如何不能忘记，惟有鞠躬尽瘁，力谋起兵勤王，脱其禁锢瀛台之厄，其余非余所知。"①拒绝合作。

梁启超本人却和孙中山、陈少白往还，并迭函孙中山，说明"若其方略，则随时变动，但可以救我国民者，则倾心助之，初无成心也"②。从上述笔谈中，可以看出梁启超对"爱国"的看法，还谈到"敝邦有志之人既苦希，何可更如此相仇。仆欲一见孙、陈而面解之"，他对孙中山为首的革命派的态度，和康有为有很大区别，不能混同评价。至于"横滨之人或有与孙文不睦者"，则指徐勤、麦孟华而言。这项笔谈，对研究中国 19 世纪末 20 世纪初的资产阶级，显然是有帮助的。

档案、文书

在日本的档卷、文书中，也有不少康、梁旅日期间活动的资料。

日本外务省档案《各国内政关系杂纂》"支那"部，有明治三十一年（1898 年）十二月二十一日上海总领事小田切万寿之助所上《康有为事实》，抄附康有为的《奉诏求救文》③，全文甚长，且有译文。首述光绪"忧勤图治，发愤自强，自四月以来，亲断庶政，明诏屡上，百度维新"。继述政变发生，"废我二十四年之圣主，实亡我二万里之大清也；非惟亡我二万里之大清，实以亡我四千年之中国也"。并指出慈禧为首的旧党的"大罪"十条。这是对慈禧为首的旧党深恶痛绝的"檄文"。日本驻上海总领事特地抄录、递译寄呈，可知影响之大。

外务省档案中对康、梁在日本的抵、离以至居住情况，也不乏记

---

① 冯自由：《戊戌后孙、康两派之关系》，《革命逸史》初集。
② 冯自由：《中华开国前革命史》第六章《革命保皇两党之冲突》。
③ 系机密 69 号附件。

录。如1911年（明治四十四年）6月12日兵库县知事服部一三上外务
大臣报告："康有为于昨（11日）午后八时携同妻子入境，至神户登陆。
本日，梁启超、汤觉顿前往迎接，住西村旅馆。"21日，服部一三上警
保局长有松英义报告，言大阪、神户保皇会欢迎康有为的情况及康、
梁演说。在《清国革命动乱ノ际ニ于ネル同国，动静态度及舆论关系杂
纂》秘受〇八七四号中，有服部一三于同年11月7日写给外务大臣内
田康哉的报告，谓梁启超由日返国去奉天①。次年2月2日，服部一
三上内务大臣报告，谓康有为于"昨日（1日）十时四十分由神户驿出
发，乘汽车赴箱根芦之汤"②。这些资料，对编订康、梁年谱及考证行
事，是直接具体的原始记录。

在文书、日记中，除留存康、梁的晤谈记录和一些函札外，还有
其他资料。如《有松英义关系文书》中有一份明治四十一年至四十二年
（1908—1909年）梁启超来往邮件的报告，其中详细记录了这一时期梁
启超与国内和日本人员间往来信件的情况，包括收、寄件人的姓名、
住址等。有松英义是当时日本警保局长，这份邮件往来记录，应是当
时检查邮件时抄交警局的。从报告记录中可以看出梁启超当时交往的
情况，他不仅和海外有联系，而且和清政府官员也有函件往来。梁启
超1907年组织政闻社，以迎合清政府"预备立宪"。次年迁总部于上
海，联络国内立宪团体。梁还想联合肃亲王善耆排除袁世凯，结果政
闻社被清政府查禁解散。慈禧、光绪先后"崩逝"，梁启超又认为摄政
王载沣"拗谦""深沉而有远略"，考虑肃亲王"之外尚有其途"③，准备
"上书"。"邮件报告"中梁启超与清政府官员的信函往返，即在这一时
期。在这些邮件中，他不断改用姓氏、代号，如"怡和别庄"，系梁在
神户的住所，收件人一观即知，但不署姓氏，似亦为避免检查。

由于此次旅日时间较短，我又只能在讲学之余从事一些搜寻、调
查工作，所知不多，见闻有限。上面所记，只是我看到的一部分，相
信今后还会有更多的发现。

---

① 明治四十四年秘受第2717号。
② 明治四十五年秘受第0574号。
③ 梁启超：《致蒋观云书》，《梁任公先生年谱长编初稿》。

又，文中所提资料，很多是日本友人久保田文次、近藤邦康、小岛淑男、坂出祥伸、石田米子诸教授和松本武彦、阿川修三等先生提供的，在此谨表谢忱。

原载《文物》1985 年第 10 期

附录一

横滨大同学校资料辑存

横滨大同学校，于 1898 年 3 月开馆，是资产阶级改良派在日本设立的学校，康有为弟子徐勤为总教习。"中学、西文、东文三者并进"。政变发生后，继续办理，并延日本前文部大臣犬养毅为校长。梁启超又在华侨郑席儒、曾卓轩的资助下，创高等大同学校于东京。大同学校学生曾创志学会，在课卷中对中国政治改革也多议论。今旧址已毁，档案亦无，今从《知新报》《清议报》有关消息中，将学记、课卷、讲义、叙例等资料辑出，《东京高等大同学校功课》也一并录附。

横滨大同学校近闻

日本横滨所创中国大同学校，定于中历二月初旬启馆，所聘中文教习三水徐勤君勉、南海陈如泽荫农、顺德陈汝成默庵、番禺汤为刚觉顿，西文教习顺德周镜澄鉴湖，东文教习井上太郎，日本当道如近卫公、大隈伯、副岛种臣、谷干城各大臣等，亦极留心此事，并赠学校教科书十数种。他日学堂所学有成，欲习专门之学者，咸愿代荐入东京各学校肄业（每年经费，不过百金左右）。中国从来志士欲游学外洋者苦无津涯，今有大同学校为之东道，并可作日本学校之先容，其途至捷，其费至简，终南之径，莫过此矣。今方设立经济特科，亟录之以告天下之有志者。

《知新报》第四十七册"京外近事"，光绪二十四年（1898 年）

三月初一日

日本横滨中国大同学校学记

三水徐勤撰

一曰立志。圣教可以存，国体可以立，仇耻可以雪，身家可以保，其基于立志哉！传曰："官先事，士先志。"程子曰："立志如下种子。"朱子曰："将天下第一等事让与人做，便是无志。"立志之义，盖重矣哉！自海禁既开，六十余年，我民出洋者以千万计，然皆中年以后，米盐交迫，匪暇他及，即或生长异地，自童而壮，海外习气，涵濡已深，汉家之仪，忘之久矣，求其志趣远大，规模宏深，内可为家国之用，外不为异类所轻者，盖亦寡焉。今者创海外未有之举，复古人讲学之风，立此宏愿，共矢血诚，守荀卿卑湿重迟之戒，除象山荆棘汗泽之弊，追子舆士事尚志之言，继宣圣十五志学之旨，庶几昌我教宗，踵王仁之旧迹，还功汉室，作变政之元勋，悠悠我心，古今一揆，是诚在我，非他人任也。

一曰读书。语曰："知今而不知古，谓之盲瞽；知古而不知今，谓之陆沈。"中国行省之大，南洋诸岛，华工之众，岂乏好学深思之士哉！然读书之法，未得其当，守旧之党，则尊古而抑今，开新之党，则崇今而弃古，品此二类，故古今殊途，中外异致，变法数十年，民数冠大地，而卒以才难闻于天下。考日本维新之始，遣少年未学者，留学外国，终以徒染恶习，靡收其益，中国出洋学生以数百计，坐是之故，亦不闻有通才异能，为国家收其用者。今与二三子扫除诸弊，正厥要归：读宋明诸书，为立身之基础；读周秦诸子，考圣人之口说；至于历朝掌故之书，泰西政教之学，亦互相参考，以观正变；义理经世，略有端倪，然后归本于孔子，证之以六经，决其得失，定其行违。斯体用兼备，中外合并，他日孔教之昌，中国之强，其或有赖乎？

一曰合群。欧洲以议院而强，美洲以合众而治，非、澳群岛诸生番，以离散而见灭，盖合则勃兴也如此，不合则败亡也若彼，合群之效，已可睹矣。《易》曰："学以聚之。"荀子曰："人之所以异于禽兽者，为其能群也。"孔子曰："鸟兽不可与同群，吾非斯人之徒与而谁与？"今中国危于累卵，强敌迫于虎视，俄逼京邑，德涎齐鲁，英图川粤，日营闽浙，法窃滇桂，瓜分之局，即在须臾，《麦秀》之歌，怜于同病。然上下皆瘁，莫克振救，蹈庸众驽散之悲，沦鳏寡孤独之惨，呜呼！岂不痛哉！岂不痛哉！自顷湘省有南学会之设，桂省有圣学会之举，彬彬济济，士气丕厉，天下喁喁，翘想风采，然以齐洲之大，民类之繁，仅此区区，其亦九牛之一毛，泰山之拳石耳。今与诸君子导海外之先声，励华工之愤耻，创学校以成其才，开学报以启其智，立商会以合其众，数年之间，人才辈出，小之可免异类压抑之苦，大之可拯中土危亡之局，凡我神明之胄，远游之民，其无同心乎？英以一公司而墟五印之地，一商会而挠我加税之议，他日大势已成，群志联聚，方之于斯，何多让耶？

一曰尊教。中国二千年来，知有君统，不知有师统，盖无教也久矣。然风流波荡，深入人心，义理制度，匪有差忒，君尊于上，教行于下，读书之种，科举之业，尚未绝也。若夫海外之民，远离故土，目不睹孔子之书，耳未闻孔子之名，习非成是，罔而弗察，日所尊奉而膜拜者，不流于异教，则惑于淫祀。其甚者，归心彼族，弃我神州，谓孔子之教，足以弱人家国。呜呼！人心若此，视教若此，乌不得为人愚也。今夫西人之于教也，定以一尊，用以纪年，安息之日，举国祷颂，即经商之地，蛮野之岛，亦咸立教堂，以资诱化，我民工商外域，遍于五洲，曾不闻有倡祀孔子、尊崇教旨之事者。西人以无教目我，良不诬也。犹太亡国数百年，能自行其教，而富甲诸国，希腊最小之国，笃守其文学，而自立欧东，况我先圣之教，义理之精者乎？今宜立孔子之像，复七日来复之义，作尊圣之歌，行拜谒之礼，使朝夕讽诵，咸沾教泽。传曰："声名洋溢夫中国，施及蛮貊，凡有血气，莫不尊亲。"其在此一举矣乎？

一曰保国。西人之于国也，其国之正朔服色、语言文字，虽身居异地，经数十百年，犹不小变易者。至若兵役之劳，则荷戈乐从，捐输之事，则踊跃报效，爱国之诚，如出一辙，国势之强，良由于此。今敌国之欺侮甚矣，国体之耻辱极矣，索我巨款，夺我险要，挠我陟黜之权，削我自主之势，目之为蒙古鞑靼之种（中国种类出于黄帝，西人以为与蒙古同，谬也。余别有《中国种类考》），屏之为三等蛮野之国。呜呼！是可忍也，孰不可忍也。血气之伦，具存忠愤，能无痛心疾首，以报大仇者乎？何图含垢忍尤，逍遥域外，漠然置之，不肯念乱，有党同伐异之事，意钱嗜烟之癖，下干厉禁，上辱国体，其无术亦至矣。昔日奉还我辽东，立纪念会，使举国臣民，无忘国耻，我宜师其意，共念时艰，哀我王室，兢生爱力。《易》不云乎："天行健，君子以自强不息。"《诗》不云乎："风雨如晦，鸡鸣不已。"又曰："殆天之未阴雨，彻彼桑土，绸缪牖户。"其兹为保国之义哉！其兹为保国之义哉！

学校于来复日（即西人礼拜之日），尊祀孔子，行团拜礼，歌《尊教》《保国》等诗，事毕放假。

学校诸生，暂分二等：一等习中西东文，兼习算学；二等专习中文，兼习天文、地理各图。

学校上午习中文，写字、画图等事附焉；下午习东西文，算学、体操等事附焉。

学校一、二等两班，每班所读之书，俱归一律，以昭画一。

每日讲书一次，俱照诸生现在所读之书讲起，以便解悟。

学校各诸生，定八点钟进学，至十二点钟放学；一点钟进学，四点半钟放学。过期迟到者，议簿罚示惩，如读夜学者，夜间七点钟进学，九点钟放学，修金另议。

来复五日（即西人礼拜五日），于经、史、子、集中之切要者择讲。

来复六日（即西人礼拜六日），上午总复所读中东西各书，下午课经、史、子、理学、西学各题，或有年少未解文字者，则课以练句、作对等艺。

每年于三月、六月、九月、十二月四时大考一次，厚加奖赏，以别优劣。

孔子生卒日及春秋佳节，行礼歌诗，事毕放假。

凡诸生有病，及要事不能进学者，当预先告假。

学校中，不得吸烟、喧哗等事，违者议罚。

诸生宜威仪严谨，衣履整洁，不得短衣佻佻，以失观瞻。

《知新报》第五十二册，光绪二十四年闰三月二十一日

旅横滨大同学校创办章程

本学校专为教育旅横滨华人子弟及中国有志游学之士而设。

由值理中公举总理一人、协理一人、书记一人、理财一人、核数一人，以司各事，并四时出截结一次，每年出征信录一本，以昭信实。

司事值理，每年由阖埠公举一次，另由旧值理中择推数人协理一年，以资熟手。

值理每月集议一次，商办学堂事宜，各司事必要齐集，而值理须有六人到议，方能定夺所议之事。

所有银两存贮银行，必须总理盖印、管账人画押，方能提支。

议聘中土通达时务中文教习四人、西文教习一人，东京大学校高等大学士东西文教习一人。中土、日本各教习先请一年，倘学生众多，然后加聘。

教习供膳及服役人等，概归学校支理。

各学生年中节仪、贽仪等项一律豁免。

学校内楼下为学堂，楼上正座为议事厅，横厅为教习及来游学者住所。

所有台凳、书籍、笔墨，均由本学校购置各生童取用，书籍、笔墨当照原价缴回。

本学校现在创办之始，诚恐经费不敷，故定拟每年专习中文者修金十五元；专习东文或专习西文者，中西文兼习或东西文兼习者均廿五元。将来集款既厚，然后逐渐递减，如照额多送者听。

束修每年拟分四时上期缴收，交管银人收贮，如逾期不交，当将该生童止学，以儆效尤。

生童顽梗，致犯馆规者，任由教习摈逐，已交修金不得过问。

中土欲来游学者，食宿每月收回费用银七元，修金及各小费在外。

《知新报》第五十二册"京外近事"，光绪二十四年闰三月二十一日

驻横滨总领事准大同学校立案给匾批词

横滨创办大同学校，今年二月中旬告成，阖埠商人于三月入

禀钦差领事立案，已蒙批允。顷录之以布海内。

监生邝华康、光禄寺署正郑观光等禀批：

前据该生等禀呈创立大同学校告成，请为查明原委，立案给匾，以安人心等情前来，正拟据情详请钦宪察核，适奉宪谕，饬为查明具复等因，奉此。当即转谕中华会馆董事查复之后，随据该董事等，复称该生等创设学校，原为教导旅滨商民子弟起见，本属善举，尚无别情。本总领事复查无异，足见该生等好义急公，殊堪嘉尚。惟事属初创，一切尚未大定，除据再查明禀复存案外，应俟办有成效之时，再请钦宪赏给匾额，以示鼓励。旋奉批示，如禀办理等因，奉此。合行抄录原批，仰即一并遵照可也。

《知新报》第六十二册"京外近事"，光绪二十四年七月初一日

横滨大同学校颂圣诗

横滨中国大同学校自二月开馆，来学生徒共有百五十人，其师徒于来复日歌诗习礼，颂扬孔圣。今得其《尊圣诗》九章，录之以告天下，其《保国诗》改日再录①。

呜呼鲜民兮，惟生多艰。遭世屯危兮，区域分争。岁役兵车，膏涂陵津。惟天降鉴，哀我下民。以师代君，诞于尼山。（师代统一成）

尼山崒崒，猗彼鲁东。灵麟吐书，亶纵睿聪。智周万物，道与天通。脱然世表，岂不雍容。乃心肺肺，实哀氓蒙。誓言拯之，共其吉凶。（尼山圣二成）

乃顾四国，驾言周游。其事揭揭，其马秋秋。眷彼狡童，不即我

---

① 《尊圣诗》九章，康有为撰，见梁启超手写《南海先生诗集·延香老屋诗集》，《诗集》标题作《文成舞辞》，文字亦有异。如第一首"师代统"，《诗集》作"师代君"；第三首"眷彼狡童"，《诗集》作"嗟彼狡童"。第四首"三驾而止"，《诗集》作"不可而为"。第五首"我车偈兮"，《诗集》作"我车抟兮"；"瞻彼坛杏"，《诗集》作"教日昌大"。第六首"德生于天，畴敢不忘"，《诗集》作"天命在吾，畴敢即康"；"托之先王"，《诗集》作"托诸先王"。第九首"夷裔衣裳"，《诗集》作"夷裔椅裳"。"蒙我三纲"下，《诗集》增"三统递嬗，三世益张。方行据乱，犹用小康"四句。梁启超并有按语云："此先生讲学万木草堂时制，以为释菜礼圣之乐者。律奏舞容咸备，我同学皆诵习之，惜今流失，不复能记忆也。"

谋。污尘滥天，岂不思休。哀我生民，怀我东周。（四国游三成）

两河旧都，天下之中。朝多都美，其野荔丰。猗欤三代，未至大同。三驾至止，谁知予衷。依我磬声，南北西东。（卫击磬四成）

我岁晏兮，我车偈兮。天命攸滔，不为君兮。归欤归欤，吾党多狂简兮。四方攸从，朋三千兮。徒属六万，儒俶俶兮。瞻彼坛杏，条附弥天兮。（创儒教五成）

惟昔之制失其纲，惟今之制立其常。德生于天，畴致不望。改制立义，托之先王。造作文字，经列纬长。缙之十二，分之阴阳。道备天人，莫敢不庄。范围万世，实为素王。（经改制六成）

惟彼麟兮，昌王道兮。王道之明，游我数圃兮。今非其时，来何故兮。天命有德，征苍素兮。吁嗟麟兮，伤美人之迟暮兮。人知春秋之改制兮，不知尧舜之得路兮。（麟绝笔七成）

惟儒教，师仲尼。大弟子，凡八支。根条昌敷，附萼离披。匪彼贵势，惟行道之知。国立博士，人诵书诗。凡彼九流，亦我附枝。厥道闳衍，为天下师。（传儒教八成）

炎汉兴，用孔制。春秋学，以经世。绝异端，一统治。三雍汤汤，缝掖万方。帝者执经，夷裔衣裳。凡二千年，幪我三纲。俎豆萃萃，仁治日彰，曰夫子之文章。（受孔治九成）

《知新报》第六十三册"京外近事"，光绪二十四年七月十一日

大同学校开校记

横滨学校之议，倡之已数年，自丁酉、戊戌之间，始渐就绪，取《礼运》之义，名曰"大同"，聘三水徐君君勉为总教习，中学、西文、东文三者并进，规模颇立，成效略著。今岁校中董事同人更拟推广，因敦请日本众议院议员前文部大臣犬养毅君为校长。犬养君者雄才博学，而最关心于东亚之局，以联络中国为宗旨者也。受同人之敦请，欣然允诺。于本月初七日开校。前首相大隈重信伯爵闻此盛举，亦大喜，深愿提倡。同人请于开校日亲临教示一切，伯爵亦欣诺。乃于初七日午前十点钟与犬养君同由东京至横滨，同行者有专门学校讲师高冈早苗君、法律学大家望月小太郎君、东亚同文会干事中西正树君、

专门学校舍长柏原文太郎君及平山周君、宫崎寅藏君等，凡十五人，以十一点钟抵学校。于是全横滨绅商之有力有名誉者数百人，咸集校中，中华会馆董事及学校董事数人，迎于铁道之驿，学生百六十余人迎于门外，教习及其余绅商等迎于阶下，既至校相见毕，犬养君率诸教习及学生谒孔子像，次大隈伯率同来诸君咸谒孔子像，皆依西人觐见君主之礼，在圣像前三鞠躬致敬尽礼，举座肃然改容。谒圣既毕，请校长犬养君登讲堂讲学，以日本语演说学校宗旨及扶翼中国之法。

犬养君所演说，其词甚长，下次专篇印之。

演说毕，林伯泉君以华语译述之，举座拍手欢赞。开校仪式既告竣，乃移座于中华会馆，请大隈伯爵演说，全埠绅商环立于堂上，学生环立于堂门内外，集者如堵墙，咸默然而听。大隈伯爵演说曰：

> 今日横滨诸缙绅及有力诸君，请余所最亲爱之良友犬养君为大同学校校长，余亦受诸君之邀请，得预兹盛会，何幸如之。尤可喜者，因此得瞻谒孔子圣像，高山景仰，愈增钦慕。犹记四十年前余在乡校修学，其时校中规模，亦与此略同，校中亦奉祀孔子。余当时年仅十余岁，日夕瞻礼，距今已数十寒暑矣。今复谒圣，颇增感想。余历游欧美，遍观各国，察其盛衰之故，见其国民勤奋勇进者无不强，其国民偷安守旧者无不弱。因念我东方，支那、日本两国当三十年前，风气未开，专守旧学，因此日渐积弱，致远落西人之后。我日本同人知其根由，急速变通，故文明亦以颇进。夫我两邦同被孔子之教，孔子之教有体有用，以三纲五常为体，以利用厚生为用，其义本属周备。但降及后世，失其本意，于利用厚生之学缺而不讲，非孔子之意也。
>
> 今日之要，惟当勤奋勇进，共厉于实学，如地理学、植物学、动物学、矿物学、政治学、经济学（即理财学）等，一一习之，务施实用，以增进国民之智慧，助国家之文明，追孔子之本旨，是余所厚望也。至于商务上亦愿两邦情好日密，民间之交通日盛，共泯猜嫌，共扶大局，余今日睹大同学校之规模，及诸缙绅相待之盛意，实为欢喜欣幸。尤望诸缙绅及有力诸君，更合力扩充斯举，学生诸君益益勉励实学，以扶持东方危局，余不胜企望。

演说毕，中西正树君以华语译述之，举座拍掌赞叹，欢声如雷。次，望月小太郎君以英语演说国民应尽之职及国家进于文明之理，学校英文教习苏君以华语译述之（其演说语，下期续印），举座拍手。演毕，乃入宴席，席设于中华会馆之客厅，设华馔而陈西式。席间除主席八十余人外，所请之客，横滨地方官及有声望者十余人，又梁君启超及学校教师等凡十余人，宾主杂遝，谈宴殊畅。饮次，主席邝君余初以日本语演说开校大意，并谓大隈伯、犬养君惠临之盛情。次，大隈伯演说谢同人厚意，并言两邦联络交通商务之法。次，横滨地方议会议长大谷嘉兵卫君演说。次，梁君启超演说。次，学校总教习徐君勤起演说（演说辞不详录）。

演说既终，酬酢已遍，座中日本人起而祝福曰：大清国大皇帝陛下万岁，合座和之曰万岁。座中华人起祝曰：大日本天皇陛下万岁，合座和之曰万岁。次，日本人起祝曰：大同学校万岁，合座和之曰万岁。次，华人起祝曰：大隈伯爵万岁，犬养君万岁，合座和之曰万岁。欢呼之声，如巨雷起于大壑，尽欢而散。

是日也，横滨专门学校校友会亦设宴于横滨之千岁楼，以宴大隈伯、犬养君等，复邀请大同学校同人赴会，应其招者为梁君启超、徐君勤，中华会馆董事孔君云生、谭君玉阶，学校值董邝君余初、林君北泉、郑君席儒、曾君星舫等凡十余人。大隈伯在千岁楼席上演说，称道大同学校及横滨华人之好义通达，举座欢呼。其专门学校诸人亦请梁君演说，梁君演黄种可强，中国之文明可进之理。千岁楼座中演说者，时名流凡十余人，皆称道大同学校云。

初八日午前，梁君复集诸生讲学。午后，绅商复集于学校，请梁君演说，其千岁楼及初八日演说之语，下次续印之。

《清议报》第十册"横滨近事"，光绪二十五年二月二十一日出版

大同志学会序

任　公

岁二月，横滨大同学校生徒，创一志学会，将以尊其所闻，学其所志，集寰宇之知识，拯宗国之危阽，甚盛甚盛。以余有一日之长也，

使长其会而为之序。序曰：

先哲有言，有志焉而不至者矣，未有不志而能至焉者也。故志也者，群学之起点，而万事之原动力也。顾吾尝闻陆子静之言曰："今人如何便解有志，须先有智识始得。"又曰："孔子十五而志于学，怪底千余年无一人有志者，教他志个甚么，必先有智识而后有志愿。"（俱见《传习录》）吾尝服膺其言，窃以为志也者学之基础，而智也者又志之基础也。彼家人妇子，终日营营逐逐，所志不出于筐箧，因干糇而可以兴讼，争一钱而可以陨命，何也？其所知限于一身也。市井之夫，所知限于一家，故志不出锱铢焉。衿缨之子，所知限于一乡一邑，故志不出金紫焉。若是者，谓其无志乎？不能也。凡人未有无志者也，而志之大小，恒因其智之大小以为差。吾得进以一言曰：有知焉而不志者矣，未有不知而能志焉者也。故必知食之可以饱，然后求食之志生焉；知学之可贵，然后求学之志生焉。必知有京师，然后适京师之志立焉；知有天下，然后救天下之志立焉。所知愈扩充，则所志愈浩广，所知愈真确，则所志愈坚定，其度数之大小高下，如寒暑表然。水银之升降，一因夫空气之涨缩，分豪不能假借，虽欲强为饰之，而亦必不能久也。今诸子有贤父兄之教，得通人以为之师，故斐然嘐然，有以异于流俗人矣。吾叩其所志，则皆曰以古人自期，以天下为己任，斯岂非孔子所谓狂者进取乎？吾固不敢谓诸子之有是言无是志也。

虽然，苟知之不真确，操之不熟，摩之不熟，诚恐今日之斐然嘐然，有不足恃者。不见夫电乎，烨然而飞，可以怵目；不见夫水乎，搏而跃之，可以过颡。虽然，不移时而其状全变矣。故吾今者于立志之外，欲有两言焉：一曰求所以扩充其志者，一曰求所以实副其志者。厥道云何？曰学而已矣，非学无以增智，非智无以定志。譬诸志在医病，则不可不治术备药笼；志在救火，则不可不集大众修水具。苟不致力于此，而空言以号于世曰：吾欲医病，吾欲救火。未见其能至也。今国家之病，殆入膏肓，而内忧外患之急，其烈更甚于燎原之火也。将欲医之，将欲救之，千条万绪，千辛万苦，非广之以阅历，恐一试而茫无适从，非行之以至诚，恐半途而废然以返，诸子其念之哉。王文成之学旨曰：知行合一。苟知之则未有不行者，若其不行，仍是未知而已。故诸子亦勉求扩充其所知，真确其所知斯可矣。孟子曰："先立乎其大者，则其小者不能夺也。"孔子曰："匹夫不可夺志。"不可夺者，志之谓也；先立乎其大者，知之谓也。诸子其念之哉！

《清议报》第十三册"各埠近事"，光绪二十五年三月二十一日

大同学校课卷

问：

泰西、日本行封建之制数千年，至今始渐更革，能言其故欤？

冯懋龙对：

封建之制，势之所必然者也。无论何国，土司之后，必有封建，即如美国，今之所谓新世界者也。然初未拒英之时，分为十三州，各不拘管，十三州即十三国矣。至于欧洲百年前亦如是，日本三十年前亦如之。后更革之，战争之祸，从此渐息，然后可以尽力于民事，于是民乃安，国可强。故一统之胜于封建者，一定之理，此奥斯马加、普鲁士、美利坚、日本之强，所由来也。我中国废封建之制，已二千年之久，实卓绝万国者也，惜乎独夫民贼，往往钳制其民，上下壅塞，此中国之祸机，所以危亡如是矣。可悲也夫！

总批：

我中国自孔子作《春秋》，首明大一统、讥世卿二义。裁抑贵族之权，化多君为一君，此义大明，深入人心，故中国变之甚易。泰西、日本无孔子之教，故进步迟也。

问：

柳子厚谓封建非圣人之意也，势也。其所谓势者，何指？

冯懋龙对：

封建，实非圣人之意也。柳子厚谓封建者，势也。其说最通。三代之行封建，其时尚未大治，《国语》《左传》亦有言之。当周未东迁之前，即已不胜其乱，至春秋之时，则棼如乱丝，此封建之不利于国也明矣。其所谓势者，盖三代以前，乃土司之世，土司一变，当先至于封建。若欲使其一变而为大一统，犹使据乱一变而至于太平也，能乎？且当时各存自利自私之心，上下莫不如是，故天子之得天下也，必封

其子弟亲戚为藩侯，令其世袭，以藩王室。其制虽不合公理，然周之能延于八百载者，实赖之，是封建为据乱之最文明者。故泰西百年前，仍有此制，近今而后始更变也。

冯斯栾对：

夫封建既知不可，而三代以前行之者何也？曰：当时皆土司之世，圣人因据乱而导之，故变土司而为封建者，势也。后之变封建而为郡县者，亦势也。明乎当日之势，而后知圣人制作之是。明乎后日之势，而后知后人之变之无不是也；明乎子厚谓"封建非圣人之意也，势也"之论，当知郡县亦非圣人之意也，势也。

郑云汉对：

封建本非圣人之意，而郡县亦非圣人之意也。自三代以前，皆据乱之世，三代以后，渐进于升平。其据乱之世也，皆封建之世，圣人不得不随时宜而置之。及稍化于文明，则改之以为郡县，此非圣人之本心，亦因乎其势之使然也。

总批：

人类之初起，聚族而居，隔以一水，障以一山，即不能相通，划为一国，故当时邦国最多，禹会诸侯于涂山，执玉帛者万国是也，是为家族之国体。既而强凌虐，众暴寡，互相吞噬，有力者胜，是为酋长之国体，于时国渐少矣。更进而诸国之中，最有力者，执牛耳为诸国之长，诸国从而朝之，纳贡献焉，是谓之霸者，亦美其名则谓之王者。霸者、王者之意，未尝不欲尽灭诸国，而力有所不能，于是其不能灭者，则听其自存，其自己灭者则以分封其功臣及子弟，是为封建之世。古之所谓王者，其权力之大，非能如后世之君主也，特各国朝觐之，推为盟主而已。故古人每以朝诸侯、有天下二语并称，能朝诸侯即谓之有天下，诸侯不朝，即谓之失天下。当殷之兴，夏固未亡也，不过诸侯不朝夏而朝殷耳。当周之兴，殷未尝亡也，不过诸侯不朝殷而朝周耳。夏之后杞也，殷之后宋也，至春秋时而尚存，不得谓夏、殷之亡国也。而古国所以不亡之故，实由王者霸者之力，不能灭之耳，此柳子厚所谓势也。凡地球上历古及今，封建之国，莫不皆然，此势者实天下之公势也。

孟子谓三代之得天下也以仁，其失天下也以不仁。当时周犹未亡，孟子何以谓之失天下？盖在封建之世，以能朝诸侯者为有天下，诸侯不朝即谓之失天下也。故周自平王东迁以后，即已失天下久矣，代周而兴者，则齐桓也、晋文也。齐桓、晋文，当时分封列国甚多，无以异于周初也。晋人主盟中夏百余年，诸侯皆朝之，河阳之役，周王亦朝焉，此实有天下也。《春秋》立义以告万世，黜之为霸，以儆民贼耳。吾此论甚奇，汝辈不信，可更加诘难。

《清议报》第二十四册，光绪二十五年七月十一日

记政治学会开会事

皇上万寿节之明日，梁卓如君与其同志开政治学会演说，假座于横滨大同学校。盖梁君之意，以中国虽经政变，而新法他日在所必行，暇时将其后来当行之问题，合各同志，悉心研究，权其先后缓急之宜，熟其利害得失之故。既已了然明白，一旦维新复政，然后措置裕如，有条不紊，其章程已刊于《知新报》中，所以告支那之热心爱国者也。是时大同学校夏季大考，诸生进级，欲示之以讨论时事，互相诘难，为增进学识、练习言语之益，爰集同志，举行演说，以为之式。是夕，设议长、副议长、监督议员，来宾集者数十人，公拟问题二则：一问中国初变法，议院可即开否？一问中国练兵，海陆二军，何者为急？七时，摇钟就席，议长欧云樵君宣言立会大会与第一问题，令诸君辩驳，诸君特假为各执一义，以尽其是非之极致。

梁卓如君首演中国必先开议院，乃可变法。郑席儒君、梁子刚君、张惠霖君、罗伯雅君、李敬通君、梁君力君、劳伯燮君起而驳之，谓中国民智未开，遽开议院，徒增乱耳。旁听席林紫垣君介绍于议员，就议坛演说议院宜速开之义。欧云樵君续演议院可开，其意与梁卓如君略同。钟卓京君复起而阐之。议毕，议长遍问议员赞成、反对，统计赞成（以为可开）者十余人，反对者（以为不可开者）三十余人。梁卓如君乃请曰：议院不可开，地方议会可速开否，以此为问题可乎？议长以问议员，皆曰可。于是议员有谓吾中国本有地方自治之制，议会可速开者；有谓乡绅专擅无智慧，无才干，乡村如散沙，不合群，意见迭出，不能

开者；有谓宜缓开者。各尽其说，务极理要，而钟鸣十一下矣。

诸君以夜已中，俟下期再议第二问题，于是摇钟而散。越日，大同学校诸教习开演说会，邀《清议报》及留学同门诸君，其仪如前。

《清议报》第二十七册，光绪二十五年八月十一日

东京大同高等学校功课
蔡孟博

古今之大患，莫甚于以己之才力心思，不敢卓立绝出而驾乎人之上，相率因循，以仰人之鼻息，承人之耳目，自窒其脑筋，束其手足，此贱丈夫之所为，甘于为人之奴隶者也。以为千万人之所是，吾独从而非之；千万人之所非，吾独从而是之；千万人之所闭，吾独从而开之，宁不为人窃笑乎？此终古所以无进化之理也。虽然，盖未知是非无定之理耳。夫儒崇乐，墨非之，墨救人，杨守身。古之所非，今以为是，此数百年以为是，后数百年必有以为非者。且以有形之草木鸟兽，尚无一定之象，况无色相、无涯涘之公理乎？夫千万人之所非者是之，是者非之，闭者开之，梦之所不及者吾言之，冒险也。一人冒险，而遂开千古文明之境界，日本之藤寅是也，进化之大原因也。原因甚微，结果剧大，可不勉哉！

批：

英国大儒弥勒约翰曰：侵人自由之权，为第一大罪，自放弃其自由之权者，罪亦如之。

言自由之学者，必以思想自由为第一义，若人人皆以古人之是非为是非，则天下无复思想矣。

庄子曰：其作始也简，其将毕也必巨。故大人者能以造因为事者也。

蔡孟博

分民之阶级，与破除阶级之见者，优劣判若天渊。然无阶级中，复有无穷阶级存焉。下等社会之人，不能有上等社会之权，即授之以权，则亦不能保守其权，即为无权，此天演之阶级也。人为每为天演

力所抵制者此也。欲胜天演之力，非平世界之智慧不可，平之之道，其大发其原动力乎？进化之关键，舍此无由，则天演之力，转而为铸文明之具也。天演与人力所以互相胜负也欤！

批：

自由权者，自得之者也，非人所能授我也，若人能以授我，则必非我之自由权也。

授之以权，亦不能保守，此最可痛之事，然亦必然之理。然则寻常人骂独夫民贼之夺我民权者，是冤词也。己苟不放弃其自由权，谁得而夺之，凡被人夺者，必其不能自保守也，于人乎何尤。

蔡孟博

演言谓，尚武人群以农工商供兵役，农工商人群以兵资保卫。上所言者，野蛮之世也；下所言者，近日欧美进化之世也。予以为进于化之极，必人人能伸自由之权，识自由之理，人人自为保卫，且无所侵争，则无所谓保卫，又何以兵力为哉！人心中有国界，故致有以兵平不平之事，他日合地球为一大群，欧、亚、美为腰腹，群岛为手足，天下豪俊为头目，公理为以太，又安有手与足之争，手足与腰腹之争哉！则无兵之世，可决而定也。

批：

自由之理大明，人人不相侵，自然无所用兵，且不惟兵无所用而已，即政府之职，亦不过以调停裁判其人民之偶有侵人自由者而劝正之，如斯而已，他事非所干涉也。政府犹然，而况于兵。

俄倡设弭兵会，人多以诡诈目之，谓不足信，盖亦未之思耳。王阳明曰：未能知说甚行，故知先于行，空谈先于实事，一定之理也。迂儒何足以知之！夫天下事每以空谈起点，而遂成其后，安知此时之欺诈，后日不得不转为至诚者。此时之出诸口，安知后日之不能见诸实事者。儒生议论，尚足以移动全球之大局，况昭昭然联为会者乎？即其不诚，亦文明之先声也，而张之洞乃作《非弭兵》议以非之，抑何忍心倍理，甘为野蛮据乱之人耶？

批：

虽然，此固是也。然合为一大群之后，则第二之原动力无从发生，恐又变成退化之局，如中国此二千年之世界，然斯亦不可不虑也。汝试深思之，答此难。

冯斯栾

积私成公，积我便成无我，合众私而成一大私，是公之极也，合众我而成一大我，是无我之至也。即私即公，即我即无我，舍我私之外，岂复有所谓无我与公哉。即至近而论，至私者莫如我自己一身，试由我一身而下推之，则此身是合四肢、五官、六十四种原质、一百有奇之骨节、八万四千之毛孔，而成一至私之我，然此可谓之我乎？试将五官、四肢、原质、毛孔一一析之，便又成十数万至私之我，而前此至私之我，反成为公众之大我，再由此数十万之我而析之，至千百万而更至于无量，亦复如是。试由我而上推之，至公众者莫如合全球之人而为一，而对他物则不能无我，即合此地球而与他星对，则又不能无我，由此推至于极，亦复如是。然则何公众而非私我，何私我而非公众哉！故大公无我与私，我之别不在于他而在积合，积合五官、四肢、原质、毛骨、血肉而成一身，则此身是他之大公无我也。积合地球之人物而成一身，则此身又是人物之大公无我也。由此而积合诸地、诸日、诸星，浑普天而成一身，则此身谓之大公无我可，谓之共众私我而成一大私我亦无不可。故其积合私我大者，是大公无我，积合私我小者，亦莫不是一小至公无我也。如是则人人物物，皆有至公无我，唯有小大之分而已。

批：

剖析极精，知此可与言理学。凡天下对待之名号，莫不由此例而成，大小长短、苦乐成败，一切皆然，不特公私人我而已。虽然，惟大智者能出于界外，惟大仁者能游于界中，知其无界，是为阿罗汉果，行其有界，是为菩萨行。汝等其深念此言哉！不然，则立于峰而踬于垤矣，吾甚危之。

杨玉伯

　　今日地球上之思想，其一无形之大赛会哉！有形之赛不足奇，无形之赛可畏也，人人以思想为事，而我独不然，则我殆矣，然已为人思之想之者，而我复从而思之想之，则人之思想常在吾前，吾之思想常落人后，无望有及人之日，安望有赛过于人之日哉！凡为学者不可不知也。学也者，效也，效人之所知所为也。效人之所知所为，而我不能知人之所不知，为人之所不为，亦何异于词章家之獭祭而剿说者哉！此非君子之所为也。人者，助我者也，人之思想，助我之具也，人助我而我专恃人之助，我非其我矣。人有助我之具，而我无独立之具，不惟无以对人，将何以自对。故人必有赛过他人之志，而后可以言学问，否则其本根不大，其枝叶必小也。脑筋者，思想之母也，善用脑筋者，其思想必与寻常人不同，非故为好异也，不过以人之长，补我之短，以我之过，辅我之所不及。我学之，我欲胜之矣；我下之，我欲上之矣。既欲胜之，又欲上之，则脑筋无刻不思想，即思想无刻不求新也。世界之文明，其以此无形之赛会为之起点哉！

　　批：

　　荀卿曰："青，出于蓝而青于蓝，冰，水为之而寒于水。"柏拉图学于梭格拉底，而其学出梭格拉底范围之外，亚里士多德学于柏拉图，而其学出柏拉图之外，学者不可不知此义矣。

《清议报》第二十九册，光绪二十五年九月初一日

东京大同高等学校功课
秦　伯

　　积圆颅方趾而成众生，积众生而成世界，世界之安危治乱，视乎文明人者之生与不生，然则文明人者，其大世界之大脑筋矣乎？夫脑筋莫不自爱其身，寒何以为衣，饥何以为食，风雨何以为上栋下宇，百体之安乐，在一脑之善自为之，百体靡有图报者，而脑之不倦自若，脑筋亦劳矣哉！吾闻之，孔席不暖，墨突不黔，孔墨者，岂不知图逸乐者欤？而以爱天下之大身而瘁其一身，其诸孟子之所谓大而化之之

谓圣者乎？何居吾辈之不以脑筋自责也。今者百体病矣，然则当此时，脑筋可曰我非脑筋也乎哉！

批：

百体不图报，而脑筋不倦，二语通极。孔子曰："学而不厌，诲人不倦，何有于我哉！"夫学与诲非难，不厌不倦为难，必如何然后能不厌不倦，必也视办一切事为己所必当尽之职。不宁惟是而已，大人之任天下事也，视之如纵欲然，何也？彼其不忍人之心不可抑制，遇事之来，如有搔其痒者然，他人欲禁之且不可，而何有厌倦之有乎？不过细人以声色为纵欲之具，大人以救众生为纵欲之具，而己如脑筋之为百体谋，正此类也。

林介叔

老氏之言曰："还淳返朴。"此中国误认进步之变化，为循环之变化之原因也。夫淳朴者，野蛮之别义也，更欲求返之还之，是自安于禽兽之道也。而天然之奴隶，取其不事人焉，易于混世，乃昌其虚无自然之说，而流毒于此数千年。此数千年国家之亡也，则曰自然而亡，国家之兴也，则曰自然而兴，究其实，则一家人暴哮于草昧之中，无所谓兴亡，无所谓变化，此一家之恶已极。彼之稍善者取而代之，甲一家之力已疲，乙之稍强者夺而守之，延至今，至于一物之微、一事之末，亦莫不曰有运数存焉。呜呼！几不知进步为何语，安望其明自由之理欤！

冯斯栾

师昨日言文明之自由，是有法律之自由，野蛮之自由，是无法律之自由。栾更谓野蛮之人不但无法律，而并无一毫之自由，虽纵情任性，随意放掠，似乎不得不谓之自由，然甚非也。夫既无法律矣，则将侵人之自由，如是则有一自由，必有一不自由，然此尚不得不谓其无一人之自由也。不知我可侵人，人亦可侵我，人我相侵，卒无一人得自由，是故欲人人自由者，非人人自有法律不可。

曾广勷

泰西一国累败而累兴，盖善变以应天也；中国一蹶不再兴，不变而逆天也。故顺天者兴，天非兴其一国也；逆天者亡，天非亡其一国也。一国不自变，人将顺天代变之，而一国亡矣；一国能应天，则其国虽万世存可也。孟子曰："顺天者存，逆天者亡。"其此之谓乎？

批：

天然之理，日趋于变者也。故不变者，任天而实逆天；善变者，制天而实顺天。

郑云汉

德国之国家主义，英国之公利主义，法国之自由主义，即太平内之三世也。德国即太平之据乱，英国即太平之升平，法国即太平之太平。当今之世，欧洲虽三世并行，然以予观之，今日正公利主义之世界，何则？国家主义，德国虽行之，日本亦效之，然皆有渐移于民间之势；自由主义，法国行之，而屡屡有内讧之忧。近有复倡专制之政体，可见德、法二国俱不能行也。国家主义自是以后将不能行，自由主义必待二十世纪后始能行也。

批：

源本经义，引证时势，极有心得。今日行之，而最有效者，实莫如英国政体。自由主义虽善矣，然以全世界之人智综合比较观之，尚未能行，虽强好此美名，而实际则多窒碍也，故英国派真今日最宜之政体也。

麦知觉

师昨言凡欧洲各国之人，皆有爱国之心，自立之质，故虽已亡之国，经数十年或数百年或数千年，而常思恢复云云，觉窃疑焉。夫阿尔兰有幽兰之烈女，而不能脱英之羁轭；西班牙有红莲之奇人，而不免各国之欺凌；波兰有骨数斗之勇烈，而卒为三国所吞并；埃及有亚刺非之豪雄，而为英法所钳制。凡此诸贤，壮烈之气，横于宇宙，积之数十年，积之千百年，极力振奋以图恢复，而厥功未遂，而血染霜锋，行志未成，而身逾荒岛。非无爱国之心也，非无拔萃之才也，而丧亡若是，岂埃、阿、波、西之气运已绝乎？抑更有复起而接踵者乎？

批：

问得极有心思，文笔亦甚整练，可称精进。埃、阿、波、西等国虽亡之既久，积弱已甚，而此辈豪杰，继踵不绝，此其所以可贵也，此乃彼中多少人物，几经讲求，养成此种独立不羁之气也，虽屡有挫败，然愈挫愈坚，愈败愈奋，其流风余韵，百世之下，闻者莫不兴起焉。观其国之有此等人，吾知其必有独立之一日无疑矣。今虽屡挫，岂可以成败论英雄哉！

《清议报》第三十一册，光绪二十五年九月二十一日

拟东京大同高等学校讲义录叙例

齐州四万里之大，华民四百兆之众，必有人焉，眷念时艰，思自振厉，不远万里，裹粮以求有用之学者，本学校已于各报中登录招启，劝其来学，想支那留心时务之君子，欲擢足扶桑者，应不少也。

虽然，窃有虑焉。中邦士气，较前此发达多矣。勉强学问，虽不乏人，倘曰远游，究难概论。何者？积贫之士，果腹尚艰，亲老之儿，宁违温清。又况支那人身单体弱，半怯风波，种种碍难，不堪毛举。本学校深知志士昔日之苦衷，辄为有心人长太息以惋惜之者也。乃者湘粤人士纷至沓来，本学校已于某月某日考试录入，延聘此邦教习六人，分别各学，每日在讲堂授业，生徒笔记，已盈箱箧。因念海内外同洲同种、吾胞吾与之族，当此创巨痛深之日。尤必无一人不以天下大事共任仔肩，一发千钧，宜如何发愤自励，惟恨不得万间广厦，聚十数省少年有志黠达之士，咸与斯会，力求实学，共成异材，为我亚洲他日兴起文明之起点，眷焉顾之，别无良策。再三筹画，窃谓本学校《讲义录》之刊，有不得不黾勉从事者，请畅论之：

世界文明，我亚洲本为起原之地，若波斯、若印度，开辟最先，而中土为尤著，此实支那握管操瓠之士，所自宠异其种族者，良不诬也。夫欧罗巴洲一极小耳，中国人向唾之、骂之，以夷狄薄之，置之

屑齿，数纪以来，始讶于白种人工农兵商之盛，始稍稍另眼相看。而泰西反视支那为三等野蛮之国，盖尝纵观四千年五洲万国之史，而益晓然于其故也。中国二千年来，昌平之教坠矣，人心学术，因之益陋。间尝论之，国中无不崇尚前人，推为绝学，而胶固于古今人不相及之俗见，绝不思辟一新理，创一新法，求所以凌驾古人者，由是以谬传谬，酿成今日甘居人下之世界。呜乎！不大可慨也欤！若欧洲则大异是，何以言之？西人之学逐渐更新，近百年来，日盛一日。西人谓东方诸国之不能进步，因天然之力量，远胜于欧洲。欧洲今日之文明，因天然之力量太少，而得之人力为多，所以能进步无已。平心思之，诚确论也。

若夫支那今日之人群，可谓绝无团聚矣，然支那三千年以来无史，支那之史，十七姓家谱耳，未尝推原人群发达之所自，故于群学尤大晦焉，此今日之急宜大昌明者也。溯自草昧之初，人与人不甚相爱也，而逼人者有禽兽，则不得不借众人之力，以与禽兽相抵制，而禽兽之焰始衰，由是人群兴焉，继而工作渐兴，学问日出，人与人交，其结弥固。顾上古之时，人与禽兽争，则患在禽兽，今日又人与人争之一大社会，而欲求其保种存国，则群之为义大矣哉！他日合地球为一大群，与五洲各国共享太平之福，此又可拭目俟之者也。

支那政治家溯自前古，以《尚书》为断，名法既兴，未观善政。若今所耳而目之支那，所谓历代帝王圣治者，皆不过牧羊政体耳。若《春秋》太平世之指，则三千年来所未曾梦见者也。泰西政学，虽属专门，然通国人民，皆知公理，故未有侵人之自主，亦未有自弃其自主者。支那则压力多矣。良由历代君主势必为此愚民之术，然后可长保其禄位，若今日则外寇日深，非合四百兆之人群同力合德，以与地球各国相争竞，则黄种之祸，其无底乎？

支那学案伙矣，自宋至明，其间尤盛，然空谈多而实学少，其可采者亦落落如晨星之可数，且施之今日，诚为缓图。泰西学案，罔非实学，借非深明其学派，则为学之途径，难终保其不迷。且西国名儒所持之论，无非欲自辟新理，突过前辈，较支那人守一先生之说，唯恐或失者，则又大殊焉。脑气至灵也，譬之井水，不取则塞，取之则源混无穷，地球今日种种人事之大进步者，无非此脑气为之也。若穷究乎泰西之学案，则脑气日灵矣。西人学术之精深，尤以论理为最。盖万事万物无一不自有其公理者，其人不知公理，则为野蛮之人，其国不知公理，则为野蛮之国，其国千人中有一不知公理之人，则其国仍不能为文明之国。抑论理学本与各学相辅，无各种学，则莫备其体，无论理学，则难致其用，故西人于此尤兢兢焉。

今之支那，与日本唇齿相依，兄弟之国也。东方大局，关系非轻，宜共保之，庶无陨越，是岂可秦越视之者哉！故欲相亲，与之以共患难，与之以保太平，则其言语文字，不可不知也。况日人之政治学术，虽未能并驾泰西，然支那以之兴邦，绰有余裕。若其地球近事，关系非轻，有侮予国者乎？可以激我奋发之志，有一新理出乎？又可以为一得之师。

本学校与诸生授受，大率不外乎此。其他各事，则附之科外，亦尝为诸生授焉。若西方各国之语言文字，则姑待之来年也。

溯夫中土讲学之原，其来尚已。仲尼创教于东山，孟氏传经于鄹邑，刘汉勃兴，经师蝟起，洎乎两宋，更至前明，讲学之风，尚犹未坠，其间或合或否，视乎其人，要之人群之导师，舍此别无良法。三百年来，因噎废食，乃借口于标榜之习，置之弗闻，人材寂寥，良可痛恨。本学校因查泰西各国，其讲义录之报章，日本各项学校，亦莫不有讲义之刻。考之前古则如彼，视之万国又如此，然则本学校得无意乎？析而论之，其利凡四：不出户庭，可以穷天下之要，无虞风波之险，读此讲义者，不啻身入蓬瀛，共辟大道之要，其利一也；不旷晨昏，不离妻子，但以一目之故，可以化乡里无数之野蛮，其利二也；一纸之费，为数无多，些少之赀，可收实效，无劳筹画，不费锱铢，其利三也；西人之书，支那译者尚少，未见其要，焉撮其精，此则不然，其利四也。坐此四利，收效万端，凡百诸子，无曰苟矣，其有不踊跃争读者乎？则吾斯之未肯信也。

上自埃及，下迄于今，环球各国，溯厥文明。文明进步，百度变更。愿我东方，保此太平。录《世界文明史》第一。

人群之初，不异飞走。灵魂渐开，欲望恐后。同力合作，于焉辐辖。方今五洲，其欲逐逐。录《人群发达史》第二。

日、英、法、德，政学三派，事实理想，包括无外。哀我亚洲，民生日殆。瞻彼阿非，闻者是戒。录《政治学》第三。

惟此学案，人之枢纽。汎览前贤，立言不朽。师以解惑，左宜右有。积土成山，基乎培塿。录《泰西学案》第四。

西人论理，日辟日精，细之万物，巨之八星。胎乎无始，入乎无形。一言蔽之，思想其神。录《论理》第五。

惟彼衣带，隔此蓬山，毋曰胡亲，北有贪狼。言之不通，文之不彰，我用惯惯，谓谋不臧。录《日本语言文字》第六。

其他讲义，足补吾憾。四海哲人，著作尤盛，广采穷搜，存诸删定。德无常师，勤学好问。录《日本各学校讲义》及《中外哲学》第七。

地球近事，中邦消息，俊杰识时，亦云其急。校中生徒，厥有心得，殿诸篇终，告我同德。录《中外近事》及《诸生札记》第八。

《清议报》第三十四册"本馆论说"，光绪二十六年正月初一日

附录二

神户同文学校资料辑存

　　神户同文学校是戊戌政变后，经过梁启超创议，在旅日侨商麦少彭协助下筹议设立的，以犬养毅为校长，校舍初在神户中央区中山手通三丁目二十四番地，后增设幼儿园及初中预科。一九三九年，与神阪中华公学合并，改名中华同文学校，校址在神户中央区中山手通六丁目九番一号。一九四六年，校址被毁，一九五八年另建新校。

　　一九八四年，我到神户访问，参观了中华同文学校，蒙该校校长曾健卿先生等殷勤接待，并告知学校创建、发展经过，并出示校刊。返国后，又荷神户中华总商会会长陈德仁先生寄来《学校法人神户中华同文学校八十周年纪念刊》，今将其中有关部分辑附，并将《清议报》当时记载汇辑一起。

神户倡建大同学校公启

欲觇一家之盛衰，则观其家之子弟而已；欲觇一国之强弱，则观其国之后辈而已。子弟之才识过于父兄者，其家必昌，反是则落；后辈之智力优于老辈者，其国必兴，反是则危。虽在小家，苟其子弟头角崭然，外人莫敢侮之；虽在弱国，苟其国民志气铮然，学识淳然，人孰得而伐之。呜呼！我中国积弱极矣，受侮甚矣，危亡之征，众所共睹矣。中外忧愤之士，咸拊心束手，谓不可救。虽然，吾观吾国民，年在弱冠以下者，类皆聪颖秀拔，发扬蹈厉，有自立之气，岂有以此辈长而为亡国之民者哉！夫良璞待雕于玉人，异材仰裁成于大匠，等是人也，教与不教，其成就异焉。教法之善与不善，其成就异焉。我中国黄帝之子孙，神明之胄，孔子教泽之所沐，其智慧质性，聪明才力，无一出欧洲人下。徒以学校不兴，教法不讲，千年以来，士民习于无用之学，束缚于故见，浸润于恶习，汨其性灵，堕其志气，以至今日之敝。苟能知其病之所在，从而药之，一转移间，气象万千，庸可量耶？庸可悔耶？吾民之旅海外者数百万，习见他邦文明进步之实状，怵怵有所悟，而怀念故国，义愤之气，视内地民每数倍焉。其子弟生长于异乡，咸有远志，其受学亦更易，故识者谓中国之不亡，或此是赖。乃者横滨创设大同学校，于兹一年，规模整严，教科详密，学童受业其间者，颇有成效，彬彬济济。而日本之巨公，关心东方大局者，提倡而赞之，各埠志士，同声相应，如域多利，如新加坡，接续并起，风气之开，不可遏抑。吾中国于危疑杌陧之际，而有兹盛举，斯岂非黄帝之种、孔子之教，悬兹一线者耶？我神户绅商，同在东国，乐赞斯举，当横滨学校之设，既力助其成，而各家子弟往滨就学者，所在多有。成效已著，众所共闻，惟跋涉往还，究多窒碍，望洋之叹，或所不免。远稽《周官》乡党设校之大义，近奉圣皇海外兴学之明诏，允宜自创一簧，洛钟应和，是以广集众议，踵兴斯文。凡我同人，上之为一国旋天斡地之才，下之为一家有跨灶之子，尽心尽力，谅有同情，铸太璞以作圭璋，集壤流以成河岳，同人幸甚，天下幸甚。

《清议报》第十八册"各埠近事"，光绪二十五年五月十一日

神户清人将开大同学校

译西六月三号《每日新报》

清逋臣梁启超等与神户在留广东人商议，将开大同学校于神户，大隈伯助之。前日临于中华会馆，慷慨奖励，闻者咸拍手赞美。为首倡之广东人壮语曰：我辈广东之人在留神户者，赖梁启超君等劝诱，决议以开置大同学校，故目今方釀集资财，其资先以一万元充创校费，维保费则别募集之，其创校费期于本年中集毕，明岁春必开学。

其大旨之要，是教育清国人，养才造贤，以谋改革清国宿弊。今清国人在日本者，虽不过数千人，合散在北美、南洋及欧洲各国而算之，大约有六百万人，皆从事诸商工业，广东人居其十分之七。若有大才贤智教导之，以改革我清国非难也。毕竟今日欧洲列国图分割支那，难以下手者，亦怖清国人心反抗故也。苟人心不服，虽瓜分我国土，何有所益。我清国人皆谓欧洲人欲瓜分我国，宜随意分割之而已。虽然，我等如波澜、印度之屈服外国人以窥其鼻息，断不为也。宜激厉此精神，与清国人散在地球者互通气脉，以立振兴故国之策而已。

《清议报》第十九册"万国近事"，光绪二十五年五月二十一日

记神户同文学校开校事

强国在乎育才，育才基乎立学，横滨大同学校之设，于今三年，颇著成效。神户华商闻风而悦之，于是去岁五、六（月）间遂有倡建学校之议，就近课其子弟。不数日而巨款立集，乃即建筑学舍，岁杪落成，颜其额曰同文，举定倡建学校值理若干人，总理麦少彭君。学科分中文、西文、日文三种，于今春二月初一日举行开校礼式，聘日本前文部大臣犬养毅君为名誉校长。是日来宾凡二百余人，麦君款接毕，犬养君遂起而致词曰：

> 仆昨年忝蒙贵国旅横滨诸君邀为大同校长，今复蒙诸君推为同文校长。今日当举行开校礼式，仆得与来宾诸君会晤，实不胜欣幸。仆本不谙教育，而忝膺此任，实不免有滥竽之诮，乃所以不揣固陋而敢当此责者，私心窃有所期也。忆甲午之役，贵国之

所损实多，而于敝国亦无所益，居中国利者惟列强而已。若求两国之所得者，则在于两国有识之士，皆知同文同种，又利害上同一关系，有相提携相亲爱之一事耳。然两国人动曰同文种，唇齿辅车，其语固佳，使徒托空言，究有何益。以愚所见，欲求实效，则在教育一事，使互通两国文字，通商贸易上联为一气，庶卧榻之侧，毋令他人鼾睡焉。夫贵国欲讲求良法，以兴教育，将取法于欧西乎？抑取法于日本乎？亦重要之问题也。征之于史，两国之文化根柢，同出一原，并祖孔孟，日本浸淫儒教者千有余年，维新以后，输入欧西文物，复浸淫濡染以至今日，寝酿成日本的文化焉。此三十年中未尝不变本加厉。其所以然者，以文化根柢同异也。故仆欲贵国人士有鉴于斯，欲兴教育，则以输入日本的文化为得其宜。幸横滨大同学校常执此方针，今于本校亦欲若是焉尔。抑更有说者，今日之最关系，宜设一中国语言学校，以训日本青年子弟，使两国益敦亲睦之谊，此仆之所夙望也。乃政府民间并未尝设立，而东京横滨之大同学校，及今神户之同文学校，又皆系中国人学我日本语言文字，而日本学中国语言文字者独阙如，此仆之所以望来宾诸君注意于此举也。仆日企予望之。

语毕，鸣泷市长亦起述中国语言之必要。次，凑川学校长寺井元雄氏朗读祝辞。次，中国领事欧阳述氏起贺此校之设立，且论中日两国之交亲，必借教育之力；其他西文教师周鉴湖、东文教师川上丈二氏，及广东商人张殿芳等各有演述。是夕八时，延宾入席，各举杯祝贺，至十时，宾主尽欢而散。闻当夜来宾者，有千叶裁判所长、池上检事正、添田参事官、石川助役、鹤崎寻常中学校长、川崎商业学校长、市内各小学校长、堀商船会社支店长、直木政之介、有马市太郎等诸氏皆在座云。

《清议报》第三十八册，光绪二十六年二月十一日

大事记

民国纪元前十三年（清光绪二十五年），己亥。夏四月，梁任公先生因横滨大同学校成立，专来神户与麦少彭翁商设华侨教育，旋演说

于中华会馆，侨众赞成。秋八月，创建小学校于市内中山手通三丁目廿四番地。翌年庚子春，堂舍落成，命名同文学校。

民国纪元前九年（清光绪二十九年），癸卯。冬十二月，举行第一回高等科毕业。

民国纪元前八年（清光绪三十年），甲辰。冬十二月，举行第一回初等科毕业。

民国纪元前七年（清光绪三十一年），乙巳。夏五月，与横滨大同学校、长崎时中学堂开三校联合恳亲会，并为创立人麦总理立像，开第一次音乐会。

民国纪元前六年（清光绪三十二年），丙午。春正月，刊布章程，呈请学部立案。五月，购入东邻住宅，增设附属幼稚园。十二月，举行高等科第二回毕业，附设预科中学一年、女子师范夜学保姆传习所。

民国纪元前五年（清光绪三十三年），丁未。春三月，改筑北座宿舍为教室，购入东邻叶宅为宿舍。四月，承清德宗赐书"设教劝学"匾额。五月，举行第一次成绩展览会。十二月，举行高等科第三回毕业，初等科第二回毕业。

民国纪元前四年（清光绪三十四年），戊申。夏六月，学生全体为汤校长立像。十一月，举行高等科第四回毕业、幼稚园第一回毕业、第一次运动会。

民国纪元前三年（清宣统元年），己酉。三月，改筑大门，增植物园。十二月，举行高等科第五回毕业、初等科第三回毕业、幼稚园第二回毕业。改东偏宿舍为家屋出租。

民国纪元前二年（清宣统二年），庚戌。三月，第一次成绩出品送南京劝业会得金银奖章各一面。十二月，举行初等科第四回毕业、幼稚园第三回毕业。

民国纪元前一年（清宣统三年），辛亥。改幼稚园为家屋出租，园地迁于校之西序。六月，学部奖给历届高等科毕业生廪生十三名、增生七名、附生五名。十月，开第二次成绩展览会。十二月，举行高等科第六回毕业、初等科第五回毕业、幼稚园第四回毕业。

民国元年，壬子。十二月，举行初等科第六回毕业、幼稚园第五回毕业。

民国二年，癸丑。三月，第二次成绩出品送北京儿童艺术展览会，得甲等奖章六枚、乙等奖章二枚。七月，举行高等科第七回毕业。十二月，举行高等科第八回毕业、初等科第七回毕业、幼稚园第六回毕业。

民国三年，甲寅。三月，呈由稽领事转详教育部立案，并为历年捐赀助学者呈请加奖。八月，校友会成立。十二月，学生野球队成立。举行高等科第九回毕业、初等科第八回毕业、幼稚园第七回毕业。

民国四年，乙卯。六月，承教育部颁给捐赀助匾额一面、金色三等褒章一枚、银色一等褒章七枚、银色二等褒章二枚、银色三等褒章十七枚、并执照二十七张。九月，举行创立十五周年庆典，承大总统赐肖像一张、"乐育英才"匾额一面，举行第三次成绩展览会。十二月，高等科第十回毕业、初等科第九回、幼稚园第八回毕业。校友会组织文房给品部，并印发年刊杂志。

民国五年，丙辰。一月，附设中学第一年级。七月，汤前校长珠江殉难，校友会开会追悼。八月，承大总统赐给"华国舒文"匾额。十二月，高等科第十一回、初等科第十回、幼稚园第九回毕业。

民国六年，丁巳。五月，校友会第二回开音乐演艺会于东游园剧院，得金二千余元，贮为十三年改筑校舍之用。十二月，开第四次成绩展览会，举行高等科第十二回、初等科第十二回、幼稚园第十回毕业。

民国七年，戊午。停办中学，展长高等科修业期限一年。九月，福建张华龙君偕其淑配林红芎君到校参观，捐赀万金，充作基本财产。十二月，举行初等科第十二回、幼稚园第十一回毕业。

民国八年，己未。八月，野球队参加神户少年野球团比赛战，得优胜旗一面。十二月，举行高等初等科第十三回、幼稚园第十二回毕业。

民国九年，庚申。三月，钱教员受本校及华侨两校公派赴北京参与全国国语讲习会，六月返校。八月，与华强、中华开三校职员国语研究会。九月，因华北旱灾，校友会开第二回演艺会于中华会馆筹赀赈济。所收入场金三千余元，悉数汇交华北救灾公所助赈，并搜集旧衣付交灾区散给，承柯领事书赠"成仁取义"匾额一方。十二月，举行高初两等第十四回、幼稚园第十三回毕业。

民国十年，辛酉。三月，因上年本校演艺助赈华北灾事，承大总统奖给"急公好义"匾额一方。十一月，本校学生因太平洋会议，特致电我国国民代表、政府代表，尊重民意，力争主权，并募集美金千元，汇交国民代表团作为宣传费。十二月，举行高初两等第十五回、幼稚园第十四回毕业。是年，学生学级文库成立。

民国十一年，壬戌。一月，开第五次成绩展览会。二月，学生图书室成立。六月，学生登山会成立。十二月，举行初等科第十六回、幼稚园第十五回毕业。

民国十二年，癸亥。改用六三三新学制，增设初级中学。此后不举行高初两等毕业，但小学修满六年，初级中学修满三年，照章毕业，呈有柯领事转详教育部备案。十一年二月，学生知识文库成立。四月，因前座校舍朽坏，筹款重修。七月，兴工改筑，前座于西偏增筑雨操场，于东偏改正大门及运动场，十月竣工。教员学生因东京横滨震灾，同赴神阪华侨救灾团服务。十一月，因震灾事筹赈冬衣，本校经费，女学生赴大阪公会堂开音乐演艺会。十二月，举行小学六年新学制第一回毕业、幼稚园第十六回毕业，修正学生入学章程、成绩测验章程及职员课务规程。

民国十三年，甲子。二月，收回东便家屋一部分，楼上改充教室。五月，组织常识讲习会。六月，组织童子军。

民国十三年，甲子。十一月，举行本校创立廿五周年纪念。十二月，举行新制初级中学第一届毕业、新制小学第四届毕业、幼稚园第十七届毕业。

民国十四年，乙丑。五月，日本童子军总裁后藤伯爵，莅神检阅关西少年团，特请本校童子军参加，举行交际会。六月，因沪案罢工，由员生演剧筹款，付沪接济工人。六、七、八三月中受雇于外国邮船之海员，相继由神户登陆罢工，本校员生每次均携慰问品至中华会馆慰问，海员归国，并列队至码头送行。十二月，举行初级中学第二届毕业、小学第三届毕业、幼稚园第十八届毕业。

民国十五年，丙寅。八月，本校童军参加日本全国童军露营第三回，本校童军得奖。十月，参加大同校友会主催之运动会，参加兵库二中陆上竞技、姬路师范校陆上竞技，均获优胜。十一月，开第五次成绩展览会。同月，中学生会成立。十二月，举行中学第三届毕业、小学第十四届毕业、幼稚园第十九届毕业。

民国十六年，丁卯。三月，学生会在青年会馆演艺筹款。十月，参加姬路师范、兵库二中陆上竞技，均获胜。十二月，举行中学第四届毕业、小学第五届毕业、幼稚园第二十届毕业。同月，总理潘植我改组学校职教员，除一二人外悉解职归国。

民国十七年，戊辰。二月，中学二年级因人数太少停办，该级学生编入中三级作为旁听生。四月，学生自治会成立。十月，参加大同学会主催之运动会获胜。十二月，举行中学第五届毕业（中二旁听生成绩及格者改为正取，准予同时毕业）、小学第六届毕业、幼稚生第廿一届毕业。

民国十八年，己巳。六月，学生会举行同乐会。七月，图书馆定购商务印书馆出版之万有文库，并添购各种参考书籍。九月，恢复童子军，先办队长班一级。十月，参加大同学会主催之运动会获胜。十二月，举行三十周年纪念。

（以上用农历，以下用国历。）

民国十九年。一月，小学第七届毕业。三月，妇女节，本校女生与中华公学女生在本校礼堂举行纪念会，神户党支部派员二人到会指导。

民国廿年。一月，奉准国民政府教育部立案。三月，由神户总领事馆刊发学校钤记，并呈报教育部备案启用。五月，参加神户中小学生图书展览会，本校获奖。六月，初中第六届、小学第八届毕业。九月，祖国黄河水灾，本校组织祖国水灾赈济会，筹赀一千八百余元，悉数汇交天津大公报转交华北赈济会代赈。

民国廿一年。二月，初中第七届、小学第九届毕业。九一八事件后，华侨归国日众，学生随之减少，故迫于停办。

民国廿二年。八月，华侨返神渐增，复办小学六级。

民国廿四年。四月，儿童节举行游艺会，并选举全校模范儿童。校庆日举行三十六周年纪念，并开成绩展览、家庭恳亲会。七月，小学第十届毕业。九月，神户慈善会举行华北水灾赈济游艺会于青年会，本校参加演艺，并组织劝捐队勘为劝捐，得赀二千余元。

民国廿五年。一月，装置电话一具，番号茸合五六六八。三月，驻日大使许世英到任，本校三年级以上学生四百余人前往码头迎迓，并在校举行欢迎会，请许大使训话及题字。四月，儿童节选举全校模范儿童并开游艺会。校庆日举行三十七周年纪念。开成绩展览、家庭恳亲会。七月，小学第十一届毕业。九月，复办初中一年级一班。十月，国庆日在中华会馆与中华公学举行运动会。十一月，在校举行运动竞技会。

民国廿六年。四月，纪念儿童节，举行游艺会及选举全校模范儿童，校庆日举行卅八周年纪念并开成绩展览、家庭恳亲会。是日，请江总领事颁发教育部捐资兴学奖状四十一纸，计得奖者列下：

一等奖者

广业公所

张华龙先生

二等奖者

潘植我先生

陈树彬先生

裕贞祥宝号

三等奖者

蓝拔群先生

张少泉先生

吴启藩先生

易彝伯先生

任传伯先生

四等奖者

刘砺生先生

鲍翼君先生

陈廷笺先生

曾莆臣先生

中华商会

李少平先生

关赍予先生

容伯章先生

吉祥公司

逢生泰宝号

杨寿彭先生

余达亭先生

王重山先生

三盛洋行

魏邦平先生

隆顺洋行

华东公司

熊幼霖先生

建和隆宝号

关海筹先生

关品全先生

五等奖者

陈根兴先生

东和源宝号

黎振声先生

郑国英先生

建东兴宝号

神户慈善会

和源公司

仁记宝号

有昌公司

振兴隆宝号

五月，侨委会颁发学校成绩优良之题词。七月，小学第十二届毕业。七七事件起，华侨返国日众，学生亦由五百五十余名减至一百二十余名，停办初中。

民国廿七年。七月，小学第十三届毕业。十二月，大阪每日新闻报社举行岁末同情义金募集世界民谣舞踊大会于神户海员会馆，本校学生代表我国出席参加表演。

民国廿八年。二月，大阪中央放送局到校放送上课实况。四月，举行四十周年纪念，开成绩展览会。

《神户华侨同文学校四十周年纪念册》1939 年版，铅字排印本，

神户中华同文学校藏

第二次世界大战后神户中华同文学校历代董事长、理事长

1947 年—1955 年	董事长	吴玉臣
1955 年—1959 年	董事长	王昭德
1958 年—1959 年	董事长	陈德仁
1959 年—1969 年	理事长	陈德仁
1969 年—	理事长	林同春

现任理事长及顾问

理事长	林同春	
副理事长	黄耀庭	王柏林
顾问	陈德仁	陈舜臣

第二次世界大战后神户中华同文学校历任校长

1943 年—1982 年	李万之
1982 年—	曾健卿

神户中华同文学校：《学校要览》1983 年度

神户华侨学校、书舍、学塾的略史

陈德仁

现在的学校法人神户中华同文学校成立以前，神户有三间华侨学校和数家书塾。

一、神户华侨同文学校

最初设立的学校是神户华侨同文学校，提倡设立学校的是梁启超。他于1898年9月戊戌政变后，亡命来日，在横滨居住的时候，他劝横滨华侨在横滨设立了"大同学校"。

1899年5月24日，他又到神户来。这时，神户广东省出身的华侨二百多人，于5月28日，在中山手通七丁目的中华会馆，举办了"梁启超先生的欢迎会"。那时，他很热烈地讲述了祖国衰弱的原因，并断定地说了大约以下的话：

> 所谓一国的舆论，是看其国民有无国家的观念而论，日本国民只不过是中国的十分之一，但能打胜中国，这是日本国民能牺牲生命为国尽忠。但是，我国的国民大多是重视个人的利益，而以营利为重而不顾国家，这原因就是我国和日本国的教育大有不同之故。所以华侨应该重视教育，现在横滨华侨也已设立了教育华侨的学校，校名为"大同学校"，所以神户华侨也有必要设立华侨的学校……

梁启超的这一番演讲，感动了听众，其中华侨有力华商麦少彭等热烈支持梁启超的提倡，并决议建立华侨学校，这就是神户华侨同文学校。

该校成立于1900年。

初代总理（即相当于现在的理事长）是麦少彭，校舍是设立于现在的中央区中山手通三丁目二二番地，地的面积约有1715平方米，校舍是全用木材建筑的两层洋楼，上下约有750平方米。

创办初时，因尚未有担当校长的人，所以暂由日本著名政治家犬养毅担当了名誉校长之职，而两年后钟卓京任为校长。

二、神户华强学校

其次设立的学校是华强学校，该学校成立于 1914 年，校址是现在的中央区中山手通二丁目（旧番地是一二八番），土地面积有 1170 平方米，校舍也是用木材建筑的两层洋楼，约有 650 平方米。

初代总理是黄礼初，校长闵惠荃。

教员：郑之问、欧阳述、杜太子、郑紫垣、唐掇菱、黄玉茗、柴炳生、伍子琳、马殷器，另有日本教员数名。

该校成立时的章程原文照录如下：

一　立学总义

本校专为教神户华侨子弟及中国内地有志游学之士而设，所有教科办法谨遵民国中央教育部规定章程办理。

二　宗旨

本校以留意儿童身心之发育，培养国民道德之基础，并授以生活必需之智识技能为宗旨。

三　定名

本校定名为华强初等、高等小学校。

四　校舍

本校舍设在中山手通二丁目一二八番，房舍洋式，地方轩敞，前后均有运动场，甚合卫生。

五　在案

本校已禀请中华民国神阪领事转达中央教育部在案。

六　学额

学额无限，若学生人数日多，随时添聘教员开班教授。

七　学科

高等班　修身、国文、国语、宪法、英文、日文、算术、历史、地理、图画、音乐、理科、体操、缝纫（女生加课）。

初等班　修身、国文、国语、算术、图画、唱歌、体操、缝纫（女生加课）。

八　修学年限

初等科修学以四年毕业，高等科修学以三年毕业。

九　证书

凡在本校修业及毕业，一律发给文凭。

十

学校本校编制，不拘年龄长幼，但视其深浅。同一学级者既编为一班，而以同一之程度教之。如有由别校转学者，亦照其修业年级插班教授，并设补习科一班，以便高等毕业补习各科而期深造。

十一　学期

每一学年分三学期，每学期之首取新生一次，如有欲临时入学者，须填具入学志愿书，经本校试验，然后插班上课。

十二　上学放学时刻

每日上午九时上学，十二时放学。下午一时三十分上学，高等学生四时三十分放学，初等学生三时三十分放学。

十三　休业假期

国庆日一日，纪念日一日，日曜日，暑假三十日，年假三十日。

十四　学费

高等生全年三十元，初等生全年二十元。但本校开办伊始，无别项经费补助，如有热心多送者，作其本人乐捐本校，尤为感谢。

十五　都养生

本校为栽培人才起见，如有侨居子女认真贫苦，无力就学者，免收其全年学费。

十六　堂费

每名每月征收堂费三毫，按月交纳。

十七　征收学费

全年学费分四季上期汇收。

十八　修学旅行

每年分春秋二季举行旅行二次，游览名所，或教育博览会，或参观各种学校，以为修学之助。

十九　汉文夜学

本校特设中文夜学一门，以便日间有职事不能求学者而设，每晚自七时起教授，至九时止，每月学费二元。如本校日学生欲兼夜学者，则只收学费一元，均按月交纳。

二十 英文夜学

本校另设英文夜学一门，其办法与汉文夜学同（此章程录自 1915 年太田保太郎氏编著、发行《神户区教育沿革史》内所录 591－594 页）。

三、中华学校

最后成立的学校是中华学校。这学校成立于 1919 年，校舍设于三江公所内（现在的中央区北长狭通五丁目），这学校是全用北京语授课的学校。

校长是由横滨请来的杨云竹先生。

四、华强学校、中华学校合并为神阪中华公学

1928 年，为便于运营及节省学校经费，以及图华侨间之密切连接，经华强学校和中华学校董事会之协议，这两校决定合并为一，改校名为神阪中华公学。校址用原来的华强学校，校长为刘振谦，董事长为杨寿彭。

这两校合并前的华侨学校校长是文鉴辉，中华学校的校长是何世锟。

合并前的学生人数：

华侨学校约有 180 人，中华学校约有 200 人。

五、同文学校、神阪中华公学合并为神户中华同文学校

中华同文学校

1939 年，神阪中华公学与神户华侨同文学校合并，改校名为神户中华同文学校，而分两校授业。由小学五年至中学三年之授业则在同文学校原址而称为本校，由小学一年至四年之授业则在神阪中华公学原址而称为分校。校长为刘振谦，刘校长任职至 1943 年而归国，故学校教务委员会邀请曾任本校训育主任而 1941 年归国之李万之回校任为校长。李校长任职至 1982 年，连任校长职有 41 年之久，劳苦功高，1983 年 11 月，受了兵库县国际文化奖。

神户中华同文学校校舍在 1945 年 6 月 5 日，受美空军轰炸神户时烧失后，学校授业停顿一时。及至 1946 年，幸得神户市的协助，借得大开通的大开国民学校后开始授课，这校舍也在 1945 年 6 月 5 日美空

军轰炸神户时，部分亦受损害。但得华侨努力捐款修复完成，由 1946 年 6 月 6 日开始授课，这日作为神户中华同文学校复校纪念日，当时的学校董事长是吴玉臣，校长是李万之，教务主任是李荫轩。

现在的新校舍 1959 年 9 月 30 日落成，同时学校取得"学校法人"资格，校董会组织根据《学校法人神户中华同文学校章程》改组为理事会，依章改选，选出理事长为陈德仁，副理事长为林同春、郑义雄。

以上是神户华侨三校的成立和合并的小史（下略）。

《学校法人神户中华同文学校八十周年纪念刊》

1984 年 12 月版，第 49—52 页

附录三

梁启超佚札辑存

戊戌政变以后，梁启超流亡日本，和日本政界人士颇多接触。特别是他初到日本时，曾向伊藤博文、大隈重信等上书，展开"勤王"活动；又撰写《戊戌政变记》《光绪圣德记》，宣传变法维新，鼓吹政治改良，反对慈禧、荣禄，拥护光绪复辟。此后，又组织政闻社，主张立宪。

我在日本访问期间，曾注意搜集康、梁佚文，在日本友人协助下，征集了部分函札。其中《致伊藤博文、林权助书》《致大隈重信书》《梁启超与志贺重昂笔谈记录》《致山本梅崖书》及《致犬养毅书》中的一部分，是梁启超初抵日本时写的，对资产阶级的"勤王"活动极有参考价值；《致柏原文太郎书》等过去也未曾露布，特辑录一起。

梁启超旅日时间很长，散存在日本的函札一定不少，如果能提供线索，进一步发掘，那对《梁启超全集》的编纂和《梁启超年谱》的进一步整理，将更有帮助。

致伊藤博文、林权助书

梁启超、王照泣血百拜上书伊藤君侯、林公使执事：

启超等忧患余生，所志不成，承君侯与诸公不弃，挈而出之于虎狼之口，其为感激，岂有涯耶？今日闻天津《国闻报》云：敝邦女后有伪旨，言寡君四月以来，患病甚重，诏求天下名医，入室施治等语。闻之不胜惊诧。自四月以来，北京谣言传播，捏称寡君日日办事，早朝宴罢，每日接见臣僚，未尝歇息。览奏章，每日动十数万言，每隔数日，必亲诣颐和园女后前请安，或在瀛秀门跪迎跪送，此岂有病之人所能耶？谣言之起，皆由满洲党深恶寡君之变法，恨不得速其晏驾，故广布咒咀之言，阴为鸩毒之地。启超尝屡询诸军机大臣王文韶、廖寿恒，皆言寡君始终无病。志士谭嗣同觐见时，曾面问"御躬安否？"寡君告以无病。然则此等谣言，其为有意构陷明矣。今忽有此伪旨，是彼辈决意欲置寡君于死地。闻寡君近日被拘禁，欲逃不能，忿恨求死，倘或自绝饮食，或由彼等下毒手，皆未可知。故先降此伪诏，以预为掩饰，使天下臣民骤闻大变，而不为异也。嗟乎痛哉！寡君焦劳宵旰，不惜自弃身命，为我四万万臣民求幸福，而启超等今日坐视寡君之死，而无一救护之术，自顾何颜觍然人世哉！

虽然，寡君之生死，敝国存亡之所系；而敝国之存亡，又东方大局安危之所系也。今者强俄眈眈，视东方诸邦如彼囊中之物，苟敝国不克自立，虽贵邦欲提而挈之，以同敌俄，恐力量必有所不给矣。欲敝国之自立，舍寡君而外，他无可冀者。寡君英明勇决，知无不行，数月以来，凡敝邦译出之西书无所不读，译出之西书无所不观。深知非变法不能自存，故毅然排众议而行之，虽条理次第未尽详密，然所以不能按次第而行者，则由大权不在寡君之手也。大权不属，故大纲不能变，只能变枝叶，黜陟不能施，故徒托空言，内外臣等知寡君之无权也，故虽屡下诏书，而莫肯奉行，寡君亦无如之何。此数月以来，敝国办事艰难之情形也。使寡君而有全权，其所办之事，岂止于此而已哉！其必能成就敝国之自立，而保全东方之大局有断然矣。今寡君既有不虞，敝国复何所望？女后及满洲党死心塌地愿为俄人之奴隶，托庇于其宇下，只求区区之北京无事，他非所计也。呜呼！自此以往，敝国其折而入于俄矣。

若执事念兄弟之邦交，顾东方之大局，望与英、米诸国公使商议，连署请见女后，或致书总署，揭破其欲弑寡君之阴谋，诘问其幽囚寡君之何故。告之曰：若大皇帝有大故，某等各国将下国旗绝邦交，兴问罪之师，代支那讨弑君贼云云。则彼等或有所惧，而不敢肆其荼毒，则非独启超等之幸，实敝国四万万臣民所同感戴者也。寡君现时闲居南苑一室，名瀛台者，四周环以水，行坐饮食皆有人看管，命在旦夕，一二志士妄思援手者，皆已计穷力竭，呼吁无由。若贵邦及诸大国不救之，则为绝望矣。启超等明知他邦干预内政，非本邦之福，然日暮途远，不得不倒行逆施。彼女后及满洲党执国权则亡也，诸邦群起干预内政亦亡也，其为亡一也，宁借日本、英、美之维持，不甘为露西亚之奴隶。敢披沥心腹，陈于执事，惟哀而察之。

八月十二日

贵邦军舰大岛中

再，数日以来，闻北京志士被逮下狱者不乏其人。敝邦风气初开，人才甚少，今〔所〕被逮者，多血性男子，一网打尽，敝邦元气无复〔振〕之时矣。且彼之捕志士也，并非奉有诏书，特出提督府满洲数人之意而已。如此肆意荼毒，未知底止，真令人发指眦裂。狱中人士如谭嗣同、徐致靖、徐仁镜、康广仁等，皆豪杰之士也，不识大国能仗义设法救之否？或在总署恫喝胁制之，或就中有西乡隆盛公其人者，脱于死而佐大业，未可知也，并乞留意焉。

启超、照又拜

〔说明〕本件录自《伊藤博文关系文书》八《外国人书简》七八，发于光绪二十四年八月十二日（明治三十一年九月二十七日，1898 年）。查戊戌八月初六日"政变"起，梁启超避入日本公使馆。次日，乘日本大岛兵船而东，此函即在大岛舰中所书。函中所言慈禧、光绪事，与梁氏后撰《光绪圣德记》相沕，审系梁氏亲笔。又言慈禧亲俄，请日方营救谭嗣同等，且与王照同署，知梁氏与王照这时旨趣相同，与后来和王照牴牾有别。

致大隈重信书

梁启超、王照再拜上书大隈伯爵阁下：

启超等以羁旅远人，承贵政府之不弃，优加保护，庇之以使馆，送之以军舰，授餐适馆，宾至如归。在贵政府则仗大义以周旋，在启超等则感深情于无既。舍馆既定，辄欲晋谒，面致谢悃，并欲有所陈说，曾托小林、柏原两君代请赐见之期，数日未得闻命。想我公政余鲜暇，或亦秘密斯举，深避嫌疑，未便接见。用是不敢固请，惟胸中所怀欲陈者，请得以书一一言之。

敝国此次政变之原因，约有四端：一曰帝与后之争，二曰新与旧之争，三曰满与汉之争，四曰英与露之争。然要而论之，实则只有两派而已。盖我皇上之主义，在开新用汉人，联日英以图自立；西后之主义，在守旧用满人，联露西以求保护。故综此四端，实为帝、后两派而已。

皇上本非西后亲生之子，当其立之之时，不过拥为虚名，而西后自专朝柄，皇上虽在位二十四载，而于皇上应享之权利，实未尝一旦能享之也。皇上年既渐长，而外患亦日深，数年以来，屡思发愤改革，皆见制于西后。凡皇上有所亲信之人，西后必加遣逐，甲午年之窜安维峻，乙未年之褫长麟、汪鸣銮，革文廷式，今年四月之逐翁同龢，皆此类也。盖其意务欲剪尽皇上之羽翼，去尽皇上之腹心，使皇上孤立于上，然后能任其所欲为，此历年以来西后掌权之实情也。然使既夺其权，而能举其职，则亦何伤。无如西后之政策，惟一意求俄人保护，甘心为奴隶，但求北京之无事、颐和园之安全，虽尽割全国之膏腴，尽弃全国之利益，亦所不惜。皇上痛心疾首，无可如何。去年以来，胶湾诸港，相继割弃，于是康先生伏阙上书，痛哭言事，极陈若不改革，则国必不立，其言哀恳切直，感动上意。于是皇上变法之意益决，于四月廿三日大誓群臣，宣改革之意；于同月廿七日召见康先生，询变法之略。康先生请皇上以俄前皇大彼得之心为心，以日本明治之法为法，因进呈《日本变政记》二十卷，谨述贵邦三十年以来改革之情形，参以敝邦特别之状质，斟酌损益，条理秩然，皇上见之，益信改革之可以成，就将次第举行。而满洲诸大臣以为变法不利于己，共思借西后之力以阻挠之。其满洲大臣之最奸雄者，则荣禄为首也。彼等思阻挠变法，非废立皇上不可，因与西后定议，命荣禄出为直隶总督，节制北洋董福祥、聂士成、袁世凯之三军，而定期于九月，胁皇上随西后巡幸天津，阅视三军，其意盖欲乘此时以兵力废立皇上也。此意凡为满洲大臣莫不知之，汉臣中亦多知之者而不敢言。翁同龢最忠于皇上，因力谏天津之行，遂以罪去官。自此以往，更无敢言者矣。

我皇上之英明仁厚，真旷古所罕有，骤以语他邦之人，必以吾言为夸而不相信，即启超等未觐见皇上以前，亦不料真能如是也。盖二十年来腐坏之政府，皆西后所造成，而外人不知者，以为一切政策，真出于皇上，故其恶名嫁于皇上，此实不白之奇冤也。皇上于外国情形，极为瞭亮，于内邦积弊，疾首痛心，无一毫自大之见，无一毫恋旧之习。使皇上能有全权，则期月三年之间，必能尽扫千年之旧弊，尽行欧米之良法。即以数月以来之新政言之，千余年以八股取士之法，一旦毅然革除，遍设全国大学、中学、小学，注意教育制度，汰裁冗员，改革官制，许天下士民上书言事，下诏罪己，延见小臣，凡此诸端，皆支那数千年以来君主之所不能行者，而皇上奋然行之，其明断已可概见矣。

然此数月之中，皇上固未为能行其志也，西后事事掣肘，每欲禀一事，必经多少之勉强，始能准行，或准行其末节而不准行其本原，或准行其一端而不准行其全体。故数月以来，改革之迹，且于皇上心中之所欲行者，犹未及十之一也。皇上之意，欲设制度〔局〕于宫中，依贵邦明治初年之制，置议定参与等官，取各衙门办事之规则而更定之。因遣人游历贵国，考察法规，欲设地方自治之制，欲聘贵邦及英米各国人为顾问官。凡北京各衙门及地方自治衙门，皆设顾问官，聘贵邦人为之。欲易服以一人心，欲迁都以脱垢腻，欲去朝觐拜跪之礼，欲行游幸各国之典。凡此诸端，皆欲行而未能，所能行者，不过枝叶之事而已。然彼军机各部及各省督抚诸臣，明知国权在西后之手，皇上不能有黜陟之权，故虽皇上出令，莫肯奉行，三令五申，听之藐藐，自恃为西后所用之人，而皇上卒不能治其不奉诏之罪，此所以改革数月而不能大见其效也。然而满洲党欲去皇上之议，愈不能忍矣。

自五月以来，守旧之徒纷纷愬于西后，请禁止皇上之改革，驱逐康先生出京，西后皆笑而不答。盖彼于天津一役，布算已定。荣禄尝语其同党云：欲废皇上而不得其罪名，不如听其颠倒改革，使天下共愤，然后一举而废之。此实西后与荣禄之隐谋也。及七月，其谋为皇上所觉察，因坚持不肯巡幸天津之议，又于北洋三将之中，特召袁世凯入京，赏以侍郎，待以优礼，激以忠义，冀其有事可以保护。又赐密诏与康有为、谭嗣同等，令其设法保护，以冀免于难。不意其事遽为西后、荣禄之所疑，西后即日垂帘，荣禄驰入政府。以康先生最为皇上所信用，数月以来新政皆出其手，故诬以篡逆之恶名，罪及党类，务将皇上之股肱耳目先斩除净尽。于是幽皇上于南海之瀛台，凡旧日服侍皇上之内监，恐其为皇上之心腹，悉皆屠杀，而西后别易己之心腹以监守之，遂乃尽反皇上所行之政，遍捕海内有志之士，祸至今日，不堪问矣。

要而论之，敝邦今日情形，实与贵邦安政、庆应之时大略相类，皇上即贵邦之孝明天皇也，西后即贵邦之大将军也，满洲全族即贵邦之幕吏也。敝邦议论之士，持公武合体之论者有之，持尊王讨幕之论者有之，而合体之说，固万不能行矣，何也？皇上苟不图改革，一切守旧，一切废弛，一切奉西后之意，一切任满洲大臣之欲，则无不可合，然如此则如社稷何哉！故皇上赐康先生密谕，有云不变法则祖宗之国不保，若变法则朕之位不保，此合体之所以难也。盖不改革则可合，改革则必分，改革则可存，不改革则必亡。两者比较，万无能合之理，此亦如贵邦公武合体之终不能行矣。

至于尊讨之说，以西后之罪论之，彼曾鸩杀慈安皇太后（文宗皇帝之正后），幽杀孝则皇后（穆宗皇帝之后），虐戮宗室，恣肆奸淫，任用宦寺，卖官鬻爵，聚敛资财，骄侈淫佚，其可讨之罪，诚擢发难数。且彼不过我文宗皇帝之妾，又非今上之母，以汉之吕氏、唐之武氏例之，讨之诚不为过。虽然，又有难矣。窃尝与贵邦昔年情形比较之，其较难于贵邦者有三端：贵邦幕府虽威福久积，然于皇室，则有君臣之分；敝邦西后则朝权久据，且于皇上冒母子之名，故讨逆幕则天下

之人皆明其义，讨逆后则天下之人或疑其名，其难一也。贵邦天皇与
将军一居京都，一居江户，不相逼处，故公卿处士之有志者，得出入
宫禁，与天皇从容布置，而幕府无如之何。敝邦则皇上与西后同处一
宫，声息相闻，且皇上左右皆西后之私人，皇上所有举动，西后无不
立知，故此次仅下一密谕，图自强之法，未尝有一言及他事，而祸变
已起矣。一旦废立事起，即使外邦有举义之兵，兵未及京师，而彼已
可立置皇上于死地，是皇上直为西后之质而已，其难二也。皇上手下
无尺寸之兵柄，与当时贵国之王室略同，然贵国当时有萨、长、土佐
诸藩相与夹辅，故虽借处士之功，尤赖强藩之力，藩侯自君其国，经
数百年，本藩之士民，皆其赤子，彼一举义，幕府无如之何，甚者如
毛利公父子，黜其爵、讨其罪而已，而终不能削其兵力，禁其举义也。
故王室得其维持，而志士有所凭借；若敝邦则不然，各省督抚数年一
任，位如传舍，顺政府之意则安富尊荣，稍有拂逆，授意弹劾，即日
罢官矣。即如此次之事，湖南为人才渊薮，敝邦之长门也，而政变数
日，即已将陈宝箴、黄遵宪、徐仁铸等一概罢斥，而一切权柄，悉归
守旧之徒，无复可用矣。处士以区区一身，毫无凭借，惟有引颈就戮
而已，其难三也。以故帝后合体之事，既无可望，尊帝讨逆之事，亦
不能行，此敝邦志士所以吞声饮恨，血泪俱尽，志计俱穷，以至于今
日，而我皇上之位，卒岌岌不能保，敝邦改革之事遂废于半途也。

虽然，敝邦之不振，非独敝邦之忧也。支那之安危，关系全地球
和平争乱之局，欧米各国，虽五尺童子，无不知之，而与贵邦同处一
洲，辅车相依、唇亡齿寒，尤为最易见之事，想贵国虽五尺童子，亦
无不知之。今西后与贼臣荣禄等之主义，一意求露国之保护，甘心为
其奴隶。虽未订有密约，然露人外交政策最险而最巧，常以甘言美语
钓饵人国，所墟之邦，不知几何姓矣。今诸邦虽持均势主义，各谋在
我邦得额外之利益以抵制之，然我之伪政府，惟露人之言是听，露人
直以我政府为傀儡，而暗中一切举动，将悉阴持之，此他日必至之势
也。故使伪政府不更易，主权不能复，则于东方之局，各邦常为客而
露人常为主，以客敌主，常处于不能胜之势，恐支那之全折而入于露，
为时甚近矣，何均势抵制之可言！

且即使能均势能抵制，而亦非日本之利也。支那苟为诸国所分割，日本惟福建一省，或可染指，然尚在不可必得之数，即能得之，抑亦甚微矣。欧力既全趋于东方，亚洲大陆必狼藉靡烂，日本能免其虞乎？露人可杀克之兵队，长驱以入关，蹂躏支那东北，日本能高枕无忧乎？故今日为日本计，支那安则日本安，支那危则日本危，支那亡则日本亦不可问矣。然支那之自立与否，全系乎改革不改革，支那之能改革与否，全系乎皇上位权之安危，然则我皇上位权之安危，与日本全国之相关，其切近也如此，仆深愿贵政府之熟察此机轴也。

夫使敝邦果为未开之野蛮、已死之髑髅，则所谓朽木不可雕、粪墙不可圬者，虽欲提携而不能受力，苟其如是，则启超固不敢奢望于贵国也。然启超窃自揣之，敝国固非无可为者也，上之则有皇上之英明仁厚，实出寻常意计之外，苟有可以安国家、利生民者，知之无不行，行之又无不力。但使皇上有复权之一日，按次第以变法，令行禁止，一二年间，一切积弊可以尽去，一切美政可以尽行，以敝邦幅员之广，人民之众，物产之饶，岂有不能自立之理，此敝国君权之可用也。下之则数年以来，风气大开，各省学会、学校，新闻杂志，纷纷并起。少年之人志盛气锐，爱国心切而无一毫自尊自大之习，咸濯磨讲求专门之学，以备国家之用，计湖南、广东两省，此类之志士，其数不下三四万人，各省亦所在多有。大率敝邦之人，三十岁以上者，则为一种类，二十岁以下者，别为一种类，两种之人，其意想气象，正大相反。惜旧种遍居要津，而新种皆贫贱之士，手无尺寸柄，现时不得不忍受鱼肉耳。然而愈压之则愈振，愈虐之则愈奋，正所谓野火烧不尽，春风吹又生者。今时不过萌芽而已。数年以后，此辈皆成就，欧人欲臣而妾之，恐未易也，此敝国民气之可用也。故以鄙意计之，以为敝邦现时之情形，视贵国三十年前未多让也。

然而，又有不同者，则贵邦三十年前，外患未急，其大忧仅在内讧，故专恃国内之力而即可以底定。敝邦今日，如以一羊处于群虎之间，情形之险，百倍贵国。大患既迫于外，则亦不能不借友邦之力以抵御之，此启超所以不能不为秦庭之哭，呼将伯之助，而深有望于同洲、同文、同种之大日本也。

至于其如何相助之处，则秩秩大猷，桀桀宏议，诸君子自有成竹在胸，非远人所敢置词也。启超闻弱为六极之一，持国论者所最忌也。古今世界，逐鹿中原，捷足者先得焉，时一去不可复追，势一失不可复得，外交之方针稍一舛误，团结之志气稍一软弱，他日将有不胜其悔者。如弈者然，一着放过，则全局星散，不可不慎也。仆尝观英国近年来之政策著著退让，未尝不为之顿足；见露独之政策，或如鸷鹰，或如瘐狗，未尝不为之震惊。欧洲未来之胜负，决于是矣，窃知贵国政府必慎所择也。启超等忧愤满腔，情思迫切，交浅言深，渎冒清听，惟恕其唐突而有之〔以〕教之，幸甚。若公余有暇，能赐宴见，俾睹颜色，一罄所怀，尤所愿望，无任急切屏营待命之至。

九月十二日，贵历十月廿六日

启超等再拜

〔说明〕本件录自日本外务省档案《各国内政关系杂纂》中国之部《光绪二十四年政变ノ袁世凯ノ免官》中《清人梁启超、王照，大隈伯：上书，并志贺参与官卜梁启超卜ノ笔谈》，编号500282—500300，共十九页，手迹，另附日文译本。《日本外交文书》第三十一卷第一册第696—705页曾辑入，但有误。据函后日期为"九月十二日"，即光绪二十四年(1898年)"政变"后，梁启超、王照流亡日本时所书。

梁启超与志贺重昂笔谈记录

一

梁：久闻高名，曾读《日本风景论》及其他地学各书，略窥硕学之一斑，今日相见恨晚。

海外羁逐孤臣，君王被幽，同志惨戮，情怀之难堪可知。幸承贵邦诸君子雅意保护，授餐适馆，优待逾恒，忘其在客中也。

敝邦此次政变，非徒敝邦之忧，实牵动地球全局。而贵邦唇齿相依，所关尤为重大。盖东方之安危，全系乎敝邦之能自立与否？敝邦立，则日本之边防、商务、工艺皆受其利，敝邦危则皆受其害，此情事之最易见者，无待仆言也。然敝邦之能立与否，全系乎改革不改革，敝邦之能改革与否，又全系乎皇上之有权无权。然则我皇上今日之失权，其牵动于日本之国础者，甚相切近矣。故仆等之意，深望贵邦之助我皇上复权也。

矢野公使，昔仆在北京，曾数次相见，亲爱敝邦之情，深所感诵。今闻大隈伯、犬养君与足下诸君子为我皇上谋复权之策，此海外羁臣所稽颡祷谢者也。

西后之与皇上，固久已不相睦，然此次幽废之变，亦不尽为西后之初意。盖荣禄等满洲党人构而成之也。满洲党以为改革不利于己，思阻止之，然皇上既锐意改革，则欲阻改革，非去皇上不可。故彼等阴谋，迭谗于西后之前，谓皇上欲尽去满人，且欲废西后，故西后信之，遽兴此祸也。今若骤胁逼之，使归权于皇上，彼将恐皇上复权之后，必不容之，则必以死力相争矣。且如此则友邦之措词亦甚难也。今若能与英、米同仗义干预，令其归政，而复令敝邦每岁出五百万金之俸以供给之，诸国为之认保，然后可责以大义也。西后之见识，惟知有纵欲娱乐耳，其揽国权亦为娱乐计也。苟既给以厚俸，有诸国为之认保，彼既有娱乐之可图，加以仗义执言，外之以友邦之义举，内之有志士之同愤，彼或不敢不复权，然后事可图也。公谓何如？

志贺：仆亦闻高名久矣。鄙著各种，经高阅，不堪惭愧。敢问贵下今日情怀如何？

志士境遇，仆亦聊诵焉。贵下今遭时之阳九，流寓异邦，仆不堪相怜之情。

贵邦与敝邦唇齿相依，高说为最然，贵邦之祸，则敝邦之祸也，而亦系东洋大局之祸。今日之急，主在贵邦皇上复权。前日当矢野公使归任，外务大臣特命以此事，使矢野当机宜。矢野谒皇上，皇上健然。吾辈得报欢呼。盖皇上复权当非远。仆虽退外务参与官之职，亦私有所谋，贵下请少放念。切嘱切嘱。

梁：时已向晦，愿辞，乞示再相见之期。

二

梁：敝邦之内情，可得为足下一言之。彼满洲党、老臣党毫无政策，徒偷生贪禄者，不必言矣。至草茅有志之士，多主革命之说，其势甚盛。仆等前者亦主张斯义，因朝局无可为，不得不倡之于下也。及今年四月以来，皇上稍有政柄，觐见小臣，于是有志之士，始知皇上为大有为之君，从前十余年腐溃之政策，皆绝非皇上之意，于是同志乃幡然变计，专务扶翼主权，以行新政。盖革命者乃谋国之下策，而施之今日之敝邦，尤为不可行。外患方殷，强邻环伺，恐义旗未举，而敌人已借势而分割各省矣。今皇上之英明仁厚，实鲜有比，为能有全权，举而措之，则天下晏然，匕鬯无惊，而新政已行，旧弊已去，国体已立矣，此仆等之初意也。何图为母后贼臣所不容，以至有今日。为今日之计，若使我皇上不能复权，则如今日西后与荣禄等守旧之政策，岂复能保此积弱之国于群雄环伺之秋哉！不及数年，必受分割矣，此在上之可危者也。至于在下者，则南部各省之志士，咸动义愤，将兴师清君侧，仆等亦不能阻之。然义师之起，其险著居十分之九，盖欧洲诸国必将承其后，且各省伏莽，纷纷借名而起，蹂躏中原，而分割之事亦随之矣。故仆等之意，与其冒此险著而谋之于下，不如借友邦之力以谋之于上也。

志贺：高说妥当，仆亦为然。南方各省之志士，将举义师，虽出不得意，自是前门御虎、后门入狼者。敝邦今日之策，唯在期贵邦皇上复权已！敢问期皇上复权之工夫如何，可赖公明正大之策耶？将又可依隐微之工夫耶？

梁：仆等初时欲主隐微之工夫，此乃贵邦一国之力即可办到，无俟再约他国者。然恐贵国未必肯出此策，且此策于半月以前尚易行，今已难行矣。若仆顷所谓仗义执言者，则公明正大之策，然似必联英、米始能有效，借此事以成日、清、英、米四国联盟之局，亦地球之一好机会也。若贵政府肯相助，则仆等将再航米、英而乞之。

志贺：仆谓康先生先航英国，以图英人之间，而贵下淹留敝邦施后图。

仆有一小女儿，龄甫四岁，与婢女方嬉笑吟曲，不觉异邦志士在邻室，旁若无人，请勿咎小儿无心。

梁：今有一同志之士，名曰容闳（前任驻札米国公使，乃曾国藩君所任用，为人所谗免官，寓米国三十余年，曾在米大学校领有政治科博士券者），约一月以后即来东京，与康先生同航英、米，今康先生欲行之心甚急，已函催其来，来后拟即行，仆拟留此间，与贵邦志士共商也。

志贺：王照君与康君同航否？王君久患肺疾，可远航否？

梁：王君今疾尚未愈，恐不能同行，当同淹贵邦也。

足下著述宏富，钦仰无似，仆既淹贵邦，此后当可常亲颜色，他日尚乞赐教也。

志贺：广东陈士廉、梁元理二人将往北京，拾康有为之弟某遗骨，而北京警严，不容广东人，电送矢野公使、郑领事以此事。

〔说明〕本件录自日本外务省档案《各国内政关系杂纂》中国之部《光绪二十四年政变ノ袁世凯ノ免官》中《清人梁启超、王照，大隈伯：上书，并志贺参与官卜梁启超卜ノ笔谈》，编号 500324—500330，共七页，手迹。《日本外交文书》第三十一卷第一册第 703—705 页曾辑入，但有误。笔谈原件无日期，但它置在《致大隈重信书》之后，《致大隈重信书》发于光绪二十四年（1898 后）九月十二日，则此项笔谈亦与该函时日相近。

致山本梅崖书

梅崖先生有道：

沪上一瞻风采，匆匆未尽所怀。每一东望，未尝不思。此者相见，差慰饥渴。愿〔顾〕胸中所磊塞而欲吐者，十分未得其一也。闻之康文羽子，深悉先生近状。又闻为敝邦之变，驰驱入东京，上书贵政府，为之营救，感何可言！弟等为吕、武、操、莽所不容，空拳徒张，寸心未死，忍留七尺，来哭秦廷。适值贵邦政海翻澜，朝士汹汹，洵莫能执咎。事机迅逝，后此难迫〔追〕，既为敝邦痛，抑亦为贵邦惜也。窃察贵邦人士颇有畏露如虎之心，仆以为露之为东方患，虽五尺童子皆知之矣。然我东方欲自保独立，必及露人羽翼未成，庶几尚可以之〔止〕之，则今日正其时也。及今不图，数年之后，岂复有图之之时哉！

仆甚不解贵政府之徘徊瞻顾者，将欲何待也？敝邦虽屡矣，然一二年来，南部诸省，民气奋发，智力开张，颇异畴昔，以湘拟长，以粤拟萨，未敢多让也。愿〔顾〕贵邦三十年前外患未迫，故仅扩国内之力而即可成。敝邦今日敌氛四张，非借友邦之助而难奏效，是则所以深望于贵邦者耳。闻之西人之论也，曰冒险家多者，其国必强，反是则弱。吉田、西乡，皆第一冒险之人也。贵邦近日得无有千金性质之子，坐不垂〔堂〕之想，而渐失前者冒险之乎？何其勇于争朋党而怯于谋大局也。先生蒿目亚艰，其必有以处此。贵邦后起之秀，可以济他日之时艰者，先生夹袋中必有其人，幸举以告我。协和会之成，东方之福也。今集者几何人？不胜祝祷。言语未达，接见不易。贵翰往返无异谈，伏乞勿吝金玉，幸幸。敬请道安不一。

〔说明〕此书录自明治三十一年（1898 年）11 月 20 日《台湾日日新报》第五版《梁生片札》。首云："清国志士梁启超氏，其平日之怀才，及此次之逃难，前报曾略叙大概矣。近日又得友人传其手札一篇，乃系本月六日，已在我邦东京流寓，适值大阪日清协和会行发会式之际，特寄此书，付与该会中人山本梅崖翁，借陈感慨。兹即将原书录之，以公众览，亦足见其为人焉。"

致犬养毅书

一

木堂先生有道：

频侍教，欣喜无量。仆昨日适横滨，彼中绅商感先生教诲之意甚至，且亟命仆请于先生，求其日所演说之文稿，欲悬诸讲堂，以厉诸生，并刊诸报章，以告同志。伏望先生日间为录出一通，交仆寄出，副其饥渴之望，不胜大愿。贵恙近日何如，想已尽瘳。敬念无已，伏承起居。

启超再行

二十四夕

二

木堂先生有道：

　　数日不侍几仗，方思走诣。顷见柏原君，始知贵体清恙稍剧，想念之至，伏乞为大局自保重，善自调摄，不胜企祝。仆顷为康先生译人来滨，须往彼一会晤，两日内归京，更当走谒。问讯一切，敬请兴居。

梁启超再行

四月十四日

三

　　西欧之人，常谓敝邦人无爱国之性质，斯言仆几无以辨之也。然仆敢谓敝邦人非无爱国之性质也，其不知爱国者，因未与他国人相遇，故不自知其为国也。然则观之于海外之人，则可以验其有爱国性与否矣。今内地督抚无可望，民间受压制，不敢小行其志。欲其扶危局难矣。故今日惟求之于海外，庶几有望也。

　　孙逸仙曾见先生乎？仆等之于孙，踪迹欲稍疏耳，非有他也。而横滨之人，或有与孙不睦者，其相轧之事，不知如何，而极非仆等之意矣。孙或因滨人有违言，而疑出于仆等，尤非仆所望矣。敝邦有志之人既苦希，何可更如此相仇，仆欲一见孙、陈而面解之，先生有暇日，约会见于此间，可乎？至仆等与彼，踪迹不得不疏之故，仆见彼当面解之也。

　　〔说明〕木堂，犬养毅，日本冈山人，今其故居为"木堂纪念馆"，属冈山县乡土文化财团，以上三函，均藏该馆，蒙冈山大学助教授石田米子女士复印见赠。第一函编号为3－2，No.1，上有"木堂先生书翰"，系犬养毅秘书鹫尾氏亲属寄赠。第二函编号3－2，No.2，上亦有"木堂先生书翰"，闻为鹫尾家属寄赠。第三函编号等与第二函同。

致柏原文太郎书

一

　　拜启。顷间发一电，奉告南海先生已安抵神户，想承鉴察。南海本拟即入东京，奉问吾兄及大隈、犬养诸公，惟初至百务匆匆，且汤君觉顿行后诸多未便，故拟稍迟。想不以为失礼，并望先转致大隈、犬养诸公为荷。顷专有一事奉启，南海此来匆匆，未能觅得馆舍。而此间屋宇多狭小者，即尽力完之，恐亦未能适用、今忽思泷川辨三邸，不知出租否？月赁几何？欲恳代商之。若得此屋则万事都便，惟吾兄尽力与商之，幸甚。兄能一来否？南海极相念也。敬问大安。

启超顿首
十二夕

柏原君鉴

二

东亩仁兄足下：

顷康先生有信来，徐君自横滨携而入京，欲一面见足下，并往观中小学校等。如足下有暇，或来此间，或弟与徐君等同造尊寓，何如？康先生到彼岸，邦人接待欢欣，欲办之事，必有效也。日间拟一造木堂先生处言之。又承君所荐大同学校日语及体操教师，顷学校同人拟于数日内请其临校，望告之为幸。余俟面详，此请兴安。

弟启超顿首

三

弟顷奉急电东归，已到东京，望于午前九时到五刹〔?〕町之寓，商晤一切，幸甚。

东亩吾兄

〔说明〕柏原文太郎，号东亩，东京专门学校英语政治科毕业，为大隈重信所赏识。后加入东亚同文会，曾任东京高等大同学校长，为犬养毅之左右手。政变发生，康、梁逃亡日本，即由柏原照料。原函照片，日本东洋文库藏，第一函信封上书"东京小石川区高田老松町十七番地，柏原文太郎殿，须磨双涛园"。信中有梁启超名片，上有汤睿（觉顿）签名，原汤睿代笔。函称"康先生已安抵神户"，查康氏于九月十日（10月24日）晚十二时抵日，十一日（25日）上岸，则此信当写于康有为抵神户的后一天，即九月十二日。

第三函则为光绪二十七年（1901年）四月梁启超由澳洲返日后发。信后附录《留别柏原东亩一首》，则为"己亥腊月"。诗云："我昔灵山会，与君为弟兄。千劫不相遇，一见若为情。许国同忧乐，论交托死生。如何别容易，无语只惺惺"。下署"梁启超游草"。诗收入《饮冰室文集》之《壮别二十六首》。前有序云："首涂前五日，柏原东亩饯之于箱根之环翠楼。酒次，出缣纸索书，为书'壮哉此别'四字。且系以小诗一首，即此篇之第一章是也。舟中十日，了无一事，忽发异兴，累累成数十章。因最录其同体者，题曰《壮别》，得若干诗。"此诗列第十三首。

致柏原文太郎书

东亩吾兄执事：

十余年相依，情如昆弟，契阔以来，踪迹似疏，而怀思逾笃，吾兄想亦同之。前发一电，□熊君电报事，顷读新闻，知已达览，并承为之辩解，感何可言。在此与山座星使屡次晤言，情好日密。顷敝国新内阁将次成立，所幸阁员半原同志(可称为准进步党内阁)，外交方针，大略预定。敝国前此常持远交近攻之邪说，弟生平最为反对，曾在《国风报》中著外交方针，私议在辟其谬，吾兄想犹记忆。今后贵我两国邦交，正值刷新之机会(吾力倡中日特别亲交之说，熊君和之)，吾侪十年来所主张，或可现于实际(弟入阁任司法□□以自隐耳。弟所负责任，实专在外交、财政两端，公当会此意)。但使两国朝野有力之政治家能默契此旨，则国际前途之乐观，正自无量耳。自顷南京有误戕贵国侨民之惨耗，闻此不胜骇悼。将来敝政府必当有相当之处置。惟弟所最悬悬者，两国特别亲交之机，在今日为千载一时(此言望兄勿泛泛视之，弟□不敢为各责任之应酬语也)，若缘此薄物细故，阻其进行，则东亚大局之不幸，孰过于是。深望吾兄直接间接匡正舆论，毋使互挑恶感，庶吾党所主张有发展之余地，则大局之幸也。早稻田老伯，木堂、愕堂两先生处，幸为我珍重致候，并密达此意。情态变迁如何？亦请常有以诏我，不胜大幸。舍下诸皆平吉，小女感念盛德，常不去口，想兄乐闻之。敬承大安不尽。

启超顿首
九月九日

〔说明〕本件藏日本成田山灵光馆，凡四纸，八行黄色"任公集琅玡刻石残字别笺"，信封书"日本东京小石川区高田老松町五十七"，双挂号，天津邮戳。末署"九月九日"，无年份，函尾注："复书请寄北京太平湖进步党本部。此书望秘之，勿以登报，惟宜一示木翁。""吾力倡特别亲交之说，熊君和之"。边注上有眉批："进步党外交方针二条：一、各国悬案，迅速解决；二、近邻友国，特别亲交。此方针乃刍议，未便公布，然志在必行也。"

致长明书

长明我兄惠鉴：

承示及隆贶，感非言馨。寿言已增光宠，百拜敬颂。名画丝联，实不敢受。非曰客气，严命不敢违也，谨奉璧，容当踵谢。即颂旅安。启超顿首。

筱珊先生乞先附府报代叩谢。

〔说明〕原信一页，日本坂出祥伸教授复印见赠。

附录四

梁启超及其同人邮件往来检查

梁启超及其同人来往邮件检查，藏《有松英义关系文书》250，R6－29，日本东京大学近藤邦康教授复印见赠。有松英义是当时日本警保局长，这份邮件往来记录，应是当时检查邮件时抄交警局的。

梁启超在1898年"政变"后流亡日本。1907年初，康有为改保皇会为国民宪政会，"议行君主立宪"。梁启超和蒋智由等在东京筹组推动立宪的"政闻社"，企图有限度地发动并组织一定的社会力量来胁迫清政府认真准备立宪。康有为听到政闻社将开，拍电致贺，称赞梁启超"尚可以功补过"。1908 年 8 月 27 日，清政府宣布自本年起第九年召开国会，再于九月颁布《宪法大纲》。这个《宪法大纲》的主要目的是要保存封建专制制度。革命派采取了坚决反对的立场，而保皇会则采取了拥护的立场。11 月中旬，光绪、慈禧先后死去，康、梁酝酿倒袁（世凯），对摄政王载沣又存有幻想。

《有松英义关系文书》中所藏梁启超及其同人来往邮件检查，起自明治四十一年（1908 年）十一月二十五日，终于次年二月十五日，正是光绪、慈禧去世不久的邮件。在这些邮件中可以看到梁启超和清朝政府官员函札来往的痕迹，可以看到日本政府对流亡在外的梁启超的注视。梁启超在信封上还用了各种不同的名号，目的也是为了提防外界的注意。因此，这份资料，不仅可以看到这时梁启超的活动情况，也对重编梁氏年谱和搜集梁氏遗文有重要参考价值，故照录如下。原件复印字迹模糊，个别文字难以辨认，只得以□号标之。

梁启超来往信件（一）

四十一年（自十一月二十五日至同月三十日）

月日	发 送		到 著	
	寄件人住址姓名	收件人住址姓名	寄件人住址姓名	收件人住址姓名
十一月二十五	须磨怡和号别庄	北京西四牌楼南砖塔胡同内钱串胡同路北大栅栏		
	寿乡钧启日本清国领事馆王缄	外务部长大人		
	神户同文学校	上海海宁路顺征里香山何寓何大人清逸启		

续表

月日	发　送		到　著	
	寄件人住址姓名	收件人住址姓名	寄件人住址姓名	收件人住址姓名
十一月二十五	须磨怡和别庄	东京九段中坂政法学社黄可权		
	同上	东京北丰岛郡高田村虾蟆馆李耀忠		
十一月二十六			东京牛込市个谷药王寺前七一彭	须磨　怡和别庄梁远公
			麹町区永田町大清国公使馆	须磨　怡和别庄
十一月二十七			北京东四牌楼土条胡同陆军部焉缄	须磨　怡和别庄陈懋先生
			山下百五十番地凯日	须磨　怡和别庄梁思顺
			神田锦町三一五吾庐	须磨　怡和别庄梁新会
			神田锦町三一五吾庐	须磨　怡和别庄梁任公
			南京　桂桥钟	须磨　怡和别庄吴仲达
			同上	同上
			大阪每日新闻神田支局	须磨　怡和别庄麦少彭
十一月二十九			由广东新会大新街艺新内势编局	须磨　怡和别庄梁廷振
			东京牛込药王寺前七一　彭寓寄	须磨　怡和别庄梁启超
			东京麹町区三番町一区筹备协会事务所	须磨　怡和别庄任公

续表

月日	发 送		到 著	
	寄件人住址姓名	收件人住址姓名	寄件人住址姓名	收件人住址姓名
十一月 二十九	神户中山手通 同文学校	清国由林有虹内 门后贡门后街禺 山汤公馆 汤文友		
十一月 三十			神户波止场	须磨　怡和别庄 梁先生
			神户同文学校	同　梁任公
			东京神田里神保 町中国书林	同　梁思顺
	须磨　怡和别庄	广东新会城大新 街艺新印字馆 梁朝忠		
	同上	东京神田铃木町 一五　清国陆军 部游历馆 庄大人		
	同上	同下户冢村六〇 三　杨维新		
	同上（神户清领 事思缄）	北京西四牌楼南 砖塔胡同内外务 部次长大人		
	须磨　怡和别庄	米国芝加高市琼 彩楼　阳铭三		
	同上	新开美室 南佛惠鉴		

梁启超来往信件（二）

（自十二月二日至同月四日）

月日	发送		到著	
	寄件人住址姓名	收件人住址姓名	寄件人住址姓名	收件人住址姓名
十二月二日	神户同文学校	上海西马路广智书局　宝号	神户市中山手三丁目　同文学校	须磨　怡和别庄梁任公
			不明（小石川局引受）	须磨　怡和别庄宝雪楼主人
			上海北河南路锡顺里七弄二家李阿二附	须磨　怡和别庄汤府张八姐
			Shoon　K. Joher Chaco Berlin	须磨　怡和别庄梁任公
十二月三日	须磨村怡和别庄	东京牛込药王弄前町七一　清国彭寓　彭浏恂	东京牛込户冢村六〇二蓬莱深处	须磨　怡和别庄梁令娴
	须磨村怡和别庄	东京神田锦町三一五　吾庐陈立夫　冯霖若	神户海岸通二丁目广添祥号	须磨　怡和别庄
	须磨村怡和别庄	清国广东新会县城大新街艺新印书局收下即转寄茶坑乡老太爷蓬间安启		
		东京北丰岛郡高田村三三五虾蟆馆　李耀忠		
		Sin　Khye Bec and co. Rice mill Sungei Pinang		
		（庇能新开美夏遇安先生）		

右上角：续表

月日	发 送		到 著	
	寄件人住址姓名	收件人住址姓名	寄件人住址姓名	收件人住址姓名
十二月三日		Mr. C. L　Liang 100 Leindlph st Chicago J. 11 U. S. A 梁仲策先生		
十二月四日		上海西门外梅林路顺元里广智印刷所 任法收	东京都冈上铃木町（无记名）	须磨　怡和别庄 梁任公
		清国广东省新会城之江乡和纶邮政分局转交 赵笏卿先生升启		
		东京下户冢町六〇二蓬莱深处 杨维新		

梁启超来往信件（三）

月　　日	邮件种别	寄件人住址姓名	收件人住址姓名
十二月七日	第一种	东京麴町九段中坂 政治学社	须磨　怡和别庄 梁夫人
	第二种	长崎 清国领事	须磨　怡和别庄 梁任公先生

梁启超来往信件（四）

月　　日	到达或寄出	种类	寄件人住址姓名	收件人住址姓名
十二月九日	到达	二	东京北丰岛郡虾蟆馆 李	须磨　怡和别庄 梁令娴娘

续表

月　日	到达或寄出	种类	寄件人住址姓名	收件人住址姓名
十二月九日	到达	二	东京早稻田户冢村 蓬莱杨	须磨　怡和别庄 梁令娴
十二月九日	到达	一	东京牛込药王寺前七一 支那彭寓	须磨　怡和别庄 梁远公
十二月九日	寄出	一	须磨　怡和别庄	长崎清国领事馆 李大人子芝启
十二月九日	到达	一	长崎清国领事	须磨　怡和别庄 梁夫人
十二月十一日	寄出	一	须磨　怡和别庄	东京西大久保七三 土尔扈特王
十二月十一日	寄出	一	同上	新开美室 南佛慈鉴
十二月十一日	寄出	一	神户同文学校	上海海宁路顺征里内 何清逸
十二月十一日	到达	一	十三	须磨　怡和别庄 赵芹甫
十二月十一日	到达	一	横滨大同学校	须磨　怡和别庄 赵牖
十二月十一日	到达	一	清领署李白 长崎寄	梁令娴
十二月十一日	寄出	一	神户同文学校	上海海宁路顺征里内 何大人
十二月十一日	寄出	一	须磨　怡和别庄	京都第三高等学校支那 人　周佑民
十二月十一日	寄出	一	神户同文学校	上海美界钱庄会馆 何清逸
十二月十一日	寄出	一	神户同文学校	广西梧州府城内新会街 梁

续表

月　日	到达或寄出	种类	寄件人住址姓名	收件人住址姓名
十二月十四日	到达	一	东京市牛込药王寺町七一　彭寓	须磨　怡和别庄 梁任公
十二月十四日	到达	一	横滨大同学校	须磨　怡和别庄 梁任公
十二月十四日	到达	一	东京牛込早稻田鹤巷町二九〇　奥村富平	须磨　怡和别庄 吴渊民
十二月十五日	到达	一	清领署李	须磨　怡和别庄
十二月十五日	寄出	一	神户同文学校	上海海宁路顺征里 何清逸

梁启超来往信件(五)

月　日	到达或寄出	种类	寄件人住址姓名	收件人住址姓名
十二月十六日	到达	一	无记名	须磨　怡和别庄 汤睿
十二月十六日	到达	一	清领署自长崎寄	须磨　怡和别庄 李耀忠
十二月十六日	到达	一	贵州长春巷封寄贵阳李宅缄	李续忠收启
十二月十六日	到达	一	清领署自长崎寄	宝云楼主人
十二月十六日	到达	一	清领署自长崎寄	李耀忠
十二月十六日	到达	一	上海李氏二姐寄	阿八贤妹收拆
十二月十六日	寄出	一	须磨　怡和别庄	长崎清国领事署 李大人
十二月十六日	寄出	一	神户须磨ヨリ	东京神田里神保町 中国书林　德记
十二月十六日	寄出	二	须磨　怡和别庄 文佳妹令姻	东京北多广郡下户冢村六〇二蓬莱深处 杨维新

续表

月　日	到达或寄出	种类	寄件人住址姓名	收件人住址姓名
十二月十六日	寄出	一	须磨　怡和别庄	东京牛达区赤下町一三赵方朱宗曾君
十二月十七日	寄出	一	须磨　怡和别庄	东京小石川大冢五〇桂念祖
十二月十七日	寄出	二	神户清国领事馆缄寄	北京西四牌楼南碑帖胡同内钱串胡同长大人青篆勋启
十二月十七日	寄出	一	神户荣町一二怡和缄	上海美界钱庄会馆后南海宁路顺征里香山何寓何老爷清逸启
十二月十七日	寄出	一	神户下山手同文学校	同上何大人清逸篆启
十二月十七日	寄出	二	须磨　怡和别庄	东京神田区里神保町三中国书林
十二月十九日	到达	一	神户下山手日文学校	须磨　怡和别庄梁任公
十二月十九日	到达	一	京都冈崎　一霞	须磨　怡和别庄梁思顺
十二月十九日	到达	一	Lennig Ky Chool Tero-bun School Kobe Japan	须磨　怡和别庄梁任公
十二月二十日	寄出	一	神户下山手同文学校	清国广西桂林省城内后贡门后街汤山汤公馆汤六老爷
十二月二十一日	到达	一	横滨山下町一二四杨	须磨　怡和别庄赵芹甫先生惠启
十二月二十一日	到达	一	东京小石川大冢五〇挂号	须磨　怡和别庄梁任公先生
十二月二十一日	到达	一	无记名	须磨　怡和别庄梁令娴

续表

月　日	到达或寄出	种类	寄件人住址姓名	收件人住址姓名
十二月二十一日	到达	一	神户中山手通同文学校	上海四马路老巡捕房对门广智书局何清逸先生大人
十二月二十一日	到达	一	东京牛込药王寺町七一彭寓	须磨　怡和别庄梁任公
十二月二十一日	到达	一	神户野村生	东须磨麦少彭氏别业梁启超大人

梁启超来往信件(六)

月　日	到达或寄出	种类	寄件人住址姓名	收件人住址姓名
十二月二十五日	寄出	一	须磨　梁	横滨大同学校　林校长
十二月二十五日	寄出	一	须磨　ヨリ	上海四马路广智书局何清逸
十二月二十五日	寄出	二	须磨　ヨリ	上海四马路广智书局何擎一
十二月二十五日	寄出	一	须磨　怡和别庄	东京清国领事馆何大人
十二月二十五日	寄出	一	日神户同文学校寄李藻孙	清国浙江省温州城谢地里周四房　周孟由
十二月二十五日	寄出	一	神户　李	长崎清国领事馆王大人
十二月二十五日	寄出	一	须磨	东京下户冢村一五六紫山馆　李榜忠
十二月二十七日	到达	一	无记名	须磨　怡和别庄赵熙
十二月二十七日	到达	一	北丰岛郡高田村三三五虾蟆馆	须磨　怡和别庄李耀忠

续表

月　　日	到达或寄出	种类	寄件人住址姓名	收件人住址姓名
十二月二十七日	到达	一	清领署自长崎缄	须磨　怡和别庄 李大人安启
十二月二十七日	寄出	一	神户中山手三/二四同文学校缄	上海江上钱庄会馆后面海宁路顺征里内香山何公馆 何大老爷清逸篆公启
十二月二十七日	寄出	一	兵库二ツ口町一丁目安积松轩	须磨　怡和别庄 梁先生
十二月二十七日	寄出	一	须磨　怡和别庄	长崎清国总领事馆 樱桃
十二月二十七日	寄出	一	须磨　怡和别庄	东京西大久保七三 特王爷
十二月二十七日	到达	一	清国湖北省粮道衙李缄	长崎清国总领事署内阁中书　李芝收启 （怡和别馆转送）

梁启超来往信件（七）

月　　日	到达或寄出	种类	寄件人住址姓名	收件人住址姓名
十二月二十九日	到达	一	无记名	须磨　怡和别庄 梁卓如
十二月二十九日	到达	一	无记名	须磨　怡和别庄 梁任公
十二月二十九日	到达	一	赵缄	须磨　怡和别庄 赵芹甫
一月三日	到达	一	神户同文学校	须磨　怡和别庄 梁任公
一月四日	到达	一	神户同文学校	须磨　怡和别庄 梁任公

续表

月　日	到达或寄出	种类	寄件人住址姓名	收件人住址姓名
一月四日	寄出	一	神户同文学校	北京大蒋家胡同贵州东馆　翰林院李收启
一月五日	到达	一	神户同文学校	须磨　怡和别庄梁令娴
一月五日	寄出	一	神户太古洋行吴缄	上海海宁路顺征里内香山何寓何老爷清逸公启
一月五日	寄出	一	驻札长崎清国领署李自投津	北京大蒋家胡同贵州东馆　翰林院李收启
一月五日	寄出	一	神户同文学校	广西省城内后黄门后街寓山汤公馆　汤大老爷
一月五日	寄出	一	须磨　怡和别庄	神户中山手通三丁目二四同文学校　吴肇祥

梁启超来往信件(八)

月　日	到达或寄出	种类	寄件人住址姓名	收件人住址姓名
一月十五日	寄出	一	东京牛込区早稻田大学校清司馆　李锦忠	须磨　怡和别庄
一月十五日	寄出	一	东京市户冢町六○一蓬莱深处　杨维新	须磨　怡和别庄
一月十五日	到达	一	须磨　怡和别庄李桂收	无记名
一月十六日	寄出	一	上海上洋江西路惠福金口顺禾利印字李二姐下	须磨
一月十六日	寄出	一	广东省城清水濠临桂况公馆　梁宸卿	神户中山手通三丁目二四　同文学校

续表

月　日	到达或寄出	种类	寄件人住址姓名	收件人住址姓名
一月十六日	寄出	一	广西省城内贡门后街禺山汤公馆　汤	神户中山手道三丁目二四　同文学校
一月十七日	到达	一	须磨　怡和别庄梁任公	东京早稻田大学后清司馆张
一月十八日	寄出	一	清国广东肇庆城西门正衙永恒米店　陆顺清	神户同文学校
一月十八日	寄出	一	北京西四牌楼砖塔胡同内钱串胡同路北大栅栏内外务部长大人	清国领事馆
一月十八日	寄出	一	广东省新会县城大街艺新印书局茶坑乡梁老太爷	神户同文学校
一月十九日	寄出	一	东京早稻田大学校清司馆　李锦忠	须磨村　怡和别庄
一月十九日	到达	一	须磨　怡和别庄阿入贤妹收	上海李氏氏姐
一月十九日	到达	一	须磨　怡和别庄梁令娴女士	上海广智书局
一月十九日	到达	一	须磨　怡和别庄汤明水	上海广智书局
一月二十日	到达	一	须磨　怡和别庄梁夫人	清领署于长崎寄
一月二十日	到达	一	须磨　怡和别庄梁启超	东京麹町饭田町五一三弄　徐寄
一月二十日	到达	一	须磨　怡和别庄梁任公	东京都丰多摩郡下户家村一七号清使馆吴寄
一月二十日	到达	一	须磨　怡和别庄梁任公	横滨　冯紫
一月二十日	到达	一	须磨　怡和别庄梁任公	东京里神保町中国书林

续表

月　　日	到达或寄出	种类	寄件人住址姓名	收件人住址姓名
一月二十日	到达	一	贵州省贵阳府长春巷历任顺天府尹李公馆查收	神户同文学校　李
一月二十日	到达	一	东京西大久保七三土尔扈特王爷	须磨　怡和别庄

梁启超来往信件(九)

月　　日	到达或寄出	种类	寄件人住址姓名	收件人住址姓名
一月二十五日	到达	四	须磨　怡和别庄梁卓如	横滨亲仁会书未
一月二十五日	到达	四	须磨　怡和别庄陈宝云	上海广智书局
一月二十五日	到达	一	须磨　怡和别庄梁任公	东京清国公使馆何
一月二十六日	到达	一	须磨　怡和别庄	东京下户冢村六〇三市川方　支公立
一月二十六日	到达	一	须磨　怡和别庄李桂妹	贵阳长寿巷李缄
一月二十六日	到达	一	须磨　怡和别庄梁任公	东京牛込药王弄前町彭寓寄
一月二十六日	寄出	一	东京北丰岛郡高田村三三五虾蟆馆李耀忠	须磨　怡和别庄
一月二十六日	寄出	一	东京早稻田大学校后清使馆　李锦忠	须磨　怡和别庄
一月二十七日	到达	一	须磨　怡和别墅庄大人	师乾自长寄

续表

月　日	到达或寄出	种类	寄件人住址姓名	收件人住址姓名
一月二十七日	到达	一	须磨　梁任公	同文学校
一月二十七日	到达	一	须磨字大轩麦少彭　梁启超	新潟县南蒲原郡本城寺村　高桥德太郎
一月二十七日	到达	一	须磨　怡和别庄　陈熙	汉口后北楼笃安里老毅ヨリ
一月二十八日	寄出	一	清国广东省城清水濠临桂况公馆　梁宸卿老爷	神户同文学校
一月二十八日	寄出	一	C. S Liang ESQ：100 Randolph St. Chicago J. 11　U. S. A	须磨　怡和别庄　梁

梁启超来往信件（十）

月　日	到达或寄出	种类	寄件人住址姓名	收件人住址姓名
一月二十七日	到达	一	须磨　怡和别庄　汤觉顿老师	神户万家春书東
一月二十一日	到达	一	须磨　怡和别庄　赵芹甫	上海广智书局
一月二十一日	到达	一	须磨　怡和别庄　梁任公	Kobe Japan
一月二十一日	到达	一	须磨　怡和别庄　李桂妹	虾蟆馆李
一月二十二月	到达	一	须磨　怡和别庄　梁思顺	东京下户冢村六〇二清司馆
一月二十二日	到达	一	须磨　怡和别庄　陈熙	清国北京陈四十一巷谭寓雪寄

续表

月　日	到达或寄出	种类	寄件人住址姓名	收件人住址姓名
一月二十二日	到达	一	须磨　怡和别庄 梁任公	日本横滨中国大同学校
一月二十二日	到达	一	须磨　怡和别庄 汤明水	上海四马路肇吉里 丰
一月二十二日	到达	一	须磨　怡和别庄 梁任公	东京药王寺前町七一 彭寓
一月二十二日	到达	一	须磨　怡和别庄 梁孟远	暹罗汝角三角路成一南 投寄
一月二十二日	到达	一	须磨　怡和别庄 李积忠	清领署于长崎寄

梁启超来往信件(十一)

月　日	到达或寄出	种类	寄件人住址姓名	收件人住址姓名
二月三日	到达	一	须磨　怡和别庄 梁任公	东京牛込药王寺前町七 一　彭寄
二月三日	到达	一	须磨　怡和别庄 赵群甫	东京神田区锦町二/九内 麦方　黄肃
二月三日	到达	一	须磨　怡和别庄 汤荷庵	申江成都路 武昌里二街寄
二月三日	到达	一	须磨　怡和别庄 陈孟远	上海时报馆
二月三日	寄出	一	横滨山下町一六六亲仁 会　梁兆南	须磨　怡和别庄
二月三日	到达	一	须磨　怡和别庄 李锦忠	虾蟆馆　李
二月五日	到达	一	须磨　怡和别庄 梁任公	神户中山手通二/二四同 文学校

续表

月　日	到达或寄出	种类	寄件人住址姓名	收件人住址姓名
二月五日	寄出	一	长崎清国领事馆 李夫人（子芝甫）	须磨　怡和别庄
二月五日	寄出	一	东京府丰多摩郡下户冢村蓬莱深处　杨维新	须磨　怡和别庄
二月五日	寄出	一	东京北丰岛郡田村三三五虾蟆馆　李耀忠	须磨　怡和别庄
二月五日	到达	一	须磨　怡和别庄 孟远	无记名
二月五日	寄出	一	东京牛込区药王寺前町七一清国彭寓　彭浏恂	神户同文学校
二月五日	到达	一	须磨　怡和别庄 梁令娴	东京府下户冢村紫山馆 李ヨリ
二月五日	到达	一	须磨　怡和别庄 梁任公	横滨　冯付
二月五日	到达	一	李锦耀忠　同启	清领署于长崎缄
二月五日	到达	一	须磨　怡和别庄	清国广东省新会县成大街新印书房 梁老太爷
二月五日	到达	一	须磨　怡和别庄	Sin Kybe Bec and Co. Rice mille Sungei Pinang
二月六日	寄出	一	东京北丰岛郡高田村三三五虾蟆馆　李耀忠	须磨　怡和别庄
二月六日	到达	一	怡和别庄 阿八贤妹收	由上海锡顺里李寄

庶秘第三二号

明治四十二年二月十七日

（神户邮便局长）

通信局长收：

报　告

去年十一月二十四日局报第五三号来函邮寄物已认可，如左记（原为竖排）：

月　日	到达或寄出	种类	寄件人住址姓名	收件人住址姓名
二月七日	到达	一	须磨　怡和别庄 宝云楼主人	广东新会城 梁缄
二月七日	寄出	一	东京神田里锦町三 中国书林	须磨　怡和别庄
二月七日	寄出	一	东京神田区锦町三号 萧方　黄由甫	须磨　怡和别庄
二月七日	寄出	一	英界四马路广智局 何清柯	神户同文学校
二月七日	寄出	一	清国江苏常州府城东门外庄公馆 庄大人 次芹 勋启 　　　思缄	须磨　怡和别庄
二月八日	寄出	一	暹罗盘谷府天革医院前三角路启　南报馆 徐君勉先生	须磨　怡和别庄
二月八日	到达	一	须磨　怡和别庄 梁新会	东京神田区里神保町三 中国书林
二月八日	寄出	一	北京西四牌楼砖塔胡同内钱串胡同路北大栅栏 长大人	神户清国领事馆
二月八日	寄出	一	Sin Khye Bec and Co. Rice mill Sungei Pinang	须磨　怡和别庄

续表

月　日	到达或寄出	种类	寄件人住址姓名	收件人住址姓名
二月十一日	到达	一	须磨　怡和别庄　梁令娴	东京牛込户冢村六〇二蓬莱深处
二月十一日	到达	一	赵群甫	东京和田锦町三/八内藤方　黄ヨリ
二月十一日	到达	一	汤荷庵	平江成都路武昌堂二街ヨリ
二月十三日	寄出	一	广东省新会城大新街艺新印字馆　梁朝惠	须磨　怡和别庄
二月十三日	寄出	一	东京牛込下户冢村六〇二蓬莱深处　杨鼎文	须磨　怡和别庄
二月十四日	到达	一	须磨　怡〔和〕别庄　赵秀伟	三江由　赵吴英萃堂
二月十五日	到达	一	须磨　怡和别庄　梁思顺	长崎清国领事馆李ヨリ
二月十五日	到达	一	须磨　怡和别庄　梁思顺	京都冈崎

附录五

武昌起义发生，神户、大阪等地区的反映①

这里选择《清国革命叛乱之际该国人访问、态度及舆论情况杂纂》和《中国革命动乱之际革命军与帝国政府及个人之间买卖军需用品一项》两宗。

---

① 　以上内容，同时报告外务大臣子爵内田康哉。发文兵发秘字第一〇三四号，收入秘受第三五七号。

这些资料，都是从当时档卷中译出的，很多是兵库县写给内务部和外务部的秘密报告，也有在神阪中华会馆成立中华民国侨商统一联合会公启、章程等中文附件。

在这些资料中，可以看到日本政府对革命派以至康有为、梁启超、汤睿（觉顿）等改良派动向的注视，也可以看到武昌起义后旅日华侨的动态。

这两宗资料是我在参观神户华侨博物馆时，蒙神户中华总商会会长陈德仁先生复印见赠的，由上海社会科学院历史研究所李秀石同志翻译。

一、清国革命叛乱之际该国人访问、态度及舆论情况杂纂

(一)兵库县知事服部一三报告内务大臣原敬关于华人汤觉顿一事

（兵发秘字第1034号，明治四十四年十一月一日）

华人汤觉顿寄居县内须磨，客月三十日正午十时，从神户港搭乘轮船大信丸驶往中国天津。乘船时，汤觉顿冒名康君（三十一岁），用意不明，特此报告。

(二)兵库县知事报告内务大臣密电

（十一月五日下午八时发，九时二十分收）

居住管下须磨之华人梁启超，接满洲奉天总督发来急电，明六日从须磨出发，七日乘门司发轮船天草丸归国，声称此次有巨大决心。成功之后再渡东邦居住。另有东京神田里神仲町梁德猷一人同行。乘船时，梁启超冒名陈信，梁德猷冒名吴用之。

(三)兵库县知事服部一三报告外务大臣子爵内田康哉"梁启超归国"

（兵发秘字第1049号，明治四十四年十一月七日）

居住管下须磨之华人梁启超，此次接奉天总督电令，参与重要任务，昨六日下午二时二十九分，乘须磨站发列车，与梁德猷一同西下。一路在姬路站下车，同日午后七时五十五分，乘姬路站发列车，踏上归国之途。本日下午一时，乘门司港发轮船天草丸回国。此行似有巨大决心，称成功之后尽早再渡东邦。为避人耳目，乘船时梁启超冒名

陈信，梁德猷冒名吴用之，特此报告。

（四）长崎县知事安藤谦介报告内务大臣内田康哉
并转报内相

（高秘收字第 7211 号，明治四十四年十一月九日）

侨居华人动向

关于此次张彪家庭渡日一事，暗中探访本港侨居华人，据说张为汉人，效力于一朝政府，在动乱之地作将军，因以不降革命军为清白，而又不欲反抗革命军，苦求之结果终得外逃。其情形大有可怜之处，表示同情。另外，今后向本港避难者必多，在此之际，应无论种族如何，以同情之心迎接，给予无隔阂之待遇，特此报告。

（五）兵库县知事服部一三报告外务大臣内田康哉
关于清国湖北总督瑞澂

（兵发秘字 1067 号，明治四十四年十一月十一日）

据传，瑞澂本月八日乘傍靠长崎之轮船春洋丸（发自上海）东上，向神户目的地航行。据十日下午九时三十分接收之长崎县电报后调查，该船同月九日下午八时三十分驶入神户港，翌日（十日）下午五时五十分驶往横滨，此后未能详细调查。神奈川县电报称，从神户上陆华人有下沉三人，未必是瑞澂。

一等包客：麦少彭子麦智兜（二十七到二十八岁）；神户原居住地八十三号馆，男仆某（十七到十八岁）。

二等包客：二十四到二十五岁男子一人，于神户上陆后又转向大阪。

（六）兵库县知事报告警保局长密电

（明治四十四年十一月十九日上午十时发）

居住管下须磨之华人梁启超，由汤觉顿陪同，昨日午后五时乘轮船嘉义丸，从大连抵神户，立即回到住处。

（七）北海道厅长官石原健三报告外务大臣内田康哉
"中国侨民动向"

（高警收字第 4759 号，明治四十四年十一月廿二日）

中国浙江省胡劲（原文如此）府，住函馆原仲溪町十六番地。华人朱英、袁高，海户商人范远香（年三十四岁）、范筱香（年三十九岁）、陈宝羲（年三十三岁）、条祯香（年四十岁，原文如此）。

以上各人，关于这次革命的动向是，声称看视其本国家属状况，于本月二十日上午十一时乘发自函馆的联络船，离开北海道。

（八）兵库县知事服部一三报告外务大臣内田康哉

（兵发秘字第 1049 号，明治四十四年十一月廿四日）

清国人梁启超接奉天总督急电归国，本月十八日，梁与汤觉顿、梁德猷、杨维新及另外一人相伴，从大连港乘轮船嘉义丸再次渡日，于神户港登陆后重返须磨居住。

关于此次事变，梁启超说，一般来讲，希望恢复和平，但无论如何尤望迅速解决，当务之急是采取广泛诉诸舆论、召集国民议会的措施。关于本人名列内阁组织一事毫无反应，言称自己有意中立，袁内阁有名无实，关于奉天总督之招请秘而不宣。特此报告。

（九）兵库县知事服部一三报告内务大臣原敬"关于中国变乱"

（兵发秘字第 202 号，明治四十四年十一月二十七日）

清国变乱日益扩大，革命声势逐渐高昂。与此同时，侨居华人态度亦渐渐变化。当初之持重者，今日公开表示同情革命军，或剪发，或非议清廷。更有甚者，在中华会馆门前张贴"兴汉灭满"（满字为黑墨倒书，其他为赤色）字样，儿童执革命旗戏要于头。人人口中宣传中华民国一词。同时，以往之保皇论屏息敛声。

昨（六日），侨居华人约七百名聚于中华会馆，讨论对变乱的措施，不仅决定拥护革命军，最后还约定使用中华民国之名称，摆脱清朝羁绊任意行动。以前神户为梁启超、汤觉顿等保皇论之势力范围，对革命军突起莫如冷然视之。此后，革命党一派巧妙倡导种族论，促使汉人觉醒。随着时间推移，种族观念深入人心，终于公开议决在中华民国名义下，不受领事等制约，自由行动。此等实属重大，故将当天会议及其以前状况记录概要报告：

一 种族观念渐盛，欢庆革命军战胜之念随之强烈。与此同时，产生厌恶满风之情，剪发之人不绝，领事王守善亦终剪发，由此可见一般风潮。

梁启超归来后，不仅抛弃以前主张，反而倡导民主国主义，从时局上，看穿清朝之所作所为，怀疑清朝实力者越来越多，因此就越使汉人中心主义思想具有倾城之力。从前当地华人曾倾向于评论东京、横滨华人偏激，但至今已公开咒骂清朝。

二 驻东京中国公使馆之骚扰，发出种种感慨，尔来领事馆权威扫地，领事馆自身亦有遭受过激无赖之徒伤害之虞，故闭门不出，使警察予以保护对方才安心，逐渐恢复常态。领事与侨民之间不能妥善相处，结果，王敬祥、周子卿、郑祝三、刘次荆等十七人，二十五日在海岸通三丁目广业公所开会，提议劝告领事王守善退职，众说纷纭，最后据王敬祥主张，维持清朝领事现状。二十六日，在中华会馆总会上进一步议决，选举中华侨商统一联合会长，待新政府成立后，会长作为国人代表，不受一切领事制约。刘次荆携此决议赴下山手通二丁目中华慈善会，在约六十五名会员之集会上传达，会员亦众说纷纭，但按照刘的恳谕决定。

翌日（二十六日），阪神侨居华人就侨商统一一事，集会于当地中华会馆，参加者实达七百名。刘次荆首先致开会辞，推王敬祥为会长，主持会议。王敬祥、陈浩涛、伍榆生、刘思弟等各抒己见，其大要为："此次革命动乱，未使同胞疲惫，实属万幸。今已到中国枢要之人觉醒之事机，可谓革命乃时势之要求也。然如此荏苒时日，只能徒使同胞痛苦。目下革命军近乎成功，各省亦竞相宣告独立，在此情形下应采取手段，协同援助革命军，迅速制约另一方（官方）早日停止战争。而为达到援助之目的，各位一同组织中华民国侨商统一联合会。"云云。王、刘之发言颇为激烈，全场鼓掌迎之。遂定名为中华民国，在会场中央悬挂联合会旗，欢呼万岁之后，选举会长等干部。投票结果后记。同日午后三时四十分散会。

该会事务所暂设海岸通三丁目广业公所内。因设立本会一事需电报革命党总部、独立各省及袁世凯，本日大会有逗留大阪，称孙、黄之密使梁李（妇人）者出席，原预备讲演，经种种商议，决定不做发言。

会　长　　王敬祥

副会长　　周子卿　廖道明

议　董	郑祝三	曾荑臣	杜意筼	黄壮飞
	马聘三	兰棱犀	徐惠生	何世锡
	杜荫伯	陈念裳	林笃求	杨海筹
	简东浦	刘次荆		

会　计	郑雪波
理　财	杨惕南
核　数	简荫南
总庶务长	黄卓山
副庶务长	郑祝堂
书　记	汪吉人

关于红十字社募捐，正向侨民中重要人物募集。十一月二十五日，在中华慈善会的斡旋下，向普通侨民募集。另有传闻，谓一部分有人正在计划为革命军募集义捐金。

(十)大阪府知事大冢胜太郎报告内务大臣原敬

（警秘第字926号，明治四十四年十一月二十七日）

居住神户之华人王敬祥、刘次荆二人，代表神户中华会馆于本月二十四日来大阪，给当地华侨带来与本国时局有关之提出独立宣言之意见，并于当地侨民商议。在阪华人内稍露头角者，华北人占过半，其回答曰："有些地方虽发表独立宣言，但直隶、山东、奉天各省尚未宣告独立，纵令今日宣布独立，于国际法上也不能产生何等效果，各人在营业上也与本国有关，匆忙提出独立为时过早，有必要进一步研究。"结果，本日大阪《朝日新闻》发表《侨居华人独立之光景》为题的报道，谓关于昨(二十六日)神户中华会馆集会，在阪华人暂无任何认识，因此，此时无一人会同云。

(十一)神户全体华侨公启①

径启者：

中国风云日急，各省均已独立。凡我海外各地华侨同胞，际此时势，有万不容坐视之处，敬为诸君缕晰陈之。

---

①　本件为大阪府知府大冢胜太郎明治四十四年十一月二十七日报告内务大臣原敬之附件，系中文油印件。

商界以商务重，此后与内地各独立省份不能不通常贸易，侨商货色倘被梗阻，何从伸理！非民国军政府漠视侨商，亦侨商自行见外，此可虑者一也。

各埠华侨为数甚伙，淡焉漠视中国，如秦越人之不相闻问，益使顽固之汉奸有所借口，累日经年，缠战不已，汉族相残，商家坐困，此其可虑者二也。

今番中国若办不好，则从此永堕犁泥，求为奴隶牛马，而犹不足快彼族之心。侨民独非中国人乎？国民之一分子当尽不当尽，此固不待明者而知之。然而各帮涣若散沙，个人自为独立，又乌能于事有济，此可虑者三也。

同人等熟思焦虑无如何，昨已开至急特别会，神埠全体华侨公议，拟即统一联合中华侨商，通电各独立省军政府，请求速行联合统一，组织新政府以保商民。今将办法及辩驳研议案详陈，以俟公核：

一　组织中华侨商统一联合会。

二　公举总会长及各帮一副会长。

三　担负经费。

四　通电各省军政府暨各埠华侨一体照行。

驳者曰："中国新政府各国尚未承认，若不守旧条约，将视华侨为无政府之人，恐多未便。"辩之曰："中国独立省办法，第一系担承清国应偿各国之债务，亦既布告各国中外，共见共闻，既担国债，自应仍按条约办理，是以各国公认独立。目前各国商民之在独立地者，一体受保护之利益，则华侨之在各国者，倘有交涉，条约依然可据。况本会成立，乃华侨为保商起见，旧有之商会仍存，即公使领事亦依然无恙也。华侨自行组合，对内对外，毫无窒碍。"

驳者又曰："内地独立省固多，但此外尚有未独立之省，万一累及个人之身家财产，何以处之？"辩之曰："统一联合会纯然社会之性质，日本此种社会甚多，乃全体所组合，并不指出何省何人，决无波累个人之理，更无国际交涉之虑。如必待二十二行省一律独立而始进行，不但贻海外同胞凉血之讥，且至彼时大局已定，何须侨民协商。目前所以必组此统一联合会者，原因华侨人数不少，大家同心同德，使人知我中国万众一致，新机可以勃发，早弭战祸，少杀同胞，而外人亦将看重我，侨商乃一至善之大好事。又况华侨统一联合宗旨一定，大众可以安心照常与内地贸易。即使战事未休，无碍商局。现在心乎新政府者，中国男妇老幼已居十成之七，其不同者，仅三成耳。与其附和此三成，使兵战频年不解，商民交困，何如万众齐心，俾顽固者速退，新政府成立，有以保全我同胞生命财产之为幸乎？"

刻已议辩论研究详审，全体赞成，经〔径〕然亟达各埠，一体协商。神埠即行定日开神阪中华会馆，实行成立中华侨商统一联合会。中华民国幸甚！全体侨商幸甚！特此奉布，惟希公鉴。

神户全体华侨公启

（十二）兵库县知事服部一三报告外务大臣内田康哉

（兵发秘字第 1111 号，明治四十四年十一月三十日）

清国人汤觉顿本月二十五日乘神户港发轮船弘济丸出发，前往中国上海，乘船时冒名张文棠。

该人称此次旅行仅为大清银行行务，一切保密。估计系接受康、梁等秘令，为视察祖国情况奔赴奉天及北京方面。据称，此行时间预定约一个月，特此呈报。①

（十三）中华民国侨商统一联合会公启②

列位先生大鉴：

昨奉电示，并叠展书复，仰见诸公热诚爱国加入，一等令人钦佩莫名。统一联合会已蒙鼎言赞成，同襄盛举，此吾中华民国前途至钦幸之事，同人感颂无量。敝埠业于阳历十一月廿六日在神阪中华会馆实行成立中华民国侨商统一联合会，同胞到会共百余人，秩序井然。当经全体公举王敬祥君为会长，鼓掌雷动。副会长周子卿君、廖道明君及会中职员同时选举，定着对众宣布。所有通电名稿，亦经大众公决，当日即行详发。兹特谨将本会题名全录、章程电稿规则，一并开呈公核。章程倘有未尽周到之处，尚希卓识，匡其不逮，是所至祷。

① 上述报告，同时呈送内务大臣原敬。

② 本件附在兵库县知事服部一三明治四十四年十一月三十日报告外务大臣内田康哉等件之后，为中文油印件。

电费应俟大阪、函馆两处倍来，是否一律照办，再行照派，奉闻可也。本会仰蒙诸公赐表同情，现虽已经全体举定会长，仍须俟贵埠一体承认，敝埠方可发表，通告中国各地军政府，宣布本会宗旨，联合进行，并盼大示，同深企祷。

附上刷印布告。本会成立，广求同胞匡扶。《公启》拟即代派是荷。肃请公安。诸祈朗鉴。

中华民国侨商统一联合会公启
阳历十一月二十八日

计呈：

题名录、章程电稿、印件规则，移中华民国侨商统一联合题名全录。

会　　长	王敬祥君
副会长	周子卿君　廖道明君（兼理财）
会　　董	马聘三君　郑祝三君　招爱珊君
	曾莆臣君　杜贯三君　徐惠生君
	刘次荆君（兼会计）　杨海筹君　林笃求君
	陈念裳君　杜荫伯君　何世锡君
	邝汝磐君　陈洁璘君　汪益逊君
	何尧如君
核　　数	简荫南君
书　　记	汪吉人君
庶务正员	黄卓山君
庶务副员	郑祝堂君

规则稿

本会经全体同胞赞成，现已实行成立，为全埠之总机关，结民国之大团体，担负极宜。所以翊赞新政府，进行保会同胞生命财产共基础①，悉肇于斯会。凡我国人，既经允担负任，务望共守会章，各尽心力，常川到会，讨论研究，匡扶会长，维持会务。凡有常会临时□

---

① 原件如此。

别，大会尤宜取袂偕临，永抒知识。其驻会办事职员，务各奋勉从事，始统（终）一致，庶几有美必备，无懈可疵。此后对内对外，一切未尽事宜，可期完期完善，切勿挟因循之成见，蹈敷衍之覆辙，是所至祷。大厦非一木可支，大任须合力扶持，识时务者为俊杰，有肝胆者真实雄①，以表吾爱国热诚，尽吾国民分子者，同人既有同情，特此布告，务希会员诸君公鉴。本会谨白。

中华民国侨商统一联合章程

一、会 名

中华民国侨商统一联合会

二、宗 旨

本会以联络同人，维持商务为目的。

中国商务，汉口、浦江、南京一带，自经冯国璋、张勋等辈之破坏，已达极点。况我商界，不能不急请求民国建立新政府，以保商务。

中国自武汉起事，金融机关久已滞塞，现民国军政府既经组织中华银行。凡我侨商，不得不竭力维持，以苏商困。

侨商急于请求民国建立新政府者，系为爱国保商起见，凡我同胞，务宜亲睦友邦，以符中华民国之宗旨，而关内外之商务。

三、组 织

公举会长一员。

公举副会长二员。

会董应由会长选派。

理财一员，事司出入款项。

会计一员，事司出入账目。

校数一员。

书记一员。

庶务正副二员（聘用）。

---

① 原件如此。

四、会　所

总会在神阪中华会馆。

事务所在广业公所。

五、责　任

本会为全埠总机关担负綦重，同人务守会气以保团体。

会民系由全体公推，凡我同人，既经承认为全体代表。各为须当秉承①，俾得专任其责，于会务进行可期完备。

职员既经允担责任，即各尽心力，协赞会务。不得借词诿卸，遇事退后，将来定须分别功过，由会长报告新政府，实行奖罚。

会员有实行整顿会务、保全公益、兴利统商之权力。

会长每日必到事务所勘定时间，以明责任。

常会临时会、特别大会均关紧要，凡被选举办事职员，务必到场，不得推诿。倘有要事，须先通知会长。

如有个人破坏本会爱国宗旨，以及损害商家利权者，会长必须出为说理公罚。

六、经　费

经费应由商人担承，各尽其力，本会严出□□□据（预算两个月，每人自十六岁以上承认每月以半元起，迄十元止）。

七、办　法

通电各省民国军政府，各埠华侨一体照行。

通电未独立各省，请速联合一体组织。

通电北京内阁总理速立民国。

通电及发函联合横滨、长崎诸埠，以广声气。横滨、长崎已有函电到来，一体联合矣。此外，如大阪、函馆各埠，俟再应往联合定夺。

本会宗旨宜昭登载中华各报，以广联合。

每月末星期开大会一次，报告各要事期限。

本会俟新政府成立，应由会长报告解散电稿。

---

①　原件如此。

独立省

军政府：请求联合统一，组织新政府，保全商务，盼复。日本〔华〕侨全体公叩。

计发：广州、云南、济南、福州、太原五处。

又上海两份（一由军政府传武昌，因武昌线断，不能径达也。再付报馆传各报）。

未独立省

商会：速请求联合统一，组织新政府，保全商务，盼复。日本华侨全体文具。

计发：奉天、成都、开封、贵阳、西安、兰州、天津七处。

北京

内阁总理大臣：速立民国，保全汉、满生命。日本华侨全体公叩各埠。

中华会馆　日本华侨统一联合会成新①，贵埠一体照行，电达各省军政府，速组织新政府。
华商侨馆

计发：美国、檀香山、南洋、香港、星架坡、安南、吕宋七处。

（十四）长崎县知事安藤谦介报告外务大臣内田康哉转报内相"关于华人往来一事"

（政务局第一科高秘收第 7588 号，明治四十四年十二月十一日）

自称住神户市荣町一丁目六十七番地之贸易商马聘三（四十三岁），与自称住神户市山本通四丁目七番地之贸易商刘次荆（三十六岁）二人，十二月十一日上午六时七分，从神户乘火车抵长崎，在本市浦五岛町旅客旅店宿京屋早餐后，九时称去驻本港中国领事馆，离开旅店。

据十一月二十九日高秘收字第 7442 号报告，马聘三是与革命军上海都督陈其美通牒之军用资金募集员之一，彼等携带手提包二只，其中一只内装纸卷包，为神户侨居华人等酿出有关公债证券，据称面额七万元。马聘三携带之于当日乘本港发轮船博爱丸驶往上海。刘次荆当北返，为护送义捐金而来，当从本地返回神户。特此报告。

---

① 原件如此。

（十五）关于清国革命党员

（政务局第一科乙秘第 1927 号，明治四十四年十二月十四日）

关于中国革命党员何天炯渡日之重要事件，除昨日报告外，其又与有邻会交涉，不让所谓浪人去上海（据说上海方面自称为支那浪人的平山周、宫崎虎藏、清藤幸七郎、尾崎行昌等七十余人，对革命军妨碍极大）。另有以下四人从上海与何天炯同行而来：

神户市北野町二/五八军人兴仓太郎。

神户市桔通三/五〇矿山业者小高勇藏。

神户寺下山手通六/四九火柴制造商太田信二。

长崎市今町二二商人中村繁。

（十六）兵库县知事报告内田外务大臣

（明治四十四年十二月十五日）

外务大臣：

东京市京桥区枪屋町枪炮火药商大仓久米写，本月十七日通过神户港发轮船一东丸，向英国领有之香港输出俄（橹）式步枪五万枝，步枪子弹一九五万发。特此呈报。

（十七）兵库县知事服部一三向外务大臣
内田康哉报告"清国避难者渡日"

（兵发秘字第 1157 号，明治四十四年十二月十五日）

收到福冈县电报，知中国罗振玉，四十六岁（字叔蕴），携家属及亲属二十四人，于本月十二日下午乘门司港发轮船温州丸来神户，立即注意之。一行乘该船于翌日（十三日）下午五时入神户港，立即登陆，投宿市内荣町三丁目西村旅馆。十四日上午十时十三分乘三宫站发列车前往京都，此车已用电话通报京都府。

罗振玉现职为中国文部省学部参事兼农科大学校长①，据此人云："原已慕日本风光，早生举家移居之念，但不忍舍离故土。正在踌躇之时，不料发生革命变乱，首都北京成为兵马之巷，已迫在眉睫。即使一时姑息，达成媾和，重生满汉争权亦洞若观火，因将多年积蓄之书

---

① 罗振玉曾任"学部参事官兼京师大学堂农科监督"。

籍付之兵火，实在遗憾，莫如寄托安全之日本。因大学生或投革命军，或避难于乡间，难留只影，加之妻丁延已妊娠四月，若放过温州丸此次最终航班，至明年难冰期前则不能航海，故利用此期，为家属避难而赐暇渡日。"此人欲径留一周余后单身归国。京都大学教授高冈谦备及北京大学教授兼田丰八等迎接之，并为之种种斡旋。秘报如上。

通报（内、外相，京都、大阪、福冈县知事）

（十八）兵库县知事服部一三报告外务大臣
内田康哉"革命军代表渡日"

（兵发秘字第 1163 号，明治四十四年十二月十八日）

革命军使者严汝麟，三十三岁；何永亨，二十一岁；书记黄肇熊，三十二岁。严、何二人作为革命军代表，为募集军资而受遣来本邦，二人随同书记于本月十二日从上海经长崎，由铁路来神户，现在市内荣町一丁目田中旅馆投宿。本日乘三宫站发列车前往横滨。

此人携带革命军政府感激当地中华民国侨商统一联合会会长王敬祥为革命尽力之感谢信，与王敬祥为首的各位干部，在该会事务所开会协议募集军资方法，还于本月十七日在中华会馆召开统一联合会总会（与会者约千百人），严、何在会上说明革命军及其他内地情况。中华银行股券募集员包达三阐述了设立银行的理由，募集一般股券。以王敬祥应募二千股为首，约七千股应募。此外，包达三特继续访问市内重要华商募股。据此人等云："革命政府标榜共和政治，重要的是按人民自由意愿制定能彻底增进国利民富的宪法，以达到万民安心之境界。故于满政府所不容时，无论提出何等媾和条件，也不能和平妥协解决。革命军认为应始终以武力达到最终目的。然而，因军队缺乏军资，目前呈疲困之状，根据各省（十四省）代表决议，向南洋各岛、欧美各国及其他国家侨居华人及同情者募集义捐金，分别派遣代表赴各地。奉政府之命，我等二人渡日之目的是向日本侨胞募集约十万元。"云云。王敬祥为首的各干事应诺之，正与横滨、长崎侨民交涉其分摊额。彼等设想由横滨、东京侨民负担五万元，长崎、函馆侨民负担二万元，神户侨民负担三万也。据闻，与对华贸易有关之大阪、神户日本人暗中酿出义捐金，大阪朝日新闻社似秘密为之斡旋。严等一行预定在横滨停留四五天后回神户。秘报如上。

通报（内、外相，北海道，神奈川，大阪，长崎）

二、中国革命动乱之际革命军与帝国政府及个人之间买卖军需用品一项

（明治四十四年十一月至明治四十五年二月）

（一）兵库县知事服部一三报告外务大臣子爵内田康哉

（兵发秘字第 10038 号，明治四十四年十二月二十三日）

关于华人汤觉顿，今年十一月三十日兵发秘第 1111 号已呈报汤前往上海一事。本月二十日上午九时，汤觉顿乘轮船博爱丸抵神户，即日回到须磨梁启超之临时寓所。特此呈报。

通报（内、外相）

（二）兵库县厅赤池报告田中外务书记官

（明治四十五年一月六日）

神户侨居华人革命党员王敬祥等，为阐述自己理想并访问帝国政府意向进京，欲会见次官局长，请关照接洽。

（三）兵库县知事报告内务大臣密码电报

（明治四十五年一月二十三日）

清国革命党员雷中实（音译）等三人，本日午后零时二十五分乘神户站发列车前往新桥，全部乘坐一等车厢。

（四）兵库县知事电告内务大臣

（明治四十五年二月二日）

居住须磨之清人康有为，化名贾遇安（音译）带随从二人，为洗温泉，于昨一日乘午后十时四十分神户站发火车，向箱根山中芦汤カフトイ馆出发。

（五）兵库县知事电内务大臣

（明治四十五年二月五日上午十一时十分）

清国人李经方为探望病情，昨（四日）从长崎到盐屋盛宣怀处，逗留二三日左右。

（六）兵库县知事报告内务大臣密电

（明治四十五年二月六日上午十一时五十分）

清国人李经方本日上午一时二十三分，乘姬路站发列车前往长崎。

（七）兵库县知事服部一三报告外务大臣内田康哉

（兵发秘字第85号，明治四十五年二月十二日）

关于联合会员渡清一事，当地中华民国侨商统一联合会总庶务员黄卓山，代表该会，身负探询南京政府对康有为一派的意向，并与南京政府商洽联合会今后行动等任务，携带募集之军费一万一千元，于客月十七日渡清，本月六日由铁路归神户。

据其所言，康有为一派多人才，为建国之必需者，但从以往行为来看，现在立即强使其回国，有伤害同志感情之虞。不久将设法寻求机会融合意见，以后劝告其回国，但本国革命党员耳闻康等至今仍标榜君主立宪，向日本政府运动，似乎感情上伤害甚大。

其次，当地联合会干部欲以同会为东洋商业机构，希望得到承认。但南京政府认为，世界各国之本国国民在海外经商者，应互相网罗侨民，采取一致行动，不宜仅采取承认日本侨民的办法。予以拒绝，并怂恿同会加入目前上海各国侨民代表计划之华商联合会。该会作为商业机构，本部设于上海，在各国设支部，专门从事有关商业通讯及研究等具体活动。另一方面，该会亦为与共和政府共同采取政治、经济、外交等一致行动而设立。

当地联合会待该会确定章程后，召开侨民总会，结局将解散现有之联合会，建立华商联合会支部。呈报如上。

通报（内、外相）

（八）兵库县知事服部一三报告外务大臣内田康哉
"关于中国革命党员渡日一事"

（兵发秘字第83号，明治四十五年二月十日）

接长崎县电报，有自称中国广东省新宁县之叶孟寅、叶曦阶者，为革命军募集资金而渡日，当即注意之。本月六日下午五时十分，二人乘火车抵神户站，投宿市内相生町二丁目播荔屋旅馆逗留。此人等据说为广东军政府募集资金而受遣于合众国、日本及加拿大，经华人郑祝三介绍，访问王敬祥，委托其募集。叶孟寅据说去年七月曾在鹿儿岛私立农林学校入学，在当地逗留一周后前往横滨。特此呈报。

通报（内、外相，北海道，大阪，长崎，神奈川，福冈各府县）

（九）兵库县知事报告内务大臣密电

（明治四十五年二月二十日）

当地中华民国侨商统一联合会长王敬祥等二人，为渡往上海，本日下午六时四分乘三宫站发列车向长崎出发。

（十）兵库县知事服部一三报告外务大臣内田康哉
"关于中国军人渡日一事"

（兵发秘字第 120 号，明治四十五年二月二十九日）

革命军陆军骑兵大佐熊一弼（三十五岁）及随从一人，本月二十四日从上海乘轮船来到管区，投宿明石町锦鸣馆，目前在此处逗留。据说此人曾于一九〇七年毕业于本邦陆军士官学校，此行为购买军需品而来。同期校友、东京市曲町区元园町一丁目居住（现在明石）之预备陆军骑兵大佐崎山盛幸（三十七岁），及其随行人员预备骑兵上士新田德兵卫（三十五岁），以及明石町小泉健彦（为原明石藩家老名门之后）等专门为之斡旋。据闻，此人等委托明石町有产者米泽长次郎购入三百匹军马，而米泽称如不得贷款则不能着手办理，故此人预定逗留数日后前往东京。呈报如上。

通报（内、外相）

日本的"辛亥革命研究会"和"孙文研究会"

辛亥革命研究会和孙文研究会，是日本两个具有一定影响的专业性学术团体，参加者为对中国近代史专门有研究者或对此有浓厚兴趣的教授、学者、研究生等。一个在东京，一个在神户，分别吸取本地区以至其他城市的有关人士，组织学术报告，展开专题讨论，厘定章程简则，发行会刊通讯，办得很有成绩，很有特色。

设在东京的辛亥革命研究会，倡议于 20 世纪 60 年代，到了 70 年代末，在野泽丰、久保田文次、小岛淑男、中村义、藤井升三等教授的擘画、支持下，正式成立。主要活动：一是举行例会。自 1980 年 6 月起，至 1984 年 3 月止，共开了四十次，平均每月一次，其中研究报告二十二次，研究动态之整理六次，书评三次，中国电影欣赏两次，其他七次。报告的内容有《宋庆龄在中国革命上的地位》（久保田博子）、《关于洋务运动时期近代棉纺业引进论之研究》（铃木智夫）等。二是发行《辛亥革命研究》。1981 年 3 月起，每年出一本，在已出的三期中，有《关于中国国民会》（小岛淑男）等论文，《关于"东亚"》（中村义）、《福州轿夫暴动》（小野信尔）、《湖北革命战争见闻日记》附解说等考证和资料，还有久保田文次、松本武彦等日本辛亥遗址的调查，都很有参考价值。他们还印有《东京辛亥史迹》，已见七期，图文并茂，易于勘查。三是进行国际学术交流。一方面邀来日本的外国学者做学术报告，另一方面通过会刊介绍我国辛亥革命研究情况，并编集《辛亥革命文献目录》（山根幸夫编）和搜辑日方辛亥资料。

设在神户的孙文研究会，是在编译孙中山著作的基础上组织成立的。1983 年 6 月开始筹备，9 月 15 日审议通过，推定神户华侨总商会会长陈德仁先生和伊地智善继、山口一郎（代表）为理事，岛田虔次、山本秀夫、彭泽周、今堀城二为评议员。除积极促成修复已故华侨吴锦堂别墅移情阁作为孙文纪念馆外，还召开了七次会议。报告有《辛亥革命和神户华侨》（陈德仁）、《南方熊楠与孙文》（笠井清）、《末永节与孙文、黄兴——访问福冈的末永贤次氏》《在县立高女听宋庆龄讲话》（大西寿子）、《孙文和神户——外交史料馆所藏资料介绍》（安井三吉）、《香港、东南亚旅行杂谈——关于孙中山纪念馆》（伊地智善继、山口一郎）。会址设在神户华侨总商会会馆，准备出版的《孙文研究》（年刊），《会则》中指出，该会的目的是：收集、发掘、调查关于孙文的资料，并进行孙文、日中关系理论的历史的学术研究，发表其成果；同时，以广大的一般市民为对象，利用出版、电影和音乐活动等，充分显示孙文的事迹。

去冬今春，我在日本讲学，和两个研究会都有多次接触，对他们的热心会务，注目交流，深受感动，他们的报告、座谈、调查、访问，也各具特色。举例来说，报告会一般事先印发讲稿，报告时只述要点，把更多时间放在提问解答、专题讨论上。会后酒聚，继续各自就有兴趣的问题相互求索，思想活跃，气氛轻松，遇有不同意见，既有争议，又能尊重，有利于学术探讨。又如他们注意辛亥革命和孙中山、黄兴、章太炎、宋教仁等在日本遗址的调查，我在东京和神户，就由他们分别陪同参观，由勘查过的教授专门解释，年轻的研究生记录摄影，用他们的话来说："使中日友谊一代一代相传下去。"他们也注意"接班人"的培养，有些会务交给研究生承担，使他们在实践中锻炼提高。由于研究会讲究实效，从而吸收了一批学者，如孙文研究会的主要成员，很多是京都、大阪的教授，遇有报告会，还有远道前来参加的。我在东京和神户报告时，冈山大学的石田米子副教授特地赶来，遥远的东北大学、岩手大学、山口大学的教授还冒雪前来。

我在返国前夕，曾向辛亥革命研究会的久保田文次、小岛淑男教授，和孙文研究会的山口一郎教授提出，请他们将办会经历整理成文。他们认真负责地写了"情况"（久保田先生为了扶植后进，特嘱松本武彦先生撰写，已由黄绍海同志翻译），做一简单介绍。我想，这对促进中日文化交流，借鉴国外经验，也许是有帮助的。

原载《光明日报》1984 年 8 月 22 日《史学》第 359 期

附录一

辛亥革命研究会之现况

松本武彦

　　辛亥革命研究会是由大学、高等学校教员和大学院、学部学生自由组合，专事研究、讨论有关中国近代史上辛亥革命时期的场所。

　　由于本会从初创至 1982 年 11 月止的活动情况，已有公开发表的文章（中村义：《会报发刊之际》，《辛亥革命研究》创刊号，1981 年 3 月。松本武彦：《研究会巡礼·辛亥革命研究会》，《近代》第三号，1983 年 3 月）作过介绍，本文不再赘述，只是着重介绍其后的研究会活动。

　　第一，研究例会活动。1982 年 11 月以后召开的首次研究例会，是于 1983 年 1 月召开的，以后直至 1984 年 3 月止，共举行了十四次例会。报告人和报告题目分述如下：

　　1983 年 1 月 22 日　电影《辛亥风云》等欣赏

　　2 月 26 日　铃木智夫：《关于洋务运动时期近代棉纺业引进论之研究》

　　3 月 31 日　与荣孟源先生、章伯锋先生、李秀石先生的讨论会

　　5 月 1 日　电影《敬爱的周恩来总理永垂不朽》等欣赏

　　6 月 4 日　久保田文次：《布尔乔亚革命研究之管见》

　　6 月 25 日　高桥良和：《有关中华革命党组织之觉书》

　　7 月 23 日　毛里和子：《上海社会事情》

　　9 月 24 日　中见立夫：《巴波乔布和"第二次满蒙独立运动"》

　　10 月 1 日　Rolond Felber：《德意志民主共和国对中国近现代史的研究现状》

　　10 月 22 日　久保田博子：《宋庆龄在中国革命上的地位》

　　11 月 26 日　小林一美：《义和团战争和日本军》

　　1984 年 1 月 21 日　汤志钧：《辛亥革命和章太炎》

　　3 月 3 日　岸田修：《孙文之铁道论》

3 月 17 日　　赵军：《中日关系史研究和我》

此外，从 1980 年 6 月始，至 1982 年 11 月止，因为已召开过二十四次例会，故合计有四十次（1980 年 9 月 9 日和 1981 年 9 月 26 日例会，各有两位报告人，因此各算两次，共四次）。现对报告内容与报告人情况做一分析：就内容而言，属于个人研究报告者为二十二次，研究动态之整理六次，书评三次，中国电影欣赏二次，其他七次。除去两次电影欣赏，余下的三十八次中，由日本人报告的为三十一次，外国人七次。而在日本人三十一次报告中，大学教员做了十五次，高等学校教员四次，大学生九次，其他研究所人员三次。

其次，关于例会召开的频度，原则定为每月一次。从 1980 年 6 月到 1984 年 3 月，共有四十六个月，实际开了四十次会，算下来是每隔 1.15 个月召开一次例会。但由于八月份是暑假，三月份按惯例也放假，这样扣除了放假的八月和三月，只剩下三十八个月，频度应该为 0.95 个月一次，可以认为基本符合每月召开一次例会的要求。

第二，发行机关刊物。本会机关杂志《辛亥革命研究》，创刊于 1981 年 3 月，由辛亥革命研究会编辑发行，汲古书院发售。之后，每年刊行一次，共出了三期。预定 1984 年 3 月发行的第四号，目前正在编集。杂志的主要内容有：研究论文、书评、史料介绍和例会报告的摘要等。至于投稿虽无特别规定，但由于采用据作者手稿直接影印的方法，故而尚有一定制约。一般说来，已刊的各期中，约稿和来稿各占一半左右。机关杂志是介绍日常例会概况的渠道，所以，那些受时间、地理条件制约而不能前来参加活动的研究人员，完全可以通过杂志进行交流，充分发挥了杂志的效能。最近，本杂志刊登的论文和史料，大多译自中国学者的研究成果，照此说来，它又充当了介绍国际辛亥革命研究情况，尤其是以日中为主体的学术交流媒介。

应当指出，杂志的编纂方针，即以辛亥革命为中心，这是由辛亥革命研究会机关所决定的。因此，不论过去或是现在，都据此择取论文，自然也就不可能囊括或反映全部中国近代史。加上作者构成是多层次的，有大学教员，也有大学生等，但众人都有一个共同的心愿：努力提供丰富的客观事实。今后，准备继续坚持上述编辑方针，保持辛亥革命研究会的鲜明特点。

第三，进行国际学术交流。一方面，邀请来日本的外国学者做学术报告；另一方面，则通过杂志，专题介绍中国辛亥革命学术讨论会的情况。目前，正协助编纂将在中国出版的辛亥革命关系文献目录，并在日本女子大学文学部史学科东洋史专家的协助下，编成了"日文文献目录"。

我国曾有山根幸夫所编《新编辛亥革命文献目录》（东京女子大学东洋史研究室，1983年），野泽丰编的《关于日本孙文关系文献目录》（《思想》三九六，1957年6月）等。如今在此基础上，又将国立国会图书馆、东洋文库等所藏杂志、单行本逐个检索，显然有助于掌握日本的中国观，以及政界、官界、在野派的全部论调。

以上三点，亦即召开定期的研究会，编辑发行机关杂志《辛亥革命研究》，进行学术交流，构成了辛亥革命研究会的具体活动中心。

这些活动，都是由研究会参加者自觉协助进行的，并且，也是建筑在会员相互间信赖的基础之上，保持每个成员的自主态度。因此，本会并无特定的会则，严格地说，亦无会员的名称，参加者即为会员。而且，根据各人的能力和热诚分配所担任的工作，无轻重大小之分。本会和特定的研究机关或其他组织、团体等无关。从财政上说，会员可志愿援助杂志的刊行费，但不收取会费，只依靠文部省科学研究经费。当然，在定期研究会结束后，向参加者收取数量很少的资料、通信费数百日元，不过完全花到邮局和文具店中去，仅仅在研究会的账册上转了一圈而已。

因为没有会则，也没有严格意义的会员和会费，而每月一次的定期研究会极有趣旨（酒肴），往往免除了例会后的疲劳。另外，编辑发行《辛亥革命研究》，完全是与研究会参加者对于近代日本和中国的历史，抱有真挚的认识，从而热情支持分不开的。当然，为了使会务活动经常举行，加上年轻的辛亥革命研究者不断地参加进来，看来有必要考虑适当的组织形式，如制定会则、限定会员等，但须大家讨论决定。

最后，在本年度研究会活动上，决定编纂发行于1984年1月突然逝世的中国近代史研究的先驱者菊池贵晴先生的纪念论文集。该论文集得到了目前在日本讲学的汤志钧教授的大作，这是我们莫大的光荣。再次表示深切的谢意。

附录二

孙文、孙文研究会、孙中山纪念馆

山口一郎

　　我曾经由竹内好先生的介绍，翻译了孙文的"三民主义"（《世界大思想全集》23 卷，河山书房新社，1961 年 3 月）。不用说，竹内先生是在日本深入地研究鲁迅思想，并能提出重大问题的学者。当然，竹内先生的研究并不局限于鲁迅，也包括孙文的三民主义，大约是从读"全体中国人""中国人之心"等开始的吧。其时发表的《孙文观的问题点》即登载于竹内先生编集的《思想》孙文特辑号（1957 年 6 月）。至于我译出的三民主义，在他认为，是在日本人心中构筑一个中国革命，或者作为中国的象征的孙文形象，所不可与缺的重要方面。但是，竹内先生没有来得及为我们明确地说明，他认为是从"中国人生活中提炼出来的思想"的主人孙文的全貌，便逝世了。

　　当然，有关孙文的著作、评论和论文，战前或战后，出了不少，但对孙文做深入地、正式地研究，是 20 世纪 60 年代以来才开始的。然而，能像竹内先生那样，把孙文的形象鲜明地展现在国民面前，却不多见。孙文的名字，大体为人所知，但提到他的革命运动和革命思想的本质，却多数感到茫然。比之于鲁迅，那要逊色得多。

　　对于鲁迅，不仅有专门的、详细的研究，而且一般专著和评论也多，不仅翻译多种本子，而且有全译，收于文库本。仙台的鲁迅纪念碑，也将鲁迅的生平昭著于世。鲁迅在日本人的意识、文学或者思想界中，占有明确的地位。尽管孙文的著作也译了一些，相比之下，却显得极不充分，只有岩波文库有安藤彦太郎先生所译《三民主义》，为一般所了解。此外，中公的世界名著《孙文·毛泽东》（1969 年）和岩波的《原典中国近代思想史》(1977 年)等，收集了一些译文，读后可解除一些疑问。外务省译的《孙文全集》，战后再版，但它的翻译却很不准确。考虑到孙文和鲁迅一样，必须在日本人中间有一个明确的是非，其重要程度，从众多研究著作的出现，可见一斑。不过，如鲁迅那样明白无误却还鲜见。

如此看来，全译孙文的著作似无必要，从现在起，花上十年时间，选译孙文的重要著作，能够让更多人去读它，也许更有作用。1972 年，伊地智善继先生负责语言方面，彭泽周先生协助，阪神地区的寺应映雄、林要三、伊藤寺一、西林茂雄、中村哲夫、庄司庄一、河田悌一、武田秀夫、鸟井克之、山田敬三、今里祯先生等，中国史、中国思想、文学、语言学的研究者共十一人，也参加了这项工作，翻译出《孙文选集》全三册。之后，翻译审查会接连开了几次，再过了三年，完成了约两千张译稿。碰巧，神户华侨总会的林同春先生等一些人，由华侨方面提出，是否与日本人协力在神户的舞子浜的移情阁，再建孙文纪念馆？这件事久为心愿，自然一口应承。考虑到此举的重要，于是立即忙乎开来，至今当有七八年时间了。而《选集》的出版，同时陆陆续续地进行着。

移情阁是活跃在明治、大正时期的神户豪商吴锦堂的别墅，大正初年，建造于须磨浦的淡路岛。它是一幢三层八角形的建筑物，面对着景色秀美的濑户内海，由于远望呈六角形，故通常称作"六角堂"。现今的移情阁，与初建基本一样。1913 年 3 月，在神户的华侨和日本人中的有志者，在移情阁的玄关前，拍摄的孙文照片，已收藏在神户的华侨历史博物馆内。如果没有这张照片，就无法确认两者的相似。战后的昭和二十四年(1949 年)，在神户的华侨准备集资修复移情阁，筹设孙中山纪念馆，但所需资金数目庞大，何况收集展品、开馆后的运营等，都是复杂的问题。于是华侨方面提出，能否借助于日本人的力量，再建一个名实相副的孙中山纪念馆？

我很高兴能和华侨方面相商纪念馆的再建问题。只是开设纪念馆，必须有近两亿日元的资金，而这远非一介书生能筹集到的。感谢神户大学的同事伊藤道治先生和山田敬三先生，他们给予了全力支持，共同制订设馆的计划，否则，此项工作能否进行尚属疑问。几经波折，去年年底，向友人兵库县副知事户谷松司先生诉说苦衷，终于得到县里的支持，把移情阁作为县有物来进行修复。此外，还有不少其他的援助。去年九月，是日中复交十周年纪念日，神户华侨总会把移情阁赠送给兵库县。这样，和广东省结为友好省的兵库县（今年 3 月 23 日举行的调印式），便开始进行修复，并以此作为纪念事业的一环。移情阁的修复、整理，需耗资一亿三千五百万日元，全部列入昭和五十八年（1983 年）度县预算中。遵照县里的委托，将由新成立的财团法人"孙中山纪念馆"负责管理、运营馆务的责任。预料此事指日可待。

估计最初阶段，开馆会面临众多的困难，例如，财团法人"孙中山纪念馆"，以县规模来说，须有五千万日元的财产，显然筹此不易。去年秋，委员长、前神大校长须田勇先生和我、伊地智善继先生、伊藤道治先生等六名日本人，加上陈德仁先生、林同春先生、陈舜臣先生等四名华侨，组成设立财团法人的准备委员会，以求财团最终成立。与此同时，必须准备开馆所需的展品，以及制订有关事业和研究的计划。去年六月，在神户召开了孙文研究会，第一个问题就是讨论如何加速上述计划的具体实施。

到目前为止，孙文研究会已召开了七次会议，都以研究活动为中心。研究报告方面，有陈德仁先生的《辛亥革命和神户华侨》，笠井清先生的《南方熊楠与孙文》，松本英纪先生的《末永节与孙文、黄兴——访问福冈的末永贤次氏》，大西寿子先生的《在县立高女听宋庆龄讲话》，安井三吉先生的《孙文和神户——外交史料馆所藏资料介绍》，以及伊地智善继、山口一郎的《香港、东南亚旅行杂谈——关于孙中山纪念馆》等。会场就设在位于神户港通向元町海岸的神户华侨总商会会馆十楼研究会的任意一间房里，承总商会会长陈德仁先生的厚意，房间都是免费提供的。并且，由陈德仁先生的鼎助，在那里一边品尝美味的中国菜肴，一边召开恳谈会，颇为怡然自得。

除研究报告外，还不时召开研究会或检讨会，讨论研究会和纪念馆今后事业的计划。在纪念馆展出的资料放在同一幢大楼，即华侨总商会会馆二楼的华侨历史博物馆内，馆长陈德仁先生努力收集到的与孙文有关的照片和遗物，以及绘画等贵重资料，也陈列在那里。我所藏二百册孙文关系文献也准备陈列在纪念馆。另外，还计划请北京的中国画家描绘孙文生涯的图画，予以展出。不过，更为重要的工作应该是，去那些曾和孙文有来往的故友的家中，发掘尚未见世的资料，加以展示。去年秋，陈德仁先生、松本英纪先生一同去福冈访问末永贤次氏，请他协助。今后，当向更多的孙文研究者和关系者乞教，努力发掘关于孙文的新资料，并发表其研究成果。为此，取得正式的、年轻的孙文研究者的帮助，是很必要的，不过，从事这类调查活动所需要的资金及其他条件，则无论如何必须加以考虑。

今后，有关新发掘的孙文关系资料和研究成果，准备在研究会发行的《孙文研究》（年刊）杂志上发表，或者以单行本刊行。当然，为实现这些，活泼的研究活动和资金是不可缺少的，目前尚未如愿。

《孙文研究》预定作为孙文研究会的机关杂志发行，同时，又是孙中山纪念馆事业计划的一个重要环节。当然，考虑到别的研究会的会报或是半年刊，或是旬刊，这样，相比之下，《孙文研究》似乎简单些。因此，纪念馆开馆后，有出版《孙中山纪念馆通讯》的必要，它应当单独印行，而且必须迅速。至于负责纪念馆运营的财团法人"孙中山纪念会"和孙文研究会的关系，一般说来，研究会不仅支持纪念会，而且以全力支援纪念馆的事业。

所以，孙中山纪念馆或纪念会的事业计划，实际上，是以孙文研究会为中心而推进的。尽管有移情阁作孙中山纪念馆，开馆后能让众多的参观者看到孙文关系资料，但这远非其全部意义。展出成果固然重要，然而作为孙文研究会的中心，始终应该不断地发掘新资料，出版能作为调查研究成果的、学术的或一般的论著，并召开讲座、讲习会、讲演会，甚至利用电视等手段，进行启蒙运动。此外，还应注重和中山大学等中国学术机关、各地的孙中山纪念馆展开广泛的交流。只有这样，竹内先生最先描画的孙文形象，或者才可以成为世世代代友好的日中关系的出发点，深深地埋入日本人的意识之中。由此说来，设立孙中山纪念馆的意义，将会远远超过人们的想象。

以上所说仅是初步设想，尚未实现。财团法人"孙中山纪念馆"也未正式成立。而孙文研究会的活动，也没有正常化，只是刚开个头。今后为实现上述设想，需要持续的努力。我已年近古稀，自感精力不济，深恐中途停息，祈望在中国研究上对孙文特别有兴趣的研究者，给予多方面的协助和鞭策。就此结束小文。

附录三

《辛亥革命研究》一至五目录

【创刊号】

【第二号】

关于"东亚"　　　　　　　　　　　　　　　　　　　　中村义

中国女子留学生名簿(1901 年—1919 年)　　　　　　　石井洋子

书评：芝原拓自善《日本近代化在世界史上的位置》　　铃木智夫

日本的辛亥革命史迹和史料(1)　　　　　　　　　　　　松本武彦

纪念辛亥革命七十周年学术讨论会名册

　　〔定例会报告〕

有关近代西藏的民族问题

　　　　——以辛亥革命时期为中心　　　　　　　　　寺岛英明

清末之仇教运动——直隶省范围　　　　　　　　　　　山崎荣子

　　〔集光灯〕

"三民主义和中国"

　　　　——关于辛亥革命七十周年讨论会　　　　　　编辑部

　　〔汇报〕

　　〔编辑后记〕

【第三号】

民国初期的制钱问题　　　　　　　　　　　　　　　　加藤直子

答李时岳先生之批判

　　　　——致 N 先生的信　　　　　　　　　　　　横山英

关于中国国民会(2)　　　　　　　　　　　　　　　　小岛淑男

孙文和黄兴的初次见面的介绍人是滔天吗？　　　　　　中村义

宋庆龄关系略年谱稿　　　　　　　　　　　　　　　　久保田博子

关于北京市社会科学研究所　　　　　　　　　　　　　山根幸夫

湖北革命战见闻日记(续前)附解说　　　　　　　　　　内田顾一

书评：黄遵宪和日本谋士在中国的改革　　　　　　　　藤谷浩悦

史料介绍：已刊全集未收的孙文论文：

"中国的司法改革"(1911 年 11 月)

　　〔定例会报告〕

辛亥革命时期的留日女学生　　　　　　　　　　　　　石井洋子

　　〔集光灯〕

宋庆龄的梅屋庄吉书简(1917 年 4 月 2 日)　　　　　　久保田博子

关于孙文的中国兴业"公司申请证"　　　　　　　　　编辑部

　　〔汇报〕

　　〔编辑后记〕

【第四号】

中国早期对日留学生的派遣

　　——以戊戌政变时期为中心　　　　　　　　　　小林共明

宋庆龄思想的形成与发展（1）　　　　　　　　　　久保田博子

关于中国国民会（3）　　　　　　　　　　　　　　小岛淑男

变法运动研究的诸课题　　　　　　　　　　　　　　藤谷浩悦

"振宇"是向警予的笔名吗？

　　——有感于戴绪恭、姚维斗先生的研究　　　　　仁木ふみ子

汉译《明治维新史》札记　　　　　　　　　　　　　中村义

旧海军省编纂的辛亥革命有关资料　　　　　　　　　藤井升三

资料介绍：成城学校与蔡锷、陶成章　　　　　　　　中村义

日本的辛亥革命史迹和史料（2）　　　　　　　　　松本武彦

追忆菊池贵晴氏　　　　　　　　　　　　　　　　　野泽丰

　　〔定例会报告〕

孙文的铁道论　　　　　　　　　　　　　　　　　　岸田修

　　〔集光灯〕

汤志钧先生的题词　　　　　　　　　　　　　　　　编辑部

　　〔汇报〕

　　〔编辑后记〕

【第五号】

中国近代经济史研究的状况　　　　　　　　　　　　丁日初

关于兴汉会的成立

　　——以旧对阳馆所藏史料为中心　　　　　　　　上村希美雄

辛亥之春·孙竹丹、赵声、宋教仁　　　　　　　　　小岛淑男

嘉纳治五郎与杨度　　　　　　　　　　　　　　　　中村义

关于中国国民会（4）　　　　　　　　　　　　　　小岛淑男

水野梅晓关系资料调查　　　　　　　　　　　　　　中村义

附录四

孙文研究会创立总会报告书

山口一郎

（1983 年 10 月 21 日）

时间：1983 年 9 月 15 日　下午二时

地点：神户市中央区　神户华侨总商会会馆

出席者：四十三名中委任状提出者十六名，成立创立总会

　研究会创立会员：

　　伊地智善继　寺广映雄　庄司庄一　武田秀夫　西村成雄

　　山口一郎　伊藤秀一　山田敬三　中村哲夫　伊藤道治

　　安井三吉　狭间直树　堀川哲男　川村孝则　小川平四郎

　　永井道雄　陈德仁　今堀诚二　彭泽周　岛田虔次　池田诚

　　丸山松幸　藤井升三　久保田文次　安藤彦太郎　野泽丰

　　山本秀夫　山田辰雄　坂口胜春　三宅义二　三宅花子

　　下村作次郎　野间和则　奈良行博　林原文子　松田郁子

　　门野俊树　野间信幸　槻木正　松岗文平　辻田顺一

西田哲三　吴丰邦

其他：朝日新闻大阪本社学艺部记者等二名

首先，发起人代表山口一郎致辞，伊地智善继氏议长、全体出席者在审议前做了自我介绍。接着，由山口一郎氏说明研究会成立情形，陈德仁氏报告财团法人"孙中山纪念馆"之经过。之后，进入议案的审议。

第一号　研究会规约承认文件（另行通告）

第二号　研究会职员选任文件：

　　　理事：陈德仁　伊地智善继　山口一郎（代表）

　　　干事：川村孝则

　　　监查：伊藤道治　堀川哲夫　（通过）

另外，评议员将于理事会上提名，最后决定由山本秀夫、岛田虔次、彭泽周、今堀诚二担任。

接着是审议第三号议案研究会运营问题，由于时间不多，最后山口一郎氏做了孙文的"大亚洲主义"等两三个问题的报告。

孙文研究会代表

山口一郎

章太炎旅日散记

章太炎旅居日本时间很长，日本留存了不少他去过、住过的遗址，也散藏了不少他的手稿、墨迹，日本也有他当时活动的档案记录。

我在东京，曾多次去过章太炎饭田桥附近的寓所，今为日中文化协会即"善邻会馆"，在文京区后乐一町五番三号，正将拆建，我有幸看到遗迹。《民报》社旧址也在久保田文次教授、小岛淑男教授等陪同下专门访问。还在樱花开放季节，参观了上野公园，在精养轩门前摄影留念，精养轩是"支那亡国二百四十二年纪念会"原定聚会之所，冯自由的《革命逸史》有记载："及期，上野精养轩门前有无数日警监视，并禁止中国人开会，惟留学界多未知开会被阻事，是日不约而赴会者，有程家柽等数百人，均被日警劝告而散。孙中山亦自横滨带领华侨十余人来会，及询知情事，乃在精养轩聚餐，以避日警耳目。"

章太炎散存在日本的手稿、墨迹及过去刊发的佚文也有不少，如《台湾日日新报》的大量佚文（见卷一《章太炎在台湾》）、京都大学人文科学研究所珍藏的佛学手稿（见本卷《京都大学人文科学研究所善本》）等，外务省档案馆以至一些书籍、刊物上也有不少序跋及活动资料。由于章氏材料很多，未及全面整理，这里只想把章太炎在《民报》上发表的《答梦庵》始末，以及《学林》出版后的反映，根据日方资料汇录说明。泷泽诚先生《权藤成卿和章太炎的关系》一文，载有章太炎的笔谈记录，很是重要，一并辑附。

一、关于《答梦庵》

1908 年 6 月 10 日，《民报》第二十一号出版，载有章氏《答梦庵》。

从文章中，只知章太炎《大乘佛教缘起说》发表后，日本《东亚月报》载梦庵说："此《缘起说》，足以济度恶劣政府？足以建设共和乎？""《民报》宜作民声，不宜作佛声"。而对梦庵其人其事，不大清楚。

查梦庵，日本人武田范之，他在明治四十一年（1908年）六月出版的《东亚月报》第二号"文苑"栏，发表了一篇《癫语》，说是四月二十五日：闻"邮书至，梦庵胧眼一擦读之，友人之书也。有太炎先生者，支那四百年第一鸿儒也。近年研究佛学，即有《大乘佛教缘起说》之作。子爱佛，故以赠一本，其一本者，枕头一小册也。裂其缄而观之，所曾闻之杂志《民报》也"。

按章太炎《大乘佛教缘起说》，载《民报》第十九号，1908年2月25日出版，梦庵读后，以为此文"论佛"，而刊头却题"本社简章"，感到"《民报》宜作民声，不宜作佛声"，写上《癫语》略云：

> 独怪《民报》之作佛报者，何为而然乎？《民报》既自标榜以其六条主义。此《缘起说》，足以济度恶劣政府乎？足以建设共和乎？佛教之平和思想，死于千载之上，曷得抱亡骸为维持新世界真正之平和之具。况土地国有，与乞食之士谋之乎？以之求日华之连合，以之要求世界列国赞成中国之革新事业，皆远之远矣，无一于此，而《民报》之作佛报者，抑出于何意乎？《民报》宜作民声，不宜作佛声也。夫使几亿民众咸作佛声者，非印度乎？几万万人皆法师，则谁作食，谁执兵御敌，故印度以之终亡。支那亦病乎有一颜回守其陋巷，使支那至今日之境者，颜回之徒也。安分知足，明哲保身，如此而已矣。鸿儒尚病或无用，况颜回而怀文殊臭骸，以横新民众之上风乎？在昔康熙帝忧学者多不服己，遂设计集天下之学者，从著作之业，使目不遑数糟粕，手不遑拾死字，以不能复振磨剑搏虎之勇，文学大兴，讴歌圣世，而学者即遗其羊质虎皮之文，虽洵美不可实用。《佩文韵府》可以论治道乎？《渊鉴类函》可以济穷民乎？《四库全书》可以练兵团乎？八股愈累，政纲愈弛；考证益详，实业益废。太炎先生四百年鸿儒，则顾炎武先生其小炎乎？

> 语曰：入鲍鱼之市者，久而不闻其臭，则与之化也。遗俗流

风之入于人之深，虽四百年鸿儒，不世出如其人。研钻竺坟，犹考证六经，其所发明，不以义为先，以文迹为先，其宏览博搜之劳，虽诚足多，唯是画饼，不能饱人，盖自亦未能饱耳……

梦庵云：唐神会禅师者，其或先生之流亚乎？读破《大藏经》入精微，而未读佛心，故有碍于根本义也。所谓无我计我者，然先生之博大，其优足凌驾我日本诸法师乎！舍心身而入佛道，则东洋当亦得五百年上圣，先生盍就俾入读佛心之业，多言多罪。

章太炎看到此文，乃作《答梦庵》，略谓：

今问梦庵，《民报》所谓六条主义者，能使其主义自行耶？抑待人而行之耶？待人而行，则怯懦者不足践此主义，浮华者不足践此主义，猥贱者不足践此主义，诈伪者不足践此主义。以勇猛无畏治怯懦心，以头陀净行治浮华心，以惟我独尊治猥贱心，以力戒诳语治诈伪心。此数者，其它宗教伦理之言，亦能得其一二，而与震旦习俗相宜者，厥惟佛教。是固非言语文字所能成就，然方便接引，非文辞不为功，以是相导，令学者趣入法门以自磨厉，庶几民德可兴，而六条主义，得人而弘其道，谁谓改《民报》作佛声者？此《缘起说》，亦诚不离名相，有同史考，所谓提要钩玄而已。其它微旨，散在《民报》诸篇。梦庵以为佛教亡骸，不足为维持新世界平和之具，吾岂谓四分十诵，可直接用为国际法者？惟是居贤善俗，非斯不足以救浇漓，民德既衰，纵求世界平和，岂有近效？

又谓：

若顾宁人者，甄明音韵，纤悉寻求，而金石遗文，帝王陵寝，亦靡不殚精考索，惟惧不究，其用在兴起幽情，感怀前德，吾辈言民族主义者犹食其赐。且持论多求根据，不欲空言义理以诬后人，斯乃所谓存诚之学。

本着"宗教发起信心，增进国民的道德"，"用国粹激动种性，增进爱国之热肠"之旨。

就在章太炎《答梦庵》发表，有章太炎"同志之士，怒梦庵《癫语》抵突先生也，寄书诫梦庵"，载同年七月出版的《东亚月刊》第三号，书曰："再者，贵报第二号有梦庵君辩太炎谈佛理一篇，诚是诚是。鄙人固与太炎同志，然亦颇不喜其无益之佛声，不论其理论是与否也，但只可敬□之不可加以无理之辞。梦庵何人，竟敢于懵驳外，又益以侮辞。"警告"后勿复尔"。武田范之书曰："仆知太炎先生，则章炳麟君，又曾一室之内，把酒作字，谈笑嘻嘻，消半日之闲，言至此，章君则自记梦庵为何许人也。……夫敝报之精神，在密日华国民之情交，梦庵虽愚，何自弃其根本精神，以招他恶感哉！而敢有言于章君者，抑有以也。前报不云乎，人情之真，与电气发作，同其规矩，同与同相灭，异与异相生，必有言而后有媾也。若无言而媾者，其媾至后必有言而破也。孔夫子曰：朋友切切偲偲。仆者愿声之必返仆，磋磨淬励，只当挟一矢待之耳，此仆与章君朋友之道也。……唐永觉大师曰：圆顿教无人情，有疑不决直须争，此非山僧逞人我，修行恐堕断常坑。仆之所切切偲偲于章君在此。仆岂逞人我，以自恐恶声之至者哉！"

接着，《东亚月报》第四号"论丛"栏转载章氏《答梦庵》，标题下赘曰："是编乃《民报》所载章太炎先生与敝社梦庵所论难者，今更揭出于此，以便对照。"《答梦庵》载毕，又录梦庵《答太炎书》，略曰：

> 余读太炎来书，怃然而叹曰：有此哉！太炎之博大，而作此言也。梦庵窃悲其志，太炎以亡国遗民自居，欲以释教兴民德，梦庵之所同情也，然唱释教而兴民德则不可。宜兴释教，则民德自兴之，兴释教如何？曰在实行而已。然太炎云：陋巷亡而王迹息，不亦太甚乎？……太炎曰：震旦去封建时代已远，故不事王侯者，世以为重，而奔走竞进之士，受其恶名。然又曰：自宋世昌言理学，君臣之义日重，虽古之沮溺荷蓧，亦贬斥以为不仕无义，世载其风，逸民日乏。近世又益昌言功利。夫以不事王侯，世以为重者，非现实世界之事态，乃太炎一家之理想耳。若有汉家英俊，戴汉主而逐满人，或建共和国，之时安车蒲轮，以迎太炎，太炎或钦钦然服其王事，若为其大统领塞塞致匪躬之节乎？抑为名高而蹈东海，否则陋居攻古书，或托降衣钵，杖解虎锡，

金环历历，周游天下，以广济众生，补冥冥之化乎，梦庵于此不能无间也。呜呼！汉族之丧其族主也四百年矣，其不事异主而自绝君臣之义，及以不事王侯为高尚其志者，此无聊自慰之言而已。夫君臣之义，汉种古圣之所树以为名教者也。今汉人自破其祖训者四百年，遂至欲与枯槁赴渊之徒为伍，吾恐自弃之极，其或为犹太种，为波兰人，故曰窃悲其志也……

梦庵顷诮太炎曰：太炎曰颜回而抱文殊臭骸者也。今读其答梦庵之书，愈不得不深责之也。夫事功有隐显，而隐又有隐之隐，显又有显之显，游于人伦之外，以为礼乐之本，高则高矣，然其事效，隐之又隐也。今太炎以民族为主义，以排满为主张，以革命为事业。革命者，现实也，显之又显者也。太炎见顾宁人不能以礼教兴民德，乃欲以释教兴民德。释教者，陋巷之更陋巷，隐中之尤隐者也。太炎去显中之显，入隐中之隐，此革命之自杀也。革命之自杀，则太炎之自杀也。焉得不深责之乎？若在显上之显，内蕴佛教，以微辞裨补革命，则固无可议；若与顾宁人同道异辙，亦顾宁人之俟河清也，于显中显之事效乎何用焉。然革命者，汉人之私也；佛法者，劫劫之公也。故梦庵虽为革命悲其志，而不能不为佛法又多一佛为贺也。①

武田范之将此函辑入《鳌海钩玄》，题目《笔战》，标题下注曰："梦庵，余别号也。太炎，清人章炳麟雅号也。太炎执笔于《民报》，余匿名于《东亚月报》。余先挑战，此篇为第二矢，太炎酬之，才用六字，而六字全露全体，将发第三矢，而《月报》废矣。"②

梦庵此文既发，章氏于《民报》第二十三号刊发《再答梦庵》："公等足与治乎？章炳麟白。"故武田范之说是"太炎酬之，才用六字"。

至于武田范之说的"一室之内，把酒作字"，似指他和权藤成卿一起与章太炎的晤谈，今"笔谈"尚存，见本文附录《权藤成卿和章炳麟的交游》。

---

① 梦庵：《答太炎书》，《东亚月报》第四号，明治四十一年七月二十九日印刷。
② 《鳌海钩玄》第50页，显圣寺排印本，明治四十四年六月版。

这便是《答梦庵》的始末。

二、《学林》及其他

1910 年，章太炎在日本刊行《学林》，社址设日本东京小石川区小日向台町一丁目四十六番地。《学林缘起》称：

> 余杭章先生以命世之材，旅居不毛，赫然振董，思所以延进后生，求一二傲傥者与之通道。谓前世学术，始或腐蚀不修，终以沦灭者有之矣，未有贤儒更出，萎然周汉而中道剥丧如今日者。其咎不专在趣新。徒以今文诸师，背实征，任臆说，舍人事，求鬼神，已先冒赣，守文者或专寻琐细，大义不举，不能与妄者角。重以玄言久替，满而不盅，则自谕适志者寡。学术既隐，款识声律之士，代匮以居上第。至乃钩援岛客，趣以干誉，其言非辞，则浮文也。浮使人惑，碎使人厌，欲国学不亡无由。今之所急，在使人知凡要。凡要远矣，不在九能目录中。盖无尺蠖之诎者，无独伸之功；无龙蛇之蛰者，无跃见之用。博而约之，易简而天下之理得以是牖民，如璋如圭然。先生所为书，既章章有条牒矣。同人复请著《学林》，尽其广博，以诒遴近，先生则诺。且言一国之学，宜有十数大士，棋置州郡，然后日给而德不孤。……环堵而识九共之情，瓢饮而辨千载之味，不在闻人，其在芊畛之间。宜搜遴索耦，冯翼斯道，学诚精稗，虽尺札单文，足以云补道艺，亦乃为诸生祈招，国之埋美，岂一家而已哉！既受命，敢告一二耆儒故老，如何不淑，文武之道，将队粪壤，仁于旧贯，是在先觉，不鼓缶而歌，则大耄之嗟，愿出其绪言，勤以榜辅，传之九服，使民无谖。老聃曰：死而不亡者寿。《大雅》曰：大命近止，无弃尔成。若载其意，国虽亡，其神宜不没。

《缘起》似出黄侃手笔。

《学林》"文例条件"共十二目：一是名言部（以发明小学为主，经典传记诸子杂文之诂亦附焉），二是制度部（略采《通典》之法以成斯部，

《三礼》之说尤要），三是学术流别部，四是玄学部，五是文史部，六是地形部，七是风俗部，八是故事部（自经籍及后代诸史所记事迹，有所考证，皆入此部），九是方术部（旧有算术医方诸学及诸杂艺，皆入此部），十是通论部，十一是杂文录，十二是韵文录（韵文录四言五言古诗及诸辞赋箴铭之属，其近体诗以下不录）。

《学林》定每三月刊行一册，共出二册，其一册除《缘起》外，均为章氏撰文。有《文始》（名言部），《封建考》（制度部），《五朝学》（学术流别部），《信史》上、《信史》下（文史部），《思乡愿》上、《思乡愿》下（通论部），《与农科大学教习罗振玉书》（杂文录），《秋夜与黄侃联句》《游仙与黄侃联句》（韵文录）。署名都是章绛。

《学林》第二册章氏撰文有《文始》（名言部，续），《释戴》《非黄》（学术流别部），《征信论》上、《征信论》下（文史部），《秦政记》，《秦献记》（故事部），《医术平议》（方术部），《程师》（通论部），《与人论文书》（杂文录）。另有黄侃《梦谒母坟图题记》（下有章氏跋记）、《旅怀诗十二首》二篇。

《学林》出版后，日本出版的《日本及日本人》曾予推介。

1911 年 7 月 15 日，《日本及日本人》第五六二号出版，内有艮维生的《〈学林〉与章太炎》，介绍《学林》第一号，谓《学林》计划年出四期。章太炎的学问渊源甚深，为人推服，他接受了德清俞樾、瑞安孙诒让的朴学，而有所发展。并录《学林》第一辑分类篇目，谓《缘起》云："老聃曰：死而不亡者寿。《雅》曰：大命近止，天弃尔成。若载其意，国虽亡，其神宜不没。"认为文字悲痛，其志可哀。下录章氏《与农科大学教习罗振玉书》全文。

9 月 15 日，《日本及日本人》第五六六号出版，内有栖庵道人《访章太炎》，略谓：

> 《学林》发行，藐视日本学者，且说国虽亡，文章不灭的骄傲之言。《学林》主任是怎样的人物？在《国故论衡》中起草哲学、历史、文学各方面文章，发挥独特见解的章太炎，又是怎样的风采？特别是收在《章谭文钞》中的《建立宗教论》，滔滔数万言，提出法相的教义，与西方哲学对照，谆谆教导发挥佛教真谛。这种地方，

正如慈恩淄川在明治时代学术界的活动相像。据说，他本来投身革命党中，想把自己国家维新改革，但事情并不如意，未能达到目的，所以把一生气力用在学术上去，他是用学术来排遣苦闷的。我很喜欢孙诒让的朴学，同章太炎有神交。我喜欢法相教义，而章太炎则是法相教义的鼓吹者，假如相距遥远就算了，但我住在江都〔户〕，居处相近，岂不正可相互交谈？

8月15日，我约水和尚、邻居君代子同去，再加章太炎的门人传铜君。水和尚在中国住了十年，传铜君到日本也有五个春秋，这样我和章太炎对话就很方便。我们在大冢终点站下车，经过冷静的小径走了五六町路，转了几个弯，看到右首稍高的木门，门上挂有木牌"学林处"，它的招牌字体正如杂志一样。对这里很熟悉的水和尚先把木门打开，引入房中，我跟着进去之后，看到一个正在同水和尚讲话的蓬头乱发的高汉子，腰下穿条裤子，上身穿一很旧的汗衫，是一个裸体的样子，我把这看作大约是曾经听到过的陋巷原宪其人。在八铺席大小的房间中，并排放着仿佛私立小学的课桌六七只，朝着床的一面（指壁橱），挂一黑幔，这正如砾川乡下教书先生的住宅。在一半开的橱架上，放着缩影本《藏经》，在正中书桌上，有日本刻的书二三部，很像他正在翻这些书，经过水和尚介绍，我刚坐到椅子上，他突然提出这样的问题，即你相不相信天堂地狱呢？

庵说："我相信天堂地狱，而相信其存在，并非说现实地存在。是否现实地存在本在我等考虑之外，我是以此来对照社会形态。社会之善、恶、苦、乐颇有高低之分，由此我把善与乐的顶点当成天堂，恶与苦的顶点作为地狱。因此若以具体的语言来显示这两极，不是可以称为天堂和地狱吗？"

章说："是的，大凡人的思维不能不依照比量和现量进行，比量是比较推论，现量是现在的实验。天堂地狱的存在又应依比量的说法以决定其信与不信，然而现在有如飞蛾扑火，南美存在大人种，即使现量也可发见出乎意料之外，但若对现量加以说明，能够观察出此等状态吗？而把须弥山作为佛说可信吗？"

庵说:"我不信,须弥说的合理与否本与佛教无关。"

章说:"本来应该如此。佛陀只是把印度的古代传说取来加入自己的说法。若欲以须弥四洲说应用于今日,就能发现这与研究天体星辰界颇有相似之处。总之,比量是总相,现量是别相,总相的精神是佛教自古到今不变的真理,至于别相的解释我想随着社会的进步也必定有所推移与发展。"

庵说:"诚如贵说,若以智力的进步、学术的精粗而论,今日确实有胜过以前之处,然而即使今日的科学也不曾对现象界完全研究清楚,如天文学、心理学,亦非没有人类智慧难及的地方。西洋的科学又有赖于东洋的古代学说,而佛教的说明,不用说亦不能不伴随着时世之日益进步、科学的发达而有所进步。敢问依照尊著《宗教论》,以法相宗建设将来的宗教,观此说——切中时弊,然而法相宗是哲学,是智力的,虽可使智者学者满足,但济度四亿民众却不能不另有其他方法吧!"

章:"彼等愚民本来一无所有,对给予他们的任何事物都能是接受的。作为佛教的实践方面是十善五戒,或者念诵可称为大善根的佛经也可以。现在我想谈的是能使有识之士折服的宗教,是能说服智者的宗旨。"

庵:"我能领会尊意。贵国明末曾有耦益那样学德兼备的高僧,他的著作《宗论》在今日亦使日本佛学者赞叹不已。其感化是否现在尚存?"

章:"作为明末垂示教化的高僧,要数憨山、耦益和莲池。耦益之感化虽不能说不存在,但其广度与深度当不如莲池。大凡清朝人中上者大抵响往华严,试观金陵的杨文会居士就可知道。但好研究学问者,则宁愿倾向法相。如果今日想说服我国人,则要显示佛教比之西洋哲学为优。彼之所谓十二范畴,不就是我法相的不相应行吗?彼之哈特曼(Eduard Hartmann)、叔本华(Arthur Schopenhauer)之盲动盲意,不正是我们的末那识吗?彼之所谓大我,不正是我欲达到阿赖耶识而尚未达到的类似神我之说(数论哲学)吗?"

庵："我也以十二范畴解释不相应行，高论不胜同感。我对贵论拟以法相之教义风靡今日哲学界一事表示赞同。不久我将对大著《宗教论》之大旨做一番评论，将其介绍给我国有识之士。"

云云。（以上栖庵道人与章氏谈话，上海社会科学院历史研究所冯正宝译，吴绳海校。）

栖庵道人与章氏谈话，由水和尚翻译。谈至此，已近十二时，君山又问清朝史学之源流、曾国藩与太平天国、摄政王多尔衮传写作之主意、对孔子教的批评等，直至午后一时半云。

《日本及日本人》第五六六号在上揭《访章太炎》之后，并附章氏《读〈灵魂论〉》，系读妻木直良《灵魂论》而作，《太炎文录》未收，并录如下：

妻木直良师著《灵魂论》，以为佛法言心言业，与世俗言灵魂有异，推次数论神我诸说，转及小乘业论，大乘心论、真如论得其归趣，可谓精思抉择，明辨以晰矣。以余粗涉经教，求为平议，余亦覃思此事久矣。夫迷本无因，而根尘二六，不能增之为七，若范围而不可过者，此所谓法性自尔，非智计所能窥也。推此以言迷悟二境，本非异实，而圆成实性不可索之依他之外明矣。自贤首清凉诸师，皆云唯识一宗不许真如随缘，此殆诬古人者。今观《瑜珈》显扬唯识诸论，七真如中，本有流转真如、安立真如、邪行真如三种，谁言不许真如随缘耶？说阿赖耶识为缘起，不说真如为缘起者，真如即是唯识实性。但立真如为名，犹与不相应行无异，名其为识乃得成体，若空立真如者，与言道、言太极何别？愚者或求之色心之外，其离实相将愈远。若夫如来藏、庵摩罗识诸名，可谓有体可求矣。然非金刚喻定一念相应者，无由证知。阿赖耶识，即人人可以直观而得者也。明世界之缘起，必以人人所证知者为根，然后不堕专断，确然足以成学说矣。如来藏、庵摩罗识为圆成实性，阿赖耶识乃为依他起性，依他不离圆成而立，圆成不异依他而有，虽取依他为本而寄远致于圆成，斯所以为无碍之辩也。学说之弊，莫若舍常觉所能知，而取思慧所不了；

毁有体之太璞，而立无相之名言。以为华严十玄之义，时或堕此，盖非经旨本然。

夫狗马难图而鬼魅易画，世尊大智岂欲以画魅眩人耶？密严经说，华严十地皆自密严流出，然密严文辞义趣，质直可知，谓是华严法相之元龟也。知如来藏与藏识，如金与指环之喻，即知马鸣无著，陈义不二，但所言互有详略耳。直良师立真如三面之说，本取天台三观。余以为与三性非异，七种真如非无依他偏计，而并得说成圆成实性，亦其义也。若乃数论神我之说，直良师以为个人灵魂。窃以自在黑辈，亦是哲学大师，世无大、小乘教，数论即第一矣。窥其主义，神我亦普遍一切，非个人所独有，其六细身为因缘和合而成，乃局在个人者也。然佛法建立中虽与细身殊异，其为个人灵魂则同，译家所以不用魂字者，以魂本芸芸之气，中有则无气可言，魂义但相当于阿陀那风，不相当于中有，且校之此方医经故记魂魄神志，分属诸藏，其不可以概其体明矣。（心字亦本指心藏言，然彼土言质多有积集义，此土亦以心为凡物中坚之称，故用其引申之义可也。——原注）

乃夫远西之持论者曰：佛家既言无我，惧坏世法，故以轮回之说自救。斯可谓陋巷之议不睹大方者也。正以恒转不住，故称无我，无我故有轮回，若计我为常住实有者，即不得有轮回之说矣。此余曩昔所持，而直良师亦与余同者也。佛家不许破坏法性，非直善恶之云云也。即计白者为黑、热者为冷，亦以破坏法性斥之，此皆随顿依他起性以立世法，轮回之说岂以天宫饵人，以苏荔那洛迦怖人哉！纵令不言六趣，于轮回之说莫损，于佛法、世法莫害。即实言之，小乘但欲离烦恼障，大乘乃欲离所知障。烦恼障者，非独恶趣然也，虽上生四空天烦恼未尽，以小乘视六趣，固若一丘之貉矣。所知障者，凡苦乐善恶诸见，一切足以障碍正智，求证圆成实性，故欲离所知障积聚万善，惟是方便，令心无疑怖，则自平等以趣真如，岂徒蹩躠以为仁义，澶漫以为道德耶？世人不达，云佛法务在化人为善，其稍深云佛法惟欲令人求乐，求乐不过小乘之见，为善不过随俗之门，皆非其本旨然也。故余称佛法为宗教，为道德，不如称为哲学之求实证者，则直良师或与余异者也。乃书此以为乱云。

附录

权藤成卿和章炳麟的交游
——来往笔谈录

泷泽诚

一

近代中国的大思想家，有"国学大师"之称的章炳麟，曾于清末在日本流亡了一段时期。当时，章炳麟属于主张共和制的同盟会派；此外，还有持相反政治立场的，即主张君主立宪制的康有为、梁启超派。两派背后，都分别有所谓日本浪人的支持。

日本大正中期以来，标榜"农村自治主义"这种独特社会思想的权藤成卿①，就是与流亡的中国革命家有往来的日本浪人之一。其时，在流亡的中国革命家和日本人之间，除了用叫作"白话"的中国口语交流思想外，还常用两者共同熟悉的中国古文进行笔谈。从日本明治末年到大正初年，即中国清末到民国初年，在日中两国人之间进行笔谈而堪称著名者，有大河内辉声和清末诗人黄遵宪等。这些笔谈录，都作为日中交涉史的资料而汇集在一起②。由实藤编纂的中国文人和大河内辉声的笔谈录，其内容和分量很多，尽管介绍章炳麟和权藤成卿、武田范之的笔谈录，显得零零碎碎、前后错综，但对我们窥视清末流亡日本的中国革命家和日本浪人的交游情况，却已足够了。

二

明治三十五年（1902 年）春，权藤成卿从长崎去东京，参加了刚成

---

① 权藤成卿（1868—1937 年），名善太郎，成卿系其号，日本大正、昭和时期的制度学家。

② 实藤惠秀：《大河内文书》，昭和四十九年五月，平凡社刊。

立不久的黑龙会，成为其主要的撰稿人之一。在这之前，他曾投资于朝鲜浪人的盟友——武田范之所筹办的渔业事业，惨遭失败而负债累累，不得已从他出生的久留米旧宅出走，躲到长崎的春德寺，过着沉沦的生活。春德寺从建寺开始，就致力于书籍翻译工作，藏有不少从幕府时代起就传入的中国书籍。正是在那里，权藤如饥似渴地吮吸知识养料，并参加诗文会，过着专心读书的生活。同时，权藤支持此时往来于日本、朝鲜之间的武田范之，隐匿和闵妃事件有关的人，以及和那些被称为朝鲜浪人的亚洲主义活动家，保持着一些联系。

权藤记录了长崎时代的生活：

> 余尝居崎林，寓于太素轩，乃画僧铁翁之旧栖。轩主瑞岩，交友滥觞，书剑之士，多踵其门……同调唱和，寄情欢娱，每以忘忧……呜呼！前乎汉宫喋血之变，后乎清国团匪之乱，同侪诸士，出入于死生鼎镬之中……①

由此可见，围绕着权藤的人们中，无疑有与远东政治的激发事件（闵妃事件、义和团事件）直接有关的人物。诚如文中所说，此时的权藤的忧虑在于：事业的失败，与父亲的不和，旧权藤家经济的衰败，以及远东政治形势的急剧变化等。

三

明治三十四年（1901 年）春，黑龙会组成之际，属于久留米派的人们，承担了这个团体的大部分理论工作。例如，以写汉诗闻名的宫崎繁吉，就负责撰写了黑龙会纲领。宫崎是权藤成卿的胞弟震二的朋友，久留米勤皇派领袖真木和泉的亲戚。而震二也是活跃于当时文坛一支铁笔，初期黑龙会的骨干。

因此，促使蛰居长崎的权藤成卿去东京，并成为黑龙会的一员，原因恐怕多半是宫崎繁吉和震二的劝诱吧。以后，直到因关东大震灾而和内田良平分手之前，权藤长期保持着与黑龙会的关系，他记述去东京后的生活如下：

---

① 权藤成卿：《闲闲子诗》，昭和八年十二月，权藤四郎介刊。

余北征之后，来东京，寓茜陵之阿。时东方之事渐急，世论涌沸，无所底止。及讨露（俄）之役起，同游之士多戎旅为伍。明年战辍，清之逐客黄兴、孙文、章炳麟等，皆来集东京。未几，开朝鲜统监府，李容九、宋秉畯等主唱同治一匡，而世子禅韩王位，伊藤博文为刺客所戕，容九乃上议合邦。合邦之事既毕，汉客诸辈，频论大势所趋，烈烈炎炎，遂以倾复爱新觉罗之鼎命为务。其间，余心神难定，而容九已辞世，教仁亦毙于非命，岂能置身度外乎！……①

这里，并没有提及内田良平和气息奄奄的韩国一进会，其实，确也无此必要。因为，那时的权藤和内田一样，是作为饱尝日韩合邦运动备受挫折之苦汁的一个当事者，才记下上述话语的。

黑龙会在进行日韩合邦运动的同时，援助了中国革命党——主要是同盟会——的活动，前述权藤的文章中，所列举的中国革命家都是同盟会成员。正是这个原因，虽则同盟会成员与康有为、梁启超相比，得到华侨的支援要少得多，但却得到许多民间的日本人的支持。例如，在当时新兴的电影事业中，赚了大钱的梅屋庄吉，以及创办了赤池煤矿的玄洋社的平冈浩太郎，即毫不吝惜地给予中国革命运动以物质和精神两方面的援助。此外，作为亚洲主义者而闻名的宫崎滔天也担任了孙文的秘书。

被人们称为"青年远征家之团体"的黑龙会，成立伊始就有报告会务活动的《会报》，及其续刊《黑龙》和《东亚日报》等。权藤一到东京，旋即担任了这些黑龙会机关报的编辑。至于他究竟做了些什么，这只要看看当时的杂志，便可推定②。与此同时，在日本的中国革新势力也分成康有为派和同盟会派，它们各自发行《新民丛报》和《民报》，就中国革命的方法问题，展开激烈的论争，一直延续到辛亥革命前。毋庸置疑，这场论争不仅在旅居日本的中国人中，而且也在中国国内和

---

① 权藤成卿：《闲闲子诗》。

② 黑龙会发行杂志《黑龙》《东亚月报》，国会图书馆收藏。《黑龙》最近（昭和五十五年三月）在龙溪书舍刊行。

部分日本人中，引起关注，从而推动了中国革命的高涨。

权藤作为黑龙会杂志的编辑部成员，对这些在日本的中国人的动向，自然十分关心。事实上，从《黑龙》卷末的寄赠书目栏内，可以看到有自创刊号开始的《新民丛报》，至于与之关系更为密切的同盟会的《民报》之自发行起即寄赠黑龙会当非意外。明治四十一年（1908 年）《黑龙》之续刊《东亚月报》上，记有读者问答：

> 要支持东亚大局，当期待于中日两国人民，此乃理所当然。但敝国有立宪主义，又有革命主义，请问两者谁对东亚大局有益呢？——华人李子华。
>
> 闲闲道人答：立宪无可置非，革命亦为合理，应顺应国民性。英德共为立宪而其趣殊，美法共为民主而其情异。可采取适合华人自身历史的模式。

闲闲道人是权藤成卿的号，因此，这正是他的意见。所谓"采取适合华人自身历史的模式"，反映了权藤的基本的思想方法，亦即进入大正时期以后，权藤社会思想的独特之处。

光绪三十二年（1906 年），即明治三十九年夏，因《苏报》案而遭到三年监禁的章炳麟，从上海租界监狱释放，直接来到日本，担任《民报》主笔。章编辑的《民报》，从第七期至第十八期，几乎是《民报》最辉煌的时期。章一到日本，同盟会和支持它的留学生，曾在神田的锦辉馆召开了欢迎会（七月十五日），有关盛况被记录在章炳麟的《自定年谱》上①。由于章炳麟是一位倡导灭满兴汉的民族主义思想的著名学者，所以，他加入同盟会，也就大大推动了同盟会思想的迅速传播。既然在此之前，同盟会和黑龙会的关系就颇为密切，故而章炳麟到日本后和权藤成卿的结识，显然不须花费时日。

四

目前，作为了解权藤成卿和章炳麟交游的线索，是章的同乡、同

①　章炳麟：《太炎先生自定年谱》，龙门书局 1965 年版。又见汤志钧：《章太炎年谱长编》，中华书局 1979 年版。

盟会骨干宋教仁在日本留学时的日记——《我之历史》①。由此，不仅可以了解在同盟会中国人的心目中对当时权藤的评价究竟如何，而且还可知道一些他的交游面。

> （明治三十九年，1906 年）三十日，晴。九时，至神田各书店购书，购得《汉文典》等及《精神学讲义》十余部。十二时，至会芳楼午膳。二时回。平山周、萱野长知来，宫崎沽酒饮之，余亦与坐，席中并有郗沛生及权藤氏二人。余与郗沛生谈良久，复与权藤氏谈，始知其为汉学者，汉文、诗俱能作，并写二诗与余观之，皆清逸可诵也。良久，诸人皆醉，始散。九时，余乃就寝，因饮酒，故终夜不能成寐。
>
> （明治四十年，1907 年 1 月）八日，晴。夜，去孙逸仙寓，坐片刻。九时回。章枚叔约余明日同往访权藤氏，余诺之。
>
> 九日，晴。十时，偕章枚叔往访权藤氏，十一时至其家，坐谈最久。权藤氏出其诗稿，言首倩枚叔与余改之。余谢未遑，枚叔为改数句，遂留午餐。②

明治三十九年，权藤居住在赤坂仲町，邻近处即为黑龙会事务所和《东亚月报》发行所。章炳麟约宋教仁同去访问权藤，可见在宋和权藤结识前，章已和权藤相识。既然权藤的住宅紧靠着黑龙会事务所，因此，对权藤来说，与同盟会成员的接触机会一定是相当多的③。

权藤和章的笔谈录，残留于其后人所保存的权藤档案中。它书写于用笺和卷纸上，并杂放在老式的长信封内。其中，权藤曾亲笔书写一纸：

> 是笔谈残片，上一节乃僧洪畴所署，次为汉客章太炎，再次为予。其时应酬问答文册，颇涉机微，俱焚。惟此片尚存，即贻

① 宋教仁：《我之历史》，文星书店 1962 年版。译者按，湖南人民出版社有译注本，题《宋教仁日记》。

② 译者注：此处译文据湖南版《宋教仁日记》。

③ 有关这时的黑龙会和权藤成卿，见汤志钧：《权藤成卿备忘录》，昭和四十三年十一月，私家版。

松心川上君。呜呼！二十年旧交散亡过半，忆昔而怅然者良久。

　　　　　　　　　丙寅一月十九日　权藤善识

丙寅是大正十五年(1926年)，所提到的松心川上君，是武田范之的支持者——高田地主川上善兵卫(高田即今上越市)。在此前后数年间，川上曾受其师武田范之的委托，一面分类整理卷帙浩繁的武田档案——《洪畴遗绩》①，一面专心致志地写作武田范之传，这就是目前通行的稿本《兴亚前提史》。川上的写作得到了武田的友人权藤的全力支持，权藤提供了不少材料。

现今流传的笔谈内容涉及面很广，有汉诗应酬、对日本文人的批评议论、日中风俗、中国革命和满洲问题等。但在目前考定的笔谈录中，有关革命党的内部事务(章和孙文在当时的对立)、日本政府之动向，以及革命方法等涉及革命党及其支持者日本浪人的绝密内容，都没有发现，或许即由于"应酬问答文册，颇涉机微，俱焚"的缘故吧！

以下我们将介绍若干笔谈录的内容，从中或可窥见他们交游之一斑。由于笔谈是用中国文言并夹杂少量白话写就，为方便起见，采用鄂绰程氏所译的日语本作介绍。

如前所述，笔谈录的内容和形式前后错综，仅为断片。估计章炳麟和武田范之是初会，和权藤则不用说早就认识了。

　　章：闻公以英雄而为出世人，故来瞻仰。仆亦非和尚也，而又似乎和尚。

　　武田：儒而非儒，僧而非僧，我党士不合时宜，与天下奇杰士肝胆相照，痛议时事，是快事也。

　　权藤：社会主义所云，有佛教平等普度之旨。其戒律曰勿盗，惟今日掌权者皆"盗"，故以盗攻盗，不得谓盗。盗国者王，古已如此，至今亦然。

　　章：佛教云：以细楔出粗楔。吾辈亦以细盗攻大盗。盗人道者曰学，盗人财者曰盗，故盗似有两义。吾辈不问其名何如，惟

———————————

①　川上善兵卫和武田范之的关系、《洪畴遗绩》、《武田范之文书——洪畴遗绩》见拙著《近代日本右派社会思想研究》，1980年8月，论创社刊收。

毙反吾辈者。君于朝鲜如手刃闵妃等英雄业绩，能示一二否？

武田：杀人必见血，此乃英雄手段。因系寻常小事，不值一谈。英雄欲鼓舞天下，惟恐民心不动。闻湖南匪徒出，英雄之士亦乘机而起，天下事尚可图。

章：古代中国人心与日本有异。盖以匪徒暴动为理所当然，故响应者虽多，而大率乌合之众，不惯纪律，极碍举事。幸民智渐开，今湖南诸党已摒弃排外仇教之举。

权藤：汉高祖亦仅为匪徒之酋长。虽目前匪徒之暴动，似不屑一谈，然匪徒中非无奇伟倜傥之士。尝以为中国之兴起，有赖百战而非平和，尊意何如？

章：诚如君所云，今日正如痈疽甚大，决非普通药剂可治愈，除手术、猛药治疗外，别无他法。

权藤：滔天兄近与梁启超会面否？

章：能劝其来否？颇思晤见，无恶意也。

权藤：尚未遇见，彼确居横滨。

此外，另有一份笔谈材料，只是除章炳麟、权藤外，无法确定是否有其他人参加笔谈。大概这两份材料即为权藤送给川上善兵卫的笔谈录吧。且看权藤和章炳麟对日本文人的评议：

权藤：森槐南少即能诗，惟阿谀权贵，有如伊藤博文之使女。且诗句琐碎，匠气十足。

章：此人诗，于稳当中似有情致，惟若剪纸作彩，少奇拔之气。

权藤：批评甚对。然所云有情，惟其本人应无冷漠，而见其诗句有情，何也？仆难分辨。

章：本人虽无情，作诗恰有情。昔者，宋之问有"桃花红依绶"句，人即讥其无时不思利彩，槐南亦有其病。彼从伊藤来华而所作七律四首，首句"笑拂宫袍走九州"与"桃花红依绶"同。

权藤：高见。槐南难免为众人所唾弃也。

章：宋之问作诗乃自腹中捻出，而槐南则搜索于《佩文韵府》，两者相去何止三千里焉。桂湖村、国分青崖若何？

权藤：湖村虽非明慧，而以好学之士而见其可爱。青崖为人奇拔，乃日人中酷爱诗者。此等士亦仅三四人而已，皆有可取之处。欲欣赏青崖之诗否？

章：以吾所见，两人之诗优于槐南。格调潇洒而无出格之处，因其情非仅依田园，此乃优之所在。

权藤：余亦有同感。惟所云"有情而倚"，恐未达到。

章：馆森鸿为人稳而轻利，有文无诗。昔居台湾，馆森常请余修改文字，屡欲为余弟子，拒之，而以兄弟相待。数年间迭寄文章，且余身陷囹圄时亦然。惟近半年音讯不通，务请探问寓所，如何？

权藤：余与馆森虽不识面，然知其名，系好学且与吾等同调者。据云其为儿玉将军挚友，将军已故，而将军弟儿玉文太郎乃余亲友。俟有闻当告知。

章：若知其踪迹，不胜感激。

有关馆森鸿的笔谈材料，还有如下处，看来这些笔谈不会是以后进行的。

章：馆森好媚上，系小吏行径。此人今居何处？

权藤：为台湾总督府书记官。

章：重野成斋？

权藤：虽详国史，惟为人愚蠢。

章炳麟不管对日本人，或是对中国人，都是直言不讳、无所顾忌的，为此，他是以树敌过多而闻名的。在这些笔谈中，章的对手权藤也做了毫无逊色的发言。章请其后辈宋教仁去权藤处，以权藤作为解闷漫谈的对象，正是因为权藤是够得上章水平的少数日本人之一。此外，章炳麟和权藤在传统主义思想上的一致，即因为国粹主义者而意气相投，也是一个重要原因。

章：去"五二共进会"游览，见众多字画，其中几幅特好，故记下作者姓氏。曾识精于此道者否？

权藤：均知悉。惟大多画失于巧，近画匠气，不屑一顾。纵然配色尚好，难登大雅之堂。

章：先生批评甚对，可曰法锄。

权藤：近日我国绘画水平甚低，一味热衷于西洋风格。

章：放弃国粹，盲目崇洋，余不赞成。

权藤：非绘画如此，我国自明治初年以来，文物制度大抵取法西洋，有伤国体。贵国吸取新学，当详加审察。

此外，与前述宋教仁日记相应所能见到的笔谈，约有两篇：

权藤：除夕，自旧友处得盆栽梅花一株。元旦，对梅少韵，赋七言八句，请教正。

章：字句古炼，韵亦好，敬服犹恐不及，怎敢妄加删改。

权藤：昨日，一遵新年惯例（汉诗省略）。余不懂汉诗叶韵，能指教否？

章：古音古节，大多盛唐风格。

权藤：请勿客气，如蒙指正，三生有幸。先生于协律之说过奖也，吾辈尚不懂舍弃劣作。

章：叶韵调合，一谈及此，于人生则感慨万千矣。

笔谈录中，还有其他一些内容，如围绕梁启超"中国之武士道"批判为中心的日中武士道问题，满洲义军和与之相关联的满蒙问题，革命方法论问题，等等。具体情况请参见拙著《权藤成卿》，以及坂上信八郎所著《向大陆进发——关于武田范之》①。

五

权藤在和章炳麟的交游中，抱着"不单纯在学问上交流，而是要通过亡命于革命行动时代之日本的颇多曲折的一代，继续进行无所猜疑和隔阂的交际"②这一宗旨。因此，尽管武田范之和章炳麟在《民报》和

---

① 判泽弘编："去亚洲的梦"，《明治之群象》（六），三一书房1970年版。

② 杂志《制度之研究》第十一号，昭和十一年八月。

《黑龙》续刊《东亚月报》(汉文杂志)彼此论战,结果导致决裂,但就在此前不久,权藤、武田和章之间的关系还是亲密的。这可从下面事实中予以证明:明治四十年(1907年)四月二十日,东京印度留学生在虎门女学馆召开西婆耆王纪念会,章炳麟参加后即在《民报》十三号(明治四十年五月发行)上,发表了"印度西婆耆王纪念会纪事"一文。① 紧接着,下个月(六月)发行的《黑龙》第七年二号,就转载了这篇文章。

在这篇论文中,章炳麟阐述了他的亚洲观,表示了他对印度等亚洲国家独立的关注,以及对出席该纪念会的大隈重信讲话的深恶痛绝。凡此种种,《黑龙》都予转载,并附有权藤的注:"太炎子此篇,乃迫不得已而登载也。"再下个月《黑龙》的"闲子春秋"中说:"印度留学生于虎门女学馆开西婆耆王纪念会,东西名流云集。大隈重信曾作演说,论印度自亡。支那、印度诸士不悦。""闲子春秋"上有闲闲子的亲笔署名,可见权藤的确参与其事。总之,在权藤和章之间,并没有像武田和章那样明确的意见对立。不过,虽然从权藤的汉诗集《闲闲子诗》和前面的权藤文字中,反映出他对同盟会成员及其运动的看法,但之后他和同盟会的关系似乎中断了。权藤从最初作为日韩合并后之"一进会"成员,李氏朝鲜的官员,直到成为抗日游击队的理论家,与各种类型的韩国人交往,这种明显的前后不同,其理由难道只是权藤自称"系机密而焚"吗?

打开章炳麟的《自定年谱》和著作集《章氏丛书》这类已公开刊行的文章,有关权藤成卿等内容,都无记载;如勉强算的话,前述章和武田范之公开论争的一些内容,《章氏丛书》有所收录,但亦仅此而已。最近,在北京发行的章炳麟文集中,也没有收录这些材料。

关于日本浪人一有机会就进行交游的情况,中国人一方很少记载。本文展示的权藤、武田和章炳麟交游的前后,也是北辉次郎和宋教仁、谭人凤交游的时期。北辉次郎所撰的《支那革命外史》,热情赞颂宋教仁等人的思想,并还收养谭人凤的遗子,将他扶养成人。然而,相应的宋教仁等中国人对北辉次郎思想的评价,却无比较确实可靠的材料。

① 有关"印度西婆耆王纪念会纪事",见岛田虔次的论文《中国革命的先驱者们》1965年10月,筑摩书房刊。

六

此外，从章炳麟和权藤成卿笔谈录中所见的他们之交游中，尚须探究章炳麟究竟从权藤处得到了什么？先从结论来看，对权藤而言，他和章炳麟的交游，无非是围绕于日本外交政治活动的一段壮年期插曲而已，是伴随着日韩合邦运动和黑龙会对中国革命的支援活动而进行的。

先前的《新民丛报》和《民报》的论战，也给权藤以影响。几年之后，当权藤宣传其社会思想时，曾援用了和章对立的康有为、梁启超的思想①。关于《文中子中说》（权藤认为《文中子》乃隋王通所撰，王通是去中国留学的日本人南渊清安的老师，南渊归国后推动了大化革新思想的发展），章炳麟认为系后人假托，故断为伪书②。现存笔谈录中，没有关于《文中子中说》等涉及王通的内容，或许那时，亦即在明治末年，权藤尚未形成其社会思想的构图，甚至连胚芽也没有吧。大约权藤为了予自己的立场以权威，才援用大化革新和王通有渊源关系这一点，而他采用《文中子中说》与制度学等说法最早见于他公开发行的处女作《皇民自治本义》（大正九年，1920年）中。

如宋教仁日记中称为"汉学家"的权藤成卿，汉诗水平很高，即使考虑到在支援者、亡命者之间，免不了谦虚客套，但当章和权藤交换有关日中学术意见时，毕竟是站在平等的地位上进行的，这从前述笔谈中，已可略见一二。其时，权藤成卿向章炳麟提供中国革命的理论背景，而章炳麟与其说是民族主义学者，倒不如说是清末考证学大师来得更恰当些，为此，权藤与章的论争和章与武田范之的论争，完全不可同日而语。何况权藤和章炳麟对公私有明确的区别，彼此都致力于对大家有益的支持。

我们在考察日本浪人和中国同盟会关系时，必然会涉及革命资金的来源问题，这些资金不同于平冈浩太郎和梅屋庄吉等纯粹出于个人

① 《关于权藤成卿受清末公羊学派的影响》，汤志钧：《近代日本右派社会思想研究》1980年8月，论创社刊收。

② 汪吟龙：《与章太炎论文中子书》，《文中子考信录》，商务印书馆1934年版。

财力而提供的。关于它们的来源和如何偿还等颇为苦恼的内容，不得其详。我们知道，这时接近权藤成卿的人物有黑龙会的内田良平，他曾充当同盟会的代理人，向三井财阀作保，斡旋大量资金，我们也知道，他在民国政府成立后和同盟会关系起了怎样的变化。因此，在日韩合邦运动中，日本政府对内田的看法酷似日韩合并后日本政府对黑龙会的态度。这个事实，从内田这些日本浪人主观上检查，免不了要受指责。考虑到内田当时窘迫的经济状况，他献出的实际上是自己节衣缩食才省下的钱，只是接受其援助的中国当事者一方，存在着另一种伦理而并不理解。两者思想的分歧，或许是以"礼"治国的中国和单一民族的岛国——新兴日本——之间的文化与国民性不同的缘故吧。

权藤成卿在其所属的黑龙会支援中国同盟会时，无疑采取了不同于内田等人的方式，并有所节制。为此，他不赞成北辉次郎、内田良平那样不顾社会名誉而以自己生活为赌注的做法。确如宋教仁指出的，权藤是一位把握住日中国民性不同的"汉学家"，他在和章炳麟讨论满洲国问题时，就保持了十分冷静的态度。章炳麟故世后不久，权藤根据记忆和所藏文书，写了《章太炎对于满蒙殖民问题的意见》①，得出了满洲是汉民族的满洲的结论：

> ……日本之势力与计划，几多曲折，张作霖之炸亡，更一转为满洲之独立……此前后十余年间，支那族之移居，二倍于太炎预期，时下已超出三千余万人矣。满洲主客之位已变……新居汉族堪称大半，而其间日本居民合朝鲜流民能有几何，无法比拟于汉移民。倘若太炎所云，人民为国，则将来之满洲，非汉族不属。反之，若以武力、经济力即可控制，或可归属我国。
>
> 我当局警告非常期之来临，一意军备之扩充，投放巨额国费、计划大批移民，颇为焦头烂额。欲移民匹敌于三千余万支那移民，而使太炎棺中长叹，非易事也。故多此一举。

---

① 杂志《制度之研究》第十二号，昭和十一年九月。有关权藤的论文《权藤成卿之满蒙观》，汤志钧：《近代日本右派社会思想研究》1980 年 8 月，论创社刊全文收录。

这篇文章写于昭和十一年（1936年）八月，即日本建立"满洲国"后五年，当时由国策决定的移民满洲正处于鼎盛时期。权藤根据章炳麟满蒙观所阐发的观点，显然与昭和初期的一般论调，以及与中国同盟会交游的大多数日本浪人的观点不同。至于明治末年，权藤和章炳麟关于中国革命胜利后发生的所谓"满蒙问题"的讨论中，是否已得出这样的结论，不得其详。然而，这期间之后的"满洲国"究竟造成怎样的结果呢？对了解满蒙现状的我们，很容易做出历史的判断。

七

清末，即我国明治末年，中国杰出的民族主义者章炳麟和大陆浪人权藤成卿、武田范之进行的这类笔谈，可以让我们从中略窥当时浪人和流亡的中国革命家之间的交游情况。同时，根据这种交游的前后过程，也向我们提出了如何去考虑日中两国国民性不同的问题。本文所涉及的日本浪人对中国革命的想法，以及接受这种想法的另一方之间的差异，大约是汉字文化圈中先进的中国和受其影响的日本有史以来所从未见过的倾向吧。对流亡日本的中国人说来，日本浪人的想法，真有点"单相思"啊！

日本人对中国的憧憬已变，在我们的周围如今也有为数不少的裂缝，这里，无一一记述的必要。回顾以支援中国革命的日本人为轴心而展开的近代日中交涉史画卷时，必须排除悲观的看法而采取承认事实的态度。无论如何，权藤成卿和章炳麟的交游，这是历史上演出的一出黑龙会时代光耀夺目的戏剧。他们的交游并没有违背自己的立场和超出礼仪的范围，恰与内田良平、北辉次郎等人对中国革命的态度成鲜明的对照。从这点看，章炳麟和权藤真称得上是两位正统的"读书人"啊！

黄绍海译　钱君华校

译自《日本历史》1981年8月号第339号

京都、奈良、大阪

京都是日本故都，奈良是日本早期佛教中心，大阪则为日本主要商业城市。1984 年 3 月，京都大学人文科学研究所名誉教授岛田虔次和狭间直树等教授，还有京都大学文学部的日原利国教授，邀请我往该校讲学，得参观京都风光，并顺道访问奈良、大阪。

京 都

京都也称西京，自公元 794 年定都后至 1868 年长期为首都，有"千年古都"之称。是著名文化、游览、工业城市。有国立京都大学等高等学校多所，故宫、寺院、神庙等古迹。

三月七日上午，在东京大学近藤邦康教授陪同下，乘十一时二十四分新干线特快车赴京都，下午一时二十四分经名古屋，近藤教授下车省亲，约定京都聚首。二时十七分，至京都，京都大学人文科学研究所狭间直树先生，森时彦、森纪子夫妇来接，住京都大学职员会馆三〇二室，甚宽敞，闻唐长儒教授、陈庆华教授访日，均住此馆。

在旅馆休息半小时，狭间先生陪同参观京都大学文学部图书馆及大学图书馆。晚，狭间、森时彦二先生邀至风舞中国餐馆畅饮。

八日，参观京都大学人文科学研究所图书馆，阅梁启超《佛学札记》影本，又借读美国斯坦福大学所藏康同璧旧藏康有为手稿、抄本胶卷，核阅《康子内外篇》《上清帝第二书》《上清帝第三书》。因京都大学职员会馆星期四不办公，住狭间先生寓所，狭间夫人善烹饪，家宴甚丰。

九日，早餐后，狭间先生陪往住处附近法然寺，陵墓种种，古木参天，景色雅澹。谒河上肇墓，投以名刺。出寺驱车至岚山，岚山为京都著名风景区，在京都郊外，有周总理诗碑，廖承志题字，我国访日人士来京都，都往参观。京都寺庙特多，岚山附近即有大觉寺、念佛寺、祇王寺、常寂光寺、天龙寺等。西山有保津峡、观空台、菖蒲谷等名胜，前有湖，夏季可乘游艇。绕山一周，浏览景色近一小时，摄影留念。

至鹿苑寺，寺建于庆永四年(1397年)，原为足利义满交换的西园寺家的北山山庄。义满死后，鹿苑寺改为临济宗寺庙，内有金阁，三层。阁金色(上涂真金)，闻尚有银阁，曾遇火，昭和三十年(1955年)十月再建。一层为法水院，二层为潮音洞，三层为究竟顶，建筑精巧，金碧辉煌。金阁背后有龙门瀑、鲤鱼石。因需讲演，近午即返。

十日，在京都大学人文科学研究所阅章太炎佛学手稿、山井鼎《七经孟子疏》校本(见本卷《京都大学人文科学研究所善本》一文)。中午，岛田虔次教授邀请家宴，森时彦先生驾车向导，途经明治天皇陵，甚庄严，因时间匆促，未上陵基。一时三十分，至宇治市岛田教授寓所，小野信尔教授、小野和子助教授夫妇、河田悌一教授已久待，少顷，坂出祥伸教授亦来。岛田先生为日本著名汉学家，知识渊博，桃李盈门，于宋明理学有独到见解，对中国近代思想家钻研很深。我和他过去早经相识，并蒙赠我《拙存园丛稿》和章太炎佚文等，对我提出的康、章问题，也无不详细赐答，是我最钦佩日本学者之一。小野信尔教授三十年前即对我早年出的《戊戌变法史论丛》在《东洋史研究》上撰文介绍，可谓"早有翰墨缘"。小野和子助教授近主持《雍正朱批谕旨索引》，以前译注梁启超《清代学术概论》和出版《中国女性史》。河田悌一教授对清代学术有专攻，过去发表过论章太炎的文章，近年又研究章学诚，极有功力。坂出祥伸教授则是日本研究康有为的专家，对康有为在箱根、须磨旅居还做过专门调查。相聚一堂，轰饮甚欢，席间畅谈清代学术源流，各抒己见，颇得切磋之乐。岛田先生藏书数万册，汉、和、英、法各种文字，坐拥书城，卓然成家。饮至五时，坚邀题字留念。我素不擅书，屡辞不获，是日，赠岛田先生龟墨，书"河图洛书，神龟背负"。为小野信尔教授题"史中巨子，学界泰斗"，因小野先生新膺花园大学副校长也。坂出先生熟谙戊戌、辛亥史，与我同好，书"捭阖维新史事，纵横辛亥陈迹"。河田先生论章学诚经史关系，又治宋明理学，书"六经皆史，四子咸邃"。森时彦先生近治匡复生，匡为"五四"闯将，书"火烧赵家楼，创办立达园"。尽是酒后即兴所书，未暇握管凝思。

十一日，晨起，函谢岛田虔次教授：

> 昨辱宠邀，顿快朵颐。既聆高言大句，复睹天禄琳琅。重荷夫人手治佳肴，弥增愧悚。而酒后失仪，妄舞砚池，班门弄斧，益感汗颜。务乞海涵，恕其疏狂。
>
> 湖笔三杖，乞哂纳。

十时，大阪外国语大学教授彭泽周陪同访问京都大学名誉教授贝冢茂树先生。贝冢先生为小川吉次郎之子，兄弟蜚声学界，弟小川即诺贝尔化学奖获得者。贝冢先生治甲骨文、金文，卓然成家。1981 年访华时，曾相见于锦江饭店，别已三年，年亦八旬。寓址在人文科学研究所对门，甚幽静，会客室悬字画，有董作宾手书甲骨文，古董亦列四周。这次趋访，主要是询问王国维旅居日本情况。贝冢先生说：

> 王国维住京都时，时常看望父亲（小川），我在家中看到他几次，印象深刻。因我当时还年轻，记不清细节，不如对罗振玉那样深刻。
>
> 王国维在京都时间不长，约两三年。对王国维了解最清楚的是森田喜一郎。那时和王国维关系较多的是《支那学》杂志编辑，编辑中最年轻的就是森田，如今也已九十多岁了，您即使去，恐怕也谈不出什么问题。如果会文堂书店老板还健在的话，可能他会提出很多意见，可惜他已死了。会文堂的招牌是内藤虎男（即内藤湖南、内藤虎次郎），他一定有王国维的书信，但也去世了。内藤有几个儿子，长子应该了解，也死了，其他几个孩子可能也知道一些。让我慢慢想想，是否还有合适的人。
>
> 森田编《支那学》时还年轻，那时他还是京都大学的学生，除了他，别人都已去世了。我是 1925 年进京都大学一年级的，那时

内藤还讲课，一年半以后，他就退休了，所以我是内藤的最后弟子。他退休后，收藏文物，特别是宋元版本图书。逝世后，藏书卖给武田制药公司。

王国维住处在罗振玉寓址附近，罗寓离此不远。

贝冢夫人找出地图，热心查询罗振玉住处，说在附近医院左近，医院病室还有罗振玉题字，是院长夫人的父亲请罗写的。贝冢先生认为"中国现代人的字，罗振玉最好"。

贝冢先生兴致勃勃地到楼上找出罗振玉手书篆轴和内藤的手札卷轴，说"里面也没有王国维的信"。又取出《先师湖南先生印谱》，署"东观书屋藏"，以及内藤著作《泪珠垂珠》《诸葛武侯》《宝左盒文》的初刻本，说："这些书，《内藤湖南全集》虽都收过，但这是初刻本。《全集》中未收入的书信很多，《全集》的编辑只是在自己知道的范围内编集，所以有佚札。但在日本，王国维的书信如今存留的已很少了。"

贝冢先生精神矍铄，谈兴甚豪，不觉间，已晤谈一小时二十分，不敢久劳，乃握手告别。

离贝冢寓后，又在彭泽周教授引导下，访问罗振玉寓居旧址，似仍为原来建筑，名"碧光园"，今为"专卖共济组合京都宿泊所"，似为女学生宿舍。

返京都大学职员会馆，在狭间教授陪同下，凭吊小野川秀美教授墓。回馆二十分钟，再讲《近代经学的特点》，近藤邦康教授由名古屋赶来参加。讲毕，餐叙话别。

奈　良

十二日，晨八时三十分，在近藤教授陪同下，乘出租车至车站，乘九时十五分特快转慢车，半小时即抵奈良。十时，至预先订好的旅邸(Three-m Hotel)，北山康夫教授已在此久候。

北山先生于1978年访问上海，我曾去锦江饭店接见，已五年不见了，他虽七十二高龄，仍矍铄如昨，热情接待，亲自陪同。北山先生对中日友好活动的推进不遗余力，曾将《革命评论》原刊本赠送给中南地区辛亥革命研究会。如今在奈良办理日中友好学院，任院长，有学生百余人。晚间上课，系业余进修，除授汉文外，还讲《史记》、中国近现代史。有汉人教师二人、日人教师二人，北山先生也亲自授课。

奈良，又名平城，有公元八世纪古都旧址，是日本早期佛教中心。多寺院、古迹，是日本的游览胜地，我们甫卸行装，即在北山先生陪同下，驱车瞻仰唐招提寺。

一、唐招提寺

唐招提寺在奈良市郊五条町，公元 759 年，日本天武天皇赐为新田部亲王邸地。唐鉴真和尚曾在此讲中国四分律、南山宗戒律。

鉴真，本姓淳于，扬州江阳（今扬州市）人，十四岁出家，二十二岁受具足戒。后游两京，遍研三藏，后住扬州大明寺，专宏戒律。公元 742 年（唐天宝元年）应日僧荣睿、普照等邀东渡，几经挫折，于 753 年（天宝十二年）第六次航行，始抵达日本萨摩秋妻屋浦。翌年在奈良东大寺建筑戒坛，传授戒法，为日本佛教徒登坛受戒之始。后至唐招提寺，传布律宗，并把中国的建筑、雕塑、医药等介绍到日本。

鉴真和尚抵日，已六十七岁，七十一岁到唐招提寺。他之所以离开东大寺有两种说法：一说谓为东大寺寺僧排挤而去，另一说为退隐讲学。以后说为是。鉴真在日本，曾治眼疾，所以塑像还有眼病痕迹。至于鉴真赴日原因，北山认为是唐代儒、道、佛相争，佛教受到压迫，所以去日本。

北山说，日本著名小说家松本清张最近到奈良，说是"鉴真五次航海失败不可靠，他没有到过海南"云云。北山认为，根据《鉴真传》，载有李、香蕉这些水果，日本本来没有、又有阿拉伯贸易等，日本以前也不清楚，所以松本所言不可信。他准备做专门讲演，进行反驳云。

唐招提寺内有奈良时代金堂安置诸佛，木心干漆千手观音像、木心干漆药师如来像，都是日本国宝。另有平安时代的大日如来像，奈良时代的如来形立像、菩萨形佛头，也是重要文物。

唐招提寺的重要建筑有开山御影堂宸殿、礼堂、宝藏、经藏、讲堂、金堂、伽兰、封楼，建筑甚早，有的建于公元八世纪。

次日，奈良市衢通道有"奈良市文化讲座：松本清张《鉴真和尚异说》"，已于二月讲过，听说北山先生将于四月十八日讲演相辩。

二、法隆寺、中宫寺

游览唐招提寺后，又参观法隆寺和中宫寺。

法隆寺在奈良县生驹郡斑鸠町，始建于 607 年，是日本圣德太子发愿地。木质建筑，以"世界最古"闻名。开始建筑于飞鸟时代奈良、平安两朝，下迄镰仓、德川时代，总面积有 145465 平方米。

法隆寺主要建筑有南大门、金堂、五重塔、经藏、大讲堂、西室、西圆堂、圣灵院、食堂、大宝藏殿、东大门、梦殿、传法堂等古迹。

中宫寺则为圣德太子之母穴穗部间人皇后许愿地。太子之宫居斑鸠宫的中央，与西面法隆寺相望。中宫寺初为尼寺。国宝有木造弥勒菩萨半跏像。

三、东大寺

东大寺为奈良朝的总国分寺，华严宗。已有 1200 余年历史，佛教最高潮之天平时代，圣武天皇敕愿建立（建于天平十五年，当公元 743 年）。以大佛殿为中心，南为南大门，西为转害门、戒坛院，北为正仓院、知贞院，东为大汤屋、三月堂、二月堂。

据北山介绍，东大寺重建于 18 世纪初（公元 1709 年），为全世界最大之寺院，前面铜灯则为公元 7~8 世纪时所建。此寺重建时，较原来规模为小。进入大佛殿之石路，两侧为日本石，中为印度、中国、朝鲜石块，表示佛教由印度、经中国、朝鲜传入日本。铜灯是 1200 多年前的古物，图案奏乐，凡八面，一面被窃，于 17 年前补刻，不及原来风貌。

大佛上面为 18 世纪新塑，下座莲花台则为 7 世纪旧物。

殿堂中木块是取自日本九州等，后面有原殿模型。东大寺的甍（瓦），是镰仓时代再建时所造，据说由爱知县承造，如今正在研究它是怎样运输到奈良的。

南大门建于 1180 年，为中国宁波人陈和卿建造，材料木制，如今日本已没有此等巨木，曾两次遇火。门口有力士二，前有石狮二，宁波石工伊行末所刻，石块亦来自中国，伊行末后人也是石工，日本佛像、狮子，很多出自伊行后人及其传人之手。

东大寺前，为国立奈良博物馆，正在修理，未能参观。周围公园，畜鹿千余，放置园中，任其奔走。据说封建领主时代，法律规定，杀鹿者死罪。如今汽车行驶，也避鹿缓行。东大寺路侧有摊贩很多，售麦制饼，供游客购饼喂鹿，我也市饼付之，群鹿争食，憨态可掬。

四、般若寺

般若寺为奈良名刹，飞鸟时代创建，当公元 746 年（天平十八年）圣武天皇建立。内有三十三座观音石像，1703 年（元禄十六年），山城国相乐郡之寺岛氏病愈，为了使人便于礼拜各地佛像，将三十三处观音石像刻于此，便于参拜。

般若寺内重要文物是十三重塔，圣武天皇创建。1252 年（建长五年）建成，宋人伊行末刻造，高十四米余，塔下刻佛像，上面的塔是后来建造，塔内有很多小佛像。据说如今日本没有此等高塔，可见当时宁波石工技艺之高。塔侧有木头铺路滚道，使人知道过去搬运石块是利用木条推运。

十三重塔旁为笠塔婆，建于 1261 年（弘长元年），宋人伊行末之子伊行吉为供奉父母而建。用梵文，下柱字迹已失，颜色也不一致，似为后来补缀。

伊行末的儿子叫伊行吉，父子同用"行"，感到可疑，可能用日本习惯加的"行"字。北山先生注目中日文化交流，对伊行末父子言之津津，惜国人对此似尚乏研究。

般若寺参观毕，已十二时，至东向商店街飞天饭店午餐。店主宋姓，镇江人，十七岁赴沪，二十三岁来日，今已五十余年，子媳亦均汉人云。

商店街外出为猿泽池，柳枝生芽，湖色澄碧，春意盎然，景色绝丽。后面是兴福寺塔，为奈良最好风景区，后面则为春日原始林。

猿泽池周围三百六十米，据说有七个不可思议处，如不清不浊、无蛙、不生藻、鱼多、龟多（母龟每负小龟而出）等等。

五、净瑠璃寺、岩船寺

三月十三日下午一时，北山康夫教授请奈良日中友好学院教务负责人驱车至净瑠璃寺，寺在京都府相乐郡加茂町大字西小。由奈良站车行近一小时，环山而上，寺西为九体阿弥陀堂，中央为池，东为药师如来佛。有三重塔，木制，内有药师如来像。三重塔和九体阿弥陀堂（本堂）中的九体阿弥陀如来像，均建于藤原时代，系国宝。环境极为幽静，漫步庭院，乐而忘返。

由净瑠璃寺车行二十分钟，抵高雄山岩船寺。寺在京都府相乐郡加茂町大字，寺创建于公元729年，1221年（承久三年）遭火重建，文物则很古老。

进寺后，副主持植村幸雄热情品茗介绍，据告："岩船寺僧系密宗，密宗的要点是洁身成佛，自己与寺也为一体。佛教一般是否定形，如不杀生，而密宗则持肯定性（如钓鱼），但不重视杀动物，而以为吃鱼可使身体健康。所以重视寺庙大生命，与净土宗不同。密宗重视生命，重视现实，佛教一般反对小乐小愿，密宗则要大乐大愿，使生后达到佛的境界。自己修生，引来生命，有积极性。律宗是鉴真和尚从中国传来的，强调戒、定、慧，要有菩萨心，重在实践，也重视坐禅。"

植村幸雄又告，日本在七八百年前，佛教徒即可结婚，密宗则在明治维新后才可结婚。

寺有三重塔，原为七世纪修（承和二年创建），后于1382年（弘和二年）再建。有阿弥陀如来像，建于946年（天庆九年），木造坐像，据说用楠木刻成，旁有四天王。

有十三重塔，为镰仓时代文物，1314年（正和三年）建立，也是伊行氏后人所刻。

六、平城宫迹

奈良，旧名平城京（京都名平安京），平城宫旧址，过去为农田，后为国家购入，有计划地地下发掘，发掘完毕，覆屋保护。平城京仿我国长安建筑，但奈良受地理条件限制，原址仅长安四分之一，比现在的奈良大得多。长安城每边八公里，平安城则为四公里。当时人口为二十万，为长安的五分之一（当时长安为一百万）。如今奈良人口，则有三十万。

平城宫旧址内有博物馆，木简甚多，有《日本之美术》一书，专讲木简。宫门也用朱雀门等称号，城市由北到南开拓。

太极殿原址已发掘，见到建成下面基地，似为新建（据说上面即不再建，仅建底层，包括石柱基础而上）。太极殿为天皇授位及其他国家重要仪式时用，前有七根树遗址（如今植树纪念），柱为：一为乌，二为日，三为月，四为朱雀四神。接着，参观覆屋。

晚，应北山康夫教授之邀，在日中友好学院听教师讲授汉语，又做简单讲话。

大 阪

三月十四日晨，与近藤邦康教授乘出租车至奈良站，由地铁转近铁赴大阪。九时三十五分至大阪，即至大阪城参观博物馆。

大阪城系丰臣秀吉所建，建于 1583 年，历十五年之久，我去参观时，正值大阪城建城四百周年。

丰臣秀吉，是日本战国末统一全国的武将。早年为织田信长部将。1582 年信长死后，权势日盛。次年，建大阪城。1585 年任关白，赐姓丰田。1590 年灭后北条氏，统一全国。后让关白位于其养子秀次，自称太阁。1592 年和 1597 年两度侵略朝鲜，均失败，死于伏见城。丰臣后为德川所灭，子嗣均绝。如今展览室陈列，均以丰臣史迹为主，有战图、战盔、甲胄、武器、画像等。

我们由大手门入，有一巨石重 108 吨，为城中第四巨石。转入多闻橹，1783 年（天明三年）遭失，1840 年再建，面积为 600.45 平方米，1969 年（昭和四十四年）修理。千贯橹，1620 年（元和六年）创建，1961 年（昭和三十六年）修理，此橹在城墙中，有圆孔，弓矢由其中射出。

太鼓橹，即鼓楼，1868 年（明治元年）遭火焚去。

六番橹（番即路），1628 年（宽永五年）原建，后经修理。敌人进攻，以石由上击下。

樱门，1857 年（安政四年）建，1869 年（明治二年）修，高丽木瓦茸，柱长 5.15 米，有桝形巨石，重 130 吨，为大阪城第一巨石。

天守阁，1931 年（昭和六年）建，旁有号炮，原为火器，明治时用以鸣时。前为淀川，系运输大河。

是日大雪奇冷，过大阪桥，市面繁荣，似东京，在咖啡店稍事休息，即乘近铁赴神户。

京都、奈良、大阪参观访问，虽仅一周，但饱览关西风光，喜读京大藏书，参观奈良古迹，巡回大阪遗址，确实是收获不小的。

日本国立国会图书馆

日本国会图书馆是日本最大的国立图书馆，位于东京都千代田区水田町一丁目十番一号。

1984年2月3日，由日本国际问题研究所毛里和子女士、东京大学文学部藤井友子女士陪同，参观该馆。除中原女士早已等待外，该馆参考书志部亚非课课长河岛慎一、联络部国际协力课课长辅佐佐藤强、司书土屋纪义陪同。

河岛介绍，亚非资料室以前叫中国资料室，系三十年前开馆时原名，1962年改为亚非资料室，包括非洲资料，有书籍、地图八千余册，中、朝、越等各种杂志一千五百余种。按地域性分类，其中一半是中文，每天阅览人数平均26人。报刊以台湾为多，约二百余种，国内发刊的也近二百种，香港出版的则有六十余种。

河岛介绍，国会图书馆工作人员有846人，藏书430册。亚非资料室工作人员八人，内中国部三人，座位可容纳32人。

佐藤介绍，过去明治时代，东京有上野图书馆，所以1948年国会图书馆建立前，已有七十年的历史。其他图书是1961年由帝国图书馆合并而来。

国会图书馆自1948年建立后，规定凡是日本出版社的出版物，都要送来一部，政府公报则送三十部。

国会图书馆的建馆目的：其一，为国会议员服务。日本现有国会议员1160人，到国会图书馆研究各方面问题的有一百人左右。其二，它是日本的中央图书馆，好比是中国的北京图书馆。日本全国各地的报纸都是齐全的，先陈列六个月，以后即摄制成显微胶卷，存于书库。书库可藏书籍450万册，目前正将建筑新书库，新书库建成后可藏书

750 万册。

接着，参观该馆的善本书库和汉文书库。

善本书库有《大智度经卷》第九。后半部，据称是隋写本，纸与日本纸同，未正式鉴定，是该馆收藏汉文本之最早者。又有《方舆胜览》十册，系宋本元刊明补本。又清代归安陆心源富藏书，皕宋楼专藏宋元刊本及名人抄本，守先阁藏明、清刻本，普通书则藏十万卷楼。陆心源死后，其子陆树藩将皕宋楼、守先阁、十万卷楼藏书售予日本岩崎弥之助，今藏神奈川县静嘉堂文库。陆心源《守先阁藏书志》稿本（光绪三十年写定），系心源之子陆树藩于光绪三十一年十二月（1906 年 1月）连同目录提要，赠岛田翰，今藏此库。

善本书库、汉文书库均按经、史、子、集分类。善本库温度为 22度，湿度为 55 度，书盒系桐木，外有铜厨密封。

国会图书馆收藏我国地方志有一千七百余种，1969 年出有地方志目录。族谱、宗谱约四百余种，鱼鳞册、钱粮册均有，曾见河南钱粮册、江苏吴县钱粮鱼鳞册、租册（1911—1918 年）等。

国会图书馆和中国近代史关系最大的是宪政资料室。

日本于明治二十二年（1889 年）制定宪法，次年，通过选举，成立第一次帝国议会。昭和十三年（1938 年），宪法制订五十周年时，众议院宪政史编纂会、贵族院五十年史编纂会开设。昭和二十三年（1948年），参、众两议院请愿编纂日本国会史，这年六月，国会图书馆创设，成立宪政资料室，有计划地搜集、编纂各项"文书"。

"文书"是指日本明治维新以来政治家、官吏、军人、实业家的日记、书翰、约规及政务等资料，包括政治、法律、外交、军事、财政、产业、教育各个方面。"文书"征集的办法：一是寄赠，二是购入，三是托存保管，四是摄影收录。曾出《宪政史编纂会收集文书目录》（《宪政资料室所藏目录》第一，昭和三十五年版）。

根据目录，编排内容是《左院、元老院国宪案》《皇室及皇室典范关系资料》《明治宪法诸草案》《外国人，宪法草案及答议、讲义》《私拟宪法》《外国宪法并诸法律ノ译》《宪法关系著书》《枢密院会议笔记》《枢密院关系资料》《内阁制度、议院法、民法等》《民选议员建设意见书》《国会开设愿望意见书》《议会议事录》《宪政关系参考资料及著书》《政党、结社关系资料》《地方制度关系资料》《行政裁判法、刑法》《建白及意见书》《敕语、案文等资料》《主要事件、国内问题资料》《外交问题主要事件资料》《伊藤博文关系资料》《伊东已代治著书等》《井上馨关系文书》《井上毅关系文书》《植木枝盛关系文书》《诸家文书——书翰等》《履历、传记集》《谈话笔记》等。

由于它是按问题分别编纂的，因此对宪法制定、修改以至各类问题的具体细节，不难按图索骥，了解整个过程。如《明治宪法诸草案》，即有井上毅所拟《宪法义解》初稿和《试草》《逐条意见》《宪法说明》，伊东已代治所拟《大日本帝国宪法诸草案》、伊藤博文所拟《宪法稿案上进文》及具体条文的论争、注释等，对研究日本宪政史提供了极大方便。但分类较细碎，综合费踌躇，编排时也有置此置彼、顾此失彼之虑。如分类目中虽有《伊藤博文关系资料》《伊东已代治著书等》《井上馨关系文书》等，但伊藤、伊东、井上的很多"文书"又分别编排在其他类目内。

宪政资料室所藏资料目录，除上述第一册"综合"目录外，又见按人编目的十二种，即第二《伊东已代治关系文书目录》、第三《桂太郎关系文书目录》、第四《陆奥宗光关系文书目录》、第五《广泽真臣、宍户玑关系文书目录》、第六《佐佐友房关系文书目录》、第七《前田正名关系文书目录》、第八《寺内正毅关系文书目录》、第九《三条家文书目录——书类之部》、第十《井上馨关系文书目录》、第十一《三岛通庸关系文书目录》、第十二《都筑馨六关系文书目录》、第十三《三条家文书目录二——书翰之部》。有的"文书"，则已整理出版，如卷二所述《伊藤博文关系文书》《宗方小太郎关系文书》。

由于这些"文书"，都是按人编排的，而这些人物大都是明治维新以来日本重要政界人物，因而它是研究日本近代史的重要宝库。又因中日两国一苇相通，明治维新以后接触更广，明治维新对中国影响较大，日本还发动过侵华战争，在这些"文书"中保存了不少原始记录，以至中国人写给他们的书札，因而它对研究中国近代史也有重要史料价值。

例如，明治政府成立后，陆奥宗光即在外国事务局任职，1886 年后入外务省，1892 年至 1896 年任外务大臣，参与策划中日甲午战争，后又参加中日会谈，胁迫清政府签订《马关条约》。在"关系文书"中就有大量"朝鲜问题""日清战争""日清讲和""台湾割让""三国干涉"等资料，留存了不少原始记录，为《清国卜讲和ノ敕语》《伊藤ノ李经方两全权ノ交涉颠末》《日清讲和始末》《五次问答节略》《马关会见要录》《讲和预定条约》，无疑是研究甲午战争史的第一手资料。

《井上馨关系文书》《寺内正毅关系文书》中也留存不少中国人的书信，见本书卷二，今不赘述。

静嘉堂文库

静嘉堂文库，在神奈川县都世田谷区冈本 2－23－1。我于 1984 年 2 月 17 日，在东京大学教授近藤邦康、户川芳郎的陪同下前往该库参观。

上午十一时，自春日寓所出发，步行至后乐园，与近藤教授相晤，同乘地铁丸の内至赤坂见附，改乘国铁，至神奈川县，即在车站午膳。一时，东京大学文学部主任教授户川芳郎来，乃乘出租汽车驰赴文库。入门处古木参天，园林广阔，天寒地冻，积雪未消，急于猎书，未遑游览。内有展示馆，过门不入，径至书库。

静嘉堂文库系岩崎弥之助(1851—1908 年)、岩崎小弥太(1879—1945 年)父子创设，属日本三菱财团。大正三年(1914 年)岩崎小弥太继承父业，建立文库。

静嘉堂文库有藏书 20 万册，内汉籍 12 万册，和文书 8 万册。汉籍中主要是陆心源皕宋楼、守先阁、十万卷楼旧藏。陆心源(1834—1894 年)，清代著名藏书家，字刚甫，号存斋，晚号潜园老人，浙江吴兴(归安，今湖州市)人。藏书处一名皕宋楼，藏宋、元刻本及名人手抄本；一名守先阁，藏明、清刻本；普通本则藏于十万卷楼。心源精于校勘，熟谙宋史。光绪二十年(1894 年)，心源去世，其子树藩通过田中青山、重野成斋，几经商议，于明治三十九年(1906 年)将藏书鬻予岩崎男爵，次年入库，共汉籍 4146 部，43218 册。

静嘉堂文库除陆氏藏书外，另有明治二十七年(1894 年)从上海购入汉籍 82 部，4473 册；还有青木信寅、中村敬宇、宫岛藤吉、楢原陈政、田中赖庸、小越幸介、山田以文、竹添光鸿、岛田重礼、木内重四郎、松井简治、大槻如电、诸桥辙次的藏书。

静嘉堂文库展示馆珍藏的中国文物、图书有：宋马远、牧溪，元赵子昂，明兰瑛、张瑞等书画；《周礼》宋蜀大字本，《尔雅》宋单疏本；工艺品有瓷器、刀、香炉等。

归安陆氏藏书售予日本，当时即舆论大哗，张元济、傅增湘曾予抗议，特别是皕宋楼，内多孤本秘籍，闻名宇内。1972 年，我参加《宋史》标校，借用宋陈均《皇朝编年纲目备要》，系静嘉堂据宋刊影行。此次前往，要求阅览宋元版本书、稿抄本，并参观书库。

陆氏皕宋楼旧藏，号称宋本 200 种，元本 400 种。今静嘉堂实存陆氏北宋刊本 17 部 80 册，宋刊本 114 种，2611 册，元刊本 109 部，1999 册。经翻阅宋蜀大字本《周礼》二册；宋本《史记》，残存 99 卷 24 册 1 函，又有元中统本；《后汉书》，宋刊元修本，与《汉书》合刊本 50 册 1 函，又有蜀大字本残存 60 卷，又宋蔡琪一经堂本，残存 75 卷，嘉定间刊；《三国志·吴书》宋咸平本 6 册，宋、元、明三朝本 25 册；《国语》宋刊明修本；等等。还有宋开禧本《周益文忠公集》、蜀大字本《三苏文辑》等，《皇朝编年纲目备要》30 册 3 函，也保藏库内。经展示，皕宋楼旧藏，凡原有木盒者，仍装入盒；原装无衬叶者，也悉如其旧；有蛀蚀者，也未裱补，据云因纸质不一，担心裱补后反损原装。

皕宋楼旧藏稿抄本中，仅翻阅如下几种：

《竹书纪年辨证》，吴兴董丰垣撰，稿本。彭启丰撰序，序文撰于乾隆九年（1744 年）。董丰垣《自序》云："以为《尚书》记言之祖，《春秋》记事之书，而用《公》《穀》《国语》《国策》《世本》《史记》参证，至《汲冢周书》《穆天子传》《山海经》之属，文不雅训，无可取焉。"《凡例》列：《竹书》与《易》《书》《诗》《礼》《春秋三传》《国语》《国策》互异者，为辨是非；《世本》《史记》帝王与《竹书》异同，折之于经，有可据者，辨折以归于一。首总说，卷上自黄帝轩辕氏至帝辛，卷下周武王至隐王。上有涂改，说明是稿本。

另有稿本清凌克贞《凌渝安先生集》、顾龄《塔影园集》、陈僖《陈蔼公钞》、韦卜凤《维城遗诗》、施谦《兰垞遗稿》、温日鉴《拾香草堂集》，均十万卷楼旧藏。至戴震《孟子字文疏证》，抄本，一册，则为一般旧抄。

又见《夷匪犯境录》抄本，中村敬宇藏书。中村，名正直，为明治早年启蒙思想家，原东京帝国大学教授，原抄六册，前三册为上卷，后三册为下卷。上卷一、二册记江浙事，有《松江御夷论》，镇海、定海、乍浦、宝山禀告等；上卷第三册记两广、浙江，有《镇海民人揭帖》《十月初八英夷告示》。下卷第一册记广东，有《粤民檄英夷文》，附日本语注音。下卷第二册笔迹与前四册不同，上有眉批，说明原抄有误，亦有"谨按原抄"字样，眉批笔迹与正文日文拼音笔迹、墨色相同，说明出于一人之手，为日本人所抄；有《金山县禀》以及嘉定、常熟、昭文各县禀告。下卷第三册分二卷，有《英夷告示挂于上海地方》《海口传来夷船张贴告示》等；上卷题《夷匪犯境录》，下卷又题《夷匪犯境见闻录》。查北京图书馆、上海图书馆均有同名抄本，此本应为日本人据我国原抄过录。

又有《奏稿》四册，该馆未能判明何人、何时所奏。经查核《奏稿》为清农工商部溥颋奏稿，上于光绪三十三年（1907年）。查溥颋于是年四月初七日以度支部尚书调掌农工商部，《奏稿》内有农工商部字，又衔称奴才，知系满人。原稿次序颠倒，我重为厘定告知。

静嘉堂文库地近多摩川，甚潮湿，用防湿药，一年换一次，用十フタリンノ防虫剂。冬天湿度为2度左右，夏天超过30度。陆氏旧藏置于书橱，一般人不得入库，我经负责人特许进库，时值冬日，寒甚，上用水汀输热。对书籍保管似欠妥善。

东洋文库

东洋文库，在东京都文京区本驹込二丁目二八番二一号。1983年12月10日上午，在日本大学小岛淑男教授的陪同下前往该库，东洋文库特约研究员山根幸夫教授、久保田文次教授在库伫候，由该库研究员松本明接待，专门员康立陪同。康立，澳大利亚人，通中、英、日语，熟悉库藏情况。

东洋文库成立于1917年8月27日，由岩崎久弥创办。初由东京帝国大学文科大学助手石田干之助自北京运来纵横二尺五寸、二尺三寸，深三尺四寸、厚五寸的木箱五十七只，载运书籍入库，以后陆续征集，到昭和九年（1934年）建库十七年时，已有藏书70万册。

东洋文库藏书的主要部分是：

第一，马利逊（George Ernest Morrison 1862—1920年）藏书。马利逊在华多年，藏书中有1877年中国与板东通信及北部外交原始资料，共有图书两万四千册，有手写件、铜版画、地图等，东洋文库认为这是全世界所独有。编有《马利逊亚细亚文库目录》。

第二，岩崎久弥氏（1895—1935年）藏书。岩崎为实业家岩崎弥太郎的长子，他所搜集东洋学图书，计汉籍7142部37833册及古抄本，还有日本江户时代文学、戏剧、地理书籍等，颇多善本，今设为岩崎文库。

第三，小田切文库。小田切万寿之助，1868年到1934年曾任日本驻上海总领事，藏有汉籍1254部17643册，日文书454部1830册，还有少量西文书。大正六年（1917年），岩崎久弥代表东洋文库购进入藏。

第四，梅原藏书。梅原末治（1893—1983年）为京都大学名誉教授、东洋文库研究员，毕生搜集、整理中国考古发掘资料。

第五，永田安吉所藏安南本。

第六，渡边哲信寄赠《顺天时报》《华北正报》。

第七，近代中国研究关系资料。在前御茶水女子大学校长市古宙三教授主持下，曾将东洋文库所藏鸦片战争以来近代中国资料整理编目，印有东洋文库所藏《近代中国关系图书分类目录》（1975 年，东洋文库版），次年又出《索引》（中国文）。分总记、哲学、历史、传记、地理、社会科学总记、政治、法律、经济、财政、统计、社会学社会问题、教育、风俗习惯、国防军事、自然科学、工学技术、产业、艺术、语学、文学诸栏。

东洋文库收藏列为国宝者，有《古文尚书》卷三、卷五、卷十二，《日本书记》卷二十二、卷二十四，《毛诗》卷六残卷，《春秋经传集解》卷十，《明惠上人歌集》高信笔，《史记·夏本纪第二》、《史记·殷本纪第五》（高山寺本），《文选集注》。查《史记》为 1145 年写本，《文选》为平安时期写本，均为日本人书写，《古文尚书》《毛诗》则为唐写本。

东洋文库分为一号楼和二号楼。一号楼六层：一楼为参考书，藏汉文、日文刊物；二楼为汉籍史部；三楼为汉籍子集、丛书；四楼为西文书；五楼为汉籍稀见书、岩崎文库、各种板图、梅原考古资料；六楼为朝鲜文、阿拉伯文书刊。二号楼为"近代中国书籍"。

我遍览全库后，总的印象是：

第一，中国地方志搜集丰富。凡三千部六万册，编目、列架也很整齐。它是按省份排列的，如查过去上海的方志，在江苏省架，即有《弘治上海志》、乾隆《青浦县志》《川沙厅志》《宝山正续志》《金山县志》等，同治《上海县志》更有复本，《崇明志》自行复印。江苏常熟地方志特别多，如明万历《常熟志》、万历《常熟县儒学史》。还有一些调查资料，也分列插入各省书架，如 1919 年到 1927 年《上海港输出入贸易明细表》（日本印），江苏省地方税制调查等。

第二，宗谱、族谱也有不少。凡六百余种八百部，仅次于美国。另有《搢绅全书》。

第三，杂志齐全。明治维新后的日文杂志很齐全，即中文杂志，也多珍本，如《六合丛谈》有一至十五册，《鹭江报》有第五、六、七、八、十一、十三等十四册，中国"五四"以来大学杂志也很丰富。

第四，图书亦多。除我国台湾地区出版各种丛书、单本收藏甚多外，日文书也不少，如《小川平吉关系文书》中"支那革命"就是辛亥革命史料。另有《南洋大学创校史》《清国留学生陆军章程》（油印本）也很珍贵。

第五，英国对外关系文书。即马利逊所藏，其中1868年起中国海关各式文件，系各地领事馆送交英国之手稿，极珍贵。

第六，满、蒙文书籍。满、蒙文书籍极多，《华夷译语》等都有，是研究中国少数民族史的重要文库，曾见中央民族大学有人在此搜寻资料。

第七，亚洲各国史。以朝鲜史料为多，有《朝鲜官报》（1895—1910年），研究越南史、阿拉伯文的材料也多。

由于东洋文库所藏以近代史料为多，他们除编有《近代中国关系图书分类目录》外，另编有《近代中国研究汇报》，已出五号。创刊号（1979年）主要介绍中国大学学报，第二号（1980年）有山根幸夫《关于五四运动的出版物》、市古宙三《目录的编集和近代中国研究室》《近代中国人传记目录》，第三号（1981年）有本庄比佐子《日本陆军与中国》、市古宙三《近代中国研究参考图书室介绍》《近代中国研究参考图书室排架目录》，第四号（1982年）有市古宙三《中国人别名的调查方法》及华中地区共产党报纸工作等，第五号（1983年）有滨岛敦俊《中国村庙杂考》、市古宙三《关于辛亥革命的新书刊》等。

东京大学图书馆

东京大学于明治十年(1877年)创设,同年即设置图书馆。明治二十五年(1892年),图书馆新馆建成。大正十二年(1923年),关东大地震,附属图书馆藏书烧失。昭和三年(1928年),新图书馆建成。据昭和五十八年(1983年)三月统计,共有藏书5242334册,除总馆外,分藏各学部和研究所,表如下:

	和汉书/册	洋书/册	总计/册
法学部	131475	227868	359343
法学部附属外国法文献センター	0	42936	42936
法学部附属近代日本法政史料センター	42500	500	43000
医学部	64777	146345	211122
医学部附属医院分院	11431	12997	24428
工学部	122861	185121	307982
文学部	234708	237030	471738
理学部	36167	157715	193882
农学部	153333	92738	246071
农学部附属演习林	16813	6770	23583
经济学部	208566	193912	402478
教养学部	304387	340973	645360
教育学部	32631	34517	67148
药学部	6146	19267	25413
计	1365795	1698689	3064484

续表

	和汉书/册	洋书/册	总计/册
医科学研究所	7371	31915	39286
东京天文台	11943	32739	44682
地震研究所	13842	21952	35794
东洋文化研究所	292723	46674	339397
东洋文化研究所附属东洋学文献センター	9121	58	9179
社会科学研究所	96966	66204	163170
新闻研究所	33656	24141	57797
新闻研究所附属新闻资料センター	17418	16791	34209
生产技术研究所	59058	76782	135840
史料编もん所	342776	8136	350912
应用微生物研究所	2178	15447	17625
宇宙线研究所	345	342	687
原子核研究所	6814	21109	27923
物性研究所	7629	31264	38893
海洋研究所	6910	17110	24020
计	908750	410664	1319414
总合研究资料馆	761	676	1437
大型计算机センター	1765	1624	3389
イイソトーフ总合センター	400	668	1068
低温センター	146	191	337
情报图书馆学研究センター	465	440	905
计	3537	3559	7136
总合图书馆	519799	331501	851300
总计	2797881	2444453	5242334

据《东京大学の概要》(昭和五十八年,1983 年)

这是东京大学图书馆的大概情况。

由于东京大学图书馆的专业图书，基本上分庋各部、各所，所以查阅书籍，反以在各部、各所为便。据称，东大教授也大都依靠本部或本所的图书馆，总图书馆则主要供学生借阅。我这次到东大，也只在总图书馆了解一般情况，主要精力放在参观和我专业有关的几个分馆上。

东京大学东洋文化研究所

东洋文化研究所是日本研究东洋文化的著名机构，它的藏书非常丰富，除各种丛书、类书、政书、地方志等藏本众多外，我国台湾地区的出版物也较齐全。有"大石文库"，大石原为律师，藏书以法学书为多，清代各部律例大体齐全，极便检寻，是研究中国法制史很好的书库。又有仓石武四郎（安士垣）专门研究中国文学，去世后，藏书也拟转入东洋文化研究所，以集部为多。

东洋文化研究所我虽去过多次，仍未细细检阅，只是感到下述几点：

第一，编目分类按经、史、子、集四部，丛书多，显微胶卷不少，日本外务省档案中满铁资料已全部摄制。

第二，中国旧期刊也有收藏，如《集成报》有第十七册（光绪二十三年），《政艺通报》有两帙，《国风报》有一至十四册，还有《中华报》（光绪三十一年）、《大公报》（光绪二十八年）、《汇报》（光绪二十四年）等，惜我国国内出版物较少。

第三，年谱、族谱、家谱收藏很多。

第四，清代的租契等也有收藏。

由于东洋文化研究所藏书众多，检索便利，该所的研究成果也多，除有定期学报外，单就《东洋学文献センター丛刊》来说，已出有四十辑，列目如下：

第一辑　　东洋文化研究所　东洋学文献センター新收图书目录（昭和四一年度）

第二辑　　清代地方剧资料集（一）

第三辑　　清代地方剧资料集（二）

第四辑	周扬著译论文 周扬批判文献 目录
第五辑	郁达夫资料
第六辑	东洋文化研究所　东洋学文献录センター新收图书目录 （昭和四二、四三年度）
第七辑	朝鲜研究文献目录　单行书篇（上）
第八辑	朝鲜研究文献目录　单行书篇（中）
第九辑	朝鲜研究文献目录　单行书篇（下）
第十辑	李大钊文献目录
第十一辑	明刊元杂剧西厢记目录
第十二辑	朝鲜研究文献目录　单行书篇·编著者名索引
第十三辑	鲁迅全集注释索引
第十四辑	1930 年代中国文艺杂志（一）
第十五辑	朝鲜研究文献目录　论文·记事篇Ⅰ
第十六辑	朝鲜研究文献目录　论文·记事篇Ⅱ
第十七辑	朝鲜研究文献目录　论文·记事篇Ⅲ
第十八辑	郁达夫资料补篇（上）
第十九辑	切韵残卷诸本补正
第二十辑	目录学
第二十一辑	花间集索引
第二十二辑	郁达夫资料补篇（下）
第二十三辑	仁井田陞博士辑　北京工商ギルド资料集（一）
第二十四辑	江西苏区文学运动资料集
第二十五辑	仁井田陞博士辑　北京工商ギルド资料集（二）
第二十六辑	民国以来人名字号别名索引
第二十七辑	自 1927 年 至 1937 年 日本现存 短期 零本 中国杂志记事总目（一）
第二十八辑	仁井田陞博士辑　北京工商ギルド资料集（三）
第二十九辑	中国左翼文艺理论にずひる万翻译·引用文献目录
第三十辑	仁井田陞博士辑　北京工商ギルド资料集（四）
第三十一辑	仪礼疏考正（上）

第三十二辑　仪礼疏考正(下)

第三十三辑　仁井田陞博士辑　北京工商ギルド资料集(五)

第三十四辑　小说月报第十一卷—第二十二卷总目次·外国人名索引

第三十五辑　エシテルン 定期刊行物　中国关系论说·记事索引

第三十六辑　鲁迅文言语汇索引

第三十七辑　自 1927 年 至 1937 年　日本现存 短期 零本　中国杂志记事总目(二)

第三十八辑　自 1927 年 至 1937 年　日本现存 短期 零本　中国杂志记事总目(三)

第三十九辑　仁井田陞博士辑　北京工商ギルド资料集(六)

第四十辑　东洋文化研究所藏　中国土地文书目录·解说(上)

东京大学文学部

东京大学文学部藏书，也按四库分类法，编有《东京大学汉籍コニナし所藏钞本目录》《东京大学汉籍コニナし所藏明版目录》。明版精本不多，但崇祯刊本《说文长笺》(序为崇祯四年，1631 年)一百卷、《六书汉义》七卷，首二卷，明赵宦光撰，其子均等定，明末刊行，流传较少。明清小说也有收藏。

又在文学部中国哲学史室，见有光绪二十四年(1898 年)大同译书局本《孔子改制考》，白纸正楷，与国内所见纸张不同。又见康有为《春秋董氏学》红本，康氏《中庸注》《论语注》都有，《大学注》终未找到。东大藏有《孔子改制考》初刻本和《春秋董氏学》红本，不知是否康氏或其弟子携来，上有印章"东京帝国大学图书馆印"。

又抄本中《论语义疏考订》，有吴骞序，注明由日本得之，也很珍贵。

另外光绪十四年(1888 年)后邸抄、宫门抄也有收藏。

东京大学明治文库

东京大学明治文库藏书以报纸和文书最为可贵。

报纸有《沪报》光绪三十四年（1908 年）十月一日至十一月二十八日；《循环日报》同治十三年（1874 年）五月至六月二十七日，光绪六年（1880 年）一月四日至九月，光绪十年（1884 年）二月至八月，光绪十一年（1885 年）一月至八月，十一月至十二月；《顺天时报》1913 年 7 月 18 日至 12 月 25 日，1921 年 1 月 9 日至 1 月 14 日，1922 年 1 月 30 日至 1926 年 12 月 31 日；香港《华字日报》光绪二十二年（1896 年）八月。《台湾日日新报》也藏该库，但不及守屋图书馆齐全。

明治文库所藏"文书"有：

第一，井手三郎关系文书。井手三郎于明治二十年（1887 年）赴清，昭和六年（1931 年）卒，有乙未日记、丙申日记等。我另有专条介绍，见本书卷二。

第二，宗方小太郎关系文书。宗方小太郎关系文书另一部分在国会图书馆，我另有专条介绍，见本书卷二。

第三，井上雅二关系文书。井上雅二关系文书中最重要的是日记部分，记述唐才常自立军事，我另有专条介绍，见本书卷二。

第四，大三轮长兵卫关系文书。

第五，梅屋庄吉关系文书。见本书卷二。

第六，昭和时期日中关系史资料目录。

第七，石井勖关系文书。

第八，山口重次关系文书。

京都大学人文科学研究所善本^①

京都大学名誉教授岛田虔次先生特地关照狭间直树教授，把他们珍藏的章太炎佛学手稿和山井鼎《七经孟子考文》借给我看，使我大饱眼福。

章太炎佛学手稿，京都大学人文科学研究所曾摄片见赠，并给予发表允许证。此件装一函，编号 2890227，S1343，共九纸。外有灰色信封一个，纸已陈旧，上书《章炳麟手稿》。原稿写在白单宣纸上，第一页右角有"内藤"二字，因时日过久，中有水迹霉点，为内藤湖南旧藏。

信封为日本式，上有《章炳麟文稿》数字，不是内藤湖南所书，为内藤以前收藏者所写，中经转让。据说内藤以前的收藏者可能知识程度不高，没有保藏好，放在信封中，中间也不理解章太炎稿件的价值，后来转让给内藤。京都大学有内藤藏书两千册，此书上有"内藤"章，它是"文库"标识。

内藤即内藤武男（内藤湖南、内藤虎次郎，1866—1934 年），是近代日本最重要的中国史学者之一。原京都帝国大学东洋史学教授，与罗振玉、王国维有交往，精汉学，勤著述，京都很多著名学者都出其门下。

章太炎佛学手稿，共分四题，似为东京讲学时所拟。

第一，"佛法果认为宗教耶？抑认为哲学耶？"认为"佛法的高处，一方在理论极成，一方在圣智内证。岂但不为宗教起见，也并不为解

---

① 京都大学人文科学研究所藏书，据 1982 年统计，共计 378993 册，内汉文书 246352 册。

脱生死起见，不为提倡道德起见，只是发明真如的见解，必要实证真如。发明如来藏的见解，必要实证如来藏。与其称为宗教，不如称为哲学之实证者"。

第二，"佛法亦有不圆满处，应待后人补苴"。说："现在讲唯心论的，必要破唯物论。依兄弟看，唯心论不必破唯物论，反可以包含得唯物论，只是提出三性，就可以说明了。""第一是据依他起自性"，"第二是据编计所执自性"，"第三是据圆成实自性"。

第三，"印度佛法、支那佛法，本自有异，不可强同，而亦有互相补助之处"。"大概印度人思想精严，通大乘的，没有不通小乘；解佛法的，没有不晓因明。所以论证多有根据，也没有离了俗谛空说真谛的病。中国却不然，思想虽然高远，却没有精细的研求。许多不合论理、不通俗谛的话，随便可以掩饰过去。这就是印度所长，中国所短"。"唯有说成性起，便把种种疑难可以解决。因为真心绝对，本来不知有我。不知有我这一点，就是无明。因为不知有我，所以看成器界、情界。这个就是缘生的第一个主因，一句话就把许多疑团破了。这也是支那佛法所长，超过印度的一点。若是拘守宗法，必定说那一宗长，那一宗短，强分权教、实教、始教、终教许多名目，那就是拘墟之见，不是通方之论了。只要各取所长，互相补助，自然成一种圆满无缺的哲理"。

第四，"佛法应务，即同老庄"。认为"世间最可畏的，并不在相，只是在名。《楞伽》《般若》多说到字平等性、语平等性。老庄第一的高见，开宗明义，先破名言。名言破了，是非善恶就不能成立。《齐物论》说的：'未成乎心而有是非，是今日适越而昔至也，是以无有为有。'分明见得是非善恶等相，只是随顺妄心，本来不能说是实有。现在拿着善恶是非的话，去分别人事，真是荒唐谬妄到极处了"。"老子在政治上也是三乘的话，并不执着一定的方针，强去配合。一方说'以道莅天下，其鬼不神'，是打破宗教；一方又说'人之所教，我亦教之，强梁者不得其死，吾将以为教父'，又是随顺宗教。所以说'不善者吾亦善之，不信者吾亦信之'，并不是权术语，只是随顺人情，使人人各如所愿罢了"。"一般舆论，不论东洋西洋，没有一个不把文明野蛮的见横在心里。学者著书，还要增长这种意见，以至怀着兽心的强国，有意要并吞弱国，不说贪他的土地，利他的物产，反说那国本来野蛮，我今灭了那国，正是使那国的人民获享文明幸福。这正是尧伐三子的口柄。不晓得文明野蛮的话，本来从心上幻想现来。只就事实上看，什么唤做文明，什么唤做野蛮，也没有一定的界限，而且彼此所见，还有相反之处。所以庄子又说没有正处，没有正味，没有正色。只看人情所安，就是正处、正味、正色。易地而施，却像使海鸟啖太牢，猿猴著礼服，何曾有什么幸福。所以第一要造成舆论，打破文明野蛮的见，使那些怀挟兽心的人，不能借口。任便说我爱杀人，我最贪利，所以要灭人的国，说出本心，到也罢了。文明野蛮的见解既要打破，那边怀挟兽心的人，到底不得不把本心说出，自然没人去从他。这是老庄的第一高见"。"唯有把佛与老庄和合，这才是'善权大士'，救时应务的第一良法"。

章氏佛学手稿，《章氏丛书》和《章氏丛书续编》，三编都未收录。

山井鼎《七经孟子考文》，系用《十三经注疏》本为底本，据足利文库古抄本、宋版等校勘。

山井鼎，纪州海草郡滨中村人，字君彝，号昆仑，书上有山井鼎亲笔校记和时间，且有山井鼎朱印。如《周易注疏》，校足利本及明万历、正德各本，如《序》第六"夫子十翼"末，"郑学之从，并同此说，故今本依之"。上眉批"从"，历作"徙"，正德同。第八《论后》书："以上诸文，足利学校所藏宋版，阙而不备，享保癸卯春三月十九日，足利学校东塾南海纪府学生山重林君彝。"

享保八年，当公元 1723 年。足利学校为关东地区一级图书馆，离东京约一百公里，创于 15 世纪，当时只有这个学校，可能是足利义兼所创，是日本善本书中心。

经查山井鼎校书，原书有《周易正义》八本、《尚书正义》八本、《毛诗正义》二十本、《周礼正义》十八本、《仪礼注疏》《礼记正义》二十四本、《左传》二十四本、《公羊传》十二本、《尔雅》三本、《孝经》一本，下为《孟子》《论语》十二本、《穀梁》六本。校录均有时间，如《毛诗正义》为享保八年癸卯十月亲校，用宋本、万历本，在《诗谱序》"是后稷播种之时，流传于此"。"播种之"三字圈去，上朱笔书"宋版：自彼尧"。

山井鼎尽三年之力，校毕《易》《书》《诗》《左传》《礼记》《论语》《孟子》①，于享保十三年（1728 年）正月去世，有物观作"补遗"，于十六年（1731 年）六月刊行，传入我国。乾隆初，四库开馆，杭州飞鸿堂汪启淑进藏书六百余种，进呈收入，清儒颇有应用之者，如王鸣盛《尚书后案》曾一采用。

书上有"南葵文库"朱印，据狭间直树教授称，南葵为德川子封在和歌山家文库（江户幕府，分家时以和歌山最高）。南葵文库均送东京大学。和歌山处"南方"，"葵"为花纹（各家均有纹，送礼时均穿有纹之衣），德川家为三叶葵纹。

又，昭和十三年（1938 年）十月出版的《东方学报》京都第九册《本所善本提要》，经部首列此书，将其序文录之如下：

> 十三经注疏（嘉靖中福建刊本，山井鼎、山井璞助手校）
> 此七经《孟子》考文底本也。《周易》《尚书》《毛诗》《礼记》《左传》《论语》《孟子》，昆仑先生用足利学古本宋板校其所校，悉与考文合。又于上方备录用功起迄，其体略如日记，按日志晴阴间及盍簪腊屐之事，唯《孝经》无一识语，当别有手校之本也。七经《孟子》以外，《周礼》《仪礼》《公羊》《尔雅》略有校语，又《榖梁》校以唐石经。其《周易》《三礼》《左传》《榖梁》有"璞云"者，则先生养子璞助笔也。璞助所校，多采自阮氏校勘记，唯《周易正义序》用单疏校。图记有七：曰"山鼎之印"，曰"山重鼎印"，曰"重鼎之印"，曰"君彝"，曰"鼎君"，曰"昆仑"，曰"山井氏图书记"。后归纪伊德川侯府，故又有南葵文库印。谨按昆仑先生为近代校疏之祖，惠延后学，名播异域，盖皇朝儒者之业，能衣被海内外者，殆莫先生若也。此书手泽具在，足称本所校本之冠。惜《毛诗》卷第十六已缺，饮水思源，犹有憾耳。其书眉所记，备见当日校疏始末，向来考先生行履者，皆所未及，谨择其要录于左方（下略）。

原载《光明日报》1982 年 8 月 2 日《史学》第 259 期

---

① 《易》《礼》《左传》《榖梁》有"璞云"者，山井鼎养子、山井璞助手笔。

附录

小野川秀美和《民报索引》①

小野川秀美教授（1909—1980 年），是日本著名的历史学家。《民报索引》，是小野川秀美的晚年力作。

小野川秀美早年致力于中国史"塞外研究"，完成《金史语汇集成》《突厥碑文译记》《铁勒的一个考察》等撰著。后来专门研究中国近代史，著有《清末政治思想研究》（昭和三十五年东洋史研究会出版，此后，三铃书房又出增补版）。并和宫崎龙介、岛田虔次教授等编成《宫崎滔天全集》，主持辛亥革命研究班。《民报索引》就是在辛亥革命研究班成员的协助下完成的。

《民报索引》两巨册，京都大学人文科学研究所发行，昭和四十七年（1972 年）二月二十九日出版。它对孙中山先生领导的中国同盟会机关报《民报》第一号至二十六号，和临时增刊《天讨》、夏季增刊《莽苍园文稿余》的语汇（包括人名、地名、书名、篇目等）仔细搜索，即附录、告白、简章，也加注目。前附《民报总目录》，下按笔墨检字，排列《民报》语汇，注明号、页、行，为读者提供了极大方便。《索引》后有附录：一是告白、图画索引，二是民报代派所一览，三是小野川秀美的《民报解题》。最后是《人名检索表》《欧汉译名对照表》《汉欧译名对照表》，真可说是考虑周详，检索方便，不失为研究中国近代史，特别是辛亥革命史的一部重要工具书。

据参加过研究班的森时彦先生说："起初，小野川先生一人查《民报》，制卡片。后来，研究班的成员一起看《民报》，进行补充。小野川先生自 1960 年到 1972 年，花了十三年的时间做卡片。他曾开玩笑地说：'我死后，把我《民报索引》放在棺材里。'这部书，是他引以自豪的作品。"的确，《民报索引》的出版，是他晚年对学术界的一大贡献。

---

① 京都大学人文科学研究所除《东方学报》《人文学报》闻名于世外，另出有历史专刊多种，《民报索引》是其中之一，过去我在《光明日报》曾有小文介绍，一并转附于下。

1981 年，辛亥革命七十周年学术讨论会在武汉召开时，京都大学小野信尔教授、狭间直树副教授将《民报索引》送给大会。会后，岛田虔次教授、狭间直树副教授又特地送我一部。我早就看过小野川秀美教授的文章，但不相识。去年春，在武汉讲学，从章开沅教授处得知他的治学态度和逝世消息，以及他生前有来参加辛亥讨论会的愿望，深以未获交谈为憾。今特草此短文，介绍《民报索引》，并附章开沅教授吊唁小野川秀美的挽联和注语，以示悼念。开沅教授的挽联原文是：

> 结交忘年齿，洛邑盛宴，东山夜话①，畅谈辛亥革命史；前约终难践②，煮扬子水，烹武昌鱼，唯将清酒慰君魂。

---

① 洛邑，京都古称。东山，京都城名胜。章开沅 1979 年秋访问东京都，寄居东山下之鲕屋客舍，始识小野川秀美教授，曾数次长谈有关辛亥革命学术价值的问题。

② 临别时，小野川谆谆嘱咐，约定再会于辛亥革命七十周年武昌学术讨论会，旋以病逝，此约遂无从实现。

《中国近代の思想家》序[①]

　　1983 年 11 月 3 日至 1984 年 5 月 2 日，我应国际交流基金会的邀请，到东京大学社会科学研究所讲学和研究，其间，也曾到过京都和神户。本书中的《中国近代经学的特点》，就是根据岛田虔次教授的建议，在京都大学人文科学研究所和文学部中国哲学史研究室讲述的。

　　本书第一部分收录拙文十篇，其中有旅日期间的讲稿五篇，即《中国近代经学的特点》《戊戌变法与康有为》《辛亥革命与章太炎》《中国近代史研究近况》《资料的鉴别和整理》，其余则是东京大学近藤邦康教授从我过去发表的论文中选录出来的。

　　20 世纪 40 年代，我专攻中国经学史。新中国成立后，转治中国近代史。由于自己对经学史的资料比较熟悉，于是由今文经学研究康有为，由古文经学研究章太炎，企图从这两位比较具有代表性的人物入手，探讨中国传统经学和社会政治思想的关系。近藤邦康教授了解我的治学经历，所以在东京所讲，也主要在这些方面。

　　我认为，中国是长期的封建社会，鸦片战争以后，社会性质发生变化，但作为中国封建文化主体的经学传统地位没有变，作为儒家创始人的孔子在社会上也有着深刻影响。因此，研究中国近代史，对传统经学进行剖析，无疑是很有必要的。

　　就今文经学来说，讲"微言大义"，讲"通经致用"，本来和政治的关系比较密切。当中国遭受外国资本主义的侵入，封建社会开始解体的时候，龚自珍深感"乱亦竟不远矣"（《乙丙之际箸议》第九），提出了

[①] 《中国近代の思想家》日文版，已于 1985 年 10 月 31 日由日本岩波书店印刷出版。

"更法"论，魏源主张"师夷长技以制夷"。他们利用今文"三统""三世"以言因革损益。等到中法战争以后，民族危机严重，康有为改造今文经学，写了《新学伪经考》和《孔子改制考》，冲荡了封建传统，灌注了"西学"内容，显示了新的时代特点。

就古文经学来说，清初顾炎武"复兴"汉学，是为了保存民族意识，读书与抗清结合，著述与致用一致。此后，这一学派继承了他的文字音韵之学，而回避或阉割其实践内容。只是到了清代末叶，章太炎又举起古文大旗，宣传"排满"，以古文反今文，以革命反改良，使从属于资产阶级的反清运动，也涂上了一层传统色彩。

另一方面，因循守旧的封建势力既利用经学锢蔽思想，标榜"西学应世事"的洋务官僚，也要"以中学固其根柢"，一切折中于"圣经"（张之洞《劝学篇·内篇五·宗经》）。他们对康有为、章太炎的借用经学，昌言"改良"或"革命"，又是抵御唯恐不力。

照此说来，无论正面或反面，传统经学与中国近代历史的发展，都是有一定的关联的，为此，我想写一本《中国近代经学》。感谢日本朋友，给我一个相当安定的环境和良好的图书条件，使我在讲学之余，写出了全书的三分之二。我将在这本书中，比较系统地阐述我的看法，并以此就正于国内外的学术界同人。

本书第一部分收录的拙文，只是我已经发表过的论文中一小部分，现在看来，其中也有不够妥帖之处。为了保持历史原貌，除个别错别字进行订正外，其余也不另做改动。

本书第二部分，是近藤邦康教授所撰。其中论文有的早经拜读，有的也在东京大学社会科学研究所的月会上亲自听到他的报告。近藤教授造诣很深，还有独到的见解。我们在中国，在日本，也经常商讨，相互切磋，尽管也有不同的看法，但学术上总是会有不同见解的。如今汇合成书，却是一件很有意义的事。

在东京期间，我还在辛亥革命研究会、中国研究所、近代中国研究会，以及学士会馆讲过上述问题。无论在东京还是在京都、神户，都得到日本朋友的殷勤接待，进行了有益的交流。会外的接触更多，酒余茶后，畅谈学术，真使我难以忘怀！对图书档案资料的搜集、戊戌辛亥遗址的访求，更得到各方面的支持。东京的佐伯有一、古岛和雄、市古宙三、卫藤沈吉、野泽丰、久保田文次、小岛淑男、小岛晋治、户川芳郎、木山英雄、高田淳、丸山松幸、野村浩一、山根幸夫、中村义、藤井升三、田岛俊雄、久保田博子、滨下武志、毛里和子、并木赖寿、原岛春雄、仁木ふみ子、阿川修三、泷泽诚、中原ますゑ诸位教授和先生、女士，京都的岛田虔次、日原利国、小野信尔、彭泽周、坂出祥伸、狭间直树、河田悌一、小野和子、森时彦、森纪子诸位教授和先生、女士，奈良的北山康夫教授、大阪的片山智行教授、神户的山口一郎教授、陈德仁先生、陈来幸女士，都给予我很多帮助。还有冈山大学的石田米子助教授、岩手大学的深泽秀男教授、山口大学的大冢博久教授、高野山大学的庄司庄一教授更远道参加，真使我由衷感谢。东京大学的近藤邦康教授更是随时照顾，悉心协助，坂元弘子女士帮我通译，在此一并致谢！此外，还有许多先生、女士随时陪同阅览、访问，恕我不一一列名了。

希望这本书的出版，能对促使中日文化交流，起些砖瓦之用。如果日本朋友能够进一步提出意见，那就感激不尽了。

汤志钧

1984 年 4 月 29 日于东京大学

インタートシヨトルロソシ C 栋四一〇室

近代中国の革命思想と日本
——《汤志钧论文集》序

　　康有为和章太炎，都是中国近代史上起过重要影响的人物，一个是戊戌变法的主角，一个是辛亥革命的前驱。他们在学术上都留下了大量著作，一个阐发今文经学的"微言大义"，一个精研古文经学的文字音韵。系统搜集康有为和章太炎各该时期的论著，加以分析综合，将有助于对他们一生政治活动和思想面貌的了解，对中国近代社会发展变化的探讨也将有所帮助。

　　本书就是我研究康有为和章太炎的部分论文选集。

一

　　我认为，康有为是向西方学习的先进的中国人。他学习西方，又借用儒家经说。他早年尊周公，崇《周礼》，渴望能够有"有德有位"如周公那样的人，以时王为法，颁行新政，"天下奉行"，"敷教言治"，"易民观听"。然而，通过1888年第一次上书的大臣阻格，格不上达，不但无"吐哺握发"的周公，并且尸位素餐，壅塞瞀闭，这曾促使他去找寻新的理论依附。当康有为回到广州，晤见治今文经学的廖平，便想从今文经学中汲取可资运用的东西进而议政，他运用今文经学"变"的哲学，糅合"三统""三世"学说，基本上构成一个比较完整的思想体系。他对经学中今古文问题的转变，是和其变法维新的政治实践密切相关的。

　　康有为的《大同书》，是多年来聚讼纷纭、评价不一的名著。我认为，康有为的大同思想孕育较早，而《大同书》的撰述却迟，《大同书》

是康有为在 1901 年至 1902 年避居印度时所撰，它不是导向没有阶级
的共产社会，而是导向资本主义社会。不能对其早期的大同思想和他
后来写成的《大同书》混同等价。康有为的"大同三世"说，也在戊戌变
法前后有着显著差异：戊戌变法前，以为通过变法维新就可逐渐达到
他想望的大同境界；戊戌变法后，却以典型的资本主义社会为蓝本，
再加上一层幻想的涂饰。他"大同三世"说的蜕变，不是一般的改变旧
说，而是在革命发展的形势下，把原有进化论含义的"三世说"，改变
为与革命不相容的"三世说"；斗争锋芒由针对封建顽固派，逐渐转变
为资产阶级革命派。康有为也由一个在历史上起过进步作用的人逐渐
落后了；他所组织的保皇会也逐渐由保光绪皇帝转变为保封建政府，
终于与资产阶级革命派为敌，并与国内立宪分子相呼应，向清政府日
益靠拢，沦为反动组织了。

我认为，章太炎从中日战争以后，开始参加政治活动，主张"以革
政挽革命"。戊戌政变发生，还一度受到康有为、梁启超等资产阶级改
良派的思想影响。到了义和团运动展开，帝国主义国家对中国疯狂侵
略，全国革命形势迅速高涨，他"割辫与绝"，逐渐由改良转入革命。
1902 年，在日本和孙中山相晤，受到启发。1903 年，为邹容的《革命
军》撰序，并发表《驳康有为论革命书》，激切地提出了革命的要求。入
狱三年，誓不妥协。1906 年出狱，主编同盟会的机关刊物《民报》，发
表的文章针砭时弊，文字锐利，"真是所向披靡，令人神旺"，这是他
一生中"最大最久的业迹"。此后，章太炎却"既离民众，渐入颓唐"，
甚至对先前所发表的论著都有所增衍、修饰、改易、删削，《訄书》的
多次"删革"，改编《检论》，也反映了章太炎思想递变的迹象。

章太炎的文字比较古奥，有人认为他的思想主要从传统儒学中来。
其实他"寻求政术，历览各史"，也向西方寻找"学理"，他还翻译过《社
会学》，阐明进化。有人认为章太炎"一味反对经今文学派，经今文学
派在维新运动时是曾经有进步一面的"。其实章太炎利用古文经学反对
今文时，今文经学已不能起它的进步作用了；与之相反，当今文经学
具有活力，维新运动代表进步趋势之时，章太炎却赞助过康有为，并
在自己的论著中，一度援用今文观点，尽管他是崇信古文的。有人对

当时小报伪造的《挽孙中山联》未加考辨，有人对章太炎的"参与投壶"未予细察，我也根据历史事实适当说明。

二

康有为和章太炎都援用儒家经说，尽管他们治学方法不同，师承家法不同，但都渊源儒经，崇奉孔子，这是因为中国是长期的封建社会。鸦片战争以后，社会性质发生变化，但经学的传统地位没有变，儒家创始人孔子在社会上也有深刻的影响。因此，研究中国近代史，对传统经学进行剖析，无疑是很有必要的。

只要看，康有为在晤见廖平，崇奉今文后，重新塑造孔子的偶像，把孔子视为"制法之王"，乔装打扮，拼命神化，使迷信孔子的人，信奉改装了的孔子的神，为他的变法维新事业服务。章太炎也搬弄儒家经学，讲解华戎之辨，为他的"排满"革命服务。尽管他们在当时都曾起过作用，但经学毕竟是封建文化的主体，恋栈旧经，阻碍了自己的进展。他们后来或者转趋保皇，或者服膺清儒，不能说不和受到儒家经学的羁绊无关。

为此，我曾注意中国经学思想发展、消亡的历史研究，康有为、章太炎可以说是今文学派、古文学派最后的具有代表性的人物。我也对此做过多年探索，先后出版了《章太炎政论选集》（1977 年 11 月中华书局出版）、《章太炎年谱长编》（1979 年 10 月中华书局出版）和《康有为政论集》（1981 年 2 月中华书局出版），也写了一些论文，本书就是从这些论文中抉择出来的一部分。

三

1983 年 11 月 3 日至 1984 年 5 月 2 日，我应国际交流基金会的邀请，到东京大学讲学和研究，其间，也曾到过京都大学。在旅东期间，曾经就康有为、章太炎诸问题和日本学者交换过意见，濯磨汉和，交流学术，得到友朋的热情支持。虽然已经返国两月，但回顾扶桑情景，至今萦然胸臆。

四月下旬，在离开东京的前夕，泷泽诚先生和儿野道子女士专程来访，准备选译我的论文，我想这对推进中日文化交流有益，也就接受了。这些论文，发表时间有先后，又散载国内各种报刊，汇集一起，对读者也较方便，从而选择了其中的十五篇。另有《戊戌维新与孔子改制》（《中华学术论文集》1981 年 11 月出版）、《康有为与今文经学》（《近代史研究》专刊《近代人物论集》）、《辛亥革命前夜的章太炎》（《辛亥革命史丛刊》1980 年第 2 期）、《章太炎和孙中山》（《社会科学战线》1978 年第 3 期）、《章太炎在台湾》（《社会科学战线》1982 年第 4 期），以及我在东京、京都的讲稿，已由东京大学教授近藤邦康先生另行组织翻译，这里就不重复了。

最后还要提出的是，康有为和章太炎都曾不止一次到过日本，康有为于 1898 年 9 月戊戌政变后流亡日本，次年 4 月自横滨赴加拿大，10 月，自加拿大还香港，再过日本。1911 年 6 月，又住箱根，旋居须磨。章太炎则于 1899 年 6 月 14 日，由台湾入神户。17 日，"发大津趋名古屋"，留东两月。1902 年 2 月 22 日，避祸东渡，28 日至横滨。4 月，在东京举行"支那亡国二百四十二年纪念会"，7 月返国。1906 年出狱后，又到东京主持《民报》，著书讲学。直到 1911 年武昌起义后，始返沪上。在日本，既留有他们的活动遗址，还保留着他们遗札佚闻。他们的事迹，日本学人是很熟悉的，本书能在日本出版，又是研究两位旅居过日本的人物论文选译，确是一件很有意义的事情。①

泷泽诚先生和儿野道子女士为本书的译出，付出了艰巨的劳动。日本经济评论社为本书出版提供了方便，谨致谢忱。②

汤志钧

1984 年 7 月 4 日于上海

---

① 本书已根据泷泽诚先生和儿野道子女士的要求，特地撰写了一篇《康有为、章太炎的流亡日本》。

② 《近代中国革命の思想と日本——汤志钧论文集》日文版，已于 1986 年 11 月 20 日由日本经济评论社出版。

图书在版编目(CIP)数据

乘桴新获:从戊戌到辛亥/汤志钧著 . — 北京 : 北京师范大学出版社,2018.5
(中华学人丛书)
ISBN 978-7-303-23414-1

Ⅰ.①乘… Ⅱ.①汤… Ⅲ.①中国历史-近代史-史料
Ⅳ.①K250.6

中国版本图书馆 CIP 数据核字(2018)第 020483 号

营 销 中 心 电 话 010-58805072 58807651
北师大出版社学术著作与大众读物分社 http://xueda.bnup.com

CHENGFU XINHUO:CONG WUXU DAO XINHAI

出版发行:北京师范大学出版社 www.bnup.com
　　　　　北京市海淀区新街口外大街 19 号
　　　　　邮政编码:100875
印　　刷:北京盛通印刷股份有限公司
经　　销:全国新华书店
开　　本:787 mm×1092 mm　1/16
印　　张:44
插　　页:8
字　　数:660 千字
版　　次:2018 年 5 月第 1 版
印　　次:2018 年 5 月第 1 次印刷
定　　价:148.00 元

策划编辑:谭徐锋　　　　　　责任编辑:焦鹏航　杨磊磊
美术编辑:王齐云　　　　　　装帧设计:王齐云
责任校对:陈　民　　　　　　责任印制:马　洁